民法典
建设工程合同章
条文释解与司法适用

曹文衔　宿　辉　曲笑飞　著

INTERPRETATION AND JUDICIAL APPLICATION

OF

CIVIL CODE

CONSTRUCTION PROJECT CONTRACTS

法律出版社 LAW PRESS · CHINA

北京

图书在版编目(CIP)数据

民法典建设工程合同章条文释解与司法适用 / 曹文衔，宿辉，曲笑飞著. -- 北京：法律出版社，2021(2022.1 重印)
ISBN 978-7-5197-5749-6

Ⅰ. ①民… Ⅱ. ①曹… ②宿… ③曲… Ⅲ. ①合同法-法律解释-中国②合同法-法律适用-中国 Ⅳ. ①D923.65

中国版本图书馆 CIP 数据核字(2021)第 167923 号

民法典建设工程合同章条文释解与司法适用
MINFADIAN JIANSHE GONGCHENG HETONGZHANG TIAOWEN SHIJIE YU SIFA SHIYONG

曹文衔　宿　辉　曲笑飞　著

责任编辑　章　雯　慕雪丹
装帧设计　汪奇峰

出版发行 法律出版社
编辑统筹 法商出版分社
责任校对 赵明霞
责任印制 胡晓雅
经　　销 新华书店

开本 710 毫米×1000 毫米　1/16
印张 34　　**字数** 570 千
版本 2021 年 10 月第 1 版
印次 2022 年 1 月第 2 次印刷
印刷 固安华明印业有限公司

地址：北京市丰台区莲花池西里 7 号(100073)
网址：www.lawpress.com.cn
投稿邮箱：info@lawpress.com.cn
举报盗版邮箱：jbwq@lawpress.com.cn

销售电话：010-83938349
客服电话：010-83938350
咨询电话：010-63939796

书号：ISBN 978-7-5197-5749-6
定价：128.00 元

凡购买本社图书，如有印装错误，我社负责退换。电话：010-83938349

法律文件全称、简称对照表

序号	法律文件全称	简称	施行日期/发文字号
1	《中华人民共和国民法典》	《民法典》	2021年1月1日 主席令第45号
2	《中华人民共和国民法总则》*	《民法总则》	2017年10年1日 主席令第66号
3	《中华人民共和国民法通则》*	《民法通则》	2009年8月27日 主席令第18号
4	《中华人民共和国合同法》*	《合同法》	1999年10月1日 主席令第15号
5	《中华人民共和国物权法》*	《物权法》	2007年10月1日 主席令第62号
6	《中华人民共和国民事诉讼法》	《民事诉讼法》	2017年7月1日 主席令第71号
7	《中华人民共和国建筑法》	《建筑法》	2019年4月23日 主席令第29号
8	《中华人民共和国招标投标法》	《招标投标法》	2017年12月27日 主席令第86号
9	《中华人民共和国城乡规划法》	《城乡规划法》	2019年4月23日 主席令第23号
10	《中华人民共和国土地管理法》	《土地管理法》	2020年1月1日 主席令第32号
11	《中华人民共和国刑法》	《刑法》	2021年3月1日 主席令第66号
12	《中华人民共和国经济合同法》*	《经济合同法》	1993年9月2日 主席令第9号

续表

序号	法律文件全称	简称	施行日期/发文字号
13	《最高人民法院关于审理建设工程施工合同纠纷案件适用法律问题的解释》*	《施工合同司法解释一》	2005 年 1 月 1 日 法释〔2004〕14 号
14	《最高人民法院关于审理建设工程施工合同纠纷案件适用法律问题的解释(二)》*	《施工合同司法解释二》	2019 年 2 月 1 日 法释〔2018〕20 号
15	《最高人民法院关于审理建设工程施工合同纠纷案件适用法律问题的解释(一)》	《建设工程施工合同司法解释(一)》	2021 年 1 月 1 日 法释〔2020〕25 号
16	《最高人民法院关于适用〈中华人民共和国合同法〉若干问题的解释(一)》*	《合同法解释(一)》	1999 年 12 月 29 日 法释〔1999〕19 号
17	《最高人民法院关于适用〈中华人民共和国合同法〉若干问题的解释(二)》*	《合同法解释(二)》	2009 年 5 月 13 日 法释〔2009〕5 号
18	《最高人民法院关于民事诉讼证据的若干规定》	《民诉证据规定》	2020 年 11 月 18 日 法释〔2020〕12 号
19	《最高人民法院关于适用〈中华人民共和国民事诉讼法〉的解释》	《民诉法解释》	2015 年 2 月 4 日 法释〔2015〕5 号
20	《最高人民法院关于建设工程价款优先受偿权问题的批复》*	《建设工程价款优先受偿权批复》	2002 年 6 月 27 日 法释〔2002〕16 号
21	《全国民事审判工作会议纪要》**	《2011 年民事审判会议纪要》	2011 年 10 月 9 日 法办〔2011〕442 号
22	《最高人民法院第八次全国法院民事商事审判工作会议(民事部分)纪要》**	《八民会议纪要》	2016 年 11 月 30 日 法〔2016〕399 号
23	《全国法院民商事审判工作会议纪要》**	《九民会议纪要》	2019 年 11 月 8 日 法〔2019〕254 号

续表

序号	法律文件全称	简称	施行日期/发文字号
24	《中华人民共和国招标投标法实施条例》	《招标投标法实施条例》	2019 年 3 月 2 日 国务院令第 709 号
25	《建设工程质量管理条例》	《质量管理条例》	2019 年 4 月 23 日 国务院令第 714 号
26	《建设工程安全生产管理条例》	《安全管理条例》	2004 年 2 月 1 日 国务院令第 393 号
27	《建设工程勘察设计管理条例》	《勘察设计管理条例》	2017 年 10 月 7 日 国务院令第 293 号
28	《工程建设项目招标范围和规模标准规定》*	《招标范围和规模标准》	2000 年 5 月 1 日 国家发展计划委员会令第 3 号
29	《必须招标的工程项目规定》	《必须招标项目规定》	2018 年 6 月 1 日 国家发展和改革委员会令第 16 号
30	《必须招标的基础设施和公用事业项目范围规定》	《必须招标范围规定》	2018 年 6 月 6 日 发改法规〔2018〕843 号
31	《建设工程质量保证金管理办法》	《质保金管理办法》	2017 年 7 月 1 日 建质〔2017〕138 号
32	《建设工程价款结算暂行办法》	《结算办法》	2004 年 10 月 20 日 财建〔2004〕369 号
33	《房屋建筑和市政基础设施项目工程总承包管理办法》	《工程总承包管理办法》	2020 年 3 月 1 日 建市规〔2019〕12 号
34	《建筑工程施工发包与承包违法行为认定查处管理办法》	《认定查处管理办法》	2019 年 1 月 1 日 建市规〔2019〕1 号

* 该法律文件已经废止。

** 该法律文件已经部分废止。

目　录

前　　言

一、《民法典》合同编建设工程合同章的立法源变

建设工程合同属于《民法典》合同编规定的十九种典型合同之一。从规范来源上看,《民法典》合同编第十八章关于建设工程合同的二十一个规范条文有十九个系对《合同法》第十六章建设工程合同规范条文的整体继受,此外新增的两个规范条文系吸收借鉴了《最高人民法院关于审理建设工程施工合同纠纷案件适用法律问题的解释》(依本书法律文件全称、简称对照表,以下简称《施工合同司法解释一》)中的部分内容。

首先,《民法典》吸收了《施工合同司法解释一》第二条的规定并加以优化,首次以法律形式确立施工合同无效的结算规则。《施工合同司法解释一》第二条规定:"建设工程施工合同无效,但建设工程经竣工验收合格,承包人请求参照合同约定支付工程价款的,应予支持。"据不完全统计,截至2020年年末,该司法解释颁行以来15年间,该条规范被各级人民法院生效判决书援引高达54,355次。司法实践证明,该规定充分考虑了我国建筑行业管理不够规范、承发包竞争过度导致市场失序的现状,同时尊重既有法律规定的内在体系与逻辑要求,客观上对妥善解决纠纷、节省诉讼成本、平衡各方当事人的利益起到重要的作用。

《民法典》第七百九十三条第一款规定:"建设工程施工合同无效,但是建设工程经验收合格的,可以参照合同关于工程价款的约定折价补偿承包人。"《民法典》上述条款对《施工合同司法解释一》第二条的优化主要体现在以下三个方面:

一是将"经竣工验收"修改为"经验收",扩展了适用范围。"竣工"不再是无效合同得以获得工程款的必要条件,因而通过未完工程、阶段性工程验收的承包人亦有请求折价补偿的权利。

二是将"参照合同约定支付工程价款"修改为"参照合同约定折价补偿"。这一修改使该规则更符合民法的内在逻辑,根据《民法典》第一百五十七条的规定,"折价补偿"才是无效民事法律行为的后果之一。

三是将“应予支持”修改为“可以”。虽然参照合同约定折价补偿的初衷是平衡各方利益,但“一刀切”式的僵化操作可能会严重损害其中一方当事人的利益。《民法典》的这一变化使“参照合同”不再是解决此类问题的唯一选项,赋予了法官或仲裁员更大的自由裁量权,可以综合双方当事人的过错和司法判决的价值取向等因素予以裁判。

其次,《民法典》参考了《施工合同司法解释一》第八、九条的规定,增设了施工合同的特殊合同解除权。《民法典》第八百零六条第一款、第二款规定:“承包人将建设工程转包、违法分包的,发包人可以解除合同。发包人提供的主要建筑材料、建筑构配件和设备不符合强制性标准或者不履行协助义务,致使承包人无法施工,经催告后在合理期限内仍未履行相应义务的,承包人可以解除合同。”与《施工合同司法解释一》第八、九条的规定相比较,《民法典》第八百零六条第一款有两个变化需要注意:

一是将“不履行合同约定的协助义务”改为“不履行协助义务”,扩大了不履行协助义务的范围。

二是发包人行使解除权的情形减少了“承包人明确表示或者以行为表明不履行合同主要义务的”,“承包人在合同约定的期限内没有完工,且在发包人催告的合理期限内仍未完工的”,“承包人已经完成的建设工程质量不合格,并拒绝修复的”三项,承包人的解除权也减少了“发包人未按约定支付工程价款的”一项。该修订并非意味着《民法典》施行后上述情形不再作为解除合同的法定事由。实际上,这些情形均属根本违约,可以适用《民法典》合同编通则第五百六十三条第三项规定的违约导致合同目的不能实现的合同解除权情形,因而无须再在《民法典》合同编典型合同分编项下的“建设工程合同”分章中另行列举。

此外,《民法典》第十八章中十九个条文源于《合同法》第十六章的规范条文,在整体继受的同时进行了局部的文字修订,主要体现在概念及用语的规范表达上。例如,《民法典》第七百九十一条使用“支解”来替换《合同法》第二百七十二条中的“肢解”,第七百九十四条使用“内容一般包括提交有关基础资料和概预算等文件”来替换《合同法》第二百七十四条中的“内容包括提交有关基础资料和文件(包括概预算)”,第七百九十五条使用“相互”来替换《合同法》第二百七十五条中的“双方相互”,第八百零一条使用“请求”来替换《合同法》第二百七十八条中的“要求”,第八百零七条使用“请求”来替换《合同法》第二百八十六条中的“申请”等等。以上文字表述的局部修订,均与规范要旨基本无关,更不会对双方权利义务关系产生实质性影响。

二、《民法典》合同编建设工程合同章之外其他规则的修订对建设工程合同法律规则适用的影响

与此前分散的单行立法相比较，统一的《民法典》显著提升了民事单行法律规则之间的关联性。现行《民法典》在合同编除建设工程合同章之外的其他规则的修订（与《合同法》总则与分则的规则相比）对于建设工程合同的签订、履行及纠纷解决等产生的影响可能更为重要。举例说明如下：

首先，表现在《民法典》对合同相对性原则的明确宣示上。《民法典》第四百六十五条第二款规定："依法成立的合同，仅对当事人具有法律约束力，但是法律另有规定的除外。"对照《合同法》第八条"依法成立的合同，对当事人具有法律约束力"之规定，两者虽只有一个"仅"字之差，但传达出来的意思却非常丰富。《民法典》突出了"严格的合同相对性原则"，即便在但书中规定"法律另有规定的除外"，也进一步明确了突破合同相对性原则的例外情形仅限于"法律"，而此处的"法律"应从狭义上进行理解，仅指由全国人大及其常委会通过经由国家主席令颁布的法律，而不包括行政法规、部门规章、地方性规范文件、司法解释等。因此，最高人民法院颁行的《施工合同司法解释一》，在基本法律之外突破合同相对性创设的"实际施工人"制度的合法性面临巨大考验。《施工合同司法解释一》施行的十六年间，尽管法律界对其褒贬不一，但"实际施工人"制度和规则均已深入人心，成为我们面对建设工程施工合同纠纷时不能摆脱的制度背景。特别是在《民法典》呼之欲出的 2019 年年初开始实施的《施工合同司法解释二》又通过第二十四条、第二十五条进一步固化了实际施工人突破合同相对性向建设单位追偿工程价款的司法诉权。不可否认，"实际施工人"制度系司法应对现实问题的权宜之计，迎合了工程承包普遍不规范的现实下实际施工人工程款权益保护的政策导向，但难以实现与现行法律的内存逻辑之间的相洽，难以得到法律体系内其他相关规范的呼应，以致在司法实践中常常出现违法者获益的价值失序结果。如果说，《民法典》施行之前，"严格的合同相对性原则"只是一种合同法理论观点，尚不足以彰显"实际施工人"司法规则合法性缺陷的话，《民法典》施行后，其第四百六十五条中的一个"仅"字，将明确拷问实际施工人突破合同相对性规则的正当性。实际施工人直接向建设单位追偿工程价款的司法诉权是否仍应继续保留？亟待最高人民法院予以明确。遗憾的是，本书定稿付印前夕，最高人民法院新颁布的《最高人民法院关于审理建设工程施工合同纠

纷案件适用法律问题的解释(一)》(法释〔2020〕25 号)(本书简称《建设工程施工合同司法解释(一)》)第四十三条第二款仍坚持实际施工人突破合同相对性规则,在查明发包人欠付转包人或者违法分包人建设工程价款的数额后,判决发包人在欠付建设工程价款范围内对实际施工人承担责任。

其次,《民法典》细化了合同质量标准约定不明的处理规则。《民法典》第五百一十一条第一项规定:“质量要求不明确的,按照强制性国家标准履行;没有强制性国家标准的,按照推荐性国家标准履行;没有推荐性国家标准的,按照行业标准履行;没有国家标准、行业标准的,按照通常标准或者符合合同目的的特定标准履行。”质量是工程建设的核心,明确的质量标准在竣工验收、解决工程质量争议、确定违约责任等问题上起到关键作用。国家住房和城乡建设部、原国家工商行政管理总局发布的现行《建设工程施工合同(示范文本)》(GF-2017-0201)将工程质量标准放在“合同协议书”第三条的重要位置,此外还要求对于工程材料、设备约定相应的质量标准。但是在工程实践中,发、承包双方在签署合同时往往使用“合格”“符合国家标准”等表述笼统的词语,容易引发争议。《合同法》第六十二条第一项规定,“质量要求不明确的,按照国家标准、行业标准履行;没有国家标准、行业标准的,按照通常标准或者符合合同目的的特定标准履行”。该规定虽然明确了质量标准约定不明时的处理规则,但分类较为粗略,给法律适用造成困扰。[①] 例如,施工中所需的许多工程材料若只有推荐性国家标准而缺乏强制性国家标准,那么因工程材料的质量产生争议时,推荐性国家标准是否属于合同约定不明时应当适用的标准?《民法典》在《合同法》第六十二条的基础上,对一般合同标的物的质量标准约定不明的处理规则进行了细化规定,对强制性标准和推荐性标准进行了区分,不仅解决了推荐性标准的适用问题,同时还解决了不同等级标准的适用顺序问题。

更值得注意的是,情势变更制度写入《民法典》后,施工工程合同的变更、解除有了明确的法律依据。情势变更原则曾被写入《合同法》立法草案,立法者或担心该制度被滥用,未将其正式入法。直到 2009 年最高人民法院出台《合同法解释(二)》,才在司法实践中确立了情势变更原则。《民法典》吸收了《合同法解释(二)》的规定,首次将情势变更制度正式纳入法律。《民法典》第五百三十二条规定:“合同成立后,合同的基础条件发生了当事人在订立合同时无法预见的、不属于商业风险的重大变化,继续履行合同对于当事人一方明显不公平的,受不利影响的

---

① 参见宁振、苏功兵、张德恒:《详解〈民法典〉新规对工程建设的七大影响》,载《建筑时报》2020 年 7 月 15 日,“建筑法苑”专栏。

当事人可以与对方重新协商；在合理期限内协商不成的，当事人可以请求人民法院或者仲裁机构变更或者解除合同。人民法院或者仲裁机构应当结合案件的实际情况，根据公平原则变更或者解除合同。”与《合同法解释（二）》的内容相比，《民法典》确立的情势变更制度有两大不同：一是增加了当事人协商机制，允许当事人依据情势变更原则自行协商变更合同，体现了私法的意思自治和契约自由；二是删除《合同法解释（二）》中的不可抗力除外条件，重塑了情势变更与不可抗力之间的关系，在发生不可抗力事由时，不再只能通过不可抗力制度解除合同，还可以通过情势变更制度变更合同，体现了法律对私法自治的尊重。工程建设活动具有复杂性、投入资金大、建设周期长、风险高等特点，情势变更制度对工程建设活动风险的控制意义重大，特别是在当事人协商机制下，在特定条件下协商变更招投标合同的实质性条款成为可能。[①] 值得注意的是，在此前的司法实践中，各级人民法院对情势变更均持非常审慎的态度，近年来因建筑材料、人工市场价格异常波动而援引情势变更规则变更工程价款或解除施工合同的案例极为罕见，[②]我们尚未检索到最高人民法院的相关判决。《民法典》施行后，司法实践是否会出现新变化，有待观察。

另外，发包人未支付工程款，承包人或可拒绝交付工程。建设工程合同属于特殊的承揽合同，《民法典》合同编承揽合同章第七百八十三条规定：“定作人未向承揽人支付报酬或者材料费等价款的，承揽人对完成的工作成果享有留置权或者有权拒绝交付，但是当事人另有约定的除外。”该条文在《合同法》第二百六十四条规定的基础上，为定作人在“享有留置权”外增设了“拒绝交付”的权利。关于建设工程承包人是否享有留置权的问题，《民法典》中已有明确答案，其第四百四十七条规定：“债务人不履行到期债务，债权人可以留置已经合法占有的债务人的动产，并有权就该动产优先受偿。前款规定的债权人为留置权人，占有的动产为留置财产。”因建设工程系不动产，不属于可留置财产，故承包人不能依法对其享有留置权。但建设工程承包人是否享有“拒绝交付”的权利？《民法典》第八百零八条规定：“本章没有规定的，适用承揽合同的有关规定。”故，若仅从文义上理解，承包人应可享有“拒绝交付”的权利。有观点认为，从体系上看，《民法典》第八百零七条已经就发包人未付工程款设置了承包人的优先受偿权，对承包人获得工程款的权利已有相应

---

① 参见宁振、苏功兵、张德恒：《详解〈民法典〉新规对工程建设的七大影响》，载《建筑时报》2020年7月15日，“建筑法苑”专栏。

② 参见长沙白马桥建筑有限公司与郴州市裕兴房地产开发有限责任公司建设工程施工合同纠纷二审案，湖南省高级人民法院（2015）湘高法民一终字第68号民事判决书。

的保护机制，可视为“建设工程”章对于发包人未付工程款问题的特别规定，不应再适用“承揽合同”章的规定。[①] 况且，建设工程往往价值高昂，拒绝交付会使建设工程无法投入使用，若发、承包双方陷入僵局，则会严重浪费社会资源。但是，也有观点对前述观点中所谓承包人既已享有工程款优先受偿权，就不应再享有拒绝交付工程权的论据存疑。就普通承揽合同关系而言，《民法典》第七百八十三条规定承揽人的动产留置权与拒绝交付权可择一适用，由于工程施工合同承包人无法享有对工程不动产的留置权，毫无疑问，工程价款优先受偿权可视为动产留置权的替代权利，承包人在工程价款优先受偿权与拒绝交付权之间也应有择一的权利。因此，对该问题的处理，在未形成被普遍接受的恰当的司法规则之前，承包人是否有权拒绝交付建设工程存在巨大的不确定性，相应地，对建设工程合同承、发包人的合同权益的实现也存在巨大影响。

三、从《合同法》建设工程合同章的司法适用效果看《民法典》合同编建设工程合同章的适用

长期以来，无论是在工程实务界还是在司法实务界，《合同法》建设工程分章并未得到应有的重视，以下几个现象值得反思：

首先，在建设工程合同的签约环节，不仅在程序上有严格的招投标制度约定，而且在内容上有各类周详的合同范本可供选择使用，致使《合同法》建设工程分章中涉及建设工程合同定义、范围、主要内容的条款几乎无任何导向或指南的价值。更何况，当标准招标文件或合同示范文本存在条文冲突或约定空白之时，工程实务界更倾向于从国际咨询工程师联合会（International Federation of Consulting Engineers，FIDIC）等国际通行的工程合同文本中寻找相关的规范内容作为填补依据，以至于签约谈判过程中常常出现“言必称 FIDIC”的现象。

其次，在建设工程合同的履约环节，承、发包双方及各参建单位的各项履约行为均有着明确、具体的规范与标准，建设工程的质量、安全、工期、造价均处于各级政府部门的强监管之下，一旦出现不当行为即可引发政府监管部门的介入与干涉，后果通常包括但不限于责令停工、限期整改、行政处罚、降低资质、限制投标等，远比建设工程合同中约定的违约责任更具震慑力。

最后，在建设工程合同的纠纷解决环节，对于常见的工程造价争议、工程质量

---

① 参见何红锋、符廷康：《对施工合同承包人占有已竣工工程的探讨》，载《天津大学学报》（社会科学版）2011 年第 2 期。

争议及工期索赔争议等处理规则,《合同法》建设工程分章的条文内容过于原则,各级司法机关甚至各地仲裁机构不得不依赖最高人民法院颁布实施的有关建设工程施工合同的司法解释作出裁判。经不完全统计,2013～2020年,在建设工程施工合同纠纷案件的生效法律文书中,援引《合同法》建设工程分章中诸条规定的比例远不足援用最高人民法院司法解释比例的一半。① 然而,即便在2020年年底前最高人民法院施行的两部司法解释共计五十四条之多,仍不足以应对实践中层出不穷、变幻莫测的纠纷类型。各地高级人民法院甚至建筑业比较发达地区的中级人民法院纷纷出台解答、指南、规定等各类司法指导文件,结合地方不同情况在最高人民法院司法解释基础上进行"再解释",导致各地裁判尺度越发难以统一,同案不同判的现象愈加突出。

为何在建设工程合同纠纷案件审理中,会出现建设工程章诸条文规范缺位的现象?而各地司法机关乃至仲裁机构为何对最高人民法院的两部建设工程施工合同司法解释形成严重依赖?有学者认为,其根源在于《合同法》建设工程合同章诸条文规范过于简略、过于抽象。若此观点成立,则《民法典》合同编建设工程合同章仅在《合同法》建设工程合同章基础上增补合同无效结算原则及合同解除规则,势必仍旧无法为形形色色的实务问题提供明确的规则指引。然而,对比域外立法,我们不难发现,我国《民法典》合同编中将建设工程合同从承揽合同中抽出后独立成章,该做法已非主流;在建设工程合同章中专设二十一个条文予以规范,更异于域外立法例。一方面,洋洋二十一条规范尚不能明晰规范、指引建设工程活动当事人行为;另一方面,从条文数量、内容、体系上看,立法者已在立法可及范围内做到了极致。可见,面对纷繁复杂的建设工程合同实务领域的挑战,规则供给出现不足的责

---

① 以中国裁判文书网查询案例作为统计对象,案由设定为"建设工程施工合同纠纷",文书类型设定为判决书,关键字设定为《合同法》建设工程分章下各条或《施工合同司法解释一》中各条,地区不限、法院级别不限,相关法条被援引的次数初步查询结果如下:《施工合同司法解释一》第一条97,817次,第二条54,355次,第三条2213次,第四条10,412次,第五条90次,第六条2928次,第七条969次,第八条994次,第九条1175次,第十条2936次,第十一条1444次,第十二条490次,第十三条12,528次,第十四条9860次,第十五条24次,第十六条11,265次,第十七条77,041次,第十八条13,522次,第十九条2886次,第二十条1902次,第二十一条1644次,第二十二条1761次,第二十三条327次,第二十四条1376次,第二十五条327次,共计310,286次。而同期《合同法》建设工程分章中相关条文援引次数为:第二百六十九条64,554次,第二百七十条3055次,第二百七十一条6842次,第二百七十二条25,612次,第二百七十三条21次,第二百七十四条12次,第二百七十五条1232次,第二百七十六条371次,第二百七十七条18次,第二百七十八条71次,第二百七十九条18,605次,第二百八十条205次,第二百八十一条2519次,第二百八十二条2572次,第二百八十三条507次,第二百八十四条606次,第二百八十五条51次,第二百八十六条13,114次,第二百八十七条270次,共计140,237次。

任实不在《民法典》合同编,更不在立法者。

笔者推测的原因是,建设工程独特的行业特性使建设工程合同活动展现出较高的工程技术和经济专业性,是一般民商事合同活动所不具备的。一方面,建设工程合同从订立到履行,乃至终止后的清算,涉及质量、工期、价款等合同主要内容的事实判断远非行业知识、经验不足者所能厘清的;另一方面,法典要求的恰恰是凝练的规则,为了获得高度凝练的普适性规范,必然要剔除一些可能干扰规范形成的事实"枝叶"。然而,在从建设工程活动鲜活的、"枝叶"繁茂的个案事实之树中,哪些"枝叶"可以被剔除,而又不会影响规则妥当性的根本,犹如试图以完善机械加工的规则来规范对人的医疗手术,是立法者难以完成的任务。在抽象的、数量有限的法典规范几乎不可能完美应对建设工程合同活动纷繁复杂的行业实践时,也许将法典规范带入实践,对每一个条文甚至词语进行浸入建设工程行业实际图景的解释、评价,或许有益于同业者尽可能用不太顺手的法典工具大致妥适地解决现实的问题。这正是我们写作本书的初衷。

四、笔者所做的努力

脱离《民法典》,我们还能不能讨论建设工程合同问题?

为解决建设工程合同问题,在《合同法》单行的年代,同时并列适用的还有《民法总则》《民法通则》《物权法》《侵权责任法》等民事法律,另外还有《建筑法》《城乡规划法》《质量管理条例》等行政管理法律、法规。法律适用的难题,不仅在于不同场景下作出不同的选择,更在于协调不同法律、法规之间的不同目的与不同价值。尽管实务难题造成的法律适用困境,部分诚系《合同法》建设工程合同章在司法适用中某种程度上被架空的原因,但在《民法典》颁布实施后,原来分散规定的各单行民事法律均在《民法典》的体系中予以准确定位,同时亦可期待《民法典》与行政管理法律、法规之间的分工、引介,将搭建可行的通道。不难预见,在《民法典》颁布实施后,实务中各类建设工程问题的解决应更为倚重《民法典》,不仅其合同编建设工程合同章中诸条文值得重新审视,《民法典》总则部分以及合同编通则部分之于建设工程合同的引领与限制也更值得加强研究。

本书三位作者所做的努力,或曰愿景,就是基于笔者在法学与工程学科所接受的良好教育及长期的研究与实务工作,试图通过在法律条文与技术规范之间的"来回穿梭",构建工程合同在中国法框架下的行为规范与裁判坐标。

写作体例上,笔者兼采了法典评注的学术理念和法律理解适用的实务手法,各条文均包含【条文主旨】【条文释评】【条文适用】等条目，根据条文属性在【条文适用】中酌定设置“举证责任”。在考虑条文法律渊源、立法沿革和规范意旨的同时，笔者除了更加注重体系性地思考法典诸条文对于建设工程合同的影响之外，还注重建设工程领域其他法律规范，乃至工程有关技术规范、行业习惯对于本条文应用的延展与约束。尤为重要的是，我们愿意跳脱成文法本身的桎梏，反顾条文在文义表达、底层逻辑及裁判能力等方面在建设工程行业实践中可能存在的问题，尝试作出学理判断，并尽力给出意见和建议。

本书的三位作者，均曾受教于著名高校工程和（或）法学院系并取得土木工程学或者法学博士学位，且均以执业律师身份专注于建设工程领域诉讼和非诉讼法律事务多年。我们期待通过本书各篇章中的粗浅文字，唤起实务界、理论界更多同行对于《民法典》合同编建设工程分章的共同关注，更期待通过各界广泛参与的“民间”讨论就相关实务纠纷问题甚至理论争议形成基本的共识。

我们的努力能够在多大程度上促进中国建设工程法律规则的完善和建设工程合同纠纷更妥善地解决？时间将给出答案。

第七百八十八条　建设工程合同的定义与类型

【法条原文】

第七百八十八条　建设工程合同是承包人进行工程建设，发包人支付价款的合同。

建设工程合同包括工程勘察、设计、施工合同。

【条文主旨】

本条是关于建设工程合同定义与类型的规定，其中第一款明确了建设工程合同的法律定义，第二款规定了建设工程合同的类型。

本条第一款和第二款均属于说明性规范，并非兼具构成要件和法律效果两要素的完全性法条，当事人不能独立以该不完全法条作为请求权基础，裁判者也不应仅以该法条作为裁判依据。尽管如此，基于本条的说明性规定，结合《民法典》合同编建设工程合同章其他条文以及其他法律、行政法规对于建设工程合同当事人权利义务的具体规定和个案合同的具体内容，可以判断个案合同是否属于建设工程合同，进而为涉及该个案合同相关问题的解释、分析和处理是否适用建设工程合同法律的特别规范提供理由。

本条第一款将建设工程合同在普通承揽合同定义（参见《民法典》第七百七十条①）的基础上予以特定化。本条乃至其所在的《民法典》合同编建设工程合同章立法的意旨主要体现在，相对于普通承揽合同，建设工程合同存在诸多特点，仅适用承揽合同难以妥当规制，需要专章制定特别规范。

依据本条第二款的规定，建设工程合同的基本类型为：第一类，建设工程勘察合同；第二类，建设工程设计合同；第三类，建设工程施工合同。实践中，既普遍存在上述各类合同的组合或者耦合形态，比如，工程勘察＋设计合同、工程设计＋施工合同、工程勘察＋设计＋施工合同；还存在上述的一个或者数个基本类型合同与其他类型合同的组合形态，比如，设计＋采购＋施工合同、采购＋施工合同、施工＋运

---

① 《民法典》第七百七十条规定："承揽合同是承揽人按照定作人的要求完成工作，交付工作成果，定作人给付报酬的合同。承揽包括加工、定作、修理、复制、测试、检验等工作。"

营合同、设计 + 采购 + 施工 + 运营合同等。根据一般逻辑推理,一项具体合同中只要包含本条第二款规定的勘察、设计或者施工合同内容之一,该项合同通常即应属于建设工程合同,或者属于包含建设工程合同内容的混合合同。

【条文释评】

一、建设工程合同与普通承揽合同的区别与联系

在民事活动中,建设工程是承揽工作的标的物之一。建设工程合同作为承揽合同的特殊类别,因其在中国社会和经济生活中的重要性及特殊性而被作为一类典型合同,在《民法典》合同编中予以单独规定。我国合同立法将建设工程合同作为一种典型合同在普通承揽合同之外予以特别规定,肇始于我国 1982 年 7 月 1 日起施行的《经济合同法》。但是《经济合同法》极为简陋,仅列明九种典型合同,其中虽将建设工程承包合同与加工承揽合同列为两类典型合同,但是未能明确建设工程承包合同与加工承揽合同之间的特殊与一般的关系。我国台湾地区“民法”将建设工程合同称为“工程契约”,并未将工程契约归为有名契约而设置独立法条规定,学者及实务通说多认为其仍属于承揽契约之一种。但部分学者认为,工程契约不属于承揽契约,而是一种混合契约,即“或为合伙、承揽、互易、买卖与承揽之混合契约或其他契约,而应依订约当事人之意思及契约之内容目的以决定之,并适用各该契约规定”①。

对照《民法典》第七百七十条第一款关于承揽合同的定义和本条第一款关于建设工程合同的定义,可以发现,与普通承揽合同相比,建设工程合同的特征在于:

第一,普通承揽合同定义强调承揽人的工作依据为定作人的要求,而建设工程合同定义中未明确承包人工作依据。事实上,承包人的工作依据,以及对承包人工作成果(包括中间工作成果和最终工作成果)的验收标准,不仅取决于合同当事人之间的约定,还受限于法定的技术规范和质量标准。而普通承揽情形下承揽人的工作依据和工作成果的验收标准通常仅取决于合同约定的定作人要求。

第二,普通承揽合同定义揭示了承揽人先“完成”并“交付”工作成果,定作人后给付“报酬”的合同履行顺序的基本样态,亦可特别约定预先支付或根据工作的进度分期支付②。然而,建设工程合同的定义强调以承包人先“进行”(而非“完成”)

---

① 杨宗腾:《我国台湾地区建设工程施工合同验收制度》,载中国法院网:https://www.chinacourt.org/article/detail/2014/04/id/1279548.shtml,最后访问日期:2020 年 5 月 12 日。

② 参见黄喆:《〈合同法〉第 261 条(工作成果的交付与验收)评注》,载《法学家》2020 年第 2 期。

工程建设，发包人随工作进度分期支付价款为合同履行的基本样态，而根据当事人的特别约定，价款全额先付或后付则为非常态。

第三，建设工程合同的承揽标的是作为不动产的“建设工程”，承包人的工作成果是合同约定的满足发包人合同目的的有形的建设工程，该成果在工程勘察合同、工程设计合同项下主要体现为勘察承包人、设计承包人完成的作为不动产的特定建设工程建造依据的工程勘察报告、工程设计文件等有形物，在工程施工合同项下体现为施工承包人根据工程勘察、设计技术文件和一定技术标准施工完成的作为不动产的工程实物。而普通承揽合同的标的是“工作的完成”，即劳务成果，该成果可以是家具制作等有形动产，也可以是谱曲、演出、提供法律意见等无形成果①，但并非劳务本身，这一点显著区别于雇佣与委托等单纯以行为为给付内容的债权合同②。

第四，建设工程合同中工程实施的风险以发包人与承包人合理分担为常态。而普通承揽情形下，工作成果交付前的工作制造风险通常由承揽人承担。

第五，建设工程合同承包人对于已经验收合格而交付的工作成果仍然要承担质量瑕疵担保义务和工程保修义务，这些义务不仅取决于合同当事人之间的约定，还受限于法定要求。而普通承揽合同中，承揽人对已经交付的工作成果，如其承担质量瑕疵担保义务或保修义务，通常仅取决于合同约定。

第六，建设工程合同的承包人主体资格有法定资质要求，某些情形下对发包人也有主体资格的法定要求（如总承包合同的发包人应当是建设工程的法定建设单位或者经其合法授权的单位，分包合同的发包人应为依法有权分包的总承包人）。而对于普通承揽合同，对定作人和承揽人通常均无超出民事合同当事人民事行为能力和民事责任能力以外的其他法定要求。需要注意的是，对定作人（发包人）和承揽人（承包人）的法定资质要求，不能作为判别一项合同是建设工程合同还是普通承揽合同的唯一或者充分依据。

上述第一、三、五、六项特征可作为判别建设工程合同与普通承揽合同的主要判据。

此外，从法律适用的角度看，建设工程合同与承揽合同的区别还表现为：

第一，合同形式的法定要求不同。建设工程合同应当采用书面形式，承揽合同可以是口头形式。

---

① 参见黄喆：《〈合同法〉第 261 条（工作成果的交付与验收）评注》，载《法学家》2020 年第 2 期。

② 参见黄喆：《〈合同法〉第 261 条（工作成果的交付与验收）评注》，载《法学家》2020 年第 2 期。

第二，承揽人经定作人同意，可将部分主要工作交由第三人完成，对于辅助工作则可自行决定是否交予第三人完成，而无须征得定作人同意。建设工程承包人的主要工作依法必须自行完成，无论发包人是否同意，均不得转包或者违法分包。依法可以分包的非主要工作，则仍须经发包人同意后分包。

第三，承揽合同分包后，除非特别约定，次承揽人就完成的工作一般仅向承揽人负责，无须直接向定作人负责；而建设工程分包后，分包人就工作成果的质量与总包人共同向发包人承担法定的连带责任。

第四，诉讼管辖不同。建设工程施工合同纠纷按照不动产纠纷确定管辖，属于专属管辖。而承揽合同纠纷适用合同纠纷的一般管辖原则。

二、建设工程

现行中国法下，对建设工程予以定义的最高位阶的法律规范为《质量管理条例》。该条例第二条第二款规定："本条例所称建设工程，是指土木工程、建筑工程、线路管道和设备安装工程及装修工程。"《质量管理条例》所称的建设工程，可以比照适用于本条。

广义而言，土木工程是人工建造的各类工程设施的统称，即借助于自然或者人工材料建造在地上或地下、陆上或水中，直接或间接为人类生活、生产、军事、科研服务的各种人工设施。土木工程已发展出许多分支，如房屋工程、铁路工程、道路工程、飞机场工程、桥梁工程、隧道及地下工程、特种工程结构、给水和排水工程、城市供热供燃气工程、港口工程、水利工程等学科。其中有些分支，如水利工程，由于自身工程对象的不断增多以及专门科学技术的发展，也已从土木工程中分化出来成为独立的学科体系，但是它们仍具有土木工程的共性。因此，除非有特殊的合理理由，《民法典》中有关建设工程合同的相关民事法律规则亦应适用于水利工程等在学科体系上独立于土木工程的专业工程。狭义而言，基于逻辑自洽原则，《质量管理条例》所称的土木工程是除建筑工程、线路管道和设备安装工程及装修工程之外的人工建造的其他各类工程设施的统称。

建筑工程是建设工程的一部分，从《建筑法》第二条第二款对建筑活动的定义，[①]可以推知，建筑工程是指各类房屋建筑及其附属设施和与其配套的线路、管道、设备等工程。

---

① 《建筑法》第二条第二款规定："本法所称建筑活动，是指各类房屋建筑及其附属设施的建造和与其配套的线路、管道、设备的安装活动。"

线路管道和设备安装工程，包括电力、通信线路、石油、燃气、给水、排水、供热等管道系统和各类机械设备、装置的安装工程。

装修工程，又称装饰装修工程，是指为使建筑物、构筑物内外空间达到一定环境质量要求，使用建筑装饰装修材料，对建筑物、构筑物的外表和内部进行修饰处理的工程。

三、工程建设

从《质量管理条例》第二条第一款的规定[①]可以推知，本条第一款所称的工程建设，是指土木工程（狭义）、建筑工程、线路管道和设备安装工程、装饰装修工程等建设工程项目的新建、扩建和改建等活动。从经济学角度来看，工程建设是形成固定资产的基本生产过程及与之相关的其他建设工作的总称。

就本条第一款而言，工程建设特指建设工程项目的新建、扩建和改建等活动中的工程勘察、设计和施工活动。

之所以将工程勘察、设计和施工活动作为工程建设活动的基本特征部分，其根本原因是，"从事建设工程活动，必须严格执行基本建设程序，坚持先勘察、后设计、再施工的原则"。[②] 工程勘察工作成果是工程设计工作的技术依据，而工程设计工作成果又是工程施工实施的技术依据。从知识产权的角度看，某种程度上可以说，施工活动最终完成的建设工程实物是对以二维平面形式呈现的工程设计工作成果的三维立体复制，[③]而工程设计工作则是在对工程勘察工作成果"演绎"、利用的基础上对建设工程的平面"创造"。

四、合同主体

（一）发包人

广义而言，发包人的定义可借鉴《建设工程施工合同（示范文本）》（GF－2017－0201）第 1.1.2.2 目对于发包人的定义，即发包人是指与承包人签订建设工程合同、享有取得承包人工作成果的权利、履行价款支付义务的当事人及取得该当

---

① 《质量管理条例》第二条第一款规定："凡在中华人民共和国境内从事建设工程的新建、扩建、改建等有关活动及实施对建设工程质量监督管理的，必须遵守本条例。"

② 参见《质量管理条例》第五条第一款。

③ 参见曹文衔：《建筑作品著作人身权和财产权若干问题研究》，华东政法学院 2002 硕士学位论文。

事人资格的合法继承人。这里的“合法继承人”,是指与发包人合并、分立的单位,包括兼并发包人的单位以及合法继受发包人在建设工程合同中权利义务的其他主体。由于使用发包人的名称本身未必以建设工程合同有效为前提,实务中出现的违法发承包、违法分包或者非法转包等无效合同中约定享有取得承包人、违法分包人或者非法转承包人工作成果的权利、履行价款支付义务的当事人(违法发包人、分包发包人或者非法转包发包人),仍可能被简称为发包人。此外,依照现行有关土地管理、城市房地产管理以及工程勘察、设计、施工承包的法律规定,个人通常不能成为广义的合法发包人,但是仍然可能成为无效建设工程合同的广义发包人。

狭义而言,合法发包人一般仅指建设工程的建设单位,即对于建设工程所占土地具有合法土地使用权或所有权,且经合法取得建设用地规划许可文件和建设工程规划许可文件的单位,但是依法不要求取得建设用地规划许可文件或者建设工程规划许可文件的特殊项目,对于建设工程所占土地具有合法土地使用权或所有权的单位,亦可成为狭义的合法发包人。与前述广义发包人的情形类似,实务中狭义发包人也可能是签订无效建设工程合同的建设单位。此外,依照现行有关土地管理、城市房地产管理的法律规定,除农民在宅基地上自建住宅等特殊情形之外,个人通常不能成为狭义的合法发包人,但是可能成为狭义的违法发包人。简言之,狭义的发包人是就某一具体建设工程,与第一手承包人订立建设工程合同的当事人。

仅就本条而言,发包人作广义理解。在《民法典》合同编建设工程合同章其他条文中,发包人可能作广义理解,也可能作狭义理解(如《民法典》第七百九十一条第一款、第七百九十六条和第八百零七条)。

(二)承包人

广义的承包人,既可以指承包内容至少包含设计和施工两项内容的工程总承包人,也可以指承包内容包含建设工程项目勘察、设计、施工各专业工程内容的勘察、设计、施工总承包人,还可以指某项专业工程的勘察、设计、施工分包人。然而,由于使用“承包人”的名称未必以建设工程合同有效为前提,实务中出现的违法承包、违法分包或者非法转包合同中约定完成建设工程承包工作的违法承包人、分包人或者转包人,仍可能被简称为“承包人”。根据现行法律规定,工程承包人资质仅授予企业,不授予个人,因此,个人通常不能成为合法承包人,只有在农民自建住房等特殊小型建设工程承包的情形下,现行法律才不要求承包人具有法定资质。广义承包人中,合法承包人的定义可借鉴《建设工程施工合同(示范文本)》(GF-2017-0201)第1.1.2.3目有关承包人的定义,即承包人是指与发包人(此处应采广义)签订建设工程合同、具有相应工程承包资质、享有取得价款的权利、履行完成工程建设义务的当事人及取得该当事人资格的合法继承人。合法继承人,是指与承包人合并、分立的单位,包括兼并承包人的单位以及合法继受承包人在建设工程合同中权利、义务的其他主体。

狭义的承包人是与建设工程项目建设单位直接订立建设工程合同的第一手承包人。如前文所述,个人通常不能成为狭义的合法承包人。狭义的合法承包人,仅指与建设工程的建设单位发包人签订建设工程合同、具有相应工程承包资质、享有取得价款的权利、履行完成工程建设义务的当事人及取得该当事人资格的合法继承人。

更狭义的承包人,是与建设工程项目建设单位直接订立建设工程施工合同(不含勘察、设计内容)的第一手施工承包人。与前述狭义承包人类似,个人通常不能成为更狭义的合法承包人。更狭义的合法承包人,仅指与建设工程的建设单位发包人签订建设工程施工合同、具有相应工程施工总承包企业资质或者专业施工承包企业资质、享有取得价款的权利、履行完成工程施工义务的当事人及取得该当事人资格的合法继承人。

仅就本条而言,承包人采广义概念。在《民法典》合同编建设工程合同章其他条文中,承包人的含义经常发生变化,可能采广义,也可能采狭义,还可能采更狭义(如《民法典》第八百零七条),需要根据具体条文的整体意涵进行理解。此外,在专指工程勘察承包人、设计承包人或施工承包人时,又常简称为勘察人、设计人或者施工人。

五、工程勘察与勘察合同

依照《勘察设计管理条例》第二条第二款的规定,建设工程勘察,是指根据建设工程的要求,查明、分析、评价建设场地的地质地理环境特征和岩土工程条件,编制建设工程勘察文件的活动。具体而言,建设工程勘察是指为满足工程建设的规划、设计、施工、运营及综合治理等的需要,对地形、地质及水文等状况进行测绘、勘探、测试及综合评定,并提供相应工程建设技术可行性评价成果与建设所需的基础资料的活动,它是工程建设的首要环节。岩土工程中的勘测、设计、处理、监测活动也属工程勘察范畴。[①] 建设工程勘察通常分为可行性研究勘察阶段、初步勘察阶段、详细勘察阶段(施工勘察阶段)。根据各个阶段工程勘察进行的深度不同,采用不同方法进行勘察工作。其中,施工勘察阶段不作为一个固定的阶段,视工程的实际需要而定。根据具体建设工程项目的性质、等级、规模、前期作为勘察工作基础原始资料的提供情况、场地地形、地质、水文复杂程度、建设工程平面位置是否确定等因素的不同,上述不同的勘察阶段可能合并或者简化,也可能进行补充勘察。

建设工程勘察文件应当符合国家规定的工程勘察文件编制的深度要求;可行性研究勘察报告文件,应满足编制方案设计文件的需要;初步勘察报告文件,应满足编制初步设计文件的需要;详细勘察报告文件应满足编制施工图设计文件的技术需要。

参照《建设工程勘察合同(示范文本)》(GF-2016-0203),建设工程勘察合同通常由发包人(建设单位)与勘察承包人(又称勘察人)订立。依据现行法律,各阶段勘察工作均应由具备相应资质等级的勘察单位完成。有关工程勘察资质等级的划分标准,请参阅本书《民法典》第七百九十一条的【条文释评】内容。有关建设工程勘察合同的主要内容,请参阅本书《民法典》第七百九十四条的【条文释评】与【条文适用】内容。

六、工程设计与设计合同

依照《勘察设计管理条例》第二条第三款的规定,建设工程设计,是指根据建设工程的要求,对建设工程所需的技术、经济、资源、环境等条件进行综合分析、论证,编制建设工程设计文件的活动。具体而言,建设工程设计是根据建设工程和法律法规的要求为工程项目的建设提供有技术依据的设计文件和图纸、提供相关服务的整个活动过程,是建设项目生命期中的重要环节,是建设项目进行整体规划、体现具体实施意图的重要过程,是确定与控制工程造价的重点阶段。工程设计是否经济合理,对工程建设项目造价的确定与控制具有十分重要的意义。[②] 建设工程设计通常分为概念设计(又称方案设计)、初步设计和施工图设计。上述各设计阶段可根据建设工程项目的具体情况适当合并、细化或调整。以建筑工程设计为例,对

---

① 参照360百科"工程勘察"词条改写,载 https://baike.so.com/doc/5571667-5786840.html,最后访问日期:2019年11月16日。

② 参照360百科"工程设计"词条改写,载 https://baike.so.com/doc/5571667-5786840.html,最后访问日期:2019年11月16日。

于技术要求相对简单的民用建筑工程,当有关主管部门在初步设计阶段没有审查要求,且合同中没有作出初步设计的约定时,可在方案设计审批后直接进入施工图设计。[①] 某些较为复杂的建设工程,有时应发包人要求,或者设计人根据自身工作需要,会在初步设计与施工图设计的两阶段之间,增加一个出图阶段,行业内惯称之为扩大的(或者扩充的)初步设计阶段(以下简称扩初阶段)。由于扩初阶段并非工程设计深度规范所规定的设计阶段,对于扩初阶段的设计深度,亦没有相应的规范要求,一般完全取决于发包人与设计人的约定,或者设计人自身设计工作的需要。可以肯定的是,扩初阶段的设计成果比初步设计成果更具体、更细化,但是未必能达到施工图的设计深度。

根据建设工程的特殊要求,建设工程设计也可能包括专项设计。以建筑工程设计为例,可能的专项设计包括:

1. 建筑幕墙工程专项设计。该专项设计一般分为初步设计和施工图设计两个阶段。

2. 基坑与边坡工程专项设计。该专项设计一般分为初步设计和施工图设计两个阶段。

3. 智能化专项设计。该专项设计根据需要可分为方案设计、初步设计、施工图设计及深化设计四个阶段。

4. 预制混凝土构件加工图专项设计。该专项设计不分设计阶段。

建设工程设计文件应当符合国家规定的各阶段工程设计文件的深度要求。根据《勘察设计管理条例》第二十六条第二款至第四款的规定,方案设计文件应满足编制初步设计文件和控制概算的需要;初步设计文件应满足编制施工招标文件、主要设备材料订货、编制施工图设计文件的需要;施工图设计文件应满足设备材料采购、非标准设备制作和施工的需要,并注明工程合理使用年限。对于将项目分别发包给几个设计单位或实施设计分包的情况,设计文件相互关联处的深度应满足各承包或分包单位设计的需要。

参照《建设工程设计合同(示范文本)》(GF-2016-0203),建设工程设计合同通常由发包人(建设单位)与设计承包人(又称设计人)订立。依据现行法律,各阶段设计工作均应由具备相应资质等级的设计单位完成。有关工程设计资质等级的划分标准,请参阅本书关于《民法典》第七百九十一条的【条文释评】内容。有关建

---

① 参见《建筑工程设计文件编制深度规定(2016年版)》第1.0.4项,经住房和城乡建设部批准,于2016年11月17日以建质函〔2016〕247号颁布。

设工程设计合同的主要内容,请参阅本书《民法典》第七百九十四条的【条文释评】与【条文适用】内容。

七、工程施工与施工合同

建设工程施工活动包括承包人实施的建设工程的建造(新建、改建、扩建)、安装、装饰装修、修缮工作,以及附属于上述工作内容的、为交付合格工程而对建设工程质量、性能进行的调试、检验和整改工作。根据《招标投标法实施条例》第二条第二款的规定,工程的拆除亦属于建设工程范畴。[①] 此外,现行技术规范《建筑拆除工程安全技术规范》(JGJ 147 - 2004)第1.0.2项明确规定,本规范适用于工业与民用建筑、构筑物、市政基础设施、地下工程、房屋附属设施拆除的施工安全及管理;第1.0.4项规定,建筑拆除施工必须由具备爆破或者拆除专业承包资质的单位施工,严禁将工程非法转包。因此,建设工程拆除工作亦属于建设工程施工活动。在实务中,对于附着于土地或者其他不动产上的物的生产、加工、修理、拆卸、添附活动是否属于建设工程施工活动,需要根据具体情况,分析判别相关合同是否符合建设工程施工合同的特征。

新建、改建、扩建原属于国民经济统计学范畴对固定资产投资按建设性质分类的一种方法。参照国家统计局官方网站对固定资产投资项目统计数据的指标解释,[②]新建工程是指从无到有开始建设的工程,但是新增建设工程的固定资产价值超过原有建设工程固定资产价值(原值)三倍以上的,也应作为新建工程。改建工程是指在不增加建设规模的前提下,为提高既有建设工程的效能对既有建设工程进行技术改造或更新的建设工程。扩建工程是指在既有建设工程地点或毗邻地点,为扩大原既有建设工程的功能、使用能力而新增建设的工程。区分辨识一项具体建设工程是新建、改建还是扩建工程的意义在于:第一,不同性质的建设工程,其行政审批手续可能不同,特别是对于国家重大建设工程,将可能影响《民法典》第七百九十二条中有关国家重大建设工程合同订立规则的适用;第二,由于存在既有建

---

① 《招标投标法实施条例》第二条规定:"招标投标法第三条所称工程建设项目,是指工程以及与工程建设有关的货物、服务。前款所称工程,是指建设工程,包括建筑物和构筑物的新建、改建、扩建及其相关的装修、拆除、修缮等;所称与工程建设有关的货物,是指构成工程不可分割的组成部分,且为实现工程基本功能所必需的设备、材料等;所称与工程建设有关的服务,是指为完成工程所需的勘察、设计、监理等服务。"

② 参见中国国家统计局官方网站:http://www.stats.gov.cn/tjsj/zbjs/201310/t20131029_449538.html,最后访问日期:2019年11月17日。

设工程，与新建工程相比，改建、扩建工程受既有建设工程有关因素的约束，在工程招标投标活动中，投标人的范围可能受到更多的制约，甚至依据《招标投标法实施条例》第九条第一款第四项的规定，[①]对于是否必须以招标投标方式确定相应建设工程合同承包人，可能产生显著影响。

工程安装，是指构成建设工程的各种设备、管道、线缆和辅助装置的组合、装配和调试。建设工程装饰装修，实务中又称工程装修、装饰或装潢，主要指建筑物、构筑物的装饰装修。参照国家标准《建筑装饰装修工程质量验收标准》（GB 50210－2018）第2.0.1项“建筑装饰装修”的定义，[②]建设工程装饰装修是指为保护建设工程的主体结构、完善建设工程的使用功能和美化建设工程，采用装饰装修材料或饰物，对建设工程的内外表面及空间进行的各种处理过程。严格的建设工程装饰装修活动，不应涉及对于建设工程主体结构的变更。修缮工程是指在已竣工交付使用的建设工程上进行拆改、更换、加固、维修和维护等施工作业，以恢复、改善建设工程的使用功能，延长建设工程使用年限的工程建设活动。区分建设工程建造与修缮的意义在于，在工程质量、价款、工期等建设工程合同主要内容的确定方面，工程建造与修缮可能适用不同的工程质量评价技术标准、不同的工程计价依据和工期计算依据。

【条文适用】

一、建设工程合同性质判别对法律适用的影响

判别一项合同是否属于建设工程合同，在民事纠纷诉讼、仲裁处理中具有下列法律意义：

（一）程序法适用上的影响

1. 诉讼管辖。《民诉法解释》第二十八条第二款明确规定，建设工程施工合同纠纷按照不动产纠纷确定管辖。而《民事诉讼法》第三十三条第一项则规定，因不动产纠纷提起的诉讼，由不动产所在地人民法院管辖。因此，建设工程合同中的工

---

① 《招标投标法实施条例》第九条第一款规定：“除招标投标法第六十六条规定的可以不进行招标的特殊情况外，有下列情形之一的，可以不进行招标：……（四）需要向原中标人采购工程、货物或者服务，否则将影响施工或者功能配套要求；……”

② 《建筑装饰装修工程质量验收标准》（GB 50210－2018）第2.0.1项建筑装饰装修 building decoration 是指：“为保护建筑物的主体结构、完善建筑物的使用功能和美化建筑物，采用装饰装修材料或饰物，对建筑物的内外表面及空间进行的各种处理过程。”

程施工合同纠纷案件，应由建设工程所在地人民法院管辖，而建设工程合同中的勘察、设计合同纠纷案件，在诉讼管辖上仍按一般合同纠纷确定管辖法院，即根据《民事诉讼法》第二十三条的规定，由被告住所地或者合同履行地人民法院管辖；或者根据《民事诉讼法》第三十四条的规定，在不违反《民事诉讼法》对级别管辖和专属管辖的规定的情况下，合同当事人可以书面协议选择由被告住所地、合同履行地、合同签订地、原告住所地、标的物所在地等与争议有实际联系的地点的人民法院管辖。实务中一般认为，依据《民事诉讼法》第三十三条第一项和《民诉法解释》第二十八条关于不动产专属管辖的规定，此类纠纷无论争议合同是否实际履行，均适用不动产专属管辖。① 因此，对于尚未履行的建设工程施工合同纠纷案件，仍应由合同约定的工程所在地法院管辖。特别地，对于尚未履行的诸如"合同约定一方当事人所完成的工作是否属于建设工程勘察、设计和施工"争议所涉的建设工程施工合同与其他典型合同混合的非典型合同纠纷案件，亦应由合同约定的工程所在地法院管辖。

2. 诉讼判决或仲裁裁决部分内容强制执行的管辖。根据《民事诉讼法》第二百二十四条和《最高人民法院关于人民法院办理仲裁裁决执行案件若干问题的规定》第二条的规定，诉讼判决、仲裁裁决中涉及财产部分的强制执行，由第一审人民法院或者与第一审人民法院同级的被执行的财产所在地人民法院管辖（就诉讼判决而言）或者由被执行的财产所在地中级人民法院管辖（就仲裁裁决而言）。因此，建设工程合同纠纷的判决或仲裁裁决内容涉及建设工程价款优先权等建设工程本身作为执行标的的，执行法院仍为建设工程所在地法院。

（二）实体法适用上的影响

建设工程合同具有不同于一般合同和普通承揽合同的实体法规则适用上的特殊性，非建设工程合同不能适用此类特殊规则。这些特殊规则包括建设工程合同的订立条件和程序、承包人主体资质条件、承包方式（禁止转包和违法分包等）、施工承包人的工程价款优先受偿权、合同无效处理、合同解除权等方面，它们主要分布在《民法典》合同编建设工程合同章以及有关建设工程合同的相关司法解释中。

---

① 参见北京市高级人民法院《关于立案审判适用法律若干问题的解答（二）》（2019 年 11 月 20 日）问题 10。

二、监理合同不是建设工程合同

根据《质量管理条例》第十二条第二款的规定，[①]并非所有工程建设都必须实行工程监理，即工程监理活动不是所有工程建设的必要程序。工程监理工作，理论上包括对勘察、设计和施工承包工作的监理，目前我国行业实践中主要是对施工承包人工作的监理。因而，工程监理工作主要是指监理人受发包人委托完成对建设工程施工承包人的施工活动及其成果的质量、工期和价款进行监督核验事务的行为，其监理成果既不直接形成建设工程，也不作为形成建设工程的基本依据。虽然在依法必须实行监理的建设工程中，工程竣工验收的法定参与主体为建设单位、施工承包人、勘察人、设计人和监理人，但是在其他可以不实行监理的建设工程中，监理人并非工程竣工验收的法定参与主体。《民法典》第七百九十六条已经明确工程监理合同属于委托合同。因此，工程监理合同不属于建设工程合同，建设工程监理活动不属于《民法典》中的工程建设活动。最高人民法院《民事案件案由规定》将“建设工程监理合同纠纷”置于“建设工程合同纠纷”之下，不能说明建设工程监理合同在合同的法律性质上属于《民法典》意义上的建设工程合同，理由在于：第一，最高人民法院关于案由的规定与《民法典》对于合同分类的目的不同，前者对民事案件案由的规定的目的仅是为司法裁判机关案件审理和归类便宜的需要，而后者对于典型合同分类的目的在于针对法律性质不同的典型合同制定体系性的民事法律规范；第二，最高人民法院作为司法裁判机关，无权变更最高立法机关颁布的基本民事法律中的合同分类。

三、工程采购合同、工程咨询合同不是建设工程合同

工程物资采购、工程咨询活动等虽常见于工程建设活动中，但是相应的工程物资采购合同、工程咨询合同不属于建设工程合同，理由是：第一，工程咨询并非每一工程建设的必需工作；第二，工程物资采购通常属于工程施工合同中发包人或者承包人合同义务的一部分，已经包含在工程施工合同中，因而它们从属于建设工程施工活动，不具有工程建设活动区别于其他民事活动的基本特征；第三，就合同标的而言，工程物资采购合同、工程咨询合同的标的物均非建设工程不动产，而是分别

---

① 《质量管理条例》第十二条第二款规定：“下列建设工程必须实行监理：（一）国家重点建设工程；（二）大中型公用事业工程；（三）成片开发建设的住宅小区工程；（四）利用外国政府或者国际组织贷款、援助资金的工程；（五）国家规定必须实行监理的其他工程。”

作为动产的工程物资和智力成果，且可明确归属于《民法典》合同编中的其他典型合同，即分别属于买卖合同和技术合同。

四、域外建设工程的适用

在"一带一路"倡议的背景下，具有中国背景的域外建设工程合同当事人约定适用中国法的情形越发普遍，有必要就域外建设工程合同在适用《民法典》合同编建设工程合同章方面予以评价。

《民法典》第七百九十条、第七百九十一条和第七百九十二条，分别涉及中国法律、行政法规对于建设工程合同在订立条件和程序、承包人主体资质条件、承包方式（禁止转包和违法分包等）等的行政规定，《民法典》第七百九十六条的规定涉及中国法律、行政法规规定的监理人法定职责的行政规定，由于行政法的效力仅及于立法者所管辖的行政区域，因而上述条文不能适用于域外建设工程。

《民法典》第八百零七条涉及施工承包人优先受偿权的规定，不仅该权利的行使涉及与建设工程物权（抵押权）之间的优先顺位，而且该权利的实现有赖于对建设工程的拍卖、折价等建设工程所有权的移转。根据法理与各国立法惯例，不动产物权受不动产所在地所属法域的物权法律强制规制，中国法中有关施工承包人优先受偿权的上述规定不能对域外建设工程产生法律效力。因此，上述条文不能适用于域外建设工程。

五、建设工程合同判别的一般方法

判别一项合同是否属于建设工程合同，可以从以下几个方面考虑：

第一，与前述建设工程合同相比于普通承揽合同的六个典型特征比对，特别是第一、三、五、六项特征可作为主要判据。

第二，当一项具体合同除包含勘察、设计或者施工合同内容之一项或者数项之外，还包含其他典型合同的内容时，理论上，该项合同属于建设工程合同与其他典型合同混合的非典型合同；但是在合同争议解决中，如果案涉合同争议的具体事项和诉讼仲裁请求属于建设工程合同内容或者法律、行政法规规定的建设工程合同当事人的权利、义务、责任内容的，则仍宜按照建设工程合同审理，并适用建设工程合同的特别规范。反之，如果所涉争议和诉讼仲裁请求事项与建设工程合同性质和特点明显无关，则宜按一般合同纠纷审理，不适用建设工程合同的特别规范。

六、建设工程合同判别实务

在纠纷处理实务中，一项合同是否属于建设工程合同的证明难点，主要是：第一，合同标的物是否属于建设工程；第二，合同约定一方当事人所完成的工作是否属于建设工程勘察、设计或者施工工作。

（一）雕塑设计、制作安装合同

雕塑，是指为美化环境或用于纪念意义而雕刻塑造的，具有一定寓意、象征或象形的观赏物和纪念物。雕塑是造型艺术的一种。

1. 雕塑设计创作合同。雕塑，作为一种艺术品，其设计创作属于艺术创作范畴，不属于建筑工程设计的对象。建设单位委托雕塑创作艺术工作者完成雕塑设计工作所订立的合同，属于标的物为雕塑艺术品的普通承揽合同。同时，需要注意，大中型室内外雕塑的设计，虽然不属于通常的建设工程设计，设计人一般无须具备建设工程设计资质，但是，其结构安全性和稳定性等应当经过结构安全可靠性的技术验证，特别是对于大型雕塑，因为可能向社会公众提供置身其中的观赏、游览、娱乐空间，更具有类似于建筑物或者构筑物的使用功能。建设单位作为定作人，在与雕塑设计人订立的承揽合同中，应当合理约定对承揽工作成果（设计完成的雕塑作品）的质量验收方法和验收标准，并提供有资质的设计单位出具的结构安全性技术评估或验证证明文件。

2. 雕塑现场制作安装合同。小型室外雕塑，通常作为环境建筑小品，其现场安装属于室外景观绿化工程施工的一部分，而小型室内雕塑作为室内空间艺术品，其现场安装则属于室内装饰装修工程施工的一部分。大中型室内外雕塑，由于其体量以及其现场固定、安装后的质量足可影响公众安全等社会公共利益，其在使用现场的制作和安装，一方面应当满足结构安全性要求；另一方面大中型室外雕塑，作为一种特殊的工程设施，往往需要取得建设工程规划许可。① 大中型室内雕塑，从工程技术角度看，属于一种特殊的结构构件。因此，将其在现场进行的制作安装工作纳入建设工程施工范围，具有工程技术和法律责任方面的合理性。因此，大中型

---

① 例如，《江苏省城乡规划条例》第三十八条规定：“在城市、镇规划区内进行建筑物、构筑物、道路、管线和其他工程建设的，建设单位或者个人应当向城乡规划主管部门申请办理建设工程规划许可证；未取得建设工程规划许可证的，有关部门不得办理建设项目施工许可、商品房预（销）售许可等手续。前款所称的其他工程建设，包括广场、停车场、重点绿化工程，城市雕塑、大中型户外广告固定设施，大中型或者受保护的建筑物外立面装修，以及法律、法规规定的其他工程建设项目。”

雕塑现场制作安装合同应当认定为建设工程施工合同，或者比照建设工程施工合同在质量、安全等方面予以法律规制。

（二）广告固定设施/载体设计、制作安装合同

广告固定设施，不是反映广告内容本身的物质载体（如广告牌板、广告显示屏，以下简称广告载体），而是支撑、固定广告载体的设施。广告固定设施中，大中型广告固定设施属于独立的工程构筑物，小型广告固定设施通常属于工程构件。因此，大中型广告固定设施的设计、制作安装合同分别属于建设工程设计和施工合同，小型广告固定设施的设计、制作安装通常可认为属于普通承揽活动。对中小型广告固定设施的界定可以其在现场固定、安装后的质量是否足可影响公众安全等社会公共利益作为评判标准，不足影响社会公共利益的为小型，否则应为中型或者大型。

广告载体的设计属于广告艺术创作活动，不属于工程设计范畴。类似于前述的雕塑，广告主委托广告载体设计人或者广告发布单位完成广告载体设计工作所订立的合同，属于普通承揽合同。同时，需要注意的是，大中型广告载体的设计，虽然不属于建设工程设计，设计人一般无须建设工程设计资质，但是，广告载体的结构安全性和稳定性等应当经过结构安全可靠性的技术验证。广告主作为定作人在与广告载体设计人或者广告发布单位订立的承揽合同中，应当合理约定承揽工作成果（设计完成的广告载体）的质量验收方法和验收标准，并提供有资质的设计单位出具的结构安全性技术评估或验证证明文件。

（三）临时舞台等临时构筑物的设计、制作安装合同

临时舞台，以及供人临时活动、工作的其他临时设施，属于临时构筑物，其在使用性质上类似于临时建筑。临时建筑是指单位和个人因生产、生活需要临时建造使用，结构简易并在规定期限内必须拆除的建（构）筑物或其他设施。例如，窝棚、工棚等棚屋及短期性质的展示用房（样板房、展览房）等。在结构上不得超过两层，在建筑用材上除工程特殊需要外，一般不采用现浇钢筋混凝土等耐久性结构形式。临时建筑的使用期限在法律上有强制性规定，临时建筑建设前也需经规划、国土、建设等部门批准。按照《城乡规划法》《土地管理法》规定，临时性建筑使用年限不得超出二年，并应当在批准的使用期限内自行拆除。临时建（构）筑物不予确权发证，不得改变使用性质，因特殊原因需延长使用的，建设单位应在期满前申请延期，

且只能延期申请一次。只不过，对于露天演唱会、嘉年华等临时舞台，由于其使用期限较之一般临时建筑更为短暂，故其行政审批程序较之临时建筑有所简化，但是它们的设计、搭设和拆除活动在法律性质上仍应属于建设工程活动，相关合同亦属于建设工程合同。

（四）抢险救灾及其他临时性建筑和农民自建两层以下住宅的勘察、设计、施工合同

《建筑法》第八十三条第三款、《质量管理条例》第八十条均规定，抢险救灾及其他临时性房屋建筑和农民自建低层住宅的建筑活动，不适用本法（或本条例）。现行《建设工程勘察设计条例》第四十四条也有类似排除适用的规定，只是排除的范围中将农民自建低层住宅明确为两层以下住宅。因此，抢险救灾及其他临时性房屋建筑和农民自建低层住宅的建设活动，虽然属于广义上的工程建设活动，但是它们除了具有工作成果是不动产的特点之外（详见本条【条文释评】第一部分中所列举的常规建设工程合同的特性第三项），不具备其余第一、五、六项基本特点，其中第一项的特点（一般建设工程具有法定的技术规范和质量标准）缺失的原因是，由于抢险救灾及其他临时性房屋建筑和农民自建低层住宅的自身特点，国家目前难以对其制定法定技术规范和具体质量标准。此外，建设工程合同所特有的承包人工程价款优先受偿权规则对于此类特殊工程亦不具备适用的现实条件。因而，此类特殊建设工程的勘察、设计、施工合同不宜被认定为合同法或者《民法典》意义上的建设工程合同，而应被认定为普通承揽合同。

（五）园林绿化工程合同与农林业种植合同

一般认为，园林绿化工程属于广义的建设工程，而农林业种植不属于建设工程。但是，两者的区别与界限在判别某项绿化工程是否属于建设工程的法律实务中常令人困扰。笔者认为，林木等种植行为本身作为一项生产活动，在园林绿化和农林业种植中并无实质性差异，将园林绿化工程纳入建设工程范围予以特别规范，是法律拟制的结果。国家住房与城乡建设部发布的行业标准《园林绿化工程施工及验收规范》（CJJT 82－2012）总则第 1.0.2 项规定：本规范适用于公园绿地、防护绿地、附属绿地及其他绿地的新建、扩建、改建的各类园林绿化工程施工及质量验收。北京市地方标准《园林绿化工程施工及验收规范》（DB11/T 212－2017）第 3.1 款规定，园林绿化工程（Landscape Engineering）包括绿化种植工程、园林景观构筑物

及其他造景工程、园林铺地工程、园林给排水工程和园林用电工程等。由此可见,园林绿化工程与一般农林业种植的区别在于:

第一,公园、防护绿地、一般建设工程的附属绿地通常属于城乡规划区,因此园林绿化工程地点多属于城乡规划区,而一般农林业种植地点未必具有上述区域特点。

第二,园林绿化工程除绿化种植之外,还包括具有更鲜明建设工程特点的园林景观构筑物及其他造景工程、园林铺地工程、园林给排水工程和园林用电工程等;而一般农林业种植主要是种植工作,无其他类似于建设工程的工作量或者工作量极低,且多属临时、简易设施。

第三,园林绿化工程中的绿化种植通常包含景观等设计,以及基于设计要求和法定技术规范、质量标准的验收要求。工程实施的目的和结果主要是营造和美化城乡环境,改善民众生活和工作生产的生态环境质量;而一般农林业种植的目的和结果是出产农林产品,满足土地使用者的经济和物质需求。

在合同性质判别实务中,以上三个主要特点可以作为判别一项包含种植工作的承揽合同是否属于建设工程合同的判据。

(六)家庭住宅装修设计、施工合同

家庭住宅装修是一种对居住建筑进行装饰装修的活动,因而理论上属于广义的建设工程活动,但是由于其具有发包人主体的个人化、对工程设计要求通常较为简易、工程量及价款较低以及对社会公共安全和其他利益影响较微弱的特点,将其纳入一般建设工程的法律予以规制并不妥当。实务中通常都将家庭住宅装修设计、施工合同视为普通承揽合同。只不过,国家对于家庭住宅装修施工质量、安全有相应要求的,此类普通承揽合同的工程质量、安全仍应符合此等要求。

(七)造地工程合同

实务中的造地工程样态繁多,主要有围海造地,填水(江河、湖泊、水库、沟渠)造地,滩涂造地及开山造地等。其中,开山造地属于土石方工程,土石方工程属于土木工程的范畴,其工程承包资质曾经属于国家法定建设工程专业承包资质类别之一,目前虽已被取消,但是通常认为其被合并纳入施工总承包资质或者地基基础专业承包资质中。因此,土石方工程合同仍然属于建设工程施工合同的一个子类。围海造地属于海洋工程,海洋工程是指以开发、利用、保护、恢复海洋资源为目的,并且

工程主体位于海岸线向海一侧的新建、改建、扩建工程。依照国家水利部颁布的现行国家水利行业标准《疏浚与吹填工程技术规范》（SL 17－2014）第1.0.2项的规定，[①]围海造地以外的其他填水造地和滩涂造地属于水利工程。从形式上看，围海造地的海洋工程，与填水（江河、湖泊、水库、沟渠）造地、滩涂造地的水利工程，两者均不属于《质量管理条例》规定的土木工程，不能直接适用《质量管理条例》和《勘察设计管理条例》，但是根据水利部颁布的现行部门规章《水利工程质量管理规定》第一条的规定，[②]对水利工程的管理准用《建筑法》和《质量管理条例》。笔者进一步认为，鉴于目前专门针对海洋工程建设管理的法律法规和技术标准供应不足，除其具有的不同于一般建设工程的特定情形之外，围海造地类海洋工程亦可以类推适用《建筑法》和《质量管理条例》。因此，无论是认为造地工程属于土木工程、水利工程，还是属于海洋工程，其勘察、设计和施工合同一般均可被认定为建设工程合同。

（八）建设工程施工中的劳务分包合同

我国法律法规对建设工程的劳务分包没有详尽的规定，仅有建设部的部门规章《建筑业企业资质管理规定》、最高人民法院《建设工程施工合同司法解释（一）》涉及有关建设工程劳务分包问题。根据上述司法解释第五条的规定，[③]劳务分包人与建设工程分包人订立的劳务分包合同不应被认定为因违法分包而无效。据此可合理推论，在司法实践中，建设工程施工活动中的劳务分包不是建设工程承包或分包的一种。劳务分包合同亦不应被认定为建设工程合同。认为建设工程活动中劳务分包合同不属于建设工程合同，主要理由是：发包人对工程承包人的履约主体及其工作能力的要求主要体现在承包人以自己的设备、技术和勘察/设计/施工管理能力完成主要工作的预期上，单纯的施工劳务工作本身对劳务工具和劳务人员的技术要求极低，劳务分包人的劳务工作成果不经工程承包人管理不会直接对建设工程本身的质量和性能产生影响，因而通常不会对工程承包人合同主要义务的履行和发包人合同目的的实现产生实质性影响。某些劳务合同名为工程分包合同，

---

① 《疏浚与吹填工程技术规范》（SL 17－2014）第1.0.2项规定："本标准适用于江河、湖泊、水库、滩涂、沟渠等采用机械疏浚与吹填工程的设计、施工和质量验收。"

② 《水利工程质量管理规定》第一条规定："根据《建筑法》《建设工程质量管理条例》等有关规定，为了加强对水利工程的质量管理，保证工程质量，制定本规定。"第三条规定："本规定所称水利工程是指由国家投资、中央和地方合资、地方投资以及其他投资方式兴建的防洪、除涝、灌溉、水力发电、供水、围垦等（包括配套与附属工程）各类水利工程。"

③ 《建设工程施工合同司法解释（一）》第五条规定："具有劳务作业法定资质的承包人与总承包人、分包人签订的劳务分包合同，当事人请求确认无效的，不予支持。"

实际上是工程总承包人或者工程分包人等劳务发包人对工程施工管理、技术、质量、材料等方面负责，劳务分包人的具体人员仅从事施工作业中技术含量较低的劳作，而劳务操作、施工程序等技术问题完全在劳务工作发包人（工程承包人）的工程技术人员的指导监督下进行，劳务分包人仅提供劳务以及对劳务人员进行内部管理。在工程质量上，劳务分包人就其劳务作业，仅对劳务工作发包人（工程承包人）承担劳务质量合格（劳务质量合格与否的判别，通常以劳务工作发包人的即时要求和即时认定为准，与工程质量合格本身没有必然联系）的合同责任，不承担工程质量合格的责任或者连带责任。当然，如果当事人以劳务分包之名行工程承包或者工程分包之实，则应以合同的实质法律关系判别认定当事人的民事法律责任。

需要特别注意的是，住房和城乡建设部颁布的规范性文件《认定查处管理办法》第十二条第五项将劳务再分包认定为违法分包，在《民法典》《建筑法》《质量管理条例》等法律、行政法规层面缺乏依据。在施工合同中，单纯的施工劳务工作并非建设工程承包，而是普通的承揽工作。特别是经国家住房与城乡建设部批准试点，目前全国已有江苏、浙江、安徽、陕西、山东等多个省份明确取消了对施工劳务资质的要求。持有营业执照的劳务作业企业即可承接施工总承包企业、专业承包企业的劳务分包作业；建设主管部门在开展建筑市场执法检查活动中，不再将劳务作业企业是否具有施工劳务资质列为检查内容。① 因此，禁止承包人将工程施工中的劳务分包给无相应资质的单位的禁令不再有意义。由于劳务工作不属于需要工程施工资质的工程承包内容，《民法典》《建筑法》《质量管理条例》等法律、行政法规关于禁止工程违法分包的规定均不适用于劳务分包和再分包情形。作为层级较低的行政规范性文件，《认定查处管理办法》将劳务再分包认定为违法分包，也仅属于行政违规，对当事人并不必然产生不利的民事法律后果。事实上，住房与城乡建设部批准部分地区取消劳务承包资质的试点，将劳务分包情形排除在建设工程行政监管范围之外，也间接说明建设工程中的劳务分包活动已经不是建设工程活动，而是一般的承揽活动，因而劳务分包合同也不应属于建设工程合同。

（九）BT 合同

对于实践中常见的建设—移交（Build - Transfer，BT）合同的法律性质（BT 合

---

① 参见江苏省住房与城乡建设厅《关于取消施工劳务企业资质要求的公告》（〔2018〕第 7 号），载 http://jsszfhcxjst.jiangsu.gov.cn/art/2018/6/4/art_49384_8895126.html，最后访问日期：2020 年 5 月 12 日。

同属于建设工程合同、投资合同,还是建设工程合同与投资合同的混合合同)可以根据下列思路予以判别:

第一,BT 合同中约定出资人本身不承担建设工程的勘察、设计和施工承包工作的任意一项工作(无论出资人本身是否具有相应的工程承包资质),而是委托第三人完成的,即约定出资人不同时作为承包人的,应当认定为投资合作合同。进言之,如果纯粹的投资合作合同中约定的出资人不承担投资风险,享受固定收益回报的,应当认定为名为投资合作合同,实为借款合同(约定出资人享受投资本金 + 固定金钱收益回报)或买卖合同(约定出资人以获得一定数量的不动产或者其他物质产品、服务、股权等有经济价值的权益)或者其他等价有偿合同。此类 BT 合同的纠纷案由宜列为"合资、合作开发房地产合同纠纷"。

第二,BT 合同中约定出资人本身同时承担全部或者部分建设工程的勘察、设计和施工承包工作,其余部分建设工程承包工作委托第三人完成,即约定出资人同时作为承包人,且如果进一步约定出资人兼承包人享有按照所完成合格工程计算的工程价款(只能获得工程结算价款,或者加上基于发包人迟延支付工程价款计算的利息收益,而不分担发包人有关建设工程的任何亏损)的,应当认定为建设工程合同;如果进一步约定出资人兼承包人享有基于工程结算价款的不确定的风险收益(既可能获得超过工程结算价款的超额收益,也可能承担不能获得全部或部分工程结算价款的亏损)的,应当认定为建设工程与投资合作的混合合同。此类混合合同的 BT 合同纠纷案由可列为"合同纠纷",如果具体案件的争议焦点或者诉讼请求涉及其中建设工程承包内容的,可列为"建设工程合同纠纷"。

七、举证责任

在民事争议的诉讼和仲裁处理中,应由主张系争合同属于建设工程合同的一方承担举证责任。

举证责任人应当就存在下列事实完成举证:

第一,存在一份或多份能够反映诉讼、仲裁请求所依据的基础法律关系的书面合同或者口头协议,或者纠纷当事人的行为旨在达成一份合同或者协议;

第二,合同或者协议所指向的标的物属于建设工程;

第三,合同或者协议约定一方当事人的义务包含完成建设工程勘察、设计、施工工作的一项或者数项。

第七百八十九条　建设工程合同形式

【法条原文】

第七百八十九条　建设工程合同应当采用书面形式。

【条文主旨】

本条是关于建设工程合同订立的形式的规定。

本条属强制性规范,当事人不得排除适用,但是一般认为应属于管理性强制规定,不直接作为合同效力的判定依据。建设工程合同作为要式合同,也是其区别于承揽合同的特征之一。建设工程合同示范文本制度可以为当事人提供可参照的合同条文并降低交易成本,为裁判者提供公正裁判的标准,公平分配交易风险,填补合同漏洞。①

【条文释评】

一、建设工程合同采书面形式的必要性

对于建设工程合同的形式,各国立法例均以书面为主。建设工程合同的给付内容复杂、价款高、工期长,有必要采取书面形式。建设工程承包合同书由双方协商订立,但实务中一般采取定式合同的形式,即由行政、行业主管部门或者协会、学会等机构发布标准文本,双方仅对特定条款另行商议。建设工程合同必须采用书面形式是国家对建设工程进行监督管理的需要, 也是由建设工程合同履行的特点所决定的。②

1. 建设工程合同采用书面形式,是规范行政监管的需要。首先,国家推荐项目参建各方按照示范文本签订合同,有助于规范发承包双方的交易行为;其次,即使合同当事人未使用示范文本订立建设工程合同,但是双方仍有法定义务订立书面

---

① 宁红丽:《〈旅游法(草案)〉与旅游合同的有名化》,载《旅游学刊》2012 年第 12 期。

② 宋宗宇、温长煌、曾文革:《建设工程合同溯源及特点研究》,载《重庆建筑大学学报》2003 年第 5 期。

合同,[①]而且签订书面合同及其附录的工程质量保修书是承包人申请竣工验收和进行城建档案管理的法定要件。[②]

2. 固定证据。规范程序的需要。语言表达的转瞬即逝性与随意性是口头交易最大的弱点,在市场经济条件下,这一弱点又被推波助澜地放大。书面合同将当事人经过博弈与妥协形成的合意固定下来,辅以语言文字的解释体系,可以表达双方的真实意思,[③]尽可能地确保各方当事人的权利和义务的清晰性与确定性。除了规定各方权利与义务之外,建设工程合同还应同样规定在特定情况下或者为了获得某些结果,各方需遵循的程序。[④]

3. 合理分配项目风险的需要。与口头形式相比,书面形式更能提醒或唤起当事人的注意义务。[⑤] 现代合同法基于契约自由原则,对于是否采用书面合同形式系由当事人自己决定。而《民法典》中要求书面形式的规定,基本上是由于这些合同相对来说比较重要,应当慎重。一份适当的书面建设工程合同,对于项目发生的损失或者损害,将进行清晰、完全的分配,这样每一方当事人能明确地了解各自所承担的风险,以及发生风险所带来的后果。

4. 维护第三人利益的需要。第三人虽不参与合同的缔结,但合同效力及内容可能会对第三人产生重要影响,对此类合同采取特定形式,是保护第三人利益的需要。例如,发包人与施工总承包商之间的施工合同,应当成为施工总承包商与分包商之间合同文件的组成部分(价格部分除外)。在分包合同编制过程中,须明确写明"应视为分包商已阅读和全面知晓了解主合同规定的合同条件、图纸、规范、数量、现场情况等"条款规定。[⑥]

---

① 例如,《保障农民工工资支付条例》第二十四第三款条规定:"建设单位与施工总承包单位应当将工程施工合同保存备查。"

② 《质量管理条例》第十六条第一、二款规定:"建设单位收到建设工程竣工报告后,应当组织设计、施工、工程监理等有关单位进行竣工验收。建设工程竣工验收应当具备下列条件:(一)完成建设工程设计和合同约定的各项内容;(二)有完整的技术档案和施工管理资料;(三)有工程使用的主要建筑材料、建筑构配件和设备的进场试验报告;(四)有勘察、设计、施工、工程监理等单位分别签署的质量合格文件;(五)有施工单位签署的工程保修书。"

③ 参见王建东、杨国锋:《建设工程施工合同表达技术与文本解读》,法律出版社 2016 年版,第 21 页。

④ 参见[英]威廉·戈德温:《工程建设合同》,刘梦骄译,中国建筑工业出版社 2008 年版,第20～21 页。

⑤ 正如德国《德国民法典》的立法理由书所言,"遵守某种形式之必要性,可以给当事人产生某种交易气氛,唤醒其法律意识,促使其三思,确保其作出决定的严肃性"。

⑥ 崔军:《FIDIC 分包合同原理与实务》(第 2 版),机械工业出版社 2018 年版,第 178 页。

二、建设工程合同书面形式的范围

本条所称的书面形式,是指以文字表现当事人所订立合同的形式。《民法典》第四百六十九条规定:"当事人订立合同,可以采用书面形式、口头形式或者其他形式。书面形式是合同书、信件、电报、电传、传真等可以有形地表现所载内容的形式。以电子数据交换、电子邮件等方式能够有形地表现所载内容,并可以随时调取查用的数据电文,视为书面形式。"结合该条与《招标投标法》的规定,《招标投标法》中的"书面合同"应当是"合同书"。①

在我国工程实践中,建设工程合同的书面形式首先表现为各类示范文本的"合同条件",亦包括双方在采购、缔约、履行过程中所形成的投标文件、中标通知、规范、图纸、已标价的工程量清单以及补充协议、会议纪要和备忘录等。一般而言,这些标准合同文本在各行业推荐使用,并不具备强制效力,但亦有例外。例如,《招标投标法实施条例》第十五条第四款规定:"编制依法必须进行招标的项目的资格预审文件和招标文件,应当使用国务院发展改革部门会同有关行政监督部门制定的标准文本。"这一规定即意味着,作为标准招标文件组成部分的合同条件,具有了强制适用的基础。②

(一)建设工程合同示范文本制度

1. 我国工程合同示范文本制度

《民法典》第四百七十条第二款规定:"当事人可以参照各类合同的示范文本订立合同。"为规范建筑市场主体交易行为和公平配置各方权利、义务,国家对于建设工程合同采取示范文本制度,按照国务院办公厅《关于在全国逐步推行经济合同示范文本制度请示的通知》(国办发〔1990〕13 号)的要求,原建设部和原国家工商行政管理局制定了《建设工程施工合同(示范文本)》(GF-1991-0201);1999 年 12 月,原建设部和原国家工商行政管理局对 1991 版示范文本进行了修订,发布了《建设工程施工合同(示范文本)》(GF-1999-0201); 2013 年 4 月,住房和城乡建设部联合工商行政管理总局印发建市〔2013〕56 号文件,发布了《建设工程施工合同

① 最高人民法院民事审判第一庭编:《民事审判指导与参考》(总第 77 辑),人民法院出版社 2019 年版,第 11 页。

② 笔者认为,此类"强制"应属管理性规定,即发承包双方未按照标准文本签订建设工程合同,应该不致影响合同效力。

（示范文本）》（GF－2013－0201）。现行《建设工程施工合同（示范文本））（GF－2017－0201）为建设工程施工合同的第四次修订。此外，我国尚有现行有效的《建设工程勘察合同（示范文本）》（GF－2016－0203）《建设工程设计合同示范文本（房屋建筑工程）》（GF－2015－0209）《建设工程设计合同示范文本（专业建设工程）》（GF－2015－0210）等示范文本。

此外，为了规范施工招标资格预审文件、招标文件编制活动，促进招标投标活动的公开、公平和公正，2007年国家发展和改革委员会发布56号部令，联合财政部、原建设部、原铁道部、原交通部、原信息产业部、水利部、民用航空总局、广播电影电视总局等九部委联合制定了《〈标准施工招标资格预审文件〉和〈标准施工招标文件〉试行规定》及相关附件。其中，《标准施工招标文件》第四章“合同条款及格式”提供了完整的通用条款和附件标准格式。国务院有关行业主管部门可根据《标准施工招标文件》并结合本行业施工招标特点和管理需要，编制行业标准施工招标文件。行业标准施工招标文件重点对“专用合同条款”“工程量清单”“图纸”“技术标准和要求”作出具体规定。①

为促进建设项目工程总承包的健康发展，规范工程总承包合同当事人的市场行为，住房和城乡建设部、国家工商行政管理总局于2011年联合制定了《建设项目工程总承包合同示范文本（试行）》（GF－2011－0216），2020年11月25日，住房和城乡建设部、市场监管总局又发布了新版《建设项目工程总承包合同（示范文本）》（GF－2020－0216）。前述各主管部门依职权编制的适用不同建造模式的合同范本，共同形成了我国的建设工程合同示范文本体系。

2. 工程合同国际惯例

从国际惯例视角，最具影响力的机构包括FIDIC、美国建筑师学会（The American Institute of Architects，AIA）、英国土木工程师学会（The Institution of Civil Engineer，ICE）以及英国合同审定联合会（The Joint Contract Tribunal，JCT），这些机构均发布了基于不同法律传统的标准建设工程合同文本。

（1）FIDIC工程合同范本

FIDIC专业委员会编制了一系列规范性合同条件，构成了FIDIC合同条件体系。它们不仅被FIDIC会员在世界范围内广泛使用，也被世界银行（The World Bank）、亚洲开发银行（Asian Development Bank，ADB）、非洲开发银行（African

---

① 例如，住房和城乡建设部即根据56号令制定了《房屋建筑和市政工程标准施工招标资格预审文件》和《房屋建筑和市政工程标准施工招标文件》，自2010年6月开始施行。

Development Bank)等世界金融组织在招标文件中使用。[①] FIDIC 合同条件体系包含工程合同和咨询服务合同等非常丰富的内容,其中工程合同范本分别适用不同的建造模式。

①《施工合同条件》(Conditions of Contract for Construction,以下简称"红皮书");

②《生产设备和设计—施工合同条件》(Conditions of Contract for Plant and Design – Build,以下简称"黄皮书 ");

③《设计—采购—施工与交钥匙项目合同条件》(Conditions of Contract for EPC/Turnkey Projects,以下简称"银皮书");

④《简明合同格式》(Short Form of Contract,以下简称"绿皮书");

⑤《施工合同条件(多边开发银行和谐版)》[Conditions of Contract for Construction (Multilateral Development Bank Harmonised,以下简称"粉皮书")];

⑥《疏浚与吹填工程合同条件》(Form of Contract for Dredging and Reclamation Works,以下简称"蓝绿皮书");

⑦《设计—建造和运营项目合同条件》(Conditions of Contract for Design,Build and Operate Projects,以下简称"金皮书");

⑧《施工分包合同条件》(Conditions of Subcontract for Construction)。

(2)JCT 合同体系

JCT 于 1931 年在英国由英国皇家建筑师协会(Royal Institute of British Archi – tects,RIBA)成立,并于 1998 年成为一家在英国注册的有限公司。JCT 由多个成员组成,包括:英国资产联合会、大不列颠地产联盟、地方政府协会、英国皇家注册工料测量师学会、国家专业承包商理事会、苏格兰建筑合同委员会。

JCT 的主要版本有 1939 版、1963 版、1980 版、1998 版、2005 版、2011 版和 2016 版。JCT 的合同范本涵盖了对不同规模的项目的示范文本,包括微型工程、中型工程、大型工程项目。JCT 合同体系主要包括:

①标准施工合同文本;

②简明施工合同;

③小型工程施工合同;

④标准设计及施工合同;

---

① 陈勇强、吕文学、张水波等编著:《FIDIC2017 版系列合同条件解析》,中国建筑工业出版社 2019 年版,第 216 页。

⑤标准管理承包合同；

⑥成本加固定酬金合同；

⑦纯单价合同。

（3）ICE 合同体系

ICE 于 1818 年创建，是英国土木工程师的资质评定组织和专业机构。ICE 合同文本最早于 1945 年发行，应用最广泛的是 1991 年发布的第六版。ICE 合同文本主要用于英国、英联邦以及一些历史上和英国关系比较密切的国家，适用于道路、桥梁、水利工程和一些大型的土木工程构筑物项目。

根据 ICE 的官方说法，ICE 的合同条件将不再出版，由 NEC（New Engineering Contract）合同代替，ICE 也推荐客户们使用 NEC 合同文本。NEC 合同最初由 ICE 于 1993 年颁布第一版，截至目前，分别在 1995 年、2003 年和 2017 年进行了更新，并颁布了新的版本。第一版的 NEC 合同名为"New Engineer Contract"；1995 年，NEC 第二版名称为 NEC 工程和施工合同（"NEC Engineering and Construction Contract"），并增加了一些文本到 NEC 的合同体系中，其中包括专业服务和调解员合同。经过十年的实践之后，目前应用较为广泛的 NEC3 于 2005 年颁布。2017 年，NEC4 合同颁布，第四版 NEC 合同文本在 NEC3 的基础上增加了两个合同文本，分别是设计—建造—运营合同（Design Build Operate Contract）和联盟契约（Alliance Contract）。①

（4）AIA 合同文本

AIA 成立于 1857 年，最早于 1888 年出版其合同文件，百年来经不断地修订，日渐完善，迄今为止已有 80 多个独立文件，同时根据其所属的系列可以分为不同的板块。AIA 于 2017 年对一些合同文件作出了修订。AIA 合同文件可以分为 A、B、C、D、E、G 六个系列，分别为：

A 系列：业主与承包商之间的合同（Owner/Contractor Agreements）；

B 系列：业主与建筑师之间的合同（Owner/Architect Agreements）；

C 系列：其他合同（Other Agreements）；

D 系列：各类文件（Miscellaneous Documents）；

E 系列：附件（Exhibits）；

G 系列：合同管理和项目管理文件（Contract Administration and Project Manage-

---

① 赵东锋：《国际工程法律与合约》，中国建筑工业出版社 2019 年版，第 265 ~ 274 页。

ment Forms）。

（二）其他构成“书面形式”的合同文件

建设工程合同的书面形式，除由协议书、通用条件、专用条件及附件组成的“合同条件”以外，中标通知书、投标书及其附件、标准、规范及有关技术文件、图纸、工程量清单、工程报价单或预算书以及双方有关工程的洽商、变更等书面协议或文件，均可成为合同的组成部分。

各类标准合同文本均会以列举方式说明约束双方权利义务的合同文件的范围。例如，《建设项目工程总承包合同示范文本》（GF－2020－0216）第1.5款“合同文件的优先顺序”，约定：“组成合同的各项文件应互相解释，互为说明。除专用合同条件另有约定外，解释合同文件的优先顺序如下：

（1）合同协议书；

（2）中标通知书（如果有）；

（3）投标函及投标函附录（如果有）；

（4）专用合同条件及《发包人要求》等附件；

（5）通用合同条件；

（6）承包人建议书；

（7）价格清单；

（8）双方约定的其他合同文件。

上述各项合同文件包括合同当事人就该项合同文件所作出的补充和修改，属于同一类内容的文件，应以最新签署的为准。”

【条文适用】

一、无书面形式建设工程合同的法律后果

《民法典》第四百九十条规定：“当事人采用合同书形式订立合同的，自当事人均签名、盖章或者按指印时合同成立。在签名、盖章或者按指印之前，当事人一方已经履行主要义务，对方接受时，该合同成立。法律、行政法规规定或者当事人约定合同应当采用书面形式订立，当事人未采用书面形式但是一方已经履行主要义务，对方接受时，该合同成立。”检索最高人民法院近年的裁判文书，并结合相关会议纪要、司法观点，发现书面合同签名、盖章行为对建设工程合同的效力影响可窥一斑。

在大连寰宇房地产开发有限公司（以下简称寰宇公司）与大连海川建设集团有

限公司(以下简称海川公司)建设工程施工合同纠纷案中,最高人民法院认为虽然合同中双方法定代表人的签字并非其本人所为,但在一方没有证据证明该合同印章系他人盗用的情况下,并不能当然地以合同签字人方面的瑕疵否定该份合同的真实性。寰宇公司就案涉工程与海川公司签订《施工协议》,该合同中双方法定代表人的签字并非其本人所为,审理中双方均已明示知悉公安部门对该合同中海川公司印章真实性的鉴定结论,确认该印鉴系真实的。在海川公司没有证据证明该合同印章系他人盗用的情况下,并不能当然地以合同签字人方面的瑕疵否定该份合同的真实性。[①]

另外,在四川三和恒生建筑工程有限责任公司(以下简称三和恒生公司)与丰都移民综合开发区开发总公司(以下简称丰都公司)建设工程施工合同纠纷案中,案涉2010年2月1日《施工补充合同》系双方当事人就提前蓄水增加工程量结算方式形成的合意,其内容不违反法律法规的强制性规定。该《施工补充合同》并未约定具体鉴章单位,因此,在丰都公司与三和恒生公司均已签字盖章且三和恒生公司未能提供相反证据证明该《施工补充合同》非双方当事人真实意思表示的情形下,最高人民法院认定原判决关于"鉴章后生效"的约定属于约定不明,认定未经鉴章不能当然作为限制合同生效条件,并无不当。[②]

虽然我国民法向来较为重视规定合同的形式,但是对于记载合同条款或内容的文书在何种条件下可以构成合同的书面形式,《合同法》及其他民事法律至今缺乏明确规定。关于如何认定"当事人未采取书面形式"订立合同,也无明确依据。[③]例如,在工程实践中较为常见的地方政府与大型建筑企业就区域内建设工程项目达成的"合作意向书",仅表达了一种在将来订立合同的意图,但该合同却未产生任何责任,也就是说,它没有任何约束力。[④] 即使其以文字形式呈现,也不构成本条所称的书面建设工程合同。

既然《民法典》对于合同以不要式为原则,以要式为例外,区分要式合同与不要式合同的主要意义就在于要式合同中,如果不符合"形式要件"会发生一些特别的法律效果,如合同不成立、无效或者其他效果,而不要式合同则不存在这一问题。[⑤]

---

① 参见最高人民法院(2014)民抗字第50号民事判决书。

② 参见最高人民法院(2014)民申字第618号民事裁定书。

③ 朱广新:《书面形式与合同的成立》,载《法学研究》2019年第2期。

④ 欧海燕:《标准建筑合同比较研究——以中英为视角》,法律出版社2010年版,第21页。

⑤ 韩世远:《合同法总论》,法律出版社2018年版,第86页。

对于违反法定形式的后果，现代合同法并不是无一例外将其认定为无效。只有法律规定合同必须具备一定的形式才生效的，方为合同的生效要件。[①] 由上述规定可以推定，在未采用书面形式之前合同不成立。[②] 对于违反约定形式的后果，我国法律没有明确规定。从维护交易安全和契约正义角度出发，在认定该后果问题上，应当区分当事人关于合同形式的约定是合同有效要件还是仅仅为了提供证据。如是后者，则不宜认定合同不生效，因为当事人往往已经为合同的生效甚至履行作了充分准备及成本投入。即便是前者，当事人也可以明示或默示方式改变或废除有关形式的约定，以避免无效结果的发生。

二、中标通知是否构成建设工程合同的"书面形式"

《民法典》第四百九十五条规定："当事人约定在将来一定期限内订立合同的认购书、订购书、预订书等，构成预约合同。"《招标投标法》第四十五条规定："中标人确定后，招标人应当向中标人发出中标通知书，并同时将中标结果通知所有未中标的投标人。中标通知书对招标人和中标人具有法律效力。中标通知书发出后，招标人改变中标结果的，或者中标人放弃中标项目的，应当依法承担法律责任。"第四十六条第一款规定："招标人和中标人应当自中标通知书发出之日起三十日内，按照招标文件和中标人的投标文件订立书面合同。招标人和中标人不得再行订立背离合同实质性内容的其他协议。"结合上述法律规定，须对于中标通知书的法律性质，以及其与建设工程合同的关系进行研究。

（一）预约合同制度及其功能

关于预约合同制度之起源，尚有不同观点。有学者认为，预约合同源于罗马法的定金制度，但是另有观点认为，罗马法虽有要物契约和诺成契约之分，但是并无预约合同的概念。[③] 许多国家的民法典都规定了预约合同条款。如《俄罗斯联邦民法典》第四百二十九条第一款规定，"根据预约合同，当事人承担义务依预约合同规

---

① 《民法典》第五百零二条第二款规定："依照法律、行政法规的规定，合同应当办理批准等手续的，依照其规定。未办理批准等手续的影响合同生效的不影响合同中履行报批等义务条款以及相关条款的效力。应当办理申请批准等手续的当事人未履行义务的，对方可以请求其承担违反该义务的责任。"

② 郭明瑞、房绍坤：《新合同法原理》，中国人民大学出版社 2000 年版，第 23 页。

③ 认为预约合同制度源于罗马法的观点，参见朱广新、谢鸿飞主编：《民法典评注. 合同编. 通则》，中国法制出版社 2020 年 10 月版，第 230 页；认为罗马法没有预约合同制度的观点，参见最高人民法院民法典贯彻实施工作领导小组主编：《中华人民共和国民法典合同编理解与适用》，人民法院出版社 2020 年版，第 229 页。

定的条款在将来签订关于转移财产、完成工作或者提供服务的合同”；《法国民法典》第一千五百八十九条规定，“买卖预约，在双方当事人对标的物与价金已相互同意时，即等于买卖”；《日本民法典》第五百五十六条第一款规定，“买卖一方的预约，自表示完结买卖的意思时，发生买卖的效力”。

预约合同制度在我国首次出现在 1993 年施行的《海商法》所规定的预约保险合同，而真正意义上首次涉及预约合同制度的法律文件是最高人民法院《关于审理买卖合同纠纷案件适用法律问题的解释》。该司法解释第二条规定，“当事人签订认购书、订购书、预订书、意向书、备忘录等预约合同，约定在将来一定期限内订立买卖合同，一方不履行订立买卖合同的义务，对方请求其承担预约合同违约责任或者要求解除预约合同并主张损害赔偿的，人民法院应予支持。”

可见，从性质上看，预约合同既区别于其他没有法律拘束力的框架性文件，又不同于约定了当事人具体权利义务的本约合同，其以“按照约定订立本约合同”为其标的，具有相对独立性。从功能上看，我国《民法典》在合同编通则部分正式确立预约合同制度，使其具有了契约法一般规则的地位，有助于弥补缔约过失责任对于合同订立过程调整的不足、亦有助于弥补“要约——承诺”规则的不足，解决了责任承担的问题。

（二）中标通知书发出后成立合同的本约属性

我国 1999 年的《合同法》确立了建设工程合同的要式性，即“建设工程合同应当采用书面形式”。《招标投标法》第四十六条进一步明确了以招标方式订立合同的签约时限，要求招标人和中标人自中标通知书发出之日起三十日内，按照招标文件和中标人的投标文件订立书面合同。由此，在建设领域长期存在一项争论，即中标通知书的法律性质问题。具言之，核心争议在于中标通知书发出后、建设工程合同签订前合同是否成立以及其效力状态。2012 年最高人民法院《关于买卖合同纠纷案件适用法律问题的解释》出台后，预约合同制度在具有“准通则”地位的买卖合同中正式被确认，非但没有消弭工程界的分歧，反而衍生出中标通知书构成预约还是本约合同的新问题。

在《施工合同司法解释二》的起草过程中上述问题被正式提出，且在官方发布的征求意见稿中同时提供了预约和本约两种思路，足见该问题的复杂性、重要性和司法机关的立场游移。然而，在最终通过的正式司法解释文本中，该条款被整体删除，未作讨论。司法机关的这一立场不但体现在司法解释的制定过程中，也反映在具体案件的裁判分歧上。对于中标通知书的法律性质，最高人民法院曾作出过截然不同的裁判结论。

1. 否认中标通知书的缔约属性

在肇庆市建设工程有限公司与广东中核惠原工程有限公司建设工程合同纠纷申诉案[①]中，最高人民法院认为，“中标通知书不能作为结算案涉工程款的依据。2008年案涉工程经过招标投标，肇庆公司中标，中核公司和惠州市惠阳区建设工程交易中心共同向肇庆公司发出2008年中标通知书。2008年中标通知书仅是一份通知肇庆公司中标的文件，并非是确定各方权利义务的建设工程施工合同”。

2. 确认中标通知书的缔约属性

在新疆中新资源有限公司、大庆油田工程有限公司与新疆中新资源有限公司、大庆油田工程有限公司委托创作合同纠纷申请再审案[②]中，最高人民法院认为，招标文件中应当包括拟签订合同的主要条款，投标文件应当对招标文件提出的实质性要求和条件作出响应。双方应当按照招标文件和中标人的投标文件订立书面合同。从上述法律规定可以看出，经过招投标的合同，中标通知书生效后，双方的合同权利义务关系已经明确，合同的主要条款已经确定。本案中，中新资源公司于2008年3月2日向大庆油田公司发出的《投标邀请函》系中新资源公司向潜在投标人发出的要约邀请。大庆油田公司收到《投标邀请函》后，按照中新资源公司的招标文件的要求，编制投标文件，对中新资源公司招标文件的实质性要求和条件作出响应，提出了设计项目的报价，参加了项目投标，递交了投标文件。大庆油田公司的投标文件内容具体确定，表明经中新资源公司接受，即受该意思表示约束，故大庆油田公司投标行为的性质应为要约；中新资源公司经过开标与评标程序，于2008年3月17日向大庆油田公司发出《中标通知书》，同意大庆油田公司的要约行为，中新资源公司发出的《中标通知书》性质应为承诺，该《中标通知书》到达大庆油田公司时起承诺即生效。依照《合同法》第二十五条的规定，承诺生效时合同成立。故双方当事人之间的建设工程设计合同已经成立。

以上两个典型案例的裁判文书均为最高人民法院在2016年作出，纵使个案具体情况迥然，但是以上讨论的却同是对于中标通知书属性的法律认知问题。司法机关无法统一法律适用标准，不仅在个案中损害了涉案当事人的合法权益，而且在更大的社会范围内影响了公众对于法律的认知和法律实施的效果。

---

① 详见最高人民法院(2016)最高法民申2172号民事裁定书。

② 详见最高人民法院(2015)民申字第1715号民事裁定书。

从解释论的立场出发,我们认为,中标通知书作为以招标方式选定建设工程合同承包人的书面文件,其法律性质应为发包人对与承包人缔约的承诺,具有本约属性;其法律效果为双方的建设工程合同关系成立并生效。

第一,发出中标通知书构成本约而非预约合同。

就预约合同而言,其行为发生在合同的磋商阶段,当事人须明示或者默示受其约束在未来一定时限内订立合同,且这一意思表示具有相当的确定性。故就这个层面而言,预约合同本身即是一个独立的合同,其标的不同于本约,亦区别于合同磋商过程中记录过程的"意向书、备忘录"等不具约束的文件。在英国法上,虽承认初步合约(preliminary contract),但是同样认为这种"协议将来达成协议"(agreement to agree)不太肯定且无法执行。既无法确定双方未来继续磋商的善意和诚意,更无法衡量一方拒绝继续磋商时应该承担的所谓违约责任。①

可见,预约合同的核心价值是双方就未来一定期限内签订本约合同达成的一致意思表示。反观以招投标方式订立合同的程序,中标通知书发出后一定期限内,双方应当按照招标文件和中标人的投标文件订立书面合同是基于法律的规定而非双方的约定。招标人与中标人不按照招标文件和中标人的投标文件订立合同的,或者招标人、中标人订立背离合同实质性内容的协议的,需要承担相应的法律责任。这是中标通知书与预约合同的本质区别。

第二,中标通知书意味着建设工程合同成立并生效。

虽然罗马法并不区分合同成立与生效,将合同无效与不成立一并包括在无效的范围之内,但是在我国《合同法》颁行以来,已明确合同的成立与合同的生效是两个不同的范畴。合同的成立强调当事人就意思表示达成了一致,而合同生效则是指已成立的合同依当事人合意的内容发生效力,需受制于法律的评价。合同成立制度与合同生效制度相区分协调了契约自治与国家意志之间的关系。

中标通知书发出后、工程合同签订前之合同状态,尤其加之建设工程合同须为要式合同的限制,大体存在合同已成立但未生效、合同无效、合同已成立并有效等三种观点。

(1)关于建设工程合同未生效的观点。我国法学界和司法实践领域对于在合同有效和无效之间尚存有"未生效"之中间状态的认识,经历了一个循序渐进的过程。较具共识性的观点体现在2019年的《全国法院民商事审判工作会议纪要》中,

---

① 杨良宜:《合约的解释:规则与应用》,法律出版社2015年版,第70页。

并经由《民法典》而上升为一般法律规定。但是,应当意识到此类合同未生效之原因,须限于"依照法律、行政法规的规定应当办理批准手续"的合同,而非我们当下所讨论的中标通知书与书面合同之间的关系。

(2)关于建设工程合同无效的观点。事实上这一观点存在一个逻辑前提虚假的问题。所谓中标通知书发出后、建设工程合同签订前合同无效的认知,需有一个明确的文本指向,即是指中标通知书无效、发承包关系无效还是指建设工程合同无效。中标通知书系依法发出,当不涉及无效问题;而书面建设工程合同尚未签署,应该也无法做出无效之评价;所以,这种观点的规范性表述或许为:发出中标通知书而未签订书面建设工程合同者,招标人与中标人之间所形成的发承包关系无效。这种结论的缺陷的显而易见的,且不论《民法典》四百九十条所确立的实际履行原则,仅就这一特殊时点的效力评价而言,亦足以得出合同已成立且生效的结论。

(3)笔者持第三种观点,即发出中标通知书意味着建设工程合同已然成立并且生效,理由如下:

其一,要式合同所要求的形式应为合同的成立要件而非生效要件。而以招标方式订立的建设工程合同,其成立时点恰为中标通知书发出之日。依合同订立的一般理论以及《民法典》的法律规定,招标人所发布的招标公告应属要约邀请,投标人递交投标文件之行为为要约,招标人经评标环节向中标人发出通知书之行为则为承诺,即告合同关系之成立。

其二,招投标活动的响应文件共同构成了对发承包双方的拘束。从建设领域交易习惯出发,构成合同文件的组成部分一般包括合同协议书、中标通知书、投标函及其附录、专用合同条款及其附件、通用合同条款、技术标准和要求、图纸、已标价工程量清单或预算书以及其他合同文件。其中,依《招标投标法》第十九条之规定,"拟签订合同的主要条款"系招标文件之组成部分。由此可见,构成合同文件的全部组成部分均在招标文件、投标文件与中标通知书中得以完整体现,能够具体确定双方的权利义务关系。

其三,中标后需订立的合同并不等同于"书面形式"。合同形式,不是意思表示本身,依照合同解释为解释意思表示的狭义说,合同形式不属于合同解释的对象。[①]如前所述,以示范文本为典型代表的合同书是建设工程合同"书面形式"的组成部分,但是以招标方式订立合同与其他订约方式的显著区别就在于通过递交投标文

① 崔建远:《合同解释论:规范、学说与案例的交互思考》,中国人民大学出版社 2020 年版,第 94 页。

件响应招标方采购需求的过程，双方已经就采购标的的主要权利义务关系进行了安排。毋宁说，于此种情境下，合同书只是作为合同成立的证明而非合同生效的要件。尤为需要注意的是，依相关法律规定，书面合同应与招标文件和中标人的投标文件保持一致，对于招投标文件的细化和补充，可尊重双方的意思自治，而对于合同实质变更了双方权利义务的情形，其效力还会受到否定性评价。

2021 年 1 月 1 日起施行的最高人民法院《建设工程施工合同司法解释（一）》第二十二条规定："当事人签订的建设工程施工合同与招标文件、投标文件、中标通知书载明的工程范围、建设工期、工程质量、工程价款不一致，一方当事人请求将招标文件、投标文件、中标通知书作为结算工程价款的依据的，人民法院应予支持。"

该条解释的基本思路是，投标人是建立在对于招标文件确立的招标条件、评标方法、合同文本实质性响应的基础上提交投标文件的。而招标人则是通过评标委员会专业评审过程和发出中标通知书的行为，确认了潜在投标人中最具竞争力的中标单位。鉴于合同文件本身已经是招标文件的组成部分，招投标双方对其内容均已知悉并认可。因此，招标人与中标人订立书面合同的文件基础应为"招标文件和中标人的投标文件"，而绝非脱离上述文件"另起炉灶"。为了彰显经招标投标而订立的建设工程施工合同中招投标文件和中标通知书的特殊法律地位，司法解释确立了招投标文件、中标通知书在工程结算时优先于中标合同的原则。

但是笔者对司法解释这一立场抱持异议。关于笔者异议的详细理由，请参阅本书《民法典》第七百九十条【条文适用】"二、关于施工合同与招标文件、投标文件和中标通知书实质内容不一致问题的处理"中的相关内容。

此外，在预约合同和本约合同的判断上，有"疑约从本"的兜底标准，即如王泽鉴先生所言，"认定一个原则，订立预约在交易上系属例外，有疑义，宜认为系属本约"。①

三、举证责任

在争议解决程序中，主张发承包双方订有书面建设工程合同的一方负有举证责任。其具体表现方式包括以下三种情形：

第一，由发承包双方签字并加盖公章的合同书；

第二，如该建设工程系以招标方式采购，合同条款已作为招标文件组成部分

---

① 王泽鉴：《基本理论　债之发生——契约、代理权授予、无因管理》，中国政法大学出版社 2001 年版，第 149 页。

的,则中标通知书、中标人的投标文件、招标文件可共同构成建设工程合同的书面形式;

第三,包含《民法典》第七百九十四条、第七百九十五条实质内容的其他书面文件,其名称可能为“协议书”“承包书”等。

在工程实践中,如果某些冠以“框架协议”“合作意向书”的书面文件,并未包含《民法典》第七百九十四条、第七百九十五条所规定的实质内容,就不应该被认定为建设工程合同的书面形式。

第七百九十条　建设工程招投标

【法条原文】

第七百九十条　建设工程的招标投标活动，应当依照有关法律的规定公开、公平、公正进行。

【条文主旨】

本条是关于招投标活动应遵循的原则的规定。

本条为强制性规定，但是其适用需要参引相应的强制性规范，故为不完全法条。[①] 完全法条，是指一个法条中兼有构成要件与法律效果两部分，并将该法律效果系于该构成要件。该法条构造完整，能独立作为权利的发生依据，且在法律适用上能独立作为请求权基础。不完全法条，则是指那些构造残缺的规定，它往往无法律效果，甚至无构成要件，其功能旨在说明、限制或引用另一法条或章节的规定，因此，也被称为辅助规范。[②]

对于该条的违反，有些情形会对合同效力产生影响，还有一些情形会引致行政责任。本条具有转介条款性质，对于公开、公平、公正的解释，需依招标投标相关法律确定。

【条文释评】

依据《建筑法》第十九条规定："建筑工程依法实行招标发包，对不适于招标发包的可以直接发包。"其中，对于采用招标发包的，则依《招标投标法》之规定，招标投标活动应遵循公开、公平、公正和诚实信用的原则。因此，我国建设工程发包方式包括直接发包和招标发包两种。

一、建设工程直接发包

直接发包可以区分为两种情形：一是该工程原本即不属于《招标投标法》要求

---

① 陈甦主编：《民法总则评注》，法律出版社 2017 年版，第 1093 页。

② 易军：《买卖合同之规定准用于其他有偿合同》，载《法学研究》2016 年第 1 期。

必须招标的范围；二是该工程从性质上虽属强制招标范围且达到了相应规模标准，但由于满足法定条件可以不招标。

（一）非强制招标项目

非强制招标项目包含两种情况：第一种情况是不属于强制招标范围的建设工程；第二种情况是属于强制招标范围，但是未达到强制招标规模标准的情形。

对于民间投资项目和未达到强制招标规模标准的建设工程，发包人可以直接发包，选定承包人。国务院办公厅《关于促进建筑业持续健康发展的意见》（国办发〔2017〕19号）指出，要缩小并严格界定必须进行招标的工程建设项目范围，放宽有关规模标准，防止工程建设项目实行招标“一刀切”。在民间投资的房屋建筑工程中，探索由建设单位自主决定发包方式。

有些建设工程项目虽然属于《招标投标法》要求必须招标的范围，但是由于没有达到强制招标的规模标准，依法可以不招标。强制招标项目的具体范围和规模标准，由国务院发展计划部门会同国务院有关部门制定，报国务院批准。对于此类项目，发包人可以自主选择发包方式和承包人。

（二）依法可以不招标的项目

1.《招标投标法》第六十六条规定，涉及国家安全、国家秘密、抢险救灾或者属于利用扶贫资金实行以工代赈、需要使用农民工等特殊情况，不适宜进行招标的项目，按照国家有关规定可以不进行招标。

2.《招标投标法实施条例》第九条第一款规定，除《招标投标法》第六十六条规定的可以不进行招标的特殊情况外，有下列情形之一的，可以不进行招标：

（1）需要采用不可替代的专利或者专有技术；

（2）采购人依法能够自行建设、生产或者提供；

（3）已通过招标方式选定的特许经营项目投资人依法能够自行建设、生产或者提供；

（4）需要向原中标人采购工程、货物或者服务，否则将影响施工或者功能配套要求；

（5）国家规定的其他特殊情形。

二、建设工程招标发包

招投标制度是社会主义市场经济体制的重要组成部分。完善的招投标制度，对于优化配置资源、提高采购质量和预防惩治腐败具有重要作用。

（一）强制招标项目的范围

《招标投标法》第三条规定，在中华人民共和国境内进行下列工程建设项目包括项目的勘察、设计、施工、监理以及与工程建设有关的重要设备、材料等的采购，必须进行招标：（1）大型基础设施、公用事业等关系社会公共利益、公众安全的项目；（2）全部或者部分使用国有资金投资或者国家融资的项目；（3）使用国际组织或者外国政府贷款、援助资金的项目。

其中，依据2018年6月6日起施行的《必须招标范围规定》的规定，大型基础设施、公用事业等关系社会公共利益、公众安全的项目，必须招标的具体范围包括：（1）煤炭、石油、天然气、电力、新能源等能源基础设施项目；（2）铁路、公路、管道、水运，以及公共航空和A1级通用机场等交通运输基础设施项目；（3）电信枢纽、通信信息网络等通信基础设施项目；（4）防洪、灌溉、排涝、引（供）水等水利基础设施项目；（5）城市轨道交通等城建项目。

依据2018年6月1日起施行的《必须招标项目规定》第二条规定，全部或者部分使用国有资金投资或者国家融资的项目包括：（1）使用预算资金200万元人民币以上，并且该资金占投资额10%以上的项目；（2）使用国有企业事业单位资金，并且该资金占控股或者主导地位的项目。

依据《必须招标项目规定》第三条规定，使用国际组织或者外国政府贷款、援助资金的项目包括：（1）使用世界银行、亚洲开发银行等国际组织贷款、援助资金的项目；（2）使用外国政府及其机构贷款、援助资金的项目。

（二）强制招标项目的规模标准

根据《必须招标项目规定》第五条规定，必须招标范围内的项目，其勘察、设计、施工、监理以及与工程建设有关的重要设备、材料等的采购达到下列标准之一的，必须招标：（1）施工单项合同估算价在400万元人民币以上；（2）重要设备、材料等货物的采购，单项合同估算价在200万元人民币以上；（3）勘察、设计、监理等服务的采购，单项合同估算价在100万元人民币以上。

同一项目中可以合并进行的勘察、设计、施工、监理以及与工程建设有关的重要设备、材料等的采购，合同估算价合计达到上述规定标准的，必须招标。

三、招投标活动应遵循的原则

(一)公开原则

公开原则,是指招标活动信息公开、开标活动公开、评标标准公开及定标结果公开。

1. 招标活动信息公开。招标人应将项目的资格预审公告、招标公告、中标候选人公示、中标结果公示等信息向潜在投标人或投标人进行公开。依据《招标公告和公示信息发布管理办法》第三条之规定:“依法必须招标项目的招标公告和公示信息,除依法需要保密或者涉及商业秘密的内容外,应当按照公益服务、公开透明、高效便捷、集中共享的原则,依法向社会公开。”招标人就同一招标项目向潜在投标人或者投标人提供有差别的项目信息,属于以不合理条件限制、排斥潜在投标人或者投标人。

2. 开标活动公开。依据《招标投标法》第三十四条之规定:“开标应当在招标文件确定的提交投标文件截止时间的同一时间公开进行;开标地点应当为招标文件中预先确定的地点。”

3. 评标标准公开。依据《招标投标法实施条例》第四十九条第一款之规定:“评标委员会成员应当依照招标投标法和本条例的规定,按照招标文件规定的评标标准和方法,客观、公正地对投标文件提出评审意见。招标文件没有规定的评标标准和方法不得作为评标的依据。”

4. 定标结果公开。依据《招标投标法实施条例》第五十四条第一款之规定:“依法必须进行招标的项目,招标人应当自收到评标报告之日起 3 日内公示中标候选人,公示期不得少于 3 日。”

(二)公平原则

公平原则,一般理解为要求招标人给予所有投标人平等竞争的机会,使其享有同等的权利并履行相应的义务,不允许出现歧视待遇。同时,投标人亦不得串通投标,妨碍其他投标人的公平竞争以及损害招标人的合法权益。

1. 招标人应遵守的公平原则。《招标投标法》第六条规定:“依法必须进行招标的项目,其招标投标活动不受地区或者部门的限制。任何单位和个人不得违法限制或者排斥本地区、本系统以外的法人或者其他组织参加投标,不得以任何方式非法干涉招标投标活动。”第十八条第二款规定:“招标人不得以不合理的条件限制或者排斥潜在投标人,不得对潜在投标人实行歧视待遇。”

《招标投标法实施条例》第三十二条第二款规定,招标人有下列行为之一的,属于以不合理条件限制、排斥潜在投标人或者投标人:(1)就同一招标项目向潜在投标人或者投标人提供有差别的项目信息;(2)设定的资格、技术、商务条件与招标项目的具体特点和实际需要不相适应或者与合同履行无关;(3)依法必须进行招标的项目以特定行政区域或者特定行业的业绩、奖项作为加分条件或者中标条件;(4)对潜在投标人或者投标人采取不同的资格审查或者评标标准;(5)限定或者指定特定的专利、商标、品牌、原产地或者供应商;(6)依法必须进行招标的项目非法限定潜在投标人或者投标人的所有制形式或者组织形式;(7)以其他不合理条件限制、排斥潜在投标人或者投标人。

2. 投标人应遵循的公平原则。依据《招标投标法》的相关规定,投标人应遵守的公平原则主要体现为投标人不得相互串通投标报价,不得排挤其他投标人的公平竞争,损害招标人或者其他投标人的合法权益。投标人不得与招标人串通投标,损害国家利益、社会公共利益或者他人的合法权益。禁止投标人以向招标人或者评标委员会成员行贿的手段谋取中标。同时,投标人不得以低于成本的报价竞标,也不得以他人名义投标或者以其他方式弄虚作假,骗取中标。

《招标投标法实施条例》第三十九条第二款列举了投标人相互串通投标的情形,包括:(1)投标人之间协商投标报价等投标文件的实质性内容;(2)投标人之间约定中标人;(3)投标人之间约定部分投标人放弃投标或者中标;(4)属于同一集团、协会、商会等组织成员的投标人按照该组织要求协同投标;(5)投标人之间为谋取中标或者排斥特定投标人而采取的其他联合行动。

《招标投标法实施条例》第四十条列举了视为投标人相互串通投标的情形包括:(1)不同投标人的投标文件由同一单位或者个人编制;(2)不同投标人委托同一单位或者个人办理投标事宜;(3)不同投标人的投标文件载明的项目管理成员为同一人;(4)不同投标人的投标文件异常一致或者投标报价呈规律性差异;(5)不同投标人的投标文件相互混装;(6)不同投标人的投标保证金从同一单位或者个人的账户转出。

《招标投标法实施条例》第四十一条第二款规定:“有下列情形之一的,属于招标人与投标人串通投标:(一)招标人在开标前开启投标文件并将有关信息泄露给其他投标人;(二)招标人直接或者间接向投标人泄露标底、评标委员会成员等信息;(三)招标人明示或者暗示投标人压低或者抬高投标报价;(四)招标人授意投标人撤换、修改投标文件;(五)招标人明示或者暗示投标人为特定投标人中标提供方便;(六)招标人与投标人为谋求特定投标人中标而采取的其他串通行为。"

《招标投标法实施条例》第四十二条规定:"使用通过受让或者租借等方式获取的资格、资质证书投标的,属于招标投标法规定的以他人名义投标。投标人有下列情形之一的,属于招标投标法第三十三条规定的以其他方式弄虚作假的行为:(一) 使用伪造、变造的许可证件;(二)提供虚假的财务状况或者业绩;(三)提供虚假的项目负责人或者主要技术人员简历、劳动关系证明;(四)提供虚假的信用状况;(五)其他弄虚作假的行为。"

(三)公正原则

公正原则,主要体现在招标投标活动的客观性、合理性、合法性以及遵守科学规律性。从资格预审开始到开标、评标,直至最后确定中标单位的过程中的每一项活动都要公正。这一原则在评标活动中尤为重要。①

评标委员会成员应当客观、公正地履行职务,遵守职业道德,对所提出的评审意见承担个人责任。评标委员会成员应当依照《招标投标法》和《招标投标法实施条例》的规定,按照招标文件规定的评标标准和方法,客观、公正地对投标文件提出评审意见。招标文件没有规定的评标标准和方法不得作为评标的依据。

评标委员会成员不得私下接触投标人,不得收受投标人的财物或者其他好处。评标委员会成员和参与评标的有关工作人员不得透露对投标文件的评审和比较、中标候选人的推荐情况以及与评标有关的其他情况。不得向招标人征询确定中标人的意向,不得接受任何单位或者个人明示或者暗示提出的倾向或者排斥特定投标人的要求,不得有其他不客观、不公正履行职务的行为。

【条文适用】

一、非强制招标项目采用招标方式发包问题

实践中存在一些强制招标范围以外的项目,发包人根据主管部门要求或者自行招标并根据招投标结果签订施工合同,当事人又另行签订实质性内容不同的施工合同,如何确定结算工程价款的依据。对此问题实务中存在两种意见:一种意见是当事人自愿进行招投标的项目,在中标合同之外,如果又另行签订的合同并不违

---

① 李启明、朱延超:《关于工程招投标中的若干重要问题分析》,载《建筑经济》2000 年第 6 期。

反法律禁止性规定，则不存在“黑白合同”的问题，应根据合同是否体现当事人真实意思表示对其效力予以认定。另一种意见是虽然工程项目非强制招投标范围，但当事人自愿进行招投标，应当受《招标投标法》的约束，同样也存在黑白合同问题。现行司法解释采后一种观点，《建设工程施工合同司法解释（一）》第二十三条规定：“发包人将依法不属于必须招标的建设工程进行招标后，与承包人另行订立的建设工程施工合同背离中标合同的实质性内容，当事人请求以中标合同作为结算建设工程价款依据的，人民法院应予支持，但发包人与承包人因客观情况发生了在招标投标时难以预见的变化而另行订立建设工程施工合同的除外。”因为《招标投标法》不仅保护当事人自身的利益，而且对社会招投标市场进行规范，事关不特定投标人利益的保护，涉及市场竞争秩序的维护。因此，只要根据《招标投标法》进行的招投标并因此签订的合同均应受该法约束，当事人不得在此之外签订背离中标合同实质性内容的补充协议。

不属于法律规定强制招标工程范围的项目，如果签订了所谓的“黑合同”，也仍然应以中标合同作为结算的依据，也就是说，即使是不予强制招标的工程项目，如果履行了招标程序就涉及“黑白合同”的问题。因为依据《招标投标法》第二条“在中华人民共和国境内进行招标投标活动，适用本法”的规定，只要采用了招标的方式，就应该遵守《招标投标法》第四十六条有关不得订立“黑合同”的规定。

同时，考虑对于当事人真实意思表示的尊重，该条规定发包人将不属于必须招标的建设工程项目进行招标后，因客观情况发生了在招标投标时难以预见的变化，发包人与承包人双方可以另行订立建设工程施工合同。这既是对合同当事人变更权的维护，也可防止因客观情况的变化而造成发包人与承包方权利义务的失衡。

二、关于施工合同与招标文件、投标文件和中标通知书实质内容不一致问题的处理

关于双方签订的建设工程施工合同与招标投标文件不一致时工程价款的结算依据问题，《建设工程施工合同司法解释（一）》第二十二条规定：“当事人签订的建设工程施工合同与招标文件、投标文件、中标通知书载明的工程范围、建设工期、工程质量、工程价款不一致，一方当事人请求将招标文件、投标文件、中标通知书作为结算工程价款的依据的，人民法院应予支持。”该条解释的基本思路是，投标人是建立在对于招标文件确立的招标条件、评标方法、合同文本实质性响应的基础上提交投标文件的；而招标人则是通过评标委员会专业评审过程和发出中标通知书的行为,确认了潜在投标人中最具竞争力的中标单位。鉴于合同文件本身已经是招标文件的组成部分,招投标双方对其内容均已知悉并认可。因此,招标人与中标人订立书面合同的文件基础应为"招标文件和中标人的投标文件",而绝非脱离上述文件"另起炉灶"。

本条意在彰显经招标投标而订立的建设工程施工合同中招投标文件和中标通知书的特殊法律地位,确立了招投标文件、中标通知书在工程结算时优先于中标合同的原则。

但是,笔者认为,由于该条司法解释的适用边界不清晰,在司法实践中将在法益保护上产生逻辑混乱。

第一,本条解释并不区分是否属于法律规定必须招标的项目。也就是说,即使是法律未规定强制招标的项目,或未达到强制招标规模标准,只要采用了招标投标程序选择承包人,就应该适用本条之规定。因此,就产生了本条规定与《建设工程施工合同司法解释(一)》第二十三条但书部分规定的冲突,即对于非强制招标项目,因客观情况发生了在招标投标时难以预见的变化,发包人与承包人可以另行订立与招标文件、投标文件、中标通知书载明的工程范围、建设工期、工程质量、工程价款不一致的建设工程合同。

第二,本条解释并未明示其适用前提应为招标程序合法有效。因为依据《建设工程施工合同司法解释(一)》之规定,倘若项目招标投标程序本身存在重大法律瑕疵,包括应该招标而未招标或者中标无效时,则无论所订立中标合同工程范围、建设工期、工程质量、工程价款等内容是否与招标文件、投标文件、中标通知书相一致,均为无效。为此情形,结合《建设工程施工合同司法解释(一)》第二十四条之规定,将导致该份合同虽属无效,但由于其已经被实际履行或者签订时间在后,仍可以作为结算工程价款的依据。这与本条解释欲强调招投标文件和中标通知书的优先地位的立法本意大相径庭,即在中标合同内容与招投标文件不一致的情形下,如果招投标程序合法,则以招投标文件作为结算依据;如果招投标程序违法,则以中标合同作为结算依据。

第三,本条解释未能体现民事法律规范当事人意思自治的基本原则,过分扩张了招投标文件的法律效力。本司法解释明确是根据《民法典》《建筑法》《招标投标法》制定的,意即从解释论的立场出发,本司法解释不能违背上述法律的基本规定和法律原则。但是综合考量各上位法的规定,应当认为本条解释过分强调了招投标文件的法律地位,而弱化了对当事人意思自治的保护,且不符合工程实践中客观条件变化的实际情况。《民法典》第四条规定:“民事主体从事民事活动,应当遵循自愿原则,按照自己的意思设立、变更和终止民事关系。”《招标投标法》第四十六条第一款规定:“招标人和中标人应当自中标通知书发出之日起三十日内,按照招标文件和中标人的投标文件订立书面合同。招标人和中标人不得再行订立背离合同实质性内容的其他协议。”结合上述法律规定,应当认为其立法本意是不允许双方背离合同“实质性内容”另行订立协议,损害当事人以及其他未中标投标人的利益。但本条解释认为只要当事人签订的建设工程施工合同与招标文件、投标文件、中标通知书载明的工程范围、建设工期、工程质量、工程价款“不一致”,一方当事人即可请求将招标文件、投标文件、中标通知书作为结算工程价款的依据。且不说《民法典》第四百七十三条已明确招标公告属于要约邀请行为,单就中标通知书发出后至双方签订施工合同期间,亦存在建设资金未能足额到位、工程设计变更、施工现场不能按时移交、不利的地质条件或气候条件等诸多不确定因素,导致实际订立的施工合同与招投标文件存在差异,但是只要双方权利义务关系是平衡的,就应当尊重客观实际和当事人的真实意思,以确保合同双方为更好实现项目价值而达成合意。

第四,本条解释立法旨趣不利于国家层面“完善工程建设组织模式、加快推行工程总承包”政策目标的实现。同样作为本解释的法律依据,《建筑法》第二十四条第二款规定,“建筑工程的发包单位可以将建筑工程的勘察、设计、施工、设备采购一并发包给一个工程总承包单位”,国务院办公厅《关于促进建筑业持续健康发展的意见》(国办发〔2017〕19 号)亦明确要求“政府投资工程应完善建设管理模式,带头推行工程总承包”。在工程总承包模式下,由于招投标程序完成时,项目尚未达到指导施工的设计深度,须有总承包人进行设计优化,这种情况下工程承包范围、工期等项目管理目标尚不十分明确;如果固化地以招投标文件作为优先考量,将不利于国家层面推进工程总承包政策目标的实现。

三、举证责任

主张争议建设工程合同订立采用了招投标程序、对方违反了招投标原则一方,负有相应举证责任。其证明过程需至少满足以下要件:

第一,需证明该工程合同缔约过程系依据《招标投标法》进行。包括法定必须招标项目和非招标项目但采用了招投标程序两种情形。工程实践中一些竞争性程序,如设计方案竞赛、磋商谈判等,并不受招投标法律机制约束。

第二,需证明对方在招投标活动中有违反公开、公平、公正原则之行为。此类行为又可以进一步区分为可予纠正行为和导致中标无效行为。其中中标无效的行为,将对工程合同效力产生影响。

第七百九十一条　建设工程合同发包、承包与分包

【法条原文】

第七百九十一条　发包人可以与总承包人订立建设工程合同，也可以分别与勘察人、设计人、施工人订立勘察、设计、施工承包合同。发包人不得将应当由一个承包人完成的建设工程支解成若干部分发包给几个承包人。

总承包人或者勘察、设计、施工承包人经发包人同意，可以将自己承包的部分工作交由第三人完成。第三人就其完成的工作成果与总承包人或者勘察、设计、施工承包人向发包人承担连带责任。承包人不得将其承包的全部建设工程转包给第三人或者将其承包的全部建设工程支解以后以分包的名义分别转包给第三人。

禁止承包人将工程分包给不具备相应资质条件的单位。禁止分包单位将其承包的工程再分包。建设工程主体结构的施工必须由承包人自行完成。

【条文主旨】

本条是关于建设工程承包模式的规定，共分三款：第一款是关于工程总承包和平行发包的规定；第二款是关于合法分包和禁止转包的规定；第三款是关于禁止违法分包的规定。该条是效力强制性规定，违反本条关于禁止转包、违法分包规定的，将导致建设工程合同无效。

本条是民法典承揽合同章，关于承揽人自行完成主要工作的义务和交由第三人完成承揽工作的相关规定，在建设工程合同中的特殊体现。① 即在建设工程合同中，承包人不得将项目转包或支解分包，主体结构施工必须由承包人自行完成。此类规定具有强制性，当事人不得选择适用。

【条文释评】

本条表述总体延续了《合同法》第二百七十二条的规定，属于《建筑法》第二十

---

① 《民法典》第七百七十二条规定："承揽人应当以自己的设备、技术和劳力，完成主要工作，但是当事人另有约定的除外。承揽人将其承揽的主要工作交由第三人完成的，应当就该第三人完成的工作成果向定作人负责；未经定作人同意的，定作人也可以解除合同。"第七百七十三条规定："承揽人可以将其承揽的辅助工作交由第三人完成。承揽人将其承揽的辅助工作交由第三人完成的，应当就该第三人完成的工作成果向定作人负责。"

四条和第二十九条内容的合并。《建筑法》第二十四条规定："提倡对建筑工程实行总承包,禁止将建筑工程肢解发包。建筑工程的发包单位可以将建筑工程的勘察、设计、施工、设备采购一并发包给一个工程总承包单位,也可以将建筑工程勘察、设计、施工、设备采购的一项或者多项发包给一个工程总承包单位;但是,不得将应当由一个承包单位完成的建筑工程肢解成若干部分发包给几个承包单位。"第二十九条规定:"建筑工程总承包单位可以将承包工程中的部分工程发包给具有相应资质条件的分包单位;但是,除总承包合同中约定的分包外,必须经建设单位认可。施工总承包的,建筑工程主体结构的施工必须由总承包单位自行完成。建筑工程总承包单位按照总承包合同的约定对建设单位负责;分包单位按照分包合同的约定对总承包单位负责。总承包单位和分包单位就分包工程对建设单位承担连带责任。禁止总承包单位将工程分包给不具备相应资质条件的单位。禁止分包单位将其承包的工程再分包。"

值得注意的是,《民法典》该条文用"支解"替代《合同法》与《建筑法》使用的"肢解"一词。依《现代汉语词典》,"肢解"与"支解"同义,比喻把完整的事务分割成几部分。①

一、工程总承包

工程总承包模式是一种国际工程较为重要并日趋主流的工程项目建设模式,其源于西方国家私营建设单位为帮助业主控制造价和工期而采取的项目管理模式。我国从二十世纪九十年代开始探讨工程总承包模式的应用,中间经历了若干里程碑事件。1992 年原建设部曾发布了《设计单位进行工程总承包资格管理的有关规定》;1999 年的《建筑法》明确提出国家提倡实行工程总承包;2003 年原建设部颁布《关于培育发展工程总承包和工程项目管理企业的指导意见》,首次从政策文件层面对工程总承包进行了定义,认为工程总承包是指从事工程总承包的企业受业主委托,按照合同约定对工程项目的勘察、设计、采购、施工、试运行、竣工验收等实行全过程或若干阶段的承包。

以上法律规定和政策文件推动了工程总承包理念在国内的普及,但是并未实现工程总承包模式在建设领域的广泛应用。2016 年中共中央、国务院发布《关于进一步加强城市规划建设管理工作的若干意见》,明确提出"深化建设项目组织实施

---

① 中国社会科学院语言研究所词典编辑室编:《现代汉语词典》(第 6 版),商务印书馆 2012 年版,第 1666、1668 页。

方式改革，推广工程总承包制”的要求，住房和城乡建设部为落实要求、提升工程建设质量和效益，同年颁布《关于进一步推进工程总承包发展的若干意见》，要求建设单位在选择建设项目组织实施方式时，应当本着质量可靠、效率优先的原则，优先采用工程总承包模式。政府投资项目和装配式建筑应当积极采用工程总承包模式。该文件作为未来一段时期国家推进工程总承包的纲领性文件，指明了完善工程总承包制度的操作路径。

2017 年国务院办公厅发布 19 号文《关于促进建筑业持续健康发展的意见》，进一步明确，“要加快推行工程总承包。装配式建筑原则上应采用工程总承包模式。政府投资工程应完善建设管理模式，带头推行工程总承包。加快完善工程总承包相关的招标投标、施工许可、竣工验收等制度规定”。2017 年 4 月，住房和城乡建设部发布了新版《建设项目工程总承包管理规范》(GB/T 50358 - 2017)；2019 年，住房和城乡建设部、国家发展改革委联合印发了《房屋建筑和市政基础设施项目工程总承包管理办法》；2020 年，住房和城乡建设部、市场监管总局联合制定了《建设项目工程总承包合同(示范文本)》(GF - 2020 - 0216)。至此，我国建立了推行工程总承包模式相对完整的政策法规体系、技术标准规范和示范文本制度。

(一)工程总承包的概念

国际上尚没有对于工程总承包的统一定义，依《建设项目工程总承包管理规范》的术语，工程总承包是依据合同约定对建设项目的设计、采购、施工和试运行实行全过程或若干阶段的承包。但是考虑我国推行工程总承包模式的客观条件，《工程总承包管理办法》仅规定了 EPC 和 DB 两种相对成熟的模式。该办法第三条规定，“本办法所称工程总承包，是指承包单位按照与建设单位签订的合同，对工程设计、采购、施工或者设计、施工等阶段实行总承包，并对工程的质量、安全、工期和造价等全面负责的工程建设组织实施方式”。

EPC 主要应用于以大型装置或工艺过程为主要核心技术的工业建设领域，如通常包括大量非标准设备的大型石化、化工、橡胶、冶金、制药、能源等项目，这些项目共同的特点即工艺设备的采购与安装和工艺的设计紧密相关，是实现项目投资目的最重要、最关键的过程。

一般而言，工程总承包的典型操作方式有“设计—建造模式”(Design - Build, DB)与“设计—采购—施工模式”(Engineering Procurement Construction, EPC)，有时也联合或单独使用“交钥匙”(Turnkey)这一术语。从实践中看，“设计—建造”这一术语主要用于房屋建筑工程与其他土木工程领域;“设计—采购—施工”模式这一术语一般用于含有大量非标生产设备的石油、化工、电力、电信、矿业等工程项目领域;“交钥匙”这一术语则多用于设备供货与安装项目。

工程总承包项目的自身特点决定了总承包工作的范围不尽相同,因此在工程实践中出现了一些工程总承包的变异模式。例如,设计、采购、施工管理总承包(Engineering Procurement Construction Management,EPCm)是指总承包商与业主签订合同,负责工程项目的设计、采购和施工管理,另外由施工承包商与业主签订施工合同并负责按照设计图纸进行施工。又如设计、采购和施工咨询总承包(Engineering Procurement Construction advisory,EPCa)是指总承包商负责工程项目的设计和采购,并在施工阶段向业主和施工承包商提供咨询服务。此外,尚有总承包商负责项目融资的F+EPC模式以及总承包商负责项目运营的(Engineering Procurement Construction + Operate,EPC + O)等不同操作模式。

(二)工程总承包的特点

“设计—采购—施工/交钥匙”(EPC/Turnkey)模式即承包商向业主提供包括设计、施工、设备采购、安装和调试直至竣工移交的全套服务。工作范围中设计工作除包括设计计算书和图纸外,还应包括“业主的要求”中列明的设计工作,如项目可行性研究,配套公用工程设计,辅助工程设施的设计以及结构建筑设计等;采购工作既包括购买包括在工艺设计中的各类工艺、专利产品以及设备和材料,还可能包括土地购买等;施工工作由总承包商负责全面的项目施工管理,包括施工方法、安全管理、费用控制、进度管理、设备安装调试以及工作协调,还包括分包合同的管理工作。

1. EPC模式自身特点。与平行发包模式相比较,工程总承包模式合同责任相对集中,总承包单位对项目设计、采购、施工过程的质量与安全承担责任,简化了合同组织关系,有利于业主管理,避免了传统模式各方推诿责任的情形;由于设计工作由总承包单位完成,因此,项目招标时业主尚无法提供工程量清单,工程总承包合同往往采用总价方式进行计价。《工程总承包管理办法》第十六条规定,“企业投资项目的工程总承包宜采用总价合同,政府投资项目的工程总承包应当合理确定合同价格形式”。EPC项目属于总价包干不可调价,因此业主的投资成本在早期即可得到保证;总承包单位可以采用阶段发包方式以缩短工程工期;能够较好的将工艺的设计与设备的采购及安装紧密结合起来,有利于项目综合效益的提升;业主方承担的风险较小。此外，FIDIC编制的《设计—采购—施工/交钥匙合同条件》由业主代表对项目进行直接管理，不再设置工程师角色。但是我国工程总承包合同示范文本中仍保留了工程师职位。

2. EPC模式发展特点。近年来，以EPC为代表的的总承包模式工作链不断向前后延展，实现了"由设计—采购—施工"向具有投融资、可研、项目管理服务等具有全产业链服务能力的综合性承包商演进。工程项目规模趋于大型化、复杂化，导致实施过程中不确定因素增加；随着业主需求变化，越来越多的项目采用项目管理承包（PMC）附加工程总承包（EPC）的项目管理模式，实现项目一体化交付；同时，总承包商的融资能力及融资方案可行性等成为业主选择中标企业的重要评审因素，协助融资（F＋EPC）或直接对项目入股投资使得总承包商的合同身份进一步模糊，给企业带来潜在的合规风险。

（三）DB模式与EPC模式的区别

"设计—建造"（DB）模式是一种简练的工程项目的管理模式，在这种模式下业主方首先聘请一家专业咨询公司为其研究拟建项目的基本要求，在招标文件中明确项目完整的工作范围。在项目原则确定之后，业主只需选定一家公司对项目的设计/施工进行总承包。这种模式在投标时和签订合同时通常以总价合同为基础，但允许价格调整，也允许某些部分采用单价合同。设计/施工总承包商对整个项目的成本负责，总承包商可以利用本公司的设计和施工力量完成一部分工作，也可以招标选择设计或施工分包商。

业主方聘用工程师或业主代表进行项目管理，管理的内容除了对施工进行监理外，对设计也要管理，包括对承包商设计人员资质的审查，对承包商设计文件和设计图纸的审查，按"业主的要求"中的规定检查、审核或批准承包商的文件，参与讨论设计等。在DB模式中，承包商对整个工程承担大部分责任和风险，此种模式可用于房屋建筑和大中型土木、机械、电力等项目以及一些保密性工程。

这种模式由单个承包商对整个项目负责，有利于在项目设计阶段预先考虑施工因素，避免了设计和施工的矛盾，可减少由于设计错误引起的变更以及对设计文件解释引发的争端；在选定设计/施工承包商时，把设计方案的优劣作为主要的评标因素，从而可保证业主得到高质量的工程设计；总价包干但可调价，业主的成本控制相对有保证；可对分包采用阶段发包方式以缩短工期，项目可以提早投产，业主能节约费用，减少利息及价格上涨的影响。但是同时应注意，DB模式下业主无法参与设计单位及人员的选择;业主对最终设计和细节的控制能力降低;由于合同价格包干,承包商优化设计动力不足,可能影响设计和后续施工质量。

国外理论界一直以来将EPC模式作为DB模式的一个分支。FIDIC在编写1999年第一版彩虹系列合同条件过程中,认识到二者之间的根本区别以及其广泛的应用前景,故将原来的《设计建造和交钥匙合同条件》划分为《工程设备和设计建造合同条件》和《设计采购施工(EPC)/交钥匙合同条件》。[①] 从合同价格风险分担原则层面,FIDIC合同条件对DB与EPC/交钥匙模式做了区分。EPC是总价包干项目,一般不允许调价,风险主要由承包商承担。DB合同价格虽然同样为包干中标合同金额,但允许双方按照合同规定进行调整。EPC合同与DB合同条件相比较,承包商不但对设计负责,也要对"业主的要求"中的某些错误负责,同时还要承担发生最频繁的"外部自然力的作用"这一风险,EPC合同中业主方在项目实施过程中参与度较低,因而一般工程的报价高于DB模式合同,但应允许投标人对资料和数据进行调研和核实。在招标投标过程中,投标人和业主就技术问题和商务条件进行讨论并将达成的协议写入备忘录或补充文件,这些文件成为合同的组成部分,其优先权高于合同条件、业主的要求和承包商的投标书。不同于EPC模式由业主代表直接进行项目控制,DB模式由业主、总承包商和工程师组成三元管理体制,DB总承包商的设计工作只包括施工图设计或者详细设计,而不包括概念设计和初步设计。

FIDIC在2017版EPC合同条件的说明中给出了三种不适用于银皮书而应使用黄皮书的情况:

1. 如果投标人没有足够的时间或信息仔细审核和检查雇主要求,或者没有足够的时间或信息进行设计、风险评估研究和估价;

2. 如果施工涉及实质性地下工程或投标人无法检查的其他区域的工程,除非在特殊条款中对不可预见的各类条件予以说明;

3. 如果业主打算密切监督或控制承包商的工作,或审查大部分施工图纸。[②]

FIDIC建议在上述情况下,对由承包商承担设计的工程使用DB合同条件。事实上,针对EPC和DB模式分别编制不同的合同条件有助于使用者结合项目自身特征进行选择。国际上代表性学会或协会组织大抵采用两种方式处理,一种是以

---

① 参见李启明主编:《工程项目采购与合同管理》,中国建筑工业出版社2009年版,第132页。

② 国际咨询工程师联合会编:《设计采购施工合同(EPC)/交钥匙工程合同条件:原书2017版》,唐萍等译,机械工业出版社2021年版,第xv页。

FIDIC 为代表的直接针对 EPC 和 DB 模式分别出版合同条件；另一种是以英国土木工程师学会(ICE)、英国合同审定联合会(JCT)为代表的，以项目采购时业主方的设计深度、合同计价方式等为考量，设计合同核心条款与可选模块的组合，从而达到适用不同交付模式的需求。由此反观我国的工程总承包合同范本编制工作，并未区分 EPC 模式和 DB 模式，将其纳入同一范本适用，这在已经有先进范例可资参考的情况下，不能不说是一种遗憾。

二、平行发包

平行发包模式，亦称传统采购(Design – Bid – Build，DBB)模式，是国际上通用的项目管理模式。世界银行、亚洲开发银行贷款项目均采用该模式。FIDIC 编写的《施工合同条件》"用于由雇主设计的建筑和工程"即为传统发包方式。这种模式的突出特点是强调只有一个阶段结束后另一个阶段才开始。采用这种方法时，发包人分别与咨询机构、勘察设计单位签订专业服务合同，①提供勘察设计文件，通过竞争性方式将施工任务交给最具资格的中标承包人完成。该种模式长期在世界各地被广泛采用，因而管理方法成熟，合同各方都对管理程序和内容较为熟悉。

但是，恰恰由于传统模式在项目管理方面的技术基础是按照线性顺序进行勘察、设计、施工的管理，建设周期长，投资或成本容易失控，业主方管理的成本相对较高。由于承包商并不参与设计工作，可能造成设计成果的"可施工性"差，设计变更频繁，导致设计与施工之间协调困难。因此，对于技术工艺复杂的大型项目或项目群，传统的平行发包模式已是捉襟见肘。

三、工程分包

无论是基于建设工程项目专业性要求，还是基于项目按期完工的需要，甚至纯粹基于分工合作的商业安排，承包人将工程依法分包均具有合理性。我国《建筑法》《招标投标法》均对建设工程分包的范围、主体资格和法律责任作了明确规定。②

---

① 《建筑法》第十五条规定："建筑工程的发包单位与承包单位应当依法订立书面合同，明确双方的权利和义务。发包单位和承包单位应当全面履行合同约定的义务。不按照合同约定履行义务的，依法承担违约责任。"《勘察设计管理条例》第二十三条规定："建设工程勘察、设计的发包方与承包方应当签订建设工程勘察、设计合同。"

② 《招标投标法》第四十八条第二款规定："中标人按照合同约定或者经招标人同意，可以将中标项目的部分非主体、非关键性工作分包给他人完成。接受分包的人应当具备相应的资格条件，并不得再次分包。中标人应当就分包项目向招标人负责，接受分包的人就分包项目承担连带责任。"

（一）分包工程范围

需要进行工程分包的项目，既可以在发包人招标过程中要求投标人确认，进而在建设工程合同中予以确定，[①]亦可以在项目实施过程中，基于承包人申请，经发包人同意后确定。

关于可以进行分包的项目范围，《建筑法》要求"建筑工程主体结构的施工必须由总承包单位自行完成"，《招标投标法》则进一步要求"关键性工作"亦不得分包。此所谓"主体结构"因建设工程类别不同而有所不同，[②]主要依本行业建设工程标准和技术规范确定。无规定者，可循一般行业惯例确定或由双方在合同中进行约定。所谓"关键性工作"，则须有发包人在招标文件中予以明确或者在建设工程合同中进行约定。

稍有特殊之处在于，随着施工技术进步，钢结构工程在各类建设工程中应用越来越广泛。这类建筑物或构筑物的主体承重梁、柱等均以钢为主要材料，并通过工厂制作、现场安装的方式完成，从结构工程角度来说应属"主体工程"无异，但在工程实践中，承包人将此类专业工程分包给具有"钢结构工程专业承包资质"的单位，并不属于违法分包。

（二）分包主体资格

施工总承包工程应由取得相应施工总承包资质的企业承担。取得施工总承包资质的企业，可以对所承接的施工总承包工程内各专业工程全部自行施工，也可以将专业工程依法进行分包。对设有资质的专业工程进行分包时，应分包给具有相

---

① 例如，住建部发布的《房屋建筑和市政工程标准施工招标文件》，其"投标文件格式"中即包含"拟分包计划表"，并要求投标人说明拟分包项目名称、范围及理由。

② 《建筑业企业资质管理规定》（建设部令第159号）第五条规定："建筑业企业资质分为施工总承包资质、专业承包资质、施工劳务资质三个序列。施工总承包资质、专业承包资质按照工程性质和技术特点分别划分为若干资质类别，各资质类别按照规定的条件划分为若干资质等级。施工劳务资质不分类别与等级。"另外，依《建筑业企业资质等级标准》规定，施工总承包序列设有12个类别，分别是：房屋建筑工程施工总承包、公路工程施工总承包、铁路工程施工总承包、港口与航道工程施工总承包、水利水电工程施工总承包、电力工程施工总承包、矿山工程施工总承包、冶金工程施工总承包、化工石油工程施工总承包、市政公用工程施工总承包、通信工程施工总承包、机电安装工程施工总承包。

应专业承包资质的企业。① 施工总承包企业将劳务作业分包时，应分包给具有施工劳务资质的企业。但是，根据深化建筑业简政放权改革的总体要求，为优化资质资格管理，应进一步简化工程建设企业资质类别和等级设置，减少不必要的资质认定。部分地区已取消了建筑施工劳务资质审批。

设有专业承包资质的专业工程单独发包时，应由取得相应专业承包资质的企业承担。取得专业承包资质的企业可以承接具有施工总承包资质的企业依法分包的专业工程或建设单位依法发包的专业工程。取得专业承包资质的企业应对所承接的专业工程全部自行组织施工，劳务作业可以分包，但应分包给具有施工劳务资质的企业。

（三）分包人法律责任

《建筑法》第二十九条第二款规定："建筑工程总承包单位按照总承包合同的约定对建设单位负责；分包单位按照分包合同的约定对总承包单位负责。总承包单位和分包单位就分包工程对建设单位承担连带责任。"可见，分包单位的法律责任包括三个层面：一是按照分包合同的约定对总承包单位负责；二是就分包工程与总包单位共同对建设单位承担连带责任；三是分包单位不得将其承包的工程再分包。

【条文适用】

一、应用工程总承包模式应注意的问题

（一）关于诉讼管辖

我国目前的民事诉讼制度对于建设工程施工合同适用专属管辖，排除了诉讼当事人协议选择管辖法院的权利。《民事诉讼法》第三十三条规定了三种适用专属

---

① 专业承包序列设有 36 个类别，分别是：地基基础工程专业承包、起重设备安装工程专业承包、预拌混凝土专业承包、电子与智能化工程专业承包、消防设施工程专业承包、防水防腐保温工程专业承包、桥梁工程专业承包资质、隧道工程专业承包、钢结构工程专业承包、模板脚手架专业承包、建筑装修装饰工程专业承包、建筑机电安装工程专业承包、建筑幕墙工程专业承包、古建筑工程专业承包、城市及道路照明工程专业承包、公路路面工程专业承包、公路路基工程专业承包、公路交通工程专业承包、铁路电务工程专业承包、铁路铺轨架梁工程专业承包、铁路电气化工程专业承包、机场场道工程专业承包、民航空管工程及机场弱电系统工程专业承包、机场目视助航工程专业承包、港口与海岸工程专业承包、航道工程专业承包、通航建筑物工程专业承包、港航设备安装及水上交管工程专业承包、水工金属结构制作与安装工程专业承包、水利水电机电安装工程专业承包、河湖整治工程专业承包、输变电工程专业承包、核工程专业承包、海洋石油工程专业承包、环保工程专业承包、特种工程专业承包。

管辖的案件。其中,"因不动产纠纷提起的诉讼,由不动产所在地人民法院管辖"。最高人民法院据此在《民诉法解释》第二十八条第二款规定,"农村土地承包经营合同纠纷、房屋租赁合同纠纷、建设工程施工合同纠纷、政策性房屋买卖合同纠纷,按照不动产纠纷确定管辖"。

如前所述,依据《工程总承包管理办法》之相关规定,我国目前推行的工程总承包模式主要包括"设计—采购—施工"(EPC)总承包和"设计—施工"(DB)总承包两种模式。但无论哪种模式,总承包人都需要承担一部分项目的设计工作,现行法律尚未明确规定建设工程设计合同适用专属管辖。由此就产生了一个问题,即工程总承包合同争议是否适用工程所在地法院专属管辖。具言之,这一问题大抵需要从三个层面进行讨论。

1. 建设工程施工合同纠纷专属管辖的范围。根据 2020 年 12 月 29 日最高人民法院印发《关于修改〈民事案件案由规定〉的决定》,建设工程合同纠纷为三级案由,下属四级案由为:(1)建设工程勘察合同纠纷;(2)建设工程设计合同纠纷;(3)建设工程施工合同纠纷;(4)建设工程价款优先受偿权纠纷;(5)建设工程分包合同纠纷;(6)建设工程监理合同纠纷;(7)装饰装修合同纠纷;(8)铁路修建合同纠纷;(9)农村建房施工合同纠纷。

其中,对于建设工程施工合同纠纷的范围,最高人民法院观点是,由不动产所在地法院专属管辖的建设工程施工合同纠纷,不限于《民事案件案由规定》的建设工程合同纠纷项下的第四级案由"建设工程施工合同纠纷",而应当包括该项下的与建设工程施工相关的案件,"(3)建设工程施工合同纠纷;(4)建设工程价款优先受偿权纠纷;(5)建设工程分包合同纠纷;(6)建设工程监理合同纠纷;(7)装饰装修合同纠纷;(8)铁路修建合同纠纷;(9)农村建房施工合同纠纷。"①也就是说,三级案由建设工程合同纠纷项下的四级案由,除建设工程勘察合同纠纷、建设工程设计合同纠纷以外,均适用专属管辖。

2. 建设工程设计合同纠纷是否适用专属管辖问题。鉴于我国现阶段推行的工程总承包模式,总承包人不承担项目勘察工作,故本书对于勘察合同纠纷是否适用专属管辖不做讨论。对于设计合同是否适用专属管辖,现行法律和司法解释并无明确规定。各地高院裁判尺度亦各不相同:江苏高院认为应由建设工程所在地专

---

① 高民智:《关于民诉法解释中有关管辖若干问题的理解与适用》,载《人民法院报》2015 年 8 月 27 日,第 5 版。

属管辖，[①]北京高院、上海高院则倾向于适用一般合同纠纷管辖规定。

我们认为，依法律解释反面解释的方法，[②]专属管辖的适用范围应基于法律的明确规定，尤其是在最高人民法院已经对于"建设工程施工合同纠纷"划定了范围，并明确排除了勘察设计合同纠纷的情形下，应该可以从相反方面推导出设计合同并不适用专属管辖。

3. 工程总承包合同纠纷是否适用专属管辖问题。首先应该意识到，这是一个法律没有明确规定，似乎也不太可能通过法律解释得出唯一确定性结论的问题。但是应该考虑专属管辖系属于强行性规定，并不允许当事人通过合意予以变更，因此其适用范围应当尽可能限定在"确有必要"的范围内。我们的意见是：双方签订了工程总承包合同，但是一方当事人仅以建设工程设计合同纠纷为案由起诉的，应当适用一般管辖规定。

（二）关于项目发包条件

长期以来，我国建设项目大多采用传统模式进行发包，甚至主要立法活动也是基于传统交付模式进行条文设计的。因此，项目参与各方，包括建设行政主管部门对于工程总承包的发包条件、项目审批、采购标准、验收交付的认识尚不一致，需要完善配套制度的修订与衔接工作。

1. 工程总承包项目的发包阶段。总承包项目需要满足何种设计深度以及履行何种监管程序后方可启动发包程序，经历了一个由模糊到相对清晰的过程。根据住房和城乡建设部《关于进一步推进工程总承包发展的若干意见》的规定，建设单位可以根据项目特点，在可行性研究、方案设计或者初步设计完成后进行工程总承包项目发包。这一规定将三个阶段并列，从文义解释的角度，似乎在满足了任何一个阶段要求的情况下均可进行项目发包。《工程总承包管理办法》第七条作出了更为具体规定，"建设单位应当在发包前完成项目审批、核准或者备案程序。采用工程总承包方式的企业投资项目，应当在核准或者备案后进行工程总承包项目发包。

---

① 江苏省高级人民法院《关于审理建设工程施工合同纠纷案件若干问题的解答》〔2018〕3号）第1条规定："《最高人民法院关于适用〈中华人民共和国民事诉讼法〉的解释》第28条规定建设工程施工合同案件按照不动产专属管辖确定受诉法院，即建设工程施工合同纠纷一律由建设工程所在地人民法院管辖。'建设工程施工合同纠纷'还包括建设工程价款优先受偿权纠纷、建设工程分包合同纠纷、建设工程监理合同纠纷、装饰装修合同纠纷、建设工程勘察合同纠纷、建设工程设计合同纠纷。"

② 所谓反面解释，就是指依照法律文本规定的正面视角意思类推出相反的结果，据此阐明法律条款的真实含义。参见杨仁寿：《法学方法论》，三民书局1986年版，第139页。

采用工程总承包方式的政府投资项目,原则上应当在初步设计审批完成后进行工程总承包项目发包;其中,按照国家有关规定简化报批文件和审批程序的政府投资项目,应当在完成相应的投资决策审批后进行工程总承包项目发包”。但是,根据该条的要求,除了政府投资项目明确需在初设审批后方可发包外,对于其他项目的设计深度仍未作出明确规定。实践中应考虑前期设计深度应能够使潜在投标人对于发包人需求、项目风险、招标控制价格等形成相对准确的认识这一衡量标准。

2. 勘察工作未纳入总承包范围。虽然《建筑法》第二十四条明确规定建筑工程的发包单位可以将建筑工程的勘察、设计、施工、设备采购一并发包给一个工程总承包单位;《民法典》第七百九十一条也规定发包人可以与总承包人订立建设工程合同,但是《工程总承包管理办法》明确将勘察工作排除在工程总承包的工作范围之外。主要考量有两点:其一,从法律规定视角来看,《建设工程质量管理条例》《建设工程安全生产管理条例》等均将提供施工现场基础资料设定为建设单位的法定义务;其二,从工程实践视角来看,由发包人自行委托勘察单位完成地勘资料,有利于为潜在工程总承包人提供平等的报价基础,也避免投标人在勘察阶段重复工作增加其负担。但是如果发承包双方根据项目的实际需求,将勘察工作纳入总承包人工作范围,亦不致影响合同效力。

3. 总承包项目强制招标的特别规定。2018 年 6 月 1 日开始施行的新版《必须招标项目规定》明确了建设工程各项工作应该强制招标的规模标准。但是,《工程总承包管理办法》对于工程总承包项目范围内的设计、采购或者施工强制招标范围,要求只要“有任一项”属于依法必须进行招标的项目范围且达到国家规定规模标准的,就应当采用招标的方式选择工程总承包单位。可见,《工程总承包管理办法》的规定事实上扩大了强制招标项目的范围。之后,国家发展改革委办公厅发布了《关于进一步做好〈必须招标的工程项目规定〉和〈必须招标的基础设施和公用事业项目范围规定〉实施工作的通知》,相当于对总承包招标的规模标准作出了补充性规定,保持与管理办法保持一致:实行总承包发包的,总承包中施工、货物、服务等各部分的估算价中,只要有一项达到《必须招标项目规定》第五条规定相应标准,即施工部分估算价达到 400 万元以上,或者货物部分达到 200 万元以上,或者服务部分达到 100 万元以上,则整个总承包发包应当招标。

(三)关于承包人的主体资格

本轮国家层面大力推广工程总承包模式,其重要抓手或改革措施之一即是工程总承包企业只需具有与工程规模相适应的工程设计资质或者施工资质即可承揽总承包业务。① 但《工程总承包管理办法》改变了住建部单一资质的改革意见，恢复到之前要求总承包单位应当“同时”具有与工程规模相适应的工程设计资质和施工资质的“双资质”条件。但是允许满足条件的设计、施工企业“直接申请”相应等级的施工、设计资质以实现资质融合。可见，《工程总承包管理办法》的指向是通过制度安排，逐步实现由以设计施工联合体承包过渡到单一主体完成工程总承包任务。

对于两份规范性文件的规定差异，各地分别作出了一些针对性措施。如《上海市建设项目工程总承包管理办法》规定了双资质要求，对于不能满足资质要求的，可以组成联合体承包。但特别规定“由勘察单位（可含）、设计单位和施工单位组成联合体的，应当根据项目的特点、复杂程度和承担能力，合理确定牵头单位；其中，勘察单位不得作为工程总承包的牵头单位”。吉林省住房和城乡建设厅《关于规范房屋建筑和市政基础设施项目工程总承包管理的通知》则设置了过渡期，即在2023年6月30日之前，建设单位也可根据项目情况和项目特点，选择满足相应条件的设计单位或施工单位单独从事工程总承包业务。

（四）关于项目前期咨询设计单位能否参加投标

《工程总承包管理办法》对于项目前期咨询单位参与总承包投标进行了限制。其中，关于工程总承包单位不得是“工程总承包项目的代建单位、项目管理单位、监理单位、造价咨询单位、招标代理单位”的规定，由于这些单位与发包人存在委托关系，本就不应该再与发包人建立“发承包”法律关系，避免造成项目管理方与承包方“混同”的不法情形，故该部分规定具有合理性。

但是《工程总承包管理办法》同时规定，“政府投资项目的项目建议书、可行性研究报告、初步设计文件编制单位及其评估单位，一般不得成为该项目的工程总承包单位。政府投资项目招标人公开已经完成的项目建议书、可行性研究报告、初步设计文件的，上述单位可以参与该工程总承包项目的投标，经依法评标、定标，成为工程总承包单位”。该部分规定则显然不具备合理性。其一，项目建议书、可行性研究报告、初步设计文件的内容本身就有延续性，是不断深化的工作阶段。而初步设计阶段完成是《工程总承包管理办法》明确的总承包采购前提，即意味着初设成

---

①　住房和城乡建设部《关于进一步推进工程总承包发展的若干意见》第七项规定：“工程总承包企业的基本条件。工程总承包企业应当具有与工程规模相适应的工程设计资质或者施工资质，相应的财务、风险承担能力，同时具有相应的组织机构、项目管理体系、项目管理专业人员和工程业绩。”

果必然构成招标文件的组成本部分，与“发包人要求”文件共同构成投标人深化设计和投标报价的基础，因此《工程总承包管理办法》所规定的限制情形在工程实践中并不普遍存在。其二，《工程总承包管理办法》将限制范围确定为“政府投资项目”并不符合招投标制度的立法旨趣。限制前期咨询单位参与投标，概因其掌握了较其他潜在投标人更多的项目信息，因此有悖于招投标的“公开”原则，其参与投标会影响中标结果的“公正性”。但是依据《工程总承包管理办法》的规定，只有“政府投资项目”禁止上述单位投标，而对于企业投资项目则在所不论。这就意味着将区别对待政府投资和企业投资项目潜在投标人获取项目信息的范围，并不符合“公开原则”。其三，随着我国深入推进“全过程工程咨询”模式，将有越来越多行业内的优质企业进行资质融合，一个咨询企业将同时具有招标代理、投资咨询、造价、监理、勘察、设计等从业资格。如果仅仅因为该企业参与了合同金额较小的部分前期工作，就丧失了后续参与工程总承包投标的资格，将严重影响高水平全过程工程咨询单位参与项目前期工作的热情。

（五）关于风险分担问题

1. 总承包合同物价变动风险分配

从国际惯例视域出发，代表性标准合同条件对于总承包商在合同中的所分担风险的原则各有不同。以设计“基础资料”审查责任为例，英国合同审定联合会（JCT）合同条件中承包商不承担审核业主提供资料的正确性和充分性的责任，而业主要为提供资料的错误或分歧承担全部责任。在国际咨询工程师联合会（FIDIC）黄皮书、美国建筑师学会（AIA）、英国土木工程师学会（ICE）的合同条件中，承包商应对业主要求进行审核，并尽到一个“有经验的承包商”认真审查的义务，而业主则需要对仔细审核后仍然无法合理发现的错误承担责任。在FIDIC银皮书中，承包商承担的责任最大，业主承担的责任最小，除合同明确规定由业主负责的部分，其他全部责任由承包商承担。

相较之下，《工程总承包管理办法》明确提出建设单位和工程总承包单位应当加强风险管理，合理分担风险，并以列举方式说明建设单位承担的风险主要包括：（1）主要工程材料、设备、人工价格与招标时基期价相比，波动幅度超过合同约定幅度的部分；（2）因国家法律法规政策变化引起的合同价格的变化；（3）不可预见的地质条件造成的工程费用和工期的变化；（4）因建设单位原因产生的工程费用和工期的变化；（5）不可抗力造成的工程费用和工期的变化。

由于承包商在总承包项目中承担了设计工作，发包人无法提供工程量清单，因此往往采用总价合同方式计价。大体上又可以分为固定总价合同（Firm Lump Sum Contract）和调价总价合同（Escalation Lump Sum Contract）等类型。其中，固定总价合同中承包商的中标合同价格中已考虑了物价变动、政策调整等风险，因此只要业主方施工图纸和质量标准等要求不变，则承包商合同总价固定。例如 FIDIC“银皮书”中就没有价格调整条款，采用的是真正意义上的固定总价合同。而《工程总承包管理办法》作为规范性文件，明确规定物价波动、法律变化、不利物质条件属于业主风险，会给合同当事人分担风险造成困扰，相当于行政机关为双方选定了可调固定总价的计价方式。

2. 不可抗力事件风险分担

依我国《民法典》第一百八十条第二款之规定，“不可抗力是不能预见、不能避免且不能克服的客观情况”。总承包合同中的不可抗力条款与法律界定的不可抗力在内涵和外延方面本身并不完全一致。对于合同约定与法律规定相一致的部分，不需以合同条款论，即应产生法定效果；只有不可抗力条款超出法律界定的不可抗力部分的，才作为合同条款，其法律效果遵循法律关于合同条款的控制。由是观之，总承包办法中没有明确“不可抗力”事件的范围，却规定不可抗力造成的工程费用变化是业主方须承担的风险，这不符合不可抗力制度的法律原理，亦是对国内外工程管理实践和惯例的严重背离。不可抗力制度的法律效果应是根据不可抗力事件对于合同履行的影响程度，部分或者全部免除其责任，而不是规定责任归属。换言之，风险分担的方式应该在标准文本中进行示范，或者在具体总承包合同中进行约定，而不是在总承包办法这类规范性法律文件中直接予以“强行”分配。

可见，《工程总承包管理办法》不应对不可抗力事件影响工程费用的情形进行规定。同时，其对于合同不可抗力风险的分担原则，没有体现出工程总承包项目管理模式的交易实质，即项目风险大部分应由总承包商承担，但是业主愿意为此多付出一些费用。合同双方风险承担量的“不均”系通过价格调整以实现权利义务关系的平衡。在下阶段编制工程总承包合同范本过程中，建议进一步细化基于不可抗力事件归责原则的风险分配机制。

（六）关于变更与索赔

工程总承包模式与传统项目交付模式的显著区别，就是工程总承包人承担了更多的工作，承受了更大的风险。因此，总承包商在合同履行过程中可索赔事由，无论是基于合同的明示条款还是必然暗含的默示条款，相较于施工总承包商都要少，而且总承包商欲证明索赔成立的标准更高。这需要从事工程法研究的同仁深刻理解总承包项目的权利义务安排、风险分担原则和合同计价理念。这里分析几例有代表性的索赔事件。

1. 延误的图纸或指示。在传统模式下，设计工作是由发包人委托第三方完成的，工程师亦是受发包人委托从事项目监理工作。因此如果业主延迟提供图纸或者发布指示，承包人即获得索赔权利。但是在总承包合同中，由于承包人需承担设计工作，因此，图纸延误属其自身原因造成的违约，发包人无须主动发布变更命令，承包人更谈不上发起索赔。

2. 不利的物质条件。不利物质条件一般是指有经验的承包人在施工现场遇到的不可预见的自然物质条件、非自然的物质障碍和污染物，包括地表以下物质条件和水文条件以及专用合同条款约定的其他情形，但不包括气候条件。在传统模式下，承包商可就遭遇不利的物质条件导致的费用增加和工期延展提出索赔，但是在总承包模式下则未必能够构成索赔事由。如 FIDIC 在其设计、施工（DB）合同条件中，认可承包商的索赔权，但是在设计、采购、施工（EPC）合同条件中则认为“不可预见的困难”属于承包商应承担的风险，因此属不可索赔事件。质言之，如果总承包商的工作范围中包括了地质勘察，就很难因所谓不利物质条件证成索赔要求。

（七）关于工程总承包人的优先受偿权

鉴于现行司法解释不支持将勘察人、设计人纳入优先受偿主体的范围，[①]关于总承包人是否享有工程价款优先受偿权，其解决路径与笔者对于工程总承包合同纠纷是否适用专属管辖的底层逻辑保持一致。也就是说，在设计单位和施工单位组成工程总承包联合体的情境下，当事人仅以设计合同纠纷案由提起诉讼，则总承

---

① 《最高人民法院关于审理建设工程施工合同纠纷案件适用法律问题的解释（一）》（法释〔2020〕25号）第三十五条规定：“与发包人订立建设工程施工合同的承包人，依据民法典第八百零七条的规定请求其承建工程的价款就工程折价或者拍卖的价款优先受偿的，人民法院应予支持。”解释中虽未明确将设计人、勘察人排除在优先受偿主体范围以外，但最高院民一庭认为，勘察、设计人员收入一般较高，属于知识分子层面，不属于法律需要特殊保护的层面（详见《最高人民法院建设工程施工合同司法解释（二）理解与适用》，最高人民法院民事审判第一庭编著，第364－365页）。另外，各地高院普遍将设计人、勘察人排除在优先受偿主体范围以外，例如：《浙江省高级人民法院执行局执行中处理建设工程价款优先受偿权有关问题的解答》第六条第二款规定：“工程勘察人或设计人就工程勘察或设计费主张优先受偿权的，不予支持。”《安徽省高级人民法院关于审理建设工程施工合同纠纷意见案件适用法律问题的指导意见》第16条规定：“工程勘察人或设计人就工程勘察或设计费主张优先受偿权，不予支持。”

包联合体或设计单位成员就设计费用均不享有优先受偿权；当事人以施工合同纠纷案由提起诉讼，总承包联合体或施工单位成员就工程价款均享有优先受偿权。同时应该看到，我国推行工程总承包的改革方向是通过资质融合，鼓励同时具备设计施工能力的单一市场主体承揽工程总承包业务，于此情境下，工程总承包单位是否享有优先受偿权将成为一个虚假命题。因为法律法规或标准文本均不强制要求总承包商将总包合同价款区分为设计费和施工费，总承包商应就全部合同价款享有优先受偿权。

在司法实践中，最高人民法院亦有判例认可工程总承包商的优先受偿权。在山西能投光伏农业发展有限公司、中国葛洲坝集团机电建设有限公司建设工程施工合同纠纷案中，最高人民法院查明葛洲坝机建公司与光伏农业公司签订《阳曲县20MW分布式光伏发电项目工程总承包合同》，承接了阳曲县20MW分布式光伏发电EPC项目，并接受了发包方以总金额14,000万元提供光伏电站工程EPC交钥匙工程承包工作。该判决支持葛洲坝机建公司对涉案阳曲县20MW分布式光伏发电项目工程享有优先受偿权。①

二、关于违法发包

根据住房和城乡建设部《认定查处管理办法》第五条规定："本办法所称违法发包，是指建设单位将工程发包给个人或不具有相应资质的单位、肢解发包、违反法定程序发包及其他违反法律法规规定发包的行为。"

《认定查处管理办法》第六条规定："存在下列情形之一的，属于违法发包：（一）建设单位将工程发包给个人的；（二）建设单位将工程发包给不具有相应资质的单位的；（三）依法应当招标未招标或未按照法定招标程序发包的；（四）建设单位设置不合理的招标投标条件，限制、排斥潜在投标人或者投标人的；（五）建设单位将一个单位工程的施工分解成若干部分发包给不同的施工总承包或专业承包单位的。"

第一、二种情形违反了《建筑法》第二十六条的规定："承包建筑工程的单位应当持有依法取得的资质证书，并在其资质等级许可的业务范围内承揽工程。"可以依据《建设工程施工合同司法解释（一）》第一条关于承包人未取得建筑施工企业资质或者超越资质等级的情形，认定发承包双方所签订的建设工程施工合同无效。

---

① 最高人民法院（2019）最高法民终250号二审民事判决书。

第三种情形违反了《招标投标法》第三条关于强制招标的规定，应认定发承包双方所签订的建设工程施工合同无效。对于第四种情形，招标人排斥投标人或者潜在投标人情节严重的，应承担行政责任，但是依现行法律规定，应不会对建设工程合同效力产生影响。

对于第五种情形，从《建筑法》《合同法》到《民法典》，本条规定，一脉相承，均禁止发包人将工程支解发包，但是对于支解发包的判断标准不无异议。本条核心表述为“应当由一个承包人完成”的建设工程，《认定查处管理办法》据此以工程技术标准中“具有独立使用功能”的最小单元，即一个“单位工程”作为应当单独发包给一个承包人施工的认定标准。从文义解释的角度来看，发包人对于勘察合同、设计合同亦不得违法发包，但是对于认定勘察设计任务应该由一个承包人完成，尚缺乏技术标准予以支撑。

与之密切相关的问题是，《招标投标法》及其《招标投标法实施条例》通过要求招标人“合理划分标段”来达到防止发包人支解发包的目的。[①] 从立法技术而言，首先，缺乏对于标段划分是否合理的规范性约束；其次，“不得利用划分标段规避招标”这一表述本身存在逻辑缺陷，这是因为，如果实现了“规避招标”这一法律后果，就不再存在“划分标段”这一行为。

三、关于工程转包

（一）关于转包的认定

《认定查处管理办法》第七条规定，本办法所称转包，是指承包单位承包工程后，不履行合同约定的责任和义务，将其承包的全部工程或者将其承包的全部工程肢解后以分包的名义分别转给其他单位或个人施工的行为。

根据《认定查处管理办法》第八条的规定，存在下列情形之一的，应当认定为转包，但有证据证明属于挂靠或者其他违法行为的除外：

1. 承包单位将其承包的全部工程转给其他单位（包括母公司承接建筑工程后将所承接工程交由具有独立法人资格的子公司施工的情形）或个人施工的；

2. 承包单位将其承包的全部工程支解以后，以分包的名义分别转给其他单位或

---

① 《招标投标法》第十九条第三款规定：“招标项目需要划分标段、确定工期的，招标人应当合理划分标段、确定工期，并在招标文件中载明。”《招标投标法实施条例》第二十四条规定：“招标人对招标项目划分标段的，应当遵守招标投标法的有关规定，不得利用划分标段限制或者排斥潜在投标人。依法必须进行招标的项目的招标人不得利用划分标段规避招标。”

个人施工的；

3. 施工总承包单位或专业承包单位未派驻项目负责人、技术负责人、质量管理负责人、安全管理负责人等主要管理人员，或派驻的项目负责人、技术负责人、质量管理负责人、安全管理负责人中一人及以上与施工单位没有订立劳动合同且没有建立劳动工资和社会养老保险关系，或派驻的项目负责人未对该工程的施工活动进行组织管理，又不能进行合理解释并提供相应证明的；

4. 合同约定由承包单位负责采购的主要建筑材料、构配件及工程设备或租赁的施工机械设备，由其他单位或个人采购、租赁，或施工单位不能提供有关采购、租赁合同及发票等证明，又不能进行合理解释并提供相应证明的；

5. 专业作业承包人承包的范围是承包单位承包的全部工程，专业作业承包人计取的是除上缴给承包单位"管理费"之外的全部工程价款的；

6. 承包单位通过采取合作、联营、个人承包等形式或名义，直接或变相将其承包的全部工程转给其他单位或个人施工的；

7. 专业工程的发包单位不是该工程的施工总承包或专业承包单位的，但建设单位依约作为发包单位的除外；

8. 专业作业的发包单位不是该工程承包单位的；

9. 施工合同主体之间没有工程款收付关系，或者承包单位收到款项后又将款项转拨给其他单位和个人，又不能进行合理解释并提供材料证明的。

两个以上的单位组成联合体承包工程，在联合体分工协议中约定或者在项目实际实施过程中，联合体一方不进行施工也未对施工活动进行组织管理的，并且向联合体其他方收取管理费或者其他类似费用的，视为联合体一方将承包的工程转包给联合体其他方。

前述第1、2、6种情形违反了《建筑法》第二十八条的规定："禁止承包单位将其承包的全部建筑工程转包给他人，禁止承包单位将其承包的全部建筑工程肢解以后以分包的名义分别转包给他人。"我们可以依据《建设工程施工合同司法解释（一）》第一条有关承包人转包、违法分包建设工程或者没有资质的实际施工人借用有资质的建筑施工企业名义与他人签订建设工程施工合同的行为无效的规定，认定承包人非法转包的行为无效。

关于承包人将承揽工程转包他人，是否影响发承包双方建设工程合同效力问题，最高人民法院在陕西中化益业能源有限公司（以下简称益业能源公司）、榆林市德厚矿业建设有限公司（以下简称德厚公司）建设工程施工合同纠纷案中，认为转包、违法分包合同无效并不导致承包合同无效。在该案中，德厚公司具备相应资质，通过招投标方式与益业能源公司签订案涉建设施工合同，系双方真实意思表示，内容不违反法律规定，应属合法有效。德厚公司虽然在履行合同时存在违法转包、分包等行为，但法律后果系其违法转包、分包行为及转包、分包合同无效，并不导致其与益业能源公司签订的合同无效，原审法院认定案涉合同有效是正确的。[①]

（二）关于母公司承接建筑工程后将所承接工程交由其子公司实施的行为是否属于转包的问题

鉴于在建筑市场领域执法实践中，各地对建设施工企业母公司承接工程后交由子公司实施是否属于转包的认定存在不同的认识。住房和城乡建设部就上述问题请示了全国人大常委会法制工作委员会（以下简称法工委）。法工委复函《对建筑施工企业母公司承接工程后交由子公司实施是否属于转包以及行政处罚两年追溯期认定法律适用问题的意见》（法工办发〔2017〕223 号），就上述问题进行了回复。

法工委认为："《建筑法》第二十八条规定，禁止承包单位将其承包的全部建筑工程转包给他人，禁止承包单位将其承包的全部建筑工程肢解以后以分包的名义分别转包给他人。合同法第二百七十二条规定，发包人不得将应当由一个承包人完成的建设工程肢解成若干部分发包给几个承包人。承包人不得将其承包的全部建设工程转包给第三人或者将其承包的全部建设工程肢解以后以分包的名义分别转包给第三人。禁止承包人将工程分包给不具备相应资质条件的单位。禁止分包单位将其承包的工程再分包。建设工程主体结构的施工必须由承包人自行完成。招标投标法第四十八条规定，中标人不得向他人转让中标项目，也不得将中标项目肢解后分别向他人转让。中标人按照合同约定或者经招标人同意，可以将中标项目的部分非主体、非关键性工作分包给他人完成。接受分包的人应当具备相应的资格条件，并不得再次分包。上述法律对建设工程转包的规定是明确的，这一问题是属于法律执行问题，应当根据实际情况依法认定、处理。"

四、关于违法分包

《认定查处管理办法》第十一条规定，本办法所称违法分包，是指承包单位承包

---

① 参见最高人民法院（2019）最高法民申 600 号民事裁定书。

工程后违反法律法规规定,把单位工程或分部分项工程分包给其他单位或个人施工的行为。

《认定查处管理办法》第十二条规定:“存在下列情形之一的,属于违法分包:(一)承包单位将其承包的工程分包给个人的;(二)施工总承包单位或专业承包单位将工程分包给不具备相应资质单位的;(三)施工总承包单位将施工总承包合同范围内工程主体结构的施工分包给其他单位的,钢结构工程除外;(四)专业分包单位将其承包的专业工程中非劳务作业部分再分包的;(五)专业作业承包人将其承包的劳务再分包的;(六)专业作业承包人除计取劳务作业费用外,还计取主要建筑材料款和大中型施工机械设备、主要周转材料费用的。”

上述第一、二种情形违反了《建筑法》第二十九条第三款的规定:“禁止总承包单位将工程分包给不具备相应资质条件的单位。禁止分包单位将其承包的工程再分包。”我们可以依据《建设工程施工合同司法解释(一)》第一条关于承包人未取得建筑施工企业资质或者超越资质等级的情形以及承包人转包、违法分包建设工程或者没有资质的实际施工人借用有资质的建筑施工企业名义与他人签订建设工程施工合同的行为无效之规定,认定承包人与分包人签订的建设工程施工合同无效或承包人违法分包的行为无效。

上述第三种情形违反了《民法典》第七百九十一条第三款的规定:“禁止承包人将工程分包给不具备相应资质条件的单位。禁止分包单位将其承包的工程再分包。建设工程主体结构的施工必须由承包人自行完成。”以及《建筑法》第二十九条第一款的规定:“建筑工程总承包单位可以将承包工程中的部分工程发包给具有相应资质条件的分包单位;但是,除总承包合同中约定的分包外,必须经建设单位认可。施工总承包的,建筑工程主体结构的施工必须由总承包单位自行完成。”我们可以依据《建设工程施工合同司法解释(一)》第一条有关承包人转包、违法分包建设工程或者没有资质的实际施工人借用有资质的建筑施工企业名义与他人签订建设工程施工合同的行为无效的规定,认定承包人违法分包的行为无效。

上述第四、五种情形违反了《建筑法》第二十九条第三款的相关规定:“禁止总承包单位将工程分包给不具备相应资质条件的单位。禁止分包单位将其承包的工程再分包。”我们可以依据《建设工程施工合同司法解释(一)》第一条承包人转包、违法分包建设工程或者没有资质的实际施工人借用有资质的建筑施工企业名义与他人签订建设工程施工合同的行为无效的规定,认定承包人违法分包的行为无效。

五、关于挂靠施工

《认定查处管理办法》第九条规定，本办法所称挂靠，是指单位或个人以其他有资质的施工单位的名义承揽工程的行为。本处所称承揽工程，包括参与投标、订立合同、办理有关施工手续、从事施工等活动。挂靠的主要特征体现为以下两个核心要素：一是挂靠人没有资质或者超越资质，且与被挂靠单位没有劳动或隶属关系；二是挂靠人为了规避资质许可限制而以具有相应资质的被挂靠单位的名义承揽工程。

《认定查处管理办法》第十条规定："存在下列情形之一的，属于挂靠：（一）没有资质的单位或个人借用其他施工单位的资质承揽工程的；（二）有资质的施工单位相互借用资质承揽工程的，包括资质等级低的借用资质等级高的，资质等级高的借用资质等级低的，相同资质等级相互借用的；（三）本办法第八条第一款第（三）至（九）项规定的情形，有证据证明属于挂靠的。"

上述前两种情形违反了《建筑法》第二十六条第二款的规定："禁止建筑施工企业超越本企业资质等级许可的业务范围或者以任何形式用其他建筑施工企业的名义承揽工程。禁止建筑施工企业以任何形式允许其他单位或者个人使用本企业的资质证书、营业执照，以本企业的名义承揽工程。"可以依据《建设工程施工合同司法解释（一）》第一条第二项的规定："建设工程施工合同具有下列情形之一的，应当依据民法典第一百五十三条第一款的规定，认定无效：……（二）没有资质的实际施工人借用有资质的建筑施工企业名义的……"，认定发承包双方所签订的建设工程施工合同无效。

在建设工程施工合同中，借用他人资质签订的合同，如果发包人在签订合同时是明知的或故意追求的，则借用有资质企业的实际施工人与承包人签订的合同和承包人与发包人签订的合同都应认定无效。实际施工人向发包人请求欠付工程款基础为不当得利返还请求权，其返还范围包括欠付的工程款及其利息，利息应从在建工程或已完工程交付给发包人时计算。①

六、关于联合体承包

我国的招投标制度和政府采购制度都支持以联合体的模式提供工程、货物或

---

① 最高人民法院民事审判第一庭编：《民事审判指导与参考》（总第48辑），法律出版社2011年版，第99～111页。

服务。[①] 这种形式对于投标人完善自身的专业结构、分担经营风险、提升承接业务的规模等具有显著的必要和实际的效果,因而在传统采购程序中得到广泛应用,亦是国际惯例。[②] 长期以来,法学界和工程管理学界对于联合体的法律问题研究都不够充分。概因法学界并不了解联合体形式在建设工程或政府采购中应用的具体表达,而工程管理学界也并没有因为联合体的法律属性、责任分配等问题遇到太多的责难,因为传统项目寿命周期往往较短、法律关系也相对简单。[③]

(一)联合体组织形式的法律属性

对于联合体作为投标主体的法律属性,学者们普遍认同其属于《民法通则》第五十一条至第五十三条规定的联营。[④] 但是《民法总则》及《民法典》并未将联营明示为一类民事主体,作为人合组织,因其为组织体,故区别于自然人;因其未取得法人资格,故区别于法人。[⑤]《民法典》第一百零二条并未对非法人组织予以穷尽列举,[⑥]故将联营置于非法人组织予以规范较为妥帖。对于联合体属于何种联营有不同观点。有学者认为,紧密的法人型联营和以合同为联结的松散型联营均不符合工程联合承包体的法律规定的责任性质,它只能是"半紧密型"联合体;[⑦]还有学者认为,联合体应该包括合伙型联营和合同型联营。[⑧] 笔者认为,在现有的法律框架下,建设工程领域的联合体只能是半紧密型联营,理由如下:

---

① 《招标投标法》第三十一条第一款规定:"两个以上法人或者其他组织可以组成一个联合体,以一个投标人的身份共同投标。"《政府采购法》第二十四条第一款规定:"两个以上的自然人、法人或者其他组织可以组成一个联合体,以一个供应商的身份共同参加政府采购。"《建筑法》第二十七条第一款规定:"大型建筑工程或者结构复杂的建筑工程,可以由两个以上的承包单位联合共同承包。共同承包的各方对承包合同的履行承担连带责任。"

② FIDIC 在其银皮书第 1.14 款[Joint and Several Liability]中规定了联合体及成员的连带责任。

③ 宿辉、周楠:《PPP 项目应用联合体模式的法律问题研究》,载《建筑经济》2017 年第 5 期。

④ 《民法通则》第五十一条规定:"企业之间或者企业、事业单位之间联营,组成新的经济实体,独立承担民事责任、具备法人条件的,经主管机关核准登记,取得法人资格。"通说将其称为"法人型联营",也称紧密型联营。第五十二条规定:"企业之间或者企业、事业单位之间联营,共同经营、不具备法人条件的,由联营各方按照出资比例或者协议的约定,以各自所有的或者经营管理的财产承担民事责任。依照法律的规定或者协议的约定负连带责任的,承担连带责任。"通说称其为"合伙型联营",也称半紧密型联营。第五十三条规定:"企业之间或者企业、事业单位之间联营,按照合同的约定各自独立经营的,它的权利和义务由合同约定,各自承担民事责任。"通说称其为"合同型联营",也称松散型联营。

⑤ 梁慧星编:《中国民法典草案建议稿附理由——条文、说明、理由、立法例》(总则编),法律出版社 2013 年版,第 183 页。

⑥ 陈甦主编:《民法总则评注》,法律出版社 2017 年版,第 743 页。

⑦ 苟晓平:《对工程联合承包的法律问题的探讨》,载《湖北社会科学》2003 年第 6 期。

⑧ 张浩:《国际总承包中联合体的法律关系》,载《国际经济合作》2013 年第 5 期。

首先,公开招标程序中,招标人应当在招标公告中规定出售招标文件的期限,即意味着潜在投标人需要在此期限内决定是否参与投标。而我国《招标投标法》规定了招标文件自开始发售之日至截止发售之日的时间不少于5日,因此各成员[①]为参与投标而注册成立一个法人组织,于采购程序要求的法定时间内并无达成之可能。

其次,联合体获得投标主体资格的法定要件是各方成员共同签署的联合体协议,[②]即联合体成员之间只要就共同参与投标达成合意,就彼此中标后职责分工、收益分配等事项进行了约定,就具备了投标资格。但是这种协议安排又显然不同于《民法通则》第五十三条所确立的松散的合同型联营,因为联合体成员就中标事项的履行承担连带责任是法定的,并不以成员之间的约定为转移。

(二)联合体成员连带责任的触发与免除

无论是招标投标、政府采购抑或建设工程,联合体成员须就承揽事项承担连带责任,这是联合体形式与单独投标形式的最大区别之一。但是在联合体成员风险承担能力并不匹配的工程总承包项目中,该法定连带责任的触发条件和责任免除是需要认真思考的问题。

第一,连带责任的对象条件。一般认为,联合体成员承担连带责任的对象,来源于三个法律规范。《招标投标法》第三十一条第二款(联合体中标的,联合体各方应当共同与招标人签订合同,就中标项目向招标人承担连带责任),《政府采购法》第二十四条第三款(联合体各方应当共同与采购人签订采购合同,就采购合同约定的事项对采购人承担连带责任),《建筑法》第二十七条第一款(共同承包的各方对承包合同的履行承担连带责任)。据此,可以认为,在招标投标和政府采购程序中,联合体成员应分别向招标人、采购人承担连带责任,但是在建设工程领域,条文表述造成了连带责任的对象缺失,仅规定了就"合同的履行"承担连带责任,这种缺失会造成法律适用上的困境。例如,在一个由设计单位和施工单位结成联合体共同中标的设计—施工总承包项目中,施工单位工人高空坠落造成伤害,设计单位就此损害赔偿是否承担连带责任?从文义解释角度来看,工人的安全生产事故发生在施

---

① 因《招标投标法》《政府采购法》《建筑法》对于联合体成员的性质要求并不一致,包括了企业、事业单位、其他组织及自然人,为行文方便,统一称为联合体成员。

② 《政府采购法》第二十四条第二款规定:"以联合体形式进行政府采购的,参加联合体的供应商均应当具备本法第二十二条规定的条件,并应当向采购人提交联合协议,载明联合体各方承担的工作和义务……"

工期间，且是由于施工单位违反了合同约定，未尽到安全生产之义务，属于《建筑法》规定的“合同的履行”期间，似乎满足各成员承担连带责任的表面要件，但是从《招标投标法》和《政府采购法》的规定来看，联合体的连带责任对象应为合同相对方，在建设工程合同中即为发包人，而非发包人之外的第三人，以限缩的方式明确连带责任的主体，既能够防止联合体责任边界的外溢，亦合乎合同的相对性原则。此外，还需要考虑的问题是，联合体成员就承揽事项承担了连带责任，是否意味着各成员就合同相对人的违约行为，享有共同的连带请求权？如前述的设计施工一体化项目，如果发包人拖欠了施工单位工程款，设计单位是否同样享有索赔的权利？笔者认为，答案是否定的。探究联合体成员连带责任制度设计的目的，是由于多家联合体各成员以协同的方式完成了对于招标方而言具有整体性的一项工作，增加了招标人的风险，故对联合体成员施以连带责任达致平衡。这类责任的约束是单向的，是为保障招标人获得完整可用性产品而设定的，联合体成员不能因为承担了连带责任而获得连带的请求权，否则即破坏了各方关系的法律公平。

第二，连带责任的效力条件。与联合体相关的法律规范不但在连带责任的对象条件上未能协调一致，在承担连带责任的范围上的表述也各不相同。《招标投标法》规定的责任范围为“中标项目”，《政府采购法》规定的责任范围为“采购合同约定事项”，《建筑法》规定的责任范围为“承包合同的履行”。可见，至少在政府采购和建设工程领域，联合体成员的连带责任是与所承揽事项的合同直接关联的。那么，连带责任作为违约责任承担的一种实现方式，应该是以合同有效为前提条件的。这意味着，在由于某一联合体成员过错导致工程总承包合同无效的情形下，联合体成员是不需要承担连带责任的。

我国现有法律制度安排，对于联合体的法律属性，成员间连带责任的对象、范围、时间等问题的规定已无法满足我国建设行业发展以及“一带一路”倡议等的需求。以传统项目管理及采购模式为假设条件而设计的联合体连带责任制度，应该被认为是法定责任、无限责任和无差别责任。但是，当把这类责任放到以工程总承包为代表的复杂项目管理情境中，考虑到双方的长期合作过程中的客观实际，就会发现这种无限连带责任的制度设计，存在不尽科学合理的地方，应予以修正。对责任制度进行完善和改造需要遵循以下两个原则：

首先是有限责任和无限责任相区隔原则。如前文所述，联合体中各成员在承揽事项中分工不同、获利不同、各成员风险承担能力不同，对于各成员之间无差别地规定无限连带责任，既不现实，也无必要。因此应该考虑各成员在联合体中的作用、对于违约行为的过错程度等因素，有区别地规定联合体成员的连带责任。其中，联合体牵头人往往在承揽事项中承担最重要工作，对外代表联合体行为，因此其应该就联合体违约行为承担无限连带责任，其他成员可按照分工在整个承揽事项中所占的份额和比例承担有限的连带责任。

其次是合理退出原则。现行约束联合体的法律规范中，均将成员间的连带责任法定化，具有较大的刚性，这并不利于在联合体中承担工作份额较小、获利较少的成员加入联合体。因此应设立联合体成员的合理退出机制。例如，经招标人同意，拟退出成员提供一定期限和额度的担保，有条件地退出联合体；或者联合体成员营业期满无违约情形时可退出联合体等。①

七、举证责任

本条涉及对于工程发包、承包以及分包模式合法性的认定，故举证责任较为分散，大致包含以下待证事项：

1. 工程发包模式的证明。因不同项目发包模式，牵涉不同法律适用及计价方式，故需要对于项目属何种发包方式进行认定。一般而言，承包人如只承担了勘察、设计、施工中某一阶段工作的，应认定为阶段式发包；如果承包人承担了设计及施工工作，则应认定为工程总承包模式。实务中较少见承包商承担勘察、施工工作而设计由第三方完成的情形。依现行工程总承包相关规定，承包商同时承担施工和大型设备采购的工程合同，不宜认定为工程总承包合同。

2. 工程存在支解发包的证明。需综合考量：其一，在招标采购模式下招标人标段划分是否合理；其二，发包人是否存在将具有独立使用功能的单位工程分别发包给数个承包人的情形。

3. 工程分包合法性的证明。其证明过程应该包括：其一，分包部位非建设工程主体结构或者工程合同禁止分包部分；其二，承接分包工程分包人具有相应资质条件；其三，分包行为经发包人同意。

4. 工程存在转包行为的证明。核心要素是考察总包单位是否实质参与项目管理，通常表现为承包人将全部工程或者工程主体结构交由第三人实施。

---

① 宿辉、周楠：《PPP 项目应用联合体模式的法律问题研究》，载《建筑经济》2017 年第 5 期。

第七百九十二条　国家重大建设工程合同的订立

【法条原文】

第七百九十二条　国家重大建设工程合同，应当按照国家规定的程序和国家批准的投资计划、可行性研究报告等文件订立。

【条文主旨】

本条是关于国家重大建设工程合同订立程序和订立依据的规定。本条属强制性规定，对于国家重大建设工程合同订立程序的解释，需转介其他法律规定，故本条属不完全条文。违反国家规定的程序（主要是招标投标程序）订立的国家重大建设工程合同可能因此无效；未按国家批准的投资计划、可行性研究报告等文件订立的国家重大建设工程合同，合同可能因此不生效。

【条文释评】

一、国家重大建设工程的范围

国家重大建设工程合同，是指以国家为发包人、建设施工单位为承包人的建设工程合同。此类合同以国家重大建设工程项目为标的，其订立应符合国家规定的特别程序和有关的投资计划、可行性研究报告等，先立项、后发包。

依据《建设项目经济评价方法》，可以从不同的角度对建设项目进行分类。按项目的目标，分为经营性项目和非经营性项目；按项目的产出属性（产品或服务），分为公共项目和非公共项目；按项目的投资管理形式，分为政府投资项目和企业投资项目；按项目与企业原有资产的关系，分为新建项目和改扩建项目；按项目的融资主体，分为新设法人项目和既有法人项目。①

《企业投资项目核准和备案管理条例》第二条规定："本条例所称企业投资项目（以下简称项目），是指企业在中国境内投资建设的固定资产投资项目。"《政府投资条例》第二条规定："本条例所称政府投资，是指在中国境内使用预算安排的资金进

---

①　国家发展改革委、建设部：《建设项目经济评价方法与参数》（第3版），中国计划出版社2006年版，第5页。

行固定资产投资建设活动，包括新建、扩建、改建、技术改造等。”可见，本条所称“国家重大建设工程”应属政府投资项目而非企业投资项目。

现有法律文件中并未有“国家重大建设工程”的定义及确切范围表述。类似表达有“国家重大建设项目”，见于《招标投标法实施条例》第四条第一款规定：“国务院发展改革部门指导和协调全国招标投标工作，对国家重大建设项目的工程招标投标活动实施监督检查。”另有《国家重大建设项目招标投标监督暂行办法》第三条规定，“本办法所称国家重大建设项目，是指国家出资融资的，经国家发展改革委审批或审核后报国务院审批的建设项目”。对于国家出资融资的理解，可参考《必须招标的工程项目规定》第二条规定：“全部或者部分使用国有资金投资或者国家融资的项目包括：（一）使用预算资金200万元人民币以上，并且该资金占投资额10%以上的项目；（二）使用国有企业事业单位资金，并且该资金占控股或者主导地位的项目。”

依据《政府投资条例》规定，政府投资资金应当投向市场不能有效配置资源的社会公益服务、公共基础设施、农业农村、生态环境保护、重大科技进步、社会管理、国家安全等公共领域的项目，以非经营性项目为主。政府投资资金按项目安排，以直接投资方式为主；对确需支持的经营性项目，主要采取资本金注入方式，也可以适当采取投资补助、贷款贴息等方式。

二、国家重大建设工程合同的订立依据

（一）国家规定程序

全部或部分使用国有资金、国家融资的重大建设工程，除涉及国家秘密、国家安全等法定情形外，一般属于依法必须招标的项目。即建设单位应当依法发布招标信息、编制招标文件、组织资格审查、开标、评标和定标，选择具有竞争力的合格中标人，与之订立建设工程合同。

此外，自2014年以来，以国务院《关于加强地方政府性债务管理的意见》（国发〔2014〕43号）为标志，国家在公共服务领域和基础设施领域推广使用政府与社会资本合作的政府公共部门—私营部门—合作（Public - Private - Partnership，PPP）模式。鼓励社会资本通过特许经营等方式，参与城市基础设施等有一定收益的公益性事业投资和运营。对于采用PPP模式实施的国家重大建设工程，其合同在签订

前，还需经同级人民政府批准。[①]

（二）经批准的投资计划

依据《政府投资条例》相关规定，国务院投资主管部门对其负责安排的政府投资编制政府投资年度计划，国务院其他有关部门对其负责安排的本行业、本领域的政府投资编制政府投资年度计划。县级以上地方人民政府有关部门按照本级人民政府的规定，编制政府投资年度计划。

政府投资年度计划应当明确项目名称、建设内容及规模、建设工期、项目总投资、年度投资额及资金来源等事项。列入政府投资年度计划的项目应当符合下列条件：采取直接投资方式、资本金注入方式的，可行性研究报告已经批准或者投资概算已经核定；采取投资补助、贷款贴息等方式的，已经按照国家有关规定办理手续；政府投资年度计划应当和本级预算相衔接。

（三）经审批的可行性研究报告

我国从21世纪初开始改革项目审批制度，落实企业投资自主权。目标是彻底改革不分投资主体、不分资金来源、不分项目性质，一律按投资规模大小分别由各级政府及有关部门审批的企业投资管理办法。对于企业不使用政府投资建设的项目，一律不再实行审批制，区别不同情况实行核准制和备案制。根据国务院《关于投资体制改革的决定》（国发〔2004〕20号）相关规定："政府仅对重大项目和限制类项目从维护社会公共利益角度进行核准，其他项目无论规模大小，均改为备案制。""企业投资建设实行核准制的项目，仅需向政府提交项目申请报告，不再经过批准项目建议书、可行性研究报告和开工报告的程序。"

依据上述改革思路，企业投资项目无须批准可行性研究报告，政府投资项目的项目单位则应当编制项目建议书、可行性研究报告、初步设计，按照政府投资管理权限和规定的程序，报投资主管部门或者其他有关部门审批。项目单位应当保证前期工作的深度达到规定的要求，并对项目建议书、可行性研究报告、初步设计以及依法应当附具的其他文件的真实性负责。

国家对外商投资实行准入前国民待遇加负面清单管理制度。准入前国民待

① 例如，《政府和社会资本合作项目财政管理暂行办法》第十六条规定，"采购结果公示结束后、PPP项目合同正式签订前，项目实施机构应将PPP项目合同提交行业主管部门、财政部门、法制部门等相关职能部门审核后，报本级人民政府批准"。

遇，是指在投资准入阶段给予外国投资者及其投资不低于本国投资者及其投资的待遇；负面清单，是指国家规定在特定领域对外商投资实施的准入特别管理措施。国家对负面清单之外的外商投资，给予国民待遇。外商投资准入负面清单以外的领域，按照内外资一致的原则实施管理。外商投资需要办理投资项目核准、备案的，按照国家有关规定执行。

【条文适用】

一、违反本条所订立建设工程合同之效力

（一）违反招标程序订立的国家重大建设工程合同效力

通过对该条进行文义解释，可知国家重大建设工程合同须按照国家规定程序、经批准的投资计划和经审批的可行性研究报告订立。其中，“国家规定程序”系指我国《招标投标法》及《招标投标法实施条例》所确立的招投标程序。对于使用国际组织或者外国政府贷款、援助资金的项目进行招标，贷款方、资金提供方对招标投标的具体条件和程序有不同规定的，可以适用其规定，但违背我国社会公共利益的除外。

因此，对于应该招标而未招标或者中标无效的国家重大建设工程，所订立的合同应为无效。对于以PPP模式实施的国家重大建设工程，合同订立未履行批准程序的，因其不属于《民法典》第五百零二条第二款规制的范围，应不至对于合同效力产生影响。

（二）违反投资计划和可研报告订立国家重大建设工程合同效力

关于国家重大建设工程合同的效力层次问题，尚无较高层级裁判文书或观点可供考察。① 梁慧星认为，本条规定具有强行规定的性质，违反本条规定订立的合同无效。② 但是，笔者认为从解释论立场出发，结合工程实践，本条尚有值得探讨的空间。

本条包含了两种实际情形：第一种情形是项目未列入投资计划或者可研报告

---

① 经检索中国裁判文书网（http://wenshu.court.gov.cn，最后访问日期：2020年4月4日），尚未有高级以上人民法院援引该条文进行司法裁判。

② 梁慧星编：《中国民法典草案建议稿附理由——条文说明、理由、立法例》（合同编）（上册），法律出版社2013年版，第614页。

未经审批，发承包双方即就国家重大建设工程订立了合同；第二种情形是项目已列入投资计划且可研报告已经权力机关审批，但是建设工程合同范围或内容与投资计划和可研报告不符。

对于第一种情形，笔者倾向于认为其应该属未生效状态，依据《民法典》五百零二条之规定，①属于批准生效的合同范围。即对于国家重大建设工程合同须列入年度投资计划且可研报告应经权力机关批准的规定，应属于管理性强制性规定。当事人可以通过履行报批义务补正其效力。

对于第二种情形，笔者认为应不影响合同效力。政府投资年度计划、政府投资项目审批和实施以及监督检查的信息属于应当依法公开事项，发承包双方订立的施工合同与经批准的投资计划和可研报告内容不一致的，应该不影响建设工程合同效力。

发包人背离投资计划、可研报告发包工程的，应承担相应行政责任。在工程实践中，可能具体表现为国家重大建设工程合同未经批准对于政府投资项目的建设地点或者对建设规模、建设内容等作出较大变更、订约合同价格擅自增加了投资概算、对于政府投资项目要求施工单位垫资建设、合同约定工期无正当理由变更了已批准的建设工期等。以上情形应当责令项目单位改正，根据具体情况，暂停、停止拨付资金或者收回已拨付的资金，暂停或者停止建设活动，对负有责任的领导人员和直接责任人员依法给予处分。

二、举证责任

依据本条规定，主张争议项目合同订立存在瑕疵的一方，需对项目属国家重大建设工程、未依法履行招投标程序或者合同内容与批准的投资计划、可行性研究报告不符承担举证责任。

---

① 《民法典》第五百零二条第一、二款规定："依法成立的合同，自成立时生效，但是法律另有规定或者当事人另有约定的除外。依照法律、行政法规的规定，合同应当办理批准等手续的，依照其规定。未办理批准等手续影响该合同生效的不影响合同中履行报批等义务条款以及相关条款的效力。应当办理申请批准等手续的当事人未履行义务的，对方可以请求其承担违反该义务的责任。"

第七百九十三条　施工合同无效的结算原则

【法条原文】

第七百九十三条　建设工程施工合同无效，但是建设工程经验收合格的，可以参照合同关于工程价款的约定折价补偿承包人。

建设工程施工合同无效，且建设工程经验收不合格的，按照以下情形处理：

（一）修复后的建设工程经验收合格的，发包人可以请求承包人承担修复费用；

（二）修复后的建设工程经验收不合格的，承包人无权请求参照合同关于工程价款的约定折价补偿。

发包人对因建设工程不合格造成的损失有过错的，应当承担相应的责任。

【条文主旨】

本条规定了建设工程施工合同无效的结算原则。共分三款：第一款规定了施工合同无效，但是建设工程经验收合格时的结算原则；第二款规定了验收不合格时的处理原则；第三款规定了发包人对于质量不合格的过错责任。

本条属裁判规范，是《民法典》第一百五十七条关于民事法律行为无效情形下"折价补偿"处理方式在建设工程合同中的具体体现。

【条文释评】

一、建设工程施工合同效力体系

合同的效力，又称合同的法律效力，是指法律赋予依法成立的合同具有拘束当事人各方乃至第三人的强制力。[①] 依通说，在我国合同效力层次分为有效合同、无效合同、可撤销合同和效力未定合同。[②] 评价为有效则对双方当事人产生预期的法律约束力，评价为无效则不产生预期的法律约束力。

但评价为有效的合同"具有法律约束力"并不意味着该合同对当事人具有了完整的、全部的法律约束力。有效合同在何种范围内发生法律约束力，还要视合同是

---

① 崔建远：《合同法总论》，中国人民大学出版社2008年版，第215～219页。

② 崔建远主编：《合同法》（第5版），法律出版社2010年版，第97～121页。

否生效而定。我国《民法典》确立了合同未生效制度。① 有效但未生效的合同仅具有两个方面的法律约束力,即当事人不得擅自变更或解除合同和须完成合同生效前的通知、协助、报批、登记等合同隐含义务。至于按照合同约定实际履行自己义务这方面的法律约束力,在合同有效但未生效期间并不发生。合同生效与未生效是依据成立且有效的合同是否符合法定或约定的使合同义务得以实际履行的条件而进行的一种划分。成就条件的合同即生效,从而在有效合同已有法律约束力的基础上,又产生了实际履行约定义务的法律约束力。未成就条件的合同不生效,不具有实际履行约定义务的法律约束力。就条件是否成就而言,合同生效是一种事实判断;就是否具有实际履行合同约定义务的法律约束力而言,合同生效又是一种法律评价。

二、建设工程施工合同无效之情形

无效建设工程合同,是指虽然成立但不具备法定有效条件,不能发生预期法律约束力的建设工程合同。建设工程施工合同受到不同领域的多部法律及其他规范性文件调整。法律、行政法规和部颁规章中调整建设工程施工合同的强制性规范就有六十多条,如果违反这些规范的合同都以违反法律强制性规定为由被认定为无效,不符合《民法典》的立法本意,不利于维护合同稳定性,也不利于保护各方当事人的合法权益,会破坏建筑市场的正常秩序。笔者认为,法律和行政法规中的强制性规定,有的属于行政管理规范,如果当事人违反了这些规范应当受到行政处罚,但是不应当影响民事合同的效力。从相关法律、行政法规的强制性规范内容看,可分为两类:一是保障建设工程质量的规范;二是维护建筑市场公平竞争秩序的规范。《建设工程施工合同司法解释(一)》第一条将这两大类分为以下五种情形:一是承包人未取得建筑施工企业资质或者超越资质等级的;二是没有资质的实际施工人借用有资质的建筑施工企业名义的;三是建设工程必须进行招标而未招标或者中标无效的;四是承包人转包建设工程的;五是承包人违法分包建设工程的。当然,《民法典》等基本法律规定的合同无效的情形,也应当适用于建设工程施工合同。②

---

① 《民法典》第五百零二条第二款规定:"依照法律、行政法规的规定,合同应当办理批准等手续的,依照其规定。未办理批准等手续影响合同生效的,不影响合同中履行报批等义务条款以及相关条款的效力。应当办理申请批准等手续的当事人未履行义务的,对方可以请求其承担违反该义务的责任。"

② 冯小光:《〈关于审理建设工程施工合同纠纷案件适用法律问题的解释〉的理解与适用》,载《建筑经济》2005 年第 1 期。

依据《建设工程施工合同司法解释(一)》的规定,常见的无效建设施工合同包括以下几种情形:

(一)承包人未取得建筑施工企业资质或者超越资质等级承揽的建设工程合同无效

建筑施工企业的施工能力是保障建设工程质量和安全的前提条件,我国相关法律对建筑施工企业的资质要求非常严格。《建筑法》第十三条规定,根据建筑企业的注册资本、专业技术人员、技术装备和已完成的工程业绩划分为不同的资质等级,在取得相应资质证书后,方可在资质等级许可的范围内从事建筑活动。如果承包人不具备法律、法规要求的资质条件或违反了法律、行政法规的效力性强制性规定,发包方所签订的施工合同应当无效。在签订建筑工程施工合同时,对承包方的资格审查主要是承包人有无法人营业执照,是否具有与所承包工程相适应的资质证书。

最高人民法院在重庆市有益建筑劳务有限公司(以下简称有益公司)与重庆双湖机电设备有限公司、咸阳第一建筑工程有限公司建设工程施工合同纠纷案中,认为承包人的《建筑业企业资质证书》载明的承包资质范围注明其承包单项业务合同不得超过企业注册资本金的5倍。承包人在签订承包合同时,合同总价已超过注册资本的5倍,且未明确单项业务工程价款,故可认定承包人超越资质签订的承包合同无效。

案中有益公司在签订案涉承包合同时,注册资本为50万元,该合同约定的总价为3200万元,未明确单项业务工程价款。在此情况下,二审判决认定有益公司超越资质签订的承包合同无效,并无不当。有益公司虽主张在本案诉讼过程中已经实现增资,根据原《施工合同司法解释一》第五条规定,不应认定合同无效,但该司法解释系针对工程竣工前取得相应资质等级的规定,本案不属于该解释规定的情形范畴。且即使可以认定有益公司增加注册资本金的事实,亦没有证据证明其签订的承包合同中各单项施工工程价款均未超过500万元。故有益公司主张二审判决认定案涉承包合同无效错误的申请再审理由不能成立。①

---

① 最高人民法院(2016)最高法民申1128号民事裁定书。

（二）没有资质的实际施工人借用有资质的建筑施工企业名义承揽工程的合同无效

我国《建筑法》第二十六条第二款规定，禁止建筑施工企业以任何形式用其他建筑施工企业的名义承揽工程；禁止建筑施工企业以任何形式允许其他单位或者个人使用本企业的资质证书、营业执照，以本企业的名义承揽工程。

《建设工程施工合同司法解释（一）》第一条规定，没有资质的实际施工人借用有资质的建筑施工企业名义承揽工程的合同无效。需要注意的是，此情形下合同无效有一个条件，即发包人在签订合同时明知实际施工人借用资质的事实。如果发包人不知道实际施工人借用资质的，可类推适用《民法典》第一百七十二条关于表见代理的规定，认定发包人与建筑施工企业签订的建设工程合同有效，但根据《民法典》第一百四十九条的规定，发包人可基于受到欺诈而对该合同享有撤销权。

事实上，我国的建设工程法律体系中并没有“实际施工人”的称谓，诚如原《施工合同司法解释一》起草人冯小光所言：“此表述为司法解释所创设的新概念，意在表达无效合同中实际干活的单位或个人，包括转包、违法分包、没有资质借用有资质的建筑施工企业名义等违反法律、行政法规强制性规定的违法行为。”最高人民法院裁判观点认为，实际施工人一般是指借用他人资质、挂靠他人以及非法转包和违法分包等无效合同中的施工人，他取代原承包人实际履行后者与发包人之间的施工合同，与发包人形成了事实上的合同关系。当事人是否直接与发包方签订合同、独立施工、独立结算是判断其是否为实际施工人的关键。

最高人民法院在审理九冶建设有限公司（以下简称九冶公司）与喻某方、咸阳科通信息技术有限公司（以下简称科通公司）等建设工程施工合同纠纷案中，彩虹公司作为发包方与承包方九冶公司签订了案涉四项工程的建设工程施工合同，依据合同约定工程款由彩虹公司支付给九冶公司，彩虹公司已按照合同约定直接向九冶公司支付工程款。彩虹公司不认可喻某方的实际施工人地位、九冶公司与科通公司之间的转包关系。

九冶公司认可承包的案涉工程转包给科通公司，交由科通公司进行施工。九冶公司称付款 240 万元给喻某方，是受科通公司委托付款，喻某方不能证明其与九冶公司有合同关系。科通公司认为喻某方仅是涉案工程项目部负责人，受该公司委托全权管理工程施工，虽独立施工但并非实际施工人。喻某方未能提供其与科通公司存在转包关系的相关协议，亦未能提供有效证据证明其对涉案工程独自投入资金，其购置施工材料、发放农民工工资的资金均来源于科通公司或由科通公司委托九冶公司汇入喻某方银行账户的资金。并且，在科通公司停止汇入资金后，喻某方签字确认的材料款、工资款等均由科通公司支付。现有证据表明科通公司对涉案工程有资金投入，且涉案工程的承包人九冶公司仅认可科通公司的实际施工人身份，不认可喻某方的实际施工人身份。因此，涉案工程施工人应为科通公司。喻某方提出其与科通公司无劳动合同关系，其不仅是涉案工程项目经理，还是实际施工人，双方口头约定，科通公司只收取16%的管理费，证据并不充分。①

(三)必须进行招标而未招标或者依据无效的中标结果签订的施工合同无效

《招标投标法》《必须招标项目规定》《必须招标范围规定》对于工程的招标范围有明确的规定。对于法律规定必须招标的工程，不能化整为零或者以其他形式规避招标。对于必须招标的工程，当事人未经招投标程序签订合同而后又补办招投标手续的，也应按无效合同处理。

《招标投标法》第四十三条规定："在确定中标人前，招标人不得与投标人就投标价格、投标方案等实质性内容进行谈判。"据此，主流裁判观点基本认为承包人在招标前或中标结果确定前先行签订施工合同、先行进场施工的情形下，双方所订立的施工合同因违反了前述规定应为无效。但是，最高人民法院个案裁判观点亦有所不同。

在(2016)最高法民申3768号建设工程施工合同纠纷案中，最高人民法院认为，尽管存在承包人中标前曾进场参与施工的情形，但没有证据证明二者就投标价格、投标方案等实质性内容进行过谈判且影响了中标结果。《招标投标法》第五十九条"招标人与中标人不按照招标文件和中标人的投标文件订立合同的，或者招标人、中标人订立背离合同实质性内容的协议的，责令改正；可以处中标项目金额千分之五以上千分之十以下的罚款"的规定，只是规定了不按招投标结果订立合同的法律后果，并非合同无效的规定。综上所述，发包人关于中标无效，进而导致备案合同、非备案合同及补充协议均无效，互不承担违约金责任的申请理由不能成立。②

另外，在新疆华诚安居房地产开发有限公司(以下简称华诚房地产公司)、中国铁建大桥工程局集团有限公司建设工程施工合同纠纷案中，最高人民法院认为不能证明招标前签署的合作意向协议影响中标结果的，中标合同有效。在该案中，双

① 参见最高人民法院(2016)最高法民申2163号民事裁定书。

② 参见最高人民法院(2016)最高法民申3768号民事裁定书。

方在招投标前进行了谈判并达成合作意向，签订了《建筑施工合作框架协议书》。该协议书中没有约定投标方案等内容，未载明开工时间。合同条款中还存在大量不确定的约定。例如，关于施工内容，双方约定“具体规划指标与建设内容以政府相关部门最终的批复文件为准”；关于合同概算，双方约定“项目建筑施工总概算约人民币叁亿元，具体概算数值待规划文件，设计方案确定后双方另行约定”。《建筑施工合作框架协议书》签订后，双方按照《招标投标法》的规定，履行了招投标相关手续，没有证据证明涉案工程在招投标过程中存在其他违法违规行为可能影响合同效力的情形。华诚房地产公司虽称其自身违反《招标投标法》的规定致使中标无效，但该违法违规行为是否影响了中标结果，华诚房地产公司未予以证明。本案亦不存在因招投标活动不符合法律规定，利害关系人提出异议或者依法向有关行政监督部门投诉，致使相关人员被追责的情形。综上所述，一审法院认定涉案《建设工程施工合同》真实有效并无不当。①

中标结果无效的情形，通常包括：招标人或招标代理公司泄露标底的；投标人相互串通投标或与招标人串通投标的；投标人弄虚作假，骗取中标等。中标是当事人签订施工合同的前提条件，中标无效必然导致施工合同无效。

（四）承包人非法转包、违法分包所签订的建设工程施工合同无效

《建筑法》明确禁止承包人转包和违法分包建设工程。所谓转包，是指承包人违反法律规定，将其承包的全部工程转让给他人施工或者将全部工程支解以后以分包的名义分别转包给他人的行为。违法分包，是指建设工程承包人将工程分包给没有资质的分包人，或违反合同的约定和未经建设单位认可，将其承包的工程交由其他单位完成，或施工总承包单位将其主体工程分包给其他单位，分包单位将其承包的工程再分包的行为。

根据《建设工程施工合同司法解释（一）》第七条的规定，具有劳务作业法定资质的承包人与总承包人、分包人签订的劳务分包合同，当事人请求确认无效的，人民法院依法不予支持。在这种情况下，劳务分包合同不属于转包或违法分包，不会导致劳务作业分包合同的无效。

（五）未取得建设工程规划许可的施工合同无效

《建设工程施工合同司法解释（一）》第三条就建设工程施工前置的规划审批程

---

① 参见最高人民法院（2019）最高法民终347号民事判决书。

序,包括建设用地规划许可证、建设工程规划许可证对合同效力的影响问题作出规定。该条明确发包人未取得建设工程规划许可证等规划审批手续,建设工程施工合同无效。

1. 建设用地规划许可证。《城乡规划法》第三十七条第一款规定:"在城市、镇规划区内以划拨方式提供国有土地使用权的建设项目,经有关部门批准、核准、备案后,建设单位应当向城市、县人民政府城乡规划主管部门提出建设用地规划许可申请,由城市、县人民政府城乡规划主管部门依据控制性详细规划核定建设用地的位置、面积、允许建设的范围,核发建设用地规划许可证。"

该法第三十八条规定:"在城市、镇规划区内以出让方式提供国有土地使用权的,在国有土地使用权出让前,城市、县人民政府城乡规划主管部门应当依据控制性详细规划,提出出让地块的位置、使用性质、开发强度等规划条件,作为国有土地使用权出让合同的组成部分。未确定规划条件的地块,不得出让国有土地使用权。以出让方式取得国有土地使用权的建设项目,建设单位在取得建设项目的批准、核准、备案文件和签订国有土地使用权出让合同后,向城市、县人民政府城乡规划主管部门领取建设用地规划许可证。"

2. 建设工程规划许可证。《城乡规划法》第四十条第一款规定:"在城市、镇规划区内进行建筑物、构筑物、道路、管线和其他工程建设的,建设单位或者个人应当向城市、县人民政府城乡规划主管部门或者省、自治区、直辖市人民政府确定的镇人民政府申请办理建设工程规划许可证。"

由于建设单位取得建设用地规划许可证是申办建设工程规划许可证的前提条件,未取得建设用地规划许可证,必然就不可能取得建设工程规划许可证,故本条只需规定建设工程规划许可证即可。建设单位尚未取得国有土地使用权证,不影响建设工程施工合同的效力。至于建设工程施工许可,其属于行政管理范畴,并不影响建设工程施工合同的效力。

最高人民法院关于规划手续对于建设工程合同效力的影响,其裁判观点亦经历了一个认识过程。例如,在重庆加堡房地产开发有限公司与重庆市三维建筑工程有限公司、陈力建设工程施工合同纠纷案中,最高人民法院认为建设单位是否取得有关国有土地使用权证、建筑工程规划许可证及其他报建手续,涉及该工程项目能否开工建设,即建设工程施工合同履行的问题,与效力无关。因此,当事人据此提出建设工程施工合同无效的，缺乏法律依据，不能成立。[①]

（六）建设工程施工合同无效的其他司法观点

1. 合同全部无效

最高人民法院办公厅《2011 年民事审判会议纪要》规定："要依法维护通过招投标方式所签订的中标合同的法律效力。对以低于工程建设成本的工程项目标底订立的施工合同，应当依据招标投标法第四十一条第二项的规定认定无效。"

2. 合同部分无效

《八民会议纪要》第三十条规定："要依法维护通过招投标所签订的中标合同的法律效力。当事人违反工程建设强制性标准，任意压缩合理工期、降低工程质量标准的约定，应认定无效。对于约定无效后的工程价款结算，应依据建设工程施工合同司法解释的相关规定处理。"

（七）关于合同效力的补正与确认制度

1. 超越资质订立施工合同的效力补正

《建设工程施工合同司法解释（一）》第四条规定："承包人超越资质等级许可的业务范围签订建设工程施工合同，在建设工程竣工前取得相应资质等级，当事人请求按照无效合同处理的，人民法院不予支持。"

2. 未取得规划条件的施工合同效力补正

根据《建设工程施工合同司法解释（一）》第三条第一款的规定，当事人以发包人未取得建设工程规划许可证等规划审批手续为由，请求确认建设工程施工合同无效的，人民法院应予支持，但发包人在起诉前取得建设工程规划许可证等规划审批手续的除外。考虑到建设工程施工合同纠纷案件往往具有复杂性，可能涉及质量、工期、价款等争议，本条从公平、便于案件审理和法律价值判断角度，将效力补正时间确定为"起诉前"。并规定发包人能够办理审批手续而未办理，并以未办理审批手续为由请求确认建设工程施工合同无效的，人民法院不予支持。

可以明确的是，我国合同法律中的合同无效是自始的、绝对的、确定的无效。而确定无效意味着法律行为终局无效，不因时间的经过而补正，不因其他事由的发生而"起死回生"。依此法理，在建设工程合同因未取得规划许可而被认定为无效后，

---

① 参见最高人民法院（2013）民申字第 744 号民事裁定书。

无论基于何种方式都无法使其变为有效。司法解释的做法似乎有违合同无效理论。此时,是否适用合同效力的补正或曰法律行为的补正,有待探究。① 且在司法实践中如何确定"发包人能够办理审批手续而未办理"的裁判标准和举证责任,亦有待观察。

三、建设工程施工合同无效的结算原则

无效合同自始没有法律约束力,不能产生当事人预期的法律效果。《民法典》第一百五十七条规定:"民事法律行为无效、被撤销或者确定不发生效力后,行为人因该行为取得的财产,应当予以返还;不能返还或者没有必要返还的,应当折价补偿。有过错的一方应当赔偿对方由此所受到的损失;各方都有过错的,应当各自承担相应的责任。法律另有规定的,依照其规定。"由于建设工程施工合同履行结果的特殊性,承包人往往已经通过施工建设使建筑材料物化成在建工程,甚至是竣工的建设工程。因此,建设工程施工合同无效的法律后果是折价补偿和按照过错赔偿损失。②

(一)折价补偿

1. 参照合同约定支付工程价款

原《施工合同司法解释一》第二条规定:"建设工程施工合同无效,但建设工程经竣工验收合格,承包人请求参照合同约定支付工程价款的,应予支持。"与之相较,《民法典》合同编建设工程合同章将本条适用条件修改为"经验收合格",包括工程竣工验收合格和正在建设中的工程经阶段性验收合格及经过修复后验收合格的工程。③ 从合同主体角度来看,承包人享有此请求权,发包人请求参照合同约定支付工程价款的,也应予支持。但是最高人民法院亦有不同裁判观点。在中建环球建设集团有限公司(以下简称环球公司)、古叶建设工程施工合同纠纷一案中,最高人民法院认为,在建设工程施工合同无效的情况下,参照合同约定支付工程价款是承包人的权利,而非发包人的权利。该案中环球公司将案涉工程转包给不具备施工

---

① 李有星、高放:《主体资质影响合同效力之理论探析——以建设工程合同为例》,载《浙江大学学报》(人文社会科学版)2015 年第 5 期。

② 关丽:《折价补偿原则在建设工程施工合同无效时的适用》,载最高人民法院民事审判第一庭编:《民事审判指导与参考》(总第 21 辑),法律出版社 2005 年版,第 138 页。

③ 最高人民法院民事审判第一庭编著:《最高人民法院建设工程施工合同司法解释的理解与适用》(第 2 版),人民法院出版社 2015 年版,第 34 页。

资质的王贞祥进行施工,案涉《工程施工合作协议》应属无效。关于二审判决依据公平原则在计算工程款时将"《合作协议》约定的清单单价下浮 19.2% 的下浮比例调整为 6% "是否错误,最高人民法院认为原《施工合同司法解释一》第二条规定了建设工程施工合同无效的情况下,参照合同约定支付工程价款是承包人的权利,而非发包人的权利,故环球公司请求参照《工程施工合作协议》下浮比例结算工程价款,缺乏法律依据。①

该条并未赋予承包人选择参照合同约定或者工程定额标准进行结算的权利,除非双方另行协商一致同意按照定额价或者市场价据实结算,否则,一般应参照合同约定支付工程价款。②

这里需要注意的是"参照合同约定支付工程价款",并非"按照"合同约定支付工程价款。一般情况下,在工程竣工验收合格的前提下,可按照合同约定支付工程款。但在工程未完成或有大量设计变更的情况下,按合同无法确定工程价款的,可通过鉴定的方式确定建设工程的造价。同时,最高人民法院的司法观点认为,除非增加了合同约定之外的新的工程项目,一般不应超出合同约定支付工程款。③

关于"参照合同约定"的范围,实践中有不同观点。第一种观点认为,"参照合同约定"应进行限制性的理解,仅限于合同中对计价标准的约定。对于合同约定的付款条件、付款时间、付款方式、工程款扣减事由以及质保金的扣留及返还等事项,不属于该条司法解释规定的参考范围,不应适用。④

第二种观点认为,既然施工合同对价格的约定是一个完整的计价体系,从当事人意思自治的原则出发,当事人在合同中关于工程款支付的所有约定,包括付款条件、付款时间、付款方式以及质保金的扣留及返还等均属于"参照合同约定"的范围,甚至认为在合同无效时,违约金条款也要参照约定适用。建设工程无效的法律后果为折价补偿,因此,首先,"参照合同约定"的范围应当包括合同中工程价款数额的约定,当然也就包括与工程价款数额密切相关的计量、计价规则。其次,付款方式对承发包双方均意义重大。发包人会尽可能地延迟付款时间,以减少自身的支

---

① 参见最高人民法院(2018)最高法民申 6046 号民事裁定书。

② 最高人民法院民事审判第一庭编:《民事审判指导与参考》(总第 48 辑),人民法院出版社 2012 年版,第 118 页。

③ 最高人民法院民事审判第二庭编著:《〈全国法院民商事审判工作会议纪要〉理解与适用》,人民法院出版社 2019 年版,第 17 页。

④ 最高人民法院民事审判第一庭编著:《最高人民法院建设工程施工合同司法解释(二)理解与适用》,人民法院出版社 2019 年版,第 89 页。

付压力，而承包人则会尽量减少垫资，以早日收回工程款。甚至在某些情况下，承包人宁愿以牺牲一小部分工程款为代价来换取工程款的尽早回笼。从这个意义上看，工程款的付款方式也可能对工程价款数额产生影响，即使合同无效，其某种程度上也表征着折价补偿的“品质”。而且，预付款、进度款及质保金均是工程最终总价款的组成部分，应当计入工程折价的范围。因此，无效施工合同中约定的付款时间、付款金额等支付方式以及质保金的扣留及返还等均属于“参照合同约定”的范围。

笔者总体上倾向于第二种观点，但是关于违约金、赔偿损失的约定，因其与折价无关，不应包含在“参照合同约定”的范围内。[①] 最高人民法院的判例有支持违约金参照无效施工合同约定的情况。在林某富与延边嘉和房地产开发有限责任公司建设工程施工合同纠纷案中，最高人民法院认为双方在合同中对于涉案工程款的结算作了附条件的约定，即如果未按期完工，承包人按工程总价的3%给予建设单位赔偿，系双方当事人的真实意思表示。涉案工程并未按期完工，虽然涉案施工合同无效，但涉案工程已经竣工且验收合格，可以参照合同约定计算涉案工程款。

建设工程合同无效，发包人应赔偿的部分，应包含欠付工程价款的利息；但对于利息计算方式，裁判规则存在不同观点：一种观点是按照合同约定的逾期利息计算；另一种观点是合同无效，合同约定的利息计算方式同样无效，应按照相关法律文件的规定计息。

2. 承包人承担修复费用

根据《民法典》第七百九十三条规定，如果建设工程施工合同无效，且建设工程经验收不合格，但是修复后的建设工程经验收合格的，发包人请求承包人承担修复费用的，法院应予支持。

3. 不予支付工程款

根据《民法典》第七百九十三条规定，如果建设工程施工合同无效，修复后的建设工程经验收仍不合格，承包人请求支付工程价款的，不予支持。

（二）赔偿损失

《建设工程施工合同司法解释（一）》第六条规定：“建设工程施工合同无效，一方当事人请求对方赔偿损失的，应当就对方过错、损失大小、过错与损失之间的因

---

① 参见最高人民法院（2014）民申字第940号民事裁定书。

果关系承担举证责任。损失大小无法确定，一方当事人请求参照合同约定的质量标准、建设工期、工程价款支付时间等内容确定损失大小的，人民法院可以结合双方过错程度、过错与损失之间的因果关系等因素作出裁判。”

1. 施工合同无效的损失赔偿的性质

依据《民法典》相关规定，建设工程合同无效的过错方应当赔偿对方受到的损失。[①] 但是关于赔偿范围，司法实践中对此问题的认定也不统一，目前存在两种主要观点。

第一种观点认为，合同无效后，有过错一方应当赔偿对方因此受到的所有损失，包括在合同有效情形下对方通过履行合同可以获得的利益。第二种观点认为，合同无效后，有过错一方赔偿对方损失是基于缔约过失责任，赔偿的范围限于“信赖利益”，不包括在合同有效情形下对方通过履行合同可以获得的利益，并且适用过失相抵规则。

既有裁判规则倾向于第二种观点，具体理由如下：

(1)合同无效损失赔偿的性质属于缔约过失责任

关于“返还财产或折价补偿”的性质，一般认为是基于物上请求权或不当得利请求权；关于赔偿损失的性质，学理上一般认为是缔约过失责任。缔约过失责任以先合同义务为前提。所谓先合同义务，是指当事人为缔约而接触磋商之时，基于诚实信用原则而产生的协力、告知、阐明、保护、照顾、保密等义务。违反先合同义务，给对方造成损害的，则构成“缔约上过失”，产生“缔约过失责任”。合同无效情形下产生的是缔约过失责任而非违约责任，原因在于违约责任存在的前提是“合同债务”，而合同无效为自始无效，即于合同成立时合同约定内容即不对当事人产生约束力，不产生“合同债权”或“合同债务”，故违约责任无从谈起。

从起源上看，“缔约上过失”概念最初产生时，就适用于合同无效的情形，但合同无效有多种情形，是否发生缔约过失责任，应当结合具体法律规范判断。有的合同无效情形可能不成立缔约过失责任。例如，“恶意串通，损害国家、集体或者第三人利益”致合同无效的情形，如果属于双方当事人之间恶意串通，因双方对合同无效均存在恶意，不存在一方过错致善意方受损的问题，故双方之间不成立缔约过失

---

① 《民法典》第一百五十七条规定：“民事法律行为无效、被撤销或者确定不发生效力后，行为人因该行为取得的财产，应当予以返还；不能返还或者没有必要返还的，应当折价补偿。有过错的一方应当赔偿对方由此所受到的损失；各方都有过错的，应当各自承担相应的责任。法律另有规定的，依照其规定。”

责任。例如,对于当事人之间约定修建未取得建设工程规划许可的建筑属于无效合同,因该建筑在法律层面不具有可利用性,不能适用《民法典》第七百九十三条所确立的折价补偿规则,应适用缔约过失规则对施工人的利益予以补偿。①

(2)缔约过失责任损害赔偿的对象为信赖利益

缔约过失责任的最主要承担方式为损害赔偿,损害赔偿的对象为信赖利益。信赖利益的损失,是指缔约人信赖合同有效成立,但因法定事由发生,致使合同不成立、无效或被撤销等而遭受的损失。在大陆法系上,信赖利益对应的概念为履行利益(英美法上称为"期待利益"),两者适用于不同的情形。履行利益是指在合同有效的情形下,当事人因履行合同而产生的利益。履行利益以合同有效为前提,因而不适用于合同无效情形。而缔约过失责任的目的就是补偿一方当事人因合同不成立、无效或被撤销而遭受的损失,从而使其利益恢复至合同签订之前的状态,故其损害赔偿的对象为信赖利益。

2. 施工合同无效的损失赔偿的范围

信赖利益的损害包括所受损害和所失利益。所受损害,又称"直接损失",是指既有财产的减少,如缔约费用、准备履约费用、已付金钱产生的利息等。若合同成立一段期间后又被认定无效,且一方在合同成立后已经开始履行合同的,则这方实际履约的费用也应算作所受损害而得到赔偿;所失利益又称间接损失,是指既有财产本应增加而未增加的部分,包括因丧失了与第三人另行缔约的机会所产生的损失等。

信赖利益范围内的损害赔偿不必然是全额赔偿。即使是属于信赖利益,应否全额赔偿,也要结合案件的实际情形予以认定。信赖利益损害赔偿也适用过失相抵规则。对于合同的未成立、无效或被撤销,受害人也存在过错的,受害人应根据自己的过错程度承担相应的责任。

对于无效合同情形,因工程质量、工期延误、停工窝工等原因导致的损失,发包人或者承包人均有权向对方主张赔偿,但需就对方的过错、损失大小、过错与损失之间的因果关系承担举证证明责任。在合同无效的情况下,当事人不能直接援引违约责任条款主张损失赔偿。应首先考虑各方对于导致施工合同无效的过错程度,并依据各方过错对于工程质量瑕疵、建设工期延误、工程价款拖欠等损失之间的因果关系作出裁判。

---

① 最高人民法院民事审判第一庭编:《民事审判指导与参考》(总第 69 辑),法律出版社 2017 年版,第 242 页。

(1)发包人主张损失赔偿的范围

在工程实践中,因承包人原因导致合同无效的情形主要有:承包人未取得建筑施工企业资质或者超越资质等级的;没有资质的实际施工人借用有资质的建筑施工企业名义的;建设工程中标无效的;承包人非法转包、违法分包建设工程的。

于此情形,发包人可以主张因开展招投标程序、履行无效合同所实际支出的费用和发生的损失,以及因施工人原因导致的工程质量问题造成的损失。

(2)承包人主张损失赔偿的范围

因发包人原因导致合同无效的情形主要有:建设工程必须进行招标而未招标;发包人未取得建设工程规划许可证的;以低于建设成本的招标控制价订立施工合同的;压缩合理工期、降低质量标准的。

于此情形,承包人可以主张参与投标所发生的费用、除工程价款之外的因履行合同支出的费用以及因合同无效导致的承包人停工、窝工损失。

【条文适用】

一、建设工程合同效力的恶意抗辩

所谓恶意抗辩,是指当事人违反诚信原则,而针对对方的请求提出抗辩。当事人签约时明知合同存在违法违规的情节,依然缔约;其后在合同存续甚至履行阶段,发现合同有效于己不利,便请求法院或者仲裁机构确认合同无效的,构成恶意之抗辩。对此,法院或者仲裁机构不宜一律支持,而应区分情况确定规则。对于那些严重背离合同制度的目的,必须予以取缔的合同,法院或者仲裁机构一经发现就应当确认其无效,无论当事人是否请求。于此场合,不宜恶意抗辩论处。除此之外的场合,当事人关于合同无效的主张,则应被定为恶意之抗辩,法院或仲裁机构不宜支持,以防恶意之人因主张合同无效而获得大于合同有效时所能取得的利益。①

恶意抗辩实际上是一种滥用抗辩权的行为,对于此种恶意抗辩的行为如何处理,在理论上存在不同看法。一种观点认为,无效合同的固有性质决定了任何人都可主张合同无效,因此违法行为人自己提出无效也是合法的。另一种观点认为,违法行为人自己主动提出无效已经构成恶意抗辩,违法行为人的恶意抗辩不能成立,该合同应当认定为有效,否则等于纵容了违法行为人实施的违法行为。从法律上来看,合同无效应当是当然无效,任何人均可以主张合同无效。但问题是一方当事

---

① 崔建远:《合同法》(第2版),北京大学出版社2013年版,第87页。

人单独实施或与对方当事人共同实施了某种违法行为后，自己主动以其行为违法为由，要求确认合同无效，对这种恶意抗辩行为，完全予以支持也并不一定符合确认合同无效的目的，也不利于制裁违法的恶意抗辩的行为人。恶意抗辩违法行为人的行为违反了诚实信用原则，如果认可违法行为人的主张，将会纵容违法行为人的违法行为。确立合同无效的重要目的在于制裁不法行为人，维护国家的法治秩序和社会的公共道德。如果违法行为人主动请求确认合同无效，则不仅意味着无效后的责任对违法行为人没有形成某种硬化的约束，甚至将使其获得某种不正当的利益，这就从根本上违背了无效制度设立的宗旨。①

最高人民法院在(2018)最高法民申394号民事裁定书中，适用了建设工程施工合同"效力恶意抗辩"规则。该案中再审申请人永和圣地建设公司主动认可其存在违法转包、案涉工程《建设工程规划许可证》《建筑工程施工许可证》已被撤销、讼争工程未履行招标手续等多项违法情形，主张施工合同无效。最高人民法院则认为，从实际情况来看，施工合同基本履行，房屋已建好，且已部分售出，签约目的已基本实现；现再审申请人主张合同无效，很大程度是为了免除或者减轻生效裁判确定由其承担的民事责任。统筹全案来看，原判认定施工合同有效，并未损害社会公共利益或者案外第三人利益，符合本案实际，最高人民法院予以认可。②

二、合同无效的工期索赔

建设工程施工合同无效，合同约定的工期条款亦为无效当无异议。但是，与司法解释关于结算方式的规定类比，"参照"合同工期条款确定各方对于停工、窝工、工期延误等与时间相关的损失，并结合双方过错责任确定损失分担，是否更符合公平及诚实信用原则。③

此处所谓"过错责任"，一方面是指各方在导致合同无效评价方面的违法性过错；另一方面是指各方在施工过程中造成停窝工、延误等情形的违约性过错。主要包括承包人对于发包人违约是否及时提出索赔、发包人对于主动指令是否及时作出变更指示等。

例如，依据《建设工程施工合同(示范文本)》通用合同条款第10.6款"变更引

① 王利明：《论无效合同的判断标准》，载《法律适用》2012年第7期。

② 参见最高人民法院民事审判第一庭编：《民事审判指导与参考》(总第76辑)，人民法院出版社2019年版，第122～138页。

③ 杨心忠等：《建设工程合同纠纷裁判思路》，法律出版社2014年版，第113页。

起的工期调整”之约定:“因变更引起工期变化的,合同当事人均可要求调整合同工期,由合同当事人按照第4.4款〔商定或确定〕并参考工程所在地的工期定额标准确定增减工期天数。”在收到发包人或监理人的变更指示后,承包人认为可以执行变更的,应当书面说明实施该变更指示对合同工期的影响,经发包人同意后相应调整工期。发包人未主动给予工期调整或不同意承包人工期调整建议,则承包人可以拒绝实施该变更工作,或者通过索赔程序进行工期索赔。

索赔,是指在合同履行过程中,对于非自己的过错,而是应由对方承担责任的情况造成的实际损失,向对方提出经济补偿和(或)工期顺延的要求。依《建设工程施工合同(示范文本)》通用合同条款第19.1款“承包人的索赔”,根据合同约定,承包人认为有权得到追加付款和(或)延长工期的,应在知道或应当知道索赔事件发生后28天内,向监理人递交索赔意向通知书,并说明发生索赔事件的事由;承包人未在前述28天内发出索赔意向通知书的,丧失要求追加付款和(或)延长工期的权利。

由此可见,在考虑合同工期责任的过错程度时,既要考虑造成停工、窝工和工期延误的实质性过错,又要考虑发承包双方按照合同约定变更工期或者在约定时间内提出索赔意向等程序性过错。

三、对于第三方违约的损失赔偿

建设施工合同无效,发包人与第三方签订合同导致的违约责任损失是否可以作为施工合同无效的过错赔偿范围在理论和实务层面争议较大。

第一种观点认为,合同无效,当事人承担的是缔约过失责任,其保护的是信赖利益的损失。发包人与第三方签订合同的违约责任损失,与建设工程施工合同无效不存在法律上的因果关系,故其不能作为过错赔偿范围。第二种观点认为,按照文义解释,《合同法》第五十八条(《民法典》第一百五十七条)所称“有过错的一方应当赔偿对方因此遭受的损失”,其范围并未局限于缔约过失责任的“订立合同过程中”,因此并不排斥将发包方与第三人违约责任损失纳入过错赔偿范围。

最高人民法院民事审判第一庭认为,应区别情况看待,在符合一定条件下可以纳入,但同时需要衡量导致无效合同的原因和过错;可以参照无效合同的有关条款判断当事人是否有违诚信原则;损失赔偿既包括合同订立过程中的损失,又包括合同履行过程中的损失;纳入无效合同过错责任的损失应当是赔偿损失一方已经知道或应当预见的损失,其应是当事人有证据证明已实际发生的损失;发包方的损失与承包方的过错之间有因果关系,包括无效合同订立,也包括履约过程中对于诚信原则的违反。①

① 最高人民法院民事审判第一庭编:《民事审判指导与参考》(总第53辑),人民法院出版社2013年版,第146~151页。

第七百九十四条　工程勘察、设计合同内容

【法条原文】

第七百九十四条　勘察、设计合同的内容一般包括提交有关基础资料和概预算等文件的期限、质量要求、费用以及其他协作条件等条款。

【条文主旨】

本条是关于建设工程勘察、设计合同主要内容的提示条款，属于任意性规范。合同当事人可以选择部分适用或者不适用。本条不宜作为判别某一合同是否属于工程勘察、设计合同的主要依据，也不能作为判别工程勘察、设计合同效力的依据。

【条文释评】

一、本条及工程勘察、设计合同内容的历史沿革

依照《民法典》合同编典型合同各章的立法体例，需要对建设工程合同的主要内容条款予以提示。又鉴于建设工程合同包含三个基本类型：工程勘察合同、工程设计合同和工程施工合同，工程勘察合同与工程设计合同的基本内容在形式上较为相似，而工程施工合同与工程勘察合同、工程设计合同的内容形式差异较大，因而，本条及下条（《民法典》第七百九十五条）分别规定工程勘察合同、工程设计合同和工程施工合同的主要内容条款。

《民法典》对于某一类典型合同基本内容的表述方式有三种：第一种是对某类典型合同的基本条款完全不作提示性规定，完全由当事人自主合意确定，如赠与合同、委托合同、行纪合同、中介合同和合伙合同。之所以不作提示性规定，主要是因为此类合同在不同情形下的基本条款差异太大，难以提炼出基本条款；第二种是对某类典型合同的基本条款根据交易惯例予以提示，这类合同往往具有格式合同的特征，提供格式合同一方的相对方少有变更格式条款的机会，而且这类合同在形式上多表现为提供格式合同一方提供的书面凭证，有些甚至不需要相对方签署，如运输合同、保管合同、仓储合同。在交易惯例上，它们多以客票、运货单、提单、仓单形式出现；第三种是在《民法典》第四百七十条已经针对一般合同主要内容条款提示

列举的基础上，就某类典型合同的主要内容条款再进行较为具体的罗列，其中的部分内容条款可能与《民法典》第四百七十条规定的一般合同的主要内容条款有重叠，如《民法典》第五百九十六条规定买卖合同的内容一般包括标的物的名称、数量、质量、价款、履行期限、履行地点和方式、包装方式、检验标准和方法、结算方式、合同使用的文字及其效力等条款，只是不再重复列举一般合同中通常均具备的当事人姓名或名称、违约责任、争议解决方法等基本条款。本条采用第三种表述方式，但是就本条所列工程勘察合同、工程设计合同的主要条款而言，并不全面，特别是工程勘察合同、工程设计合同中的诸多主要特色条款未被列入其中。笔者建议，当事人在实务中适用本条确定勘察、设计合同条款时，不宜拘泥于本条列举的条款，以策周全。

本条内容及其表述基本沿袭《合同法》第二百七十四条的规定，[①]仅将后者的“合同的内容包括”改为“合同的内容一般包括”，强调本条仅作为提示性和任意性规范，同时将正式法条中罕用的加括号的表述形式作了变换。《合同法》施行二十多年来，工程勘察合同、工程设计合同从形式到内容均发生了显著变化，国家层面的工程勘察、设计合同示范文本历经两次修订。原国家建设部与原国家工商行政管理总局于《合同法》施行前的1996年曾经颁布《建设工程勘察合同》（示范文本）（GF－96－0203）和《建设工程设计合同》（示范文本）（GF－96－0204）。《合同法》施行后，2000年上述两部委颁布《建设工程勘察合同（一）》和《建设工程勘察合同（二）》（示范文本），其中前者针对岩土工程勘察、水文地质勘察（含凿井）、工程测量、工程物探，文本代码为GF－2000－0203；后者针对岩土工程设计、治理、监测，文本代码为GF－2000－0204。同年两部委还颁布了《建设工程设计合同（一）（民用建设工程设计合同）》（示范文本）（GF－2000－0209）和《建设工程设计合同（二）（专业建设工程设计合同）》（示范文本）（GF－2000－0210）。《民法典》颁行时，现行的工程勘察合同、工程设计合同示范文本分别为《建设工程勘察合同（一）》（示范文本）（GF－2016－0203）和《建设工程勘察合同（二）》（示范文本）（GF－2016－0204）以及《建设工程设计合同示范文本（房屋建筑工程）》（GF－2015－0209）、《建设工程设计合同示范文本（专业建设工程）》（GF－2015－0210）。

上述合同示范文本主要内容条款的变化重点体现在：一是文本形式从单一的合同书，发展成为协议书、通用合同条款、专用条款模式；二是文本内容从简单粗放

---

① 《合同法》第二百七十四条规定：“勘察、设计合同的内容包括提交有关基础资料和文件（包括概预算）的期限、质量要求、费用以及其他协作条件等条款。”

向周全细密发展。

以《建设工程勘察合同(一)》示范文本为例,2000 年示范文本列明的内容条款主要包括:工程概况、勘察范围、发包人提供的文件资料、勘察人提交的勘察成果与交付进度、勘察费用及支付、双方责任、违约责任、争议解决等。2016 年《建设工程勘察合同(一)》示范文本中协议书列明的内容条款主要包括:工程概况、勘察范围和阶段、技术要求及工作量、合同工期、质量标准、合同价款、合同文件构成、承诺、词语定义等内容条款;通用条款列明的内容条款主要包括:合同主体的基本权利义务、工期、成果资料、后期服务(勘察人的协作内容)、合同价款与支付、变更与调整、知识产权、不可抗力、合同解除、责任与保险、违约、索赔、争议解决等。

再以《建设工程设计合同示范文本(房屋建筑工程)》为例,2000 年示范文本列明的内容条款主要包括:合同依据、项目概况、发包人提供的文件资料、设计人提交的设计成果与交付进度、设计费用及支付、双方责任、违约责任、争议解决等。2015 年示范文本中协议书列明的内容条款主要包括:工程概况、工程设计范围、阶段与服务内容、工程设计周期、合同价格、双方履约代表、合同文件构成、承诺等;通用条款主要内容包括:合同主体的基本权利义务、工程设计资料、工程设计要求、工程设计进度与周期、工程设计文件交付、工程设计文件审查、设计服务(设计人的协作内容)、合同价款与支付、工程设计变更与索赔、专业责任与保险、知识产权、违约责任、不可抗力、合同解除、争议解决等。

综上所述,工程勘察合同、工程设计合同发展到目前,其共同的主要内容条款除本条已经提示列举的内容之外,一般还包括:项目概况、勘察/设计阶段、变更、索赔、知识产权、责任与保险等主要内容。

二、发包人应提供的有关基础资料

本条所称工程勘察合同、工程设计合同中的“提交有关基础资料”,是指发包人有义务向勘察人、设计人提交的作为勘察人、设计人勘察、设计工作依据的基础性行政文件、发包人要求,以及与工程场地有关的技术资料。

就常规建设工程的勘察合同而言,发包人通常应提供下列基础资料:

1. 本工程批准建设文件(通常主要指建设用地规划许可文件);

2. 用地批准文件(附标明用地范围的用地红线图);

3. 勘察许可文件;

4. 发包人根据工程用地规划许可文件和工程规划许可文件提出的工程勘察任

务委托书；

5. 发包人对本项目工程勘察的技术要求、勘察工作范围地形图、建设工程的总平面布置图；

6. 工程勘察范围内已有的技术资料；

7. 勘察工作范围内的场地坐标与标高等地形技术参数；

8. 勘察工作范围内的地下已有埋藏物、障碍物资料（如电力电讯线路、管道、人防设施、洞室和其他构筑物等）及具体位置分布图。

就常规建设工程的设计合同而言，以城市规划区内的房屋建筑工程设计合同为例，发包人通常应提供下列基础资料：

1. 自然条件类基础资料。通常包括：宗地区域位置图、宗地红线图、宗地地形图、宗地现状图、工程地质和水文地质勘察报告，还可能包括：宗地绿化分布图、水体分布图、城市气温及风向资料、城市空气质量及噪声资料、水文资料（周边地表水常年水位、最高控制水位、地下水位标高、宗地内水质状况）、特殊地下物。

2. 社会条件类基础资料。通常包括：周边公共设施情况及附图（对项目设计存在有利或不利影响的设施，如公园、广场、地铁或公交站点、高压线、变电所、垃圾场、排污沟、烟囱、噪声或其他污染源设施），周边市政管线图（给水、雨水、污水、强电、弱电、暖通、宽带、煤气等接口位置、管径、埋深、标高）和当地规划、建设、环境等行政主管部门或者公共事业部门对项目的特殊法规或技术要求（如对“三废”处理的要求），还可能包括：区域总体规划图（包括该区域控制性详细规划图纸），周边交通分析图（反映宗地周边道路名称、级别、尺寸及拟建道路的拟建时间），周边道路断面图（反映宗地周边道路断面各分项尺寸）。

3. 行政许可类基础资料。通常包括：建设用地规划许可文件、建设工程规划许可文件、环保部门批准的建设工程环境影响审批表和城市节水部门批准的节水措施批件等。

4. 发包人设计要求类基础资料。通常包括：对建筑物的采光、照明、供电、供气、供热、给水排水、空调及电梯的要求，建筑构配件适用要求，各类设备的选型的要求、对建筑物装饰标准及要求等。

诚然，提交有关基础资料通常属于工程勘察合同、工程设计合同中发包人的义务，但是，当发包人由于某种原因无法提供齐备的基础资料时，可以通过合同事先约定或者合同履行过程中补充约定，由勘察人、设计人代为提供某些发包人未齐备的基础资料，由发包人另付费用。

一般而言,有关基础资料的提交义务人应对所提交基础资料的准确性负责,但是在设计—采购—施工的 EPC 承包模式下,当事人如果选择采用 FIDIC 系列合同条件中的银皮书,则应当注意,即便是由发包人提供基础资料,其准确性责任仍应由承包人承担。FIDIC 银皮书强调由承包人负责整个工程的设计,并在除发包人(FIDIC 银皮书称其为雇主)应负责的部分外,对雇主要求(包括设计标准和计算)的正确性负责。合同条件同时规定雇主不应对原包括在合同内的雇主要求中的任何错误、不准确或遗漏负责,并不应被认为对任何数据或资料给出了任何准确性或完整性的表示。承包人从雇主或其他方面收到任何数据或资料,不应解除承包人对设计和工程施工应承担的职责。此外,在传统的施工承包合同中,或者在 DB(设计+施工)合同中,无论是国内的相应示范文本,还是 FIDIC 红皮书(适用于传统的雇主提供设计文件承包人负责施工的情形)和黄皮书(适用于承包人负责设计和施工的情形),尽管均规定了发包人(雇主)应对其提供的基础资料的准确性负责,但同时也规定,承包人有义务检查发包人提供的基础资料,并就其中的错误向发包人发出提示,或要求发包人予以澄清、修正。FIDIC 红皮书和黄皮书均规定,承包人应负责解释所有此类资料,并且在实际可行(考虑费用和时间)的范围内,承包人被认为取得了所有必要资料。

发包人向勘察人、设计人提供基础资料的期限,对于勘察人、设计人开始和完成勘察设计工作提交工作成果的时间有重要影响。具体期限的约定,由发包人与勘察人、设计人根据实际情况协商确定。所谓"实际情况",一般考虑下列因素:第一,订立勘察、设计合同时发包人已经获得了必要行政许可文件或者预计将要获得这些文件的时间;第二,发包人对于项目开发建设的总时限要求中取得工程勘察、设计成果文件的时间安排;第三,勘察人、设计人预计完成工程勘察、设计工作,提交工作成果的有效工作时长;第四,可能影响勘察、设计工作的外部制约条件,如开展工程勘察野外作业的场地条件、交通运输条件、气象条件、预估的场地地质水文以及可能的地下障碍物情况、土工等实验条件等。

三、概预算文件

建设工程概预算,是指在工程建设过程中,根据不同设计阶段的工程设计文件的具体内容和有关定额、指标及取费标准,预先计算和确定建设项目的全部工程费用的技术经济活动或者活动成果,其目的在于有效地管理和控制工程项目的投资和进行人力、物力、财力的准备工作,以确保工程项目在预期内顺利建成。

设计概算，是在初步设计或扩初设计阶段，由工程设计人根据初步设计或扩初设计图纸，概算定额、指标，工程量计算规则，材料、设备的预算单价，建设主管部门颁发的有关费用定额或取费标准等资料预先计算的工程从筹建至竣工验收交付使用全过程需要的建设费用的经济文件。编制设计概算的主要作用：第一，是国家确定和控制基本建设总投资的依据；第二，据此可确定工程投资的最高限额；第三，是工程承包、招标的依据；第四，是核定项目开发贷款额度的依据；第五，是考核分析设计方案经济合理性的依据。①

设计预算，更常见的名称为"施工图预算"，是指拟建工程在开工之前，根据已批准并经会审后的施工图纸、现行工程预算定额、工程量计算规则、材料和设备的预算单价、各项取费标准，预先计算工程建设费用的经济文件。编制施工图预算的主要作用：第一，是考核工程成本、确定工程造价的主要依据；第二，是编制标底、投标文件、签订发承包合同的依据；第三，是工程价款结算的依据；第四，是施工企业编制施工计划、组织安排施工资金的依据。②

本条所称的"提交概预算"文件，是指根据工程设计合同的约定，由设计人向发包人提交的建设工程概预算文件。其中提交概算文件，对应于工程初步设计阶段或者扩初设计阶段；提交预算文件，对应于工程施工图设计阶段。

本条关于提交文件的表述为：勘察、设计合同的内容一般包括提交……概预算等文件……此等表述容易产生以下误解。

误解之一，认为勘察人亦负有提交概预算文件的义务。事实上，提交概预算文件只是设计人（不包括勘察人）可能的合同义务之一，勘察人无此义务。

误解之二，提交概预算文件是设计人的当然义务。事实上，就实务中的具体工程设计合同而言，设计人是否需要提交概算文件、预算文件，通常取决于合同的具体约定。有必要指出，提交工程概算书属于初步设计文件设计人的义务，而提交预算文件一般情形下并非施工图文件设计人的当然义务。以《建筑工程设计文件编制深度规定（2016 年版）》（建质函〔2016〕247 号）为例，其条文说明第 4.1.1 项第 2 目指出：工程预算书不是施工图设计文件必须包括的内容。但当合同明确要求编制工程预算书，且合同规定的设计费中包括单独收取的工程预算书编制费时，设计

---

① 参见 360 百科词条"工程概预算"，载 https://baike.so.com/doc/6827148 - 7044337.html，最后访问日期：2019 年 11 月 23 日。

② 参见 360 百科词条"工程概预算"，载 https://baike.so.com/doc/6827148 - 7044337.html，最后访问日期：2019 年 11 月 23 日。

方应按本规定的要求向建设单位提供工程预算书。其条文说明第4.1.1项第2目注则指出，工程概算书是初步设计应包括的内容，不能因为一阶段设计（方案设计后直接进入施工图设计）而删减此内容。但如果一阶段设计合同要求编制预算书，再编制概算书就没有意义了。所以本规定要求：对于一阶段设计，如果设计单位不提供预算书，就应提供概算书。故此，对于初步设计文件和施工图设计文件均约定由同一设计人完成的常见设计合同而言，设计人负有提交概算文件或者以提交预算文件替代概算文件的当然义务。换言之，当初步设计文件和施工图设计文件约定由不同设计人完成时，即便合同未明确约定初步设计文件的设计人需要提交概算文件，设计人亦应提供；而合同未明确约定施工图设计文件的设计人需要提交预算文件时，不宜推论该设计人负有提交预算文件的义务，理由在于：第一，由设计人提供预算文件不属于为发包人实现合同目的而必然隐含的设计人的合同附随义务。第二，由设计人提供预算文件不属于工程惯例。在《合同法》颁行的20世纪90年代，由设计人提供预算文件曾经属于行业惯例。但是，随着二十多年来中国建设行业的发展，工程设计承包模式愈加丰富，该行业惯例已不复存在。在实务中，既有发包人要求设计人提供施工图设计预算文件的情形，也有发包人基于提高施工图预算的准确性和选择更合适的施工承包人的需要，结合拟确定的施工承包人的施工组织计划另行编制施工图预算（设计人提交的施工图预算通常不考虑未来施工承包人的施工组织计划，因而与实际情况相比准确性不足）的情形，还有在设计+施工一体化的DB总承包合同或者EPC总承包合同中，由于工程总承包包含了设计、施工两项内容，在总承包人承包报价的情形下，再要求总承包人提交施工图预算已无意义，因而发包人不要求设计人提交工程预算文件。故此，《建筑工程设计文件编制深度规定（2016年版）》已经明确，工程预算书不是施工图设计文件必须包括的内容。

发包人与设计人可以在设计合同中，约定设计人提交工程概预算文件的时限和其他具体要求，甚至可以约定设计人在概预算限额内完成设计工作，提交设计成果。在设计合同中，既可以约定设计人提交概预算文件的相应价款包含在设计价款中，也可以约定另行单独计付价款。

四、勘察人、设计人应交付的主要文件

工程勘察合同、工程设计合同作为一种承揽合同，勘察人、设计人的主要合同义务应为交付勘察、设计工作成果。本条规定虽提示勘察人、设计人有提交文件的

义务，但是对于文件的类别仅作“概预算等文件”的提示，未必妥适，理由在于：首先，提交概预算文件仅适用于设计人，不适用于勘察人；其次，对于设计合同而言，交付作为后续设计依据或者施工依据的设计图纸文件是设计人的主要合同义务，而提交概预算文件并非其主要义务。本条内容涉及工程勘察合同与工程设计合同两个类别，其文字表述却仅列举设计人次要义务，未明示勘察人、设计人主要义务，似有不当。

（一）勘察人交付的主要文件

勘察合同中勘察人交付发包人的工作成果文件主要应是可作为后续工程设计依据的勘察文件。勘察文件的主要形式是工程勘察报告。不同的勘察阶段，对于工程勘察报告文件的要求不同，其中，可行性研究阶段的勘察报告文件应满足编制方案设计文件的需要，初步勘察阶段的勘察报告文件应满足编制初步设计文件的需要，详细勘察阶段的勘察报告文件应满足编制施工图设计文件的技术需要。

工程勘察报告一般由文字和图表构成。以详细勘察阶段建筑工程的岩土工程勘察报告为例，勘察报告一般应包括下列内容：

1. 文字部分。应包括：拟建工程概况；勘察目的、任务要求和依据的技术标准；勘察方法、勘察工作布置和完成情况；场地地形、地貌、地质构造；场地各层岩土的类型、分布、工程特性，岩石的产状、结构和风化情况；埋藏的河道、浜沟、墓穴、防空洞、孤石等对工程不利的埋藏物；场地地下水埋藏情况：类型、水位及其变化；判定水和土对于建筑材料的腐蚀性；岩土参数的统计、分析和选用；分析和评价场地和地基的稳定性；分析和评价采用天然地基的可行性，建议天然地基持力层，并提出承载力等参数；选用桩基础时，提出适宜的桩型及桩端持力层建议，提供桩基设计所需的岩土参数，必要时估算单桩承载力；需进行地基变形计算时，应提供变形计算参数，必要时预测建筑物的变形特征；需进行地基处理时，提出地基处理方案建议，并提供相应的岩土参数；存在特殊土的场地，满足相关专门规范的要求，提供相关参数，分析、论证及评价工程建设适宜性，提出治理措施的建议；存在可能影响工程稳定的不良地质作用的场地，对其进行描述、分析，评价对工程的危害及工程建设适宜性，提出防治建议；当场地地震设防烈度达到或超过六度时，对场地和地基的地震效应进行评价；对边坡工程提供边坡稳定计算参数，评价边坡稳定性，提出潜在的不稳定边坡的整治措施的建议；对基坑工程提供边坡稳定分析和支护设计、施工所需岩土参数，提出支护措施、环境保护和监测工作的建议；有季节性冻土的地区，提供场地土的标准冻结深度；必要时预测地基土和地下水在建筑施工和适用期间可能产生的变化及其对工程和环境的影响，提出防治方案的建议；规范或任务要求的其他内容。

2. 图表部分。应包括：建筑物和勘探点平面位置图；工程地质剖面图；原位测试成果图表；室内试验成果图表。①

（二）设计人交付的主要文件

设计合同中设计人交付发包人的工作成果文件主要应是可作为后续设计依据或者施工依据的设计图纸文件。不同的设计阶段，对于工程设计文件的要求不同。以建筑工程的设计文件为例，其一般应包括下列内容：

1. 方案设计文件。一般包括：（1）设计说明书，包括各专业设计说明以及投资估算等内容；对于涉及建筑节能、环保、绿色建筑、人防等设计的专业，其设计说明应有相应的专门内容。（2）总平面图以及相关建筑设计图纸。（3）设计委托书或者设计合同中规定的鸟瞰图、透视图、模型等。对于装配式建筑，设计人应出具技术策划文件，其内容一般包括：（1）技术策划报告，包括技术策划依据和要求、标准化设计要求、建筑结构体系、建筑围护系统、建筑内装体系、设备管线等内容；（2）技术配置表，装配式结构技术选用及技术要点；（3）经济性评估，包括项目规模、成本、质量、效率等内容；（4）预制构件生产策划，包括构件厂选择、构件制作及运输方案、经济性评估等。

2. 初步设计文件。一般包括：（1）设计说明书，包括设计总说明和各专业（建筑、结构、建筑电气、给水排水、供暖通风与空气调节、热能动力）设计说明。对于涉及建筑节能、环保、绿色建筑、人防、装配式建筑等，其设计说明应有相应的专项内容。（2）有关专业的设计图纸。（3）主要设备或材料表。（4）工程概算书。（5）有关专业计算书（不属于必须提交发包人的文件，但是应当编制）。

3. 施工图设计文件。一般包括：（1）合同要求所涉及的所有专业的设计图纸（含图纸目录、说明和必要的设备、材料表）依据图纸总封面；对于涉及建筑节能设计、装配式建筑设计的专业，其设计说明及图纸应有相应的专项内容。（2）合同要求的工程预算书。（3）各专业计算书（不属于必须提交发包人的文件，但是应当编制）。

---

① 参见《房屋建筑和市政基础设施工程勘察文件编制深度规定》（2020 年版）（建质〔2020〕52 号，住房和城乡建设部批准颁布，自 2020 年 10 月 1 日起施行）第 4 条、第 5 条有关房屋建筑工程的内容。

4. 专项设计文件。建筑幕墙、基坑和边坡工程设计、建筑智能化设计、预制混凝土构件加工图设计属于专项设计，一般包括：设计说明、设计图纸和计算书。①

五、勘察成果文件的质量要求

根据国家住房和城乡建设部颁布的现行《建设工程勘察质量管理办法》的规定，勘察成果文件的质量要求包括：

第一，勘察人（企业）依法取得工程勘察资质证书，具体承揽的勘察业务在资质等级许可的范围内。

第二，符合工程建设强制性标准和勘察合同对于相应勘察阶段勘察文件的质量要求，并满足后续相应设计阶段的设计需要。

第三，具体工程勘察的项目负责人、审核人、审定人及有关技术人员具有相应的技术职称或者注册资格。观测员、试验员、记录员、机长等现场作业人员已接受专业培训，符合上岗要求。

第四，项目负责人对勘察过程中各项作业资料验收和签字。

第五，勘察人的法定代表人、项目负责人、审核人、审定人等相关人员在勘察文件上签字或者盖章。

第六，工程勘察过程中的取样、原始记录真实和准确，严禁离开现场追记或者补记。

第七，勘察仪器、设备完好，钻探、取样的机具设备、原位测试、室内试验及测量仪器等符合有关规范、规程的要求。

第八，符合国家规定的勘察深度要求。

第九，工程勘察文件已经县级以上人民政府建设行政主管部门或者其他工程勘察质量监督部门，或者其委托的施工图设计文件审查机构审查，勘察人有关工程项目勘察的质量管理文件、文字报告、计算书、图纸图表和原始资料等符合有关规定和标准。

实务中，发包人就勘察人提交的勘察文件质量提出异议的，可以逐一对照上述九项内容。

实务中，勘察人往往仅向发包人提交项目的最终勘察报告文件，不提交勘察过程工作文件。除非勘察合同有特别约定。当发包人对勘察文件的质量有异议时，由

---

① 参见《建筑工程设计文件编制深度规定（2016 年版）》第 2 ~ 5 条。

于缺乏明确的法律依据，勘察人一般无义务提供勘察报告文件之前的勘察过程工作文件。笔者建议，发包人如需对勘察人的勘察文件质量提出更具体的过程文件查验要求，或者为便利解决日后可能发生的勘察合同争议，可通过勘察合同约定，当发包人对勘察人提交的勘察文件质量有异议时，勘察人应当提供据以编制勘察文件的技术资料，包括但不限于文字报告、计算书、图纸图表和现场测量、取样、原位测试、室内试验等原始记录。同时，有必要提示，勘察人的勘察过程中的工作文件，可能涉及勘察人的技术秘密、诀窍或者其他类型的知识产权，有经验的勘察人在合同约定或者争端解决过程中必须披露工作过程文件时，可以合理要求发包人或者参与争端解决的人员采取合理措施保护其知识产权免遭侵害。

六、设计成果文件的质量要求

根据国务院颁布的《勘察设计管理条例》的规定，并结合工程设计行业的管理经验，总结出设计成果文件的质量要求包括：

第一，设计人（企业）依法取得工程设计资质证书，具体承揽的设计业务在资质等级许可的范围内。

第二，符合工程建设强制性标准、项目批准文件和设计合同对相应设计阶段设计文件的质量要求，并满足开展后续设计或者工程施工的工作需要。

第三，具体工程设计的项目负责人、审核人、审定人及有关技术人员具有相应的技术职称或者注册资格。

第四，设计人的项目负责人、审核人、审定人等相关人员在设计文件上签字或者盖章。

第五，符合国家规定的工程设计深度要求。

第六，工程施工图设计文件中涉及公共利益、公众安全、工程建设强制性标准的内容已经县级以上人民政府建设行政主管部门或者其他工程设计质量监督部门，或者其委托的施工图设计文件审查机构审查，设计人有关工程项目设计的质量管理文件、文字报告、计算书、图纸图表和原始资料等符合有关规定和标准。

第七，设计文件中选用的材料、构配件、设备，注明其规格、型号、性能等技术指标，其质量要求必须符合国家规定的标准。

第八，工程设计文件中规定采用的新技术、新材料，可能影响建设工程质量和安全，又没有国家技术标准的，已由国家认可的检测机构进行试验、论证，出具检测报告，并经国务院有关部门或者省级人民政府有关部门组织的建设工程技术专家委员会审定。

实务中,发包人就设计人提交的设计文件质量提出异议的,可以逐一对照上述八项内容。

实务中,与勘察人向发包人提交勘察文件成果相似,设计人往往也仅向发包人提交项目的最终设计文件,不提交设计过程的工作文件,除非设计合同有特别约定。当发包人对设计文件的质量有异议时,由于缺乏明确的法律依据,设计人无义务提供设计过程工作文件。笔者建议,发包人如需对设计人的设计文件质量提出更具体的过程文件查验要求,或者为便利解决日后可能发生的设计合同争议,可通过设计合同约定,当发包人对设计人提交的设计文件质量有异议时,设计人应当提供据以编制设计文件的技术资料,包括但不限于文字报告、计算书、图纸图表等。同时,有必要提示,设计人的设计过程工作文件,可能涉及设计人的技术秘密、诀窍或者其他类型的知识产权,有经验的设计人在合同约定或者争端解决过程中必须披露工作过程文件时,可以合理要求发包人或者参与争端解决的人员采取合理措施使其知识产权免遭侵害。

七、勘察、设计合同中的费用

实务中,对于本条中"费用"一词的含义存在不同的理解。

一方面,本条直接沿用了《合同法》第二百七十四条,而《合同法》颁行于1999年,当时建设工程行业内适用1996年原建设部和国家工商行政管理总局颁布的《建设工程勘察合同》(示范文本)(GF-96-0203)和《建设工程设计合同》(示范文本)(GF-96-0204),这两个示范文本均未给出"费用"的定义,但是在具体条款中,多数情况下以勘察费、勘察费用或设计费、设计费用指代合同价款,少数情况下以费用指代勘察费用或合同价款,[①]多数情况下以费用指代为满足勘察人现场工作条件发包人应发生的支出,[②]或者设计人承担基本设计工作之外的其他服务时发包

① 《建设工程勘察合同》(示范文本)(GF-96-0203):"第4.1款:本工程勘察按国家规定的现行收费标准计取费用。"

② 《建设工程勘察合同》(示范文本)(GF-96-0203):"第5.1款:发包人责任项下:5.1.3 派员协助乙方与有关部门的工作联系,及时为乙方创造并解决勘察现场条件。如:征购土地、青苗赔偿、拆除障碍物、平整施工现场、修好通行道路、接通电源和水源以及排水渠等,并承担其费用。5.1.4 勘察前,根据乙方提出的用料计划,按时准备好各种材料,并承担费用。5.1.5 按时为勘察人员准备好住宿、办公、临时库房、就餐食堂、取暖、饮水以及条件许可的其他福利设施,甲方不向乙方收取费用。"

人应承担的额外支出。[①] 因此，如果《合同法》第二百七十四条中的“费用”一词，采用与行业当时适用的示范文本中“费用”一词的相同含义，则本条内容又沿袭自《合同法》第二百七十四条，应具有相同的含义，即本条“费用”既可能指“合同价款”，也可能指合同价款之外为履行合同或处理合同履行中的问题而发生的支出。

另一方面，涉及“费用”一词的表述在《合同法》中有三十处，在《民法典》合同编中有四十七处，主要涉及包括合同或债务履行费用[②]、债务人提前或部分履行债务给债权人增加的费用[③]，债权人行使代位权或者撤销权的必要费用[④]，因债权转让增加的费用[⑤]，实现债权的费用[⑥]，提存费用[⑦]，替代履行费用[⑧]，当事人止损费用[⑨]，未赎回标的物的处置费用[⑩]，租赁物维修费用[⑪]，融资租赁物租金之外的其他费用[⑫]，保理费用[⑬]，工程修复费用[⑭]，承包人因工程停缓建而产生的实际费用[⑮]，发包人原因导致勘察人、设计人增加工作量产生的费用[⑯]，运输费用[⑰]，客票挂失补办费

---

① 《建设工程设计合同》（示范文本）（GF－96－0204）：“7.3　本工程项目中，建筑材料、设备的加工定货，甲方需要乙方设计人员配合时，所需费用由甲方承担。7.4　甲方委托乙方配合引进项目的设计任务，从询价、对外谈判、国内外技术考察直至建成投产的各个阶段，应吸收承担有关设计任务的乙方参加。出国费用，除制装费外，其他费用由甲方支付。7.5　甲方委托乙方承担本合同内容之外的工作服务，另行支付费用。”

② 参见《合同法》第六十二条第六项、第一百一十条第二项，以及《民法典》第五百一十一条第六项、第五百八十条第二项。

③ 参见《合同法》第七十一条第二款、第七十二条第二款，以及《民法典》第五百三十条第二款、第五百三十一条第二款。

④ 参见《合同法》第七十三条第二款、第七十四条第二款，以及《民法典》第五百三十五条第二款、第五百四十条。

⑤ 参见《民法典》第五百五十条。

⑥ 参见《民法典》第五百六十一条、第六百九十一条。

⑦ 参见《合同法》第一百零一条第二款、第一百零三条、第一百零四条第二款，以及《民法典》第五百七十条第二款、第五百七十三条、第五百七十四条第二款。

⑧ 参见《民法典》第五百八十一条。

⑨ 参见《合同法》第一百一十九条第二款、第三百零七条第二款、第三百八十三条第二款，以及《民法典》第五百九十一条第二款、第八百二十八条第二款、第九百零六条第二款。

⑩ 参见《民法典》第六百四十三条第二款。

⑪ 参见《合同法》第二百二十一条，以及《民法典》第七百五十八条第一款。

⑫ 参见《合同法》第二百四十九条，以及《民法典》第七百五十八条第一款。

⑬ 参见《民法典》第七百六十六条、第七百六十七条。

⑭ 参见《民法典》第七百九十三条第二款第一项。

⑮ 参见《合同法》第二百八十四条以及《民法典》第八百零四条。

⑯ 参见《合同法》第二百八十五条以及《民法典》第八百零五条。

⑰ 参见《合同法》第二百八十八条、第二百九十二条以及《民法典》第八百零九条、第八百一十三条。

用[①],货物保管等费用[②],受托人工作费用[③],委托事务处理费用[④],物业服务费用[⑤],居间中介活动费用[⑥],合伙终止费用[⑦]和无因管理费用[⑧]。由此可见,《合同法》中"费用"均指合同价款之外为履行合同或者处理合同履行中的问题所发生的或者必然要发生的必需的支出。《民法典》合同编中的"费用"除物业服务费用属于物业服务合同价款之外,其他均指合同价款之外为履行合同或者处理合同履行中的问题所发生的或者必然要发生的必需的支出。《民法典》本条"费用"的含义,既可能指"合同价款",也可能指合同价款之外为履行合同或处理合同履行中的问题而发生的支出。再考虑到,《民法典》合同编第八百零八条有关建设工程合同章未作出规定的"适用承揽合同的有关规定",而《民法典》承揽合同章第七百七十一条关于承揽合同的基本条款规定中已经列举了"报酬"(合同价款)。有观点认为,由于勘察、设计合同除涉及包含在合同价款内的工作之外,还广泛涉及合同价款外的工作,对该部分工作所发生的费用的处理,应作为勘察、设计合同相比于普通承揽合同的特殊内容加以约定。况且,现行《建设工程勘察合同(一)》(示范文本)(GF-2016-0203)和《建设工程勘察合同(二)》(示范文本)(GF-2016-0204)也明确,"合同价款"与"费用"是两个完全不同的概念。其中,合同价款是指合同中约定的发包人用以支付勘察设计人完成合同约定范围内工程勘察设计工作的款项;而费用是指为履行合同所发生的或者将要发生的必需的支出。故此,将本条"费用"解释为合同价款之外为履行合同或者处理合同履行中的问题已经或者将要发生的必要支出,更加合理。

如果"费用"被解释为合同价款之外为履行合同或者处理合同履行中的问题而已经或者将要发生的必要支出,根据现行《建设工程勘察合同(示范文本)》(GF-2016-0203)、《建设工程勘察合同(二)》(示范文本)(GF-2016-0204)和《建设工

---

① 参见《民法典》第八百一十五条第二款。

② 参见《合同法》第三百零九条、第三百一十五条、第三百八十条以及《民法典》第八百三十条、第八百三十六条、第九百零三条。

③ 参见《民法典》第八百八十六条。

④ 参见《合同法》第三百九十八条、第四百一十五条以及《民法典》第九百二十一条、第九百五十二条。

⑤ 参见《民法典》第九百三十八条第一款。

⑥ 参见《合同法》第四百二十六条第二款、第四百二十七条,以及《民法典》第九百六十三条第二款、第九百六十四条。

⑦ 参见《民法典》第九百七十八条。

⑧ 参见《民法典》第九百七十九条第一款。

程设计合同(房屋建筑工程)示范文本》(GF－2015－0209)、《建设工程设计合同(专业建设工程)示范文本》(GF－2015－0210)条文,勘察、设计合同中的费用条款,通常应表述为:为履行合同或者处理合同履行中的问题所发生的费用,在合同正常履行情形下,由发包人承担;因勘察设计人存在过错或者违约而发生的费用由勘察设计人承担;双方对费用的发生均有义务或者责任的,费用由双方分担。在当事人对合同价款之外的费用承担没有约定,或者约定不明时,上述示范文本提示的费用承担方式,可作为行业惯例予以适用。当然,当事人对费用承担有其他特别约定,且该约定不存在依法无效或者可撤销理由的,应当从其约定。

亦有观点认为,本条的"费用",是指发包人对勘察人、设计人完成勘察、设计工作的报酬,即合同价款。①

为了避免歧义,笔者认为,宜将本条中的"费用"解释为包含合同价款以及合同价款之外为履行合同或者处理合同履行中的问题而已经或者将要发生的必要支出。

八、勘察、设计合同价款

勘察、设计合同价款,从合同对价的角度看,是勘察、设计合同中发包人为取得勘察人、设计人提交的符合法定和约定要求的勘察设计成果文件以及勘察人、设计人履行合同约定其他义务按照约定应当支付勘察人、设计人的价款。勘察合同价款对应的勘察人一般需完成的勘察工作,具体包括:根据发包人的委托,收集已有勘察基础资料、现场踏勘、制定勘察纲要,进行测绘、勘探、取样、试验、测试、检验、监测等勘察作业,编制工程勘察文件以及岩土工程设计文件等。② 设计合同价款对应的设计人一般需完成的设计工作具体包括:根据发包人的委托,提供编制建设项目初步设计文件、施工图设计文件、非标准设备设计文件、施工图预算文件、竣工图文件等服务。③

2015年3月1日之前,国家对工程勘察、设计收费实行《价格法》中规定的政府指导价,国家有关部委为此颁布了《工程勘察设计收费管理规定》及随附的相应《工程勘察收费标准》《工程设计收费标准》(原国家计划委员会、建设部联合发布,2002年3月1日起施行)。在实务中,勘察、设计合同价款的计算和支付一般依照上述管

① 胡康生主编:《中华人民共和国合同法释义》(第2版),法律出版社2009年版,第400页。
② 参见《工程勘察收费标准》第1.0.1项。
③ 参见《工程设计收费标准》第1.0.1项。

理规定和收费标准计算，并根据勘察设计人的工作进展分期支付。根据国家发展和改革委员会《关于进一步放开建设项目专业服务价格的通知》（发改价格〔2015〕299号）文件规定，自2015年3月1日起，包括工程勘察设计费在内的五类工程建设服务价格不再以政府指导价进行行政管理，属于市场调节价。随后，国家发展和改革委员会以31号令发布了《关于废止部分规章和规范性文件的决定》，明确废止了《工程勘察设计收费管理规定》以及随附的《工程勘察收费标准》《工程设计收费标准》。因此，自2015年3月1日起，勘察、设计合同价款完全由合同当事人自主协商约定。其中，对于具体的工程勘察、设计的发包，如果属于《招标投标法》规定的依法必须招标（又称强制招标）的项目，则应当依法进行招标。勘察、设计合同价格根据中标结果确定。

尽管《工程勘察收费标准》《工程设计收费标准》已经被废止，但是，由于它们此前已经在行业内使用多年，其中有关工程勘察费、工程设计费所对应的勘察、设计服务范围的规定，已经被业内普遍视为行业习惯。合同当事人如果在合同中对合同价款（工程勘察费、工程设计费）所对应的勘察、设计服务范围约定不明而产生争议，依据《民法典》第五百一十条①处理时，可以将上述两收费标准中的相关内容作为行业习惯采用。

参照《工程勘察收费标准》第1.0.1项、第1.0.12项和第1.0.15项的规定，工程勘察费对应的勘察人的基本服务工作内容为，收集已有勘察基础资料、现场踏勘、制定勘察纲要，进行测绘、勘探、取样、试验、测试、检验、监测等勘察作业，以及编制工程勘察文件以及岩土工程设计文件等；工程勘察费不包括勘察人完成下列工作内容所发生的其他费用：办理工程勘察相关许可，以及购买有关资料费；拆除障碍物，开挖以及修复地下管线费；修通至作业现场道路，接通电源、水源以及平整场地费；勘察材料以及加工费；水上作业用船、排、平台以及水监费；勘察作业大型机具搬运费；青苗、树木以及水域养殖物赔偿费等，发生以上费用的，由发包人另行支付；《工程勘察收费标准》不包括第1.0.1项之外的其他服务费。

参照《工程设计收费标准》第1.0.3项、第1.0.5项和第1.0.6项的规定，工程设计费一般包括基本设计费和其他设计费。其中，基本设计费是指在工程设计中，设计人提供编制初步设计文件、施工图设计文件，并相应提供设计技术交底、解决

---

① 《民法典》第五百一十条规定："合同生效后，当事人就质量、价款或者报酬、履行地点等内容没有约定或者约定不明确的，可以协议补充；不能达成补充协议的，按照合同有关条款或者交易习惯确定。"

施工中的设计技术问题、参加试车考核和竣工验收等服务应收取的费用；其他设计费对应的设计人服务内容并非每一过程设计合同中所必需，一般取决于发包人的特别要求。属于其他设计费范围的服务内容常见的有：整体设计服务、主体设计协调服务、采用标准设计和复用设计服务、非标准设备设计文件编制服务、施工图预算编制服务、为招标文件提供工程量报价清单服务、竣工图编制服务、设备设施采购考察服务、项目完工运行后的设计目的评价服务等。

九、其他协作条件

其他协作条件，是指双方当事人为了保证勘察、设计工作顺利完成所应当履行的相互协助的义务。发包人的主要协作义务是在勘察、设计人的工作人员入场工作时，为其提供必要的工作条件和生活条件，以保证其正常开展工作。① 勘察人、设计人的主要协作义务通常通过勘察合同、设计合同中的后期服务条款予以约定。

勘察人、设计人的后期服务，是指勘察人、设计人提交勘察工作报告、设计文件和约定的其他工作成果后，向发包人提供的后续技术服务性工作和程序性工作。这些服务内容或为后续建设工程的设计、施工和竣工验收备案等工作所必需，或基于勘察合同、设计合同中的特别约定。勘察人、设计人的后期服务工作，一般包括：勘察工作成果、设计文件的技术交底和接受咨询、施工放线检验、基槽检验、现场交桩、施工技术方案的勘察或设计评价与咨询、重大工程变更的技术咨询、工程施工过程中异常状况的技术会诊、工程质量事故的协助调查分析、参与工程竣工验收、签署工程竣工文件以及配合发包人办理本项目工程的有关许可、核准和备案手续等。

需要说明的是，在工程勘察合同、工程设计合同中，上述勘察人、设计人后期服务内容一般属于勘察人、设计人的基本服务内容，其服务费用通常包含在勘察合同价款（勘察费）、设计合同价款（设计费）中。对于发包人特别提出的其他服务内容，一般需要发包人另行支付服务费。这些服务内容常见的有：整体设计服务、主体设计协调服务、采用标准设计和复用设计服务、非标准设备设计文件编制服务、施工图预算编制服务、为招标文件提供工程量报价清单服务、竣工图编制服务、设备设施采购考察服务、项目完工运行后的设计目的评价服务等。

十、本条未列举的勘察、设计合同的其他主要条款

前文已述及，工程勘察合同、工程设计合同的主要内容条款，除本条已经提示

① 胡康生主编：《中华人民共和国合同法释义》（第 2 版），法律出版社 2009 年版，第 401 页。

列举的内容之外，一般还包括：项目概况、勘察/设计阶段、变更、索赔、知识产权、责任与保险等内容条款。

1. 关于项目概况条款。标的是合同当事人的权利义务指向的对象。明确的标的是合同成立的必要条件，是一切合同的必备条款。没有标的，合同不能成立，合同关系无法建立。① 标的条款必须清楚地写明标的，特别是对于不易确定的工作成果等更要尽可能地描述准确、明白，以使标的特定化，从而能够界定权利义务。虽然项目概况不是工程勘察合同、工程设计合同中的标的本身，但是对于当事人准确地描述和定义标的——工程勘察、设计工作成果具有重要作用。通常的工程项目概况条款包括下列内容：

第一，工程项目名称。工程勘察合同、工程设计合同中的工程项目名称通常来自发包人（特别是当建设单位作为发包人时）对工程项目的命名。工程项目通常以该工程项目经建设单位申请、有关行政机关审批、许可或者确认、登记的名称作为法定名称。严格来说，工程勘察合同、工程设计合同中的工程项目名称应当是上述法定名称。实务中，建设工程合同存在法定名称变更或者发包人不使用法定名称而使用自定义名称的情况，还存在工程名称所指的工程范围较大，而合同实际标的较小的情况（如工程合同实际标的仅为机场航站楼登机口设备安装工程，合同项目名称却表述为机场航站楼工程），都可能干扰和影响对建设工程合同标的的特定化。

第二，工程地点。工程地点是特定化工程勘察合同、工程设计合同标的的重要内容，特别是当存在建设工程技术指标被统一和标准化运用于多个工程的情况下。例如，对于设计指标相同的大规模经济适用房项目，工程项目名称可能完全一致，项目的不同地点即成为特定化合同标的的重要指针。

第三，工程规模、特征。工程规模包括技术规模和经济规模，工程技术规模通常以合同标的的建设工程基本规划指标加以描述，既用来帮助描述合同标的，有时也用来帮助描述合同标的的范围、数量。以房屋建筑工程为例，在工程勘察合同、工程设计合同中，反映工程规模的指标一般包括：规划占地面积、建筑面积（具体可分为地上建筑面积和地下建筑面积）、建筑层数（地上层数、地下层数）和建筑高度。工程经济规模通常以合同标的的投资额来描述，对于工程勘察合同、工程设计合同而言，以投资额估算描述。工程特征则通常以工程项目的功能（设计用途）和类别（重

---

① 胡康生主编：《中华人民共和国合同法释义》（第2版），法律出版社2009年版，第401页。

要性等级)加以描述。

2. 关于工程勘察阶段、工程设计阶段条款。由于勘察、设计分为不同阶段,各阶段对于勘察、设计工作成果的范围、深度要求不同,在勘察、设计合同中约定勘察、设计阶段,有助于更准确地描述合同标的的内涵。

3. 关于变更条款。与普通承揽相比,由于建设工程活动存在投资大、周期长、干扰因素多、受行政因素影响较明显等特点,加之工程项目用地的地下状况经常存在合同订立时难以准确掌握的异常因素,建设工程在勘察、设计过程中经常存在合同标的(规模、内容)、工期、协作条件等方面变更的可能,相应地,上述变更通常会导致合同原来约定的价款、工期等发生变化。变更条款一般包括下列内容:

第一,对变更范围的约定。即何种变化情形视为变更,何种变化情形由何方当事人承担变化风险。

第二,变更的确认程序。即约定变更引起的合同价款、费用、工期等调整的确认方法、过程、支持文件、确认时限。

4. 关于索赔条款。索赔,通常是指受到损失的一方当事人向致损的一方当事人提出损害赔偿的要求。合同项下的索赔,是指在合同履行过程中,一方基于合同约定或者法律规定,就其直接或者间接地遭受的损失,向合同相对方提出的经济赔偿和(或)工期补偿的要求。具体到建设工程合同,其索赔原因一般包括:

第一,合同一方违约。例如,发包人未按照合同约定期限提供勘察设计工作的基础资料。

第二,合同未约定一方的某项义务,但是依照法律规定,该方负有某项义务而未尽义务。例如,发包人对工程勘察人、设计人工作过程的检查,影响了勘察设计人的正常工作。

第三,并非由于一方违约或者一方未尽法定义务,发生合同约定的事件或出现约定状态(如发生不可抗力事件)。

索赔条款一般包括索赔条件、索赔证据、索赔时限,以及双方交涉程序等内容。

5. 关于知识产权条款。工程勘察合同、工程设计合同的标的为勘察人、设计人的智力劳动成果,包含知识产权。《合同法》施行二十多年来,中国社会和法律对于保护知识产权越来越重视。其间,国家行政机关颁行的工程勘察合同示范文本、工程设计合同示范文本的各版本的演进,就清晰地反映了知识产权条款从无到有,从简略到详细的演变历程。知识产权条款内容一般包括:发包人提供的文件的知识产权归属和勘察设计人的合理使用范围与限制;勘察人、设计人提交的勘察、设计工作成果的知识产权归属和发包人的合理使用范围与限制；合同一方的履行合同行为不侵犯对方或者第三方知识产权的承诺和侵权赔偿责任的约定；合同履行涉及的知识产权使用费的约定，等等。

6. 关于责任与保险条款。一方面，工程勘察合同、工程设计合同中勘察人、设计人的工作成果对于建设工程的质量影响巨大，一旦发生工程勘察、设计责任事故，可能导致发包人的巨额损失；另一方面，我国工程勘察人、设计人通常为有限责任公司，且公司资本规模、民事责任实际承担能力相较于其可能承担的责任风险而言，明显偏低。勘察人、设计人的勘察责任、设计责任风险通过合法有效的商业保险安排，可以适当转移。特别是对于投资巨大的建设工程，发包人有需要勘察人、设计人通过保险机制提升合同责任风险能力的订约要求，甚至将其作为选择勘察人、设计人的重要条件。工程勘察合同、工程设计合同中的责任与保险条款一般包括：勘察人、设计人按照公认的专业工作标准，谨慎、勤勉地履行合同项下责任和义务的承诺；勘察人、设计人应购买并在合同有效期内持续保持发包人认可的执业责任保险的合同义务；勘察设计人执业责任保险范围、责任、保险期限等的具体要求，等等。

【条文适用】

由于本条与《合同法》第二百七十四条的内容实质上一致，我们不妨以《合同法》第二百七十四条被人民法院裁判文书引用的情况作为本条司法适用情况的分析样本。经检索目前人民法院已经公开的2005~2020年5月作出的裁判文书发现，《合同法》第二百七十四条在裁判文书中被人民法院在“本院认为”中引用的频率较低。排除条文号被错误引用的情形，在有关建设工程勘察、设计合同纠纷案件中被引用八次。主要涉及本条文适用的两个问题。

一、本条不宜作为判别某一合同是否属于工程勘察、设计合同的主要依据

在(2017)浙0103民初430号一审民事判决书中，法院认为，《合同法》第二百七十四条规定，勘察、设计合同的内容包括提交有关基础资料和文件(包括概预算)的期限、质量要求、费用以及其他协作条件等条款。但根据案涉电子邮件所体现的原告、被告相关负责人在案涉设计项目中的职务及相关工作内容的相关规定，结合证人到庭陈述的项目由来以及与第一被告法定代表人就案涉设计项目工作组的成立等沟通情况，能够反映原告、两被告只是组织员工共同作为一个项目工作小组参与了案涉设计任务。其中第一被告法定代表人为组长，负责技术沟通与项目协调

工作，而且第一被告在其中并不具有发包人身份，故原告提交的证据不足以证明其与第一被告之间存在建设工程设计合同关系。

在(2005)沪一中民二(民)终字第134号二审民事判决书中，针对案涉《设计任务委托书》是否构成建设工程设计合同，一审法院认为，根据《合同法》第二百七十四条的规定，以及《勘察设计管理条例》的有关规定，本案的《设计任务委托书》不符合勘察、设计合同成立的形式要件的特殊要求，《设计任务委托书》中虽明确了双方的主体和特定的标的物，但缺失了质量要求、费用以及其他协作条件等主要条款，讼争双方对设计合同应具备的具体权利、义务并没有达成一致合意。

笔者认为，一方面，本条作为任意规范，对合同当事人并不具有必须强制遵守的法律效力，因此，一般不宜仅以案涉合同中缺少本条规定中列举的部分条款作为否定案涉合同属于建设工程勘察合同、工程设计合同的唯一或者主要依据；另一方面，依照《勘察设计管理条例》第二条第二款和第三款的规定，建设工程勘察是指为满足工程建设的规划、设计、施工、运营及综合治理等的需要，对地形、地质及水文等状况进行测绘、勘探、测试及综合评定，并提供相应工程建设技术可行性评价成果与建设所需的基础资料的活动。建设工程设计是根据建设工程和法律法规的要求，为工程项目的建设提供有技术依据的设计文件和图纸、提供相关服务的活动。因此，凡是在合同中约定合同一方为对方提供的工作成果属于下列情形之一的，即应当认定该等合同在法律类型上属于建设工程勘察合同或者设计合同：

第一，根据特定建设工程项目要求，以及将要查明的建设场地的地质、地理环境特征和岩土工程条件，编制的工程勘察文件，该文件可作为该特定项目工程的后续设计工作的技术依据。

第二，根据特定建设工程项目要求，以及相应的工程勘察文件，编制的将作为本项目工程施工技术依据的设计文件。

换言之，只要合同约定一方当事人为对方提供的工作成果如上所述，即便合同中缺失本条列举的某些条款，也不影响对合同属于工程勘察合同或者工程设计合同的定性，只可能影响合同的效力或者合同的履行。例如，在订立合同时，发包人因未获得建设工程的规划许可或者建设用地规划许可而未约定发包人向勘察人或者设计人提供此等基础资料，合同将无效。又如，在前述(2005)沪一中民二(民)终字第134号民事判决书中，《设计任务委托书》中缺失了质量要求、费用以及其他协作条件等合同常见条款，仍可能根据《民法典》第五百一十条的规定，就质量、价款或者报酬等内容达成补充协议；不能达成补充协议的，按照合同有关条款或者交易习惯确定;通过以上方式仍不能确定的,还可适用《民法典》第五百一十一条的规定,其中,质量要求不明确的,按照强制性国家标准履行;没有强制性国家标准的,按照推荐性国家标准履行;没有推荐性国家标准的,按照行业标准履行;没有国家标准、行业标准的,按照通常标准或者符合合同目的的特定标准履行。价款或者报酬不明确的,按照订立合同时履行地的市场价格履行;依法应当执行政府定价或者政府指导价的,依照规定履行。由于现行技术规范对于勘察人、设计人提交的工程勘察文件、工程设计文件的质量均有较全面细致的规定,行业惯例也较为成熟,合同价款亦可以通过司法鉴定或者评估获得具有参考价值的市场价格信息,因此,对于欠缺本条列举的工程勘察合同、工程设计合同部分条款的大部分合同,一般不存在合同基本内容最终无法确定的情形。

综上所述,裁判者不宜以本条作为判别系争合同是否属于工程勘察、设计类合同的主要依据。

二、本条不能作为判别工程勘察、设计合同效力的依据

在(2018)粤1481民初38号一审判决书和(2017)青01民特8号民事裁定书中,法院均认为,原、被告均系具有相关合法资质的企业法人,双方之间签订的案涉工程设计合同,是双方当事人真实意思表示,且该设计合同经过招标投标,内容符合《合同法》第二百七十四条的规定,因此原、被告签订的合同合法、有效。

笔者认为,从现行法律、行政法规和司法解释的规定来看,工程勘察合同、工程设计合同无效事由主要涉及虚假意思表示、违反法律或者行政法规强制性规定、恶意串通损害他人合法权益,与合同本身基本条款的缺失无关。本条仅是关于工程勘察、设计合同基本条款的一般提示性规定,不具有强制性,因此,不能作为判别具体工程勘察合同、工程设计合同效力的依据。

第七百九十五条　工程施工合同内容

【法条原文】

第七百九十五条　施工合同的内容一般包括工程范围、建设工期、中间交工工程的开工和竣工时间、工程质量、工程造价、技术资料交付时间、材料和设备供应责任、拨款和结算、竣工验收、质量保修范围和质量保证期、相互协作等条款。

【条文主旨】

本条是关于建设工程施工合同主要内容的提示条款，属于任意性规范。合同当事人可以选择部分适用或者不适用。本条不宜作为判别某一合同是否属于工程施工合同的主要依据，也不能作为判别工程施工合同效力的依据。

【条文释评】

一、本条及工程施工合同内容的历史沿革

依照《民法典》典型合同各章的立法体例，需要对建设工程合同的主要内容条款予以提示。又鉴于建设工程合同包含三个基本类型：勘察、设计和施工合同，勘察合同与设计合同的基本内容在形式上较为相似，而施工合同与勘察、设计合同的内容形式差异较大，因而，上条（《民法典》第七百九十四条）及本条分别规定工程勘察合同、工程设计合同和工程施工合同的主要内容条款。

《民法典》对于某一类典型合同基本内容的表述方式有三种（参见本书《民法典》第七百九十四条【条文释评】）。本条采用第三种表述方式，即在《民法典》第四百七十条已就一般合同主要内容条款提示列举的基础上，就建设工程施工合同的主要内容条款再进行具体罗列，只是不再重复列举一般合同中通常均具备的当事人姓名或名称、违约责任、争议解决方法等基本条款。本条所列施工合同的主要条款较为全面，特别是工程施工合同中的主要特色条款均已被列入其中。尽管如此，当事人在实务中适用本条确定施工合同内容时，无须拘泥于本条列举的条款，仍可根据实际情况进行调整。

本条内容及其表述基本沿袭《合同法》第二百七十五条的规定,[1]仅将后者的“合同的内容包括”修改为“合同的内容一般包括”,强调本条仅作为提示性和任意性规范。另外,将“双方相互协作”修改为“相互协作”,未改变条文含义。

在《合同法》施行的二十多年间,工程施工合同从形式到内容均发生了显著变化,国家层面的工程施工合同示范文本历经数次修订。原国家建设部(现国家住房和城乡建设部)与原国家工商行政管理总局(现国家市场监督管理总局)于《合同法》施行前的1991年曾经颁布《建设工程施工合同》(示范文本)(GF-91-0201)。《合同法》施行后,两部委又前后颁布《建设工程施工合同(示范文本)》(GF-1999-0201)、(GF-2013-0201)和(GF-2017-0201)。此外,两部委还先后颁布了多个包含施工内容的建设工程合同示范文本,包括《建设工程施工专业分包合同》(GF-2003-0213)、《建设项目工程总承包合同示范文本》(GF-2020-0216),水利部等其他部委亦对其他专业建设工程的施工合同颁布了不断更新的施工合同示范文本。以原国家建设部和原国家工商行政总局颁行的上述系列施工合同示范文本为例,合同主要内容条款的变化主要体现在:

第一,文本形式从(GF-91-0201)的施工合同条件+施工合同协议条款,发展成为协议书+通用条款+专用条款。

第二,文本内容从简单粗放向周全细密发展。

示范文本(GF-91-0201)中施工合同条件+施工合同协议的内容条款主要包括:词语含义及合同文件、双方一般责任、施工组织设计和工期、质量与验收、合同价款与支付、材料设备供应、设计变更、竣工与结算、争议及违约和索赔、其他(其中包括安全施工、专利、地下障碍物与文物、不可抗力、保险、分包、工程停缓建、合同订立及生效与终止)。

示范文本(GF-1999-0201)中首次采用协议书+通用条款+专用条款形式。协议书列明的内容条款主要包括:工程概况、工程承包范围、合同工期、质量标准、合同价款、组成合同的文件、双方基本权利义务、合同生效;通用条款列明的内容条款与示范文本(GF-91-0201)相比,除修改了示范文本(GF-91-0201)中施工合同协议的部分条款内容之外,还强化了安全施工条款,并将设计变更条款扩充为工程变更条款。

---

① 《合同法》第二百七十五条规定:“施工合同的内容包括工程范围、建设工期、中间交工工程的开工和竣工时间、工程质量、工程造价、技术资料交付时间、材料和设备供应责任、拨款和结算、竣工验收、质量保修范围和质量保证期、双方相互协作等条款。”

示范文本（GF－2013－0201）与示范文本（GF－1999－0201）相比，其中协议书列明的内容条款增加了：合同价格形式、项目经理、承诺、词语含义；通用条款列明的内容条款增加或者加强了下列条款：监理人、环境保护、工程进度、试验、变更、价格调整、计量、工程试车、缺陷责任与保修、保险、索赔和争议解决。增加的合同要素有：双向担保（承包人出具履约担保，发包人出具支付担保）、合理调价、缺陷责任期、工程系列保险、索赔期限规则（逾期索赔失权）、结算申请逾期回复规则（视为认可竣工结算申请）、双倍赔偿（发包人过分迟延支付工程价款的，违约金加倍）、争议评审。

示范文本（GF－2017－0201）中协议书以及通用条款列明的条款名称分别与示范文本（GF－2013－0201）中协议书以及通用条款列明的条款名称相同。两者在内容上的变化主要体现在：示范文本（GF－2017－0201）通用条款在示范文本（GF－2013－0201）通用条款的基础上对于缺陷责任期的起算、缺陷责任的承担、质量保证金的扣留和退还作了细化和补充。

综上所述，工程施工合同发展到目前，其共同的主要内容条款除本条已经提示列举的内容之外，还包括：监理人（工程实行监理时）、安全文明施工与环境保护、试验与检验、变更、价格调整、价格形式、计量、缺陷责任、索赔、保险和知识产权等主要条款。

二、工程范围条款

本条所称工程施工合同中的"工程范围"，又称"工程承包范围"，是指施工承包人依约应当完成的工程承包的工作范围。对于工程范围的描述方式和描述深度没有统一的规则或者标准，通常结合工程项目名称、工程地点、工程规模和特征，以工程承包的专业类型或者分部工程类型来描述，复杂的工程范围亦可能辅以图纸等更能清晰地描述工程具体空间范围的设计文件加以描述。为了避免歧义，在实务中也经常采取正向包含加反向排除的方式描述工程范围，如某住宅楼项目的工程承包范围被描述成：作为本合同附件的设计施工图范围内的所有内容，但是不含铝合金门窗。

1. 关于工程项目名称、工程地点、工程规模和特征。有关内容请参见本书对《民法典》第七百九十四条的【条文释评】。对于工程施工总承包合同，由于施工设计图纸中的全部或者绝大部分内容均属于承包范围，对工程范围的描述多数情形下如上所示以总括加排除的方式描述，少数情形下对承包范围仅进行正向的详细描述。对于分包工程施工合同,由于承包范围仅包含建设工程的部分内容,界定具体的专业工程分包范围时常以工程承包的专业名称或者分部工程名称来表述,如(某酒店)幕墙工程、室外照明工程、桩基工程等。对于同一专业工程划分不同标段,由不同承包人施工时,亦往往借助于图纸等设计文件中的定义、标识等描述。例如,某机场航站楼项目的工程分包范围可描述为二楼候机厅图纸①~⑨轴室内装修。

2. 关于工程范围与工程内容。大体上,对于一项具体的工程施工合同而言,工程范围更侧重于从单位工程以及工程承包的专业类别上描述,如一号住宅楼土建、给排水、暖通、机电,不含室内装修。工程内容,则更侧重于从建设工程更具体的分部分项内容上描述,如地基与基础、混凝土工程、砌体工程、门窗安装、外立面装饰(石材和玻璃幕墙除外)。但是,两者之间没有严格的界分。

对于工程范围和(或)工程内容的描述,辅之以施工图纸等设计文件,构成施工合同的标的。合同标的往往是合同价款的计算基础。为了更清晰明确地计算合同约定的价款,对于多数工程施工合同而言,对合同标的的精确描述,还有赖于当事人双方对于构成标的的工程量的准确描述,因而,订约时双方合意的工程量清单文件尤为重要。特别是当合同采用固定总价包干计价形式时,或者合同约定工程量与实际工程量误差的风险由承包人承担时,工程范围和(或)工程内容描述的准确与否,对承包人能否实现合同目的具有重大影响。

三、建设工期条款

(一)工期的一般定义和分类

建设工期,一般称为"工期",是指某一具体建设工程项目的承包人在建设工程合同项下完成建设工程所需的期限,包括按照合同约定所作的期限变更。对于工程施工合同而言,即指施工承包人在合同项下特定建设工程项目从开工起到完成合同约定的全部施工承包内容,达到竣工验收标准(也可能包含按照合同约定的工程竣工验收程序完成工程竣工)所经历的时间,通常以天数表示。实务中又可分为:约定工期(合同中约定的工期,包括按照合同约定所作的工期变更)和实际工期(承包人进行工程建设所实际耗费的时间期限)、绝对工期(以开工和竣工的绝对日期表述的工期)和相对工期(以未确定绝对日期的相对的开工时间或者其他标志性工程节点时间起算,经过一个时间期限,推算出竣工时间)。此外,在实务中,关于工期还可能出现下列表述:

1. 节点工期,又称“里程碑工期”。项目里程碑并没有形成统一的定义,但是各个定义的核心基本上都是围绕事件、项目活动、检查点或决策点,以及可交付成果等概念展开。里程碑是项目中的重大事件,在项目过程中不占资源,是一个时间点,通常指一个可支付成果的完成。[①] 施工合同中如约定节点工期,通常以施工工作的标志性事件或者项目活动(如某一分部工程)开始或者完成作为总工期项下细分的工作进展控制节点。例如,地下室底板浇筑完成、结构完成至正负零标高、第几层结构完成、结构封顶等。节点工期中的控制节点,通常应设置在施工组织计划的工期关键线路上,因为在施工组织网络计划的实施过程中,关键线路上的工作(关键工作)的实际进度提前或拖后,均会对总工期产生影响。因此,关键工作的实际进度是工程进度控制工作的重点。

2. 日历工期,是指按全部日历天数计算,不扣除法定节假日、休息日以及某些虽不可归责于承包人原因但是按照约定不予扣除或者顺延时间的工期。

3. 有效工期,在日历工期中扣除法定节假日、休息日以及因设计、材料、气候等不可归责于承包人原因停工的天数,为承包人可实际开展施工工作的工期。

4. 定额工期,是指在一定的生产技术和自然条件下,完成某个单位(或群体)工程平均需用的标准天数。它包括建设工期定额和施工工期定额两个层次。前者是一项建设工程从开始勘察、设计到工程完成施工达到竣工验收标准所经历的平均时间,后者是为各类工程规定的施工期限的定额天数。定额工期反映行业完成一项建设工程的平均工期水平。在施工合同中出现的定额工期,除非另有约定,一般均指由施工工期定额所确定的定额施工工期。

(二)工期条款的一般表述方式

施工合同中的工期条款一般有下列表述方式:(1)仅明示相对工期,而不约定计划开工日期和竣工日期,如约定相对工期为300天,或者以类似“开工日期暂定为某年某月某日,具体以发包人或者监理人发出的开工通知为准”的表述淡化计划开工的绝对日期。(2)明示开工、竣工的绝对日期,同时约定相对工期。例如,约定工程开工日期为2019年3月1日,竣工日期为2019年12月31日,同时约定相对工期为10个月或者300天。当约定的绝对工期与相对日期发生矛盾时,一般应理解为优先适用绝对工期的约定。如上例中,2019年3月1日至2019年12月31日的

---

① 参见360百科词条“项目里程碑”,载https://baike.so.com/doc/5651042-5863687.html,最后访问日期:2019年12月3日。

实际日历日为306天,合同同时约定的相对工期300天可能是出于当事人对10个自然月天数的粗略估算(以每月30天计算),准确性不及绝对日期2019年3月1日和2019年12月31日。(3)仅明示开工、竣工的绝对日期,不约定相对工期。此时,可以根据约定的开工、竣工的绝对日期推算相对工期。(4)少数情况下,由于当事人疏忽或者开竣工日期均难以事先估计,施工合同中无明确的工期条款。此类情形多发生在某些分包合同中。例如,某特定的分包工作开工时间取决于总承包人的其他工作进展或者受制于其他开工条件的制约,该分包工作过程亦由于与总承包人其他工作穿插进行,分包人不能自主独立推进,竣工时间也受到总承包人其他工作的制约,亦不能由分包人自主决定。该等情形下,施工分包合同对于工期的表述,通常采用“分包人在具备分包工作条件时,应当及时开始分包工作,并在具备完成分包工作所需的外部条件后及时完成分包工作并通过验收”之类的措辞。

四、中间交工工程开工、竣工时间条款

中间交工工程,是指施工过程中的阶段性工程。为了保证工程各阶段的交接,顺利完成工程建设,当事人应当明确中间交工工程的开工和交工时间。在实务中,当中间交工工程构成一个或者数个单位工程时,交工工程的交工视情况可以称为交工或者竣工;如作为中间交工工程的单位工程在由承包人交付发包人之前,要求按照单位工程的竣工验收技术规范规定和合同约定的程序完成竣工验收并被认定合格,则称为中间交工工程竣工,相应的时间称为竣工时间;如作为中间交工工程的单位工程在由承包人交付发包人之前,仅要求按照后续工程的相应施工技术规范规定和合同约定的程序完成检查检验并被认定合格,不要求进行竣工验收,则称为中间交工工程交工,相应的时间称为交工时间;当中间交工工程本身并不构成一个或者数个完整的单位工程,而仅构成一个或者数个完整的分部工程或者分项工程时,由于分部分项工程完成后的检查验收不使用“竣工”一词,因此,其完工后经检查检验合格由承包人交付发包人(以便发包人安排后续施工)时,仍称为交工。在工程实务中,中间交工工程的开工与(交)竣工之间的期限往往通过节点工期条款予以约定,只不过一般的节点工期,更多的是注重工程的过程进度,并不一定强调承包人主体的变更或者部分工程的转移占有,而中间交工工程的工期更强调工程由前手施工承包人移交给发包人提前使用或者交由发包人委托的另一个后手承包人(相应工程将转移占有)的时间。中间交工工程的开工与(交)竣工时间条款在一个项目工程的不同单位工程分批交付发包人使用,以及发包人平行发包工程(例

如，将土建工程委托给施工承包人甲，而将装饰装修工程委托给承包人乙，甲乙的部分施工工作可能在时间和/或空间上交叉、重叠进行，也可能以先甲后乙的顺序进行）的情形下具有更重要的合同意义。当事人在约定工程总工期违约责任的同时，可以另行约定针对中间交工工程的工期违约责任。

五、工程质量条款

工程质量，是指工程满足发包人需要的，符合国家法律、法规、技术规范标准、设计文件及合同规定的特性要求的程度，是施工合同中的核心内容。工程质量往往通过设计图纸和施工说明书、施工技术标准和合同约定加以确定。工程质量条款是明确施工人施工要求、工程中间验收和竣工验收、竣工工程交付使用、工程保修的依据，也是确定施工承包人对工程质量应承担相应责任的依据，是施工合同的必备条款。工程质量条款中约定的工程质量必须符合国家有关建设工程安全标准的要求，发包人不得以任何理由，要求施工承包人在施工中违反法律、行政法规以及建设工程质量、安全标准，降低工程质量。施工承包人既不得擅自降低合同约定和工程技术标准规定的工程质量要求，也不得以任何理由屈从于发包人、监理人或者其他任何主体的违法要求，降低工程质量。

在建设工程施工合同中，常见的工程质量条款是对于整个合同项下的全部工程约定一个整体的工程质量标准。不过，在由多个单位工程组成的项目工程施工合同中也存在对于不同单位工程约定不同质量标准的情形。此外，还有对于某一单位工程中特别的分部分项工程质量进行特别约定的情形。为了便于读者了解我国现行工程质量标准的具体内涵，下文介绍我国建设工程实务中涉及的两种常用的工程质量分类方法。

（一）按工程内容层级分类的工程质量

1. 建设项目质量。建设项目，是指包含一个或者多个单项工程的建设工程总体，通常具有独立的项目用地使用权文件、建设用地规划许可文件、建设工程规划许可文件等项目建设行政审批文件，竣工后可以综合地发挥项目的整体生产能力或者效用。例如，包含教学楼、食堂、体育场馆、图书馆、实验楼、学生宿舍等多个单项工程的学校项目。建设项目不是单项工程的简单叠加：不仅包括各单项工程，还包括各单项工程之间的功能联接。例如，室外总体工程中的室外道路、景观绿化、导引标识、供水、供电、供气、排水等以及它们与市政能源通讯通信设施的接口等。对建设项目整体综合验收时，认定的工程质量反映该项目的综合质量。

2. 单项工程质量。单项工程，是指具有独立设计文件，能够独立发挥生产能力、使用效益的工程，是建设项目的组成部分，由多个单位工程构成。① 例如，学校中的教学楼、食堂、宿舍等。以单项工程为验收单元时，认定的工程质量仅反映该单项工程的质量。

3. 单位工程质量。所谓单位工程，是指具备独立施工条件并能形成独立使用功能的建筑物或构筑物，是单项工程的组成部分，可分为多个分部工程。② 例如，土建、给水排水、照明工程等为单位工程。内容较复杂的单位工程还可细分为不同的子单位工程。以单位工程为验收单元时，认定的工程质量仅反映该单位工程的质量。

4. 分部工程质量。分部工程是单位工程的组成部分，分部工程一般是按单位工程的结构形式、工程部位、构件性质、使用材料、设备种类等的不同而划分的工程项目。以建筑工程为例，根据《建筑工程施工质量验收统一标准》（GB 50300 - 2013）的规定，建筑工程一般可分为十大分部，包括：地基与基础、主体结构、建筑装饰装修、建筑屋面、建筑给排水及采暖、建筑电气、智能建筑、通风与空调、建筑电梯、建筑节能。内容复杂的分部工程又可细分为不同的子分部工程。例如，地基与基础分部工程又可细分为：地基、基础、基坑支护、地下水控制、土方、边坡、地下防水等子分部；主体结构分部工程又可细分为：混凝土结构、砌体结构、钢结构、钢管混凝土结构、型钢混凝土结构、铝合金结构、木结构等子分部工程；建筑屋面分部工程又可细分为：基层与保护、保温与隔热、防水与密封、瓦面与板面、细部构造等子分部工程。以分部工程为验收单元时，认定的工程质量仅反映该分部工程的质量。

5. 分项工程质量。分项工程，是指分部工程的组成部分，它是按照不同的工种、材料、施工工艺、施工方法、设备类别等确定的。例如，主体结构分部工程中，分项工程就包括模板、钢筋、混凝土、预应力、现浇结构、装配式结构、砌体等。以分项工程为验收单元时，认定的工程质量仅反映该分部工程的质量。

6. 检验批质量。检验批，是指根据施工、质量控制和专业验收的需要，对于施工过程中条件相同并有一定数量的材料、构配件或安装项目，由于其质量水平基本均匀一致，按工程量、楼层、施工段、变形缝等进行划分的施工质量检验单元。检验批是工程验收的最小单位，是分项工程质量验收的基础。以检验批为验收单元时，认

---

① 参见《建设工程分类标准》（GB/T 50841 - 2013）第 2.0.5 项“单项工程”。

② 参见《建设工程分类标准》（GB/T 50841 - 2013）第 2.0.6 项“单位工程”。

定的工程质量仅反映该检验批的质量。对检验批的划分，不同项目甚至相同项目中不同的检验人可以有不同的划分方式，但是应当符合建设工程施工验收规范的要求。以房屋建筑工程中的砌体结构为例，现行《砌体结构工程施工质量验收规范》(GB 50203－2011)第3.0.20项对砌体检验批划分的规定是：所用材料类型及同类型材料的强度等级相同、体积不超过250立方米、主体结构的一个楼层(填充墙砌体数量较少时允许多楼层合并)内的砌体可以作为一个检验批。因此，对于一个单层房屋工程中的相同材料相同强度等级的450立方米砌体，可以划分为二个、三个甚至四个检验批，但是不能仅以一个检验批检验。

从理论上讲，检验批质量或者分项工程不合格，应当及时整改，不应导致更大验收单元的分部工程、单位工程和单项工程不合格。然而在实务中，如果对检验批或者分项工程的质量验收不严格，通常导致检验批或者分项工程质量缺陷导致的分部工程、单位工程不符合要求，少数情况下，甚至导致单项工程质量不符合要求。

(二)按技术功能分类的工程质量

从技术功能上看，工程质量主要表现为工程的结构可靠性。结构可靠性，是指工程结构必须满足下列功能要求：第一，在正常施工和正常使用时，能承受可能出现的各种作用；第二，在正常使用时，具有良好的工作性能；第三，经正常维护具有足够的耐久性能；第四，在设计规定的偶然事件发生时和发生后，能保持必需的整体稳定性。① 为此，工程质量可以分为结构的安全性和整体稳定性、适用性、耐久性。

1. 结构的安全性和整体稳定性。工程的安全性主要体现在结构防治破坏倒塌的能力上，可分为构件承载能力的安全性和结构的整体牢固性。结构构件承载能力主要取决于材料的强度和结构(构件)的刚度指标。强度是某种材料抵抗破坏的能力，刚度是某个构件或结构抵抗变形的能力。结构的整体牢固性，是指结构出现某些局部破坏不至于导致大范围连续破坏倒塌的能力。结构的整体稳定性主要依靠结构有良好的延性和适当的冗余度(俗称安全余量)。结构延性与组成该结构的主要构件的刚度有关，结构的冗余度与组成该结构的主要构件的联接方式有关。在工程实务中，如果工程设计质量合格，常见的影响工程结构安全性的因素主要有：构成主体结构的建筑材料质量不合格；施工过程中偷工减料；换用性能指标不同的建筑材料或者施工工艺；施工工序错误；施工承包人擅自改变设计文件要求的

---

① 参见《工程结构可靠度设计统一标准》(GB 50153－2008)第3.1.2项。

构件联接方式等。

2. 结构的适用性。结构的适用性，是指结构在正常使用状态下应该具有良好的工作性能，满足预定的使用要求，如不产生过大的影响正常使用的变形（倾斜、裂缝、沉降）、震动或者其他特定状态。[①] 在工程实务中，如果工程设计质量合格，常见的影响结构适用性的因素主要有：对结构变形具有重大影响的地基处理、基础施工在抗变形指标上不符合设计要求；设备、管线施工安装缺陷等。比如，地基土处理不符合设计要求，导致房屋整体不均匀沉降超过适用限度，影响工程的正常使用。

3. 结构的耐久性。结构的耐久性，是指在环境因素作用下，建设工程结构具有的持续保持结构安全性和适用性的能力。主要体现在主体结构达到承载能力极限状态或者正常使用极限状态时的时长是否符合工程设计正常使用年限的要求或者约定的特殊要求。[②] 在工程实务中，如果工程设计质量合格，常见的影响结构耐久性的因素主要有：影响主体结构安全性或者适用性的建筑材料保持规定的力学性能的耐久性不合格。例如，设计要求采用不锈钢螺栓作为构件连接的，采用了普通螺栓连接，导致构件之间连接的耐久性缩短，影响结构耐久性。

除此之外，还有虽不影响结构可靠性，但是可能影响正常使用或者对使用者产生不利影响的其他质量指标，包括表观性质量指标、环境健康性质量指标等。

在实务中，结构安全性、整体稳定性质量问题在竣工验收阶段出现的可能性较低。原因是，作为分项工程检验的重要项目，涉及安全、节能、环境保证和主要使用功能的三个项目，即地基与基础、主体结构和设备安装分部将在施工过程中被全样见证检验，重大质量问题会提前发现，因而直接影响结构安全性和整体稳定性的地基与基础、主体结构的重大质量缺陷进入竣工验收环节的情况极为罕见。结构适用性中与时间因素关联度不高的设备安装质量问题，在竣工验收阶段亦容易被检查发现。而结构耐久性以及随时间逐渐显现的结构适用性质量缺陷（例如，严重的不均匀沉降、结构变形、裂缝等）在竣工验收阶段往往难以被及时发现，因而，此类质量争议较多出现在工程施工完成之后或者工程停工缓建较长时间之后。

六、工程造价条款

广义的工程造价，是指建设单位建造某项工程所需花费的全部费用。根据《工

---

① 参见《工程结构可靠度设计统一标准》（GB 50153－2008）第 2.0.2 项。

② 参见张伟平、张誉：《现有房屋耐久性等级评估》，载《工程安全及耐久性——中国土木工程学会第九届年会论文集》，2000 年。

程造价术语标准》(GB/T 50875－2013)的规定,广义的工程造价是工程项目从投资决策到竣工投产所需的建设费用,可以指建设费用中的某个组成部分,也可以是所有建设费用的总和。工程造价在工程建设的不同阶段可能有不同的称谓,有投资估算(对应于工程项目立项规划阶段)、设计概算(对应于工程勘察设计阶段)、施工图预算(对应于工程施工设计图完成至可供发包人选择施工承包人的阶段)、工程结算(对应于工程施工建造阶段)、竣工决算(对应于建设工程竣工交付和核定新增固定资产价值阶段)等。本条仅涉及工程施工合同的内容,因而本条所指的工程造价属于狭义的工程造价,通常仅指工程施工合同约定的工程价款以及工程施工竣工完成合格验收后的工程结算价款。根据《建设工程工程量清单计价规范》(GB 50500－2013)总则第1.0.3项的规定,以及国家住房和城乡建设部、财政部联合颁布的《建筑安装工程费用项目组成》(建标〔2013〕44号)第一条的规定,施工承包阶段的工程造价,按照造价形成的顺序划分,应由分部分项工程费、措施项目费、其他项目费、规费和税金组成;按照费用构成要素组成划分,应由人工费、材料费、施工机具使用费、企业管理费、利润、规费和税金组成。工程施工合同发、承包当事人根据工程范围、质量和工期要求,以及工程的概预算,合理地确定工程造价。在实践中,有的发包人为了获得更多的利益,往往压低工程造价;施工承包人为了盈利,偷工减料,以次充好,结果必然导致工程质量不合格,甚至造成严重的工程质量事故。因此,为了保证工程质量,双方当事人应当合理确定工程造价。

施工合同中的工程造价的计算(以下简称工程计价)具有下列特征:

第一,计价的单件性。除特殊情况外,具体的建设工程都是特定物,不是种类物,其个体差异性决定了每一工程项目必须单独计算造价。

第二,计价的多次性。建设工程合同价具有市场价格的性质,尽管对于其中由政府或者其他形式的国有投资的建设工程,其合同价的确定需要遵从《招标投标法》以及有关国有资产投资管理的法律、行政法规的规定,但是它总体上是由承、发包双方根据市场行情共同议定和认可的成交价格。除极少数以固定合同总价形式计价,且实际履约情况处于约定的计价风险范围内,以约定的合同总价为实际结算价的简单工程的施工合同外,在绝大多数建设工程施工合同中,约定的合同价并不等同于承、发包双方最终结算的实际工程造价。

第三,计价的组合性。工程造价的计算系分部组合而成。其计算过程和计算顺序通常是:分部分项工程单价—单位工程造价—单项工程造价—建设项目总造价。

第四,计价方法的多样性。常见的有单价合同、总价合同,此外还有成本价酬金合同,乃至混合计价合同(如合同中的施工安装部分采用单价或者总价方式计价,材料设备采购供应采用成本加酬金方式计价)等。就单价合同和总价合同而言,又可细分为固定单价合同、固定总价合同和可调单价合同、可调总价合同。参照《建设工程施工合同(示范文本)》(GF－2017－0201)的通用合同条款,单价合同,是指合同当事人约定以工程量清单及其综合单价进行合同价格计算、调整和确认的建设工程施工合同。合同当事人一般应在单价合同中同时约定综合单价包含的风险范围和风险费用的计算方法,并约定风险范围之外的合同价格调整方法。总价合同,是指合同当事人约定以施工图、已标价的工程量清单或者预算书及有关条件进行合同价格计算、调整和确认的建设工程施工合同,在约定的范围内合同总价不作调整。合同当事人一般应在总价合同中同时约定总价包含的风险范围和风险费用的计算方法,并约定风险范围之外的合同价格调整方法。

第五,计价依据的复杂性。计价依据是与计价内容、计价方法和价格标准相关的工程计量计价标准、工程计价定额及工程造价信息等。由于影响造价的因素多,所以计价依据复杂,种类繁多。广义而言,计价依据可分为两大类。第一大类,非由合同双方当事人拟订的,由行政机关发布或者经行政机关授权发布的,在一定地域、行业普遍适用的计价依据。例如,由国家和省级政府工程建设行政管理部门、行业行政管理部门或者其授权的事业单位、专业机构等发布的,适用于各类工程建设项目的计价规范、工程量计算规范、工程定额、造价指数、市场价格信息以及工程建设法律、法规、部门规章等规范性文件。第二大类,由构成合同当事人合意且合法有效的各种形式的文件。例如,招标文件、投标文件、中标通知书、约定的工程建设标准、技术资料以及履约过程中当事人就涉及工程价款计算的工程量、价格等达成的合意。①

七、技术资料交付条款

本条所称的"技术资料",主要是指施工人完成施工所必需的、按照合同约定或者行业惯例应由发包人提供给承包人的工程技术文件。技术资料的交付是否及时往往影响到施工承包人的施工准备和施工效率,进而影响施工工期进度、施工成本;特殊情况下,可能影响施工安全和施工质量,因此当事人应当在施工合同中明确技术资料的交付内容和交付时间。

---

① 常设中国建设工程法律论坛第八工作组:《中国建设工程施工合同法律全书——词条释义与实务指引》,法律出版社2019年版,第231页。

本条中所称的“技术资料”，通常包括：

1. 由发包人按照合同约定提供或经发包人批准的设计文件、施工图、鸟瞰图及模型等，以及在合同履行过程中形成的图纸文件。图纸应当按照法律规定审查合格。

2. 发包人要求使用的，除承包人可公开获得的中国国家标准、地方标准、行业标准之外的其他技术标准、规范或者工程质量依据资料，如国外标准、规范，以及难以公开获得的团体标准、企业标准。

3. 发包人应当在移交施工现场前向承包人提供的施工现场及工程施工所必需的毗邻区域内供水、排水、供电、供气、供热、通信、广播电视等地下管线资料，气象和水文观测资料，地质勘察资料，相邻建筑物、构筑物和地下工程等有关基础资料。

4. 开工前发包人应向承包人提供的对于工程开工放线、定位所必需的测量基准点、基准线和水准点及其书面资料。

5. 合同履行过程中发包人要求或者同意进行工程变更（包括设计变更、材料变更）的技术资料。

关于技术资料的交付时间，当事人可根据合同工期和技术资料准备情况，以及其他有关因素约定分期分批交付。

八、材料和设备供应责任条款

材料和设备供应责任条款，通常包括材料和设备的供应方式、供应内容与供应依据、供应质量要求、供应时间，还可包含材料和设备的运输、储存、保管方式、地点、条件，材料和设备替代条件、程序，以及当事人违约责任等内容。

关于材料和设备的供应方式。工程施工合同中可以约定由发包人（俗称“甲方”）或者施工承包人（俗称“乙方”）提供施工材料、设备，在实务中分别简称为“甲供”或者“乙供”。在实务中，还可以约定由施工承包人按照发包人指示或者要求供应材料、设备，简称为“甲指乙供”。“甲指乙供”并非规范的术语，在实务中表现形态多样，但是，与一般意义上由施工承包人完全自主决策的乙供形式相比，“甲指乙供”的本质特征在于，作为材料、设备的供应责任主体，施工承包人对材料设备供应商、供货价格乃至质量等级的决策在不同程度、不同范围内受限于发包人的指示或者要求。

材料、设备供应条款可能涉及下列内容：

1. 材料、设备的供应依据。例如，合同、作为合同附件的供应清单、施工图纸或其他设计文件、施工组织计划、发包人或者其授权人(如监理人)的指示。

2. 材料、设备的种类、规格型号或者性能要求、数量、单价、质量等级。

3. 材料、设备的供应时间、地点。合同没有约定供应地点的,通常默认为将材料设备运送至施工现场。

4. 材料、设备的质量合格证明文件。

5. 材料、设备的价款、运费、保管费及其他相关费用(如运输保险费、进口材料设备的清关费用)的支付义务人。

6. 甲供材料、设备向施工承包人移交的程序。

7. 材料、设备在施工使用前的试验、测试、检验程序。

8. 材料、设备的种类、规格型号或者性能要求、数量、单价、质量等级与供应依据不符时的处理。

当合同约定由施工承包人完全自主供应材料设备时,施工合同中一般不具体约定施工承包人供应材料设备的种类、规格、数量、单价、质量等级、供应时间和地点。

材料设备供应责任之一——甲供料方式。详见本书关于《民法典》第八百零三条的【条文释评】和【条文适用】部分的相关论述。

材料设备供应责任之二——乙供料方式。承包人负责采购材料、工程设备的,应按照合同约定承担材料、设备的供应义务和责任。合同没有约定或者约定不明的,一般可以参照《建设工程施工合同(示范文本)》(GF-2017-0201)的相关条款作为行业惯例,按照合同约定的设计和有关标准要求采购,并提供产品合格证明及出厂证明,承包人对材料、工程设备的质量负责。承包人采购的材料和工程设备,应保证产品质量合格,承包人应在材料和工程设备到货前24小时通知发包人(或者监理人)检验。承包人进行永久设备、材料的制造和生产的,应符合相关质量标准,并向监理人提交材料的样本以及有关资料,并应在使用该材料或工程设备之前获得发包人(或者监理人)同意。承包人采购的材料和工程设备不符合设计或有关标准要求时,承包人应在发包人(或者监理人)要求的合理期限内将不符合设计或有关标准要求的材料、工程设备运出施工现场,并重新采购符合要求的材料、工程设备,由此增加的费用和(或)延误的工期,由承包人承担。因承包人采购供应的材料设备导致工程质量不合格的责任,由承包人承担。

材料设备供应责任之三——"甲指乙供"。在"甲指乙供"的供应方式中,根据发包人的指示或者要求不同又区分不同的甲指强度。甲指强度最高的情形是,发包人几乎单方面决定材料设备的规格、数量、质量、价格、品牌甚至供货商，承包人仅能依据发包人的上述指示与发包人指定的特定供货商订立和履行采购合同；甲指强度最低的情形是，发包人仅要求承包人采购的材料设备满足工程的设计使用功能要求。在实务中，大多数甲指乙供情形介于上述甲指强度最高和最低的情形之间。甲指强度越高，反映出承包人作为采购人订立合同时对于合同内容的自主决定权程度越低。如果发生因“甲指乙供”材料设备引起的工程质量争议，在分配发包人与承包人的工程质量责任时，甲指强度越高，通常发包人因指令错误或者不当应承担的工程质量责任越大。

九、拨款和结算条款

拨款，是指施工合同履行过程中发包人就合同价款的全部或者一部向承包人进行的支付；结算，是指工程移交（包括视为移交）发包人（包括正常情形下工程竣工验收合格或者视为合格之后的移交，以及特殊情形下合同提前终止时就已完工程经检验合格或者视为合格之后的移交）之时或者之后，由承包人向发包人提交工程结算资料和结算申请文件，由发包人予以审核，经发包人与承包人核对协商，就工程价款的最终数额、已付款数额以及欠付款数额进行计算、确认的过程或者行为。

在合法有效的施工合同中，拨款和结算条款是施工承包人请求发包人支付合同价款的依据。当合同因违法而无效时，如果已完工程质量合格，对无效合同的处理，通常参照约定的工程造价条款计算相当于工程结算价的折价返还金额，但是无效合同的拨款和结算条款中就付款时限、付款条件以及付款方式等约定因已无效，是否亦参照适用，根据具体案情不同，并无统一的裁判规范。有关无效施工合同的折价处理，读者可参见本书《民法典》第七百九十三条【条文释评】和【条文适用】的相关内容。

一般来说，除少数由承包人同时作为项目投资人的工程建设合同或者由承包人完全垫资的工程总承包合同之外，施工承包人只负责工程建造、安装等施工工作，按照行业惯例由发包人随工程施工进度陆续支付工程价款，保证施工顺利进行。在现实中，发包人有时利用自己在订立合同时的有利地位，要求施工承包人垫款施工。施工承包人垫款完成施工任务后，发包人如果不及时结算，将造成目前建设工程市场中普遍存在的发包人拖欠工程款现象。因此，尽管就民事法律的规定而言，工程价款的拨付与结算方式、结算时间等，属于合同当事人的合意自决事项，施工承包合同的承发包当事人如约定由承包人垫款施工，难以仅因此而认定合同无效，但是为平衡工程施工承发包人之间的合同权利义务关系，降低承包人实现合同目的的风险，一般不宜在合同中约定主要由承包人垫款完成施工。

施工合同中的拨款和结算条款通常包含下列内容：

1. 预付款支付。包括预付款金额、支付时限、在进度付款中的扣回方式，以及预付款担保等内容。预付款通常用于承包人进行永久工程正式施工开始前的材料、工程设备、施工设备的采购及修建临时工程、组织施工人员进场等施工准备工作的支出。依照行业惯例，关于预付款的金额，通常约定为合同约定价款的某一比例，如10%；关于预付款的支付时限，通常为约定开工日之前的某一时间段；永久工程开始正式施工形成工程进度款之后，预付款通常按照一定方式扣回。例如，按照与当期进度款占合同总价款的比例相当的比例逐步扣回预付款；或者同时约定在进度款累计达到合同总价款某一比例时全部扣回预付款。提前解除合同的，尚未扣完的预付款一般应与合同价款一并结算。条款中可以同时约定发包人迟延或者未足额支付预付款时承包人的救济措施（如催告发包人付款、暂停施工准备或者暂停施工）以及发包人的违约责任。当施工合同中存在预付款条款时，为了降低承包人获得预付款后因不履行施工合同而导致发包人损失预付款的风险，当事人可以约定承包人在收到预付款之前的某一时限向发包人提供预付款担保。预付款担保可采用银行保函、担保公司担保等形式，但是一般不采用现金担保形式（否则将使预付款安排失去意义），具体担保方式由合同当事人约定。在预付款完全扣回之前，承包人一般应保证预付款担保持续有效。发包人在工程进度款中逐期扣回预付款后，预付款担保额度应相应减少，但剩余的预付款担保金额不宜低于未被扣回的预付款金额。

2. 工程进度款支付。包括工程进度款的确认周期、确认程序、计算方式、支付比例或者金额、支付周期、支付方式等内容。一般情况下，工程进度款的支付周期与作为工程进度款计算基础的工程进度计量周期一致，通常为一个月。工程进度款的确认程序通常为：

（1）承包人编制截至当前付款周期的工程进度付款申请文件。申请文件一般应列明截至本次付款周期承包人已完成工作所对应的工程价款金额、根据约定应增加和扣减的变更金额、约定应支付的预付款和扣减的返还预付款（如有预付款）、约定应扣减的质量保证金、应增减的索赔金额、对已签发的进度款支付文件中出现错误的修正及其相应在本次进度付款中支付或扣除的金额，以及根据约定应增加和扣减的其他金额。

(2)承包人在约定的期限内向发包人(或其委托的监理人)提交当前付款周期的工程进度付款申请文件,并附承包人已完成工程量报表和便于发包人(或监理人)审核的有关资料。

(3)发包人在约定期限内审核承包人提交的当期工程进度付款申请文件及所附相关资料,工程实行监理的,通常由监理人首先在约定期限内审查上述文件和资料后,将文件和资料及其审查结果报送发包人再审核。

(4)发包人、监理人对承包人的进度付款申请文件有异议的,有权要求承包人修正和提供补充资料,承包人再提交修正后的进度付款申请文件。监理人应在收到承包人修正后的进度付款申请文件及相关资料后一定期限内完成审查并报送发包人,发包人应在收到承包人直接或者经由监理人报送的进度付款申请文件及相关资料后一定期限内,向承包人支付无异议部分的临时进度款。存在争议的部分,按照争议解决的约定处理。

3. 竣工结算及其支付。包括工程竣工结算款的确认程序、计算方式、结算金额、支付期限、支付方式等内容。工程竣工结算款的确认及其支付程序通常为:

(1)承包人在工程竣工验收合格后一定期限内向发包人和监理人(如有)提交竣工结算申请文件,并提交完整的结算资料,有关竣工结算申请单的资料清单和份数等要求由合同当事人约定。除另有约定外,竣工结算申请文件一般包括的内容有:竣工结算合同价格、发包人已支付承包人的款项、应扣留的质量保证金(已缴纳履约保证金的或提供其他工程质量担保方式的除外),以及发包人尚应支付承包人的合同价款。

(2)发包人在约定期限内审核承包人提交的工程竣工结算申请文件及所附相关资料,工程实行监理的,通常由监理人首先在约定期限内审查上述文件和资料后,将文件和资料及其审查结果报送发包人再审核。

(3)发包人、监理人对承包人的工程竣工结算申请文件有异议的,有权要求承包人修正和提供补充资料,承包人再提交修正后的竣工结算申请文件。监理人应在收到承包人修正后的竣工结算申请文件及相关资料后一定期限内完成审查并报送发包人,发包人应在收到承包人直接或者经由监理人报送的竣工结算申请文件及相关资料后一定期限内,向承包人支付无异议部分的临时结算款。存在争议的部分,按照有关争议解决的约定处理。

合同提前终止时的已完工程质量合格后的工程结算,以及合同无效但是已完工程质量合格后的折价补偿结算，参照竣工结算的上述程序处理。

4. 工程缺陷责任期届满后的最终结清。承包人一般在约定的工程缺陷责任期（通常不超过24个月）届满后，按约定的要求向发包人提交最终结清申请文件，并提供相关证明材料。最终结清申请文件通常应列明质量保证金、应扣除的质量保证金、缺陷责任期内发生的增减费用。发包人对最终结清申请文件内容有异议的，有权要求承包人进行修正和提供补充资料，承包人应向发包人提交修正后的最终结清申请单。发包人一般应在收到承包人提交的最终结清申请文件后约定的期限或者合理期限内完成审批并向承包人完成支付（如有须支付金额）。承包人对发包人的最终结清支付金额有异议的，按有关争议解决的约定办理。

十、竣工验收条款

竣工验收是工程交付使用前的必经程序，也是发包人支付价款的前提。竣工验收条款一般包括验收的范围和内容、验收的标准和依据、验收人员的组成、验收方式和验收日期或者期限等内容。建设工程竣工后，发包人应当根据施工图纸及说明书、国家颁发的施工验收规范和质量检验标准及时进行验收。

有关上述竣工验收条款具体内容的论述，读者可参阅本书《民法典》第七百九十九条（竣工验收、价款支付与交付使用）【条文释评】与【条文适用】中有关竣工验收的内容。

十一、质量保修范围和质量保证期条款

工程质量保修是承包人的法定义务和职责。根据《质量管理条例》第三十九条第二款的规定，建设工程施工承包人在向建设单位（发包人）提交工程竣工验收报告时，应当向其出具质量保修书。质量保修书中应当明确建设工程的保修范围、保修期限和保修责任等。因此，施工合同中的质量保修范围和质量保证期条款通常通过作为施工合同组成部分的工程质量保修书的形式出现。

建设工程的保修范围根据不同的工程部位，分为法定保修范围和约定保修范围。质量保证期，工程施工实务中又称质量保修期，是指承包人依约或者依法应当对其施工完成的工程各部分在正常使用时的质量作出保证的期限。质量保证期限内，对于因承包人责任导致的工程质量缺陷，施工承包人有及时维修的义务。质量保证期应当与工程的性质相适应，当事人应当按照保证工程在合理寿命年限内的正常使用、维护使用者合法权益的原则确定质量保证期，但不得低于国家规定的最

低质量保证期限。建设工程的法定保修范围及其最低保修期限由《质量管理条例》第四十条规定。建设工程的法定保修范围及相应的法定最低保修期限包括：

1. 基础设施工程和房屋建筑的地基基础工程和主体结构工程，为设计文件规定的该工程的合理使用年限；

2. 屋面防水工程、有防水要求的卫生间、房间和外墙面的防渗漏，为五年；

3. 供热与供冷系统工程，为两个采暖期、供冷期；

4. 电气管线、给排水管道、设备安装和装修工程，为两年。

除法定保修范围之外的其他工程部位为约定保修范围，其保修期限由发包人与承包人自主约定。建设工程的保修期，自竣工验收合格之日起计算。

需要指出的是，工程保修期不等于前述的工程缺陷责任期。根据《建设工程施工合同(示范文本)》(GF－2017－0201)的定义，工程缺陷责任期是指承包人按照合同约定承担缺陷修复义务，且发包人预留质量保证金(已缴纳履约保证金的除外)的期限，自工程实际竣工日期起计算；而工程保修期是指承包人按照合同约定对工程承担保修责任的期限，从工程竣工验收合格之日起计算。因此，前者的期限起点早于(例如，合同约定工程竣工验收合格的，工程竣工日期按承包人向发包人提交工程竣工验收申请之日确定)或者等于后者的期限起点，前者的期限终点早于后者的期限终点。前者的期限届满后，预留的承包人工程质量保证金应予结清退还(如有余额)。而此时部分工程部位的承包人保修期限(特别是地基基础和主体结构部位的保修期限)可能尚未届满，此后承包人仍应在无预留质量保证金的条件下承担工程相应部位的保修责任，因此发生的工程保修费用应根据须保修的质量责任原因由责任人承担。

关于承包人保修责任的承担方式，主要有承包人自行或者委托他人维修并承担维修费用、发包人自行或者委托他人维修并由承包人承担维修费用两种方式。少数情况下，也可以不予维修而由承包人与发包人协商合理的费用补偿。工程保修条款对于保修责任承担方式未约定或者约定不明的，通常认为，承包人应当自费完成工程保修；承包人拒绝或者不合理迟延履行保修义务的，发包人有权自行或者委托他人替代完成保修工作，相应合理的保修费用由承包人承担，或者在发包人承担后向承包人追偿。此外，因保修部分的工程质量缺陷、工程维修阶段造成的工程不能正常使用的损失，发包人也有权要求承包人赔偿。合同当事人在不违反国家关于建设工程保修的法定保修范围、法定保修期限的前提下，不仅可以自主约定工程保修范围和保修期限，而且可以自主约定工程质量缺陷查验程序、责任认定程序以及承包人承担保修责任的具体方式。

十二、相互协作条款

施工合同履行中的当事人相互协作，是指发包人与承包人双方为了保证施工工作顺利完成所应当履行的相互协助的义务。双方相互协作条款一般包括双方当事人在施工准备阶段、施工阶段、施工结束的工程竣工阶段，以及验收合格交付后的工程保修阶段的相互协作内容。

1. 发包人的主要协作义务一般包括：

（1）组织承包人、监理人和设计人进行图纸会审和设计交底。

（2）根据施工准备和施工需要，及时取得承包人的人员、机械、材料出入施工现场所需的批准手续和全部权利，以及取得因施工所需修建道路、桥梁以及其他基础设施的权利，并承担相关手续费用和建设费用。

（3）为承包人的人员、材料、机械在施工场地内提供施工准备必要的条件。

（4）向承包人提供或者协助其获得场外、场内交通设施的技术参数和具体条件。

（5）协助承包人办理法律规定的有关施工证件和批件。

（6）及时签收、回复承包人报送的相关工作来往文件。

（7）协助承包人向交通管理部门办理由承包人负责运输的超大件或超重件运输申请手续。

（8）协助承包人做好安全文明施工以及施工场地及其周边环境与生态的监测和保护工作。

2. 施工承包人的主要协作义务一般包括：

（1）在施工现场另外保存一套完整的图纸和承包人文件，供发包人、监理人及有关人员进行工程检查时使用。

（2）为发包人、监理人提供在施工现场开展日常工作的办公场地，就发包人和监理人为实现合同目的使用承包人修建的场内临时道路和交通设施提供便利。

（3）及时向发包人、监理人提出开工申请、施工进度报告、必要的工程变更申请报告、必要的工程停工申请报告、工程质量及施工安全异常情况报告等。

（4）及时签收、回复来自发包人、监理人的相关工作来往文件。

（5）在施工现场发现文物、化石、古迹等时，及时通报发包人、监理人，并协同采取必要的保护措施。

(6)根据工程规模及技术参数合理预见工程施工所需的进出施工现场的方式、手段、路径等,协助发包人办理修建场内外道路、桥梁以及其他基础设施的手续。

(7)为发包人、监理人检查承包人工作提供协助和配合。

(8)协助发包人办理法律规定的应由发包人办理的涉及承包人的有关许可、批准和备案手续。

(9)发生不可抗力、工程事故或者其他意外事件时,协助发包人采取保障工程、人员和财产安全的必要措施,减少损失或者避免损失的扩大。

十三、本条未列举的施工合同的其他常见条款

除本条列举的内容之外,监理人(工程实行监理时)、安全文明施工与环境保护、试验与检验、变更、价格调整、计量、缺陷责任、索赔、保险和知识产权等条款亦为建设工程施工合同常见条款。

(一)监理人条款

在实行监理的工程施工合同中,监理人作为受发包人委托的承包人工作的监督人,其工作职责不仅基于发包人的授权,还基于法律法规以及专业技术标准的规范,其行为及其后果对施工合同发包人和承包人的合同权利义务以及合同目的的实现均可能产生重大影响,因而,监理人条款是施工合同中的特殊且主要条款。

关于监理人及其在施工合同中的职责等内容,请参见本书对《民法典》第七百九十六条(工程监理)的有关论述。

施工合同中,涉及监理人的主要内容一般包括:监理人的监理内容、监理权限、监理人员、监理人对承包人指示的传达反馈程序及其后果、合同当事人进行商定或确定时总监理工程师的职责与作用、监理人进行质量检查检验的程序及其后果,以及监理人对于工期和进度、材料与设备、试验与检验、工程变更、工程计量、工程进度款支付、工程验收与结算、工程索赔的监理职责内容、行使程序及后果。

(二)安全文明施工与环境保护条款

大多数建设工程施工活动不仅涉及工程现场内的人员和财产的安全,也往往对场地之外工程所在周边区域的特定相邻人、不特定社会公众的人身、财产安全以及环境利益产生较为显著的影响。因此,与其他民商事合同相比,施工合同中的安全文明施工与环境保护条款的必要性和重要性尤为突出,属于重要条款。

本条款的内容通常包括:安全生产要求(特别是除法定要求之外,针对具体工程项目的特殊要求)、因安全生产需要暂停施工的处理程序、安全生产保障措施、特殊安全生产事项、治安保卫要求、文明施工的具体要求、安全文明施工费的计支与使用、安全文明施工风险处置预案与事故处理、安全生产责任、承包人员工和其他现场人员的职业健康(劳动保护、生活条件)、环境保护(主要涉及承包人在施工组织设计中应列明的环境保护的具体措施,以及在合同履行期间,为保护施工现场和周边环境承包人对施工作业过程中可能引起的大气、水、噪音以及固体废物污染应采取的合理可行的具体防范措施)。

(三)试验与检验条款

由于建设工程施工涉及大量材料、构配件、工程设备在施工前、施工中以及施工完成后的工程各部位的质量控制,因此,对这些工程物资和已完工程进行试验与检验的条款在建设工程施工合同中具有突出的重要性,也属于合同主要条款。

实验与检验条款的内容一般包括:试验设备、试验人员、取样、材料/构配件/工程设备的试验与检验、现场工艺试验等内容,以及发包人(监理人)和承包人的相关权利义务。

(四)变更条款

在施工合同履行过程中,发生合同内约定的工作内容范围变更的情形大量存在。产生这些变更的原因多样。变更将影响施工合同中工期条款、价款条款乃至质量条款的履行,因而可能对发包人和承包人双方的合同权益均产生显著影响。

变更条款主要涉及下列内容:变更的范围、变更权利人、变更程序、变更估价、承包人的合理化建议、变更引起的工期调整以及对于合同中约定的暂估价、暂列金额与计日工项目的计价和处理。

(五)价格调整条款

与一般民商事合同相比,由于建设工程施工合同履行周期较长、合同金额较大、影响履行的因素较多,合同履行的实际期限内,材料设备人工市场价格波动幅度较大、变动频繁,乃至法律变更、技术规范变更的情形亦时有发生。对于大中规模工程的施工合同,当事人事先约定较为规范的价格调整条款,可以显著地减少合同履行中的价格争议。

施工合同中的价格调整条款通常涉及下列内容：对市场价格波动的风险范围、调价方式（实务中较多选择价格指数法或者价格信息法调价①）、调价程序，以及因法律变更引起的价格调整。

（六）计量条款

除极少数简单工程的固定总价施工合同外，对于绝大部分工程的施工合同而言，由于承包人完成的合格工程量是合同最终价格结算的计价基础，计量条款必不可少。

施工合同中的计量条款通常包括的内容有：计量原则、计量范围、计量依据、计量周期，以及对应于本合同约定的特定计价形式（如单价合同、总价合同或者其他计价形式）的计量程序。

（七）索赔条款

基于施工合同履行时间长、影响履行的情形复杂多样、合同双方需要协作的内容众多，以及履行中对合同内容的变更较为频繁，合同中一方向另一方索赔（在实务中，以承包人向发包人索赔为主，发包人向承包人索赔为辅）的情形时有发生。为了尽可能明晰、快捷地解决索赔争议，及时明确各方就索赔事项应承担的义务和责任，不过分影响合同的继续履行，与普通承揽合同相比，施工合同中设置索赔条款的情形更为普遍。

关于索赔发生的前提条件。根据合同约定、法律规定和（或）行业惯例，承包人认为有权得到追加付款和（或）延长工期，或者发包人认为有权得到赔付金额和（或）延长缺陷责任期的，可以根据索赔条款向对方提出索赔。在理论上，索赔事件既可以发生在工程竣工验收完毕之前的工程施工准备、施工实施阶段，也可以发生在工程竣工验收之后的工程使用阶段；但在实务中，索赔条款通常仅针对发生在工程竣工验收之前的索赔事件，有时包括工程竣工验收备案手续完成前的索赔事件，而对于工程使用阶段发生的索赔事件，有关索赔程序通过保修条款（或者另行订立的工程保修责任书等文件）加以明确。

施工合同中的索赔条款通常包括下列内容：

1. 承包人向发包人索赔的程序。一般包括提出索赔的期限、对索赔报告的要求

---

① 参见《建设工程施工合同（示范文本）》（GF－2017－0201）通用合同条款第 11.1 款。

等,有时包括逾期提出索赔的后果。

2. 发包人对承包人索赔的处理程序。一般包括监理人(如有)与发包人之间的沟通时限、发包人处理索赔的时限、发包人确认索赔成立或者部分成立后的索赔款项支付程序、承包人不接受索赔处理结果的后续程序等,有时包括发包人逾期处理索赔的后果。

3. 发包人向承包人索赔的程序。具体内容可与承包人向发包人索赔的程序相同或者不同。

4. 承包人对发包人索赔的处理程序。一般包括承包人处理索赔的时限、承包人确认索赔成立或者部分成立后的索赔款项从发包人未来应付合同价款中扣除或者另行支付程序、发包人不接受索赔处理结果的后续程序等,有时包括承包人逾期处理索赔的后果。

(八)保险条款

基于施工合同价格较高、履行干扰因素较多、履行障碍事件产生的损失可能导致合同当事人难以自担全部风险的特点,为了分散合同履行风险,规范的施工合同中通常包含保险条款,其主要内容通常涉及:工程保险、工伤保险以及与合同项下工程特点有关的其他类型保险(每一类型保险的条款内容又具体就投保人、被保险人、保险范围、保险费用和其他费用的承担等进行约定)、维持保险持续有效、保险凭证、未按约定投保或者维持保险持续有效的处理、变更保险和发生保险事故时的通知义务,以及发生保险事故后的当事人理赔和协助义务等。有些完善的保险条款还包括保险金的分配、保险赔付不足时的损失分担等内容。

(九)知识产权条款

建设工程施工过程中涉及的施工图纸、施工方法、施工工艺、工程材料、工程设备等,往往包含发包人、承包人乃至第三人的知识产权。随着全社会知识产权意识的增强和国家法律对于知识产权保护的加强,知识产权条款已经成为施工合同中的必备重要条款。

施工合同中的知识产权条款一般涉及以下内容:作为施工技术依据且通常由发包人提供给承包人的施工图设计文件、技术规范、反映发包人要求的或其他类似性质的文件,以及承包人为实施工程所编制的文件的著作权归属;并非著作权人的合同当事人对上述文件的许可使用范围、许可使用条件和程序;合同当事人在履行合同过程中不侵犯对方及第三方的知识产权的声明或保证；施工合同履行过程中因承包人使用设计文件、技术规范或者其他技术文件，或者使用材料、施工设备、工程设备，或者采用施工工艺，发生知识产权侵权时对侵权责任的承担。

【条文适用】

一、施工合同与格式条款

（一）招标文件中的施工合同条款是否属于格式条款

《民法典》第四百九十六条第一款[①]规定的格式条款包含两个构成要件：第一，当事人为了重复使用而事先拟定；第二，订约时未与对方协商。工程施工合同的招投标程序中，在招标文件中包含招标人事先拟定的合同文本或者主要合同条款是普遍情形。由于潜在投标人不特定，投标人为多人，招标文件对他们均构成要约邀请，投标人只能在招标文件限定的条件下作出投标响应（向招标人提出要约），因而招标文件中所含施工合同中的大部分条款（合同价款等少部分条款根据中标人的投标文件和中标结果而变化）即属于招标人为了对多个投标人重复使用而事先拟定的情形，符合格式条款的第一个构成要件。但是，就第二个构成要件而言，在有关建设工程施工合同纠纷的既有裁判案例中，笔者发现，有裁判者主要以承包人对招标文件内容有异议权和通过投标文件提出修改权为由，否定其为格式条款。[②] 笔者认为，仅笼统地以投标人对招标文件内容有异议权和通过投标文件提出修改权为由，不考虑个案招标文件对于投标人上述权利的限制条件，即认定中标人的中标构成其与招标人就争议条款的“协商”合意结果，过于武断。笔者认为，订约时双方当事人是否构成对合同条款的协商，宜根据个案招投标程序执行的具体情形，考虑下列因素后分别作出判断，即招标人作为合同条款提供方是否给予对方（投标人）协商变更施工合同条款内容的合理机会，以及合同中的哪些条款是可以投标变更而不被认为构成废标情形。

在招投标实务中，招标人对于招标文件所附合同内容可否协商变更主要存在以下三种情形：

情形一，招标文件规定，除投标价格等列明的可竞争（协商）内容之外，投标人

---

① 《民法典》第四百九十六条第一款规定：“格式条款是当事人为了重复使用而预先拟定，并在订立合同时未与对方协商的条款。”

② 参见江西省高级人民法院（2016）赣民终 82 号民事判决书。

应当对招标文件作出完全或无保留的响应(不可协商地接受)的意思表示,否则将被认定为废标,即以概括明示合同多数条款不可协商变更为一般,以明示合同少数条款可协商变更为例外。

情形二,少数招标文件对投标人必须无保留响应的合同实质性条款作具体详细的规定,未能无保留响应者将被认定为废标,并明示就除此之外的其他条款,投标人可以提出协商修改,即以概括明示合同多数条款可协商变更为一般,以明示合同少数条款不可协商变更为例外。

情形三,某些招标文件列明投标价格等可竞争内容和投标人必须无保留地响应的特定内容,而对其他内容是否可协商可修改,以及可修改程度(超过一定程度构成废标)未予明示,即明示合同部分条款可协商变更,部分条款不可协商变更,未明示合同其他条款是否可协商变更。

笔者认为,对于招标人明示可竞争或者可变更条款,无论中标人在实际提交的投标文件中载明的相应内容是否与招标文件一致,均应认定为非格式条款;对于招标人明示不可竞争或者不可变更的条款,由于投标人实质上并无就此协商的机会(投标文件对此等内容的变更通常被评标认定为不能实质性响应招标文件而作为废标),应当认定为格式条款;对于招标人未明示是否可变更的合同条款,一般宜认定为投标人具有协商变更的机会,至少投标人有权要求招标人对此予以澄清。投标人因疏忽或者担心失去中标机会而在招标人未澄清时即主动放弃协商变更机会,并不能改变该等条款内容可协商可变更的特性,应当认为投标人以消极方式行使了条款变更权,仍应认定该等条款为非格式条款。

总而言之,招标文件中所附的中标后拟订立的施工合同文本,不宜概括地认定整个合同是或者不是格式合同,而应当将其中招标人明示投标人不可变更的合同条款认定为格式条款,将其他条款认定为非格式条款。

(二)施工合同中约定采用的《建设工程施工合同(示范文本)》通用合同条款是否属于格式条款

在实务中,某些施工合同当事人(通常为发包人,少数情况下为承包人)为了合同文本简洁,直接以国家颁布的某一版本的《建设工程施工合同(示范文本)》中的通用条款作为合同基本内容,仅就上述通用条款中的部分内容另行约定,以及对通用条款中未明确或者未涉及的内容作补充约定。有观点认为,上述情形中,《建设工程施工合同（示范文本）》通用条款属于格式条款。① 笔者认为，上述观点值得商榷。理由是，通常情形下，示范文本的通用条款与专用条款一并使用。如果在招投标程序中，专用条款经投标人提出对某些通用条款变更的要约、招标人承诺的程序而最终订立，或者如果在非招投标的直接磋商缔约程序中，合同文本提供方与对方就通用条款中的部分内容进行了协商修改，即表明合同双方对通用条款合意进行了修改或者细化，只不过从形式上看，不是将通用条款直接修改成一份新的条款文本，而是借助专用条款优先于通用条款的解释顺序，通过通用条款与专用条款两个文本的内容叠合来反映双方合意修改、细化的最后结果。因此，首先，如果提供合同文本的一方事先采用示范文本通用条款，且无专用条款一并使用，又剥夺对方就通用条款内容予以变更（变更方式主要是直接变更通用条款或者增加旨在变更通用条款内容的专用条款）的机会时，可以认定示范文本中的通用条款为格式条款；其次，如果提供合同文本的一方事先明示采用不可变更的示范文本通用条款，又拟定不可变更的专用条款，则通用条款与专用条款均应被认定为格式条款；最后，如果提供合同文本的一方事先采用示范文本通用条款，又拟定可变更的专用条款，除非另有特别限制，此等可变更范围不仅可以包括事先拟定的专用条款中的既有内容，也可以包括拟定的专用条款中未涉及而通用条款中涉及的其他内容，则通用条款与专用条款均应被认定为非格式条款。

此外，有人认为招标文件或者一方提供的施工合同中包含的《建设工程施工合同（示范文本）》通用条款不属于格式条款，其理由在于：示范文本并非招标人或者提供合同文本的一方事先拟定，而是由国家有关部门拟定。笔者认为，格式条款规则中的当事人“事先拟定”条款宜理解为一方事先“提供”条款，而不宜机械狭义地按“拟定”的字面含义理解为拟定方亲自起草撰写，否则将陷入逻辑混乱（例如，将当事人借用的他人起草的条款排除在可能的格式条款之外）。

（三）施工合同中格式条款不属于合同内容的情形

根据《民法典》第四百九十六条第二款②最后一句的规定（《合同法》中无相应

① 参见山西省高级人民法院（2015）晋民终字第495号民事判决书。

② 《民法典》第四百九十六条第二款规定：“采用格式条款订立合同的，提供格式条款的一方应当遵循公平原则确定当事人之间的权利和义务，并采取合理的方式提示对方注意免除或者减轻其责任等与对方有重大利害关系的条款，按照对方的要求，对该条款予以说明。提供格式条款的一方未履行提示或者说明义务，致使对方没有注意或者理解与其有重大利害关系的条款的，对方可以主张该条款不成为合同的内容。”

规定)，格式条款虽记载于合同文件中，但是如果满足下列条件，则依法不构成合同内容：就与其合同相对人有重大利害关系的条款，提供格式条款一方未尽依法提示或依对方要求说明的义务，致使相对人没有注意或者理解该等条款。

1. 格式条款不构成合同内容的构成要件之一：条款内容与提供格式条款一方的相对人有“重大”利害关系

在建设工程招投标活动中，招标人履行格式合同重要条款提示和说明义务的前提是，正确识别对承包人有重大利害关系的施工合同条款的范围。笔者认为，一般而言，对承包人有重大利害关系的施工合同条款通常指显著影响承包人主要合同权利(及时、足额取得工程价款或者其他费用)的条款，具体包括三类：

第一类，直接约定工程价款(包含预付款、进度款、结算款、质量保证金)的组成、计价方式、计价依据、计价范围、风险责任、支付条件、支付期限、支付方式、付款违约责任、价款或费用索赔程序的条款。

第二类，直接约定工程范围、工程质量标准、施工工期、开竣工条件、工程保修责任、质量和工期违约责任、工期索赔程序等条款。此类条款从形式上看并非直接针对承包人获得工程价款的权利，但是通常对承包人及时、足额取得工程价款权利具有显著影响。

第三类，通常情况下不会，但在特定情形下将对承包人及时、足额取得工程价款权利产生显著影响的条款。例如，发包人有权决定群体工程中各单体工程的施工次序的条款、发包人有权变更供货方式的条款、发包人有权决定分包范围的条款。在特定情形下，此类条款可能对承包人的主要合同权利产生重要的影响，影响程度需要结合个案具体情形加以甄别。

鉴于《建设工程施工合同(示范文本)》由国家市场监督管理总局和住房和城乡建设部联合发布，其中的通用条款对发包人与承包人双方权利义务的设定大致平衡，且在招标文件中被大量采用，下文将以目前最新版本的《建设工程施工合同(示范文本)》(GF-2017-0201)为基础，就建设工程项目招标实务中经常出现的、由发包人(招标人)提供的施工合同格式条款中对承包人产生利害关系的主要条款予以讨论。

《建设工程施工合同(示范文本)》(GF-2017-0201)协议书中有关工程承包范围、合同工期、质量标准、签约合同价与合同价格形式的条款无疑属于对承包人有重大利害关系的上述第一、二类施工合同条款，尽管按照合同组成文件的通常解释顺序，协议书处于解释合同文件的最优先顺序，但由于协议书中的上述条款较为简略，其更全面准确的含义往往需要借助通用合同条款、专用条款及其附件作出判断。

建设工程项目招标文件中所附的施工合同文本一般有三种形式：一是完全依照《建设工程施工合同（示范文本）》（GF－2017－0201）的格式，由协议书、通用合同条款、专用条款及其附件三部分组成；招标人事先拟定了协议书、专用条款除合同价款（有时包括合同工期）之外的全部或者部分内容。二是直接对《建设工程施工合同（示范文本）》（GF－2017－0201）中的协议书、通用合同条款进行修改，没有另外的专用条款。三是完全脱离《建设工程施工合同（示范文本）》（GF－2017－0201），招标人自行拟定合同文本，或者参考其他示范文本（如 FIDIC 合同条件）。鉴于《建设工程施工合同（示范文本）》（GF－2017－0201）通用合同条款中设定的发包人与承包人权利义务较为公平合理，在当事人没有其他约定时，其相应内容可以作为行业惯例，被参照用于评判上述三种形式施工合同中招标人应尽提示或说明义务的条款范围。具体而言，招标人拟定的合同条款内容偏离《建设工程施工合同（示范文本）》（GF－2017－0201）通用合同条款相应内容越严重的，越可能构成“免除或者减轻其（招标人）责任等与对方有重大利害关系的条款”。在实务中，常见的与承包人具有利害关系的格式条款（是否构成“重大”利害关系应视个案合同约定的具体情况而定）可能包括但不限于：

（1）承包人有义务提供项目质量标准所要求的特定技术规范、标准（如外国技术规范）。该条款将导致承包人对特定技术规范在特定项目中的适用性、完整性、中外文转换含义的准确性等承担额外的证明责任。

（2）对合同组成文件的优先解释顺序作反常安排。例如，招标人为了转嫁中标人的投标文件与招标文件实质性内容可能不一致的风险，将招标文件置于中标的投标文件之前优先解释。

（3）承包人自费负责（或认可相关费用已包含在合同报价中）处理场外交通、施工临水临电接驳、施工场地内障碍物清除、文物保护事务。

（4）发包人提供的工程量清单不允许承包人修改，且因清单错误产生的报价风险由承包人承担。

（5）对非发包人原因导致的施工场地交付迟延或者满足开工条件的日期迟延，发包人不承担责任，或者承包人不得索赔。

（6）过于严苛的承包人提交的竣工资料的形式要求，该要求又构成认定工程竣工日期或者认定满足工程结算审核条件的前提条件。

(7)发包人有权变更分包范围、有权指定分包。

(8)分包合同中在价款确认、价款支付、价款变更签证与索赔、工期确认、工期签证与索赔、质量确认、质量签证与索赔等方面约定的背靠背条款,分包合同承包人在上述方面的合同权利能否实现,以及在多大程度上实现,完全取决于第三人(通常为总承包合同中的发包人)甚至分包合同发包人的行为。

(9)以取决于承包人以外的其他因素确定的质量奖项作为承包人获得工程全部或部分价款支付的条件。

(10)发包人、监理人不能按时进行隐蔽工程检查时,发包人免责或者责任过轻,不能弥补承包人合理损失。

(11)非因承包人原因导致开工日期过分迟延的,承包人不得要求价格调整或不得解约。

(12)非经法院或仲裁机关生效裁判裁决,承包人不得擅自停工。该约定事实上剥夺了发包人在先违约时承包人后续行使停工的履行抗辩权。

(13)承包人对发包人提供的测量基准点、基准线和水准点等施工基础资料的准确性、完整性和适用性负责。

(14)非因承包人原因(如不利物质条件、异常恶劣气候等)导致的工期迟延风险由承包人自行承担。

(15)市场价格波动风险完全由承包人承担。

(16)发包人逾期支付合同约定价款的违约责任缺失或者明显过轻,或者承包人迟延竣工交付、节点工期违约、质量非根本性违约的违约责任明显过重。

(17)发包人不能按时组织工程竣工验收或者颁发工程接收证书时,发包人免责或者责任过轻,不能弥补承包人合理损失。

(18)发包人未按合同约定接收全部或部分竣工验收合格工程时,发包人免责或者责任过轻,不能弥补承包人合理损失。

(19)对于承包人的合同从义务、附随义务约定的违约责任,与发包人可能遭受的损害相比明显过重。

(20)就承包人提交竣工付款申请资料和证据提出通常难以满足的苛刻条件。

(21)同时约定承包人应当提交履约保证金和预留工程质量保证金,或者履约保证金、预留工程质量保证金明显过高。

(22)约定过长的工程保修期、缺陷责任期和质量保证金退还期限。

有必要指出的是,上述列举的二十二项格式条款一般均构成“免除或者减轻其

（招标人）责任等”与中标人有“利害关系”的条款，但该等利害关系是否“重大”，仍需要根据具体的条款内容加以进一步辨析。例如，对于上述第22项中约定过长的缺陷责任期的条款，法律推定的一般房屋建筑工程的缺陷责任期为两年，但是亦不禁止当事人另行约定，而发包人提供的格式条款设定的缺陷责任期为两年半或者十年，显然与承包人实现取得工程款最后一部分（质量保证金）这一合同主要权利具有明显的利害关系，但是其影响程度具有明显差异。一方面，从招标人最大诚信和防范风险的角度看，当招标文件中的合同条款存在偏离《建设工程施工合同（示范文本）》（GF－2017－0201）通用合同条款相应内容的以上条款时，笔者建议，招标人在招标文件中对所有以上条款均应用足以引起投标人注意的方式进行标注，以履行法律规定的提示义务；另一方面，在纠纷处理上，笔者认为，应当从严认定争议的具体格式条款与承包人的利害关系是否“重大”，以维护交易效率（格式条款的使用有助于提升交易效率）、交易公平和交易当事人诚信之间的法律价值平衡。更何况，在格式条款规则的适用上，与作为民事合同的消费合同（合同一方为消费者），或者提供格式条款一方具有市场垄断地位的其他民事合同相比较，建设工程合同作为典型的商事合同，也应当从严认定争议的具体格式条款与承包人的利害关系是否“重大”。所谓从严认定，从举证角度看，应当由承包人就系争格式条款对其产生的利害关系足够“重大”承担举证责任。

2. 格式条款不构成合同内容的构成要件之二：提供格式条款的一方未履行对条款的提示或者说明义务

就建设工程招标项目而言，提示投标人注意关乎其重大利益的格式条款，是招标人应当主动履行的义务。而如前文所述，招标文件中明示投标人不可变更的合同条款为格式条款。该等明示，应达到足以提请投标人注意的程度。在招标实务中，通常将该等条款用特殊字体、特殊颜色标示，或者集中于招标文件前附表中，或者在招标文件中集中举示投标人如不能响应该等条款则导致废标结果的情形。招标文件中未能明示的，招标人还可以通过招标答疑澄清，在向所有合格投标人发出的答疑澄清文件中予以补充明示。

对关乎投标人（或中标人）重大利益的格式条款的说明，是招标人应投标人要求被动履行的义务。对格式条款的说明，主要针对投标人提出的条款中可能出现的含义不明或者理解歧义问题。通常招标人可通过招标答疑澄清文件来履行条款说明义务。笔者也注意到，为数不少的招标人对答疑澄清文件的内容和质量不够重视，对于投标人提出的对条款含义的澄清说明要求的回应，往往存在说明虚化

(如"以招标文件为准""以法律规定为准")、说明错误(如"作有利于招标人的解释")、说明矛盾(如澄清内容与招标文件的其他部分相冲突)或者说而不明的其他缺陷。在实务中,招标人履行格式条款说明义务到何种程度,亦可能成为争议焦点。情形一,招标人的澄清文件未能实际消除格式条款的含义不明,导致投标人仍无法正常理解条款含义。此种情形下应认定招标人未尽格式条款说明义务。情形二,招标人的澄清文件未能实际消除对格式条款内容的歧义,导致对该等条款含义仍存在两种或两种以上合理解释。此种情形较为多见,此时,是认定招标人未尽格式条款说明义务,还是适用《民法典》第四百九十八条①,作出不利于招标人的解释?笔者认为,通常情况下选择后者较为合理。理由是,对于招标人已经"说明"的格式条款,中标人并非完全不能理解条款含义,而是出于理解偏差,对条款作出了有利于自己的理解。例如,对于违约金格式条款,中标人并非完全不能理解该条款内容涉及其违约责任,而是倾向于作出自己可能承担较轻违约责任的理解。此时如果认定招标人未尽格式条款说明义务,导致该违约金条款被排除在合同内容之外,中标人摆脱了较轻违约责任的束缚,显然过分保护了中标人,亦客观上激励了中标人背信。

《民法典》第四百九十六条第二款后句采用"提供格式条款的一方未履行提示或者说明义务"的表述,一般可理解为:对于某一具体争议条款,提供格式条款的招标人履行了提示或者说明义务之一的,该格式条款即成为合同的组成部分。然而,于具体适用时,上述一般理解仍然不够精确,需要进行更精细的研判。在实务中,招标人对格式条款的提示义务和说明义务的实际履行存在多种情形:情形一,招标人已提示,投标人未要求说明,招标人亦未主动说明;情形二,招标人已提示,投标人未要求说明,但招标人已主动说明;情形三,招标人已提示,投标人亦要求说明,但招标人未说明;情形四,招标人已提示,投标人亦要求说明,招标人亦已说明;情形五,招标人未提示,投标人亦未要求说明,招标人未主动说明;情形六,招标人未提示,投标人亦未要求说明,招标人已主动说明;情形七,招标人未提示,但投标人要求说明,招标人未说明;情形八,招标人未提示,但投标人要求说明,招标人亦已说明。情形二、四属于已提示已说明,情形六、八属于未提示已说明,情形一、三属于已提示未说明,情形五、七属于未提示未说明。显然,在情形二、四、六、八之下,经过招标人主动或

① 《民法典》第四百九十八条规定:"对格式条款的理解发生争议的,应当按照通常理解予以解释。对格式条款有两种以上解释的,应当作出不利于提供格式条款一方的解释。格式条款和非格式条款不一致的,应当采用非格式条款。"

者被动的说明澄清,投标人已经完全知晓或者应当知晓并理解某一格式条款内容的明确含义,该格式条款应成为合同的组成部分;在情形五、七之下,由于招标人既未提示也未说明,没有理由认定投标人已经注意到或者理解了相关格式条款内容的具体含义,该格式条款不应成为合同的组成部分。情形一、三虽均属于已提示未说明,但是两情形的差异在于:在情形一之下,投标人未要求说明,招标人亦未主动说明;在情形三之下,投标人已要求说明,但招标人未说明。如前文所述,在投标人未要求说明时招标人不负有主动说明的义务,而在投标人要求说明时招标人负有说明的义务。故此,对于情形一,招标人已经履行了提示义务,且未违反应询说明义务,招标人没有过错,而投标人未要求说明,此时相应的格式条款应成为合同的组成部分;而对于情形三,招标人违反应询说明义务,具有过错,此时相应的格式条款则不应成为合同的组成部分。

就是否满足本构成要件的事实举证而言,招标人应就已采取合理方式提请中标人注意该等条款、已应其要求说明该等条款承担举证责任,中标人则应就其已要求招标人说明该等条款承担举证责任。

在建设工程合同招投标实务中,对于不同投标人关于招标文件内容的澄清要求,招标人通常向所有投标人作出澄清说明回复,且该回复文件构成招标文件的一部分。如果 A 是中标人,B 是未中标的投标人,对于仅由 B 提出的就某格式条款内容的澄清要求,招标人在澄清回复文件中并未作有效澄清说明,事后 A 不得以招标人未说明该格式条款为由主张该条款不属于合同内容。

3. 格式条款不构成合同内容的构成要件之三:提供格式条款的一方未履行对条款的提示或者说明义务,并产生致使对方没有注意或者理解该等条款的后果

如果招标人就格式条款的提示、说明义务存在未适当履行的情形,并不必然导致对方没有注意或者理解该等条款。招标人存在上述未适当履行情形,事实上,中标人通过其他方式已经注意并理解了与其有重大利害关系的格式条款,该等格式条款仍为合同的组成部分。为此,招标人需要举证中标人事实上已经注意并理解了该等格式条款的事实。例如,在订立合同后,中标人曾经援引该等格式条款主张权利、履行义务或者进行抗辩;中标人已经以行为表明实际注意并理解该等格式条款,并行使相应权利、承认或履行相应义务、接受或承担相应责任。

4. 格式条款不构成合同内容的构成要件之四:对方主张格式条款不成为合同的组成部分

格式条款不构成合同内容,以提供格式合同一方的相对方主张为前提。相对

方未主张的,裁判者不应主动将格式条款内容排除在争议双方的合同组成部分之外。相对方未主张的,裁判者是否应当释明?鉴于现行《民事诉讼法》对裁判者释明权缺乏明确的规定,《民诉证据规定》中引入了释明权的内容,但是仅体现在对当事人举证要求和法律后果的释明(第三条)、就对方陈述的事实既不承认也不否认的法律后果的释明(第八条第二款)和变更诉讼请求的释明(第五十三条)三个方面。显然,在严格适用《民诉证据规定》的前提下,格式条款是否构成合同内容,不属于《民诉证据规定》第三条和第八条第二款应当释明的情形,而《民诉证据规定》第五十三条对于变更诉讼请求的释明,具体适用于"诉讼过程中,当事人主张的法律关系的性质或者民事行为效力与人民法院根据案件事实作出的认定不一致的"情形。鉴于对格式条款是否构成合同内容问题的认定,取决于提供格式合同一方的相对方是否主张,也就是说,在相对方不主张的情况下,裁判者对格式条款的效力仅可能作出成立合同内容未生效、生效可撤销(依一方当事人主张撤销)或者无效的认定,不会形成"当事人主张的法律关系的性质或者民事行为的效力与人民法院根据案件事实作出的认定不一致"的局面,因此,对格式条款是否构成合同内容的认定不存在适用《民诉证据规定》第五十三条的空间,相对方未主张格式条款不构成合同内容的,裁判者不应当主动释明。

此外,有必要指出,格式条款内容与投标人(或中标人)无重大利害关系的,招标人不负有提示或说明义务,该等格式条款对双方当事人具有法律约束力,并且该约束力不会因投标人(或中标人)声称或者实际上未予注意或者对其含义不能理解而减损。

(四)对施工合同格式条款无效特别情形(《民法典》第四百九十七条第二项、第三项)的讨论

《民法典》第四百九十七条第一项规定的格式条款无效情形也是非格式条款的无效情形,在此不予单独讨论;下文仅讨论格式条款无效的特别情形,即《民法典》第四百九十七条第二项、第三项规定的两种情形:情形一,提供格式条款一方不合理地免除或者减轻其责任、加重对方责任、限制对方主要权利;情形二,排除对方主要权利。上述特别情形与《合同法》第四十条规定的特别情形(提供格式条款一方免除其责任、加重对方责任、排除对方主要权利的,该条款无效)相比,有下列两处变化:第一,将免除提供格式条款一方责任、加重对方责任的无效情形限制在"不合理地"免除或者加重一方责任的范围内;第二,将"不合理地减轻提供格式条款一方

责任、限制对方主要权利”纳入无效情形。因此，如何界定其中的“不合理”将成为该条款适用的主要难点。例如，在施工合同格式条款中，一般认为，将不可归责于承包人的事件导致的不利后果约定由承包人承担，违背了风险分担的常识，是不合理的。但是，如果在合同中约定额外给予承包人一定数额的风险补偿金，再约定承包人承担他人行为或不可抗力事件导致的不利后果，则该等约定未必不合理。

排除对方主要权利的格式条款绝对无效，不以是否“合理”为前置条件。事实上，在建设工程合同之类的有偿双务合同中，排除对方主要权利的格式条款本身即不具有合理性。

二、工期条款争议与处理举要

工期条款约定不明或者约定不当，容易产生工期争议。工期争议的本质是工程价款调整、费用索赔和（或）违约责任承担的争议。

（一）节点工期延误是否导致总工期延误

节点工期条款约定不当，除影响节点工期违约责任之外，还可能影响合同总工期及其违约责任。在实务中，如果节点工期的节点均处于工程施工组织的关键线路上，在未采取有效赶工措施的情况下，节点工期的延误将导致总工期延误。当合同未约定节点工期延误的违约责任时，发包人可据某一节点工期的延误提出总工期延误的不安抗辩。相应地，施工承包人可以提出该节点不在总工期关键线路上，且该节点的延误不会影响关键线路上各关键工作的按时完成，或者施工承包人提出合理可行的赶工措施足以保证关键线路上各关键工作按时完成。

（二）未约定按日历天数计算工期

对于有效施工作业时段或期日受外在因素严格限制的工程，其施工工期的天数如何计算，经常引发争议。例如，对于室内装修工程施工而言，如果装修工程地点属于正常办公运营的写字楼的局部楼层，非周末非节假日的正常办公时段通常禁止施工。类似的情形还包括对于不中断正常交通的道路拓宽翻修工程等。

在实务中，如果合同未约定工期的天数计算方法是日历天数还是有效工作天数，一般应理解为日历天数或将合同工期理解为日历工期。理由在于，建设工程合同的履行具有特殊性，特别是施工合同。首先，在施工工艺上，经常存在不间断施工或者连续施工的技术要求；其次，由于大部分施工工作需要露天作业，受气温和气象条件影响较大，在法定普通工作日内也经常因气候等原因而无法正常施工，施工作业如排除法定节假日、休息日，实际有效工作时间将难以预计；最后，建工行业习惯上采用日历工期，只有在特殊情形下才约定采用有效工期。

（三）开工日期争议

对应于合同工期和实际工期，开工日期也分为合同约定的开工日期和实际开工日期。在实务中，涉及开工日期确定的其他日期还有：发包人或者监理人向承包人发出的开工通知中载明的承包人应开工的日期、具备开工条件的日期、承包人实际进场施工日期、承包人向发包人或者监理人发出的开工（申请）报告中载明的开工日期、施工许可证载明的开工日期、竣工验收报告载明的开工日期、竣工验收备案表载明的开工日期，以及争议处理过程中当事人一方自认的开工日期等。

在实践中，合同约定开工日期与实际开工日期不一致的情况较为常见。原因之一是，正常情况下，施工合同签订后，才能确定施工承包人。而发包人施工许可证的申领条件之一是明确施工承包人，并提交该施工承包人的身份资质文件、施工合同、该施工承包人有关工程质量和安全管理措施的施工组织计划文件，以及质量安全报监文件。① 因此，在施工合同订立时，合同约定的开工日期到达之前，开工条件是否具备存在不确定性。

《建设工程施工合同司法解释（一）》第八条（条文内容沿用自《施工合同司法解释二》第五条）对当事人开工日期的争议明确了认定规则。② 从证据证明力的角度，该条司法解释确立了实际开工日期认定的下列规则：（1）发包人同意承包人在开工通知记载的开工日期之前已实际进场施工的证据证明力优于发包人或者监理人向承包人发出的开工通知的证据证明力；（2）发包人或者监理人的开工通知具有

---

① 《建筑工程施工许可管理办法》（住房和城乡建设部令第18号，2014年10月25日起施行）第四条规定："建设单位申请领取施工许可证，应当具备下列条件，并提交相应的证明文件：……（四）已经确定施工企业……（六）有保证工程质量和安全的具体措施。施工企业编制的施工组织设计中有根据建筑工程特点制定的相应质量、安全技术措施。建立工程质量安全责任制并落实到人。专业性较强的工程项目编制了专项质量、安全施工组织设计，并按照规定办理了工程质量、安全监督手续……"

② 《建设工程施工合同司法解释（一）》第八条规定："当事人对建设工程开工日期有争议的，人民法院应当分别按照以下情形予以认定：（一）开工日期为发包人或者监理人发出的开工通知载明的开工日期；开工通知发出后，尚不具备开工条件的，以开工条件具备的时间为开工日期；因承包人原因导致开工时间推迟的，以开工通知载明的时间为开工日期。（二）承包人经发包人同意已经实际进场施工的，以实际进场施工时间为开工日期。（三）发包人或者监理人未发出开工通知，亦无相关证据证明实际开工日期的，应当综合考虑开工报告、合同、施工许可证、竣工验收报告或者竣工验收备案表等载明的时间，并结合是否具备开工条件的事实，认定开工日期。"

优先于其他证据的证明力。①

（四）对《建设工程施工合同司法解释（一）》第八条的讨论

笔者认为，现行《建设工程施工合同司法解释（一）》第八条的规定存在下列缺陷：第一，该条第一项的规定隐含的前提存疑，且逻辑上不周延，极易导致适用偏差。第二，该条第二项“经发包人同意”的必要性存疑。②

1. 关于《建设工程施工合同司法解释（一）》第八条第一项

第一项中包含的三个分句，在开工通知的发出及其内容能被举证证明的前提之下，具有三层不同的含义：第一层，在开工通知载明的开工日期前具备开工条件的，开工日期为开工通知载明的开工日期（第一分句）；第二层，在开工通知载明的开工日尚不具备开工条件的，以开工条件具备的日期为开工日期（第二分句）；第三层，开工条件已具备但是因承包人原因导致开工时间推迟的，以开工通知载明的日期为开工日期（第三分句）。认真斟酌该项三个分句的文字，可以发现，该项规则建立在下列隐含的前提之上：前提一，具备开工条件是发包人的单方面义务；前提二，开工条件是否具备的评判时点为开工通知发出之时；前提三，开工条件具备后非承包人原因导致开工时间推迟的，无须特别规定。然而，上述隐含的三个前提似乎都存疑。

（1）关于前提一。开工条件可分为法定条件、约定条件和自然条件三种。法定条件，如取得施工许可证、临时占路许可等行政许可。约定条件，如合同约定发包人提供原材料、设备、场地、资金、技术资料、施工用水电等。承包人为开工应完成的必要的人力、材料、机器等准备工作不属于法定的或者约定的开工条件。因而，约定的开工条件事实上应被限缩解释为约定由发包人向承包人提供的开工条件，属于发包人的单方义务。自然条件，是指气候等自然环境是否适宜施工。关于开工法定条件，以取得施工许可证为例，从表面上看，尽管《建筑法》第七条、《质量管理条例》第十三条均规定了申请取得施工许可证的义务主体是发包人，但是，《建筑工程施工许可管理办法》第四条规定的施工许可证申请条件第六项“有保证工程质量和安全的具体措施”，则完全属于承包人向发包人提交的申请材料，属于承包人应履行的

---

① 最高人民法院民事审判第一庭：《最高人民法院建设工程施工合同司法解释（二）理解与适用》，人民法院出版社2019年版，第124页。

② 曹文衔：《当事人视角下的司解二适用疑点、困惑与化解（之四）：有关工期及其顺延的裁判规则》，载微信公众号“天同诉讼圈”2019年2月28日【建工衔评】专栏。

法定义务内容。因此，具备取得施工许可证这一开工法定条件，实质上应为发包人和承包人需要协作共同履行的法定义务，而非发包人的单方面义务。开工自然条件能否被适时满足，当事人无法阻碍或者促成，因而既非发包人义务，也非承包人义务。因此，不具备开工条件，或者法定和约定的开工条件虽已具备但承包人仍不能立即开工，既可能是发包人的单方责任，也可能是承包人的单方责任，还可能是承发包人双方的共同或者混合责任，更可能是不可归责于双方当事人的自然因素、不可抗力或者法律变更、政府行为等。

（2）关于前提二。根据施工行业惯例，在当事人之间不存在合同特别约定的情形下，工程具备开工条件的日期通常均早于承包人应当实际开工的日期。例如，《建设工程施工合同（示范文本）》（GF－2017－0201）通用合同条款第12.2.1项“预付款的支付”规定，预付款的支付按照专用合同条款约定执行，但至迟应在开工通知载明的开工日期7天前支付。第7.4款“测量放线”第7.4.1项规定，除专用合同条款另有约定外，发包人应在至迟不得晚于第7.3.2项〔开工通知〕载明的开工日期前7天通过监理人向承包人提供测量基准点、基准线和水准点及其书面资料。第1.6.1项“图纸的提供和交底”规定，发包人至迟不得晚于第7.3.2项〔开工通知〕载明的开工日期前14天向承包人提供图纸；第7.3.2项“开工通知”则规定，发包人应按照法律规定获得工程施工所需的许可。经发包人同意后，监理人发出的开工通知应符合法律规定。监理人应在计划开工日期7天前向承包人发出开工通知，工期自开工通知中载明的开工日期起算。FIDIC1999红皮书、黄皮书和银皮书亦在各自的第8.1款“工程的开工”中规定，发包人（或其工程师）应至少提前7天通知承包人开工日期。因此，一方面，即便发包人提供了工程开工条件，承包人一般仍应有长达7天（对于提供图纸，则有14天）的开工准备期；另一方面，发包人发出的开工通知上载明的开工日期，应当比承包人收到开工通知的时间至少延后7天，也即承包人有权在获得开工通知后7天内开工。换言之，在收到开工通知和发包人提供开工条件这两项事实均已成就的情形下，承包人仍有至少7天的开工准备期。由此可见，本条司法解释将开工条件是否具备的评判时点设定为开工通知发出之时，并不符合行业惯例。为更清晰地说明上述前提二的不合理，举例如下：假设发包人于1月1日向承包人提供了图纸，1月2日提供了其他约定的和法定的其他开工条件，1月3日向承包人发出开工通知，承包人同日收到开工通知，开工通知载明1月4日为开工日期。当事人如果对开工日期有争议，按照《建设工程施工合同司法解释（一）》第八条第一项的规定，开工通知发出时（1月3日），开工条件已经具备(1 月 2 日),应当认定开工通知载明的 1 月 4 日为开工日期。然而,参照可以视为行业惯例的《建设工程施工合同(示范文本)》(GF-2017-0201),若单以图纸提供日期推论,承包人开工日期可为 1 月 15 日;若单以除图纸之外的其他开工条件被满足日期推论,承包人开工日期可为 1 月 9 日;若以收到开工通知日期推论,承包人开工日期可为 1 月 10 日。最终应当认定 1 月 9 日、10 日和 15 日三个日期中的最后日期(1 月 15 日)为实际开工日期。适用前后两个依据认定的两个开工日期相差 11 天,对承包人的工期利益具有可观的影响。上述设例中,开工通知收发日期如果变为 1 月 1 日,其他日期不变,则按照《建设工程施工合同司法解释(一)》第八条第一项的规定,开工通知发出时(1 月 1 日),开工条件尚未完全具备,应当认定以开工条件具备的 1 月 2 日为开工日期。如此时按照《建设工程施工合同(示范文本)》(GF-2017-0201)的行业惯例,仍应认定 1 月 15 日为实际开工日期。适用前后两个依据认定的两个开工日期更是相差 13 天,对承包人工期利益的影响更大。显而易见,前提二欠缺合理性。究其根源,应当是司法解释制定者未考虑承包人在获得开工条件后通常应有的合理开工准备期,将开工条件一旦满足视为法律上的开工条件已经成就,并想当然地"推论"出,开工条件成就之日即为承包人应当开工之日(该项第三分句:……以开工条件具备的时间为开工日期)。

(3)关于前提三。《建设工程施工合同司法解释(一)》第八条第一项第三分句仅规定了承包人原因导致实际开工日期迟延于开工通知载明的开工日期时,迟延责任归于承包人,实际开工日不予顺延,认定开工通知载明的开工日期为开工日期,而未规定非承包人原因导致实际开工日期迟延时如何认定开工日期。如果这不是司法解释制定者的无心疏漏,似乎可以推测,制定者或许认为此等情形可以借助合同一般规则便宜地推论,无须作出规定。然而,在实务中,问题并不简单。在发包人或者监理人发出开工通知,且开工条件具备后,承包人未能按开工通知载明的开工日期开工的原因主要有:第一,可归责于发包人的原因致承包人迟延开工,但是未重新发出开工通知;第二,可归责于承包人的原因致承包人迟延开工;第三,不可归责于发包人或者承包人的原因,如不可抗力、法律变更、政府指令(非因对发包人或者承包人实施的行政处罚而发布)致迟延开工;第四,上述原因中的两个或者多个共同或者混合原因。然而,由于《建设工程施工合同司法解释(一)》第八条第一项内容并未涉及上述第三项、第四项原因情形下的开工时间认定,在适用中极易出现下列认定错误:

第一,在上述第三项原因情形下,由于推迟开工不可归责于承包人,因而排除适用《建设工程施工合同司法解释(一)》第八条第一项第三分句,而可能错误地将第二分句中的开工条件具备的时间或者第一分句中的开工通知载明的开工日期认定为开工日期。事实上,如果合同未约定上述第三项原因情形下如何确定开工日期,合理的实际开工日期一般宜参照施工合同示范文本所载明的有关不可抗力事件后果分配的行业惯例予以认定,即因不可抗力或者法律变更原因影响承包人履行合同约定的义务,已经引起或将引起工期延误的,应当顺延工期。① 但是当发包人或者承包人因第三人原因造成工期迟延时,不属于不可归责于发包人或者承包人的情形,而应当依据《民法典》第五百九十三条的规定,由发包人或者承包人承担工期延误责任:发包人承担责任的,开工日期应认定为顺延至实际开工条件具备的时间;承包人承担责任的,开工日期应认定为开工通知载明的开工日期。②

第二,在上述第四项原因情形下,如果迟延开工可部分归责于承包人,部分归责于发包人,则既可能片面地适用《建设工程施工合同司法解释(一)》第八条第一项第一分句或者第三分句,错误地将开工通知载明的时间认定为开工日期;也可能片面地适用第二分句,错误地将开工日期认定为实际开工条件具备的时间。事实上,该等情形下,合理的实际开工日期应根据可归责于发包人的原因力的大小和对工期迟延的影响程度,认定承包人可合理顺延开工日期的具体天数,进而确定实际开工日期。

综上所述,《建设工程施工合同司法解释(一)》第八条第一项设置的三个前提均欠妥当,而且在内容构造上简单粗疏地设定了开工迟延原因的"二分法"(开工迟延原因要么归于发包人,要么归于承包人)和开工时间认定的"二分法"(开工时间要么认定为"开工通知载明的开工日期",要么认定为"具备开工条件的日期"),不仅不能涵盖复杂丰富的常见实务情形,而且在逻辑上也不周延。笔者认为,对于存在开工通知的情形,如果合同未约定开工日期的确定方式,裁判者应当按照下列情形予以认定:开工日期为发包人或者监理人发出的开工通知载明的开工日期;开工通知载明的开工日期届至时,发包人应提供的开工条件尚不具备的,或者虽具备但是承包人依开工条件进行相应开工准备的时间不足的,以开工条件具备且准备时间届满后的次日为开工日期;承包人依开工条件进行相应开工准备的时间,有约定

---

① 参见《建设工程施工合同(示范文本)》(GF-2017-0201)通用合同条款第17.3款(不可抗力后果的承担)下第17.3.2项第4目。

② 《民法典》第五百九十三条规定:"当事人一方因第三人的原因造成违约的,应当依法向对方承担违约责任。当事人一方和第三人之间的纠纷,依照法律规定或者按照约定解决。"

的从约定，没有约定的，为7个日历日。因不可抗力、不可归责于承包人的其他原因导致开工时间推迟的，开工日期应当相应顺延。

2. 关于《建设工程施工合同司法解释（一）》第八条第二项

最高人民法院民事审判第一庭认为，该项规定中的"已经实际进场施工"，是指发包人未发出开工通知，承包人即已实际进场施工，发包人事后补发开工通知且其记载的开工日期在实际进场施工日期之后。① 笔者认为，实际上还可包括发包人始终未发出开工通知，承包人已实际进场施工的情形。最高人民法院民事审判第一庭还认为，该项规定存在例外情形，即如果证据表明开工通知中记载的时间系当事人的真实意思表示，则以开工通知记载的时间为开工时间。② 在实务中，在能够证明既存在开工通知，又存在承发包双方合意承包人提前进场施工证据的情形下，如果只有其中之一被证明是双方的真实合意，最高人民法院民事审判第一庭的上述观点无疑是正确的。但是上述观点未涉及下列问题：

第一，到达承包人的开工通知是否构成发包人与承包人的合意？现实中，开工通知是发包人一方（发包人或者监理人）向承包人发出的单方指示，当合同约定开工日期以开工通知载明的开工日期为准时，属于承包人在合同中预先承诺接受发包方的单方指示，一般情况下，相当于合同事先约定，开工通知（要约）达到承包人（受要约人）后，受要约人自动作出承诺，因而构成双方合意。但是，如果有证据证明，在个案中发包人滥用承包人自动承诺的约定，致承包人的自动承诺不真实或者不合理的，不应认为承包人自动作出了承诺，或者不应认为双方对以开工通知上载明的开工日期作为实际开工日期达成了真实合意；当合同未约定开工日期以开工通知载明的开工日期为准时，因为不存在承包人自动承诺的事先约定，发包人一方发出并送达承包人的开工通知，仅属于发包人的要约，除非承包人作出承诺，否则不构成双方合意。

第二，开工通知、承包人提前进场施工的双方合意均属于双方真实意思表示的，应如何认定实际开工日期？在实务中，承包人提前进场施工，存在两种情形：情形一，承包人接收开工通知前，提前进场施工；情形二，承包人接收开工通知后，在通知上载明的开工日期前进场施工。情形一中，承包人提前进场施工的真实合意成

---

① 最高人民法院民事审判第一庭：《最高人民法院建设工程施工合同司法解释（二）理解与适用》，人民法院出版社2019年版，第123页。

② 最高人民法院民事审判第一庭：《最高人民法院建设工程施工合同司法解释（二）理解与适用》，人民法院出版社2019年版，第123页。

立在先,承包人接收开工通知进而按其载明的开工时间开工的真实合意成立在后。情形二中,两种真实合意成立的先后时序正好与情形一相反。毫无疑问,上述两种情形下,均应当以双方最后的合意认定实际开工日期。

第三,承包人早于开工通知记载的开工日期,或者在发包人一方未发出(包括无证据证明发出)开工通知的情形下提前进场施工,但未取得发包人明确同意时,如何认定实际开工日期?笔者认为,除非发包人预见到承包人将提前完成竣工验收,并因此引致提前结算和发包人提前支付工程价款,构成发包人在价款支付时间上的利益损失,承包人实际进场施工,发包人即便未明确同意,也会默认,不会反对。理由是:其一,承包人提前开工,对发包人而言,在工期利益上通常更为有利(以提前施工日为实际开工日时),至少并无不利(以开工通知记载的开工日期为实际开工日时)。对发包人并无不利的提前开工,仍附加"经发包人同意"的条件,实无必要。其二,如"经发包人同意"这一限定条件为必要,则在承包人未经发包人同意已经实际进场施工的情形下,从最高人民法院民事审判第一庭的上述观点出发,似乎承包人实际进场施工只是其单方行为,未获发包人同意,不构成双方合意,因而只能推论出应以开工通知记载的开工日期为实际开工日期(发包人一方发出开工通知时)或者实际开工日期无法认定(发包人一方始终未发出或者无证据证明发出过开工通知时)。如此,承包人实际进场施工的行为反而与开工日期的事实确认无关,与常理不合。此外,在实务中,特别是在未实行监理的工程中,发包人往往并不作出明确同意承包人进场施工的意思表示,而是对承包人进场行为表示事实上的认可或者接受,因而"经发包人同意"也存在争议解决过程中举证责任分配逻辑上的混乱:"经发包人同意"需要由承包人举证,举证的结果却是对承包人不利(开工日期提前计算)。因而,《建设工程施工合同司法解释(一)》第八条第二项对于承包人提前进场设置"经发包人同意"的条件并无必要。

3. 关于《建设工程施工合同司法解释(一)》第八条第三项

本条司法解释第三项对于在发包人或者监理人未发出开工通知,亦无相关证据证明实际开工日期的情形下,如何认定实际开工日期,规定了裁判考量的若干证据因素:应当综合考虑开工报告、合同、施工许可证、竣工验收报告或者竣工验收备案表等载明的时间,并结合是否具备开工条件的事实。但是,上述各证据的初步证明力存在差异。一般而言,就开工日期的证明而言,开工报告的初步证明力高于合同、施工许可证、竣工验收报告或者竣工验收备案表。主要理由是:第一,开工报告是承包人向发包人发出的各项施工准备工作已准备就绪而申请开工的书面文件。

撰写和提交该报告的目的，就是确定实际开工日期，且开工报告撰写、提交的日期与实际开工日期在时间上最为接近。第二，合同约定的开工日期，通常是开工条件尚未完全具备时当事人预估或暂定的日期，准确性不高。第三，施工许可证记载的开工日期，也主要是为了行政许可审批的需要，用于确定施工行为的行政合法性，对于相应的民事行为事实的认定影响较小。第四，竣工验收报告或者竣工验收备案表的主要用途，在于确认工程验收的质量合格结果，其中关于开工日期的记载往往属于填写规定格式文件时的“例行公事”，加之竣工文件的编制与开工事实的发生之间时间间隔较长，准确性不高。

实务中，亦常见承包人开工报告记载的时间与实际开工日期不符的情况。一般而言，开工报告发出的日期与其中记载的承包人申请开工日期较为接近，待查明的实际开工日期不早于承包人申请开工日期。承包人如主张以比开工报告记载的开工时间更晚的日期为开工日期的，应当举证证明该等迟延开工不可归责于承包人（如发包人原因、不可抗力、政府行为或者不能归责于承包人的其他原因），否则迟延开工应归责于承包人。

（五）竣工日期争议

《建设工程施工合同司法解释（一）》第九条确定了有争议的实际竣工日期的认定规则。[①] 但是，笔者认为，该规则的第二项、第三项的规定存在不当之处，具体理由请读者参阅本书对于《民法典》第七百九十九条（工程竣工验收、价款支付与交付使用）【条文适用】中有关“发包人拖延验收的法律后果之一：竣工日期的推定”，以及“未经竣工验收或者验收不合格发包人擅自使用工程的法律后果：竣工日期的推定”的有关内容。

（六）合理工期争议

原则上，工期的约定属于当事人意思自治的内容，但是由于建设工程的技术特点和保障工程质量的施工工序、时间等技术规程的要求，具体的建设工程均有合理的工期要求，工期不可能过分压缩。在实践中，有的发包人由于种种原因，常常要求

---

① 《建设工程施工合同司法解释（一）》第九条规定：“当事人对建设工程实际竣工日期有争议的，人民法院应当分别按照以下情形予以认定：（一）建设工程经竣工验收合格的，以竣工验收合格之日为竣工日期；（二）承包人已经提交竣工验收报告，发包人拖延验收的，以承包人提交验收报告之日为竣工日期；（三）建设工程未经竣工验收，发包人擅自使用的，以转移占有建设工程之日为竣工日期。”

较短的工期，甚至在合同履行过程中要求缩短工期，以工期提前奖励等方式，激励施工承包人赶工；也有承包人在投标、合同磋商过程中，就发包人对工期较敏感的工程，利用发包人对工期行情不了解的弱点，主动承诺明显不合理工期，以迎合发包人，获得工程合同。过分的工期压缩要求，容易诱发施工承包人偷工减料、仓促施工的行为，可能导致严重的工程质量和施工安全事故。为了保证工程质量，双方当事人应当在施工合同中确定工程施工的合理工期。

对于合理工期，我国在法律、法规层面没有明确的定量规定。一般来说，合理工期是指在相同施工条件下，具有相同或相似施工技术、施工经验和管理水平的施工单位在完成相同工作量时正常情况下所花费的时间。但是具备不同施工技术、施工经验、管理水平的施工企业完成相同工作量的时间不同，因此，不同技术能力、经验和管理水平的施工企业完成相同的工作量往往要求不同的"合理工期"。

在纠纷处理实务中，较为常见的做法是，以有关工期定额为依据计算出个案合同项下的工程施工定额工期作为合理工期。然而，有观点认为，不能简单将定额工期作为某一具体建设工程的合理工期，而应当根据个案情况，综合工期定额、工程类别、合同对价、企业状况和工期管理水平、工程具体情况、气象情况等综合判断，①但是没有说明理由。笔者认为，上述观点与工期定额的法律效力层次、定额适用的限制条件以及工程建设行业实际相适应，理由是：

首先，工期定额并非存在于所有类型的建设工程中，如以定额工期作为合理工期，则对于无工期定额的建设工程，合理工期将无法计算。在国家标准层面，现行工期定额仅见国家住房和城乡建设部发布的《建筑安装工程工期定额》（TY 01 - 89 - 2016，2016 年 10 月 1 日起执行），建筑安装工程之外的其他类别建设工程工期未见国家标准。而在行业标准层级，目前仅见中国电力企业联合会 2006 年发布的《电力建设工程工期定额》，未见其他类别的建设工程工期定额。

其次，即便对于有工期定额的建设工程，工期定额也仅反映施工企业社会平均生产力和工期管理水平，不能体现个案施工承包人的实际工期管理能力，且工期定额在法律上不是国家强制性标准，定额工期仅能作为实际合理工期的一般参照因素之一，个案合同约定的工期如果偏离定额工期，仍然可能是合理工期。以国家标准《建筑安装工程工期定额》（TY 01 - 89 - 2016）为例，根据该定额总说明第一条的规定，本定额依据国家现行产品标准、设计规范、施工及验收规范、质量评定标准和

① 参见常设中国建设工程法律论坛第八工作组：《中国建设工程施工合同法律全书——词条释义与实务指引》，法律出版社 2019 年版，第 199 页。

技术、安全操作规程，按照正常施工条件、常用施工方法、合理劳动组织及平均施工技术装备程度和管理水平制定，反映的是企业的平均工期水平，不反映特定施工承包人的工期管理和实现能力。该定额总说明第三条规定：本定额是国有资金投资工程在可行性研究、初步设计、招标阶段确定工期的依据，非国有资金投资工程参照执行。此外，该定额未列明任何条文属于强制性条文，因此该国家标准不属于国家强制性标准，仅属于国家推荐性标准，据此，最高人民法院在有关工期问题请示报告的电话答复中认为："合同是经招标投标之后签订的，故不应以违反《建筑安装工程工期定额》规定为理由，确认合同约定的工期无效。"

再次，合同约定工期可能是在特定赶工措施下的合理工期，而承包人采取赶工措施的对价可能在合同价款的约定中有所体现。但是，如前文所述，定额工期仅反映正常施工条件、常用施工方法及平均施工技术装备程度和管理水平。

最后，工期定额尽管已经适当考虑了中国大陆不同地区的气候条件、地质状况以及工程项目的其他情况，但仍然仅反映不同地区大致平均的工期水平，对于特定的建设工程项目可能仍然存在明显的偏差。《建筑安装工程工期定额》（TY 01 - 89 - 2016）总说明第六条、第七条和第十一条的规定即明确说明，我国各地气候条件差别较大，本工期定额以各省、市和自治区按其省会（首府）气候条件为基准划分为Ⅰ类、Ⅱ类、Ⅲ类地区，工期天数分别列项，其中北至江苏南至海南的十五个省市自治区（大致为铁路陇海线以南地区）属于Ⅰ类地区，东起山东西至甘肃的九个省、市、自治区（大致为铁路陇海线以北至长城以南地区）属于Ⅱ类地区，其余七个省、市、自治区（大致为长城以北东三省、蒙、青、藏疆地区）属于Ⅲ类地区；本定额仅考虑一般气候影响、常规地质条件；具体工程地点有极端气候条件和异常地质条件的，定额工期需予调整。

在施工合同纠纷处理中，对合理工期产生争议时，主张合理工期的一方（通常为承包人）负有举证在先的责任。

关于施工合同工期争议的其他问题，读者可参阅本书《民法典》第八百零三条【条文释评】中"工期索赔"部分的相关内容。

（七）工期条款效力争议

《民法典》合同编将合同效力状态分为未生效、有效、无效、可撤销和效力未定。相应地，一方面，从理论和逻辑上看，作为合同组成部分的合同条款的效力状态也应进行同样的划分；另一方面，合同条款的效力与合同整体的效力之间既有区别也有联系。除《民法典》第五百零七条①所涉的争议解决方法条款效力不受合同整体效力的影响之外，多数情形下，合同整体的效力影响甚至制约着合同条款的效力，具体而言，合同整体不生效或者无效的，合同各部分条款（不含争议解决方法条款）当然随之不生效或者无效；合同整体有效的，合同各部分条款（不含争议解决方法条款）中有些可能有效，有些也可能无效（例如《民法典》第五百零六条②规定中的免责条款绝对无效）；合同整体可撤销的，合同各部分条款（不含争议解决方法条款）均可撤销；③合同整体效力未定的，合同各部分条款（不含争议解决方法条款）亦随之效力未定。施工合同同样如此。

就施工合同中的工期条款而言，在实务中，如合同整体被判无效，工期条款自然无效；合同整体可撤销的，合同各部分条款（不含争议解决方法条款）虽均可撤销，但是由于工期条款属于合同实质性内容，撤销权人不能在不对合同整体行使撤销权的情形下，仅对工期条款主张撤销权；合同整体效力未定的，工期条款亦随之效力未定。而在合同整体被认定有效的情况下，工期条款效力争议主要集中于约定工期明显少于合理工期（在实务中又被称为“任意压缩合理工期”）的工期条款是否有效的不同认识上。最高人民法院《2011 年民事审判会议纪要》第二十四条第二款明确规定：“对建设工程施工合同中有关违反工程建设强制性标准，任意压缩合理工期、降低工程质量标准的约定内容，应认定为无效。”2016 年公布的《八民会议纪要》第三十条则重申：“要依法维护通过招投标所签订的中标合同的法律效力。当事人违反工程建设强制性标准，任意压缩合理工期、降低工程质量标准的约定，应认定无效。”尽管如此，在纠纷裁处实务中，上述争议并未完全平息，而是又转化为一系列具体问题的争议。除前文已述及的如何认定合理工期之外，这些具体争

① 《民法典》第五百零七条规定：“合同不生效、无效、被撤销或者终止的，不影响合同中有关解决争议方法的条款的效力。”

② 《民法典》第五百零六条规定：“合同中的下列免责条款无效：（一）造成对方人身损害的；（二）因故意或者重大过失造成对方财产损失的。”

③ 笔者进一步认为，在合同整体可撤销的情形下，合同各条款尽管在效力状态上也相应可撤销，但是在撤销权人行使撤销权时，应当根据《民法典》第四百八十八条和第四百八十九条对于合同实质性内容和非实质性内容的规定加以区分，即属于合同非实质性内容的条款，可以单独行使撤销权，除对方当事人及时表示反对或者合同表明不得对合同内容作出任何变更外，非实质性内容条款撤销后，合同其余部分依然有效。然而，对于合同实质性内容，撤销权人行使撤销权时，应当符合对合同各部分条款撤销的“一致行动”规则，不应允许仅合同的部分实质性内容条款主张撤销，其余部分实质性内容条款保持有效；否则，合同的整体可撤销即被异化为确认合同实质性内容可单方面变更，与《民法典》第一百三十六条第二款规定（行为人非依法律规定或者未经对方同意，不得擅自变更或者解除民事法律行为）相抵触，构成强制缔约，违背当事人意思自治原则。

议还包括下列问题：

问题一，如何理解当事人“违反工程建设强制性标准”与“任意压缩合理工期”的关系？

问题二，如何认定压缩合理工期的“任意”？

问题三，工期约定无效后，合同约定的工期奖励和工期违约金条款是否仍应参照适用？以及

问题四，工期条款无效的责任如何认定？

关于问题一和问题二，鉴于工程建设强制性标准通常针对工程质量、施工安全事由而制定，尽管压缩工期与工程质量不良在某种程度和范围内可能具有一定的关联性，但是并非绝对或者必然。对合理工期的压缩是否过度应以合同约定的工期是否足以导致工程质量违反建设强制性标准来判断，即只有当事人能够举证证明，按照约定的工期，承包人不可能依照强制性工程技术标准完成合同工程，才能认定合理工期被任意（过度）压缩。此外，如果在合同订立时，承包人对于合同约定的短于合理工期的工期，提出过经专家论证的赶工措施及可行方案，一般不宜认定为任意压缩工期。

关于问题三，有观点认为，工期约定既已无效，合同即对承包人不产生任何工期约束，工期提前或延误无从谈起，合同约定的工期奖励和工期违约责任相应归于无法认定，因而承包人不应享有约定的工期奖励，也不应承担任何工期延误责任。①亦有观点认为，工期奖励和违约责任本质上反映了承包人施工投入的一种对价，工期约定无效，合同约定的工期奖励和工期违约责任通常应当参照适用，否则有失公平。②

笔者认为，工期条款无效的处理需要区分两种不同的无效情形分别讨论。

情形一：因施工合同整体无效致工期条款及其相应的工期奖励、工期违约责任条款均一体无效。鉴于合同整体无效，在对已完合格工程折价补偿处理时，根据《民法典》第七百九十三条的规定，可以参照合同关于工程价款的约定计算对承包人的折价补偿金额。考虑到工期奖励条款含有鼓励承包人采取赶工措施的双方意思表示，承包人如为获得工期奖励而赶工，一般均会导致施工成本增加，工期奖励金属于因承包人投入额外成本而期待获得的额外收益，与工程价款组成的“成本收益”原理一致。尽管工期奖励条款中约定的奖励金，可能与承包人因赶工而实际增

---

① 参见江苏省海门市中级人民法院（2017）苏0684民初3642号民事判决书。

② 参见重庆市高级人民法院（2017）渝民终222号民事判决书。

加的成本不一致,但是可以合理解释为工期奖励金相当于当事人对于赶工措施所得结果的额外综合报价。只有在极少数特殊情况下,约定的工期奖励金与承包人是否采取赶工措施无关。然而,工期违约责任条款有所不同。工期违约金的设定通常并非基于承包人施工成本的减少,而是基于发包人的可预见损失(尽管可能高于或者低于实际损失,过分高于或低于发包人实际损失的,依法可主张予以调整),与质量违约金一样,工期违约金条款通常体现为对发包人可能损失的约定赔偿,与工程价款组成的"成本收益"原理完全不同。因此在处理无效合同时,工期违约金条款一般不应被解释为"合同关于工程价款的约定"的特殊形式。只有在极少数特殊情况下,如果有证据证明,承包人工期延误是因减少施工成本的投入所致,此时,就可根据工期延误程度将承包人减少的施工成本及相应的合理利润从参照合同约定计算的工程价款中扣除。综上所述,在施工合同整体无效的情形下,合同中约定的工期奖励条款通常可合理解释为"合同关于工程价款的约定"的特殊形式,即"合同关于工程价款的约定"包括与工期无关的工程价款约定,以及以实际工期提前数量(扣除不可归责于承包人原因的延误)为基数的工程附加价款的约定(工期奖励条款),除非有证据证明工期奖励与承包人是否采取赶工措施无关;合同中约定的工期违约金条款无效,发包人通常可主张承包人承担因其过错造成的发包人损失的赔偿责任,除非有证据证明承包人通过延误工期减少了施工成本的投入,发包人方可同时主张从参照合同约定计算的工程价款中扣除相应成本和利润。

情形二:施工合同整体有效,但是其中的工期条款无效。此时,相当于有效施工合同中缺少工期约定,应当适用《民法典》第五百一十条①的规定,首先由协议补充;不能达成补充协议的,按照合同相关条款或者交易习惯确定。在当事人之间无特定的交易习惯可循时,前述合理工期的确定可以参照适用行业交易习惯。

三、工程质量条款争议与处理举要

(一)约定获得质量奖项

在实务中,常见以约定工程获得某一专业质量奖项作为工程质量验收标准的情形。必须关注的是,某些专业技术奖项的申报和获得,除取决于工程本身的施工质量之外,还可能涉及施工环节之外的其他质量要求,甚至与工程质量无关的要

---

① 《民法典》第五百一十条规定:"合同生效后,当事人就质量、价款或者报酬、履行地点等内容没有约定或者约定不明确的,可以协议补充;不能达成补充协议的,按照合同相关条款或者交易习惯确定。"

求。以我国建设工程行业的国家优质工程奖——鲁班奖为例，其申报条件为：(1)符合法定建设程序、国家工程建设强制性标准和有关省地、节能、环保的规定，工程设计先进合理，并已获得本地区或本行业最高质量奖。(2)工程项目已完成竣工验收备案，并经过一年以上使用没有发现质量缺陷和质量隐患。(3)工业交通水利工程、市政园林工程除符合上述第(1)项、第(2)项条件外，其技术指标、经济效益及社会效益应达到本专业工程国内领先水平。(4)住宅工程除符合第(1)项、第(2)项条件外，入住率应达到40%以上。(5)申报单位应没有不符合诚信的行为。申报工程原则上应已列入省(部)级的建筑业新技术应用示范工程或绿色施工示范工程，并验收合格。(6)积极采用新技术、新工艺、新材料、新设备，其中有一项国内领先水平的创新技术或采用“建筑业10项新技术”不少于6项。其中，第(1)项、第(3)项、第(4)项、第(6)项条件中工程设计先进合理，经济效益及社会效益应达到本专业工程国内领先水平，住宅入住率应达到40%以上，积极采用新技术、新工艺、新材料、新设备等条件与工程施工质量无直接关系。① 此外，奖项申报还受项目所在地域的申报名额限制。当建设工程未获得约定的质量奖项时，不能简单地认定工程质量不符合约定要求。对于此类质量合格争议，笔者建议采用的评判方式是，剔除约定的奖项评选条件中与施工质量无关的内容，奖项评选条件中有明确具体的工程施工质量要求的，应以该质量要求为竣工验收依据；评奖条件中无明确具体施工质量要求的，视为工程质量要求约定不明，推定适用法定验收标准。

(二)工程质量约定前后矛盾

工程质量约定前后矛盾的，首先，对工程质量约定违反工程质量国家强制性标准的约定排除适用；其次，按照合同中约定的合同组成文件的解释顺序优先适用顺序在前的约定；最后，优先适用当事人合意时间在后的约定，但是合意时间在后的约定违反《招标投标法》的规定，变更了中标合同质量约定，则该约定无效，仍适用中标合同中的质量约定；以上述方法仍无法判别可适用的工程质量约定内容的，相当于工程质量约定不明，应根据《民法典》第五百一十条的规定，由当事人协议补充；不能达成补充协议的，按照合同相关条款或者交易习惯确定；按照《民法典》第

---

① 参见《中国建设工程鲁班奖(国家优质工程)评选办法》，载中国建筑业协会官方网站：http://www.zgjzy.org/menu19/newsDetail/769.html，最后访问日期：2020年1月30日。

五百一十条的规定仍无法确定的，应根据《民法典》第五百一十一条第一项[①]的规定，按照强制性国家标准履行；没有强制性国家标准的，按照推荐性国家标准履行；没有推荐性国家标准的，按照行业标准履行；没有国家标准、行业标准的，按照通常标准或者符合合同目的的特定标准履行。

有关工程质量争议的其他内容，读者可参阅本书《民法典》第八百零一条的【条文释评】和【条文适用】的相关内容。

四、工程造价条款争议与处理举要

施工合同中的工程造价条款，一般应约定工程计价范围和内容、工程计价方法和(或)计价模式(如定额计价、工程量清单计价或者其他特别约定的模式)、计价依据、价格风险范围、风险费用，以及超出价格风险范围时的价格调整程序、方法和依据。约定某一部分计价优惠、让利、折扣的，宜明确约定优惠、让利、折扣成立的条件、范围，以尽可能地减少工程价款结算时的争议。

在实践中，工程施工合同常见的工程造价条款争议主要包括两类：工程造价条款约定不明(包括含义不清、约定之间存在矛盾，以及部分工程内容的造价没有约定)争议、工程造价条款效力争议。

(一)工程造价条款约定不明的争议

从工程造价条款的组成内容来看，工程造价条款争议通常又分为计价范围约定不明和计价依据约定不明。

1. 计价范围约定不明

计价范围约定不明的常见情形有：固定总价合同约定以施工图内的工程量为计价工程量范围，但是合同订立时报价施工图不全，或者实际施工时的图纸与签约报价时依据的施工图纸差别较大；不构成永久工程的临时设施、施工措施等发生变更时是否计价的约定不明；工程计价风险范围(或者调价条件)约定不明等。

2. 计价依据约定不明

计价依据，是指与计价内容、计价方法和价格标准相关的工程计量计价标准、

---

① 《民法典》第五百一十一条第一项规定："当事人就有关合同内容约定不明确，依据前条规定仍不能确定的，适用下列规定：(一)质量要求不明确的，按照强制性国家标准履行；没有强制性国家标准的，按照推荐性国家标准履行；没有推荐性国家标准的，按照行业标准履行；没有国家标准、行业标准的，按照通常标准或者符合合同目的的特定标准履行……"

工程计价定额及工程造价信息等。[①] 计价依据约定不明的常见情形有：合同外新增工程量在合同内计价工程量清单或者约定采用的工程计价定额中找不到对应子项时，仅约定双方另行协商或者据实结算；合同中部分工程内容约定采用工程量清单计价，部分工程内容约定采用定额计价；合同外新增工程量未约定计价依据；合同约定的计价依据前后矛盾等。

3. 计价范围和计价依据约定不明的处理

处理计价范围争议，需要首先由当事人举证确定构成合同价款计算依据的计价工程量（包括分部分项工程、施工措施和按照行业惯例或者工程造价规范应计价的其他工程量），确定计价工程量的主要依据是合同中有关计价工程量的描述和相应的技术文件（主要是订立施工合同时发包人已经提供给承包人的施工图纸、技术要求等）。其后，对于计价范围和计价依据约定不明的争议处理，可依下列顺序进行：

（1）澄清条款文义。依照《民法典》第一百四十二条第一款[②]的规定，按照工程造价条款所使用的词句，结合相关条款、行为的性质和目的、习惯以及诚信原则，确定意思表示的含义。如果属于《民法典》第四百九十六条第一款[③]规定的格式条款，对格式条款有两种以上通常解释的，依据《民法典》第四百九十八条[④]的规定，应当作出不利于提供格式条款一方的解释；格式条款和非格式条款不一致的，应当采用非格式条款。

（2）判明条款的法律效力。合同整体有效时，主要判别计价范围和计价依据条款是否属于格式条款；如果属于格式条款，是否属于《民法典》第四百九十六条第二款[⑤]规定的免除或者减轻提供格式条款一方责任等与对方有重大利害关系的条款，

---

① 参见《工程造价术语标准》（GB/T 50875－2013）第 2.1.4 项。

② 《民法典》第一百四十二条第一款规定："有相对人的意思表示的解释，应当按照所使用的词句，结合相关条款、行为的性质和目的、习惯以及诚信原则，确定意思表示的含义。"

③ 《民法典》第四百九十六条第一款规定："格式条款是当事人为了重复使用而预先拟定，并在订立合同时未与对方协商的条款。"

④ 《民法典》第四百九十八条规定："对格式条款的理解发生争议的，应当按照通常理解予以解释。对格式条款有两种以上解释的，应当作出不利于提供格式条款一方的解释。格式条款和非格式条款不一致的，应当采用非格式条款。"

⑤ 《民法典》第四百九十六条第二款规定："采用格式条款订立合同的，提供格式条款的一方应当遵循公平原则确定当事人之间的权利和义务，并采取合理的方式提示对方注意免除或者减轻其责任等与对方有重大利害关系的条款，按照对方的要求，对该条款予以说明。提供格式条款的一方未履行提示或者说明义务，致使对方没有注意或者理解与其有重大利害关系的条款的，对方可以主张该条款不成为合同的内容。"

且对方已经主张该条款不成为合同的内容,或者是否属于《民法典》第四百九十七条[①]规定的无效条款。例如,是否属于违反《招标投标法》的规定,变更了中标合同造价条款的无效条款。

(3)按照合同中约定的合同组成文件的解释顺序,优先适用顺序在前的约定。

(4)优先适用当事人合意时间在后的约定。

(5)经过上述步骤仍无法查明计价范围和计价依据的,则根据《民法典》第五百一十条的规定,由当事人协议补充;不能达成补充协议的,按照合同相关条款或者交易习惯确定。

(6)按照《民法典》第五百一十条的规定仍无法确定的,则根据《民法典》第五百一十一条的规定,按照订立合同时工程所在地的市场价格确定合同工程价款;其中依法应当执行政府定价或者政府指导价(主要是指合同价款中的安全文明施工费、规费和税金,依照《建设工程工程量清单计价规范》强制性条文的规定,上述各项费用必须按照国家或者省级行业建设主管部门的规定计算,不得作为竞争性费用)的,依照规定履行。

4. 下浮率等计价优惠约定争议

实务中经常出现施工合同中约定的工程价款低于合同磋商过程中承包人的最终报价的情形。通常的合同表述有两种:第一种是明确按承包人报价文件中的最终报价(通常有详细的工程量清单和各对应综合单价)和某一下浮率或者折扣率计算合同总价,即合同履行过程中计算实际工程价款时,先按最终报价单中的各综合单价和合同约定的计价工程量计算下浮前的工程总价款,然后乘以下浮率或者折扣率,得到最终实际工程价款;第二种是合同中未明确表述下浮率,但是合同约定总价低于承包人报价文件中的最终报价,由合同约定总价除以签约前承包人的最后一次报价推算得出其隐含的下浮率。

下浮率争议,主要集中在下浮率适用范围或者适用条件方面。争议的产生,往往基于下列原因:一是当事人在合同的其他组成文件中又约定某些工程子项计价不下浮,或者适用不同的下浮率;二是《建设工程工程量清单计价规范》(GB 50500－2013)以强制性条文规定,措施项目中的安全文明施工费、规费和税金必须按照国家或者省级行业建设主管部门的规定计算,不得作为竞争性费用。在纠纷处理中,一

① 《民法典》第四百九十七条规定:"有下列情形之一的,该格式条款无效:(一)具有本法第一编第六章第三节和本法第五百零六条规定的无效情形;(二)提供格式条款一方不合理地免除或者减轻其责任、加重对方责任、限制对方主要权利;(三)提供格式条款一方排除对方主要权利。"

般认为，除非有明确的除外约定，明示的或者隐含的下浮率适用于合同项下工程所有组成部分的工程款计价，而安全文明施工费、规费和税金不予下浮。当事人主张合同项下工程的部分工程子项计价不下浮或者适用不同下浮率的，应负举证责任。承包人明知或者应知上述清单计价规范中的强制性规定，仍违反规定在报价文件的工程价款计算清单中对安全文明施工费、规费和税金作出低于规定的报价，或者在合同中明确约定适用下浮率的，从其约定；否则容易诱使承包人违背诚信，恶意利用上述清单计价规范中的强制性规定，获取不当利益。此外，承包人不得以实际计取的安全文明施工费、规费和税金低于规定标准为由，要求减免缴纳安全文明施工费、规费和税金的法定义务。

（二）工程造价条款效力争议①

在施工合同整体合法有效的前提下，经常存在下列三类价款违规条款：第一类，约定的工程价款低于成本价；第二类，国有资金投资项目未采用工程量清单计价；第三类，约定承包人对不可竞争费用折扣减免。

第一类条款又分为两种：一种是以经招投标程序确定的中标价低于成本价；另一种是无须经过招投标程序，当事人经协商约定的合同工程价款低于成本价。司法界、建设工程行政管理部门以及工程实务界已经形成的共识是，此处的成本价为合同承包人的企业个别成本价。除非另有特别说明，下文中所称的成本价均为企业个别成本价。

经招投标程序确定的合同价（中标价）低于成本价的，违反了《招标投标法》第三十三条（投标人不得以低于成本的报价竞标）、第四十一条第二项（中标人的投标应当符合下列条件之一：……（二）能够满足招标文件的实质性要求，并且经评审的投标价格最低；但是投标价格低于成本的除外），以及《招标投标法实施条例》第五十一条第五项（评标委员会应当否决报价低于成本的投标）的规定。此外，国家标准《建设工程工程量清单计价规范》（GB 50500－2013）第6.1.3项（属于强制性条文）规定：投标报价不得低于工程成本。因而该等低于成本价投标报价行为还违反了国家强制性标准的规定。因此，有裁判观点认为：中标合同约定的工程价款低于成本价的，建设工程施工合同整体无效。②

---

① 本部分内容，参见曹文衔：《违反国家强制性标准的施工合同条款的效力认定——从违规价格条款出发》，载微信公众号“天同诉讼圈”2019年8月22日［建工衔评］栏目。

② 参见《江苏省高级人民法院建设工程施工合同案件审理指南》（2010年）。

对于无须经过招投标程序由当事人协商约定合同工程价款低于成本价的条款,亦有观点认为,该价格条款应为无效。

第二类和第三类价格条款均仅违反了国家标准《建设工程工程量清单计价规范》(GB 50500 - 2013)第3.1.1项、第3.1.5项、第3.1.6项的强制性条文的规定,[①]法律、行政法规对该两类价格行为的法律后果未作规定。

在以上述三类价格违规行为订立的施工合同中,其价格条款效力乃至合同整体效力经常引发争议。目前多数观点认为,上述三类价格条款违反了国家强制性标准,即视同违反了国家法律、行政法规的强制性规定,应适用《民法典》第一百五十三条第一款第一句的规定,依法认定为无效。[②] 特别是第一类价格违规条款,不仅违反了国家强制性标准的规定,还违反了《招标投标法》第三十三条和《招标投标法实施条例》第五十一条第五项的规定,更可认定中标行为无效,进而据此认定订立的整个施工合同无效。遗憾的是,从文献检索和司法裁判案例的检索情况来看,对该观点未有充分论证。

以下通过对国家强制性标准的分类及其法律规范性质的探讨,讨论价格违规条款的法律效力。

1. 国家强制性标准及其分类

由于国家标准的编号法定标准化处于过渡期,国家标准除代号为GB两个字母外,还有诸如GBJ和GHZB国家环境质量标准等多种其他编号的标准。目前它们尚未被相应的GB编号修订取代,仍然作为国家标准。因此,目前不能简单理解为只有代号为GB两个字母组成的标准才是国家标准。

根据现行《标准化法》的规定,GB代号国家标准含有强制性条文及推荐性条文,当全文强制时不含有推荐性条文,只有GB代号国家标准中标注为强制性条文的那些条文才是强制性规定,GB代号国家标准中未标注为强制性条文的那些条文不具有强制性。但需要指出的是,修订后的《标准化法》自2018年1月1日起施行,将此前强制性的国家标准、行业标准和地方标准整合为强制性国家标准,并将强制性国家标准范围严格限定为保障人身健康和生命财产安全、国家安全、生态环境安全以及满足社会经济管理基本需要的技术要求。此前的《标准化法》中的强制性行

---

① 《建设工程工程量清单计价规范》(GB 50500 - 2013)第3.1.1项、第3.1.5项、第3.1.6项规定,使用国有资金投资的建设工程发承包,必须采用工程量清单计价;措施项目中的安全文明施工费、规费和税金必须按照国家或省级行业建设主管部门的规定计算,不得作为竞争性费用。

② 《民法典》第一百五十三条第一款规定:“违反法律、行政法规的强制性规定的民事法律行为无效。但是,该强制性规定不导致该民事法律行为无效的除外。”

业标准和强制性地方标准不再属于法定的强制性标准。因此，第一，基于法不溯及既往的一般原则，处理2018年1月1日现行《标准化法》施行之前产生的纠纷，仍应以当时有效的《标准化法》为依据，其中具有强制性条文的行业标准或地方标准仍应属于法定的强制性标准。第二，严格来说，2018年1月1日之前制定颁布的、至今未被明令取代或者废止的行业标准和地方标准中的强制性条文，在国家标准颁行之前，其中的内容如符合《标准化法》有关强制性标准的设置规范，即基于为保障人身健康和生命财产安全、国家安全、生态环境安全以及满足社会经济管理基本需要的技术要求而设置，则目前亦仍应当继续属于强制性条文，以满足目前国家标准供给处于过渡期、部分国家标准强制性规定未能及时制定的不足。具体到建设工程领域，根据现行行政法规《标准化法实施条例》的规定，工程建设的下列标准属于强制性标准：关于建设工程的质量、安全、卫生标准及国家需要控制的其他工程建设标准，重要的通用技术术语、符号、代号和制图方法，通用的试验、检验方法标准。

按照标准化对象不同，通常将国家标准分为技术标准、管理标准和工作标准三大类。第一类，技术标准，即对标准化领域中需要协调统一的技术事项所制定的标准。技术标准包括基础标准、产品标准、工艺标准、检测试验方法标准，及安全、卫生、环保标准等。第二类，管理标准，即对标准化领域中需要协调统一的管理事项所制定的标准。第三类，工作标准，即对工作的责任、权利、范围、质量要求、程序、效果、检查方法、考核办法所制定的标准。

相应地，国家强制性标准也可分为上述三类。就建工领域国家标准而言，各类建设工程的施工与验收规范中的强制性条文通常既涉及工程质量标准、检测试验方法标准，以及安全、卫生、环保标准，也涉及如工程竣工验收组织等管理标准。前述《建设工程工程量清单计价规范》(GB 50500－2013)则主要属于国家标准中的管理标准，即为了协调统一工程建设在工程量清单计价模式下的计价管理事项所制定的标准，其中全部十五条强制性条文均不涉及技术标准和工作标准，而明显属于为工程量和工程款计价管理事项所制定的管理标准。

2. 国家强制性标准的法律规范性质及其对民事合同效力的影响

(1)国家强制性标准的法律规范属于行政规定或者行政规范性文件，不属于法律或者行政法规

根据现行《标准化法》第十条至第十二条的规定，强制性国家标准由国务院批准发布或者授权批准发布。首先从批准和发布者的机构层级规定上看，可知国家强制性标准不可能属于国家法律。其次从现行《立法法》关于行政法规的公布与备

案规定来看，行政法规由总理签署国务院令公布，报全国人大常委会备案。而国家强制性标准仅以国务院下属行业管理行政机关的名义发布，亦无须报全国人大常委会备案。以工程建设标准为例，其虽不具有法律规范的外观，但具备对行政机关的拘束力、对行政管理相对人的约束力等实质意义，并且从工程建设标准的审判基准效力来看，其本身实际上已具备法律规范的约束力，因此从法律性质上来判断，工程建设标准属于行政规定[①]或者规范性文件[②]。笔者认同上述观点，并且进一步合理地认为，地方标准属于地方行政规定，国家标准属于国家行政规定。此外，国家强制性标准这一类型的法律文件即便以国务院名义颁布，但是其不仅不符合《立法法》规定的行政法规的颁布和备案条件，而且其形式上也不是“法”，[③]仍然仅属于国家行政规定，或者行政规范性文件，而不属于行政法规。所以，国家强制性标准本身不具有相当于或者类比于法律或者行政法规的法定特征，不属于法律或者行政法规，更不属于法律或者行政法规的强制性规定。

（2）国家强制性标准对民事合同效力的影响

首先，某一法律或者行政法规的具体条文本身如果以符合国家强制性标准作为效力强制性条件，则违反该特定国家强制性标准的行为应当等同于违反法律或者行政法规的效力强制性规定，相关合同应为无效。

其次，即便法律或者行政法规的具体条文本身未以符合国家强制性标准作为效力强制性条件，但是如果当事人订立的合同或者其条款所违反的特定国家强制性标准属于安全、卫生、环保等关涉人身健康、生命财产安全、国家安全、生态环境安全等社会公共利益或者国家安全利益的技术标准，仍应基于否定民事合同效力的立法目的，否定其行为的合法性。而违反了那些为满足社会经济管理基本需要而设立的强制性国家标准，损害的一般是国家的行政管理秩序。考虑到现行司法解释的规定，仅违反法律、行政法规管理强制性规定，一般不会否定民事合同效力，举重明轻，违反仅属于行政规定的强制性国家标准中的管理标准和工作标准，显然亦不应导致对相应民事合同效力的否定评价。

---

① 张轶：《工程建设地方标准评价理论与方法研究》，西安建筑科技大学2016年博士学位论文（摘要）。

② 宋华琳：《论技术标准的法律性质——从行政法规范体系角度的定位》，载《行政法学研究》2008年第3期。转引自谭启平、应建均：《强制性标准对合同效力的影响及规范路径》，载 https://www.civillaw.com.cn/uploadfile/lmpic/20171009/20171009094424745.pdff。

③ 谭启平、应建均：《强制性标准对合同效力的影响及规范路径》，载 https://www.civillaw.com.cn/uploadfile/lmpic/20171009/20171009094424745.pdff。

3. 对低于成本价中标的价格条款效力的讨论

（1）经招投标程序订立的合同中低于成本价的价格条款效力

《招标投标法》第三十三条、第四十一条第二项以及《招标投标法实施条例》第五十一条第五项的规定指向的是投标人的投标行为、有效投标的法定条件和评标委员会的评标行为，但是上述三项法律、行政法规均未直接规定，低于成本价的投标本应被评标人依法否决而未被否决并最终中标的，该中标行为和中标价格是否有效。笔者认为，如果经招投标程序订立的合同价格低于中标人的企业成本价，从表面上看仅仅是合同中的价格条款违法，但其实质是由于投标人违法投标和招标人、评标人违法决标，共同导致不符合法定中标条件应予否决的投标人被违法确定为中标人，属于投标和决标程序违法，破坏了投标人之间的公平竞争，侵害了其他投标人公平竞争的合法权益，并且合同价格在最低价评标法中属于中标合同中最重要的决定性因素，剥离相关条款后，合同的剩余部分对当事人特别是招标人而言不再具有经招标程序订约的实际意义，其结果必然是中标合同整体无效。

（2）依法无须招投标且未经招投标程序订立的合同中低于成本价的价格条款效力

依法无须招投标且未经招投标程序订立的合同不适用《招标投标法》，如果合同价格低于承包人的企业成本，其他法律和行政法规对此亦无明确的禁止性规定，例如，《价格法》第十四条规定，为了排挤竞争对手或者独占市场，以低于成本的价格倾销，属于经营者不正当的价格行为，但其仅规定了相应的行政责任，未规定相应合同的民事法律效力。一般常识是，经营者应受行政处罚的行为并不当然导致经营者与相对人已经缔结的产品销售或服务合同无效。此外，《反垄断法》规定，具有市场支配地位的经营者没有正当理由、以低于成本的价格销售商品的行为属于滥用市场支配地位的行为。而中国建设工程承包市场竞争充分，几乎不存在以低于成本价倾销的行为或者具有市场支配地位的承包人，对于该问题的处理，《价格法》第十四条和《反垄断法》均不能适用。因此，对于无须经过招投标程序由当事人协商约定的合同中工程价款低于成本价的条款，认定其无效缺乏法律依据。因而，既不能仅据此认定施工合同价格条款无效，更不能认定合同整体无效。如果合同价格过低的原因属于承包人重大误解、发包人欺诈或者合同可撤销的其他事由，承包人可行使合同撤销权，或者与承包人另行协商变更合同价格。

4. 对不可竞争费用性质的补充讨论

有观点认为，不可竞争费用是通过国家标准强制性条文规定的政府指导价（当不可竞争费有幅度范围时)或者政府定价(当不可竞争费为固定价格时)。笔者认为,某一商品或者服务的价格的性质是否属于政府指导价或者政府定价的判别依据应当是《价格法》,而非国际标准中的强制性条文。政府指导价,是指依照《价格法》的规定,由政府价格主管部门或者其他有关部门,按照定价权限和范围规定基准价及其浮动幅度,指导经营者制定的价格。政府定价,是指依照《价格法》的规定,由政府价格主管部门或者其他有关部门,按照定价权限和范围制定的价格。根据《价格法》的规定,政府指导价、政府定价的定价权限和具体适用范围,以中央的和地方的定价目录为依据。中央定价目录由国务院价格主管部门制定、修订,报国务院批准后公布。地方定价目录由省、自治区、直辖市人民政府价格主管部门按照中央定价目录规定的定价权限和具体适用范围制定,经本级人民政府审核同意,报国务院价格主管部门审定后公布。省、自治区、直辖市人民政府以下各级地方人民政府不得制定定价目录。

据此,就建设工程项目计价中不可竞争的安全文明施工费而言,如果项目所在地省级价格管理部门按照《价格法》规定的程序,将其列入了地方定价目录,其方可属于政府指导价或者政府定价,否则仍然属于市场调节价。就不可竞争的规费和税金而言,由于规费和税金的收取权利人是国家行政机关,作为缴纳义务人的承包人如果在规费或税金上与发包人约定减免,对国家机关而言,该约定显然无效,不会损害国家利益。但是就承包人而言,其是在明知或者应知安全文明施工费、规费和税金不可竞争减让的情形下,实质上是以规费和税金减免之名折让工程价款,应由其自行承担合同利益受损的责任,不宜仅就此否定施工合同或者该等价格条款的效力。

综上所述,强制性国家标准本身不属于法律、行政法规,更不属于法律、行政法规的效力性强制性规定,因而施工合同及其中的违规价格条款一般不宜仅因违反强制性国家标准的规定而被认定无效,除非法律、行政法规本身将符合该强制性国家标准规定为效力强制性条件,或者违反的强制性国家标准属于关涉人身健康、生命财产安全、国家安全、生态环境安全等社会公共利益或者国家安全利益的技术标准。本部分讨论的施工合同的三种价格违规条款中,依法无须招投标且未经自愿招投标程序订立的合同价格低于成本价、国有资金投资项目未采用工程量清单计价、对不可竞争费的折扣减免,不符合上述除外条件,一般应认定为有效。对于法定强制招标项目的合同价格低于成本价的,应当认定合同整体无效,而非仅价格条款无效。

五、拨款和结算条款争议与处理举要

(一)工程拨款约定争议

工程拨款约定争议中值得讨论的实务情形有以下几种：

情形一,施工合同中有预付款约定,发包人实际未支付预付款,而承包人仍然开始施工甚至完成工程竣工验收,发生工程款支付争议时,承包人主张发包人承担迟延支付预付款的违约责任(约定的违约金或者预付款迟延支付的利益损失)。

情形二,合同履行过程中,发包人与承包人串通,由发包人向项目开发贷款银行申请工程进度款支付,承包人收到银行代发包人直接支付的进度款后,应发包人要求将其中的全部或者大部分款项再转付给发包人或者发包人指定的第三方。施工合同结算时,发包人与承包人对于发包人实际已付工程款金额产生争议。

情形三,施工合同履行过程中,就承包人应向第三方支付的某些费用,或者承包人应分摊的费用,发包人已先行支付。在实务中,就发包人的支付是否构成为承包人的代付而产生争议,最终归结为发包人向承包人已付工程价款金额的争议。

情形一中,承包人的主张应否予以支持? 一种观点认为,承包人作为权利人明知或者应知,预付款依其性质应于合同约定的承包人履行合同主要义务前完成支付。在发包人未予支付的情况下,从承包人开工和继续施工的行为可以推定,其实际上接受了取消预付款约定的合同变更,事后再主张发包人承担预付款的违约责任,不应得到支持。另一种观点则认为,上述推定不能成立,发包人有权在诉讼时效期间向发包人主张其承担迟延支付预付款的违约责任。笔者认为,根据《民法典》第五百四十三条和第五百四十四条的规定,合同内容的变更须经合同当事人协商一致,变更约定不明确的,推定为未变更。在发包人未予支付约定预付款的情况下,承包人开工和继续施工的行为可以推定为放弃对于发包人先履行(预付款义务)的抗辩权(停工的权利),而非放弃追究发包人预付款违约责任的权利,更不应视为承包人与发包人约定取消或者变更预付款条款。

对于情形二中的发包人实际已付工程款金额,一种观点认为,就施工合同纠纷而言,不应当将承包人收取的、实为发包人的走账款项计入发包人实际已付案涉工程款。承包人将收取的发包人工程价款全部或者部分再转付给发包人或者其指定的第三方的行为,涉及承包人与发包人之间的其他法律关系,如有争议,应当另案处理。[①] 另一种观点则认为，承包人收取名为工程款（构成双方串谋的虚假行为）实为走账款（隐藏行为）的行为无效，承包人收取的走账款应当返还发包人。但是应发包人请求，可以将承包人收取的走账款项中作为走账报酬未返还发包人的部分冲抵发包人应付未付的工程款。[②] 笔者认为，根据《民法典》第一百四十六条[③]的规定，发包人与承包人以虚假的意思表示（支付工程款）实施的支付走账款项的民事法律行为无效；但是被虚假的意思表示隐藏的民事法律行为（走账行为）的效力，应当另行作出判断。只有在虚假的支付工程款行为和被隐藏的走账行为均被认定无效时，才产生恢复原状（款项返还）的后果；而如果仅虚假行为无效，被隐藏行为有效，则不应恢复原状，而是确认被隐藏行为的结果有效。在未认定走账行为的效力之前，第二种观点径行认定承包人收取的走账款应当返还发包人，依据不足。承包人为发包人走账的行为违反的是工程项目开发贷款专款专用的约定，规避银行对贷款资金的监管，构成发包人（借款人）对银行违约，应当由发包人向银行承担违约责任，一般并不构成承包人走账行为无效，除非发包人在订立贷款合同时，即与承包人串谋走账，承包人的走账行为构成协助发包人骗取银行订立贷款合同。

情形三中的发包人是否构成为承包人代付款？多数观点认为，除非发包人能够充分举证其有明确的代付依据，代付款的理由不能成立。笔者认为，上述观点过于简单机械，忽视了建设工程施工合同的交易习惯，有"一刀切"的弊端。以施工电

---

① 参见上海市高级人民法院（2017）沪民终22号民事判决书。一审法院认为，虽然双方签订的上述走账补充协议的目的是逃避银行的资金监管，违背了国家有关工程款专款专用的相关规定，虚构的增加工程量也不存在，但考虑到双方所签订的关于备案的示范文本合同和总承包补充协议均无效，合同不再继续履行的情况，双方之间的结算仍应参照签署该总承包补充协议时的真实意思表示进行，故该走账金额不应计入已付的工程款。双方如对上述走账款项存有争议，可另行处理。

② 参见上海市高级人民法院（2017）沪民终22号民事判决书。二审法院认为，振龙公司的行为是借支付工程款的名义，行自己取得款项的实质；龙元公司名义是取得工程款，实质是取得协助走账的报酬。显然该协议约定的支付工程款内容并非真实的。同理，根据法律规定双方非真实意思表示的合同应当认定为无效合同。原审法院认定双方签订的上述协议虚构增加工程量、违背国家有关工程款专款专用的规定、逃避银行的资金监管，并无不当。龙元公司辩称双方是委托支付关系，显然与该协议约定内容不符，二审法院难以采信。法律规定，因无效合同取得的财产应当予以返还。龙元公司基于上述协议取得讼争的走账报酬，依法应当予以返还。虽然走账报酬与涉案工程造价并非相同性质的款项，但因与涉案工程项目有关联，振龙公司主张一并处理，于法不悖。振龙公司上诉主张将走账金额抵做工程款，是其对自己权利的处分，应当予以准许。龙元公司答辩称该协议所涉款项与工程款系不同性质的款项，不同意在本案中一并处理，二审法院予以充分注意。二审法院认为，将上述走账报酬用于冲抵工程款，但并非真正意义上的工程款，因此在计算尚欠工程款迟延支付利息时，扣除已付工程款中不应包括此款项，仍然需以已完工程造价扣除双方无异议的已付工程款后的余额为基准计算迟延支付工程款利息的本金。

③ 《民法典》第一百四十六条规定："行为人与相对人以虚假的意思表示实施的民事法律行为无效。以虚假的意思表示隐藏的民事法律行为的效力，依照有关法律规定处理。"

费为例，如果项目工程不仅有案涉施工合同的承包人施工作业，还有发包人另行委托的其他承包人作业，在不具备各承包人分别安装电表计量的情形下，施工行业惯例是以一个施工总电表计量，施工合同中发包人与各承包人往往分别约定按施工总电费的一定比例分摊费用。由于供电合同的当事人通常是供电单位与项目建设单位（发包人），实际缴纳电费时，通常由发包人统一向供电单位缴费，其后在工程结算中分别向各承包人抵扣工程款，或者由各承包人另行支付。在实务操作中，鲜有承包人向发包人出具代付委托书的情形。笔者认为，对于合同中约定或者根据交易惯例应由承包人承担的属于施工成本范围的第三方收取的费用，发包人基于便利或者其他合理原因已经实际向第三方支付的，对于发包人代付依据的举证，应当考虑行业习惯和诚信履约，根据发包人付费的具体情况（付费金额、时间的合理性），承包人是否已另行缴费等事实，综合认定发包人的支付是否构成为承包人代付款。

（二）工程结算约定争议

1. 国有资金项目的工程结算价是否以政府审计结论为准

具体分为四类：

第一类，合同没有约定。合同没有约定的，发包人以项目属于政府投资、国有出资为由，主张工程结算价以政府审计结论为准的，应当不予支持。理由在于，施工合同是民事合同，发包人接受政府审计监督是发包人作为行政相对人依法应履行的法定义务。以发包人应承担的行政法律义务作为约束民事合同双方当事人的民事义务，缺乏法律依据。

第二类，合同约定不明。最高人民法院的观点由 2001 年的政府审计结论能够“作为（施工合同工程结算的）判决依据”①转变为 2011 年的“一般不予支持”②。

笔者认为，对于上述两类情形，应当适用《民法典》第五百一十条和第五百一十一条的规定，按照协议补充、合同相关条款或者交易习惯、订立合同时履行地的市场价格的优先次序确定工程结算价。需要注意的是，如果由于发包人原因导致工程施工工期迟延，且工程承包市场价格与订立合同时市场价格相比明显上涨，为公平合理起见，应当对订立合同时的工程所在地市场价格进行适当修正。

---

① 参见最高人民法院《关于建设工程承包合同案件中双方当事人已确认的工程决算价款与审计部门审计的工程决算价款不一致时如何适用法律问题的电话答复意见》（2001 年）。

② 参见《2011 民事审判会议纪要》。

第三类，合同约定无效。合同中约定工程结算价以政府审计结论为准的条款无效时，最高人民法院的观点经历了与合同没有约定和约定不明情形下同样的转变。《民法典》第七百九十三条第一款是针对工程施工合同整体无效情形下对验收合格工程折价补偿规定，但是在合同整体有效而其中工程结算条款无效的情形下，应当同样可以参照适用，即建设工程经验收合格的，可以参照合同关于工程价款的约定结算工程价款。此时，不应理解为：整体有效的合同中工程结算条款无效，视为合同没有约定结算条款，转而适用《民法典》第五百一十条和第五百一十一条的规定。理由是，《民法典》第七百九十三条是针对建设工程合同的特别规定，而第五百一十条和第五百一十一条是针对一般合同的通则规定，特别规定应优先适用。

第四类，合同明确约定且有效。即便合同中明确约定"工程结算价以政府审计结论为准"，其含义仍存在诸多不确定或者不明确。这些不确定或者不明确主要体现在以下方面：第一，审计审级不确定。实践中发生针对同一建设工程被不同层级的审计机关多重审计的情形时，以哪一级审计结论为准？第二，审计完成时限不明确。审计机关迟迟不出具审计结论时，如何确定合理结算时限？第三，承包人对审计依据和审计结论的异议权行使程序不明确。审计依据或者审计结论确有错误时，承包人如何提出异议？笔者认为，处理上述问题，应当坚持公平合理原则。具体而言，第一，审计审级一般应解释为依法对案涉项目具有审计权的最低一级审计机关。特殊情形下，上级审计机关先于下级审计机关作出审计结论的，以先作出审计结论者为准。第二，审计完成时限未作出特别约定的，应默认以有关审计工作行政文件规定的时限为准；没有适用的行政文件的，以当时适用的《建设工程施工合同(示范文本)》(当前为 GF-2017-0201)通用合同条款中的竣工结算审核期限(发包人在收到承包人提交竣工结算申请书后 28 天内完成审批或者提出异议)作为推定的审计期限。第三，承包人在获得审计结论之前，应有合理的异议权行使机会。超过合理的审计期限后承包人才获得异议机会的，无论承包人是否有异议以及异议是否成立，发包人支付工程结算款的期限不应顺延。审计依据和审计结论确有错误的，承包人在争议解决的诉讼或者仲裁程序中有权申请司法或者仲裁鉴定。有观点认为，政府审计是行政行为，即便审计结论存在错漏，也不能通过民事诉讼对审计结论进行变更，而应向有关部门申请复议。① 笔者认为，该观点欠妥。理由

① 最高人民法院民事审判第一庭编著：《最高人民法院民事审判第一庭民事典型案例精选(2008～2011)》，人民法院出版社 2014 年版，第 150～151 页。转引自常设中国建设工程法律论坛第八工作组：《中国建设工程施工合同法律全书——词条释义与实务指引》，法律出版社 2019 年版，第 342 页。

是：在行政审计关系中，审计机关出具审计报告的具体行政行为的行政相对人是发包人，而非承包人，因而，承包人不属于《行政复议法》第六条[①]规定的行政复议申请人。承包人乃通过民事合同的约定，与审计结论这一针对发包人的具体行政行为结果形成利害关系，承包人仅属于《行政复议法》第十条第三款[②]规定的行政复议程序的第三人。

2. 工程价款结算的“背靠背”条款

在我国建设工程施工实践中，非法转包、分包（包括合法分包和违法分包）、挂靠等情形大量存在。此类情形中当事人涉及三方甚至更多方，相应存在两个或者两个以上的施工承包合同。以涉及三方当事人和两个合同的典型情形为例，工程项目建设单位作为发包人与总承包人订立施工合同（以下简称前手合同）之后，总承包人将其承包的部分或者全部工程通过另一份合同（以下简称后手合同）交由其他人以非法转包、分包（包括合法分包和违法分包）、非法挂靠等方式承包。为表述简便，分别将前手合同中的发包人和承包人（既可能是合法的也可能是非法的承包人或总承包人）简称为“前手发包人”和“前手承包人”，分别将后手合同中的发包人和承包人（非法转包人、合法分包人或者违法分包人、非法挂靠人）简称为“后手发包人”和“后手承包人”。前手承包人与后手发包人为同一人。工程价款结算的“背靠背”条款（以下简称“背靠背”条款），是指后手合同中约定其工程价款结算和（或）支付以前手合同相应部分工程价款的结算结果和（或）支付为前提条件，通常表述为：前手发包人向前手承包人（后手发包人）结算和（或）支付工程价款后，后手发包人再按后手合同约定的比例（或金额）在一定期限内（也有条款不约定明确期

① 《行政复议法》第六条规定：“有下列情形之一的，公民、法人或者其他组织可以依照本法申请行政复议：（一）对行政机关作出的警告、罚款、没收违法所得、没收非法财物、责令停产停业、暂扣或者吊销许可证、暂扣或者吊销执照、行政拘留等行政处罚决定不服的；（二）对行政机关作出的限制人身自由或者查封、扣押、冻结财产等行政强制措施决定不服的；（三）对行政机关作出的有关许可证、执照、资质证、资格证等证书变更、中止、撤销的决定不服的；（四）对行政机关作出的关于确认土地、矿藏、水流、森林、山岭、草原、荒地、滩涂、海域等自然资源的所有权或者使用权的决定不服的；（五）认为行政机关侵犯合法的经营自主权的；（六）认为行政机关变更或者废止农业承包合同，侵犯其合法权益的；（七）认为行政机关违法集资、征收财物、摊派费用或者违法要求履行其他义务的；（八）认为符合法定条件，申请行政机关颁发许可证、执照、资质证、资格证等证书，或者申请行政机关审批、登记有关事项，行政机关没有依法办理的；（九）申请行政机关履行保护人身权利、财产权利、受教育权利的法定职责，行政机关没有依法履行的；（十）申请行政机关依法发放抚恤金、社会保险金或者最低生活保障费，行政机关没有依法发放的；（十一）认为行政机关的其他具体行政行为侵犯其合法权益的。”

② 《行政复议法》第十条第三款规定：“同申请行政复议的具体行政行为有利害关系的其他公民、法人或者其他组织，可以作为第三人参加行政复议。”

限)向后手承包人结算和(或)支付价款。“背靠背”条款的实质是后手发包人将其在后手合同中的工程价款结算和(或)支付风险和义务与前手发包人对前手合同工程款的结算和(或)履行情况挂钩,以达到规避风险的目的。

(1)“背靠背”条款的法律性质

关于“背靠背”条款的法律性质,目前实务界有附条件条款、附期限条款、既非附条件也非附期限条款三种观点。[①] 笔者认为,第三种观点更为合理。理由是,附条件和附期限在民事合同法律体系中具有特定含义,附条件是指附生效或者失效条件,附期限是指附生效或者失效期限(参见《民法典》第一百五十八条[②]和第一百六十条[③])。一方面,附条件与附期限的区别在于,所附期限应当是必定可以届至的未来时间,所附条件则是未来可能成就也可能不成就的某一事实状态。如果条款字面上的所附“期限”有永远不能届至的可能,则其实质应属于附条件条款。显然,“背靠背”条款中后手发包人获得前手发包人结算和(或)支付的时间存在永远不能届至的可能,因而,“背靠背”条款不属于附期限条款。另一方面,取得工程结算价款是后手承包人的基本合同目的,如果将“背靠背”条款理解为附条件才生效的价款结算和(或)支付条款,其本质即认可后手承包人在按质按期完成承包工作后,如所附条件始终未成就,则结算和(或)支付条款永远不生效,相应地,后手承包人永远不能实现向其合同相对人(后手发包人)主张工程价款结算和(或)支付的权利(有必要指出,附条件条款因所附条件未成就而不生效,其法律效果并不等同于合同未约定该条款或者约定不明,因而不能适用《民法典》第五百一十条和第五百一十一条的规定,无视所附条件的成就状态直接推定其法律后果)。特别是,如果所附条件不能成就的原因不可归责于后手承包人,后手承包人势必将无辜地彻底丧失主张工程价款结算和(或)支付的权利。正常情况下,理性的后手承包人不应订立这样可能(但并非必然)导致自身权益完全丧失的合同。因此,将“背靠背”条款认定为附条件条款,与一般工程承包合同显见的等价有偿性以及当事人合同目的(承包人完成合格工程,发包人支付价款)不符。但是,在特定的具体情形下,例如,

---

① 常设中国建设工程法律论坛第八工作组:《中国建设工程施工合同法律全书——词条释义与实务指引》,法律出版社2019年版,第336页。

② 《民法典》第一百五十八条规定:“民事法律行为可以附条件,但是根据其性质不得附条件的除外。附生效条件的民事法律行为,自条件成就时生效。附解除条件的民事法律行为,自条件成就时失效。”

③ 《民法典》第一百六十条规定:“民事法律行为可以附期限,但是根据其性质不得附期限的除外。附生效期限的民事法律行为,自期限届至时生效。附终止期限的民事法律行为,自期限届满时失效。”

工程总承包人与分包人建立了工程总分包长期合作关系，或者分包人经过对建设单位发包人资信和总承包合同履行风险的评估后为获得分包合同而甘冒风险，如果后手合同明确约定了后手承包人自愿与后手发包人共担前手发包人完全或者部分不能支付工程价款的风险，该等条款的存在满足了当事人促进交易的理性需要，也难言当事人自甘风险的订约行为违法无效。只不过从性质上看，此时的施工合同已经不再是通常意义上的工程承揽合同，变成了后手发包人与后手承包人自主分工协作、分享承包收益、分担承包风险的合作合同与工程承揽合同的混合合同。

（2）关于"背靠背"条款法律效力和法律后果既有分析的不足

关于"背靠背"条款的法律效力与法律后果，从既有文献和司法裁判中可以总结出下列不同观点：

观点一：后手合同整体有效时，认定条款有效。但是在纠纷的裁判处理时，绝大部分裁判又尽可能以其他理由使该条款对后手承包人不产生约束力，最终以其他方式另行确认后手工程价款结算和支付的金额、时间。

观点二：回避直接认定条款效力，以条款违反公平原则为由，对后手发包人结算和（或）支付条件未成就的抗辩不予支持。

观点三：回避直接认定条款效力，以前手发包人未确认后手合同为由，认定该条款对前手发包人无约束力，进而认为前手发包人是否结算、付款不应成为后手合同当事人之间工程价款结算和（或）支付的前提条件，对后手发包人结算和（或）支付条件未成就的抗辩不予支持。

观点四：回避直接认定条款效力，认定条款约定不明，应依照《合同法》第六十二条第四项（《民法典》第五百一十一条第四项[①]）的规定确定后手合同的工程结算和付款时间。[②]

笔者基本赞同观点一对于条款的效力认定，但是不赞同其中对条款的法律后果的认定处理。笔者认为，"背靠背"条款本身一般并不存在应依法无效的情形，因此原则上其效力状态应与后手合同整体效力状态相同，即在后手合同整体无效时，该条款相应无效；在后手合同整体有效时，该条款通常有效，除非其属于后手发包人提供的格式条款，才有可能因被认定为不合理地限制后手承包人取得价款的合

---

① 《民法典》第五百一十一条第四项规定："当事人就有关合同内容约定不明确，依据前条规定仍不能确定的，适用下列规定：（四）履行期限不明确的，债务人可以随时履行，债权人也可以随时请求履行，但是应当给对方必要的准备时间。"

② 常设中国建设工程法律论坛第八工作组：《中国建设工程施工合同法律全书——词条释义与实务指引》，法律出版社 2019 年版，第 336～338 页。

同主要权利而无效。因为此时该条款属于《民法典》第四百九十七条[①]第二项规定的格式条款无效情形：提供格式条款一方不合理地免除了其自身责任、限制了对方主要权利。其"不合理"体现在，当由于不可归责于后手承包人的原因前手发包人长期或者永久不履行对后手发包人的工程价款结算和（或）支付义务时，后手发包人的工程价款结算和（或）支付责任将因条款约定的限制而被长期或者永久搁置，后手承包人主张工程价款结算和（或）支付的权利将被长期或者永久地限制。上述观点二、观点三、观点四各有缺陷。首先，回避直接认定条款效力，有违裁判者应主动依职权审查合同和条款效力的工作职责。其次，观点二宽泛笼统地以违反公平原则为由，认定相关合同条款对当事人不具约束力，欠缺说服力。事实上，民商事合同中不甚公平的条款并不鲜见，法律对此等合同条款效力的评价并非一概无效。合同条款在并非依法无效时，亦存在有效且不可撤销，或者可撤销但是撤销权人放弃行使撤销权或者撤销权因时效经过而被消灭等多种情形，此时条款仍然有效，当事人仍应受其约束。再次，观点三存在逻辑错误。"背靠背"条款在后手发包人与后手承包人之间约定，与前手发包人是否确认该条款无关。最后，认定条款约定不明的观点四较为牵强。实务中绝大部分"背靠背"条款并不存在当事人双方对条款含义——后手工程价款的结算、支付取决于前手工程价款的结算、支付——本身的理解分歧，只不过工程价款结算支付的时间在订立合同时暂不能确定，需要依赖其他未来事实或者条件，而非约定不明。可以作为反证的实务情形是，当前手发包人结算支付未发生迟延或者迟延时间不长时，"背靠背"条款的适用往往并不存在争议，争议仅发生在后手工程价款结算、支付被严重迟延，且后手承包人怀疑或者有理由相信后手发包人与前手发包人之间已经完成相应价款结算、支付的情形之下。

后手合同订立时，"背靠背"条款含义的明确，显然有赖于后手承包人已经了解前手合同中的工程价款结算和（或）支付条款的全部内容。因此，依据诚信原则和先合同义务（参见《民法典》第五百条[②]），后手发包人应当在后手合同订立之前，如实并且完整地向后手承包人披露前手合同中有关工程价款结算和（或）支付条款，便于后手承包人就是否订立和如何设置"背靠背"条款进行决策。例如，前手合同

---

① 《民法典》第四百九十七条规定："有下列情形之一的，该格式条款无效：（一）具有本法第一编第六章第三节和本法第五百零六条规定的无效情形；（二）提供格式条款一方不合理地免除或者减轻其责任、加重对方责任、限制对方主要权利；（三）提供格式条款一方排除对方主要权利。"

② 《民法典》第五百条规定："当事人在订立合同过程中有下列情形之一，造成对方损失的，应当承担赔偿责任：（一）假借订立合同，恶意进行磋商；（二）故意隐瞒与订立合同有关的重要事实或者提供虚假情况；（三）有其他违背诚信原则的行为。"

为BT合同，约定由前手承包人（后手发包人）完全垫资至工程竣工交付后若干年，如果后手承包人在订立后手合同前，已经获知前手合同的上述约定，基于自身的商业利益考虑，如其仍然同意“背靠背”条款，并非不合理或者有失公平；如果后手承包人订约前并不知晓前手合同的上述约定，仅基于对前手合同中支付约定的常规经验作出的同意“背靠背”条款的决策，可能违背其真实意愿。显然，上述既有观点在分析论证时，均未考虑到上述不同实务情形，因而可能导致对于“背靠背”条款法律效力和法律后果的评判认定出现偏差。

（3）对“背靠背”条款法律效力和法律后果的重新分析

笔者认为，在“背靠背”条款并非无效的一般情形下，对于其法律效力和法律后果应考虑上述不同情形，重新进行分析。

第一，在后手发包人向后手承包人履行上述信息披露义务（如实完整披露信息）之前，该“背靠背”条款应处于未成立状态，对双方不产生法律约束力，其法律后果等同于合同未约定“背靠背”条款。理由是，此时的“背靠背”条款所包含的作为要约的意思表示内容尚未具体确定（参见《民法典》第四百七十二条[①]第一项），因而其对应的承诺的意思表示内容亦未具体确定，更遑论与要约的内容一致（参见《民法典》第四百八十八条[②]第一句）。此时的“背靠背”条款尽管出现在合同中，也仅是徒具合同条款文字的表面形式，并未能实质性满足要约成立、承诺生效的法定条件。

第二，后手发包人在合同订立之前如实完整地履行上述信息披露义务的，该条款随后手合同生效而生效，对双方具有法律约束力，但是对于该条款引致的法律后果应当作公平合理的认定，即以前手合同约定的工程款结算和（或）支付时限为基础，在前后手合同工程价款结算的合理时差范围（依据“背靠背”条款的约定，没有约定的参照交易习惯酌定）内，该“背靠背”条款完全约束后手发包人与后手承包人；由于不可归责于后手发包人的原因，前手发包人迟延履行结算和（或）支付义务的，后手发包人可依据“背靠背”条款顺延履行后手合同中的结算和（或）支付义务；由于可归责于后手发包人但不可归责于后手承包人的原因，前手发包人迟延履行结算和（或）支付义务的，应视为后手发包人不正当地阻碍债务履行条件的成就，其

---

① 《民法典》第四百七十二条规定：“要约是希望与他人订立合同的意思表示，该意思表示应当符合下列条件：（一）内容具体确定；（二）表明经受要约人承诺，要约人即受该意思表示约束。”

② 《民法典》第四百八十八条规定：“承诺的内容应当与要约的内容一致。受要约人对要约的内容作出实质性变更的，为新要约。有关合同标的、数量、质量、价款或者报酬、履行期限、履行地点和方式、违约责任和解决争议方法等的变更，是对要约内容的实质性变更。”

不可依据“背靠背”条款主张顺延履行后手合同中的结算和(或)支付义务;由于可归责于后手发包人(就前手合同而言)且最终可归责于后手承包人(就后手合同而言)的原因,前手发包人迟延履行结算和(或)支付义务的,后手发包人不仅可依据“背靠背”条款主张顺延履行后手合同中的结算和(或)支付义务,还可依照后手合同的约定或者法律规定追究后手承包人的违约或者侵权责任。

第三,后手发包人在合同订立之后如实完整地履行上述信息披露义务的,“背靠背”条款为有效且不可撤销,或者有效但是可撤销(后手承包人享有撤销权)。条款是否可撤销需视个案情形而定。“背靠背”条款通常的可撤销事由为:《民法典》第一百四十七条或者第一百四十八条规定的重大误解或者因对方欺诈而本方违背真意而订立条款。理由是,随着后手发包人的信息披露,条款的内容虽已经具体确定,但是该事后确定的内容可能与后手承包人根据行业惯例或交易习惯产生的预期相当,并不构成重大误解;内容也可能与预期相去甚远,构成重大误解或者后手发包人欺瞒欺诈。

第四,“背靠背”条款生效后,前手合同有关工程价款结算和(或)支付条款发生变更的,如果该变更对后手承包人有利,则应视为后手发包人减让权利,“背靠背”条款继续有效,且应按照前手合同变更后的工程结算和(或)支付条款解释;如果上述变更对后手承包人不利,除非经后手承包人重新确认,前手合同的上述变更对后手承包人不具有约束力,“背靠背”条款仍应按变更前的前手合同相关结算和(或)支付条款解释。

第五,根据后手发包人披露的不真实或者不完整的信息而订立的“背靠背”条款已经生效的,如真实完整信息对后手承包人不利,“背靠背”条款继续有效,且不受真实完整信息的影响;如真实完整信息对后手承包人更有利,“背靠背”条款继续有效,但应根据真实完整信息进行解释。

(4)“背靠背”条款法律后果认定中的当事人举证责任

待证事实之一:后手承包人知悉前手合同中工程款结算和(或)支付条款的内容及时间。

如前文所述,由于后手承包人不是前手合同的当事人,“背靠背”条款的内容的具体明确有赖于后手承包人及时知晓前手工程款结算和(或)支付条款的内容与时间,后手发包人是前手合同的当事人,客观上具有举证能力,法律上也负有披露与合同实质性内容有关的、被其掌握的基础信息的先合同义务。因此,就后手承包人知悉前手工程款结算和(或)支付条款的内容及时间的事实,后手发包人应承担举证责任。

待证事实之二：前手发包人是否已完成对后手发包人的工程结算和（或）价款支付。

司法裁判实务中对于该事实的举证责任的分配有两种不同观点：一种观点认为，后手承包人作为提出价款结算和（或）支付主张的一方，应当就成立其主张所依据的事实举证；[①]另一种观点认为，后手发包人对于其与前手发包人之间的结算情况以及前手发包人支付工程款的事实负有举证责任。[②] 笔者认为，对于后手承包人而言，其工程价款结算和（或）支付主张的成立有赖于其通常难以知晓的他人之间积极行为事实的确认，而后手承包人对此完成举证通常存在客观困难。相比较而言，后手发包人是待证事实是否实际发生的实际参与人，更具有举证能力，由后手发包人举证通常更为公平合理。但是，如果前手发包人实际未完成与后手发包人的工程价款结算和（或）支付，要求后手发包人就消极事实举证亦不合常理。笔者建议，此时，诉讼案件中裁判者有必要追加前手发包人作为第三方加入诉讼（仲裁案件存在难以追加第三人的障碍，本建议不适用），便于查明前手合同项下的工程价款结算和（或）支付事实。此外，当后手发包人以前手工程价款结算和（或）支付尚未完成抗辩时，后手发包人还应就上述结算支付事项未完成属于可归责于前手发包人或者后手承包人的原因，以及其积极向前手发包人主张债权的事实举证。后手发包人不能就此充分举证的，应当视为其怠于行使自身债权而致不适当地阻碍了后手承包人的债权实现，具有过错，应当认定"背靠背"条款中的后手工程结算和（或）支付工程价款的条件已被满足。

待证事实之三：后手发包人是否怠于向前手发包人主张工程结算和（或）价款支付。

后手发包人应就其已经积极向前手发包人主张工程结算支付的事实负有举证责任，不能举证或者举证不充分的，应当推定后手发包人怠于主张自己的债权。判

---

① 参见江苏省常州市中级人民法院（2016）苏04民终0341号民事判决书。转引自常设中国建设工程法律论坛第八工作组：《中国建设工程施工合同法律全书——词条释义与实务指引》，法律出版社2019年版，第337页。

② 参见北京市高级人民法院《关于审理建设工程施工合同纠纷案件若干疑难问题的解答》（京高法发〔2012〕245号）对"22.分包合同中约定总包人收到发包人支付工程款后再向分包人支付的条款的效力如何认定？"的解答：分包合同中约定待总包人与发包人进行结算且发包人支付工程款后，总包人再向分包人支付工程款的，该约定有效。因总包人拖延结算或怠于行使其到期债权致使分包人不能及时取得工程款，分包人要求总包人支付欠付工程款的，应予支持。总包人对于其与发包人之间的结算情况以及发包人支付工程款的事实负有举证责任。

别后手发包人是否怠于向前手发包人主张工程款结算支付以实现债权，可参照最高人民法院《合同法解释(一)》第十三条第一款①的规定，以后手发包人是否以诉讼或者仲裁方式向前手发包人主张其享有的相应工程价款债权作为判据。后手发包人仅以非诉讼或仲裁方式的协商、催促方式要求前手发包人履行结算义务的，在主张权利的强度上不足，仍可视为后手发包人怠于积极主张自身债权。

(5)后手发包人应付工程款时间的认定

对后手发包人应付工程价款时间的认定，为判断后手发包人结算支付是否违约以及计算迟延付款违约金所必需。在后手发包人怠于向前手发包人行使债权的情形下，后手发包人应付款时间可认定为：前手发包人按约应向后手发包人结算支付工程价款期限届满之日，加上"背靠背"条款约定的前手工程与后手工程价款结算支付的间隔时间(没有约定的，按照行业惯例推定间隔时间)；在后手发包人能举证未怠于向前手发包人行使债权且并无其他过错的情形下，后手发包人如仍未获得相应结算支付，其对于后手承包人主张相应工程价款结算支付的抗辩应予支持。与之形成对比的是，如果从上述既有观点二、观点三、观点四出发，根据《民法典》第五百一十一条第四项②的规定，后手承包人有权在工程竣工验收合格后的合理期限(旨在给予后手发包人必要的准备时间)内要求结算支付工程价款；而如果根据《建设工程施工合同司法解释(一)》第二十七条③的规定，则取消了发包人准备的合理期限，直接认定后手发包人应付款时间为后手承包人主张价款之日(承包人提交竣工结算文件之日，或者起诉之日)或者视为主张价款之日(工程实际交付之日)。由此可见，从既有观点二、观点三、观点四出发，对后手发包人应付工程价款时间的认定均完全不考虑"背靠背"条款中可能存在的有关前后手合同工程价款结算支付时间间隔的约定。采用观点二、观点三、观点四的结果是实际否定了"背靠背"条款对当事人的约束力，与该条款订立时双方的真实合意以及条款有效的法律后果

---

① 《合同法解释(一)》第十三条第一款规定："合同法第七十三条规定的'债务人怠于行使其到期债权，对债权人造成损害的'，是指债务人不履行其对债权人的到期债务，又不以诉讼方式或者仲裁方式向其债务人主张其享有的具有金钱给付内容的到期债权，致使债权人的到期债权未能实现。"

② 《民法典》第五百一十一条第四项规定："当事人就有关合同内容约定不明确，依据前条规定仍不能确定的，适用下列规定：(四)履行期限不明确的，债务人可以随时履行，债权人也可以随时请求履行，但是应当给对方必要的准备时间。"

③ 《建设工程施工合同司法解释(一)》第二十七条规定："利息从应付工程价款之日开始计付。当事人对付款时间没有约定或者约定不明的，下列时间视为应付款时间：(一)建设工程已实际交付的，为交付之日；(二)建设工程没有交付的，为提交竣工结算文件之日；(三)建设工程未交付，工程价款也未结算的，为当事人起诉之日。"

不符。

综上,在"背靠背"条款有效的一般情形下,前手工程价款结算和(或)支付未能及时完成,如果属于可归责于后手承包人的原因(如后手合同工程质量不合格),或者后手发包人对此不存在过错,且未怠于行使对前手发包人的工程款债权,则后手发包人对于后手承包人的工程价款结算和(或)支付主张的抗辩应予支持;如果不属于上述原因,则后手发包人的上述抗辩应不予支持;如果部分属于上述原因,则后手发包人的有关抗辩应予部分支持,即对非因后手发包人原因导致的后手工程结算支付迟延时间予以顺延。

(6)前手合同无效时后手合同中"背靠背"条款的处理

第一,前手合同无效,并不必然导致后手合同无效。前手合同与后手合同之间并非主从合同关系。主合同是不以他种合同的存在为前提,不受其制约而能独立存在的合同;从合同是必须以他种合同的存在为前提,自身不能独立存在的合同。从合同的主要特点在于其从成立、消灭到处分均依附于主合同的从属性:从合同成立的从属性表现为从合同的成立以主合同的成立为前提;从合同消灭的从属性表现为主合同消灭,从合同当然消灭;对从合同处分的从属性则表现为当事人对主合同的处分,如无特别规定其效力及于从合同。涉及"背靠背"条款的后手合同的成立虽然以前手合同的成立为前提,但是前手合同的消灭并不必然导致后手合同的消灭(仅在前手合同被解除时,由于后手合同客观上无法履行而需相应解除,而在前手合同因履行完毕或者其他原因导致其债权债务被终止时,后手合同的债权债务并不必然终止),因此,司法裁判中通常认定:总承包合同等前手合同和分包合同等后手合同尽管在合同内容上有一定的关联性,但在法律上是两个独立的合同,不具有主从关系。[①] 此外,从立法上看,《民法典》也仅明确规定了担保合同(参见《民法典》第三百八十八条第一款[②])和保证合同(参见《民法典》第六百八十二条第一款[③])是从合同(相对于被担保人或被保证人与其债权人的合同而言)。

第二,"背靠背"条款中包含的前手工程结算内容不因前手合同无效而在后手

---

① 参见最高人民法院(2016)最高法民再53号民事判决书中的一审判决认定部分,其后二审判决、再审裁定和最高人民法院提审判决均维持一审该项认定。

② 《民法典》第三百八十八条第一款规定:"设立担保物权,应当依照本法和其他法律的规定订立担保合同。担保合同包括抵押合同、质押合同和其他具有担保功能的合同。担保合同是主债权债务合同的从合同。主债权债务合同无效的,担保合同无效,但是法律另有规定的除外。"

③ 《民法典》第六百八十二条第一款规定:"保证合同是主债权债务合同的从合同。主债权债务合同无效的,保证合同无效,但是法律另有规定的除外。"

发包人与后手承包人之间当然失去效力。前手合同无效,前手合同中包含的工程结算条款仅在前手发包人与前手承包人(后手发包人)之间失去效力。前手工程结算条款内容出现在后手合同"背靠背"条款中,仅是作为一项引用内容而存在,对后手合同当事人约定彼此的权利义务具有独立的意义,不应影响后手合同以及"背靠背"条款本身的效力。因此,在后手合同本身有效,以及"背靠背"条款未作特别约定的一般情形下,"背靠背"条款中约定的以前手工程结算支付为后手工程结算支付条件的内容依然对后手合同当事人有效。

(7)后手合同无效时"背靠背"条款的处理

如果后手合同整体无效,其中的"背靠背"条款自然相应无效。此时,对于已经实际履行或者部分履行的后手合同,如果已完成的工程质量合格,后手承包人如何获得折价补偿?换言之,能否根据《民法典》第七百九十三条第一款的规定,参照无效的"背靠背"的约定折价补偿后手承包人?有观点认为不能适用,理由是,《民法典》第七百九十三条第一款规定可以参照的是无效"合同关于工程价款的约定",主要指合同有关工程款的计价方法和计价标准的约定,不包括对价款支付条件的约定,而"背靠背"条款约定的支付条件并非严格意义上的价格条款,因此不能参照适用。[①] 笔者基本赞同上述观点,同时进一步认为,个案处理时,裁判者还宜注意以下两点:

第一,对案涉"背靠背"条款的具体内容进行分析,看其中是否包含计价方法和计价标准。因为在实际"背靠背"条款中,不乏包含诸如"分包工程款的签证追加金额以总承包合同中业主同意的相应签证追加金额为准"此类的内容,如果包含,则该部分内容一般应作为折价补偿的参照。

第二,后手合同中约定的工程结算价款金额的计算明显与"背靠背"条款约定的付款条件相关的,则"背靠背"条款中的相关内容一般应作为折价补偿的参照。

3. 一方当事人逾期提出有关对方提交的结算文件或者结算审核文件的异议是否应视为前者认可后者文件载明的结算结果

实务中较完备的施工合同一般均会约定类似《建设工程施工合同(示范文本)》(GF-2017-0201)通用合同条款第14条(竣工结算)的结算审核程序:承包人向发包人(或监理人)提交结算文件的期限、内容要求,发包人和(或)监理人审核结算文件和向承包人反馈审核意见的期限,承包人对发包人审核意见提交补充文件资料

---

① 参见最高人民法院(2013)民一终字第93号民事判决书。转引自常设中国建设工程法律论坛第八工作组:《中国建设工程施工合同法律全书——词条释义与实务指引》,法律出版社2019年版,第338页。

或者是否同意该审核意见的时限。① 如果合同中明确约定了一方当事人收到对方当事人的结算文件或者结算审核文件后，在约定期限内未回复异议的，视为认可对方结算文件或者结算审核文件载明的结算结果，则该约定条款一般应认定有效（除非合同整体无效或者包含上述约定的整个结算条款存在其他依法无效情形而被认定无效），即所谓逾期失权。但是，如果合同中只约定了合同双方对结算来往的期限，未约定逾期失权，则一方逾期提出异议回复的法律后果是：

第一，负有回复义务的一方仍可逾期提出异议。提出异议的最长期限通常应遵守诉讼时效的法律规定，诉讼时效期间经过的，异议人丧失胜诉权。

第二，因异议逾期导致工程结算支付迟延的，由逾期异议人承担迟延责任。具体而言，逾期异议人是发包人的，其对于应付未付的工程结算余款，应承担相当于异议逾期时间的迟延付款利息或者约定的违约金；逾期异议人是承包人的，其应自行承担对于应收未收的工程结算余款的迟延收款造成的资金利息或者其他损失。

此外，实务中还存在一种情形：约定了逾期失权结算条款的合同一方当事人，在对方逾期提出异议后，仍同意就该异议进行再审核、协商，如果最终未能达成结算合意，纠纷处理中，其根据逾期失权条款提出的对方因逾期异议已经失权的抗辩能否得到支持？一方同意就对方逾期提出的异议再行审核、协商的行为，应视为双方就原本依照合同约定已经明确的工程结算价款，同意重新进行变更磋商。对此裁判实务中有两种不同观点。观点一认为，同意就逾期异议继续磋商的行为本身，

---

① 《建设工程施工合同（示范文本）》（GF－2017－0201）通用合同条款第14条（竣工结算）约定："14.1　竣工结算申请　除专用合同条款另有约定外，承包人应在工程竣工验收合格后28天内向发包人和监理人提交竣工结算申请单，并提交完整的结算资料，有关竣工结算申请单的资料清单和份数等要求由合同当事人在专用合同条款中约定。除专用合同条款另有约定外，竣工结算申请单应包括以下内容：（1）竣工结算合同价格；（2）发包人已支付承包人的款项；（3）应扣留的质量保证金。已缴纳履约保证金的或提供其他工程质量担保方式的除外；（4）发包人应支付承包人的合同价款。14.2　竣工结算审核（1）除专用合同条款另有约定外，监理人应在收到竣工结算申请单后14天内完成核查并报送发包人。发包人应在收到监理人提交的经审核的竣工结算申请单后14天内完成审批，并由监理人向承包人签发经发包人签认的竣工付款证书。监理人或发包人对竣工结算申请单有异议的，有权要求承包人进行修正和提供补充资料，承包人应提交修正后的竣工结算申请单。发包人在收到承包人提交竣工结算申请书后28天内未完成审批且未提出异议的，视为发包人认可承包人提交的竣工结算申请单，并自发包人收到承包人提交的竣工结算申请单后第29天起视为已签发竣工付款证书。（2）除专用合同条款另有约定外，发包人应在签发竣工付款证书后的14天内，完成对承包人的竣工付款。发包人逾期支付的，按照中国人民银行发布的同期同类贷款基准利率支付违约金；逾期支付超过56天的，按照中国人民银行发布的同期同类贷款基准利率的两倍支付违约金。（3）承包人对发包人签认的竣工付款证书有异议的，对于有异议部分应在收到发包人签认的竣工付款证书后7天内提出异议，并由合同当事人按照专用合同条款约定的方式和程序进行复核，或按照第20条〔争议解决〕约定处理。对于无异议部分，发包人应签发临时竣工付款证书，并按本款第（2）项完成付款。承包人逾期未提出异议的，视为认可发包人的审批结果。"

即表明享有逾期异议失权条款利益的一方，同意放弃该利益，使本应可明确的工程结算结果（通常有利于该利益方）退回需要继续磋商尚未明确的状态。因此，双方最终并未形成对结算结果的合意，表明结算结果仍处于未明确状态。观点二则认为，由于双方最终并未形成对结算结果的变更合意，应当适用《民法典》第五百四十四条“当事人对合同变更的内容约定不明确的，推定为未变更”的规定，推定为已经依约明确的结算结果未变更，即仍然以适用逾期失权结算条款后被视为已经明确的工程结算价款为结算结果。笔者赞同观点二，理由是，在异议期届满时，由于异议权人未如期提出异议，工程结算价款按约已被视为确认。此后，异议人逾期提出异议，应被认为其就工程结算提出重新确认磋商的一项新的要约，根据具体案情不同，要约内容可能仅作出要求与对方重新磋商工程结算的意思表示，也可能作出要求对方接受异议内容的意思表示。对方同意重新磋商，至多表明仅接受异议人要求继续磋商，并不表明同时接受要约的具体内容。事实上，最终双方未就工程结算达成新的一致，即表明对方拒绝作出同意要约内容（异议人的异议内容）的承诺。观点一的不妥在于，忽视了在异议人异议期届满之后至异议人的相对方同意就异议人逾期异议继续磋商之前，工程结算已经依约被视为确认的事实，而错误地认为在该时段内工程结算结果仍处于未确定状态。

六、质量保修条款争议与处理举要

在工程保修实务中，争议较大值得讨论的问题：第一，施工承包人的工程保修责任归责适用过错责任还是无过错责任？第二，无效施工合同的承包人是否以及如何承担工程保修责任？第三，施工合同解除后，承包人是否以及如何承担工程保修责任？

（一）施工承包人的工程保修责任属于过错责任还是无过错责任

这一问题关系到有关工程保修责任的当事人举证责任以及保修责任的认定依据。

观点一认为，根据《民法典》第八百零一条①和第八百零二条②的规定，施工承

① 《民法典》第八百零一条规定：“因施工人的原因致使建设工程质量不符合约定的，发包人有权请求施工人在合理期限内无偿修理或者返工、改建。经过修理或者返工、改建后，造成逾期交付的，施工人应当承担违约责任。”

② 《民法典》第八百零二条规定：“因承包人的原因致使建设工程在合理使用期限内造成人身损害和财产损失的，承包人应当承担赔偿责任。”

包人对建设工程质量不符合约定应承担修理等责任和在工程合理使用期限（工程保修期包含于其中）内对于工程造成的人身损害和财产损失承担赔偿责任，均以施工承包人具有过错为前提。具体而言，在工程保修期内，如果由于设计人的原因造成的质量缺陷，由设计人承担经济责任，可由施工承包人负责维修，其费用按有关规定通过发包人（建设单位）向设计人索赔，不足部分由发包人负责；因使用人使用不当造成的质量缺陷，由使用人自行负责；因地震、洪水、台风等不可抗力原因造成的质量缺陷，施工承包人、设计人不承担经济责任。[①] 因此，施工承包人的工程保修责任与工程施工质量责任一样，归责原则均为过错责任。

观点二认为，《质量管理条例》第四十一条规定："建设工程在保修范围和保修期限内发生质量问题的，施工单位应当履行保修义务，并对造成的损失承担赔偿责任。"上述条文对施工承包人履行工程保修义务的前提仅明确为"建设工程在保修范围和保修期限内发生质量问题"，并未明确质量问题可归责为施工承包人，因此，施工承包人的工程保修责任属于无过错责任。

笔者认为，从《民法典》第八百零一条"因施工人的原因致使建设工程质量不符合约定"、施工人在合理期限内"无偿修理或者返工、改建"，到"经过修理或者返工、改建后，造成逾期交付的，施工人应当承担违约责任"的措辞和语言顺序上可以看出，该条规定针对的是施工过程中工程交付之前的质量责任，而非工程施工过程结束、工程经竣工验收合格交付后的工程保修责任；而《民法典》第八百零二条则主要规定的是承包人因其过错就其工作成果对于他人损害的损害赔偿责任，[②]也并非规定工程本身的保修责任。此外，注意到《民法典》侵权编第十章（建筑物和物件损害

---

① 参见国务院法制局、农林城建司等编著：《〈中华人民共和国建筑法〉释义》，中国建筑工业出版社1997年版，第130页。转引自高印立、赵怡红：《中国法下与建设工程质量相关的期间和责任概念辨析》，载陈福勇主编：《北京仲裁》（总第104辑），中国法制出版社2018年版。

② 此处受害的他人包括承包人以外的任何人，既包括发包人，也包括建设工程所有人、使用人、管理人以及任何可能受工程物损害的特定或者不特定的第三人（如因建筑物倒塌致损的建筑物相邻人或者路人）。当然，涉及发包人的损害赔偿时，由于发包人与承包人之间还存在建设工程合同关系，特别是合同中对于"建设工程在合理使用期限内造成人身损害和财产损失"也可能约定了合同责任，因而可能存在违约责任与侵权责任的竞合。

责任)第一千二百五十二条[①]和第一千二百五十三条[②]对于建筑物等建设工程倒塌、塌陷,以及建设工程及其搁置物、悬挂物发生脱落、坠落的侵权责任亦分别有所规定。只不过,侵权编的上述规定主要解决被侵权人对建设工程活动参与人、使用管理人作为侵权人的责任问题,并不解决工程本身的保修责任问题。因此,上述观点一以《民法典》第八百零一条和第八百零二条作为论据,分析论证工程保修责任的归责原则,在法律适用上未必妥当。观点二以行政法规作为民事责任的归责依据,亦缺乏妥当性。

可以说,我国法律对工程保修责任的归责原则并无明文规定,对该问题应当另行分析。笔者认为,首先,工程保修责任属于合同责任的一部分,即便个别合同因故未明确约定承包人的工程保修义务,但是基于《建筑法》第六十一条、第六十二条的规定以及交易习惯,工程保修义务至少亦应属于施工承包人基于《民法典》合同编第五百五十八条[③]应履行的合同附随义务。尽管《民法典》第五百五十八条列举的合同附随义务不包含工程保修义务,然而,无论是从工程保修对于发包人实现施工承包合同目的的重要性角度,还是从《民法典》第六百四十六条[④]有关买卖合同的法律规定可被其他有偿合同参照适用的角度来看,类似于买卖合同瑕疵担保和质量保证义务的工程保修义务的违反,均构成工程施工合同中承包人的合同责任,而非侵权责任。其次,与工程竣工验收前施工阶段相比,在工程保修阶段,施工承包人已经完全脱离了对工程的占有、控制和管理,此时工程出现的需保修的质量缺陷,除可能属于此前未能及时发现的施工质量缺陷之外,还可能属于非施工质量缺陷导致的其他原因的问题(如设计原因、使用不当原因、地质原因、意外因素等)。换言之,在工程保修阶段,除源自施工阶段的质量缺陷可溯源至施工承包人的原因之外,对于工程的其他质量缺陷,施工承包人已经完全不具备风险管控的能力和条

① 《民法典》第一千二百五十二条规定:“建筑物、构筑物或者其他设施倒塌、塌陷造成他人损害的,由建设单位与施工单位承担连带责任,但是建设单位与施工单位能够证明不存在质量缺陷的除外。建设单位、施工单位赔偿后,有其他责任人的,有权向其他责任人追偿。因所有人、管理人、使用人或者第三人的原因,建筑物、构筑物或者其他设施倒塌、塌陷造成他人损害的,由所有人、管理人、使用人或者第三人承担侵权责任。”

② 《民法典》第一千二百五十三条规定:“建筑物、构筑物或者其他设施及其搁置物、悬挂物发生脱落、坠落造成他人损害,所有人、管理人或者使用人不能证明自己没有过错的,应当承担侵权责任。所有人、管理人或者使用人赔偿后,有其他责任人的,有权向其他责任人追偿。”

③ 《民法典》第五百五十八条规定:“债权债务终止后,当事人应当遵循诚信等原则,根据交易习惯履行通知、协助、保密、旧物回收等义务。”

④ 《民法典》第六百四十六条规定:“法律对其他有偿合同有规定的,依照其规定;没有规定的,参照适用买卖合同的有关规定。”

件。根据公认的风险控制理论，风险应当在对风险具有控制力的相关主体之间按照控制力的强弱进行合理分配。既然在工程施工阶段，施工承包人对在建工程具有更强的风险控制能力，《民法典》第八百零一条明确的承包人工程质量责任的归责原则仅为过错责任，而非严格责任，举重明轻，施工承包人的工程保修责任亦应当确定为过错责任。

此外，需要特别指出，工程出现需要保修的质量问题时，在责任人明确之前，施工承包人一般仍应先履行保修义务。只不过，质量缺陷责任不属于施工承包人时，保修费用（理论上还应包含合理利润）应由发包人承担，有其他责任人的，发包人再另行追偿。除非合同有先定责后修复的特别约定，承包人不应以工程质量缺陷并非承包人责任为由拒绝履行修复义务。理由是，工程质量缺陷的成因、责任认定和责任分配往往较为复杂、耗时，在没有特别约定的情形下，要求先定责再修复工程，将不合理地延误修复工期，扩大了损失，对发包人不公平。合同双方对工程缺陷责任暂时无法确定时，承包人一般应先进行工程修复，并在工程修复开始之前、之中和之后，通过保留工程缺陷证据、修复费用证据、第三方鉴定等方式，解决工程质量责任和修复费用承担责任的争议。只有在工程质量责任明显不属于承包人，且工程修复费用过巨，超出当事人合理预期等特殊情形下，承包人在工程修复工作开始前要求发包人明确或者先予支付全部或者部分修复费用的主张才具有合理性。

由于法律规定的缺失、行政规范性文件内容的粗疏和法律效力层级的限制，在订立施工合同时，笔者建议合同双方尽可能更明确地约定工程保修情形下的发包人报修、承包人响应与实施保修施工的程序、质量缺陷责任认定程序、保修方案确定程序、保修费用计算方法和标准、保修费用结算和支付程序等，可避免因缺少约定或者约定不明既难以适用合同约定，又难以直接适用法律规定的风险。

（二）无效施工合同的承包人是否以及如何承担工程保修责任

一方面，施工合同无效后，合同中关于工程保修的约定亦相应无效，对合同双方不再具有法律约束力。但是，法律、行政法规对承包人工程保修义务和责任亦有规定，而且这些规定绝大部分属于强制规范，因此，无效施工合同的承包人仍应当承担工程保修的法定义务和责任。需要指出的是，如果合同价款的约定与承包人超越法定义务的工程保修约定义务内容有关，当合同无效且工程经验收质量合格时，由于承包人工程保修义务的约定被认定无效而“免除”。严格来说，应就该部分被“免除”的保修义务对应的工程价款作相应扣减。在实务处理中，就合同价款的约定与承包人超越法定义务的工程保修约定义务内容的关联，以及应扣减金额的扣减事实的存在，应由主张扣减的发包人举证。发包人虽然能够举证施工合同价款的约定与承包人超越法定义务的工程保修约定义务内容有关，但是由于造价计算方式的技术原因，难以计算上述应扣减金额，在纠纷裁处时，不宜径行认定发包人举证不能，而应按无效合同的计价约定计算承包人应获得的折价补偿款，否则将导致承包人既无须承担约定的保修义务，又可实际获得包含该义务的工程折价补偿款，不仅违背公平原则，而且使当事人基于无效合同而获利，有违社会公义。笔者建议采取以下两个处理方案之一：方案一，参照无效合同关于工程保修的约定，裁判承包人承担工程保修责任；方案二，裁判者根据个案情况，酌定扣减金额。

另一方面，施工合同如因承包人不具有相应工程承包资质而无效，或者虽然合同无效原因并非承包人承包资质缺陷，但是承包人如果已经丧失履行法定保修义务的实际能力，则其工程保修的法定义务应当以替代履行的方式进行。在实务处理中，发包人可以主张承包人以承担替代履行费用的方式承担工程保修责任。

（三）施工合同解除后承包人是否仍须继续承担工程保修责任

实务中施工合同的解除时间基本发生在合同项下工程完成竣工验收之前，具体又分为两种情况：一种情况是，合同项目由多个单位工程组成时，部分单位工程尚未完成竣工验收或者竣工验收不合格，部分单位工程已经竣工验收合格；另一种情况是，所有单位工程均未完成竣工验收。

对于已经完成竣工验收的单位工程，根据《民法典》第五百六十六条①的规定，合同解除后，尚未履行的该单位工程的保修义务中的约定内容应当终止履行。关于终止履行约定保修义务可能造成的损失（主要是未来可能发生的工程保修费用）的处理，除非双方另有约定，如果合同解除的原因在于发包人，则该损失由发包人自行承担；如果合同解除的原因在于承包人，则该损失应由承包人承担。但是，合同解除后，尚未履行的该单位工程保修义务中的法定内容，承包人仍应继续承担保修责任（包括自行维修和承担他人替代维修的合理费用），除非双方对后续保修的处理另有约定。上述观点看似与《民法典》第五百六十六条中合同解除后尚未履行的终止履行的规定不合，但是其理由是，承包人就合同解除前的竣工验收合格工程取

---

① 《民法典》第五百六十六条规定："合同解除后，尚未履行的，终止履行；已经履行的，根据履行情况和合同性质，当事人可以请求恢复原状或者采取其他补救措施，并有权请求赔偿损失。合同因违约解除的，解除权人可以请求违约方承担违约责任，但是当事人另有约定的除外。"

得的对应工程价款,通常为合格竣工的工程施工价款和或有的工程保修价款之和,或有的工程保修价款理论上又由属于法定保修义务内容的保修价款和超出法定保修义务之外的约定保修内容的保修价款构成,承包人对于工程的法定保修义务不因施工合同的解除或者无效而被当然解除,除非发包人放弃要求承包人承担法定保修责任,或者在解约后的价款结算中已经扣除了约定的工程保修价款。

对于尚未完成竣工验收的单位工程,特别是实际施工工程量与竣工工程量的差异较大时合同即被解除的情形,除非工程不再续建,后续工程将由其他承包人接续完成。在理论上,由前后两承包人接续完成的单位工程,应由两承包人在各自的合格完工工程范围内各自分别承担保修义务。但是,分别保修在实务中并非总是具备可行性,主要原因是,某些情况下单位工程质量问题的原因并非局限于质量缺陷发生的部位,而是各部位问题相互关联。例如,房屋某一层墙壁、梁柱出现裂缝,其原因可能是集中于顶层房屋的局部问题,也可能缘于该层房屋的上部或者下层房屋或者地基、基础的质量缺陷。因此,如果发生质量缺陷的部位与质量原因部位分属或者跨越前后两承包人的实际施工范围,两承包人分别履行保修义务有可能无法消除工程质量缺陷,不能达到保修目的。考虑到工程质量缺陷成因和修复工作的上述技术特性,实务中可行的方案是,由后续承包人履行对整个单位工程的保修义务,而在保修责任认定和保修费用承担上,将前手承包人纳入可能的责任人范围加以考虑。因此,笔者认为,在因承包人违约导致合同解除的情形下,根据《民法典》第五百三十一条第二款[①]的规定,承包人因部分履行承包义务(工程保修义务部分未履行)给发包人增加的费用,应由承包人负担。由于该费用是否确定发生,以及费用金额暂时不能确定,因而发包人可在相应的纠纷诉讼或仲裁中,提出下列诉讼或者仲裁请求,即请求:确认发包人享有主张承包人承担其已完工程范围内的工程保修责任的权利(确权)。在当事人明确提出上述确权请求时,裁判者应当依据《民法典》第五百三十一条第二款对当事人请求予以支持。只不过,未来发生属于或者可能属于前手承包人已完工程范围内的工程保修事项时,发包人应及时与前手承包人联系、交涉,保障前手承包人合理的被通知权、参与保修责任认定程序的权利以及参与确定保修费用程序的权利。

---

① 《民法典》第五百三十一条第二款规定:“债务人部分履行债务给债权人增加的费用,由债务人负担。”

当然,为了未雨绸缪减少纠纷,笔者建议:第一,根据《民法典》第五百六十七条[①]的规定,合同解除后,不影响合同中结算和清理条款的效力。在施工合同文本中,对于解除合同的善后处理,宜提前设立明确的可量化的清算清偿条款。就合同解除后承包人工程保修义务的善后处理,宜约定在发包人扣除约定的预留工程保修费用后,承包人的工程保修义务转由后续承包人承担,而约定预留的工程保修费用宜与已完工程的质量检查指标挂钩,而非与实际工程质量无关的、静态的,相当于质量保证金的工程结算总价的固定百分比或者固定金额。第二,实务中对于尚未完成竣工验收的单位工程,在施工合同解除纠纷处理时,发包人在对已完工程进行质量检查时,应特别重视对地基基础、主体结构以及停工部位等可能影响续建工程或者整体工程质量的内容检查,并应尽快确定后续承包人,力争让后续承包人参加上述质量检查过程,并确认质量检查结果,便于在后续承包合同中明确后续承包人在接续施工时对于前手承包人已完工工程质量的确认和(或)其接续承担保修义务的相应对价。

---

① 《民法典》第五百六十七条规定:"合同的权利义务关系终止,不影响合同中结算和清理条款的效力。"

第七百九十六条　工程监理

【法条原文】

第七百九十六条　建设工程实行监理的，发包人应当与监理人采用书面形式订立委托监理合同。发包人与监理人的权利和义务以及法律责任，应当依照本编委托合同以及其他有关法律、行政法规的规定。

【条文主旨】

本条是关于建设工程监理合同的订立，以及发包人与监理人权利义务及法律责任规定的条款，在发包人与监理人之间属于强制规范，当事人不得排除适用。规范的强制性体现在两个方面：第一，发包人与监理人之间建立委托监理关系在合同形式上的强制，即应当订立书面形式的委托监理合同，但是一般认为该等强制规定应属于管理性的强制规定，不能作为合同效力的判定依据；第二，发包人与监理人的权利和义务的强制，即应当以《民法典》合同编委托合同章以及其他有关法律、行政法规为依据。一般认为，其中有关法律、行政法规规定的监理人法定资质、监理人应当亲自完成监理工作，以及监理人不得违反工程质量、安全强制性技术标准等内容属于影响合同有效性的效力性强制规定，可以作为合同效力的判定依据。

委托监理合同不属于《民法典》合同编建设工程合同章规定的建设工程合同。但是，基于监理人法定职责，以及监理合同约定的权利义务和发包人的授权，监理人具体介入发包人与承包人之间的建设工程合同活动，对发包人和承包人的合同履行以及它们各自权利的享有和义务的承担均可能产生重要影响，因而在《民法典》合同编建设工程合同章中一并予以指引性规定。换言之，本条规定虽然仅在发包人和监理人之间属于强制规范，在发包人与承包人之间不具有强制性，但是一旦监理人依发包人授权介入建设工程合同，承包人不能拒绝接受监理人的监理，而且监理人作为建设工程合同履行过程中重要的第三人，其相关行为，不仅基于监理合同本身的、直接的合同相对性，对发包人产生影响；而且基于监理人对发包人的代理权以及发包人与承包人之间建设工程合同的结合而产生的法律关系的连接，对于与监理人并不具有直接合同关系的承包人产生法律约束力。更重要的是，监理人履行建设工程监理的法定职责的行为，更可能脱离发包人对监理人的授权，溢出合同相对性,对承包人产生强制性的法律约束力。因而,监理人在建设工程合同中的地位和作用,既体现为发包人的代理人(其行为受发包人授权的限制),又在一定程度和范围内体现出依法摆脱发包人授权束缚的独立性,而在绝大多数民事代理的委托关系中,代理人不存在这种独立性。

【条文释评】

一、工程监理

中国自 1988 年引入工程监理制度,1998 年将工程监理制度首次以法律形式规定在《建筑法》中。根据《建筑法》的规定,我国目前的建设工程监理,是指具有法定资质条件的工程监理单位接受建设工程建设单位(通常为工程施工合同中的发包人)委托,依照委托监理合同约定的授权、法律、行政法规及有关的建设工程技术标准、设计文件和建设工程合同有关监理工作的条款,对承包人在工程质量、建设工期和建设资金使用等方面,代表建设单位实施监督的专门活动。[①] 实务中,根据监理合同的约定和建设单位发包人的授权,监理人还可以代表发包人对承包人在施工合同履行过程中工程价款核算、工程索赔、安全文明施工及环境保护等方面实施监督。因此,现行法律规定的工程监理仅局限于建设工程项目在建设施工过程中的监理活动,简称施工监理。

此外,在建设工程实施全过程中还存在对设计活动的监理,简称设计监理。尽管设计阶段是确定工程价值的主要阶段,也是影响投资程度的关键阶段,为制定项目控制性进度提供基础条件,在国际工程中业主(建设单位)普遍采用“设计监理+施工监理”一体化的工程咨询方式,但是设计监理人比施工监理人具有更广泛、更高的知识和技术能力要求(前者要求具备经济可行性分析、规划设计、财务管理、资源管理、工程技术等多方面综合知识和技术能力),设计监理活动在国内的工程建设过程中远未普及。

近年来,国家为了提升工程建设行业综合管理能力,促进中国工程建筑行业健康持续发展,提高中国建设工程咨询企业参与国际建设工程咨询服务市场竞争力,

---

① 《建筑法》第三十二条第一款规定:“建筑工程监理应当依照法律、行政法规及有关的技术标准、设计文件和建筑工程承包合同,对承包单位在施工质量、建设工期和建设资金使用等方面,代表建设单位实施监督。”

正在积极培育"全过程工程咨询"服务。[①] 所谓全过程咨询服务,是指设计建设工程全生命周期内的策划咨询、前期可行性研究、工程勘察设计、招标代理、造价咨询、施工前期准备、设备监造、施工监理、竣工验收、运营保修等各阶段的工程建设运营管理服务。传统的工程建设模式下,工程可行性研究等立项决策、勘察设计、施工由建设单位(发包人)分别与合同相对方订立各自独立的委托咨询服务合同和勘察、设计、施工合同以及施工监理合同,对项目的立项决策、勘察设计等活动的监理咨询服务要么缺失,要么各自分离,缺乏对工程建设全产业链、全生命周期的整体把控,信息流被切断,既割裂了工程建设过程的内在联系,增加了成本,降低了项目管理效率,又造成工程建设的安全和质量管理的漏洞或者隐患,发包人难以获得完整和集约高效的建设工程产品和服务。目前,全过程工程咨询服务尚处于行业培育阶段,相应的法律规制也处于缺失状态。

基于中国国内工程监理活动及其法律规制主要集中于施工监理的现状,本书仅讨论施工监理,除非另有特别说明,本书提及"工程监理",均仅指施工监理。

(一)自愿监理与法定强制监理

建设工程监理是建设项目的建设单位,为了保证工程质量、控制工程建设成本和工期,以维护自身利益而采取的措施,因此对建设工程是否实行监理,原则上应由发包人自行决定。[②] 但是,对于使用国家财政资金、其他公共资金建设的工程项目,或者涉及社会公共利益、公共安全且具有一定规模的建设工程,为了维护国家利益和社会公共利益的需要,国家规定了实行强制监理的建设工程范围。

(二)法定强制监理的项目范围和规模

根据《质量管理条例》第十二条第二款的规定,下列建设工程必须实行监理:(1)国家重点建设工程;(2)大中型公用事业工程;(3)成片开发建设的住宅小区工程;(4)利用外国政府或者国际组织贷款、援助资金的工程;(5)国家规定必须实行

---

① 国务院办公厅《关于促进建筑业持续健康发展的意见》(国办发〔2017〕19 号)第三部分"完善工程建设组织模式"第四项规定:"培育全过程工程咨询。鼓励投资咨询、勘察、设计、监理、招标代理、造价等企业采取联合经营、并购重组等方式发展全过程工程咨询,培育一批具有国际水平的全过程工程咨询企业。制定全过程工程咨询服务技术标准和合同范本。政府投资工程应带头推行全过程工程咨询,鼓励非政府投资工程委托全过程工程咨询服务。在民用建筑项目中,充分发挥建筑师的主导作用,鼓励提供全过程工程咨询服务。"

② 参见胡康生主编:《中华人民共和国合同法释义》(第 2 版),法律出版社 2009 年版,第 402 页。

监理的其他工程。例如，根据《铁路安全管理条例》第十一条第三款的规定，高速铁路和地质构造复杂的铁路建设工程实行工程地质勘察监理。

《建设工程监理范围和规模标准规定》（原建设部令第86号）进一步规定：

国家重点建设工程，是指依据《国家重点建设项目管理办法》[①]所确定的对国民经济和社会发展有重大影响的骨干项目。

大中型公用事业工程，是指项目总投资额在3000万元以上的下列工程项目：（1）供水、供电、供气、供热等市政工程项目；（2）科技、教育、文化等项目；（3）体育、旅游、商业等项目；（4）卫生、社会福利等项目；（5）其他公用事业项目。

成片开发建设的住宅小区工程，建筑面积在5万平方米以上的住宅建设工程必须实行监理；5万平方米以下的住宅建设工程，可以实行监理，具体范围和规模标准，由省、自治区、直辖市人民政府建设行政主管部门规定。对高层住宅及地基、结构复杂的多层住宅应当实行监理。

利用外国政府或者国际组织贷款、援助资金的工程范围包括：（1）使用世界银行、亚洲开发银行等国际组织贷款资金的项目；（2）使用国外政府及其机构贷款资金的项目；（3）使用国际组织或者国外政府援助资金的项目。

国家规定必须实行监理的其他工程是指：

（1）项目总投资额在3000万元以上关系社会公共利益、公众安全的下列基础设施项目：①煤炭、石油、化工、天然气、电力、新能源等项目；②铁路、公路、管道、水运、民航以及其他交通运输业等项目；③邮政、电信枢纽、通信、信息网络等项目；④防洪、灌溉、排涝、发电、引（供）水、滩涂治理、水资源保护、水土保持等水利建设项目；⑤道路、桥梁、地铁和轻轨交通、污水排放及处理、垃圾处理、地下管道、公共停车场等城市基础设施项目；⑥生态环境保护项目；⑦其他基础设施项目。

（2）学校、影剧院、体育场馆项目。

国务院建设行政主管部门（国家住房和城乡建设部）商同国务院有关部门后，可以对必须实行监理的建设工程具体范围和规模标准进行调整。例如，住房和城乡建设部部门规章《城市地下空间开发利用管理规定》第二十一条就规定，地下工程施工应推行工程监理制度。

---

① 《国家重点建设项目管理办法》（经国务院批准，原国家计划委员会1996年6月14日发布，2011年1月8日经国务院令第588号修订）第二条规定："本办法所称国家重点建设项目，是指从下列国家大中型基本建设项目中确定的对国民经济和社会发展有重大影响的骨干项目：（一）基础设施、基础产业和支柱产业中的大型项目；（二）高科技并能带动行业技术进步的项目；（三）跨地区并对全国经济发展或者区域经济发展有重大影响的项目；（四）对社会发展有重大影响的项目；（五）其他骨干项目。"

(三)强制监理项目范围不等于强制招标项目范围

国家规定的实行强制监理的建设工程范围不等于《招标投标法》规定的强制招标项目范围。

从上述行政规章、规范性文件中可以发现,强制监理的建设工程范围的确定,主要依据项目性质和投资规模。在项目性质和投资规模上,对国民经济和社会发展有重要影响的国家重点项目、具有一定投资规模的基础设施项目、公用事业项目和成片开发的住宅项目,以及高层住宅和基础或结构复杂的多层住宅项目必须监理;在项目的投资来源上,利用外国政府或者国际组织贷款、援助资金的项目(无论投资规模大小)必须监理。

对强制招标的建设工程项目范围的确定,既依据项目性质,也依据项目的投资来源和项目规模。2018 年 6 月 1 日起,根据经国务院批准由国家发展改革委颁布的《必须招标范围规定》和《必须招标项目规定》的现行规定,在项目性质上,特定类型的大型基础设施、公用事业项目必须招标;①在项目的投资来源和项目规模上,一定规模的全部或者部分使用国有资金投资或者国家融资的项目、使用国际组织或者外国政府贷款、援助资金的项目(无论投资规模的大小)必须招标。②

因此,一方面,非强制招标项目(如一定规模的商品住宅小区)可能属于强制监理项目;另一方面,非强制监理项目(如完全适用国有独资企业资金建造的基础和结构简单的多层住宅项目)也可能属于强制招标项目。

二、监理人

监理人是基于建设单位(通常也同时是建设工程合同中的发包人)的委托和授权,依照建设工程合同关于监理工作的约定和法律(此处法律作广义理解,包括法

---

① 《必须招标范围规定》第二条规定:"不属于《必须招标的工程项目规定》第二条、第三条规定情形的大型基础设施、公用事业等关系社会公共利益、公众安全的项目,必须招标的具体范围包括:(一)煤炭、石油、天然气、电力、新能源等能源基础设施项目;(二)铁路、公路、管道、水运,以及公共航空和 A1 级通用机场等交通运输基础设施项目;(三)电信枢纽、通信信息网络等通信基础设施项目;(四)防洪、灌溉、排涝、引(供)水等水利基础设施项目;(五)城市轨道交通等城建项目。"

② 《必须招标项目规定》第二条规定:"全部或者部分使用国有资金投资或者国家融资的项目包括:(一)使用预算资金 200 万元人民币以上,并且该资金占投资额 10% 以上的项目;(二)使用国有企业事业单位资金,并且该资金占控股或者主导地位的项目。"第三条规定:"使用国际组织或者外国政府贷款、援助资金的项目包括:(一)使用世界银行、亚洲开发银行等国际组织贷款、援助资金的项目;(二)使用外国政府及其机构贷款、援助资金的项目。"

律、法规、规章、规范性文件和国家技术标准等)规定,对建设工程合同承包人的承包工作进行监督管理的、具有法定资质的组织。对需要实行工程监理的项目,无论是强制监理项目还是自愿监理项目,发包人应当委托具有相应资质条件的工程监理人进行监理。换言之,对于自愿监理项目,发包人可以不聘请监理人,而自行实施对于建设工程的监管;如果发包人自身没有能力或者因其他原因自身不实施工程监管,而需要委托他人监理工程的,受托人必须具有相应工程监理资质。

(一)监理人监理权的本质是代理权,但具有特殊性

监理人并非施工合同的当事人。然而,监理人基于与发包人之间的监理合同关系获得的监理权而具体介入施工合同活动,施工合同约定的发包人和承包人的权利义务内容的具体履行,经常涉及监理人的行为。监理人的行为后果亦时常影响甚至严重影响发包人和承包人在施工合同中的权利义务和责任。在合同类型上,本条明确规定,监理人与发包人之间的监理合同属于委托合同,因而,无论监理人是以发包人名义还是以自己名义在施工活动中向承包人行事时,承包人作为委托关系中的第三人,均知道监理人与发包人之间的代理关系,根据《民法典》第九百二十五条①规定的精神,监理人在代理权限内的行为及其后果直接约束发包人与承包人。因此,监理人监理权的本质是基于发包人授权的委托代理权。

然而,监理人的监理权作为一种代理权,又具有不同于普通民商事代理权的特殊性。其特殊性主要体现在以下方面:

第一,监理人的监理权除了来源于发包人的授权之外,还来源于行政许可。监理人在被行政许可的资质等级之外(包括无监理资质或者超越监理资质)无合法监理权,其监理行为非法。根据现行《行政许可法》第十二条②的规定,以代理服务作为主营业务的行业或职业,如果其提供的公众服务直接关系公共利益,需要确定具备特殊信誉、特殊条件或者特殊技能等资格、资质的事项,均存在行政许可限制。例如,工程监理、法律服务、会计审计、保险代理。而普通民商事代理对于代理人的资格,除代理人须具备完全民事行为能力的最低法律要求外,没有其他特别限制。

---

① 《民法典》第九百二十五条规定:"受托人以自己的名义,在委托人的授权范围内与第三人订立的合同,第三人在订立合同时知道受托人与委托人之间的代理关系的,该合同直接约束委托人和第三人;但是,有证据证明该合同只约束受托人和第三人的除外。"

② 《行政许可法》第十二条规定:"下列事项可以设定行政许可:……(三)提供公众服务并且直接关系公共利益的职业、行业,需要确定具备特殊信誉、特殊条件或者特殊技能等资格、资质的事项;……(五)企业或者其他组织的设立等,需要确定主体资格的事项;……"

第二，监理人的监理职责和权利义务不仅基于监理合同的约定，还基于法律、行政法规等针对监理人的特别规定。例如，根据《建筑法》第三十四条第二款规定，工程监理单位应当根据建设单位的委托，客观、公正地执行监理任务；第三款规定，工程监理单位与被监理工程的承包单位以及建筑材料、建筑构配件和设备供应单位不得有隶属关系或者其他利害关系。因此，对监理人履职客观公正性的要求，已经超出了对普通代理人的要求；而普通民商事代理对于代理人的职责和权利义务，除代理事项不得违法的原则要求外，没有其他特别限制。又如，《建筑法》第三十四条第四款规定，工程监理单位不得转让工程监理业务；而对于一般民商事代理，根据《民法典》第九百二十三条的规定，经委托人同意，受托人可以转委托。

（二）监理人资质等级及其业务许可范围

根据现行《工程监理企业资质管理规定》（原建设部令第158号）第六条的规定："工程监理企业资质分为综合资质、专业资质和事务所资质。其中，专业资质按照工程性质和技术特点划分为若干工程类别。综合资质、事务所资质不分级别。专业资质分为甲级、乙级；其中，房屋建筑、水利水电、公路和市政公用专业资质可设立丙级。"

根据《工程监理企业资质管理规定》第七条的规定，综合资质和专业资质的工程监理企业可以是公司或者其他有限责任的企业，企业技术负责人均必须具有注册监理工程师资质，且其中综合资质和专业甲级资质企业的技术负责人应具有15年以上从事建设工作的经历或具有工程类高级职称，专业乙级和丙级资质企业的技术负责人应分别具有10年和8年以上从事建设工作的经历；事务所资质的工程监理企业必须是合伙企业，且合伙人中应有3名以上注册监理工程师，合伙人均应有5年以上从事建设工程监理的工作经历。《工程监理企业资质管理规定》第八条还对各类资质的工程监理企业的资质等级标准的其他内容作出了详细规定。这些内容涉及企业注册资本金额、建设工程类注册技术人员（监理工程师、注册造价工程师、注册建造师、注册建筑师、注册结构工程师或者其他勘察设计注册工程师）的人数、具备工程试验检测设备的要求、执业守法状况、与监理执业有关的工程质量安全事故情况等。

根据《工程监理企业资质管理规定》第八条的规定，工程监理企业资质相应许可的业务范围如下：

1. 综合资质

可以承担所有专业工程类别建设工程项目的工程监理业务。

2. 专业资质

(1)专业甲级资质。可承担相应专业工程类别建设工程项目的工程监理业务。

(2)专业乙级资质。可承担相应专业工程类别二级以下(含二级)建设工程项目的工程监理业务。

(3)专业丙级资质。可承担相应专业工程类别三级建设工程项目的工程监理业务。

3. 事务所资质

可承担三级建设工程项目的工程监理业务,但是,国家规定必须实行强制监理的工程除外。

工程监理企业可以开展相应类别建设工程的项目管理、技术咨询等业务。

关于专业工程类别和等级的具体划分,可参见《工程监理企业资质管理规定》附表二。

三、监理人的法定权利义务

本条最后一句明确规定,发包人、监理人的权利和义务以及法律责任,应当依照《民法典》合同编委托合同以及其他有关法律、行政法规的规定。经检索,涉及委托监理关系的发包人、监理人法定权利义务和法律责任的法律、行政法规主要包括《民法典》(主要是合同编委托合同章)、《建筑法》和《质量管理条例》、《安全管理条例》、《勘察设计管理条例》、《铁路安全管理条例》等。

对此,读者可能有疑问:不属于法律和行政法规的有关规章的规定能否作为认定发包人、监理人权利义务的依据?笔者认为,现行法律、行政法规对发包人、监理人权利义务的规定有部分缺失,在遵循或者不违背法律、行政法规有关立法精神的前提下,部门规章作出的有关补充规定可以且应当作为认定发包人、监理人权利义务的依据。比如,国家住建部的部门规章《建设工程质量检测管理办法》(建设部令第141号)第十六条第三款规定:"检测机构不得与……所检测工程项目相关的设计单位、施工单位、监理单位有隶属关系或者其他利害关系。"实际上,上述规定对《质量管理条例》第三十五条"工程监理单位与被监理工程的施工承包单位以及建筑材料、建筑构配件和设备供应单位有隶属关系或者其他利害关系"的规定进行了补充,完善了涉及建设工程质量的相关活动主体之间的利益冲突制度,该规定完全符合《质量管理条例》第三十五条的立法精神,应当作为监理人义务的法定依据。经检索,涉及监理人法定权利义务和法律责任的部门规章主要包括:《城市地下空间开发利用管理规定》《建设工程质量检测管理办法》等住房和城乡建设部部门规章,《水利工程建设监理规定》《水利工程建设安全生产管理规定》等水利部部门规章和《铁路建设工程质量监督管理规定》《水运工程施工监理规定(试行)》《公路水运工程安全生产监督管理办法》《港口工程建设管理规定》等交通运输部部门规章。需要指出的是,前述的部门规章仅在行政法规的基础上针对具体行业建设工程监理人的行政法律义务和责任进行了具体细化的规定,这些规定虽然并不直接涉及监理人的民事法律义务和责任。但是,在监理合同争议处理时,如果监理人的行为违反了上述有关部门规章的规定,可以在认定监理人民事法律责任时,作为监理人的过错事实加以考量。

(一)基于委托监理合同关系

1. 监理人作为受托人的法定权利

(1)除非另有约定,因不可归责于监理人的事由,委托监理合同解除或者监理事务不能完成的,监理人有权取得相应报酬。①

(2)除非另有约定,监理人有权预先取得监理报酬,以及因执行监理事务而垫付的费用及其利息。②

(3)因委托人(通常为建设工程的建设单位和施工合同发包人)解除监理合同造成的监理人直接损失和预期可得利益损失(不可归责于委托人的事由除外),要求委托人赔偿。③

(4)随时解除委托监理合同。④

(5)监理人执行监理事务时,因不可归责于自己的事由受到损失的,有权要求委托人赔偿损失。⑤

---

① 《民法典》第九百二十八条第二款规定:“因不可归责于受托人的事由,委托合同解除或者委托事务不能完成的,委托人应当向受托人支付相应的报酬。当事人另有约定的,按照其约定。”

② 《民法典》第九百二十一条规定:“委托人应当预付处理委托事务的费用。受托人为处理委托事务垫付的必要费用,委托人应当偿还该费用并支付利息。”

③ 《民法典》第九百三十三条规定:“委托人或者受托人可以随时解除委托合同。因解除合同造成对方损失的,除不可归责于该当事人的事由外,无偿委托合同的解除方应当赔偿因解除时间不当造成的直接损失,有偿委托合同的解除方应当赔偿对方的直接损失和合同履行后可以获得的利益。”

④ 《民法典》第九百三十三条规定:“委托人或者受托人可以随时解除委托合同。因解除合同造成对方损失的,除不可归责于该当事人的事由外,无偿委托合同的解除方应当赔偿因解除时间不当造成的直接损失有偿委托合同的解除方应当赔偿对方的直接损失和合同履行后可以获得的利益。”

⑤ 《民法典》第九百三十条规定:“受托人处理委托事务时,因不可归责于自己的事由受到损失的,可以向委托人请求赔偿损失。”

(6)拒绝委托人提出的不符合建设工程安全生产法律、法规和强制性标准规定的要求。

(7)总监理工程师对委托人拨付工程款和竣工验收进行监督,并签署意见。

2. 监理人作为受托人的法定义务

(1)在其资质等级许可的监理范围内,承担工程监理业务,不得聘用无相应监理人员资格的人员从事监理业务。同时,依委托权限和委托人指示行事,不得越权。监理人应当按照发包人(委托人)的指示处理工程监理事务。需要变更委托人指示的,应当经委托人同意。紧急情况下,无法及时联系到委托人时,监理人应妥善处理监理事务,并在事后及时报告发包人。①

(2)与被监理工程的施工承包人、质量检测单位以及工程材料、构配件和设备供应单位不得有隶属关系或者其他利害关系。不得利用执业便利,索取或者收受工程承包人以及工程材料、构配件和设备供应单位经济利益。

(3)亲历亲为,亲自完成受托的工程监理工作。监理人转委托他人完成法律、行政法规不禁止的工程监理的部分事务的,应当经委托人同意。② 不得允许其他单位或者个人以本单位名义承揽工程建设监理业务,不得转让工程监理业务。

(4)选派具备相应资格的总监理工程师和监理工程师进驻施工现场。对于水运工程等特殊专业工程,现场监理机构须对主要结构、构件和材料进行测试,其中的大中型工程项目的施工监理部,应在现场设立检测试验室,配备一定数量的仪器设备和相应的测试人员;小型水运工程项目的施工监理机构可与当地有检测资格证书的试验室签订协议,委托其完成必要的试验检测任务。

(5)发现建设工程勘察、设计文件不符合工程建设强制性标准、合同约定的质量要求的,报告委托人。发现施工图设计文件差错或与现场实际情况不符,及时书面通知委托人。

(6)不得修改建设工程勘察、设计文件。

(7)拒绝委托人提出的不符合建设工程安全生产法律、法规和强制性标准规定

---

① 《民法典》第九百二十二条规定:“受托人应当按照委托人的指示处理委托事务。需要变更委托人指示的,应当经委托人同意;因情况紧急,难以和委托人取得联系的,受托人应当妥善处理委托事务,但是事后应当将该情况及时报告委托人。”

② 《民法典》第九百二十三条规定:“受托人应当亲自处理委托事务。经委托人同意,受托人可以转委托。转委托经同意或者追认的,委托人可以就委托事务直接指示转委托的第三人,受托人仅就第三人的选任及其对第三人的指示承担责任。转委托未经同意或者追认的,受托人应当对转委托的第三人的行为承担责任;但是,在紧急情况下受托人为维护委托人的利益需要转委托的除外。”

的要求。

(8)审查施工承包人提交的施工组织设计中的安全技术措施、专项施工方案(特别是施工承包人就下列达到一定规模的危险性较大的工程编制的附具安全验算结果的专项施工方案)和环境保护措施是否符合工程建设强制性标准和环境保护要求,并签署审查意见和监督实施:①基坑支护与降水工程;②土方和石方开挖工程;③模板工程;④起重吊装工程;⑤脚手架工程;⑥拆除、爆破工程;⑦国务院建设行政主管部门或者其他有关部门规定的其他危险性较大的工程。例如,水利部部门规章《水利工程建设安全生产管理规定》将围堰工程列为危险性较大的工程;交通运输部部门规章《公路水运工程安全生产监督管理办法》还将下列工程列为危险性较大的工程:滑坡和高边坡处理;桩基础、挡墙基础、深水基础及围堰工程;桥梁工程中的梁、拱、柱等构件施工等;隧道工程中的不良地质隧道、高瓦斯隧道、水底海底隧道等;水上工程中的打桩船作业、施工船作业、外海孤岛作业、边通航边施工作业等;水下工程中的水下焊接、混凝土浇注、爆破工程等;大型临时工程中的大型支架、模板、便桥的架设与拆除;桥梁、码头的加固与拆除。

(9)实施监理过程中,发现存在安全事故隐患的,要求施工承包人整改;情况严重的,要求施工承包人暂时停止施工,并及时报告委托人。施工承包人拒不整改或者不停止施工的,及时报告委托人。

(10)向委托人及时报告已经发生的工程质量事故和安全事故,并协助采取有效措施,防止事故扩大,保护事故现场。

(11)参与工程质量事故调查,协助审查质量事故的处理方案及其补救措施,并检查落实情况。

(12)对涉及结构安全的试块、试件以及有关材料的现场取样进行监督。

(13)应当对将要在工程中使用或者安装的工程材料、构配件和设备质量进行监督,并签署意见。应当对隐蔽工程进行检查、记录并签认,未经质量验收合格不得同意施工承包人进入下道工序。

(14)按照施工合同的约定定期向委托人签发工程计量清单和付款意见书,核签有关索赔和反索赔文件。

(15)参加工程竣工验收并签署验收意见,监督责任单位对存在的质量问题进行整改,并对整改结果进行检查。

(16)提供竣工验收备案手续所需的、应由监理人提供的资料文件(通常包括独立隐蔽工程、分部分项质量评定资料;工程抽检及试块试样试验资料;进场工程材料、构配件、设备质量查验资料;工程质量综合评定资料;工程量变更查验资料;工程价款变更核查资料;开工、停工通知和工程进度监理资料;施工安全、环保监理资料;工程监理总结报告),并就相关文件签署意见。协助委托人办理工程竣工档案专项验收。

(17)按照监理合同约定的委托人要求,报告其他监理事务的处理情况。监理合同终止(无论是因工程监理事项完成而终止,还是合同被提前终止)时,报告监理事务的结果。① 在合同未有约定,或者在合同约定之外,按照委托人的合理要求,以及法律、法规、规章、技术标准等要求,适时向委托人报告工作情况。

(18)适时向委托人转达或转交关涉其权利义务的、监理人处理监理事务取得的有关被监理的建设工程方面的信息、文件和其他财产(包括但不限于从委托人、承包人或者第三人处获得的实物财产、技术文件资料及相应知识产权)。② 监理人在履行工程监理职责的过程中,大量接收涉及委托人权利义务的信息。这些信息有时未必以书面文件或者有形财产的方式呈现,尽管难以归入《民法典》第九百二十七条所称的"财产"范畴,也应类推适用《民法典》第九百二十七条。

(二)针对建设工程合同

1. 监理人的法定主要权利(针对监理合同委托人之外其他建设工程活动参与主体,主要是施工承包人)

(1)要求建设工程勘察、设计人在建设工程施工前向其说明建设工程勘察、设计意图,解释建设工程勘察、设计文件。

(2)签发单位工程的开工指令、预付款通知书。

(3)发现工程施工不符合工程设计要求、施工技术标准和合同约定的,要求施工承包人改正。

(4)监理工程师审查将要在工程中使用或者安装的工程材料、构配件和设备,并签署意见。

(5)审查施工承包人提交的审查施工组织设计中的安全技术措施、专项施工方案(特别是施工承包人就达到一定规模的危险性较大的工程编制的附具安全验算结果的专项施工方案)和环境保护措施是否符合工程建设强制性标准和环境保护

---

① 《民法典》第九百二十四条规定:"受托人应当按照委托人的要求,报告委托事务的处理情况。委托合同终止时,受托人应当报告委托事务的结果。"

② 《民法典》第九百二十七条规定:"受托人处理委托事务取得的财产,应当转交给委托人。"

要求，并签署审查意见和监督实施。

（6）实施监理过程中，发现存在安全事故隐患，或者监理人认为工程施工不符合工程设计要求、施工技术标准或者合同约定的，有权要求承包人改正；[①]情况严重的，要求施工承包人暂时停止施工。施工承包人拒不整改或者不停止施工的，向有关主管部门报告。

（7）向委托人和有关主管机构报告已经发生的工程质量事故和安全事故。

（8）对涉及结构安全的试块、试件以及有关材料的现场取样进行监督。

（9）对将要在工程中使用或者安装的工程材料、构配件和设备质量进行监督，并签署意见；对隐蔽工程进行检查、记录并签认，未经质量验收合格，拒绝同意施工承包人进入下道工序。

（10）核签有关索赔和反索赔文件。

（11）参加工程竣工验收并签署验收意见，监督责任单位对存在的质量问题进行整改，并对整改结果进行检查。

2. 监理人的法定主要义务

（1）发现施工图设计文件差错或与现场实际情况不符，应及时书面通知设计人和施工承包人。

（2）不得修改建设工程勘察、设计文件。

（3）实施监理过程中，发现存在安全事故隐患的，要求施工承包人整改；情况严重的，要求施工承包人暂时停止施工。施工承包人拒不整改或者不停止施工的，及时向有关主管部门报告。

（4）拒绝施工承包人提出的不符合建设工程安全生产法律、法规和强制性标准规定的要求。

（5）对于发包人与监理人同时出现在建设工程合同履行的工程竣工验收程序中，监理人履行该程序中针对监理人的独立于发包人的法定义务。

上述两类不同法律关系中，监理人的法定权利义务具有以下特点：一方面，监理人在委托监理合同关系中的法定义务分为两类：一类是自身从事特定工程监理工作的主体资质资格类法定义务和亲自完成委托监理工作的法定义务；另一类是对于所监理的建设工程在具体监理工作中的法定职责。上述第二类法定义务，几乎对应于在建设工程合同关系中监理人对于工程承包人的法定权利的主要内容。

---

① 《建筑法》第三十二条第二款规定："工程监理人员认为工程施工不符合工程设计要求、施工技术标准和合同约定的，有权要求建筑施工企业改正。"

另一方面,建设工程合同关系中监理人对于工程承包人的法定主要权利,大部分也是监理人在监理合同项下的法定义务。

监理人法定权利义务之所以具有上述特点,正是监理人法律地位的必然反映。上述特点产生的根源,可以从以下几方面予以分析讨论:

第一,监理人对于工程承包人的权利,来源于委托监理合同中建设单位作为委托人(通常也是建设工程合同的发包人)的授权。建设单位给予监理人的对外(对委托监理合同关系之外的承包人)授权,当然构成监理人对于建设单位的信赖委托和支付监理报酬产生的义务。

第二,监理人基于发包人授权介入建设工程合同,就承包人而言,监理人的行为通常可视为代理发包人履行建设工程合同的行为。然而,与普通承揽合同不同,建设工程合同的发包人在涉及工程质量、施工和工程安全、工程验收使用等方面的履约行为不仅受建设工程合同的约束,还更多地受法律强制规范的约束。监理人既然主要是发包人的代理人,法律对于发包人的强制规范要求,以及民事委托的法律关系中对于受托人(或者代理人)的法定要求,在监理人工作范围内共同转化为对监理人的强制规范。

第三,监理人对于工程承包人的诸多法定权利和监理合同关系中的法定义务合一,也意味着一方面监理人不能随意放弃自己对于承包人的权利,否则既可能基于委托监理合同关系对发包人承担责任,也可能对监理合同关系之外的第三人(主要是施工承包人)承担民事责任。典型的实务场景是,发包人与监理人同时出现在建设工程合同履行的工程竣工验收程序中,发包人履行了程序规定的法定义务,而监理人未履行其自身的法定义务,导致该程序不能完成时,可能造成承包人损失。此时,对监理人未履行法定义务的行为,承包人难以监理人是发包人代理人为由,主张发包人承担因监理人不履行法定义务的行为后果,或赔偿损失。理由是,按照商事代理的一般常识,当被代理人本人与代理人对相对人的行为或者意思表示不一致时,应以被代理人本人的行为或者意思表示为准。但是在发包人与监理人同时出现的建设工程竣工验收程序中,监理人与发包人的行为或者意思表示具有法定的独立性。例如,由于监理人未参与验收或者虽派员参与验收但是拒不签署有关竣工验收文件,导致竣工验收报告虽有发包人签署但仍然无法最终完成。此时,承包人应有基于监理人未履行法律规定的参与验收义务而向监理人主张承担民事责任的权利。诚然,如果监理人基于客观公正的法定要求作出与发包人不一致的意思表示或者行为,监理人不承担不利后果。

四、发包人作为监理合同委托人的法定权利义务

委托监理合同关系中，发包人的法定权利和义务主要来源于《民法典》合同编委托合同章的有关规定在建设工程活动中的具体化。同时，监理人在委托监理合同关系中的法定权利和义务，多数也对应于发包人（委托人）的法定义务和权利。

（一）发包人作为委托人的法定权利

1. 在监理人的资质等级低于法定资质或者资质被取消后解除合同。

2. 拒绝其他单位或者个人以监理人名义从事本工程监理业务。拒绝监理人指派的无相应资格的总工程师和监理工程师进驻施工现场，以及无相应监理人员资格的人员执行本工程监理业务。

3. 就监理人发现的建设工程勘察、设计文件不符合工程建设强制性标准、合同约定的质量要求的情况，以及施工图设计文件差错或与现场实际情况不符的情况，及时获得监理人报告。

4. 就监理人发现且承包人拒不整改的质量、安全事故隐患，以及应当暂停施工的严重安全事故隐患及时获得监理人的情况报告。

5. 就已经发生的工程质量事故和安全事故，施工承包人及监理人采取的防止扩大的有效措施，以及对事故现场的保护情况，及时获得监理人的报告。

6. 就质量事故的处理方案、补救措施及其落实情况，及时获得监理人的报告。

7. 就监理人对涉及结构安全的试块、试件以及有关材料的现场取样，以及对将要在工程中使用或者安装的工程材料、构配件和设备质量进行监督的情况和结果，对隐蔽工程的检查记录情况和结果，及时获得监理人的报告。

8. 按照施工合同的约定定期获得监理人签发的工程计量清单、付款意见书，以及有关索赔和反索赔文件的核签结果。

9. 获得监理人对工程竣工验收情况和结果签署的验收意见、存在的工程质量问题整改情况和整改结果的检查情况。

10. 要求监理人提供竣工验收备案手续所需的、应由监理人提供的资料文件（通常包括独立隐蔽工程、分部分项质量评定资料；工程抽检及试块试样试验资料；进场工程材料、构配件、设备质量查验资料；工程质量综合评定资料；工程量变更查验资料；工程价款变更核查资料；开工、停工通知和工程进度监理资料；施工安全、环保监理资料；工程监理总结报告），以及就相关文件签署的意见。要求监理人协助

其办理工程竣工档案专项验收。

11. 按照监理合同约定的发包人要求，获得监理人就其他监理事务的处理情况的报告。监理合同提前终止时，获得监理人对监理事务的结果报告。①

12. 要求监理人将处理监理事务取得的财产（包括但不限于承包人或者第三人处获得的实物财产、技术文件资料及相应知识产权）转交给发包人。② 在监理事务处理完毕或者监理合同提前终止时，要求监理人返还因处理监理事务从发包人处取得的财产（因处理监理事务而正常损耗的部分除外）。

13. 因监理人解除委托监理合同造成的发包人直接损失和预期可得利益损失，除不可归责于监理人的事由外，要求监理人赔偿。③

14. 随时解除委托监理合同。④

（二）发包人作为委托人的法定义务

1. 除非另有约定，因不可归责于监理人的事由，委托监理合同解除或者监理事务不能完成的，向监理人支付相应报酬。⑤

2. 除非另有约定，向监理人预先支付监理报酬，以及向监理人支付因执行监理事务而垫付的费用及其利息。⑥

3. 不得向监理人提出不符合建设工程安全生产法律、法规和强制性标准规定的要求。

---

① 《民法典》第九百二十四条规定："受托人应当按照委托人的要求，报告委托事务的处理情况。委托合同终止时，受托人应当报告委托事务的结果。"

② 《民法典》第九百二十七条规定："受托人处理委托事务取得的财产，应当转交给委托人。"

③ 《民法典》第九百三十三条规定："委托人或者受托人可以随时解除委托合同。因解除合同造成对方损失的，除不可归责于该当事人的事由外，无偿委托合同的解除方应当赔偿因解除时间不当造成的直接损失，有偿委托合同的解除方应当赔偿对方的直接损失和合同履行后可以获得的利益。"

④ 《民法典》第九百三十三条规定："委托人或者受托人可以随时解除委托合同。因解除合同造成对方损失的，除不可归责于该当事人的事由外，无偿委托合同的解除方应当赔偿因解除时间不当造成的直接损失，有偿委托合同的解除方应当赔偿对方的直接损失和合同履行后可以获得的利益。"

⑤ 《民法典》第九百二十八条第二款规定："因不可归责于受托人的事由，委托合同解除或者委托事务不能完成的，委托人应当向受托人支付相应的报酬。当事人另有约定的，按照其约定。"

⑥ 《民法典》第九百二十一条规定："委托人应当预付处理委托事务的费用。受托人为处理委托事务垫付的必要费用，委托人应当偿还该费用并支付利息。"

五、委托监理合同

（一）委托监理合同的形式

委托合同属于《民法典》合同编第二十三章规定的一类典型合同（有名合同）。对于一般的民事委托合同，法律并未规定必须采用书面形式订立。然而，本条规定发包人与监理人应当采用书面形式订立委托监理合同。《民法典》第七百八十九条也规定了建设工程合同应当采用书面形式订立。尽管委托监理合同不属于建设工程合同，但是因其与建设工程合同的密切关系，要求其应当以书面形式订立的立法理由与上述第七百八十九条的理由相似。读者可参见本书《民法典》第七百八十九条【条文释评】和【条文适用】部分。

（二）监理合同一般条款

以下为国家住房和城乡建设部与原国家工商总局联合发布的现行《建设工程监理合同（示范文本）》（GF－2012－0202）通用合同条款中列举的建设工程监理合同的主要条款，读者在工程委托监理合同订立实务中可以作为参考，并可根据建设工程的具体情况，对合同的主要内容进行适当增减。

1. 工程概况

2. 合同组成文件

3. 总监理工程师

4. 合同价款（监理酬金）

5. 监理服务期限

6. 监理范围与监理工作内容

（1）编制监理工作规划和监理工作实施细则；

（2）熟悉工程设计文件，参加由委托人（通常即为相应的建设工程施工合同中的发包人，下同）主持的图纸会审和设计交底会议；

（3）主持监理例会并根据工程需要主持或参加专题会议；

（4）审查施工承包人提交的施工组织设计，重点审查其中的质量安全技术措施、专项施工方案与工程建设强制性标准的符合性；

（5）检查施工承包人工程质量、安全生产管理制度及组织机构和人员资格；

（6）检查施工承包人专职安全生产管理人员的配备情况；

（7）审查施工承包人提交的施工进度计划，核查承包人对施工进度计划的调整；

(8)检查施工承包人的试验室；

(9)审核施工分包人资质条件；

(10)查验施工承包人的施工测量放线成果；

(11)审查工程开工条件，对条件具备的签发开工令；

(12)审查施工承包人报送的工程材料、构配件、设备质量证明文件的有效性和符合性，并按规定对用于工程的材料采取平行检验或见证取样方式进行抽检；

(13)审核施工承包人提交的工程款支付申请，签发或出具工程款支付证书，并报委托人审核、批准；

(14)在巡视、旁站和检验过程中，发现工程质量、施工安全存在事故隐患的，要求施工承包人整改并报委托人；

(15)经委托人同意，签发工程暂停令和复工令；

(16)审查施工承包人提交的采用新材料、新工艺、新技术、新设备的论证材料及相关验收标准；

(17)验收隐蔽工程、分部分项工程；

(18)审查施工承包人提交的工程变更申请，协调处理施工进度调整、费用索赔、合同争议等事项；

(19)审查施工承包人提交的竣工验收申请，编写工程质量评估报告；

(20)参加工程竣工验收，签署竣工验收意见；

(21)审查施工承包人提交的竣工结算申请并报委托人；

(22)编制、整理工程监理归档文件并报委托人。

7. 监理依据

(1)适用的法律、行政法规及部门规章；

(2)与工程有关的标准；

(3)工程设计及有关文件；

(4)委托监理合同及委托人与第三方签订的与实施工程有关的其他合同。

8. 项目监理机构和人员

9. 监理人工作职责

(1)对于委托人与承包人因建设工程合同产生的非诉讼/仲裁争议，协调解决。

(2)对于委托人与承包人因建设工程合同产生的诉讼/仲裁争议，提供必要的证明资料。

(3)在约定的授权范围内,处理委托人与承包人所签订合同的变更事宜。如果变更超过授权范围,应以书面形式报委托人批准。

(4)为了保护财产和人身安全发出紧急指令后及时书面报告委托人。

(5)发现承包人的工作人员不能胜任本职工作的,要求承包人予以调换。

(6)按约定的种类、时间和份数向发包人提交监理与相关服务的报告。

(7)在合同履行期内,在现场保留工作所用的图纸、报告及记录监理工作的相关文件。工程竣工后,按照档案管理规定将监理有关文件归档。

(8)妥善使用和保管发包人提供的房屋、设备等财产,在本合同终止时将这些房屋、设备的清单提交委托人,并按约定的时间和方式移交。

10. 委托人义务(下文详述)

11. 违约责任

(1)监理人违约责任;

(2)委托人违约责任;

(3)除外责任。

12. 支付

(1)支付货币;

(2)支付申请;

(3)支付酬金;

(4)有争议部分的付款。

13. 合同生效、变更、暂停、解除与终止

14. 争议解决

15. 其他事项

其他事项可包括:外出考察费用、检测费用、咨询费用、奖励、知识产权、诚信廉洁、通知、保密、监理人执业责任保险等条款。

六、监理合同约定的委托人权利、义务常见内容

(一)合同约定的委托人权利的常见内容

1. 对于委托监理合同中约定的属于监理人监理范围、监理工作内容和监理人工作职责的事项,委托人有权要求监理人及时完成、报告相关工作进展和工作结果。

2. 委托人可合理要求监理人更换不能胜任本职工作的项目监理机构人员。

(二)合同约定的委托人义务的常见内容

1. 告知义务

在委托人作为发包人与承包人签订的建设工程施工合同中明确监理人、总监理工程师和授予项目监理机构的权限。如有变更,应及时通知承包人。

2. 提供资料

按照约定无偿向监理人提供工程有关的资料。在合同履行过程中,及时向监理人提供最新的与工程有关的资料。

3. 提供工作条件

委托人应为监理人完成监理与相关服务提供必要的条件。

(1)按照约定派遣相应的人员,提供房屋、设备,供监理人无偿使用;

(2)负责协调工程建设中所有外部关系,为监理人履行合同提供必要的外部条件。

4. 指派委托人代表

授权一名熟悉工程情况的代表,负责与监理人联系。在双方签订本合同后约定或者合理期限内,将委托人代表的姓名和职责书面告知监理人。当委托人更换委托人代表时,应提前通知监理人。

5. 遵守委托人对承包人发出意见或要求的程序要求

在合同约定的监理与相关服务工作范围内,委托人对承包人的任何意见或要求应通知监理人,由监理人向承包人发出相应指令。为避免向承包人发出内容不一致的指令,通常要避免由委托人或者其代表越过监理人直接向承包人发出指令,尽管委托人作为发包人有权这样做。

6. 及时答复

委托人应在约定的时间内,对监理人以书面形式提交并要求作出决定的事宜,给予书面答复。逾期未答复的,视为委托人认可。

7. 按约支付

委托人应按合同约定向监理人支付酬金。

七、监理合同约定的监理人权利、义务常见内容

(一)监理合同约定的监理人权利常见内容

1. 按约取得监理酬金。

2. 按约无偿获得委托人提供的监理人完成监理工作必需的工程有关资料及其

更新。

3. 无偿取得委托人提供或者指示承包人提供的完成监理工作必要的工作条件，如进入施工现场、提供现场办公场地、设施及约定的其他工作条件。

4. 对需要委托人作出决定的事项，及时获得委托人回复。

5. 在委托人与承包人的有关合同履行争议的处理过程中，客观、公正地提供相关事实，尽管有时其提供的相关事实可能对委托人不利，但不能据此认为监理人违约。

（二）监理合同约定的监理人义务常见内容

1. 施工招标阶段

（1）协助委托人（通常即招标人）审查施工图设计文件；

（2）协助委托人编写施工招标文件；

（3）协助委托人审查投标单位的资质和业绩；

（4）参与评标工作；

（5）协助招标人起草施工承包合同。

2. 施工准备阶段

（1）协助委托人编写开工申请报告；

（2）协助审查中标单位编制的施工组织设计、施工总进度计划、现金流动计划以及据其编制的年度计划；

（3）核验工程控制点的高程和坐标并向施工承包人移交；

（4）审核施工承包人提交的大型临时设施的设计；

（5）参加设计交底会；

（6）核查进场承包人施工队伍（含分包单位）的资质及施工机械设备性能与数量；

（7）核查进场建筑材料及构件的品种、数量和质量，对不符合要求的禁止进场或责令清除出场；

（8）签发单位工程的开工指令；

（9）签发预付款通知书。

3. 施工阶段

（1）参加或主持工地现场会议；

（2）检查施工操作情况，质量检测的取样、测试情况，施工船机设备的运转情况；

(3)核查承包人施工队伍资质变化情况;

(4)查看和抽验建筑材料与构件的质量情况;

(5)定期核查工程进度与计划执行情况;

(6)对隐蔽工程和分项、分部工程及时进行验收;

(7)核实已完工程的合同工程量清单并签发相应的付款通知书;

(8)审查工程变更及其引起的工程量变化;

(9)参与工程质量事故调查,协助审查质量事故的处理方案及其补救措施,并检查落实情况;

(10)对承包人因国家政策性调价或不可预见因素变化而提出的合同期内工程费用变化清单,及时进行核算,报请委托人同意后,签发付款通知书;

(11)对承包人提出的工期延长或费用索赔报告进行核查,报请委托人同意后,签署意见和付款通知书;

(12)对于由承包人责任造成的工程损失进行测算后,报请委托人提出反索赔;

(13)调解委托人与施工承包人在履行施工承包合同过程中发生的争端。

4.竣工验收与工程结算阶段

(1)审核承包人提出的竣工验收申请报告,并及时向委托人转报;

(2)核查工程档案资料的准确性和完整性;

(3)提交相应的工程监理报告,提出工程是否符合竣工验收技术条件的监理意见;

(4)参加委托人组织的竣工验收工作;验收不合格需要承包人进行质量整改的,检查整改进度和质量;

(5)竣工验收合格的,签署、协助委托人完成工程竣工备案所需的工程技术文件;

(6)参与、协助委托人完成工程及场地、施工现场剩余甲供物资移交工作;

(7)审核承包人提出的工程结算文件,并及时向委托人转报结算文件及其审核意见;

(8)协助委托人编写竣工决算。

如监理服务期限延续至工程保修期,审核施工承包人在保修期内对工程维护及缺陷处理的方案,核查其实施情况。

八、监理人的民事法律责任

监理人作为监理合同受托人承担的民事法律责任主要包括《民法典》规定的代

理关系中的代理人责任、委托合同章的受托人责任以及《建筑法》规定的有关监理人行为的民事责任。监理人的民事法律责任主要体现在:第一,违反委托监理合同约定,应当承担的民事违约责任;第二,未尽法定义务,应当承担的民事责任。

实务中,监理人的民事责任主要表现为违约责任。通常情形下,监理人仅与建设单位(发包人)存在委托监理合同,而与建设工程承包人(包括勘察人、设计人、施工承包人)、工程物资供货人等不存在合同关系,因此,监理人的违约责任主要指对发包人的违约责任。实践中,委托监理合同的委托内容差异很大,因而监理人相应的违约责任范围也存在较大差异。

建设工程合同当事人关于工程质量、工期、价款的三项主要权利义务,通常均与监理人的监理工作内容有关。

监理人承担工程质量责任的类型多表现为与承包人的共同连带责任,也可能表现为监理人的单独责任。绝大部分情形下,因承包人原因导致的工程质量不合格,主要归因于工程物资(包括工程材料、构配件、工程设备)质量缺陷、施工工艺或者方法缺陷、施工程序缺陷,而对于工程物资质量、施工工艺或者方法的实施、施工程序的实施,监理人均负有监理义务。工程质量缺陷未被及时发现和消除,最终酿成质量责任的不利后果,多数与监理人未尽监理职责的违约行为直接相关。而根据《质量管理条例》第六十七条的规定,监理人有下列情形之一,造成损失的,应当与相关共同责任人(发包人或者承包人)共同承担连带责任:(1)与建设单位或者施工承包人串通,弄虚作假、降低工程质量的;(2)将不合格的建设工程、建筑材料、建筑构配件和设备按照合格签字的。

监理人承担工期责任的类型,有时表现为与承包人的共同责任,有时表现为监理人的单独责任。承包人、发包人由于自身各自或者共同的原因导致工期延误的多数情况属于承包人、发包人的单独责任或者共同责任,与监理人无涉,但是如果由于检验批、分部分项、隐蔽工程质量不合格未被及时发现,从而导致施工后期或者竣工验收不合格而返工整改造成工期延误的,监理人与承包人应当承担工期延误的共同责任;实务中也可能存在纯粹由于监理人迟延履行监理职责而导致工期延误的情形。例如,由于监理人的指令、检查检验等程序性工作不及时,从而导致承包人等待监理人意见而延误工期的,尽管在发包人与承包人之间该等工期迟延被确认为发包人的责任,但是最终在监理合同中仍表现为监理人对工期迟延的单独责任。

监理人承担工程价款方面的违约责任,主要表现为就发包人多付工程价款承担相应的责任,有时也表现为就发包人迟延支付工程价款、承包人索赔款等承担相应的责任。前者属于监理人与承包人的共同责任,或者属于监理人的单独责任;后者属于监理人与发包人的共同责任,或者属于监理人的单独责任。前者较为典型的是,监理人或与承包人串通,或不尽职责,对承包人故意虚报的工程量或者工程价款予以确认,属于监理人与承包人的共同责任;出于监理人的其他过错原因(如监理人计算错误)导致发包人多付工程价款的,属于监理人的单独责任。后者较为典型的是,仅因监理人未及时履行承包人报送工程量、工程价款的核查确认义务,导致发包人迟延支付工程款项的,发包人可以向监理人主张承担其向承包人迟延支付的全部责任。因监理人未及时履行工程量、工程价款核查义务与发包人原因共同导致发包人迟延向承包人支付工程价款的,属于发包人与监理人的共同责任。

此外,根据《民法典》第九百三十三条①的规定,监理人应当承担赔偿因其解除监理合同造成的发包人直接损失和预期可得利益损失的责任,但是因不可归责于监理人的事由解除监理合同的除外。

实务中,监理人承担违约责任以外的其他民事责任以监理人的行为违背法定职责导致发包人或者承包人损失为主要原因形态。监理人行使监理权的行为除应符合监理合同的约定之外,尚应符合法律对于监理人工作职责的规定。根据《质量管理条例》第三十六条的规定,监理人应当按照法律、法规以及有关技术标准、设计文件和建设工程合同实施监理工作。其中,法律、法规以及有关技术标准(具体应包括施工技术标准、施工验收规范、工程监理规范)属于监理人的法定行为规范。因此,监理人具体介入施工活动时,应同时以发包人对监理人的约定授权范围和法定的监理人行为规范为行为边界,监理人超越上述法定行为边界的行为,有可能构成有权代理情形下的滥用代理权,也可能构成无权代理,具体认定应当根据监理人违法的监理行为的具体情况分别考察判断。下文以监理人将符合施工验收规范应判为合格的工程确认为不合格,以及将不符合施工验收规范应判为不合格的工程确认为合格的情形为例加以分析。

1. 滥用代理权情形。监理人将符合施工验收规范应判为合格的工程确认为不合格的行为,从行为外观上看仍属于行使工程质量监督的代理权,虽未超出发包人

① 《民法典》第九百三十三条规定:"委托人或者受托人可以随时解除委托合同。因解除合同造成对方损失的,除不可归责于该当事人的事由外,无偿委托合同的解除方应当赔偿因解除时间不当造成的直接损失,有偿委托合同的解除方应当赔偿对方的直接损失和合同履行后可以获得的利益。"

的委托授权范围,但是属于滥用代理权。一方面,监理人的上述滥用代理权行为难以被监理合同约定,而且其未必导致发包人损失,但是必然导致承包人损失,承包人亦难以据此主张发包人违约或者侵权;另一方面,监理人上述滥用代理权行为的实质是不正当地提高了法定技术标准(施工合同约定的标准高于法定技术标准,属于正当地提高法定技术标准),似乎也难以被认定为违反法定技术标准。但是,由于监理人监理权(本质上属于代理权)的特殊性,根据《建筑法》第三十四条第二款有关“工程监理单位应当根据建设单位的委托,客观、公正地执行监理任务”的规定,监理人的上述滥用代理权行为显然未履行客观公正执行监理任务的法定义务,如果造成承包人损失,应当承担民事责任。

2. 无权代理情形。建设工程安全和质量,不仅关乎施工合同双方当事人的合同权益,更关乎社会公众安全和社会公共利益,法律法规和技术规范规定的工程安全、质量强制性标准具有保障社会公共利益的作用,对民事活动主体具有强制约束力。监理人相关行为违反法律强制性规定,其行为后果足以危害社会公共利益,应当认定其明显超越发包人赋予的代理权的合理范畴,属于越权行事的特殊形态;承包人明知或应知监理人明显曲解代理权的合理范围而行事,危及社会公共利益,且承包人将从监理人上述行为结果中获取不正当利益,因而监理人的该等行为不构成表见代理,监理人的行为后果不及于发包人,因此造成发包人损害的,监理人既可能因超越代理权被认定为违约而向发包人承担违约责任,也可能因超越代理权被认定为合同之外的侵权行为而承担侵权责任。此外,监理人无权代理可能造成承包人甚至工程建设其他相关活动参与人的损失或者损害,监理人可能因其不当行为向承包人等其他受损害者承担民事责任。甚至在监理人虽有权代理但是其行为结果对承包人造成施工合同发包人违约责任之外的损害的情形下,监理人亦可能因其不当行为向承包人承担民事责任。

九、发包人作为监理合同委托人的民事法律责任

本条已经明示监理合同在民事合同类型上属于委托合同,因此,发包人作为监理合同委托人承担的民事法律责任(本条不讨论建设工程合同关系中的发包人的民事法律责任)主要包括《民法典》规定的代理关系中的被代理人责任、委托合同章的委托人责任以及《建筑法》规定的建设单位与监理人行为有关的民事责任。

第一，依据《民法典》第一百六十七条[①]的规定，就监理人应委托人要求实施的违法行为，或者就其知道或者应当知道的监理人的监理行为违法未作反对表示的，对监理人的违法行为向行为相对人（主要是承包人）承担连带责任。其中，《建筑法》第六十九条[②]更特别规定，委托人与监理人串通，弄虚作假、降低工程质量造成损失的，承担连带赔偿责任。

第二，依据《民法典》第九百三十三条[③]的规定，赔偿因其解除监理合同造成的监理人直接损失和预期可得利益损失，但是因不可归责于发包人的事由而解除合同的除外。

第三，依据《民法典》第九百三十条[④]的规定，赔偿监理人在执行监理事务时因不可归责于其自己的事由受到的损失。

第四，依据《民法典》第九百三十一条[⑤]的规定，就监理人被授权范围内的事务另行委托监理人以外的第三人处理，因此造成监理人损失的，向监理人承担损失赔偿责任。

【条文适用】

在实行监理的工程施工合同中，监理人的地位在国内外工程界和法律界长期广受争议。特别是，当监理人的相关行为成为施工合同纠纷案件的争议焦点时，对监理人行为的法律后果及其在发承包人之间责任归属的认定，在我国的司法裁判中，鲜见透彻的说理。笔者检索到的所有判例，对监理人的行为后果的责任认定，要么一边倒地直接分配给发包人，要么避而不谈，以其他事实和理由裁处相关争议。将监理人行为后果习惯性地归于发包人，几乎成为裁判者的“通识”，其理由简单明

① 《民法典》第一百六十七条规定：“代理人知道或者应当知道代理事项违法仍然实施代理行为，或者被代理人知道或者应当知道代理人的代理行为违法未作反对表示的，被代理人和代理人应当承担连带责任。”

② 《建筑法》第六十九条第一款规定：“工程监理单位与建设单位或者建筑施工企业串通，弄虚作假、降低工程质量的，责令改正，处以罚款，降低资质等级或者吊销资质证书；有违法所得的，予以没收；造成损失的，承担连带赔偿责任；构成犯罪的，依法追究刑事责任。”

③ 《民法典》第九百三十三条规定：“委托人或者受托人可以随时解除委托合同。因解除合同造成对方损失的，除不可归责于该当事人的事由外，无偿委托合同的解除方应当赔偿因解除时间不当造成的直接损失，有偿委托合同的解除方应当赔偿对方的直接损失和合同履行后可以获得的利益。”

④ 《民法典》第九百三十条规定：“受托人处理委托事务时，因不可归责于自己的事由受到损失的，可以向委托人请求赔偿损失。”

⑤ 《民法典》第九百三十一条规定：“委托人经受托人同意，可以在受托人之外委托第三人处理委托事务。因此造成受托人损失的，受托人可以向委托人请求赔偿损失。”

了:监理人作为发包人的代理人,其行为后果及相应法律责任归属于作为被代理人的发包人。然而,深入考察我国法律中关于监理人的规定,以及民事代理制度在建设工程监理实践中的具体适用场景,我们发现上述“通识”事实上存在诸多例外,似乎并未引起裁判者与当事人的重视。下文将在归纳我国现行法律对监理人在建设工程合同中的身份与职责定位的基础上,就施工合同实务中监理人的若干常见行为进行归责分析,并着重揭示上述“通识”不能适用的例外情形。[①]

可作为监理人在建设工程合同中身份与职责定位的法律规定主要有:《民法典》本条(第七百九十六条)、第九百二十二条[②],《建筑法》第三十二条第一款[③]和第三十四条第二款[④]。从中可以归纳出我国现行法律制度下监理人的身份定位和职责同时具有的三重特点:

第一重,依约忠实代理。监理人是基于建设单位(通常为建设工程的发包人)委托介入建设工程合同的发包人代理人,应当按照发包人(委托人)的指示忠实地处理工程监理事务。

第二重,依法独立履职。监理人应当履行建设工程监理的法定职责,即在一定程度和范围内,主要是当发包人指示与监理人法定职责冲突时,体现出依法摆脱发包人指示束缚而履行法定职责的独立性,而在大多数普通民事代理的委托关系中,除了对违法事项有拒绝代理的权利之外,代理人不存在这种独立性。

第三重,依法客观公正履职。监理人还应当客观、公正地执行监理事务,因而监理人的身份定位同时又是中立于发包人和承包人的第三人。显然,法律对监理人的该项履职要求有别于普通民商事代理中对代理人的忠实义务要求。特别是当发包人与承包人产生建设工程合同的某些争议时,监理人身份定位和职责的上述规定存在冲突。这种冲突不仅为监理人具体履行监理职责增添了现实困难,也对建设工程合同有关涉及监理人行为争议的处理产生困扰。

---

① 本部分内容转引自曹文衔:《建工合同中监理人行为后果的责任归属分析》,载微信公众号“天同诉讼圈”2020年6月18日【建工衔评】专栏。

② 《民法典》第九百二十二条规定:“受托人应当按照委托人的指示处理委托事务。需要变更委托人指示的,应当经委托人同意;因情况紧急,难以和委托人取得联系的,受托人应当妥善处理委托事务,但是事后应当将该情况及时报告委托人。”

③ 《建筑法》第三十二条第一款规定:“建筑工程监理应当依照法律、行政法规及有关的技术标准、设计文件和建筑工程承包合同,对承包单位在施工质量、建设工期和建设资金使用等方面,代表建设单位实施监督。”

④ 《建筑法》第三十四条第二款规定:“工程监理单位应当根据建设单位的委托,客观、公正地执行监理任务。”

事实上,上述困扰也一直存在于采用 FIDIC 合同条件的国际建设工程合同活动中。[①] 而且,相比于中国法律规定和工程实践,FIDIC 合同条件下工程师(相当于我国的监理人)的特殊地位更进一步,工程师不仅被赋予对发承包双方某些工作争议的中立决定权,工程师的决定还被赋予对发承包双方在逾期未提出异议时对双方的拘束力。工程师的上述特殊地位,长期以来一直是国际建设工程合同的争议焦点。FIDIC 彩虹系列从 1999 年第一版至 2017 年第二版中关于工程师条款的微调,一定程度上反映了国际建设工程领域对工程师(监理人)身份定位争议的持续性。

《建设工程施工合同(示范文本)》(GF－2017－0201)作为国内目前普遍采用的合同文本,其中有关监理人的条款一定程度上可以作为我国工程监理介入工程施工活动的实践样本进行考察。下文结合《建设工程施工合同(示范文本)》(GF－2017－0201)相关条款,就我国施工合同实务中监理人有关行为结果的责任归属进行分析。在国内工程的合同当事人采用 FIDIC 合同条件,或者国际工程的合同当事人采用 FIDIC 合同条件且约定适用中国法时,可作类似的考察分析,不再赘述。

一、监理人的行为结果能否导致工程施工合同中约定的承包人义务或责任的减免

《建设工程施工合同(示范文本)》(GF－2017－0201)通用合同条款第 4.1 款(监理人的一般规定)载明:监理人应当根据发包人授权及法律规定,代表发包人对工程施工相关事项进行检查、查验、审核、验收,并签发相关指示,但监理人无权修改合同,且无权减轻或免除合同约定的承包人的任何责任与义务。因此,个案施工合同采用《建设工程施工合同(示范文本)》(GF－2017－0201)的上述条款,则表明,修改工程施工合同以及减免承包人的合同义务与责任不在监理人的代理权限内。按照民事代理的一般法理和《民法典》第一百六十二条[②]的规定,修改工程施工合同以及减免承包人的合同义务与责任仍属于发包人本人的权利,承包人不得以监理人对于承包人施工方案、施工内容、施工程序、施工结果等的检查、查验、审核、验收或者签发的相关指示,作为其减免合同义务和责任的抗辩理由。

但是,当个案施工合同未约定类似于《建设工程施工合同(示范文本)》(GF－

① 陈丽娜:《FIDIC 标准合同中工程师的角色之我见》,载《法律科学》1997 年第 1 期。

② 《民法典》第一百六十二条规定:"代理人在代理权限内,以被代理人名义实施的民事法律行为,对被代理人发生效力。"

2017－0201）的上述条款时，监理人的行为能否被理解为其代理发包人变更了合同约定，或者减免了合同约定的承包人的某些责任或者义务？

笔者认为，发包人之所以委托监理人介入工程施工合同活动，其主要目的是协助发包人执行施工合同中涉及工程专业技术、经济知识和经验的相关事项，监理人是发包人履行工程施工合同的技术经济事项的专业协助者，除非另有特别授权、追认或者构成表见代理的例外情形，监理人无权代理发包人行使对施工合同缔结、变更、终止，以及放弃合同权利等合同重大事项决策权。因此，对于监理人代理权范围的理解，应以特定事项（工程监理事项）代理为原则，以普遍事项（包含工程监理事项以及其他可依法代理事项）代理为例外。当监理人的行为不在代理权限内，或者发包人通知承包人的监理人监理权限不明时，承包人作为建设工程合同中发包人（被代理人）的相对人，知道或者应当知道变更合同、减免承包人的合同义务、责任等属于关乎发包人合同利益和合同目的的重大决策事项，明显超出了监理人通常的监理权限。由此观之，在司法裁判中，如果监理人实施的某些监理行为的结果将导致施工合同内容的变更、修改或者承包人合同义务、责任减免的，裁判者应当谨慎全面地审查监理人的受托监理范围和权限，以免将监理人对发包人的代理权范围由特定事项无依据地扩展至普遍事项，进而避免将监理人超越监理权的行为结果简单地直接归结于发包人。此类不当裁判中的典型情形是，对于超出合同约定范围且事后难以确认的承包工作量（如隐蔽工程、拆改工程），仅以监理工程师的签认，即简单认定其效力及于发包人。事实上，并非所有的工程量变更均不构成合同内容的变更。例如，原施工合同项下的施工设计图纸中房屋设计为不上人屋面，后实际施工中未经发包人同意由监理人提供的设计图纸改成上人屋面，应当认为属于改变房屋屋面设计使用功能的合同内容变更。在纠纷裁判实务中，对于仅有监理人确认而未经发包人确认的承包人工程量变更，应当具体问题具体分析。笔者建议：

首先，根据合同的约定及随附的施工图纸，判别系争的仅由监理人签认的承包工程量变更，是否属于合同内容的变更。

其次，根据上述判别结果和发包人通知承包人的监理人权限，再判别仅有监理人签认的行为后果是否及于发包人：

一是不属于合同变更内容，但属于监理人监理权限的，认定监理人对工程量变更的签认属于有权代理行为，其变更确认的后果由发包人承担，但是不能因此减免承包人的合同义务或者责任。

二是不属于合同变更内容，也不属于监理人监理权限的，认定监理人对工程量变更的签认属于越权代理行为，除非构成表见代理，其后果由监理人和（或）承包人承担。

三是属于合同变更内容，但是属于监理人监理特别权限，或者虽不属于事先约定的监理人监理权限，但是有证据证明承包人接受并实施了变更（工程量或者价款变小时），且监理人获得发包人特别授权、事后追认，或者发包人事后接受变更成果或者构成表见代理的，认定构成合同有效变更，此时监理人既是发包人在工程监理事项上的代理人，又是发包人在合同变更事项上的代理人，因而，监理人对工程量变更的签认后果（包括因此直接导致的对承包人义务或者责任的减免）及于发包人。

四是属于合同变更内容，但是不属于监理人监理权限，也无证据证明承包人接受并实施了变更（工程量或者价款变小时），且无证据证明监理人获得发包人特别授权、事后追认、事后接受变更成果或者构成表见代理的，认定不构成合同在发包人与承包人之间的有效变更，监理人对工程量变更的签认后果不及于发包人，因此造成承包人损失的，承包人应向监理人直接提出相应权利主张。

二、监理人按照发包人指示实施监理行为后果的责任归属

就普通民事代理而言，代理人按照被代理人的指示实施代理行为的后果，通常应由被代理人承担。但是，监理人的授权监理行为不仅应当依照发包人的指示要求，还应当符合法定职责要求。依据《建筑法》第三十二条的规定，工程监理工作的依据包括法律、行政法规及有关的技术标准、设计文件和工程承包合同，因而，讨论监理人按照发包人指示实施监理行为后果的责任归属，应当重点关注发包人指示违反《建筑法》第三十二条的程度，根据程度不同分别予以讨论。

1. 发包人指令违法。如果发包人对监理人的指令不符合法律、行政法规及有关的强制性技术标准（以下简称违法指令），监理人既有权利也有义务拒绝接受和据此行事；监理人未予拒绝而依发包人的违法指令实施对承包人工作的监理行为，造成承包人损失等不利后果的，依据《民法典》第一百六十七条的规定，监理人应当与发包人承担连带责任。

2. 发包人指令不当。如果发包人对监理人的指令不违法（指不违反法律、行政法规及有关的强制性技术标准），但是不符合非强制性技术标准，或者不符合设计文件、工程承包合同的约定（以下简称不当指令），监理人是否既有权利也有义务拒

绝接受和据此实施监理行为？对此，笔者认为，监理人无权拒绝发包人的不当指令，只不过监理人作为代理人，基于对被代理人（发包人）的忠实义务，应当提示和建议发包人撤回或者修正不当指令。当发包人拒绝撤回或修正不当指令时，监理人仍有义务执行该指令，并据此实施对承包人工作的监理行为，相应监理行为的后果应当完全由发包人承担。

申言之，一方面，尽管《建筑法》第三十二条第一款的规定对监理人构成法律约束，但是，由于监理人的监理行为违法与行为不当所依据的规范强制性等级不同，监理人违反规范引致的民事责任强度也应当不同；另一方面，《建筑法》第三十二条本身虽具有规范价值，但是不具备完备的事实构成和法律后果，其不能单独适用于判断当事人违反该规范的法律后果或民事责任，需要结合其他法律规范加以判断。监理人基于发包人的违法要求实施监理违法行为的法律后果和民事责任，应结合《民法典》第一百六十七条加以判断，即由发包人与监理人负连带责任；监理人基于发包人的不当（但非违法）要求实施的监理不当行为的法律后果，应结合《民法典》第一百六十二条加以判断，即归于发包人。

此外，针对监理人基于发包人的违法要求而向承包人违法发出的监理指令，承包人知道或者应当知道监理人的指令违法的，依照《建筑法》第五十四条第二款①、《安全生产法》第五十一条第一款②和第五十二条第一款③规定的精神，其既有权利也有义务拒绝执行；承包人未予拒绝而依监理人的违法指令实施施工行为的，应当根据违法行为的严重性，由承包人与监理人、发包人共同承担相应责任，或者由监理人、发包人共同承担相应责任。其中，承包人依违法指令施工导致工程质量不符合法定质量标准或者造成安全事故的，依照《建筑法》第五十八条、第五十九条和

① 《建筑法》第五十四条规定："建设单位不得以任何理由，要求建筑设计单位或者建筑施工企业在工程设计或者施工作业中，违反法律行政法规和建筑工程质量、安全标准，降低工程质量。建筑设计单位和建筑施工企业对建设单位违反前款规定提出的降低工程质量的要求，应当予以拒绝。"

② 《安全生产法》第五十一条第一款规定："从业人员有权对本单位安全生产工作中存在的问题提出批评、检举、控告；有权拒绝违章指挥和强令冒险作业。"

③ 《安全生产法》第五十二条第一款规定："从业人员发现直接危及人身安全的紧急情况时，有权停止作业或者在采取可能的应急措施后撤离作业场所。"

《安全生产法》第一百一十一条①的规定，承包人应当承担对工程施工质量和施工安全的主要责任，监理人、发包人应当按照各自的过错程度及对结果的影响承担次要责任；承包人依监理人违法指令施工导致除工程质量、施工安全之外的其他不利后果（例如，因未取得施工许可证而违法提前开始施工被责令停工、行政罚款处罚）的，应按照《质量管理条例》第五十七条②规定的精神，由发包人、监理人承担责任，承包人不承担责任；承包人不知道也不应当知道监理人的指令违法的（如承包人依照监理人指令的设计图纸施工，承包人根据正常的施工经验和技术能力，无法知悉图纸内容不符合工程质量标准），承包人不承担责任。

三、监理人违反法定职责行为后果的责任归属

如前所述，监理人具体介入工程施工活动时，应同时以发包人对监理人的约定授权范围和法定的监理人行为规范为行为边界。监理人超越上述约定行为边界的行为，构成监理人的无权代理，当无疑问。但是，监理人超越上述法定行为边界的行为（例如，监理人将不符合施工验收规范应判为不合格的工程确认为合格），应当构成监理人有权代理情形下的滥用代理权，还是构成无权代理？如果构成监理人的有权代理，则其行为后果归于发包人；如果构成无权代理，则再按照其是否进一步构成表见代理，将监理人行为的后果分别认定为及于或者不及于发包人。

有观点认为，监理人的此等行为属于不正确履行职责的滥用代理权，但是未超出发包人的委托授权范围，仍应属于有权代理，其行为结果仍直接约束发包人和承包人。就前例所述的监理人依照施工验收规范应判为不合格的工程确认为合格的法律后果而言，一方面，应视为发包人确认工程合格，承包人可据此向发包人主张工程质量合格后的相应合同权利；另一方面，监理人因此造成发包人损害的，依照

---

① 《建筑法》第五十八条规定："建筑施工企业对工程的施工质量负责。建筑施工企业必须按照工程设计图纸和施工技术标准施工，不得偷工减料。工程设计的修改由原设计单位负责，建筑施工企业不得擅自修改工程设计。"第五十九条规定："建筑施工企业必须按照工程设计要求、施工技术标准和合同的约定，对建筑材料、建筑构配件和设备进行检验，不合格的不得使用。"《安全生产法》第一百一十一条第一款规定："生产经营单位发生生产安全事故造成人员伤亡、他人财产损失的，应当依法承担赔偿责任；拒不承担或者其负责人逃匿的，由人民法院依法强制执行。"

② 《质量管理条例》第五十七条规定："违反本条例规定，建设单位未取得施工许可证或者开工报告未经批准，擅自施工的，责令停止施工，限期改正，处工程合同价款百分之一以上百分之二以下的罚款。"

《民法典》第一百六十四条第一款[①]的规定，应向发包人承担民事责任。

然而，笔者认为，上述情形应当根据监理人违法代理行为的具体情况分别考察认定。

情形一，对于涉及建设工程安全、质量强制性标准的监理事项，承包人知道或者应当知道监理人的行为违反法定工程安全、质量强制性标准的，应当视为监理人超越法定职责权限的无权代理行为，而非有权代理情形下的滥用代理权行为，而且因承包人明知或应知监理人无权代理，也不构成表见代理，其行为后果不及于发包人。成立上述观点的主要理由是：建设工程安全和质量，不仅关乎施工合同双方当事人的合同权益，更关乎社会公众安全和社会公共利益，法律、法规和技术规范规定的工程安全、质量强制性标准具有保障社会公共利益的作用，对民事活动主体具有强制约束力。一方面，监理人相关行为违反法律强制性规定，其行为后果足以危害社会公共利益，应当认定其明显超越发包人赋予的代理权的合理范畴，属于越权行事的特殊形态；另一方面，承包人明知或应知监理人明显曲解代理权的合理范围而行事，危及社会公共利益，且承包人具有从监理人上述行为结果中可能获取不正当利益的明显非善意，亦违背诚信，因而监理人的该等行为不构成表见代理。

在该等情形下，如存在承包人与监理人串通损害发包人利益的情形，则依据《民法典》第一百六十四条第二款[②]和《建筑法》第三十五条第二款[③]的规定，由承包人与监理人向发包人承担连带赔偿责任；无证据证明承包人与监理人串通的，依照《建筑法》第三十五条第一款[④]的规定，由监理人、承包人按照各自的责任大小分别向发包人承担相应责任。

情形二，对于虽涉及建设工程安全、质量的监理事项，但是承包人不知道亦不应当知道监理人的行为违反法定工程安全、质量强制性标准的，监理人、承包人依照各自过错责任大小分别向发包人承担相应责任。

情形三，对于不涉及建设工程安全、质量强制性标准的其他代理事项，只要监

---

① 《民法典》第一百六十四条第一款规定："代理人不履行或者不完全履行职责，造成被代理人损害的，应当承担民事责任。"

② 《民法典》第一百六十四条第二款规定："代理人和相对人恶意串通，损害被代理人合法权益的，代理人和相对人应当承担连带责任。"

③ 《建筑法》第三十五条第二款规定："工程监理单位与承包单位串通，为承包单位谋取非法利益，给建设单位造成损失的，应当与承包单位承担连带赔偿责任。"

④ 《建筑法》第三十五条第一款规定："工程监理单位不按照委托监理合同的约定履行监理义务，对应当监督检查的项目不检查或者不按照规定检查，给建设单位造成损失的，应当承担相应的赔偿责任。"

理人的行事范围未超出发包人的委托范围，仍应属有权代理，其行为结果亦归属于发包人。发包人认为监理人滥用监理权的，可依《民法典》第一百六十四条第一款要求监理人承担民事责任。

此外，鉴于委托监理合同中通常将监理人依法履行监理职责作为其合同义务，监理人违背法定职责的监理行为同时也构成违约，因此造成发包人财产权益损害的，发包人可依据《民法典》第一百八十六条①的规定，享有追究监理人违约责任或者侵权责任的选择权。如果监理合同对监理人的违约责任有限额约定，而发包人的实际损失大于该限额时，发包人可选择采用追究监理人侵权责任的方式规避上述责任限额约定。

综上所述，在下列例外情形下，除非有发包人特别授权、事后追认或者成立监理人对发包人的表见代理，监理人的行为后果应当不及于发包人：

第一，监理人的指令不属于合同变更内容；

第二，监理人的指令属于合同变更内容，但是不属于监理人监理权限；

第三，承包人未予拒绝而依监理人的违法指令实施施工（其中，发包人对监理人发出的违法指令存在过错的，监理人的行为后果部分及于发包人）；

第四，监理人违法监理行为违反建设工程安全、质量强制性标准；

第五，监理人与承包人串通损害发包人利益。

---

① 《民法典》第一百八十六条规定："因当事人一方的违约行为，损害对方人身权益、财产权益的，受损害方有权选择请求其承担违约责任或者侵权责任。"

第七百九十七条　发包人随时检查权

【法条原文】

第七百九十七条　发包人在不妨碍承包人正常作业的情况下，可以随时对作业进度、质量进行检查。

【条文主旨】

本条是关于发包人对承包人作业进度、工作质量随时检查权的规定。

发包人订立建设工程合同的目的在于，按时取得承包人完成的质量合格的建设工程，承包人完成建设工程的最终时间和质量取决于合同履行过程中承包人的各阶段工作进度和中间工作成果的质量。为了保证施工进度和质量、充分发挥投资效益、实现发包人的合同目的，本条赋予发包人在承包人进行工程建设期间，对承包人工作进度和质量的检查权。

本条属于任意性规范，在合同没有就发包人检查承包人工作另行特别约定的情况下，发包人可依本条规定在不妨碍承包人正常作业的前提下，行使对承包人作业进度、作业质量的随时检查权。因此，所谓发包人的"随时"检查权，并非绝对地"随时"，"随时"应理解为在不妨碍承包人正常作业情形下的合理时间范围内。

本条规定的发包人对承包人工作的检查权，一方面，它不是合同成立伊始就确定的，而是随着合同的履行而形成的，承包人履行接受发包人检查的相应义务不能产生对待给付，因而无法成立同时履行抗辩；承包人不履行该义务，也不能构成发包人合同目的无法实现进而可以解除合同的情形（除非另有特别约定），因此，它显然不是施工合同承包人的主给付义务，也不是发包人的合同主权利。另一方面，由于建设工程质量和价款计算所依据的工程量具有需要在工程施工过程中逐步确认的特点，发包人对承包人工作的检查权可辅助发包人合同主权利（施工合同中发包人的主权利应为按约取得竣工验收合格的建设工程）的实现，从而可能在一定程度上间接影响发包人作为债权人的利益的满足程度。尽管如此，当承包人不履行接受发包人检查的义务时，发包人却不可能独立以诉讼方式主张其检查权。因此，本条不能作为发包人独立的诉讼请求权基础。

【条文释评】

一、发包人检查权的范围和内容

依据《民法典》第七百八十八条第二款的规定，建设工程合同包括工程勘察、设计、施工合同，因此，本条的发包人检查权所对应的承包人工作，包括勘察人工作、设计人工作和施工承包人工作。

（一）承包人作业进度

1. 工程勘察合同

就工程勘察合同而言，发包人对于勘察人勘察作业进度的检查主要有以下方面：

（1）对勘察人勘察工作计划的检查。工程勘察合同生效后，应发包人要求，勘察人应当及时提交勘察工作计划（又称"勘察纲要"）供发包人检查。发包人检查的重点是该工作计划是否能满足合同约定的最终勘察成果交付时限要求。但是发包人的此类检查以及对勘察工作计划的同意或者认可，除非另有特别约定，只能被理解为程序性的，并不意味着其对于勘察人编制的工作计划的合理性以及依照计划完成的工程勘察成果的质量等的不符合约定要求或者法定标准承担相应责任。换言之，勘察人不得以其工作计划已经发包人确认或者同意为由，要求减免其在工期、质量等方面可能承担的违约或者侵权责任。

（2）对勘察人现场勘察工作进度的检查。由于现场勘察前的准备工作具有较强的勘察人企业内部性，通常情况下，发包人难以对该准备工作进度进行监督检查，只能从进入勘察现场开始就勘察作业的进度进行监督检查。勘察人进入勘察场地，应当征得发包人的同意或者认可，因为在现场勘察工作开始之前，发包人需要进行一定的场地、出入场地交通、行政许可手续等的准备工作；现场勘察过程中，某些未约定或者勘察人难以预料到的特殊情形，也需要由发包人提供协助支持。此外，现场勘察工作结束后，勘察人工作进入脱离项目场地现场的作业阶段（俗称内场作业），如现场数据的整理、分析、计算，现场取样的试验检测检验。在内场作业阶段，除非另有特别约定，发包人往往也难以对实际工作进度进行检查，而更多地依赖对可以外化的勘察工作成果进度的检查。

（3）对勘察人提交勘察工作成果进度的检查。

（4）对勘察工作进度迟延原因的检查。当勘察工作实际进度较勘察人提交的工作计划进度迟延时，特别是该迟延可能导致勘察人提交最终勘察工作成果的实际时间迟延于合同约定时限时，发包人有权对勘察人工作迟延的原因事项进行检查，以了解是否存在勘察人工期顺延的合理理由，以及评估工期迟延可能采取的其他补救措施。

由于发包人原因导致勘察工期迟延的常见事由包括：

（1）发包人未能按合同约定提供基础技术文件、现场进入及/或其他开工条件；

（2）发包人未能按合同约定及时支付定金、预付款和（或）进度款，且勘察人行使了后履行抗辩权；

（3）发包人的变更导致合同工作量增加；

（4）发包人增加合同工作内容；

（5）发包人改变工程勘察技术要求；

（6）发包人导致工期延误的其他情形。

由于勘察人原因导致工期迟延的常见事由包括：

（1）勘察人未按合同约定开工日期开展工作；

（2）勘察人管理不善、组织不力；

（3）弥补勘察人自身原因导致的勘察过程工作的质量缺陷；

（4）勘察人成果文件不合格而返工、修改；

（5）勘察人导致工期延误的其他情形。

此外，非因发包人或者勘察人原因导致工期迟延的常见事由包括：

（1）恶劣气候条件（影响现场勘察作业）；

（2）场地地质异常；

（3）发现文物或者其他影响现场勘察作业的其他地下埋藏物；

（4）意外事件或者不可抗力；

（5）不可归责于合同双方当事人且导致工期迟延的其他情形。

工期迟延时，遇有上述可归责于发包人的原因事由，以及不可归责于合同双方当事人的原因事由，一般应当顺延合同工期，但是合同另有有效约定的情形除外。

2. 工程设计合同

与工程勘察合同的情形类似，工程设计合同发包人对于设计人设计作业进度的检查主要有以下方面：

（1）对设计人设计工作计划的检查。

（2）对设计人提交设计工作成果进度的检查。

(3)对设计工作进度迟延原因的检查。该等检查将有助于发包人了解是否存在设计人工作进度迟延的合理理由,以及评估工期迟延可能采取的其他补救措施。

由于发包人原因导致设计工作进度迟延的常见事由包括:

(1)发包人未能按合同约定提供工程设计资料或者所提供的工程设计资料不符合合同约定或存在错误或疏漏;

(2)发包人未能按合同约定日期足额支付定金或预付款、进度款,且设计人行使了后履行抗辩权;

(3)发包人提出导致设计工作延长的设计变更要求;

(4)合同条款中约定的其他情形。

由于设计人原因导致工期迟延的常见事由包括:

(1)设计人未按合同约定开工日期开展工作;

(2)设计人管理不善、组织不力;

(3)弥补设计人自身原因导致的设计过程文件质量缺陷;

(4)设计人成果文件不合格而返工、修改;

(5)设计人导致工期延误的其他情形。

此外,非因发包人或者设计人原因导致工期迟延的常见事由包括:

(1)意外事件或者不可抗力;

(2)不可归责于合同双方当事人且导致工期迟延的其他情形。

工期迟延时,遇有上述可归责于发包人的原因事由,以及不可归责于合同双方当事人的原因事由,一般应当顺延合同工期,但是合同另有有效约定的除外。

3. 工程施工合同

就工程施工合同而言,发包人对于施工承包人施工作业进度的检查主要有以下方面:

(1)施工进度计划是否符合施工合同中工期的约定;

(2)施工进度计划中主要工程项目是否有遗漏,是否满足分批投入试运行、分批使用的需要,阶段性施工进度计划是否满足总进度控制目标的要求;

(3)施工顺序的安排是否符合施工工艺要求;

(4)施工人员、工程材料、施工机械等资源供应计划是否满足施工进度计划的需要;

(5)施工进度计划是否符合发包人提供的资金、施工图纸、施工场地、物资等施工条件;

（6）施工进度计划的实施情况和工程实际施工进展；

（7）节点实际工期落后于节点计划工期时的赶工措施落实情况。

需要特别指出的是，发包人在对承包人施工作业进度的检查过程中对承包人施工进度计划作出的同意、认可的意思表示或者未提出异议，仅属于程序事项上的同意或者认可，除非另有特别约定，均不能成为承包人工期违约的免责抗辩事由。

（二）承包人作业质量

结合现行法律、法规、规章以及工程勘察、设计、施工技术标准、规范和工程监理规范，笔者归纳出发包人对承包人作业质量可进行监督检查的具体内容如下：

就勘察合同而言，以工程勘察中的详细勘察阶段的工作内容为例，发包人对于勘察人勘察作业质量的检查主要有以下方面：

1. 勘察人的勘察工作技术人员资质、资格。发包人可以根据《建设工程勘察质量管理办法》第十一条①、第十三条②和第十六条③的规定，对工程的勘察项目负责人、勘察报告审核人、审定人等勘察报告签字人，以及观测员、试验员、记录员、机长等现场作业人员的法定资质、资格进行监督检查。

2. 勘察人外场作业的质量。勘察人的外场作业内容主要涉及：对场地地层结构的探测；对特殊性岩土、河湖沟坑及暗浜的分布范围的探测；对地下水埋藏条件及其和地表水的补排关系、地下水位动态变化规律的探测；水、土对工程材料的腐蚀性分析的探查；对地基工程性质、围岩分级及稳定性、边坡稳定性的探查等。外场作业方式包括场地的测量；岩土地层钻探取样；地表水和地下水的取样；岩土、水样的保存、运输。发包人可以根据《建设工程勘察质量管理办法》第十四条④的规定，对工程勘察外场工作的原始数据的采集记录过程、数据整理与核对、取样以及样品保存运输的合规性、记录的真实性和准确性，钻探、取样的机具设备、原位测试、场地测量仪器在使用前的检定校准情况和使用时的合规性，进行随时监督检查，防范勘察人离开现场追记或者补记数据、不规范补充取样以及勘察工作外场作业所需的机

---

① 《建设工程勘察质量管理办法》第十一条规定："工程勘察项目负责人、审核人、审定人及有关技术人员应当具有相应的技术职称或者注册资格。"

② 《建设工程勘察质量管理办法》第十三条规定："工程勘察企业的法定代表人、项目负责人、审核人、审定人等相关人员，应当在勘察文件上签字或者盖章，并对勘察质量负责。"

③ 《建设工程勘察质量管理办法》第十六条规定："……观测员、试验员、记录员、机长等现场作业人员应当接受专业培训，方可上岗。"

④ 《建设工程勘察质量管理办法》第十四条规定："工程勘察工作的原始记录应当在勘察过程中及时整理、核对，确保取样、记录的真实和准确，严禁离开现场追记或者补记。"

具、设备、仪器在使用前和使用中出现不合规情形,影响勘察成果质量。

3. 勘察人内场作业的质量。勘察人的内场作业内容主要涉及:样品养护、室内试验及测量、对外场勘察作业和室内试验测量原始数据的计算分析。发包人可以根据《建设工程勘察质量管理办法》第十四条和第十五条①的规定,对样品养护、室内试验及测量仪器等的合规性、试验操作人员操作行为的规范性进行监督检查。

4. 勘察人提交的勘察工作成果的质量。对于勘察人提交给发包人的勘察工作成果,发包人对成果质量等有疑义的,勘察人应负责澄清解释和说明,发包人认为有必要时,可聘请第三方专业机构进行复核。复核工作需要勘察人提供有关基础数据、勘察方案的,勘察人应当提供配合、协助。

5. 勘察人参与勘察文件技术交底、施工验槽、与勘察成果有关的建设工程质量事故分析、隐蔽工程验收、工程竣工预验收等工作的质量。根据《建设工程勘察质量管理办法》第九条②、第十条③以及《勘察设计管理条例》第三十条④和《质量管理条例》第十六条第二款第四项⑤的规定,勘察人应当参与上述工作,并说明工程勘察意图,澄清和解释工程勘察报告中设计人、施工人需要了解的问题,提出工程质量缺陷和事故处理的有关技术方案,解决施工中出现的与勘察有关的技术问题,在工程有关阶段验收、竣工验收的技术文件上签署验收意见。

就设计合同而言,发包人对于设计人设计作业质量的检查主要有以下方面:

1. 设计人(包括设计分包人)机构资质、资格和主要设计人员的资质、资格。

2. 设计人提交的设计成果文件的质量。对于设计人提交给发包人的设计工作成果,发包人对成果质量等有疑义的,设计人应负责澄清,作出解释和说明,发包人认为有必要时,可聘请第三方专业机构进行复核。复核工作需要设计人提供有关基础数据、计算结果的,设计人应当提供配合、协助。根据行政法规的要求,对施工

---

① 《建设工程勘察质量管理办法》第十五条规定:"工程勘察企业应当确保仪器、设备的完好。钻探、取样的机具设备、原位测试、室内试验及测量仪器等应当符合有关规范、规程的要求。"

② 《建设工程勘察质量管理办法》第九条规定:"工程勘察企业应当参与施工验槽,及时解决工程设计和施工中与勘察工作有关的问题。"

③ 《建设工程勘察质量管理办法》第十条规定:"工程勘察企业应当参与建设工程质量事故的分析,并对因勘察原因造成的质量事故,提出相应的技术处理方案。"

④ 《勘察设计管理条例》第三十条规定:"建设工程勘察、设计单位应当在建设工程施工前,向施工单位和监理单位说明建设工程勘察、设计意图,解释建设工程勘察、设计文件。建设工程勘察、设计单位应当及时解决施工中出现的勘察、设计问题。"

⑤ 《质量管理条例》第十六条第二款规定:"建设工程竣工验收应当具备下列条件:……(四)有勘察、设计、施工、工程监理等单位分别签署的质量合格文件;……"

图设计文件进行审查时，设计人应当为审图工作提供必要的协助和配合。

3. 设计人参与设计文件技术交底、施工验槽、建设工程质量事故分析、隐蔽工程验收、工程竣工预验收等工作的质量。根据《勘察设计管理条例》第三十条①、《质量管理条例》第十六条第二款第四项②的规定，设计人应当参与上述工作，并说明工程设计意图，澄清和解释施工图设计文件中发包人、监理人（当工程实施工程监理时）、施工人需要了解的问题，提出工程质量缺陷和事故处理的有关技术方案，解决施工中出现的与设计有关的技术问题，在工程有关阶段验收、竣工验收的技术文件上签署验收意见。

就施工合同而言，发包人对于施工承包人施工作业质量的检查主要有以下方面：

1. 对乙供（施工承包人提供）工程物资的质量检查。《民法典》第七百七十四条规定，承揽人提供材料的，应当按照约定选用材料，并接受定作人检验。因此，对于乙供工程物资（包括用于永久性建设工程的材料、构配件、设备等）的质量、规格型号等是否符合约定要求和法定标准，发包人有权在工程物资进入施工现场前、使用于永久工程之前、施工过程中、施工完成后的任何合理时间对其进行检查、检验。对于某些重要的或者为具体建设工程定制的工程物资，发包人应有权在物资生产制造过程中对其生产制造质量进行检查、检验，将对建设工程的质量监督检查贯穿于从工程物资的生产制造到建设工程竣工的全过程。发包人有权要求承包人提供用于工程的工程物资的质量证明文件，并有权对用于工程的材料进行见证取样、平行检验。

2. 对隐蔽工程在覆盖前的质量检查。《民法典》第七百九十八条第一句规定，隐蔽工程在隐蔽以前，承包人应当通知发包人检查。事实上，对隐蔽工程质量的检查，既是发包人的权利，也是发包人的义务。有关《民法典》第七百九十八条的讨论，请参见本书关于该条的专门论述。此外，参照现行《建设工程监理规范》（GB/T 50319－2013）第5.2.14项③的规定，对发包人或者监理人已同意覆盖的工程隐蔽

---

① 《勘察设计管理条例》第三十条规定："建设工程勘察、设计单位应当在建设工程施工前，向施工单位和监理单位说明建设工程勘察、设计意图，解释建设工程勘察、设计文件。建设工程勘察、设计单位应当及时解决施工中出现的勘察、设计问题。"

② 《质量管理条例》第十六条第二款规定："建设工程竣工验收应当具备下列条件：……（四）有勘察、设计、施工、工程监理等单位分别签署的质量合格文件……"

③ 《建设工程监理规范》（GB/T 50319－2013）第5.2.14项规定："对已同意覆盖的工程隐蔽部位质量有疑问的，或发现施工单位私自覆盖工程隐蔽部位的，项目监理机构应要求施工单位对该隐蔽部位进行钻孔探测、剥离或其他方法进行重新检验。"

部位质量有疑问的,或发现施工承包人私自覆盖工程隐蔽部位的,发包人有权要求承包人对该隐蔽部位进行钻孔探测、剥离或采用其他方法进行重新检验。

3. 参照《建设工程监理规范》(GB/T 50319 - 2013)第5.2.14项的规定,对承包人报验的检验批、分项工程和分部工程的质量证明文件、实物质量进行检查验收。①

4. 对承包人提交的单位工程竣工验收报审表及竣工资料进行预验收检查。

5. 对建设工程竣工后的质量检查,包括对验收中提出的质量缺陷的整改过程和整改结果的检查。根据《民法典》第七百九十九条第一款②的规定,建设工程竣工后,发包人应当及时进行检查验收,并且建设工程竣工经验收合格是其能够被交付使用的法定前提条件。因此,对建设工程进行竣工验收,同样既是发包人的权利,也是发包人的义务。有关《民法典》第七百九十九条的理解、适用,请参见本书关于该条的专门论述。

参照《建设工程监理规范》(GB/T 50319 - 2013)有关工程质量监理的规定,发包人还有权自行或者委托监理人对下列内容进行检查:

6. 承包人的资质资格、现场质量和安全生产管理体系的建立情况、工程质量管理人员的资质、分包单位的资质、特种作业人员资格。

7. 施工方案中的工程质量保证措施是否符合技术标准和规范。

8. 承包人报送的新材料、新工艺、新技术、新设备的质量认证材料和相关验收标准的适用性。

9. 承包人报送的施工测量放线成果和施工控制测量的其他成果及保护措施(检查内容主要包括:施工承包人测量人员的资格证书及测量设备检定证书;施工平面控制网、高程控制网和临时水准点的测量成果及控制桩的保护措施)。

10. 承包人为工程提供服务的试验室(具体检查内容主要包括:试验室的资质等级及试验范围;法定计量部门对试验设备出具的计量检定证明;试验室管理制度;试验人员资格证书)。

11. 承包人定期提交发包人或者监理人的影响工程质量的计量设备的检查和检定报告。

---

① 《建设工程监理规范》(GB/T 50319 - 2013)第5.2.14项规定:"对已同意覆盖的工程隐蔽部位质量有疑问的,或发现施工单位私自覆盖工程隐蔽部位的,项目监理机构应要求施工单位对该隐蔽部位进行钻孔探测、剥离或其他方法进行重新检验。"

② 《民法典》第七百九十九条第一款规定:"建设工程竣工后,发包人应当根据施工图纸及说明书、国家颁发的施工验收规范和质量检验标准及时进行验收。验收合格的,发包人应当按照约定支付价款,并接收该建设工程。"

12. 承包人报送的施工组织设计文件中发包人认为可能影响工程质量的关键部位、关键工序。

13. 发现施工存在质量问题后承包人的整改情况和整改结果。

14. 对需要返工处理或加固补强的质量缺陷、质量事故，承包人报送的质量事故调查报告、经设计等相关单位认可的处理方案、质量缺陷的处理过程和处理结果。

15. 除上述检查内容之外，发包人对于其认为可能与建设工程质量有关的承包人工作的其他内容，均有权检查，而无论其是否属于建设工程合同特别约定的检查内容。

需要特别指出的是，发包人在对承包人施工作业质量的检查过程中，对承包人提交的施工组织设计文件、施工方案中工程质量保证措施、现场质量和安全生产管理体系、承包人（包括分包人）资质资格以及特种作业人员资格、承包人报送的“四新”（新材料、新工艺、新技术、新设备）的质量认证材料、施工控制测量成果及保护措施、承包人为工程提供服务的试验室、计量设备的检查和检定报告、质量事故调查报告、经设计等相关单位认可的处理方案作出的同意、认可的意思表示或者未提出异议，仅属于程序事项上的同意或者认可，均不能成为承包人完成的工程质量不合格的免责抗辩事由。但是，发包人对于隐蔽工程以及竣工验收阶段工程作出的符合约定和法定要求的确认，应当对发包人构成法律约束力。发包人确认隐蔽工程或已竣工工程验收质量合格后，又发现工程存在质量问题，工程尚在保修期内的，承包人承担保修责任，而非工程施工质量不合格的责任；工程保修期已经届满的，发包人自行承担相应责任。

（三）发包人对于承包人作业进度和质量之外的其他内容有无检查权

《民法典》本条仅明确发包人可以对承包人的作业进度、质量进行检查。在实务中可能存在的疑问是，对于承包人除此之外的其他工作，发包人有无检查权？笔者认为，除非发包人与承包人另有约定，或者另有法律、行政法规的规定，发包人对承包人工作的检查范围和内容不应在本法条规定之外被引申扩大，否则有不当干预承包人自主民事行为的弊端，动摇民事合同当事人地位平等这一民事法律关系的基础。比如，承包人对于工程价款如何使用、工作人力如何调配、如何开展安全生产管理、如何采取与作业有关的文明施工和环境保护措施以及承包人如何对分包人进行管理、分包工程价款如何支付等具体工作内容，除非法律、法规另有规定，承包人享有自主决定权。

通过整理、归纳法律和行政法规的有关规定，笔者发现，除承包人作业进度、作业质量之外，即便建设工程合同未作约定，发包人对承包人的下列工作亦依法拥有合理的检查权：

1. 承包人的分包工作范围

根据《民法典》第七百九十一条第二款的规定，承包人经发包人同意，可以将自己承包的部分工作交由第三人完成。因此，发包人有权检查承包人实际分包的工程范围是否在发包人同意的范围之内。根据《民法典》第七百七十二条第二款的规定，未经发包人同意，承包人擅自分包工程的，发包人有权解除合同。

2. 承包人对发包人提供的工程物资的保管和使用

根据《民法典》第七百八十四条和第七百七十五条第二款的规定，承包人应当妥善保管甲供工程物资以及完成的工作成果，因保管不善造成毁损、灭失的，应当承担赔偿责任。承包人不得擅自更换发包人提供的材料。因此，发包人有权对承包人保管和使用甲供工程物资的情况进行检查。

3. 承包人提交发包人的相关技术资料

根据《民法典》第七百八十条和第七百九十九条的规定，承包人完成工作的，应当向发包人交付工作成果，并提交必要的技术资料和有关质量证明。发包人应当验收该工作成果。因此，发包人除有权（也有义务）对提交发包人的工作成果及其质量进行检查、验收之外，还有权对承包人提交的相关技术资料进行检查。

4. 施工总承包人劳动用工管理和支付农民工工资情况

根据行政法规《保障农民工工资支付条例》第二十九条规定，建设单位应当按照合同约定及时拨付工程款，并将人工费用及时足额拨付至农民工工资专用账户，加强对施工总承包单位按时足额支付农民工工资的监督。建设单位（通常为发包人）应当以项目为单位建立保障农民工工资支付协调机制和工资拖欠预防机制，督促施工总承包单位加强劳动用工管理。

此外，鉴于监理人是发包人的授权委托人，监理人依法获得的对承包人除工作进度和质量之外的其他工作的监督检查权，逻辑上也属于发包人对承包人工作的检查权范围。当发包人未委托监理人时，有关行政法规、行政规章、国家标准、行业标准规定的监理人有权对承包人工作实施监督检查的内容，可以合理推定为发包人有权自行监督检查的内容。此类监理人依法获得的、发包人亦应享有的对承包人工作的检查权内容主要包括：

5. 对施工承包人提交的施工组织设计中涉及安全生产的方案和措施审查权

根据行政法规《安全管理条例》第十四条第一款和第二十六条的规定，监理人有权对施工承包人提交的施工组织设计中的安全技术措施、专项施工方案（特别是施工承包人就达到一定规模的危险性较大的工程编制的附具安全验算结果的专项施工方案）和环境保护措施是否符合工程建设强制性标准进行审查。因此，发包人对施工承包人提交的施工组织设计中的上述相关内容亦有审查权。

6. 对施工承包人施工过程中安全生产情况的检查权

根据行政法规《安全管理条例》第十四条第二款的规定，工程监理单位在实施监理过程中，发现存在安全事故隐患的，应当要求施工承包人整改；情况严重的，应当要求施工承包人暂时停止施工。因此，发包人对施工承包人工作中的安全生产情况亦有检查权。

二、发包人检查权的行使方式和行使时间

（一）发包人检查权的行使方式

1. 发包人自行委派代表

对于依法不属于强制监理的工程项目，发包人可自行委派工作人员代表其行使对承包人工作的检查权。

2. 发包人委托监理人

对于依法属于强制监理或者发包人自愿委托监理的工程项目，发包人可委托监理人代表其行使对承包人工作的全部检查权，也可以委托监理人代理其行使其中部分检查权，剩余检查权由发包人委派代表行使。

3. 对承包人工作的具体检查方式

对于承包人作业进度的检查，发包人通常采用的方式有：核查、清点现场工作量、核对检查承包人提交的中间或最终工作成果及相关工程进度确认文件。

有关承包人作业质量的检查方式，通常由发包人代表和（或）监理人按有关工程技术规定和建设工程合同的约定，对用于工程的材料进行见证取样、平行检验。①

① 《建设工程监理规范》（GB/T 50319－2013）第5.2.9项规定：“项目监理机构应审查施工单位报送的用于工程的材料、构配件、设备的质量证明文件，并应按有关规定、建设工程监理合同约定，对用于工程的材料进行见证取样、平行检验。”

根据工程特点,对于工程施工过程中的关键部位、关键工序,进行旁站。[①] 对已同意覆盖的工程隐蔽部位质量有疑问的,或发现施工承包人私自覆盖工程隐蔽部位的,应要求施工承包人对该隐蔽部位进行钻孔探测、剥离或采取其他方法进行重新检验。[②] 除上述现场监督、检验之外,发包人还经常采用核查工程物资(材料、构配件、设备)等的出厂质量证明文件、承包人施工过程中的自检技术文件,或者聘请第三方机构或者技术专家审查论证等合理方式行使检查权。

(二)发包人检查权的行使时间

如前文所述,尽管本条在字面上表述为发包人在不妨碍承包人正常作业的情况下,可以"随时"行使对承包人工作的检查权,但是,依据常理和工程行业惯例,检查时间仍应以"合理"为限。所谓"合理"时间,在检查不妨碍承包人正常作业的前提下通常有两种情况:第一种情况,在某项作业进行的时间段内进行过程检查;第二种情况,在某项作业完成后进行成果检查,有前后衔接的连续工序的,在承包人完成前道工序作业之后,进行下一道工序作业之前进行检查。后道工序需要覆盖前道工序工作成果,或者前道工序质量对后道工序质量产生重要影响时,为了减少剥露、拆卸、返工等的工期损失和费用损失,发包人应尽可能以过程检查为主,以成果检查作为补充或者补救手段。在由于发包人或者监理人的原因未能及时检查的特殊情况下,在后道工序作业进行过程中或者完成之后,发包人行使对前道工序质量检查权的,承包人可以在建设工程合同相应条款中,要求进行类似如下的特别约定:与发包人及时检查发现问题后的返工相比,承包人有权就发包人未及时检查而扩大的剥露、拆卸、返工时间顺延工期,同时就扩大的返工费用损失由发包人全部承担或者部分分担。如果没有上述类似的特别约定,行业惯例中,按照《建设工程施工合同(示范文本)》(GF-2017-0201)通用合同条款第5.2.3项和第5.3.3项的约定,发包人(或监理人)的检查和检验影响施工正常进行,且经检查、检验不合格的,影响正常施工的费用由承包人承担,工期不予顺延;经检查、检验合格的,由此增加的费用和(或)延误的工期由发包人承担。承包人覆盖工程隐蔽部位后,发包

---

① 《建设工程监理规范》(GB/T 50319-2013)第5.2.11项规定:"项目监理机构应根据工程特点和施工单位报送的施工组织设计,确定旁站的关键部位、关键工序,安排监理人员进行旁站,并应及时记录旁站情况。"

② 《建设工程监理规范》(GB/T 50319-2013)第5.2.14项规定:"对已同意覆盖的工程隐蔽部位质量有疑问的,或发现施工单位私自覆盖工程隐蔽部位的,项目监理机构应要求施工单位对该隐蔽部位进行钻孔探测、剥离或其他方法进行重新检验。"

人或监理人对质量有疑问的，可要求承包人对已覆盖的部位进行钻孔探测或揭开重新检查，承包人应遵照执行，并在检查后重新覆盖恢复原状。经检查证明工程质量符合合同要求的，由发包人承担由此增加的费用和（或）延误的工期，并支付承包人合理的利润；经检查证明工程质量不符合合同要求的，由此增加的费用和（或）延误的工期由承包人承担。

三、发包人检查妨碍承包人正常作业

承包人一般无权拒绝发包人妨碍其正常作业的检查（具体理由详见下文本条【条文适用】中"三、发包人不当行使检查权的后果"的论述），但是如果检查的结果对承包人有利（检查结果为工程质量符合约定和法定要求），承包人可以就因该妨碍造成的承包人的工期和（或）费用损失要求发包人予以补偿。如果检查内容属于隐蔽工程，由于及时检查隐蔽工程既属于发包人的权利，也属于发包人的义务，因发包人未及时检查，随后再行使检查权妨碍承包人后续作业的，承包人除有权要求发包人就承包人的工期和（或）费用损失承担补偿责任之外，依据行业惯例［参见《建设工程施工合同（示范文本）》（GF－2017－0201）通用合同条款第5.3.3项］还有权要求发包人进行合理的利润损失赔偿。但是，如果检查的结果对承包人不利（检查结果为工程质量不符合约定和法定要求），除非另有特别约定，承包人将承担检查导致的全部不利后果，包括工期责任、质量修复责任和费用损失责任。

【条文适用】

一、司法适用对本条文义的异化

在有偿双务合同中，合同一方的权利通常对应相对方的义务，因此，《民法典》本条的字面表述将发包人对于承包人工作的检查规定为前者的权利，而非前者的义务。

为了考察与《民法典》第七百九十七条在民事判决中的适用现状，我们通过无讼案例库（www.itslaw.com）检索到的以《合同法》第二百七十七条（条文内容与《民法典》第七百九十七条完全相同）作为裁判依据的民事判决书有效分析样本十二份。在该十二份有效样本判决书中，仅有两个样本的裁判说理中明确将发包人对承包人工作的检查作为发包人的权利，而不是对承包人的管理义务；[①]或者认为

① 参见湖北省汉江市中级人民法院（2019）鄂96民终239号民事判决书。

发包人在检查过程中发现工程确有质量问题,但承包人未及时整改,发包人据此向承包人发出停工指令要求其停工,有法律依据。① 其余十个样本判决均引用该条文作为发包人承担合同义务或责任的裁判依据。经整理归纳,该十个样本判决书的裁判说理大致分为以下四类:

第一类,从《合同法》第二百七十七条出发,推论出发包人应对未行使或者未及时行使对承包人工作的监督检查权而事后发现的工程质量问题承担部分甚至全部责任。例如,承包人承建的工程出现质量问题后发包人未立即向承包人提出返工要求,对此发包人应承担相应的责任;②又如,发包方对承包人施工过程中的安全、质量问题负有随时检查和监督管理或者监理的责任,以避免损失的扩大。发包人未完全及时尽到现场检查和监督义务与承包人施工行为造成的安全、质量方面的损失有一定关系,故应对此承担部分损失赔偿责任,且发包人因此承担的损失分担比例从 10% ~50% 不等③④⑤⑥。甚至有判决认为,发包人未提出工程质量要求,且其在承包人施工过程中对其施工工艺及质量并未提出异议,发包人应自行承担工程质量责任。⑦

第二类,依据《合同法》第二百七十七条的规定,推论出发包人应对未行使或者未及时行使对承包人工作的监督检查权,而应对承包人在施工过程中对第三人的财产损失承担相应的责任。⑧

第三类,依据《合同法》第二百七十七条的规定,推论出发包人应当知晓工程的实际施工进度、质量等实际情况或者实际状态,否则不符合发包方对工程建设进行监督的职责要求⑨⑩,将实际工程进度、工程质量问题的举证责任首先分配给发包人。

第四类,依据《合同法》第二百七十七条的规定,推论出在工程施工过程中,发包人发现工程质量问题,未及时行使权利,而待承包人索要工程款时提出质量抗辩

① 参见河南省新乡市中级人民法院(2015)新中民五终字第 215 号民事判决书。
② 参见甘肃省白银市中级人民法院(2019)甘 04 民终 939 号民事判决书。
③ 参见广东省清远市中级人民法院(2018)粤 18 民终 3521 号民事判决书。
④ 参见江苏省南通市中级人民法院(2018)苏 06 民终 1566 号民事判决书。
⑤ 参见甘肃省庆阳市中级人民法院(2017)甘 10 民终 337 号民事判决书。
⑥ 参见云南省宁蒗县人民法院(2014)宁法民初字第 155 号民事判决书。
⑦ 参见甘肃省平凉市崆峒区人民法院(2013)崆民初字第 1376 号民事判决书。
⑧ 参见甘肃省临洮县人民法院(2019)甘 1124 民初 1658 号民事判决书。
⑨ 参见山东省东营市中级人民法院(2016)鲁 05 民终 575 号民事判决书。
⑩ 参见重庆市丰都县人民法院(2015)丰法民初字第 04254 号民事判决书。

的，不予支持。[①]

上面的案例检索结果足以说明，《合同法》第二百七十七条的适用出现了与条文字面含义不同的异化：字面上体现为发包人权利的法条在司法适用中却更多地被作为发包人承担义务和责任的法律依据。可以预料，《民法典》施行后，这样的异化还可能延续至《民法典》本条的适用。

二、发包人正当行使检查权的后果

所谓发包人正当行使检查权，是指符合下列两个条件的检查：第一，发包人的检查不妨碍承包人正常作业；第二，依据合同约定或者行业惯例发包人的检查具有必要性。

发包人正当行使检查权的法律后果有：第一，承包人不得拒绝，并负有协助和配合义务；第二，对于经检查存在的承包人工作不符合合同约定、法律规定和工程技术规范的问题，承包人有说明澄清（如果发包人指出的问题不正确）或者整改、补救的义务和责任（如果发包人指出的问题正确）；第三，参照《建设工程施工合同（示范文本）》（GF－2017－0201）通用合同条款第4.1款有关监理人工作费用承担的内容，作为行业惯例，除合同条款另有约定外，发包人对承包人进行工作检查所发生的费用由发包人承担；第四，承包人因配合、协助发包人检查所发生的费用由发包人承担，但是合同条款另有约定（例如，约定承包人的工程价款包括配合、协助发包人检查可能产生的合理费用，或者约定承包人自行承担配合发包人检查的费用）的，依照约定处理。

三、发包人不当行使检查权的后果

本处讨论的发包人不当行使检查权，包含下列两种情形：情形一，发包人的检查妨碍了承包人的正常作业；情形二，发包人的检查不具有合理性或者必要性，例如，超出技术规范要求和合同约定，对于某一工程部位的重复检查、超量检查或者其他形式的过度检查。

发包人不当行使检查权时，承包人是否有权拒绝接受检查？对此问题的回答，实务界存有争议。有人从合同权利义务相适应的角度出发，认为承包人有权拒绝发包人滥用检查权。笔者认为，承包人一般无权拒绝发包人的不当检查。理由在

① 参见江苏省徐州市中级人民法院（2014）徐民终字第04327号民事判决书。

于，一方面，工程质量问题专业技术性较强，发包人基于对工程质量的关注，以及某些工程质量问题判断的复杂性，可能出现对于某一工程部位的重复、超量的过度检查，以消除发包人对于工程质量的担忧；另一方面，发包人不当行使检查权对承包人的不利后果通常体现为工期上的损失和（或）费用上乃至利润上的损失，可以通过由发包人顺延工期、承担费用乃至利润补偿责任的方式予以消除，使承包人的权益免受损害。从坚持工程质量优先的建设工程法律立法精神的角度来看，在发包人完全承担因不当行使检查权而导致其自身及承包人不利后果的情形下，没有赋予承包人拒绝发包人不当检查的必要。《建设工程施工合同（示范文本）》（GF－2017－0201）通用合同条款可以作为我国建设工程施工合同的行业惯例，其中的第5.2.3项（监理人的质量检查和检验）、第5.3.2项（隐蔽工程检查程序）和第5.3.3项（隐蔽工程重新检查）条文内容也可作为笔者上述观点的旁证。在实施监理的工程施工合同中，发包人对于承包人工作的检查权通常由发包人委托监理人代为行使。《建设工程施工合同（示范文本）》（GF－2017－0201）通用合同条款第5.2.3项载明，监理人按照法律规定和发包人授权，对工程的所有部位及其施工工艺、材料和工程设备进行检查和检验。监理人的检查和检验不应影响正常施工。监理人的检查和检验影响正常施工的，且经检查检验不合格的，影响正常施工的费用由承包人承担，工期不予顺延；经检查检验合格的，由此增加的费用和（或）延误的工期由发包人承担。上述示范文本通用合同条款第5.3.2项（隐蔽工程检查程序）载明：监理人未按时进行检查，也未提出延期要求的，视为隐蔽工程检查合格，承包人可自行完成覆盖工作，并作相应记录报送监理人，监理人应签字确认。监理人事后对检查记录有疑问的，可按第5.3.3项的约定重新检查。而第5.3.3项则载明：承包人覆盖工程隐蔽部位后，发包人或监理人对质量有疑问的，可要求承包人对已覆盖的部位进行钻孔探测或揭开重新检查，承包人应遵照执行，并在检查后重新覆盖恢复原状。经检查证明工程质量符合合同要求的，由发包人承担由此增加的费用和（或）延误的工期，并支付承包人合理的利润；经检查证明工程质量不符合合同要求的，由此增加的费用和（或）延误的工期由承包人承担。由此可见，对于监理人受发包人委托代为行使检查权时在检查时间上的不当，或者重新检查，承包人均无权拒绝接受检查，仅可根据对承包人有利的检查结果（工程质量符合要求）要求发包人承担工期和（或）费用乃至利润损失责任。

不过，有必要指出的是，尽管承包人一般应无权拒绝发包人的不当检查，但是也存在承包人有权拒绝的例外。该例外主要是指，发包人的不当检查对承包人施工过程的妨碍如果可能导致施工安全事故或者工程质量事故的特别情形。

因此,发包人不当行使检查权的法律后果是,除非基于影响施工安全或者工程质量的理由,承包人仍须接受、协助和配合检查,但是经检查证明工程质量符合约定和法定要求的,发包人应承担由此增加的费用和(或)延误的工期,并支付承包人合理的利润。经检查证明工程质量不符合约定或者法定要求的,除非另有特别约定,承包人将承担该不当检查导致的全部不利后果,包括工期责任、质量修复责任和费用损失责任。

四、发包人不行使或者放弃行使检查权的后果

一般而言,在有偿双务合同中,合同一方放弃权利往往对应于减免另一方相应义务。就工程施工合同而言,发包人放弃(包括部分和全部放弃)行使在施工过程中对承包人工作的检查权,对应于承包人接受、配合、协助检查的相应义务被减免,而非对应于承包人工程质量责任的减免。通俗地说,无论发包人是否对承包人的工作进行检查监督,承包人都应当依照诚实信用原则,按照合同约定和法律、技术标准的要求进行工程施工,并确保工程质量符合约定和法定要求。除非其明确确认或者以行为表示对工程质量的最终认可,或者对承包人相应责任的豁免。发包人放弃行使对承包人工作过程的检查权,不应被推定为其默示放弃就工程质量、工期的合同主要权利。诚如《建设工程施工合同(示范文本)》(GF－2017－0201)通用合同条款第5.2.3项所述,监理人(受发包人委托)对工程的所有部位及其施工工艺、材料和工程设备进行的检查和检验,不免除或减轻承包人按照合同约定应当承担的责任。易言之,无论发包人在施工过程中是否放弃行使检查权,均不减免承包人按照合同约定应当承担的责任,当然包括工期和工程质量方面的合同主要责任。因而,本文前述十个样本判决书的第一类裁判说理不仅错误理解和适用了《合同法》第二百七十七条,也与可作为行业惯例适用的《建设工程施工合同(示范文本)》(GF－2017－0201)通用合同条款的相关条款不符,并不妥当。

五、发包人行使检查权时未及时主张,事后能否再主张承包人承担工程质量责任

与上述隐蔽工程的重新检查类似,发包人行使检查权时未能发现实际存在的工程质量问题的,其后仍应有权进行重新检查。重新检查的工程质量结果不符合约定和/或法定要求的,除非存在依约或依法免责事由,承包人仍应承担相应工程

质量责任。具体而言,重新检查发生在工程竣工验收合格之前,或者虽未竣工验收或者竣工验收不合格,但在发包人擅自提前使用工程之前的,承包人应承担整改直至通过竣工合格验收的责任;重新检查发生在工程竣工验收合格之后,或者发包人擅自提前使用工程之后,且在约定和法定的保修期届满之前的,承包人应承担工程保修责任。因此,本文前述十个样本判决书的第四类裁判说理(发包人发现工程质量问题,未及时行使权利,而待承包人索要工程款时,提出质量抗辩的,不予支持),并未从发包人对承包人工程质量责任请求权的行权时限、逾期失权的证据事实出发进行论证,即简单地认定发包人失去对承包人承担工程质量不合格责任的抗辩权,难以让人信服。

六、发包人检查权同时构成发包人义务的例外情形

情形之一:在分包合同中,总承包人作为合同发包人,其对分包人工作的检查,既是其权利,也是其法定义务,只不过权利针对的是分包合同中的承包人,即分包人,义务针对的是总承包合同的发包人。因为根据《民法典》第七百九十一条第二款(《合同法》第二百七十二条第二款)的规定,总承包人就其分包人完成的工作成果与分包人向发包人承担连带责任。总承包人对其分包人工作检查的性质,在总承包合同关系下,等同于总承包人对工作进度、工作质量等的自检。

情形之二:根据《民法典》第七百九十八条①的规定,发包人有及时检查隐蔽工程的权利和义务。未及时履行检查义务的,发包人可能承担顺延工期,并赔偿承包人停工、窝工等损失的法定责任。

情形之三:根据《民法典》第七百九十九条第一款②的规定,建设工程竣工后,发包人有及时进行检查、验收的权利和义务。迟延履行检查义务,但验收不合格的,发包人应当承担迟延验收期间的工期责任(免除迟延验收期间承包人的工期责任),并赔偿承包人因等待验收和等待相应整改(前提是此等整改工作只能依据发包人组织验收的结果才能开始实施)而导致的停工、窝工损失。不过,承包人仍负有整改工程至验收合格的责任;迟延履行检查、验收义务,且验收合格的,将产生工程保修期和约定以工程竣工验收合格日为参照日的其他期限(例如,约定工程验收合格

① 《民法典》第七百九十八条规定:"隐蔽工程在隐蔽以前,承包人应当通知发包人检查。发包人没有及时检查的,承包人可以顺延工程日期,并有权请求赔偿停工、窝工等损失。"

② 《民法典》第七百九十九条第一款规定:"建设工程竣工后,发包人应当根据施工图纸及说明书、国家颁发的施工验收规范和质量检验标准及时进行验收。验收合格的,发包人应当按照约定支付价款,并接收该建设工程。"

日为工程结算期限起算日)按照合同约定的发包人组织验收期间届满之日起开始计算的法律后果;未经检查验收发包人擅自使用工程的,将产生工程自发包人擅自使用之日起,工程保修期和上述其他约定以工程竣工验收合格日为参照日的期限开始计算的法律后果,即仅产生有关期限上的后果,一般不能产生工程质量被认定或推定合格的后果。有关发包人未及时履行工程竣工验收义务的法律后果的详细分析,请读者参阅本书《民法典》第七百九十九条的【条文适用】部分。

情形之四:合同约定发包人对承包人工作的检查构成承包人继续履行合同后续义务前提或者条件的,发包人的检查既是权利也是义务。例如,当事人在合同中约定,承包人提供的工程主要材料(附:主材清单)进场用于工程之前,必须经发包人代表检查认可后,方可使用;未经发包人代表检查认可,承包人擅自使用于工程的材料,相应的工程量及工程价款不予计量计价;发包人代表的此等检查认可,不免除承包人就其提供的工程材料的质量以及使用该等材料施工的工程质量的任何责任。在上述约定中,尽管从字面含义上看,仅明确了承包人就其提供的工程主要材料在进场使用之前有通知发包人检查的义务,以及未经发包人代表检查认可承包人擅自使用工程材料对承包人的不利后果,但是其实际上也隐含地约定了发包人如不及时检查认可,承包人只能停工待料,由此而产生的停、窝工损失和工期延误,当由发包人承担。在此情形下,发包人对承包人的检查,表面上表现为一种权利,实质上也构成一项约定的义务。

七、本条不能作为发包人因承包人过错向第三人承担侵权赔偿责任的依据

因承包人的施工工作导致第三人损害的,在受损害的第三人(被侵权人)基于侵权责任原因的索赔诉讼中,发包人可能作为建设工程的所有权人单独或者与施工承包人共同承担侵权责任。但是发包人对被侵权的第三人承担责任的法律依据是《民法典》第一千二百五十二条,①而非本条。换言之,发包人未行使或者未妥当行使对承包人工作的检查权,不应成为发包人为承包人过错向第三人承担责任的正当理由。相应地,发包人也不能以其正当行使了对承包人工作的检查权或者履行了检查义务(在前述发包人检查权同时转变为发包人义务的情形下),而提出对于被侵权第三人的抗辩。因此,本文前述十个样本判决书的第二类裁判说理不仅缺乏法律

① 《民法典》第一千二百五十二条第一款规定:"建筑物、构筑物或者其他设施倒塌、塌陷造成他人损害的,由建设单位与施工单位承担连带责任,但是建设单位与施工单位能够证明不存在质量缺陷的除外。建设单位、施工单位赔偿后,有其他责任人的,有权向其他责任人追偿。"

依据,也与可作为行业惯例适用的《建设工程施工合同(示范文本)》(GF-2017-0201)通用合同条款的相关条款不符,并不妥当。

八、本条不能作为工程质量举证责任分配的依据

发包人与承包人就工程质量产生争议时,承包人就实际工程质量负有在先的初步的举证责任,当承包人完成初步举证之后,发包人应就反驳承包人的质量合格证据,或者其主张承包人实际完成的工程质量不合格的事实举证。上述举证责任分配规则的确定乃是基于下列理由:第一,《民法典》第七百九十三条第一款(建设工程施工合同无效,但是建设工程经验收合格的,可以参照合同关于工程价款的约定折价补偿承包人)和第二款第二项(修复后的建设工程经验收不合格的,承包人无权请求参照合同关于工程价款的约定折价补偿),以及第八百零六条第三款(合同解除后,已经完成的建设工程质量合格的,发包人应当按照约定支付相应的工程价款;已经完成的建设工程质量不合格的,参照民法典第七百九十三条的规定处理)均表明,施工完成的工程质量合格(符合约定和法定要求)是承包人有权按照合同关于价款计算的约定主张结算工程款(合同有效时)或者参照合同关于价款的约定主张折价补偿(合同无效时)的先决条件;第二,根据《建设工程施工合同(示范文本)》(GF-2017-0201)通用合同条款反映的工程质量检查、验收的程序惯例,以及建设工程施工验收规范的相关规定,除非合同另有特别约定,隐蔽工程、分部分项工程,以及竣工工程,均应经承包人自检合格并具备验收条件,才可申请监理人、发包人进行验收。因而,承包人对于工程质量的初步举证,应当提供有关自检合格的支持证明文件。因此,本文前述十个样本判决书的第三类裁判说理,将实际工程质量问题的举证责任先分配给发包人,不仅缺乏理据,也与行业惯例不符,同样不妥。

九、本条与《民法典》其他相关条文的关系

(一)本条与《民法典》合同编建设工程合同章其他相关条文的关系

1. 本条与《民法典》第七百九十八条(隐蔽工程检查)的关系

本条是发包人对于承包人工作检查权的一般规定,检查内容主要涉及承包人作业进度和作业质量,也可合理类推至依法未有特别规定或者未约定的承包人其

他工作内容。而《民法典》第七百九十八条[①]则是仅针对隐蔽工程检查的特别规定。如果实务中的检查内容涉及隐蔽工程（隐蔽，工程术语为“覆盖”）前的质量检查，应优先适用第七百九十八条，而非本条。此外，在第七百九十八条中，规定对隐蔽工程的检查不仅是发包人的权利，也是发包人应履行的义务；并且发包人履行义务的时间也并非本条规定的“随时”，而是在隐蔽工程覆盖之前。发包人未及时检查隐蔽工程的，应根据嗣后检查得出的隐蔽工程质量结果的不同，由发包人、承包人分别承担相应工期责任和损失赔偿的责任：隐蔽工程质量嗣后经检查合格的，发包人承担相应工期责任和损失赔偿的责任；隐蔽工程质量嗣后经检查不合格的，原则上，承包人应承担相应工期责任和隐蔽工程剥露、整改修复、覆盖的损失赔偿责任，但是在某些情形下，如果有证据证明发包人知道或者应当知道承包人的隐蔽工程质量不合格，未采取适当措施（如及时指令承包人停止覆盖隐蔽工程、对隐蔽工程组织检查），导致事后因隐蔽工程剥露、整改修复、覆盖自身的损失扩大的，根据《民法典》第五百九十一条第一款[②]的规定，发包人不得就该等扩大的损失要求承包人赔偿。有关《民法典》第七百九十八条的讨论，请读者参见本书该条的【条文释评】和【条文适用】内容。

2. 本条与《民法典》第七百九十九条第一句（工程竣工验收）的关系

本条与《民法典》第七百九十九条第一款第一句[③]属于发包人检查承包人工作的一般规定与特别规定的关系，后者仅针对工程竣工验收。如果实务中涉及的检查内容属于竣工验收内容，应优先适用第七百九十九条。类似于上述对《民法典》第七百九十八条的讨论，在第七百九十九条的规定中，对工程进行竣工验收不仅是发包人的权利，也是发包人应履行的义务，并且发包人履行义务的时间也并非本条规定的“随时”，而是在承包人完成约定的全部工程并申请竣工验收后的合理期限届满之前。发包人未及时完成工程竣工验收的，应根据合同约定、行业惯例或者

---

① 《民法典》第七百九十八条规定：“隐蔽工程在隐蔽以前，承包人应当通知发包人检查。发包人没有及时检查的，承包人可以顺延工程日期，并有权请求赔偿停工、窝工等损失。”

② 《民法典》第五百九十一条第一款规定：“当事人一方违约后，对方应当采取适当措施防止损失的扩大；没有采取适当措施致使损失扩大的，不得就扩大的损失请求赔偿。”

③ 《民法典》第七百九十九条第一款第一句规定：“建设工程竣工后，发包人应当根据施工图纸及说明书、国家颁发的施工验收规范和质量检验标准及时进行验收。”

《建设工程施工合同司法解释(一)》第九条[①]的规定,确定或者合理推定工程竣工日期,以及发包人、承包人各自应承担的工程质量责任。有关《民法典》第七百九十九条的讨论,请读者参见本书该条的【条文释评】和【条文适用】内容。

(二)本条与《民法典》合同编承揽合同章相关条文的关系

1.本条与《民法典》第七百七十九条(承揽人接受定作人监督检验)的关系

根据《民法典》第八百零八条[②]的规定,第七百七十九条[③]适用于建设工程合同的前提是,建设工程合同章没有规定。从字面上看,本条与第七百七十九条的差异在于:其一,前者从发包人的权利(发包人有权随时检查)角度表述,后者则从承揽人的义务(承揽人应当接受必要的监督检验)角度表述;其二,前者规定发包人的行权方式为检查承包人工作,后者则规定发包人的行权方式为监督承包人工作行为、检验承包人工作成果;其三,前者列明检查内容为承包人作业进度和作业质量,而后者未列明监督、检验的具体内容;其四,在不影响承包人(承揽人)正常作业(工作)的前提下,前者明确发包人的检查权可以"随时"行使,后者则明确定作人的监督检验以"必要"为限;其五,前者将不妨碍承包人正常作业明确为发包人行使检查权的前提条件,后者则将妨碍承揽人正常工作明确为定作人行使对承揽人监督检验权的禁止性义务。结合建设工程行业惯例,从前者的文义中难以推断出发包人的检查如妨碍承包人正常作业,承包人有权拒绝。但是,从后者的文义中可合理推论,如果定作人的监督检验工作妨碍了承揽人的正常工作,承揽人有权拒绝。

无论是本条还是第七百七十九条,其字面含义均将发包人(定作人)对于承包人(承揽人)工作的检查或者监督检验规定为前者的权利(对应于后者的义务)。

鉴于建设工程合同属于特殊的承揽合同,本条置于《民法典》合同编建设工程合同章内,属于对第七百七十九条(被置于《民法典》合同编承揽合同章内)的特别规定,在建设工程合同实务中,应优先适用本条,而非第七百七十九条。

---

① 《建设工程施工合同司法解释(一)》第九条规定:"当事人对建设工程实际竣工日期有争议的,按照以下情形分别处理:(一)建设工程经竣工验收合格的,以竣工验收合格之日为竣工日期;(二)承包人已经提交竣工验收报告,发包人拖延验收的,以承包人提交验收报告之日为竣工日期;(三)建设工程未经竣工验收,发包人擅自使用的,以转移占有建设工程之日为竣工日期。"

② 《民法典》第八百零八条规定:"本章没有规定的,适用承揽合同的有关规定。"

③ 《民法典》第七百七十九条规定:"承揽人在工作期间,应当接受定作人必要的监督检验。定作人不得因监督检验妨碍承揽人的正常工作。"

2. 本条与《民法典》第七百七十四条（定作人对承揽人供料的检验）的关系

《民法典》合同编承揽合同章的第七百七十四条[①]规定了承揽人提供材料情形下接受定作人检查检验的义务。由于建设工程合同章中未规定承包人的相应义务，根据第八百零八条的规定，第七百七十四条适用于建设工程合同。因而，承包人提供工程材料时，发包人对此享有检验权。故此，本条与第七百七十四条属于发包人对承包人工作的一般检查权规定和对承包人供料的特别检查、检验权规定的关系。由于第七百七十四条未明确定作人检验的时间，适用中应结合本条的规定，推论为发包人对承包人供料有随时检查、检验权。

有必要指出，发包人对承包人供料是否实际进行检查、检验，以及检验、检查的结论如何，一般均不减免承包人应当按照约定要求和法定标准选用材料的义务，以及未按约定选用材料应承担的工程质量、工期和价款责任。但是如果有证据表明，发包人经检查、检验明知承包人选用的材料与约定不符，仍同意或者要求承包人继续使用，此时，如果承包人实际选用的材料不会导致工程质量违反法律强制性要求，应视为发包人同意对承包人选用的材料的要求进行了不违反法律强制性规定的变更，当属有效，并对发包人和承包人产生效力；如果承包人实际选用的材料将导致工程质量违反法律强制性要求，发包人同意或者要求承包人继续使用实质上等同于发包人同意或者要求承包人违反法定的工程质量标准，降低工程质量，发包人的上述行为当属无效，并对承包人不产生效力，且承包人应当拒绝。承包人不拒绝继续使用的，发包人、承包人均违反《建筑法》第五十四条[②]的规定，双方均有过错，应当分别承担相应的工程质量、工期、价款和损失赔偿责任。

十、举证责任

（一）承包人的举证责任

承包人主张发包人的检查构成对承包人正常作业的妨碍或者发包人不当行使检查权造成承包人额外经济损失的，承包人负有举证责任。承包人一般可从以下两方面完成举证：

---

① 《民法典》第七百七十四条规定："承揽人提供材料的，应当按照约定选用材料，并接受定作人检验。"

② 《建筑法》第五十四条规定："建设单位不得以任何理由，要求建筑设计单位或者建筑施工企业在工程设计或者施工作业中，违反法律、行政法规和建筑工程质量、安全标准，降低工程质量。建筑设计单位和建筑施工企业对建设单位违反前款规定提出的降低工程质量的要求，应当予以拒绝。"

1. 承包人正常作业的程序。在实务中,可以通过举证下列事实予以确定:

(1)经发包人(或者监理人)批准、同意或者认可,承包人正在执行的施工组织计划及其在施工过程中作出的相应调整;

(2)相关作业程序的施工技术规程;

(3)设计人在设计文件中对相关作业程序的特别要求。

2. 发包人检查所造成的对承包人正常作业的不利影响。在实务中,承包人可从下列方面举证遭受不利影响的工期延误、支出增加和(或)利润减少(可得利益损失)的事实:

(1)在合同约定以及施工技术规范规定的检查程序所要求的承包人配合检查须投入的人工、材料、机械设备数量之外,为配合发包人检查,承包人需要额外增加的人工、材料、机械设备数量及其相应价款(合同约定以及施工技术规范规定的检查程序所要求的承包人配合检查须投入的人工、材料、机械设备通常被认为已经包含在前述施工组织计划中,相应的承包人支出亦被认为已经包含在约定的合同价款中);

(2)为配合发包人检查,承包人的作业过程被迫中断、延误,或者虽不会延误但是造成作业效率的下降;

(3)承包人作业被中断、延误的时间(承包人要求的顺延工期的时间);

(4)承包人因作业中断、延误或者作业效率下降,为保证作业总进度和作业质量而增加的人力、材料、机械设备数量及其相应价款,该价款对应于承包人要求的不含可得利润的成本费用补偿,也可能对应于包含成本费用和可得利润的补偿。

(二)发包人的抗辩举证

承包人主张,发包人的检查构成对承包人正常作业的妨碍或者发包人不当行使检查权造成承包人额外经济损失,并进行相应举证后,发包人抗辩承包人的主张不能成立或者举证不足的,一般可从以下两方面提出反证:

1. 承包人未能举证发包人的检查超出了其正常作业的程序、技术规程或合同约定。在实务中,发包人可以举证下列事实:

(1)承包人正在执行的施工组织计划及施工过程中作出的相应调整,未经发包人(或者监理人)批准、同意或者认可,或者与发包人(或者监理人)批准、同意或者认可的施工组织计划不符;

(2)发包人检查的内容和时间符合相关作业程序的施工技术规程的规定;

(3)发包人检查的内容和时间属于设计人在设计文件中对相关作业程序的特别要求；

(4)发包人检查的内容和时间符合合同约定的检查程序。

2. 发包人的检查虽超出了承包人的正常作业程序要求、技术规程或合同约定，但是未对承包人正常作业产生工期、质量、工程价款方面的不利影响。在实务中，发包人可以举证证明下列事实：

(1)合同约定或者合同虽未约定但是按照工程惯例，承包人配合发包人检查，所产生的费用已经包含在合同约定的工程价款中，或者属于承包人应承担的价款变化风险范围；

(2)发包人检查期间承包人的作业过程连续，现场作业人员、机械设备未发生停工、窝工现象，或者作业中断、延误，现场作业人员、机械设备出现效率不足另有其他原因；

(3)对于合同约定的工期，承包人在订立合同时，已经充分考虑因配合发包人对其工作的检查可能导致的作业中断、延误对工期的影响，或者合同约定该等影响属于承包人应承担的工期风险范围；

(4)承包人对发包人不当检查的工期、费用、利润索赔未按合同约定的索赔程序中的时限或者要求提出，且根据合同约定，逾期索赔视为承包人放弃索赔。

第七百九十八条 隐蔽工程检查

【法条原文】

第七百九十八条 隐蔽工程在隐蔽以前，承包人应当通知发包人检查。发包人没有及时检查的，承包人可以顺延工程日期，并有权要求赔偿停工、窝工等损失。

【条文主旨】

本条是关于建设工程合同项下隐蔽工程隐蔽前检查的规范，属于强制规范。其强制性表现在两个方面：其一，隐蔽工程在隐蔽以前，承包人负有通知发包人检查的法定义务（第一句）；其二，发包人在收到承包人的检查通知后，未及时检查的，可能承担顺延工期和赔偿停工、窝工等损失的民事责任（第二句），暗示了及时检查隐蔽工程属于发包人的法定义务。

尽管建设工程合同包含勘察、设计、施工合同三个基本类型，但是由于勘察、设计合同承包人工作通常不涉及向发包人提供隐蔽工程成果，因而本条实际上仅针对含有施工承包内容的建设工程合同。

【条文释评】

一、本条规则表述形式之特殊性

遍览《民法典》合同编典型合同分编，在规定合同当事人权利义务及其法律后果时，除本条外，其他条文均采用了下列三种表述方式之一：第一，仅规定合同主体的法定义务，即 A（合同义务主体）应当 B（义务行为），未规定违反义务的法律责任。第二，先规定合同主体的义务，后（可能在同一条文中，也可能在其后另一单独条文中）规定该主体违反义务后相对人的权利救济内容，即 A 应当 B。A 未 B 的，C（A 的合同相对人）可以/有权要求 D（C 的权利救济内容）。第三，先规定合同主体的义务，后（可能在同一条文中，也可能在其后另一单独条文中）规定该主体违反义务后应承担的法律责任，即 A 应当 B。A 未 B 的，应当承担 E（A 的民事责任内容）。本条的表述方式在《民法典》合同编典型合同分编各章中属于另类：第一句规定了承包人的通知义务，未随后规定承包人未通知发包人检查而径行覆盖隐蔽工程的民事法律责任;第二句在没有正面规定发包人义务的前提下,直接规定了发包人未及时实施检查行为时,承包人的权利救济内容。

本条规则涉及的下列问题有必要展开讨论:第一,本条第一句规定的承包人在覆盖隐蔽工程前通知发包人检查,属于承包人哪种性质的义务?第二,承包人违反通知义务,会导致何种法律后果?第三,发包人未及时检查隐蔽工程的,承包人的权利救济内容除本条第二句列明的情形(顺延工期,要求发包人赔偿停工、窝工等损失)之外,还有无其他权利救济内容?特别是,承包人是否有权径行覆盖隐蔽工程继续施工?承包人自行覆盖的隐蔽工程的质量如何认定?

二、隐蔽工程

所谓隐蔽工程,通常指完工后将被后续其他工程内容或者自然物质掩埋、覆盖、遮蔽、封闭,而无法或者难以被重新暴露、检查、整修的工程。隐蔽工程通常包含以下三种形式:第一,前一道工序的工作内容被后一道工序的工作内容所掩盖。例如,现浇钢筋混凝土构件制作的一般工序为:支模板、绑扎钢筋、浇筑混凝土、养护、拆模板。前一道工序绑扎的钢筋,将被后一道工序浇筑混凝土所掩盖。第二,建设工程本身的一部或者全部被其他建筑材料、自然物质所掩埋、淹没,如地下构筑物被回填土填埋、水下构筑物被水体淹没。第三,边施工边隐蔽的工程,如地下混凝土灌注桩等地基加固工程。[①] 隐蔽工程因其完工后无法或不易检查的特点,容易出现因施工承包人过失疏忽,或者故意偷工减料、以次充好、不如实申报工程量等导致的工程质量争议和/或工程量确认争议。如果隐蔽工程存在的质量问题,不能在工程隐蔽之前被发现,日后质量问题有可能不会在竣工验收前后马上显露,一旦出现问题,补救非常困难,而且耗费的人力、物力和财力成本也远大于隐蔽之前的正常整改。除前述隐蔽工程存在的质量问题之外,当采用按实际工程量计价的工程款计价方式时,如果隐蔽工程所涉及的工程量不能在隐蔽之前被核实确认,日后也将形成工程计量和(或)计价争议。

三、承包人覆盖隐蔽工程前的通知义务

本条第一句规定,承包人在覆盖隐蔽工程前应当通知发包人检查。就承包人的上述义务而言,一方面,它不是合同成立伊始就确定的,而是随着合同的履行而

---

① 常设中国建设工程法律论坛第八工作组:《中国建设工程施工合同法律全书——词条释义与实务指引》,法律出版社 2019 年版,第 734 ~735 页。

形成的,不能产生对待给付,因而无法成立同时履行抗辩;承包人不履行该义务,除非另有特别约定,通常也不能构成发包人合同目的无法实现进而可以解除合同的情形,因此,它显然不是施工合同承包人的主给付义务。另一方面,它并非依附并辅助主给付义务(施工合同中承包人的主给付义务应为按约交付验收合格的建设工程)的履行,从而不会影响发包人作为债权人的利益的满足程度(特别是,发包人具有《民法典》第七百九十七条赋予的对承包人工作进度和质量的随时检查权,[①]承包人不事先通知发包人检查隐蔽工程,不直接影响或者阻碍发包人有权按约取得验收合格的建设工程),亦不能独立以诉讼方式请求承包人履行,因此,它不属于施工合同承包人的从给付义务,其在性质上应当属于《民法典》第五百零九条第二款规定的承包人在施工合同履行过程中的附随义务。[②]

承包人在覆盖隐蔽工程前应当履行的向发包人的通知义务,具体可包含下列方面:通知对象、通知形式、通知内容、隐蔽工程的检查内容与地点以及通知时间。

1. 通知对象。鉴于隐蔽工程的上述特点,以及对于工程质量、工程量计量的重要性,承包人在隐蔽工程部位施工完毕,准备覆盖[③]之前,负有通知发包人对隐蔽工程验收[④]的法定义务。从施工合同的相对性出发,本条规定的承包人的通知对象仅为发包人。而根据行政法规《质量管理条例》第三十条[⑤]的规定,承包人通知的对象还应包括建设工程质量监督机构。此外,对于实行工程监理的建设工程,承包人的通知对象还应当包括监理人,理由是:第一,《质量管理条例》第三十七条第二款规定了监理工程师对于下一道工序开始施工的签字同意权,意味着监理人应当被通知参加隐蔽工程覆盖前的验收;第二,国家标准《建筑工程质量验收统一标准》(GB 50300 - 2013)第3.0.6.5目规定,隐蔽工程在隐蔽前应由施工承包人通知监理单位进行验收,并应形成验收文件,验收合格后方可继续施工。可见,如果严格依照现行法律、行政法规和国家技术标准的规定,承包人在准备覆盖隐蔽工程之前,应当通知发包人(通常为建设单位)、建设工程质量监督机构和监理人(工程实行监理时)

---

① 《民法典》第七百九十七条规定:"发包人在不妨碍承包人正常作业的情况下,可以随时对作业进度、质量进行检查。"

② 《民法典》第五百零九条第一、二款规定:"当事人应当按照约定全面履行自己的义务。当事人应当遵循诚信原则,根据合同的性质、目的和交易习惯履行通知、协助、保密等义务。"

③ 《民法典》本条采用"隐蔽"一词,建设工程行业的习惯用语更多为"覆盖"。

④ 《民法典》本条采用"检查"一词,建设工程行业的习惯用语更多采用隐蔽工程"验收"的说法。

⑤ 《质量管理条例》第三十条规定:"施工单位必须建立、健全施工质量的检验制度,严格工序管理,作好隐蔽工程的质量检查和记录。隐蔽工程在隐蔽前,施工单位应当通知建设单位和建设工程质量监督机构。"

对隐蔽工程进行检查。当施工合同为分包合同时,发包人是工程总承包人或者施工总承包人,不是工程建设单位,分包工程承包人应当通过总发包人通知发包人,即工程建设单位。此外,根据建设工程施工质量验收的技术规范,部分隐蔽工程还需要勘察人、设计人参与检查验收(如建筑工程中地基基础工程的验槽)的,还应当根据技术规范要求,由承包人通知或者经由发包人、监理人通知勘察人、设计人参加该等隐蔽工程的检查验收。

2. 通知形式。尽管法律、行政法规未明确规定承包人向建设单位、建设工程质量监督机构和监理机构发出的通知的形式,但是为了便于事后核查、举证,通常应以书面形式为准。而且根据建设工程的行业惯例,施工合同履行过程中发包人、监理人与承包人之间工作信息的口头交换,仅限于发包人、监理人在发生紧急情形时向承包人发出口头指示,且发包人、监理人应在合理的期限内(通常为 24 小时或者 48 小时)补发书面指示或者进行书面确认。① 所谓紧急情形是指:为了保证施工人员的安全或避免工程受损;或者在工程保修期内工程出现必须立即修复缺陷或损坏的情况。而承包人向发包人、监理人发出的通知、申请等工作文件均应采用书面形式。

3. 通知内容。承包人向发包人、监理人等发出的需要进行隐蔽工程检查、验收的通知内容一般应包括:隐蔽检查的内容、检查时间和地点,并应附有承包人的自检记录和其他必要的检查资料。

4. 隐蔽检查内容和地点。不同类型的建设工程有不同的隐蔽工程。以房屋建筑工程为例,其隐蔽工程一般包括:(1)地基验槽;(2)现场预制桩钢筋安装;(3)预制桩的接头;(4)混凝土灌注桩钢筋笼;(5)钢筋混凝土工程;(6)砌体工程;(7)钢结构工程;(8)地面工程;(9)门窗工程;(10)幕墙工程;(11)墙面工程;(12)轻质隔墙工程;(13)吊顶工程;(14)细部工程;(15)地下防水工程;(16)屋面防水工程;(17)隔热保温工程。不同类型建设工程的具体隐蔽工程内容可参见该类建设工程的施工规范和(或)施工验收规范。顺便指出,承包人在书面通知中除载明隐蔽检

---

① 《建设工程施工合同(示范文本)》(GF-2017-0201)通用合同条款第 4.3 款"监理人的指示"规定:"监理人应按照发包人的授权发出监理指示。监理人的指示应采用书面形式,并经其授权的监理人员签字。紧急情况下,为了保证施工人员的安全或避免工程受损,监理人员可以口头形式发出指示,该指示与书面形式的指示具有同等法律效力,但必须在发出口头指示后 24 小时内补发书面监理指示,补发的书面监理指示应与口头指示一致。"第 15.4.3 项"修复通知"规定:"在保修期内,发包人在使用过程中,发现已接收的工程存在缺陷或损坏的,应书面通知承包人予以修复,但情况紧急必须立即修复缺陷或损坏的,发包人可以口头通知承包人并在口头通知后 48 小时内书面确认,承包人应在专用合同条款约定的合理期限内到达工程现场并修复缺陷或损坏。"

查内容之外,还应同时载明检查内容在工程中的具体地点位置。

5.通知时间。对于承包人应当何时发出通知,法律、法规和国家标准未规定明确的期限,施工合同当事人可以自主约定。《建设工程施工合同(示范文本)》(GF-2017-0201)通用合同条款第5.3.2项建议承包人应在共同检查前48小时书面通知监理人。需要注意的是,分包合同约定的分包工程承包人通知总承包人验收隐蔽工程的时间,应当考虑到总承包人向建设单位(发包人)转通知验收申请的时间。

四、承包人未尽通知义务的法律后果

承包人在覆盖隐蔽工程前通知发包人检查,属于合同附随义务。违反附随义务应当承担相应的民事责任。根据《民法典》第一百七十六条[①]的规定民事主体承担民事责任的情形有两种:违反法律规定或者当事人约定。通常认为,当事人未履行法律规定的义务,承担侵权责任;未履行约定义务,承担违约责任。就承包人未尽上述通知的附随义务而言,如果该义务未在合同中约定,承包人承担的责任应不同于违约责任,而应属于广义的合同责任。广义的合同责任是指合同上的民事责任或者因合同而产生的民事责任,它既包括违约责任,又包括在合同的订立、合同的生效、合同的履行、合同的终止过程的缔约过失责任、合同无效或被撤消的民事责任和后契约责任等。[②] 违约责任属于狭义的合同责任。附随义务基于合同而存在,又并非当事人约定的义务,而是依法产生的义务,属于因合同而产生的民事责任。此外,违约责任一般为无过错责任。然而,附随义务基于诚实信用原则而存在,诚实信用是隐含于内部的价值标准,因此对附随义务的违反必然包含着某种可归责性,义务人如无过错违反附随义务不能认为其违反诚实信用原则而被追究责任,而应视为正常的风险负担。[③]

我国立法对违反附随义务应承担何种责任、采用何种归责原则等问题,均无明确规定,造成了责任承担不确定的局面。笔者检索到的三个案例反映了上述的不确定。

案例一:最高人民法院(2018)最高法民终38号民事判决认为,承包人未能举

① 《民法典》第一百七十六条规定:"民事主体依照法律规定或者按照当事人约定,履行民事义务,承担民事责任。"

② 参见360百科词条"附随义务",载https://baike.so.com/doc/5655764-5868415.html,最后访问日期:2020年1月8日。

③ 参见360百科词条"附随义务",载https://baike.so.com/doc/5655764-5868415.html,最后访问日期:2020年1月8日。

证其已履行就隐蔽工程通知发包人检查的义务，对管线不通等隐蔽工程质量问题，应当承担主要责任；发包人没有及时检查隐蔽工程质量，也应承担相应的责任。一审法院以无法查明隐蔽工程质量原因为由，酌定双方当事人各承担一半责任，是非判断不准，缺乏充分的事实和法律依据。承包人上诉，主张其不承担责任；发包人上诉，主张此部分质量缺陷损失应由承包人全部承担，诉请理由均不充分。最高人民法院酌定，对管线不通的隐蔽工程部分的修复费用，由承包人承担 90% 的赔偿责任，剩余部分由发包人自行承担。

案例二：云南省昆明市中级人民法院（2017）云 01 民终 1244 号民事判决认为，上诉人（承包人）并未举证证明发生事故的隐蔽工程在隐蔽以前，已经通过被上诉人（发包人）检查。该隐蔽工程一经隐蔽，即应由承包人对该工程材料和工程质量承担责任。

案例三：贵州省高级人民法院（2016）黔民申 949 号民事裁定认为，依照《合同法》第二百七十八条（条文内容同本条）的规定，承包人在防水工程完成后有通知发包人进行检查的法定义务。承包人不能证明其已履行了法定的检查通知义务，且所提交的证据又未能达到法定的证明标准，应承担举证不能的不利后果。故承包人所提已按合同约定完成了防水工程施工的主张，审理法院不予采信。

从上述三个案例可以看出，承包人在隐蔽工程覆盖前未尽通知发包人检查义务的，最高人民法院认为，承包人对隐蔽工程质量承担主要责任，发包人承担次要责任；昆明市中级人民法院认为，承包人对工程质量应承担全部责任；贵州高级人民法院认为，不应支持承包人已按约完成隐蔽工程施工的主张。

笔者认为，上述案例一的判决理由值得商榷。第一，在承包人未通知发包人检查隐蔽工程的前提下，发包人检查隐蔽工程质量是否“及时”可能无从判断。第二，发包人没有检查隐蔽工程质量，不是造成承包人隐蔽工程施工质量不合格的原因。即便发包人的检查不及时，其迟延履行义务的后果应当对应于迟延造成的承包人损失，即本条规定的顺延工期，赔偿承包人的停工、窝工等损失，而非承担隐蔽工程质量不合格的部分责任。第三，判决隐含地预设了无论承包人是否通知，发包人均应检查隐蔽工程质量的义务，否则应部分承担该隐蔽工程质量缺陷责任，但是未阐述理由。承包人未通知发包人检查隐蔽工程时，发包人应当如何应对？请参见本条【条文适用】“一、承包人未尽通知义务时发包人的应对”。

笔者认为，上述案例二、案例三的判决理由是恰当的。除非存在法定或者有效约定的免责事由，施工承包人对其施工的建设工程（当然包含包括隐蔽工程）质量承担全部责任。发包人在隐蔽工程覆盖前未作检查的消极不作为，不能被推定或者被默示为对隐蔽工程质量的认可或者部分认可，亦不能减免施工承包人就隐蔽工程质量违约应承担的任何责任。案例三反映的是，承包人在未通知发包人检查隐蔽工程的情形下，擅自覆盖隐蔽工程的，隐蔽工程的工程量及其质量无法查明的责任归于承包人，承包人有关隐蔽工程的工程款主张将不被支持。

综上，笔者认为，除非另有特别约定，或者发包人对于隐蔽工程质量缺陷、剥露损失的产生或者扩大，或者工期延误存在过错的情形外，承包人未通知发包人检查隐蔽工程的法律后果应当是：第一，如果隐蔽工程尚未覆盖，发包人有权检查该隐蔽工程，承包人对隐蔽工程的质量缺陷承担责任。第二，如果隐蔽工程已经覆盖，发包人仍有权要求剥露重新检查，即便隐蔽工程的质量经检查符合要求，剥露的损失、工期延误的责任均由承包人承担；隐蔽工程的质量经检查不合格的，承包人还应承担整改修复的责任。第三，如果隐蔽工程已经覆盖，且客观上或者事实上无法再行剥露检查判定质量是否符合要求，除非另有其他非剥露方法证明质量合格，应推定为隐蔽工程质量不合格，承包人应自行承担不能取得相应工程价款的责任。第四，如果隐蔽工程已经覆盖，且经剥露检查其质量符合要求，但是工程量无法查明的，承包人应承担因举证不能而导致的工程价款无法确认的责任。

五、发包人及时检查隐蔽工程

本条第二句涉及发包人未及时检查隐蔽工程义务的合同责任：承包人可以顺延工程日期，并有权要求赔偿停工、窝工等损失。其中，“工程日期”一词并非法律用语，亦不符合建设工程行业使用“工期”的用语习惯，疑为立法时的文字差错。

隐蔽工程的验收参加人，除施工承包人代表（通常为项目负责人）和承包人的上述通知对象——发包人（建设单位）代表、工程质量监督机构代表、监理人代表（通常为负责本项目的总监理工程师）——之外，还包括设计人代表，并可能包括勘察人代表。由于建设单位具有组织隐蔽工程验收的权利和义务，在施工合同没有特别约定时，通知勘察人、设计人派员参加隐蔽工程验收的义务属于建设单位（发包人）。

所谓发包人“及时检查”，应当理解为包括发包人“及时组织检查”和“及时出具验收意见”两种情形。由于检查参加人除承包人、发包人之外，还涉及工程质量监督机构、监理人，甚至勘察人、设计人，如果由于工程质量监督机构、监理人、勘察人、设计人未及时参加验收程序或者参加验收程序后未在验收记录上及时签署验收意见,一般应当视为因第三人原因导致发包人(建设单位)未能履行"及时检查"义务,对承包人构成违约。发包人需另行解决其与第三人的纠纷。特别是,如果合同约定,监理人不能在承包人通知载明的验收时间对隐蔽工程进行验收,提交延期验收的书面要求的,可以依照约定顺延验收时间;但是,如果合同没有特别约定,监理人的延期验收应视同发包人延期组织验收。①

六、发包人未及时检查隐蔽工程的法律后果

(一)后果之一:承包人可以顺延工期

发包人没有及时检查隐蔽工程,一般情形下可能发生顺延工期的后果。在实务工作中,较为粗糙的争议处理方法是,直接将发包人迟延组织隐蔽工程验收的天数认定为工期顺延的天数。事实上,作为一项工期延误事件,发包人没有及时检查隐蔽工程是否会实际造成工期延误,仍需要结合施工进度计划,根据涉案工程的关键线路上的工作是否因该工期延误事件而被延误加以考察。有关工期顺延及其鉴定的更详细的论述,请参见本书有关《民法典》第八百零三条(发包人的工期延误责任)的有关内容。

(二)后果之二:承包人有权要求赔偿停工、窝工等损失

有关承包人有权要求赔偿停工、窝工等损失方面的详细论述,请参见本书有关《民法典》第八百零三条【发包人的工期延误责任】的有关内容。

(三)有争议的后果之三:视为隐蔽工程质量合格

从《民法典》本条内容来看,发包人未履行及时检查隐蔽工程义务的后果仅在于承担工期顺延和赔偿停工、窝工等损失,未规定隐蔽工程质量视为合格,也就是说,未规定承包人可免除隐蔽工程质量嗣后被认定不合格的责任。

然而,《建设工程施工合同(示范文本)》(GF-2017-0201)通用合同条款第5.3款"隐蔽工程检查"第5.3.2项"检查程序"载明:监理人未按时进行检查,也未提出延期要求的,视为隐蔽工程检查合格,承包人可自行完成覆盖工作,并作相应记录报送监理人,监理人应签字确认。孤立地看,上述内容的含义似可简单归纳为:

---

① 《建设工程施工合同(示范文本)》(GF-2017-0201)通用合同条款第5.3款"隐蔽工程检查"第5.3.2项"检查程序"约定:"除专用合同条款另有约定外,监理人不能按时进行检查的,应在检查前24小时向承包人提交书面延期要求,但延期不能超过48小时,由此导致工期延误的,工期应予以顺延。……"

发包人未及时履行检查义务的，隐蔽工程质量视为合格。

不过，进一步考察上述示范文本通用合同条款“5.3 隐蔽工程检查”“5.3.2 检查程序”的最后一句“监理人事后对检查记录有疑问的，可按第5.3.3项〔重新检查〕的约定重新检查”以及第5.3.3项〔重新检查〕①的内容将会发现，“隐蔽工程质量视为合格”可被重新检查的结果所推翻。因此，上述合同示范文本中的“视为隐蔽工程检查合格”的确切含义应为“推定隐蔽工程检查合格”，推定的事实可以被嗣后举证的相反事实所推翻。

在实务中，处理因使用上述施工合同示范文本所引发的争议时，裁判者应当避免简单地以存在“5.3.2 检查程序”的内容约定为由，直接认定承包人可免除隐蔽工程质量责任。

当事人使用上述施工合同示范文本，发生发包人未及时检查隐蔽工程的情形时，承包人将面临选择：是依据《民法典》本条规定，采取停工等待措施，并向发包人主张顺延工期和损失赔偿，还是依据合同文本上述约定，自行完成覆盖工作，继续施工？笔者的建议是：承包人在确信隐蔽工程质量合格的前提下，可以选择采取自行覆盖继续施工的措施；如果承包人不能确信隐蔽工程质量合格，宜采取停工等待措施，并事先做好工期索赔和停工、窝工损失索赔的证据准备工作；如果此时承包人贸然采取自行覆盖继续施工的措施，当发包人（监理人）要求重新剥露检查隐蔽工程质量时，承包人将可能因为质量检查不合格，不仅丧失主张顺延工期和损失赔偿的权利，还将对因重新检查增加的剥露、检查、重新覆盖以及恢复重新检查前已经继续施工的工作成果所发生的全部费用和（或）延误的工期承担责任；即便因发包人（监理人）未要求重新检查，不发生上述相关费用，因隐蔽工程存在的固有质量缺陷仍可能在未来工程竣工验收时显现，届时再行整改的技术难度和费用通常会更高，甚至造成无法整改合格、发包人拒付全部工程价款的严重后果。此外，因隐蔽工程存在的固有质量缺陷，即便在工程竣工验收时未能显现，还有可能在此后的工程保修期内显现，届时完成保修整改的技术难度和费用同样会高于隐蔽工程覆盖前的整改。

---

① 《建设工程施工合同（示范文本）》（GF-2017-0201）通用合同条款第5.3款“隐蔽工程检查”第5.3.3项“重新检查”约定：“承包人覆盖工程隐蔽部位后，发包人或监理人对质量有疑问的，可要求承包人对已覆盖的部位进行钻孔探测或揭开重新检查，承包人应遵照执行，并在检查后重新覆盖恢复原状。经检查证明工程质量符合合同要求的，由发包人承担由此增加的费用和（或）延误的工期，并支付承包人合理的利润；经检查证明工程质量不符合合同要求的，由此增加的费用和（或）延误的工期由承包人承担。”

值得进一步讨论的是,如果合同仅约定“发包人未及时履行检查义务的,隐蔽工程质量视为合格”,不约定如上述施工合同示范文本第5.3.3项“重新检查”的内容,该约定是否有效?笔者认为,工程的地基基础与主体结构质量事关建设工程的根本安全,一般属于社会公共利益范畴,当此等约定涉及的隐蔽工程属于地基基础、主体结构或者影响地基基础、主体结构安全时,因损害社会公共利益而应归于无效;此等约定涉及的隐蔽工程不属于地基基础或者主体结构,也不影响地基基础、主体结构安全的,除非存在其他依法无效事由,应当认定有效。不属于地基基础或者主体结构,但是影响地基基础、主体结构安全的情形并不罕见。例如,结构沉降缝本身不属于地基基础或者主体结构,但是如果设置不当,将可能影响结构安全;再如,楼面地面找平层本身不属于地基基础或者主体结构,但是如果多个楼面找平层厚度超过设计要求过大,将可能过分增大上部建筑物重量,影响建筑物地基基础安全。

【条文适用】

一、承包人未尽通知义务时发包人的应对

在建设工程合同纠纷处理实务中,当承包人就隐蔽工程的检查未尽通知发包人义务时,发包人往往提出下列抗辩:隐蔽工程质量未经检查合格,拒绝支付隐蔽工程相应工程款,甚至以隐蔽工程未经验收,进而整个工程竣工验收无法进行为由,拒绝支付全部工程价款。发包人的上述抗辩是否成立?

笔者认为,判断发包人的上述抗辩是否成立,应当考虑发包人对隐蔽工程质量未被检查是否存在过错。发包人常见的过错情形是,发包人在知悉或者应当知悉承包人未尽通知义务时,未基于诚实信用原则,采取合理措施避免损失扩大,构成滥用权利。前文已述及,隐蔽工程覆盖后重新剥露发现质量缺陷、采取整改措施所耗费的人力、物力和财力成本往往远大于隐蔽之前的正常整改。因此,发包人(或其委托的监理人)在知悉或者应当知悉承包人未尽通知义务时,应当积极采取下达停止覆盖指令、积极组织对隐蔽工程的检查等合理措施,避免隐蔽工程覆盖后再重新剥露,从而扩大损失。在发包人已经采取了上述合理措施,或者由于承包人擅自覆盖导致发包人无法采取合理措施的前提下,发包人的上述抗辩能够成立;否则,发包人不能就扩大的损失要求承包人承担赔偿责任,当然承包人的隐蔽工程质量缺陷责任以及因擅自覆盖导致的除上述扩大损失之外的其他损失责任不能减免。可以说,对隐蔽工程的检查,既是发包人的权利,某种程度上也是发包人基于诚实信用原则和积极推进后续施工工序、促进合同正常履行而应当提供协助的合同附随义务。最高人民法院(2017)最高法民申3347号民事裁定认为,案涉桩基工程属于隐蔽工程,应当在隐蔽之前验收而未验收,而发包人已组织对主体工程进行验收,因此发包人认为由于案涉桩基工程没有提交验收合格的书面材料,导致整体工程不可能进行竣工验收的理由不足采信。笔者认为,上述民事裁定的理由和结论值得商榷。首先,上述裁定对于承包人未履行隐蔽工程覆盖前通知发包人检查的法定义务,未认定过错责任;其次,以发包人已组织对主体工程进行验收为由,不支持发包人有关整体工程不能进行竣工验收的抗辩,缺乏理据。该案例中,针对发包人上述抗辩的裁判理由可以进一步阐述为,一方面,承包人未履行隐蔽工程覆盖前通知发包人检查的法定义务,存在过错,应当就因缺少桩基工程验收合格的书面材料而无法完成工程整体竣工验收程序承担责任;另一方面,发包人知道或者应当知道案涉桩基工程属于隐蔽工程,承包人在未经验收的情况下继续施工,将导致桩基工程质量认定和工程主体竣工验收程序障碍,未能采取下达停止后续施工指令、积极组织对桩基工程质量检查等合理措施,亦应对因缺少桩基工程验收合格的书面材料而无法完成工程整体竣工验收程序承担相应责任。

二、本条与《民法典》其他关联条款的关系

(一)本条与《民法典》第七百九十七条(发包人对承包人工作质量的随时检查权)的关系

一方面,根据《民法典》第七百九十七条①的规定,发包人对包括隐蔽工程施工质量在内的建设工程质量有随时检查权;另一方面,本条第二句又间接规定了发包人对于隐蔽工程的及时检查义务。综合上述两条文,可以认为,对隐蔽工程的检查既是发包人的权利,也是发包人的义务。从权利的角度看,发包人可以放弃对隐蔽工程施工质量检查的权利。显然,除非另有有效约定,发包人的弃权不能减免承包人对于隐蔽工程施工质量的责任,即不能推定或者视为隐蔽工程质量为合格。从义务的角度看,根据行业惯例或者合同约定,发包人的检查往往构成承包人覆盖隐蔽工程继续施工的前置条件,发包人如仅消极地放弃检查或者迟延检查,将对承包人的后续施工工作造成阻碍或者可能造成工期迟延。因此,发包人必须履行对于

① 《民法典》第七百九十七条规定:“发包人在不妨碍承包人正常作业的情况下,可以随时对作业进度、质量进行检查。”

隐蔽工程的及时检查义务,否则应当承担本条第二句规定的顺延工期,赔偿承包人停工、窝工等损失的责任;甚至在承包人未履行通知检查义务时,发包人仍负有基于诚实信用原则对隐蔽工程进行合理检查的附随义务,以协助推进工程施工进度。

在处理有关隐蔽工程质量责任问题时,当事人及其代理人,以及裁判者需要注意,防止片面地将对隐蔽工程的检查仅作为发包人的权利或者义务。

(二)本条与《民法典》第七百九十九条(工程竣工验收)的关系

本条间接规定发包人对于隐蔽工程的及时检查义务,而《民法典》第七百九十九条①第一句则规定了发包人对于建设工程的竣工验收义务。鉴于隐蔽工程的检查及其检查合格的结果文件构成竣工验收的结果文件,发包人如未履行对隐蔽工程的检查义务,且有过错,将导致其相应的履行竣工验收义务的障碍。在前述(2017)最高法民申3347号民事裁定书中,发包人在未进行隐蔽工程检查的情况下,组织对主体工程进行验收,将因缺少隐蔽工程检查合格的书面文件导致工程竣工验收手续无法完成。特别是在合同约定发包人迟延检查隐蔽工程,视为隐蔽工程验收合格的情形下,承包人自行覆盖隐蔽工程、继续施工后,发包人要补充取得隐蔽工程验收合格文件,必将面临承担重新剥露、修复其后承包人已继续施工工程的成本,并顺延工期,赔偿承包人停工、窝工损失等责任的被动局面。更何况,某些隐蔽工程(例如,已经施工完成地下室工程的桩基础)一旦覆盖,便无法剥露,隐蔽工程检查合格的书面文件无法补正,直接导致发包人的竣工验收手续无法完善。因此,发包人应当高度重视隐蔽工程检查义务的适时履行。

有关《民法典》第七百九十九条的论述请参见本书该条的【条文释评】与【条文适用】部分。

(三)《民法典》第八百零一条(承包人施工质量责任)的关系

根据《民法典》第八百零一条②的规定,在工程竣工验收通过之前的施工过程

---

① 《民法典》第七百九十九条规定:"建设工程竣工后,发包人应当根据施工图纸及说明书、国家颁发的施工验收规范和质量检验标准及时进行验收。验收合格的,发包人应当按照约定支付价款,并接收该建设工程。建设工程竣工经验收合格后,方可交付使用;未经验收或者验收不合格的,不得交付使用。"

② 《民法典》第八百零一条规定:"因施工人的原因致使建设工程质量不符合约定的,发包人有权请求施工人在合理期限内无偿修理或者返工、改建。经过修理或者返工、改建后,造成逾期交付的,施工人应当承担违约责任。"

中,承包人对因其原因产生的工程质量缺陷承担在合理期限内无偿修理或者返工、改建,以及由此导致的工期延误的违约责任。隐蔽工程的质量检查属于工程施工过程中的行为,因此,如果依据本条,隐蔽工程经发包人检查不符合约定的质量标准,应当适用《民法典》第八百零一条,由承包人承担上述违约责任,除非承包人能够成功抗辩该等质量缺陷并非因承包人原因导致。此外,有必要指出,在实务中,如非因承包人原因导致隐蔽工程质量缺陷,基于合同当事人应诚实信用和善意履约的原则,承包人一般仍应承担在合理期限内修理或者返工、改建义务,只不过修理、返工、改建费用由发包人承担,相应的工期应予顺延。只有在施工合同无效、承包人不具有相应施工整改的资质或者技术能力,或者施工合同解除或者终止等特殊情形下,承包人才不承担上述义务。除非合同另有约定,承包人不得以整改费用事先未经商定为由,拒绝在合理期限内完成上述隐蔽工程的质量整改工作。

三、举证责任

承包人应当就隐蔽工程在覆盖以前,已经通知发包人检查承担举证责任。承包人一般可以就下列事实进行举证:

1. 向发包人或其授权的监理人或者发包人项目代表发出了书面通知和/或发包人或其授权的监理人或者发包人项目代表收到了上述书面通知。

2. 书面通知明确包括了要求发包人检查的隐蔽工程的内容、地点或者在工程中的位置,以及检查的期限等内容。

3. 承包人已经对将要隐蔽的工程完成自检,且自检合格的有关记录文件。

4. 发包人与承包人有关隐蔽工程验收程序的具体约定(如有)。

发包人认为隐蔽工程质量不合格的,可以就下列事实进行举证:

1. 隐蔽工程质量明显不符合合同约定要求或者法定强制性标准,或者明显不具备检查、验收条件。

2. 隐蔽工程的承包人自检报告或者隐蔽工程施工过程中形成的检验、检测等质量证明文件阙如或者不真实。

3. 隐蔽工程的承包人自检报告或者隐蔽工程施工过程中形成的检验、检测等质量证明文件,不符合有关施工质量检验规范或技术标准,且未整改,或者经整改仍不合格。

4. 承包人未经通知发包人检查即擅自覆盖隐蔽工程。

5. 承包人对发包人组织的隐蔽工程检查不提供必要协助(如不提供现场检查

条件和承包人自检文件)，致使检查无法完成。

需要指出，隐蔽工程质量不合格不得覆盖，并非只针对因承包人原因导致的质量缺陷，亦包括非因承包人原因导致的质量缺陷。

承包人认为其未经通知发包人检查而覆盖隐蔽工程应当减免因覆盖后再整改而延长的工期和扩大的损失赔偿责任的，可以就下列事实进行举证：

1. 发包人未在收到承包人书面通知的约定期限或者合理期限内组织检查隐蔽工程，且合同约定此时视为发包人认可隐蔽工程质量，承包人可以自行覆盖。

2. 承包人虽未向发包人发出隐蔽工程检查的书面通知，但是发包人或者其代理人知道或者应当知道隐蔽工程已经完成和承包人的计划覆盖时间，仍既不组织检查，也未指令暂停覆盖。

3. 发包人或者其代理人指令承包人覆盖隐蔽工程。

需要指出，因承包人原因导致的隐蔽工程质量责任缺陷，特别是其中无法整改的质量缺陷，其责任仍应由承包人承担，除非发包人的过错行为与隐蔽工程上述质量缺陷有因果关系。此外，该等隐蔽工程缺陷如再覆盖应整改所产生的工期和费用成本，或者不能整改的后果仍应由承包人承担。

承包人主张发包人没有及时检查，应当顺延工期，并由发包人赔偿停工、窝工等损失的，可以就下列事实进行举证：

1. 发包人收到承包人书面通知的日期。

2. 合同约定的发包人组织隐蔽工程检查的期限或者合理期限已经届满。

3. 承包人在上述约定期限或者合理期限届满前后已经向发包人发出催告。

4. 发包人或者其代理人在收到承包人书面通知后，发出不得覆盖隐蔽工程或者暂停继续施工的指令。

5. 隐蔽工程覆盖后的后续施工内容处于施工工期关键线路上。

6. 承包人因隐蔽工程不能及时覆盖而停工的时长或者窝工降效的影响时长，及其相应计算依据、计算方法和计算结果。

7. 合同或其他对发包人与承包人双方有约束力的书面文件关于停工、窝工损失的约定以及计算方法和计算依据。

8. 承包人停工、窝工损失的基础证据。例如，停工、窝工期间承包人在现场施工人员、管理人员的数量及其变化、人工费标准；人员遣散费；施工机械设备停滞费、租赁费；现场材料照管维护费；因停工、窝工导致的人工、材料、机器价格上涨增加的成本；施工机械二次进出场费用；承包人因停工、窝工造成对供货商、分包商的违约赔偿等。

9. 承包人已按照合同约定的索赔期限和程序向发包人提交相关索赔通知的文件,如索赔意向通知书、索赔报告(含上述第6、7、8项计算依据、计算方法和计算结果)。

10. 承包人虽未按照合同约定的索赔期限和程序向发包人提交相关索赔通知的文件,但是发包人以行为或者其他方式表明仍然接受索赔磋商。

第七百九十九条　竣工验收、价款支付与交付使用

【法条原文】

第七百九十九条　建设工程竣工后，发包人应当根据施工图纸及说明书、国家颁发的施工验收规范和质量检验标准及时进行验收。验收合格的，发包人应当按照约定支付价款，并接收该建设工程。

建设工程竣工经验收合格后，方可交付使用；未经验收或者验收不合格的，不得交付使用。

【条文主旨】

本条是关于建设工程施工合同项下工程竣工验收、价款支付与交付使用的强制性规范。从字面上看，虽然本条未特指建设工程施工合同项下的工程竣工，理论上似乎应涵括建设工程合同的勘察和设计工作，但是根据文义，将本条解释为仅针对施工合同，或者含有施工内容的建设工程合同，更为合理。在工程勘察和(或)设计的建设工程合同中，勘察人、设计人的勘察设计工作完成后，发包人也可能基于合同约定或者法定程序对勘察设计工作成果进行查验(例如，对勘察报告中有关工作成果的核查、检验，对施工图设计文件的审查)，但是此等查验不属于工程竣工验收，因而不适用本条规定。

本条第一款系不完全法条，作为一项行为规范，需要结合《民法典》第七百八十八条、第七百九十三条和第八百零一条进行理解与适用。

根据《民法典》第七百八十八条的规定，发包人向承包人支付价款，以取得承包人完成的建设工程为对价。与普通承揽不同的是，承包人完成的建设工程是否符合发包人支付合同价款的对价要求，不仅以承揽人"按照定作人的要求(对于建设工程，定作人的要求主要指施工图纸及说明书)完成工作"(参见《民法典》第七百七十条第一款对于承揽合同的定义)为限，还要求满足法定的质量要求(国家颁发的施工验收规范和质量检验标准)。建设工程施工承揽与普通承揽的区别还在于，工作成果的"交付"并非建设工程施工合同承包人的基本义务。换言之，除非合同另有特别约定，承包人完成的建设工程一经验收合格，纵然未发生或者完成向发包人"交付"工程的行为，发包人亦应按约支付价款。本条第二款所指的"交付"，并非

《民法典》第七百七十条第一款对于普通承揽合同定义中的“交付”。对于本条中“交付”更进一步的讨论,读者可参见本条【条文释评】“六、工程接收与交付使用”。

《民法典》第八百零一条是对工程质量不符合约定时的当事人法律后果作出的部分规定,即工程质量不符合约定时,承包人有义务在发包人要求的合理期限内纠正质量违约,并承担违约责任。如果工程质量不符合约定且承包人未能在发包人要求的合理期限内纠正质量违约,则可能适用合同解除的法律规定。无论如何,第八百零一条隐含的适用前提是合同有效。本条第一款第二句则是规定了与第八百零一条相对应的另一种情形:工程验收合格对当事人的法律后果,即发包人支付价款,并接收工程。显然,本条第一款第二句亦同样以合同有效为适用条件。对于合同无效而工程质量验收合格或者不合格时的工程价款的处理,适用《民法典》第七百九十三条的规定。

本条第二款强调,建设工程竣工验收合格是交付使用的法定强制性前提条件,仍属不完全法条。鉴于绝大多数情形下建设工程质量对于社会公众安全的极端重要性,本款的立法意旨应主要在于保障社会民众人身财产安全,维护社会公共利益,而非重在调整施工合同当事人之间的私有权利、义务。因此,不应由该款反向推论出诸如“已经交付使用的工程视为或者推定为工程已验收合格”的结论。换言之,建设工程竣工验收、验收结果与工程的占有、使用的不同情形对合同当事人之间权利、义务责任的影响与后果,合同有约定的,从约定;合同没有约定的,本款作为不完全法条,不应亦不能作为裁判适用的独立依据。事实上,由于《民法典》其他法条以及现行其他法律未进一步规定违反本款强制性规定的民事法律后果,基于《民法典》第六百四十六条①的规定,参照适用《民法典》合同编买卖合同章有关标的物质量检验的规定(主要包括《民法典》第六百一十五至第六百二十三条),通常可满足处理施工合同当事人之间建设工程质量检验相关争议的需要。

【条文释评】

本条第一款第一句规定,工程竣工验收的技术依据应当是施工图纸及说明书、国家颁发的施工验收规范和质量检验标准。其中,施工图纸及说明书为工程施工合同当事人约定的工程验收技术依据,国家颁发的施工验收规范和质量检验标准为法定的工程验收技术依据,即便当事人在施工合同中未明确约定,亦当然予以

---

① 《民法典》第六百四十六条规定:“法律对其他有偿合同有规定的,依照其规定;没有规定的,参照适用买卖合同的有关规定。”

适用。

本条第一款第一句中采用“应当”，着重表示立法者的主观认识，是一种原则性的一般要求，允许例外和特殊情形存在。因此，以“应当”表示的法律规范虽属于义务规范，但是一种有条件的弱义务，即通常如此，但有例外。就本条第一句而言，上述例外表现在：一方面，对于某些特殊的建设工程，如国家尚未颁行法定的施工验收规范和（或）质量检验标准，则当事人应当约定特定的施工验收和质量检验要求，该约定内容应纳入施工图纸及说明书范畴。另一方面，当事人在国家颁行的法定的施工验收规范和（或）质量检验标准之外，另行约定施工验收和（或）质量检验要求的，约定的要求可以比法定的施工验收规范和（或）质量检验标准更加严格，但是一般不得放宽要求。其中，法定施工验收规范和（或）质量检验标准中的强制性条文不得约定放宽，非强制性条文中的要求不宜放宽，个别特殊情况下不得不放宽的，必须有严格、充分的技术论证，并不得影响建设工程地基、基础和主体结构的安全，亦不得影响建设工程设计功能的实现。

本条第一款第一句还规定，建设工程竣工后，发包人应当及时验收。此处的所谓“竣工验收”，属于建设工程行业的术语，与日常用语中“验收”的含义不尽相同。日常用语中，“验收”是指，按照一定标准进行检验而后收下，既强调“验”，也强调“收”；而“竣工验收”是指，建设工程项目竣工后，由建设单位会同勘察、设计、施工、监理单位（工程实行监理时）等部门，对该项目是否符合规划、勘察、设计要求以及建筑施工和设备安装质量进行全面检验后，取得竣工合格资料、数据和凭证的过程。竣工验收只强调“验”，不强调“收”。作为行业惯例的《建设工程施工合同（示范文本）》（GF－2017－0201）第13.2.2项“竣工验收程序”中第3目明确，竣工验收合格的，发包人应在验收合格后14天内向承包人签发工程接收证书。本条第一款第二句也表述为：竣工验收合格后，发包人应当接收工程。因此，工程“竣工验收”本身与发包人“接收”竣工工程，通常情况下是发生时间有先后的两个行为（未经竣工验收，发包人提前使用属于“接收”的特例）。

本条第一款第二句规定，验收合格的，发包人应当按照约定支付价款，并接收该建设工程。本句仍然采用“应当”的措辞，表明通常情形下，工程验收合格后，发包人即应按照约定支付价款，并接收工程。此处的价款应仅指施工合同约定的工程款，还是包括发包人应向承包人支付的合同中约定的其他款项（例如，垫资利息、赶工费、工期或质量奖金、承包人合理化建议奖励、发包人违约金，以及双方认可的其他费用），这一问题殊值辨析。

综观《民法典》合同编建设工程合同章，提及“价款”的有五个条款，分别是：第七百八十八条第一款（建设工程合同定义）、第七百九十三条（合同无效后的补偿，采“工程价款”用语）、本条（第七百九十九条）、第八百零六条第三款（合同解除后的清算，采“工程价款”用语）和第八百零七条（承包人价款优先受偿权）。笔者认为，鉴于在除本条之外的其余四个条款的适用场景下，“价款”均指承包人完成工程建设的对价，即工程价款，基于法典用语含义应然的一致性，本条中的“价款”亦应解释为“工程价款”，一般不包括合同中可能约定的其他款项（如垫资利息、承包人合理化建议奖励、发包人违约金等），但是对于工期或质量奖金、赶工费这一类直接影响承包人完成工程建设的时间、质量的款项是否属于“工程价款”可能存在不同理解。一种理解是，工期或质量奖金、赶工费等属于附建设工程完成条件的“工程价款”，反映了“优时优价”或者“优质优价”；同时，取得该额外“价款”通常需要承包人对于建设工程标的的完成支付额外的施工直接成本，例如，增加人工费、机械台班，采取额外的施工措施，乃至消耗更多材料。另一种理解是，工期或质量奖金、赶工费等与工期或质量违约金、误工费等为相对概念，广义上与违约金属于同一性质，应当排除在工程价款之外，特别是对于第八百零七条中作为承包人价款优先受偿权范围的“价款”而言，《建设工程施工合同司法解释（一）》第四十条第二款[①]已将承包人依约应获得的发包人违约金排除在可优先受偿的价款范围之外。笔者基本赞同第一种理解。第二种理解的缺陷在于，工期或质量奖金的“奖”从字面上看似乎对应于违约金的“罚”，属于相对概念。不过，一方面，承包人获取发包人违约赔偿如果不以承包人增加施工直接成本为前提，则应当排除在工程价款之外；如果发包人违约（如因承包人原因停工、窝工）导致承包人施工成本增加，承包人可以通过索赔主张赔偿，根据《建设工程工程量清单计价规范》（GB 50500－2013）第9.13.3项第3目的规定，索赔款项应为合同价款的增加部分。[②] 因此，承包人对发包人的违约索赔并非一概不属于工程价款的范畴。另一方面，承包人要获取工期或质量奖金，通常总是以增加施工直接成本为代价，以优时优质完成工程标的物，将工期或质量奖金计入工程价款更符合工程价款的构成机理。特别是，对于合同约定的赶工费，《建设工程工程量清单计价规范》（GB 50500－2013）第9.11.3项更

---

① 《建设工程施工合同司法解释（一）》第四十条第二款规定：“承包人就逾期支付建设工程价款的利息、违约金、损害赔偿金等主张优先受偿的，人民法院不予支持。”

② 《建设工程工程量清单计价规范》（GB 50500－2013）第9.14.3项第3目规定：“承包人接受索赔处理结果的，索赔款项应作为增加合同价款，在当期进度款中进行支付；承包人不接受索赔处理结果的，应按照合同约定的争议决绝方式办理。”

是明确规定，其应作为增加合同价款列入竣工结算文件中，与结算款一并支付。[①]笔者进一步认为，只有在承包人不增加施工直接成本就能获得工期或质量奖金的特殊情形下，才应将工期或质量奖金排除在工程价款之外。

本条第一款中的接收工程应指《建设工程施工合同（示范文本）》（GF－2017－0201）第13.2.2项"竣工验收程序"（3）中所称的发包人向承包人签发工程接收证书。在实务中，如果合同未约定发包人签发工程接收证书，则以承包人在工程竣工验收合格后完成人员和施工设备撤场，施工临时设施拆除清理和剩余乙供料清理退场，发包人或者其授权的第三方接替承包人，对工程及其范围内场地的占有，作为发包人接收竣工工程的标志。从工程完成竣工验收，验收结果合格，到发包人接收竣工工程的间隔时间，有约定的从约定，没有约定或者约定不明的，可以参照作为行业惯例的《建设工程施工合同（示范文本）》（GF－2017－0201），推定竣工验收合格后14天为发包人接收工程的合理期限。工程竣工验收合格后，存在发包人可不接收工程或者不能接收工程的例外情形。例如，承包人未完成人员和施工设备撤场，施工临时设施拆除清理和剩余乙供料清理退场，客观上致发包人不能完全占有或者合理使用竣工工程；承包人拒绝交付竣工工程；承包人同意发包人不接收工程，工程由承包人或其授权的第三人继续占有和（或）使用，比如建设—运营—转让（Build－Operate－Transfer，BOT）项目中，承包人同时亦为工程项目投资人，工程竣工并验收合格后，根据BOT合同的约定，应由承包人或者其授权委托的第三人继续运营管理。

本条第二款包括两个并列的分句。该两分句在语义上构成同义反复，疑为因循《合同法》立法语言不精细、不简洁的缺陷的结果。本款采用"方可""不得"的措辞。"不得"是"必须"的反义；"建设工程竣工经验收合格后，方可交付使用"与"建设工程交付使用前，必须经竣工验收合格"同义。带有"必须"的法律规范属于无条件的强义务型规范，表示一律如此，绝无例外，排除当事人的主观意愿或者以情况特殊为由变通适用或者规避适用。有关未经验收或者验收不合格的工程被交付使用的法律后果的论述，读者可参见本条【条文适用】"五、竣工验收的及时性"。

一、工程竣工

"竣工"为工程行业常用语，"竣"的汉语本义即完成事务、完成工作。因此，"竣

---

① 《建设工程工程量清单计价规范》（GB 50500－2013）第9.12.3项规定："发承包双方应在合同中约定提前竣工每日历天应补偿额度，此项费用应作为增加合同价款列入竣工结算文件中，应与结算款一并支付。"

工”一般指建设工程合同(特别指包含建设工程施工内容的合同)项下的工程承包工作达到已经完成的状态。在日常语境下,“竣工”与“完工”并未严格区分,经常混用。如果在合同或者有关法律文件中严格区分,竣工不仅强调工程内容已经施工完成,而且隐含完成的工程符合特定标准或者要求的法律含义,未经验收或者验收不合格需要整改的,不能认定工程已经竣工;而完工仅强调承包人的主观认知,或者在表观进度上工程内容已经完成,但是已完工程是否符合约定要求和法定标准,尚处于未经检验确认的状态。按照建设工程竣工的行业一般要求和法律规定,承包人对自认为完工的项目应当进行自检,自检不合格的,工程仍处于未完工状态,承包人应继续进行施工或者整改;自检合格的,应提交相关验收技术资料,向发包人提出竣工验收申请,经发包人组织验收并验收合格的,方可确定该工程已经竣工。工程竣工与否通常由相应的竣工验收文件加以证明,或者基于法律认定。一项已完工工程未必是一项已竣工工程;一项已竣工工程通常是一项已完工工程,但是在甩项验收等特殊情形下,已通过甩项竣工验收的一项竣工工程只在验收范围内完工,被甩项未验收的工程内容既可能已经完工但不具备验收条件,也可能尚未完工。

二、竣工验收的条件与程序

建设工程的竣工验收应当符合一定的条件。这些条件既包括法定条件,也包括约定条件。

综合《建筑法》第六十一条第一款①和《质量管理条例》第十六条第二款②、第三十九条第二款③的规定,建设工程竣工验收的一般法定条件为:

1. 完成建设工程施工设计文件和施工合同约定的工程各项施工内容。
2. 有完整的工程技术档案和施工管理资料。
3. 有工程使用的主要建筑材料、建筑构配件和设备的进场试验报告。

---

① 《建筑法》第六十一条第一款规定:“交付竣工验收的建筑工程,必须符合规定的建筑工程质量标准,有完整的工程技术经济资料和经签署的工程保修书,并具备国家规定的其他竣工条件。”

② 《质量管理条例》第十六条第二款规定:“建设工程竣工验收应当具备下列条件:(一)完成建设工程设计和合同约定的各项内容;(二)有完整的技术档案和施工管理资料;(三)有工程使用的主要建筑材料、建筑构配件和设备的进场试验报告;(四)有勘察、设计、施工、工程监理等单位分别签署的质量合格文件;(五)有施工单位签署的工程保修书。”

③ 《质量管理条例》第三十九条第二款规定:“建设工程承包单位在向建设单位提交工程竣工验收报告时,应当向建设单位出具质量保修书。质量保修书中应当明确建设工程的保修范围、保修期限和保修责任等。”

4. 工程符合规定的建筑工程质量标准，有勘察、设计、施工、工程监理等单位分别签署的质量合格文件。

5. 有经施工承包人签署的工程保修书，工程保修书中应当明确建设工程的保修范围、保修期限和保修责任等。

6. 具备国家规定的其他竣工条件。国家规定的其他竣工条件，主要是指根据不同性质、类型和专业的建设工程的技术特点，国家通过特定类型的工程技术规范、验收标准、规范性文件等规定的竣工条件。为了满足上述第 4 项竣工验收的法定条件，承包人在申请竣工验收之前，应当对工程是否符合规定的建设工程质量标准进行自检。以房屋建筑和市政基础设施工程为例，国家住房和城乡建设部 2013 年颁布《房屋建筑和市政基础设施工程竣工验收规定》，该规定第五条规定的房屋建筑和市政基础设施工程竣工验收条件，对上述第 4 项条件进行了细化：

1. 施工承包人在工程完工后对工程质量进行了检查，确认工程质量符合有关法律、法规和工程建设强制性标准，符合设计文件及合同要求，并提出工程竣工报告。工程竣工报告应经项目经理和施工人单位有关负责人审核签字。

2. 对于委托监理的工程项目，监理人对工程进行了质量评估，具有完整的监理资料，并提出工程质量评估报告。工程质量评估报告应经总监理工程师和监理人单位有关负责人审核签字。

3. 勘察人、设计人对勘察、设计文件及施工过程中由设计单位签署的设计变更通知书进行了检查，并提出质量检查报告。质量检查报告应经该项目勘察、设计负责人和勘察、设计人单位有关负责人审核签字。

除此之外，还增加了下列竣工条件：

1. 有工程质量检测和功能性试验资料。

2. 建设单位已按合同约定支付工程款（该项条件仅为督促发包人及时支付工程进度款的行政管理需要，除非另有特别约定，不构成施工合同项下或者本条项下的竣工验收的前提条件）。

3. 对于住宅工程，进行分户验收并验收合格，建设单位按户出具《住宅工程质量分户验收表》。

4. 建设主管部门及工程质量监督机构责令整改的问题全部整改完毕。

施工承包人在申请竣工验收之前，应自检确认满足下列竣工验收的工程质量具体要求：

1. 单位工程所含分部（子分部）工程均验收合格，符合法律、法规、工程建设强制标准、设计文件规定及合同要求。

2. 单位工程所含分部工程有关安全和功能的检测资料完整，主要功能项目的抽查结果符合相关专业质量验收规范的规定。

3. 单位工程观感质量符合要求。

有关建设工程验收规范和质量标准的详细论述，请参见本条的【条文释评】“三、竣工验收依据、规范和标准”。

国家对特定类型的建设工程竣工条件的规定缺失或者不足时，地方政府行政机构可以根据本地区建设工程的情况，制定地方性建设工程竣工验收的具体条件。例如，上海市消防局规定，申请办理建设工程消防验收，建设单位需提供下列材料：

1. 消防产品清单和有防火性能要求的建筑构件、建筑材料、装修材料、保温材料清单。上述产品、构件和材料须由监理单位核验，清单由监理单位加盖单位公章、监理工程师签名，建设单位加盖单位公章、法人代表签名或盖章。消防产品应具有符合国家规定的市场准入证明资料和产品合格证明文件，有防火性能要求的建筑构件、建筑材料、装修材料、保温材料采购时应选用由国家授权的专业检验机构出具的防火安全性能检验报告，供货时生产企业应出具防火安全性能产品合格证明。相关材料应装订成册，在消防检查现场备查。装修材料的见证取样检验应由监理或建设单位自行落实。

2. 消防设施检测合格证明文件。

3. 新建、扩建建设工程提供消防机构的《建设工程消防设计审核意见书》《上海市建设工程施工图设计文件审查合格书》，改建建设工程提供消防机构的《建设工程消防设计审核意见书》。

4. 消防设施的竣工图纸。

除法定条件之外，施工承包合同的当事人还可以就建设工程的竣工验收条件进行补充约定。例如，当事人可以约定，承包人申请发包人组织竣工验收时，应提供竣工图纸和竣工备案资料已经齐备，并符合城建档案馆要求的书面证明文件。

建设工程的竣工验收通常具有较完备的程序要求。以建筑工程为例，其竣工验收程序通常为：

1. 施工总承包人自检评定。单位工程完工后，施工总承包人对工程进行质量检查，确认符合设计文件及合同要求后，填写《工程验收报告》，并经项目经理和施工承包人单位负责人签字。

2. 监理人提交《工程质量评估报告》。监理单位收到《工程验收报告》后，应全面审查施工总承包人的验收资料，整理监理资料，对工程进行质量评估，提交《工程质量评估报告》，该报告应经总监理工程师及监理人单位负责人审核、签字。

3. 勘察人、设计人提出《工程质量检查报告》。勘察人、设计人对勘察、设计文件及施工过程中由设计人签署的设计变更通知书进行检查，并提出书面《工程质量检查报告》，该报告应经勘察人、设计人的本项目负责人及其单位负责人审核、签字。

4. 建设单位（发包人）和（或）其授权委托的监理人组织初验。建设单位组织监理人、设计人、施工总承包人等单位对工程质量进行初步检查验收。各方对存在问题提出整改意见，施工总承包人整改完成后填写整改报告，监理人及监督小组核实整改情况。初验合格后，由施工总承包人向建设单位提交《工程竣工报告》。

5. 建设单位组成验收组，确定验收方案。建设单位收到《工程竣工报告》后，组织勘察人、设计人、施工总承包人、监理人等单位有关人员成立验收组，确定验收日期。验收组成员应有相应资格，规模较大或较复杂的工程验收应编制验收方案。

6. 施工总承包人提交工程技术资料。施工总承包人应在验收日期之前的一定期限（具体期限由项目所在地政府建设工程质量监督部门）将完整的工程技术资料交政府建设工程质量监督部门检查。

7. 竣工验收。建设单位主持竣工验收会议，组织参与验收各方对工程质量进行检查，如有质量问题提出验收整改意见。政府工程质量监督部门委派监督人员到工地现场对工程竣工验收的组织形式、验收程序、执行验收标准等情况进行现场监督。

8. 施工总承包人按验收整改意见进行整改。施工总承包人按照验收各方提出的整改意见及《整改通知书》进行整改。整改完毕后，写出《整改报告》，经建设单位、监理人、设计人、施工总承包人项目负责人签字、单位盖章确认后送政府建设工程质量监督部门。对重要的整改内容，监督人员参加复查。对于不合格的建筑工程，按《建筑工程施工质量验收统一标准》和其他验收规范的要求整改完毕后，由施工总承包人重新向建设单位申请组织验收，建设单位和（或）其授权委托的监理人组织复查复验，直至合格。

9. 验收备案。验收合格后一定期限内，政府建设工程质量监督部门将监督报告报送政府建设行政机关。建设单位按有关规定报政府建设行政机关所属城建档案馆备案。

三、竣工验收依据、规范和标准

(一)竣工验收依据

本条列举的建设工程验收依据有:施工图纸及说明书、国家颁发的施工验收规范和质量检验标准。

但是,上述列举并不全面。事实上,《质量管理条例》第十六条第二款第一项规定的竣工条件"完成建设工程设计和合同约定的各项内容"可以反映出:第一,施工合同(包括含有施工内容的设计 + 施工合同,采购 + 施工合同、设计 + 采购 + 施工合同)不仅是承包人施工范围和竣工验收范围的依据,其中约定的竣工验收要求,特别是对于工程质量的特别要求,只要不与国家相应的工程质量强制性标准相抵触,也属于当事人约定的竣工验收依据。第二,就建设工程设计内容而言,不仅包括本条列举的施工图纸及说明书,还包括施工过程中由设计人出具的设计变更单。设计变更单并不一定仍以施工图纸或说明书的形式出具,但是其与施工图纸或说明书一样,均属于施工应依据的设计文件。因此,将本条的"施工图纸及说明书"理解或者解释为"作为施工依据的设计文件"更为周全。

有必要指出,作为施工依据的设计文件,在常规的施工合同中,由项目建设单位提供或者其委托的设计人提供,而在承包人负责设计工作的工程总承包合同中,由总承包人提供。在前一种情形中,施工承包人的合同义务和法定义务是按照工程设计图纸和施工技术标准施工。① 除了在施工过程中发现设计文件和图纸有差错时,施工承包人应当及时提出意见和建议之外,②承包人对于设计文件和图纸的错误不承担责任。对于后一种情形,作为施工依据的设计文件,还应当符合发包人对工程项目的设计要求。因此,如果总承包人自行提供并用于施工的设计文件和图纸不符合发包人的设计要求,则作为施工依据的设计文件中不符合的部分不应作为竣工验收的依据。换言之,对于承包人负责施工图设计的工程总承包合同,作为竣工验收的依据应当包括发包人对工程项目的设计要求以及施工设计文件和图纸,且当两者产生抵触时,以前者为优先依据。

工程总承包合同纠纷中的一个常见争议是,总承包人提供的设计文件有缺陷

---

① 《质量管理条例》第二十八条第一款规定:"施工单位必须按照工程设计图纸和施工技术标准施工,不得擅自修改工程设计,不得偷工减料。"

② 《质量管理条例》第二十八条第二款规定:"施工单位在施工过程中发现设计文件和图纸有差错的,应当及时提出意见和建议。"

时，以发包人在施工开始前或者施工过程中曾经对设计文件予以同意或者确认为由，提出发包人对设计文件缺陷应当承担或者分担责任的抗辩。总承包人的抗辩应否被支持？对此，实务中主要有两种观点。

一种常见观点认为，发包人既然对总承包人提供的设计文件表示同意或者确认，应当就此等同意或者确认承担相应责任，即总承包人基于违反提供适宜的设计文件的合同义务，应当承担设计文件缺陷的主要责任；发包人基于同意或者确认了设计文件，应当承担设计文件缺陷的次要责任。

另一种观点则认为，除非合同另有特别约定，发包人对设计文件的同意或者确认只是程序性的，不能视为对总承包人义务和责任的减免。

笔者持第三种观点，即应当根据个案情形，判别发包人是否因同意或确认设计文件而承担相应责任。具体而言，对于影响建设工程功能适用性（如设备功率）、安全可靠性（如工程结构形式、构件尺寸）、耐久性（如屋面防水材料）等涉及发包人合同目的的设计内容，或者属于国家强制性标准范围内的设计内容，由于发包人通常不具备必要的专业判断能力，发包人对设计文件的同意或者确认应当被合理认定为程序性的；而工程总承包人作为设计文件提供者，应当具有相应设计资质和专业能力，设计文件中的此类内容出现不符合约定要求或法定标准的缺陷时，不能减免其设计责任。对于通常无须借助设计人的专业判断能力，不影响建设工程安全可靠性、耐久性、功能适用性等涉及发包人合同目的，也不属于国家强制性标准范围内的设计内容，且发包人根据一般常识即能够判别其可用性的（如内墙涂料颜色、地砖尺寸），经总承包人合理提示或者应发包人要求予以说明后，发包人仍予以确认或者同意的，应当承担设计文件此等内容缺陷的主要责任甚至全部责任；总承包人未尽合理提示或说明的附随义务，导致发包人对于设计文件的有关内容未能引起必要注意，而确认或者同意设计文件的，总承包人仍应对设计文件的此等缺陷承担全部责任。概言之，判别发包人是否因同意或确认设计文件而减免承包人对设计文件缺陷承担的相应责任，应以不减免为原则，以减免为例外。

笔者的观点基于下列理由：当工程总承包人负有提供工程设计文件的约定义务时，由于总承包人在工程设计技术能力上相对于发包人而言，具有明显的专家经验优势和专业技术知识信息优势，其提供给发包人确认的施工图纸和其他设计文件，对于发包人而言类似于承包人单方面提供的深奥难懂的格式条款，可以类推适用有关格式条款的规则。设计文件中影响建设工程功能适用性、安全可靠性、耐久性等涉及发包人合同目的的设计内容，或者属于国家强制性标准范围内的设计内容,类似于格式条款中关乎提供格式条款一方的主要责任和相对方主要权利的内容,提供格式条款(提供图纸)的一方(总承包人,下同)利用格式条款排除或者限制对方(发包人,下同)主要权利、免除己方主要责任的条款无效。对于可能影响对方(发包人)非主要权利的格式条款(图纸等设计文件的有关内容)内容,由于其呈现方式的技术专业性,难以为对方所理解,基于诚信和善意,对提供格式条款一方施加向对方合理提示或者应对方要求予以说明的义务是公平合理的。总承包人未尽此等提示、说明义务的后果,可以准用格式条款中的相应规则:对相对人不生效,即视为发包人对该等设计文件中的该等内容予以同意或者确认,并非其在了解相应设计文件技术后果后作出的真实意思表示,设计文件的相关缺陷责任应由总承包人完全承担。

(二)作为竣工验收依据的施工验收规范和质量检验标准

施工验收规范和质量检验标准作为本条列明的竣工验收依据,在理解时,有必要探讨下列问题:

1. 对本条中“国家颁发”的理解

对法律条文中“国家规定”“国家颁布”“国家颁发”等表述的理解,随法律部门的不同而不同。

在刑事法律中,根据《刑法》第九十六条的规定,“国家规定”是指,全国人大常委会制定的法律和决定,国务院制定的行政法规、规定的行政措施、发布的决定和命令。根据最高人民法院《关于准确理解和适用刑法中“国家规定”的有关问题的通知》(法〔2011〕155 号,2011 年 4 月 8 日发布)的规定,《刑法》第九十六条中的“国务院规定的行政措施”应当由国务院决定,通常以行政法规或者国务院制发文件的形式加以规定。以国务院办公厅名义制发的文件,符合以下条件的,亦应视为刑法中的“国家规定”:①有明确的法律依据或者同相关行政法规不相抵触;②经国务院常务会议讨论通过或者经国务院批准;③在国务院公报上公开发布。对于规定不明确的,要审慎认定。对于违反地方性法规、部门规章的行为,不得认定为“违反国家规定”。

在民事法律中,未见对有关“国家规定”“国家颁布”“国家颁发”等作具体界定的规定。笔者认为,由于本条所涉“国家颁发”的施工验收规范和质量检验标准均属于技术标准,应当适用《标准化法》有关国家标准的法律规定。换言之,属于《标准化法》中规定的国家标准的,应当认定为属于“国家颁发”的技术标准。在实务中，值得进一步讨论的问题是：

（1）国家标准分为强制性标准和推荐性标准，其中的强制性标准必须执行，而推荐性标准为国家鼓励采用的标准。[①] 由于本条采用发包人"应当"根据国家颁发的施工验收规范和质量检验标准及时进行验收的措辞，笔者认为，本条的适用宜被理解为：强制性国家标准必须无例外地作为竣工验收的技术标准；推荐性国家标准一般应当作为竣工验收的技术标准，但是允许存在特殊、例外情形。所谓特殊、例外情形是指：①不影响建设工程安全可靠性、耐久性、功能适用性等涉及发包人合同目的，且合同未约定推荐性国家标准作为验收依据的工程内容的验收。对于具体工程内容是否影响建设工程安全可靠性、耐久性、功能适用性，难以识别的，应当经过充分和可靠的技术论证。②由于推荐性国家标准是对满足基础通用、与强制性国家标准配套、对各有关行业起引领作用等需要的技术要求，[②]未满足推荐性国家标准不影响工程质量符合强制性国家标准。③对于推荐性国家标准中涉及保障人身健康和生命财产安全、国家安全、生态环境安全以及满足经济社会管理基本需要的技术要求，应当制定而尚未制定强制性国家标准的工程内容的验收，必须（而非应当）适用该推荐性国家标准中的相关技术规定，作为"一般应当适用"的反向例外情形。

（2）行业标准作为统一适用于全国某个行业范围的技术要求，是由国务院有关行政主管部门制定，其是否属于"国家颁发的"标准？笔者认为，由于工程技术的不断发展和对制定国家标准的严格程序要求，建设工程领域有关工程结构的新类型、新材料、工程技术的新工艺等内容在施工验收和质量检验的国家标准制定方面具有一定的时间滞后性。在国家标准阙如的情况下，全国统一适用由国务院有关行政主管部门制定的行业标准，在适用本条法律时，宜将其认定为或者视同"国家颁发的"推荐性技术标准，否则将可能导致采用较新科技成果的建设工程项目的竣工验收无统一的技术标准可依，不利于《标准化法》促进科技进步、保障人身健康和生命财产安全的立法目的的实现。[③]

---

① 《标准化法》第二条规定："……标准包括国家标准、行业标准、地方标准和团体标准、企业标准。国家标准分为强制性标准、推荐性标准，行业标准、地方标准是推荐性标准。强制性标准必须执行。国家鼓励采用推荐性标准。"

② 《标准化法》第十一条规定："对满足基础通用、与强制性国家标准配套、对各有关行业起引领作用等需要的技术要求，可以制定推荐性国家标准。推荐性国家标准由国务院标准化行政主管部门制定。"

③ 《标准化法》第一条规定："为了加强标准化工作，提升产品和服务质量，促进科学技术进步，保障人身健康和生命财产安全，维护国家安全、生态环境安全，提高经济社会发展水平，制定本法。"

2. 施工验收规范和质量检验标准是否以"国家颁发"为适用前提?

根据《标准化法》第二条第二款的规定,除前述"国家颁发的"国家标准、行业标准之外,标准的类别还包括:

第一,为满足地方自然条件、风俗习惯等特殊技术要求,由省、自治区、直辖市人民政府标准化行政主管部门制定,或者经所在地省、自治区、直辖市人民政府标准化行政主管部门批准,由设区的市级人民政府标准化行政主管部门根据本行政区域的特殊需要制定的地方标准。①

第二,为满足市场和创新需要,由学会、协会、商会、联合会、产业技术联盟等社会团体协调相关市场主体共同制定的团体标准。②

第三,根据需要由企业自行或者联合其他企业制定的企业标准。③

地方标准、团体标准和企业标准是分别由地方政府标准化行政主管部门、社会团体和企业制定发布的技术标准,不能普遍适用于全国范围的相关行业,仅适用于本行政区域、本社会团体内部成员或者本企业,且在其适用范围内无法律强制性。但是,如果当事人在建设工程合同中约定适用地方标准、团体标准或企业标准,此类标准应当依照约定适用作为合同项下建设工程的竣工验收标准和质量检验标准,否则应承担违约责任。

此外,如果当事人在建设工程合同中没有约定适用地方标准、团体标准或企业标准,承包人也未依照地方标准、团体标准或企业标准完成工程的,应当如何处理?笔者认为:

第一,尽管根据现行《标准化法》(2018 年 1 月 1 日起施行)的规定,强制性标准仅存在于国家标准中,地方标准均为推荐性标准,但是由于技术标准的迭代需要一定的时间和行业实践的总结,未来一段时间,政府主导制定的六类标准(强制性国家标准和推荐性国家标准、强制性行业标准和推荐性行业标准、强制性地方标准

---

① 《标准化法》第十三条规定:"为满足地方自然条件、风俗习惯等特殊技术要求,可以制定地方标准。地方标准由省、自治区、直辖市人民政府标准化行政主管部门制定;设区的市级人民政府标准化行政主管部门根据本行政区域的特殊需要,经所在地省、自治区、直辖市人民政府标准化行政主管部门批准,可以制定本行政区域的地方标准。地方标准由省、自治区、直辖市人民政府标准化行政主管部门报国务院标准化行政主管部门备案,由国务院标准化行政主管部门通报国务院有关行政主管部门。"

② 《标准化法》第十八条第一款规定:"国家鼓励学会、协会、商会、联合会、产业技术联盟等社会团体协调相关市场主体共同制定满足市场和创新需要的团体标准,由本团体成员约定采用或者按照本团体的规定供社会自愿采用。"

③ 《标准化法》第十九条规定:"企业可以根据需要自行制定企业标准,或者与其他企业联合制定企业标准。"

和推荐性地方标准)还将存在。现行强制性行业标准、强制性地方标准在未被新的强制性国家标准、推荐性国家标准或推荐性行业标准替代之前,在法律适用上,仍宜被认定为强制性标准。承包人未依照行业标准或者地方标准中的强制性标准完成建设工程施工的,应当承担行政责任,但是并不因此当然承担民事责任。

第二,无论承包人是否作为制定发布团体标准的团体成员,如果其自行向社会公开团体标准,就构成承包人对社会不特定对象的承诺。根据《标准化法》的规定,企业的生产经营活动及其生产的产品、提供的服务应当符合企业公开标准的技术要求;①企业生产的产品、提供的服务不符合其公开标准的技术要求的,依法承担民事责任。② 因而,承包人应当就其违反向社会不特定公众的承诺,向其合同相对人(属于社会公众中的承诺对象之一)承担违约责任。同理,承包人企业制定并公开其企业标准,或者自愿采用其他企业的企业标准并向社会公开的,应就其完成的建设工程不符合其公开的企业标准中设定的技术要求,向发包人承担违约责任。

第三,在涉及前沿创新科技的某些建设工程方面,如果国家标准和行业标准均阙如,地方标准、团体标准甚至企业标准中的内容涉及保障人身健康和生命财产安全、国家安全、生态环境安全以及满足经济社会管理基本需要的技术要求的,基于维护社会公众人身和财产安全、生态环境利益和其他社会公共利益的需要,地方标准、团体标准、企业标准中的相应技术要求仍应认定为建设工程竣工验收的依据。

3. 中国建设工程质量标准体系

(1)我国建设工程标准体系的一般框架

我国建设工程标准体系,已经初步形成从项目规划标准、勘察规范、设计标准和规范,到施工规范、验收标准、工程质量检验评定标准的涵盖项目工程建设全过程的一般框架。

在项目规划标准方面,既有关于地震带、地质灾害区(滑坡、塌陷、泥石流)、泄洪行洪区、极端气候区、有害有毒项目健康卫生安全距离等项目选址和环境的规划标准,也有关于建设工程项目用地内的规划标准。例如,红线退界、建筑物间距、建

① 《标准化法》第二十七条第二款规定:"企业应当按照标准组织生产经营活动,其生产的产品、提供的服务应当符合企业公开标准的技术要求。"

② 《标准化法》第三十六条规定:"生产、销售、进口产品或者提供服务不符合强制性标准,或者企业生产的产品、提供的服务不符合其公开标准的技术要求的,依法承担民事责任。"

筑容积率、朝向、交通组织、车位数量与位置、建筑物总高、建筑层数、通风、道路景观、绿化率、人防、消防等规划指标的标准。

在勘察标准方面,既有按照勘察对象性质不同划分的《岩土工程勘察规范》(GB 50021 -2001,2009 年版)、各类项目的水文地质勘察规范如《供水水文地质勘察规范》(GB 50027 -2001),也有根据建设工程不同类别分类的《铁路工程地质勘察规范》(TB 10012 -2019)、《公路工程地质勘察规范》(JTG C20 -2011)、《铁路工程不良地质勘察规程》(TB 10027 -2012)、《港口工程地质勘察规范》(JTJ 240 -97)、《水利水电工程地质勘察规范》(GB 50487 -2008)、《油气田及管道岩土工程勘察规范》(GB/T 50568 -2019) 、《高层建筑岩土工程勘察标准》(JGJ/T 72 -2017)等,还有根据特殊地质条件制定的《冻土工程地质勘察规范》(GB 50324 -2014)等。

在设计标准或规范方面,既有基础性的涵盖一般建设工程的《建筑结构可靠性设计统一标准》(GB 50068 -2018)、针对某类建筑工程的《民用建筑设计统一标准》(GB 50352 -2019)、《建筑抗震设计规范》(GB 50011 -2010),也有根据功能性分类的各类建筑工程、其他建设工程的设计规范,例如《住宅建筑设计规范》(GB 50096 -2011)、《托儿所、幼儿园建筑设计规范》(JGJ 39 -2016,2019 年版)、《公路路线设计规范》(JTG D20 -2017)等。

在施工规范方面,既有对于特定施工过程的施工工艺规范(例如,工业金属管道工程施工规范),也有针对施工过程中专项作业或技术的规范(例如,摄影测量规范、古建筑木结构维护与加固技术规范等)。

(2)工程建设标准及其辨识

我国技术标准的编号由标准代号、标准发布顺序和标准发布年代号构成。我国技术标准序列中,国家标准的代号由“国标”的大写汉字拼音首字母 GB 构成,强制性国家标准代号为 GB,推荐性国家标准的代号为 GB/T。编号为 GB 50××× -年份(四位数)的系列标准(以下简称“GB50 系列标准”)是由国家住房与城乡建设部(原建设部)统一颁布的建筑工程行业的国家标准。

行业标准代号由汉语拼音大写字母组成,再加上斜线 T 组成推荐性行业标准,如××/T。行业标准代号由国务院各有关行政主管部门提出其所管理的行业标准范围的申请报告,国务院标准化行政主管部门审查确定并正式公布该行业标准代号。截至 2019 年 12 月,国家市场监督管理总局和国家标准化管理委员会在全国标准信息公共服务平台上公布了行业代号67个,行业标准65,852个。[①] 与广义的建设工程相关的行业标准代号包括:DJ(中国电力建设行业标准)、JC(中国建筑材料行业标准)、JG(中国建筑工程行业标准)、JT(中国公路、水路运输行业标准)、JZ(中国建筑工程标准)、NB(中国能源行业标准)、SH(中国石油化工行业标准)、SL(中国水利行业标准)、TB(中国铁路运输行业标准)、TD(中国土地行业管理标准)等。以建筑工程行业标准为例,目前,全国标准信息公共服务平台上公布的JG系列行业标准已达到735个,[②]其中行业强制性标准约占2%,其余绝大部分属于行业推荐性标准。

地方标准代号由"地标"的大写汉字拼音首字母DB,加上省、自治区、直辖市行政区划代码的前面两位数字(北京市11、天津市12、上海市13等),再加上斜线T组成推荐性地方标准(DB××/T),不加斜线T为强制性地方标准(DB××)。

需要关注的是,国务院印发的《深化标准化工作改革方案》(国发〔2015〕13号)改革措施中指出,政府主导制定的标准由六类(强制性国家标准和推荐性国家标准、强制性行业标准和推荐性行业标准、强制性地方标准和推荐性地方标准)整合精简为四类,分别是强制性国家标准和推荐性国家标准、推荐性行业标准、推荐性地方标准,取消强制性行业标准和强制性地方标准类别;市场自主制定的标准分为团体标准和企业标准。政府主导制定的标准侧重于保基本,市场自主制定的标准侧重于提高竞争力。同时,建立完善与新型标准体系配套的标准化管理体制。但是,由于技术标准的迭代需要一定的时间和行业实践的总结,未来一段时间,政府主导制定的六类标准还将存在。现行强制性行业标准在未被新的强制性国家标准、推荐性国家标准或推荐性行业标准替代之前,在法律适用上,仍宜被认定为由"国家颁发的"强制性标准。

团体标准编号依次由团体标准代号(T)加斜杠(/)、社会团体代号、团体标准顺序号和年代号组成,同时,团体标准还按国民经济部门统一代码分类。建筑业代码为E。团体标准如:T/SDDA 0002-2019为上海市装饰装修行业协会(社会团体代号SDDA)发布的第二个标准,名称为《上海市住宅装饰装修工程质量验收标准》,发布年号为2019年,分类代码为E。

---

① 参见中国国家市场监督管理总局和国家标准化管理委员会主管的全国标准信息公共服务平台:http://std.samr.gov.cn/,最后访问日期:2019年12月12日。

② 参见全国标准信息公共服务平台:http://hbba.sacinfo.org.cn/stdList?key=&trade=%E5%BB%BA%E7%AD%91%E5%B7%A5%E7%A8%8B,最后访问日期:2020年3月4日。

企业标准的代号有汉字大写拼音字母Q加斜线再加企业代号组成(Q/×××),企业代号可用大写拼音字母或阿拉伯数字或者两者兼用。

(3)建设工程施工验收规范和质量检验标准

根据国家标准《标准化和有关领域的通用术语》(GB/T 3935.1-1996)的规定,标准是指,为在一定的范围内获得最佳秩序,对活动或其结果规定共同的和可重复使用的规则、导则或特性的文件。标准包括:基础标准、术语标准、试验标准、产品标准、过程标准、服务标准、接口标准、数值标准。检验,是对有关性能进行测量、观察、测试或校准的合格评价。规范是指,规定产品、过程或服务应满足的技术要求的文件,必要时应给出能够确定要求是否达到的方法。规范可以是标准、标准的一部分或者与标准无关的独立文件。工程质量检验标准是对承包人施工完成的工程结果进行性能检验、测试和评价的基准文件,工程施工验收规范是承包人施工完成的工程结果(工程产品)应该满足的技术要求的文件,而工程施工规范是承包人施工过程中施工工艺应该满足的法定技术要求文件。简言之,工程质量检验标准设定工程结果的性能评价基准,工程施工验收规范设定工程结果的技术要求,工程施工规范设定工程施工工艺的技术要求。

就工程建设标准而言,我国的技术标准工作处于逐步完善规范的进程中。由于历史原因,目前仍然有效的标准在命名方面尚不严谨,处于依照新旧规则命名的标准名称共存的局面,标准和规范时常混用。国家标准、行业标准主要由通用技术标准(例如,制图标准、建筑模数标准、质量控制标准、试验标准、鉴定标准、方法标准、评价标准、术语标准等)、勘察、设计规范、施工及专项作业或技术规范、验收规范(例如,钢结构工程施工质量验收规范、屋面工程施工质量验收规范)组成,涵盖建设工程从通用基础性标准、勘察、设计到施工、竣工验收的工程建设全过程。在某些情况下,施工规范和验收规范或者验收标准编制于同一规范性文件中,例如,《建筑物防雷工程施工与质量验收规范》(GB 50601-2010)。

本条主要涉及建设工程竣工验收阶段建设工程合同当事人权利义务的民事规则,不涉及竣工之前发包人对承包人的施工过程的检查监督,因此,相关的技术标准仅列举施工验收规范和质量检验标准,未列举适用于施工过程发包人和(或)监理人检查、监督的施工规范。有关施工过程发包人和(或)监理人检查、监督的论述请参见本书有关《民法典》第七百九十六条(建设工程监理)、第七百九十七条(发包人随时检查权)和第七百九十八条(隐蔽工程检查)的内容。

以建筑工程为例,除国家标准《建筑工程施工质量验收统一标准》(GB 50300-

2013）之外，目前不同专业工程甚至分部工程、环境指标等也均有具体的施工质量验收规范或者质量检验标准。例如，《建筑地基基础工程施工质量验收标准》（GB 50202－2018）、《砌体结构工程施工质量验收规范》（GB 50203－2011）、《混凝土结构工程施工质量验收规范》（GB 50204－2015）、《钢结构工程施工质量验收规范》（GB 50205－2001）、《建筑装饰装修工程施工质量验收标准》（GB 50210－2018）、《建筑给水排水及采暖工程施工质量验收规范》（GB 50242－2016）、《人民防空工程施工及验收规范》（GB 50134－2004）、《建筑隔声评价标准》（GB/T 50121－2005）等。

有必要指出，为了强化对建设工程质量的"事前控制、过程控制"，国家住房和城乡建设部就建工类技术标准的编制强调"验评分离，强化验收"，其核心是突出质量验收的强制性作用，强化和量化施工质量合格的保证值。"验评分离"是将建设工程的质量检验与质量评定的内容分开，将施工工艺和质量验收的内容分开，将有关工程质量检验评定标准中的质量检验与工程施工质量验收规范中的质量验收相衔接，形成新的工程施工质量验收标准。本条沿袭《合同法》第二百七十九条的规定，仍然将施工验收规范和质量检验标准并列作为建设工程竣工验收的技术依据，未来该两者将被综合的工程施工质量验收标准逐步取代。但在目前的法律实务中，针对具体个案，读者仍需要留意具体的建设工程是否同时存在施工验收规范和质量检验标准。

（4）建设工程中的产品标准

本条涉及的建设工程竣工验收技术标准，主要针对建设工程不动产形成阶段的质量标准。建设工程作为不动产，其形成需大量使用建筑材料以及作为工业制成品的设备、设施、构配件产品。它们在形成不动产之前，作为动产产品存在。建筑材料、设备设施、构配件产品质量构成建设工程质量的基础，对其质量标准亦应在建设工程竣工验收环节予以特别关注。事实上，国家住建部作为国家建设工程行业主管机关，除主要制定颁布建设工程竣工验收规范和质量检验标准之外，曾经对于广泛使用的非单一建筑材料颁布过产品质量标准。例如，《混凝土强度检验评定标准》（GB/T 50107－2010）。而国家质量监督检疫检验总局作为国家产品质量主管行政机关，颁布了大量建筑材料、设备、构配件产品质量标准，如 JC（建材的汉语拼音大写首字母）/T 系列标准：《聚氯乙烯塑料地板胶粘剂》（JC/T 550－2019）、《建筑用人造石英石和岗石地板》（JC/T 2534－2019）、《金属栅栏》（JC/T 2539－2019）、《装配式建筑预制混凝土夹心保温墙板》（JC/T 2504－2019）、《装配式建筑预制混凝土楼板》(JC/T 2505－2019)等。涉及某些特殊行业的建设工程的建筑材料,由该行业国家行政主管机关与国家质量监督检疫检验总局联合制定颁布相应的建筑材料产品质量标准。例如,原铁道部(现已并入国家交通运输部)与国家质量监督检疫检验总局联合制定颁布的TB/T系列铁路建材产品标准:《铁路碎石道砟》(TB/T 2140－2008)、《铁路混凝土》(TB/T 3275－2018)。

从上述的《混凝土强度检验评定标准》(GB/T 50107－2010)和《铁路混凝土》(TB/T 3275－2018)中不难发现,对于同一类建筑材料(例如混凝土),用于不同行业的建设工程中,会有不同的质量标准(前者的评定标准,作为通用的强度检验评定标准,适用于所有混凝土,而后者的质量标准,仅适用于铁路建设工程)。读者对此应予以特别关注。如需了解更详细的建材标准信息,读者可登录中国建材标准网(www. standardcnjc. com);如需了解不同建设工程所涉各行业的产品质量标准,可登录国家标准化管理委员会官网(http://www. sac. gov. cn/)中的"标准公开"专栏(http://openstd. samr. gov. cn/bzgk/gb/index)。

四、建设工程竣工验收内容

由于不同类型的建设工程具有不同的技术特点,其竣工验收内容存在明显差异。

对于房屋建筑工程而言,其单位工程的竣工验收内容包括对通常所涉及的下列专业项目进行验收:(1)建筑与结构;(2)给水排水与供暖;(3)通风与空调;(4)建筑电气;(5)智能建筑;(6)建筑节能;(7)电梯。而且针对上述每一专业项目均须进行下列内容的验收:(1)分部工程验收;(2)质量控制资料核查;(3)核查安全功能、抽查使用功能;(4)抽查观感质量。上述各专业项目验收全部通过后,进行综合验收。由建设单位(发包人)负责向有关政府行政主管部门或授权检测机构申请下列专业、系统验收,取得:(1)消防验收合格文件;(2)规划验收认可文件;(3)环保验收认可文件;(4)建设工程竣工档案预验收意见;(5)建筑工程室内环境检测报告。

特殊行业的建设工程单位工程的竣工验收内容可能完全不同。以铁路建设工程中的客货共线铁路工程为例,其单位工程的竣工验收内容包括对通常所涉及的下列专业项目进行验收:(1)铁路路基工程;(2)铁路混凝土和砌体工程;(3)铁路轨道工程;(4)铁路桥涵工程;(5)铁路隧道工程;(6)铁路给排水工程;(7)铁路站场工程;(8)铁路运输通信工程;(9)铁路信号工程;(10)铁路电力工程;(11)铁路电力牵引供电工程。因此，铁路站场工程中的房屋建筑工程竣工验收，既需要包括房屋建筑工程中的上述验收内容，还需要包括《铁路站场工程施工质量验收标准》（TB/T 10423－2014）中规定的验收内容；对于除铁路站场工程之外的其他验收内容，尽管有些专业项目内容在名称上与房屋建筑工程的专业项目内容名称一致或类似（例如，混凝土、砌体、给排水），但是应当优先执行铁路行业的客货共线铁路工程质量验收标准中的内容，只有在该标准没有规定时，才能将房屋建筑工程质量验收标准中的内容作为一般通用标准予以参照适用。

建设工程经竣工验收合格后，建设单位（发包人）应及时提出《建设工程竣工验收报告》。参照房屋建筑和城市基础设施工程的竣工验收报告的内容，该验收报告主要包括下列内容：工程概况，建设单位执行基本建设程序情况，对工程勘察、设计、施工、监理等方面的评价，工程竣工验收时间、程序、内容和组织形式，工程竣工验收意见等，并附下列文件：（1）施工许可证；（2）施工图设计文件审查意见；（3）项目经理和施工人单位有关负责人审核签字、施工承包人单位盖章的《工程竣工报告》；（4）总监理工程师和监理人单位有关负责人审核签字、监理人单位盖章的《工程质量评估报告》；（5）勘察、设计负责人和勘察、设计人单位有关负责人审核签字、勘察人和设计人单位盖章的《工程质量检查报告》；（6）施工承包人单位签署的《工程质量保修书》；（7）验收组人员签署的工程竣工验收意见；（8）法规、规章规定的其他有关文件。①

五、验收合格

（一）《民法典》等法律意义上的“验收合格”

《民法典》合同编建设工程合同章中涉及工程质量“验收合格”或者“验收不合

---

① 国家住房与城乡建设部《房屋建筑和市政基础设施工程竣工验收规定》（2013 年）第七条规定：“工程竣工验收合格后，建设单位应当及时提出工程竣工验收报告。工程竣工验收报告主要包括工程概况，建设单位执行基本建设程序情况，对工程勘察、设计、施工、监理等方面的评价，工程竣工验收时间、程序、内容和组织形式，工程竣工验收意见等内容。工程竣工验收报告还应附有下列文件：（一）施工许可证。（二）施工图设计文件审查意见。（三）本规定第五条（二）、（三）、（四）、（八）项规定的文件。（四）验收组人员签署的工程竣工验收意见。（五）法规、规章规定的其他有关文件。”

格”的条款共有：第七百九十三条[①]、本条（第七百九十九条）以及第八百零六条第三款[②]。

“合格”，在日常用语中，含义为符合标准或要求。本条及《民法典》其他条款中的建设工程“验收合格”在理解上容易产生下列歧义：第一，理解为经验收确认建设工程质量同时符合法定验收标准和约定验收要求；第二，理解为经验收确认建设工程质量符合法定验收标准，但未必符合约定验收要求。

按照《民法典》第七百九十三条第一款、第八百零六条第三款第一分句的表述，似乎可以推定，其中的“验收合格”应指建设工程质量同时符合法定和约定验收标准，因为合同约定的工程价款通常即为双方约定的承包人完成工程且质量同时符合法定和约定验收标准时的对价。然而，从《民法典》第七百九十三条第二、三款和第八百零六条第三款第二分句的表述中，又似乎无法得出对“验收合格“含义的明确推论，因为：第一，修复费用可能是工程修复至符合法定质量标准的费用，也可能是修复至符合约定质量要求的费用；[③]第二，工程整改后经验收仍不合格，承包人虽不能请求参照合同关于工程价款的约定补偿，但是文义上并非表明承包人不能请求获得任何补偿（对应于工程质量不符合最低法定标准），不排除可能请求以低于合同关于工程价款的约定折价补偿（对应于工程质量虽不符合约定较高要求，但是已符合最低法定标准，工程仍具有一定使用价值，发包人的合同目的并非完全不能实现的情形）；第三，工程不合格造成的损失，既包括工程质量不符合最低法定标准导致的损失，也可能包括工程质量虽不符合约定较高要求，但是已符合最低法定标准，工程使用价值减损造成的损失。

为了保持上述涉及工程质量验收合格的《民法典》各条款之间对于“验收合格”含义的同一性，笔者认为，应将“验收合格”统一理解为工程质量既符合法定标准，

---

① 《民法典》第七百九十三条规定：“建设工程施工合同无效，但是建设工程经验收合格的，可以参照合同关于工程价款的约定折价补偿承包人。建设工程施工合同无效，且建设工程经验收不合格的，按照以下情形处理：（一）修复后的建设工程经验收合格的，发包人可以请求承包人承担修复费用；（二）修复后的建设工程经验收不合格的，承包人不能请求参照合同关于工程价款的约定补偿。发包人对因建设工程不合格造成的损失有过错的，应当承担相应的责任。”

② 《民法典》第八百零六条第三款规定：“合同解除后，已经完成的建设工程质量合格的，发包人应当按照约定支付相应的工程价款；已经完成的建设工程质量不合格的，参照本法第七百九十三条的规定处理。”

③ 尽管因合同无效，高于法定标准的质量约定亦相应无效，但是如果承包人仅完成符合法定质量标准的工程，因而可参照按较高约定质量标准确定的工程价款结算工程折价补偿，承包人将因合同无效而获得比合同有效更高的利益，不仅明显有失公平，亦不符合“当事人不得因无效合同获利”的无效合同处理原则。

也符合约定要求。因而，对于《民法典》第七百九十三条第二、三款和第八百零六条第三款第二分句的含义，应当作如下限缩解释，即修复费用应以修复至验收合格（工程质量同时符合法定标准和约定要求）的费用为限；工程仅能修复至符合法定质量标准但不符合约定要求，或者工程不能修复至符合法定质量标准的，均属于《民法典》第七百九十三条第二款第二项“修复后的建设工程经验收不合格”的情形，此时，具体的工程折价补偿或者价款结算应再区分两种不同情形：情形一，整改后的工程虽仍不合格，但是符合法定质量标准，且仍然可以通过改变用途、增加使用限制条件、降低使用等级等方式被发包人接受，承包人除应当承担修复费用之外，还应当就工程价值减损部分承担赔偿责任，或者发包人还有权在合格工程的工程价款约定基础上减价支付折价补偿款或者工程价款；情形二，整改后的工程仍不合格，且虽然符合法定质量标准，但是客观上不能通过改变用途等方式被发包人合理接受，或者整改后的工程不符合法定质量标准，发包人的合同目的完全无法实现的，承包人除应当承担修复费用之外，发包人还有权拒绝支付任何折价补偿款或者全部合同价款。上述第一种处理情形（发包人减价支付）和第二种处理情形（发包人拒绝支付）均符合《民法典》第七百九十三条第二款第二项和第八百零六条第三款第二分句的规定：承包人不能请求参照合同关于工程价款的约定补偿（合同无效时）或者依照合同关于工程价款的约定结算工程价款（合同有效时）。

（二）工程竣工验收技术标准意义上的“验收合格”

在建设工程的有关国家标准中，工程“验收合格”的判别依据是设计文件和相关标准。[①] 当建设单位（发包人）对工程质量有高于法定质量标准的特殊要求时，可以通过设计文件和（或）作为建设工程合同组成部分的施工验收技术文件予以明确，但是当设计文件不能完全反映合同当事人特约的质量要求时，工程竣工验收标准意义上的“验收合格”并不当然等同于法律意义上的“验收合格”，也不当然等同于仅符合法定质量验收标准的“验收合格”。读者在处理实务问题时，应格外注意“验收合格”的法律含义与工程竣工验收技术标准含义的可能差异。

有观点认为，应当将建设工程质量同时符合法定验收标准和约定验收要求的

---

① 《建筑工程施工质量验收统一标准》（GB 50300－2013）第2.0.7项“验收”规定：“在施工单位自行检查合格的基础上，由工程质量验收责任方组织，工程建设相关单位参加，对检验批、分项、分部、单位工程及其隐蔽工程的质量进行抽样检验，对技术文件进行审核，并根据设计文件和相关标准以书面形式对工程质量是否达到合格做出确认。”

情形称为工程质量“符合要求”,而将建设工程质量仅符合法定验收标准不符合约定验收要求的情形称为工程质量“合格”。[①] 笔者认为,上述分类方式并不妥当,原因在于:此等工程质量“合格”的含义,既与如上所述的《民法典》中对工程验收“合格”的含义,以及与建设工程施工合同示范文本等反映的行业惯例的工程验收“合格”含义[根据现行《建设工程施工合同(示范文本)》(GF-2017-0201)通用合同条款第5.4.1项[②]的规定,工程合格应为达到合同要求的质量标准]不符,也可能与上述与工程竣工验收技术标准意义上的“验收合格”含义不符。

六、工程接收与交付使用

本条第一款中规定了发包人应当“接收”验收合格的建设工程的义务,第二款中规定了建设工程“交付”“使用”的法定前置条件为竣工工程经验收合格。如何理解经竣工验收合格工程的“接收”和“交付使用”,现有文献鲜有讨论。

对比《民法典》第七百七十条(承揽合同的定义)与第七百八十八条(建设工程合同的定义)将会发现,前者将承揽人(向定作人)交付工作成果作为普通承揽合同的基本特征,而后者并未涉及承包人(向发包人)交付建设工程。建设工程合同具体包括工程勘察、设计和施工合同,其中,就工程勘察、设计合同而言,勘察人、设计人完成的勘察、设计工作成果既均为有体物且属于动产,又均属于勘察人、设计人的智力成果,而同时属于无形的知识产权,无论从勘察、设计行业惯例,还是合同目的看来,勘察人、设计人将其工作成果既须以动产形式交付发包人,又须将其所含的知识产权(主要是著作权,少数情形下还包括专利权等其他知识产权)或者其中的许可使用权“交付”发包人,因此,“交付”虽未被《民法典》第七百八十八条明确规定为建设工程合同的基本特征,但是对于工程勘察、设计合同而言,仍应作为合同基本特征进行解释。

工程施工合同与工程勘察、设计合同乃至一般承揽合同的最大区别在于:前者施工承包人的工作成果是工程是不动产,而后者勘察人、设计人或者承揽人的工作成果均为非不动产(可能是动产,还可能是无形的服务)。一方面,在施工合同项

---

① 常设中国建设工程法律论坛第八工作组:《中国建设工程施工合同法律全书——词条释义与实务指引》,法律出版社2019年版,第701页。

② 《建设工程施工合同(示范文本)》(GF-2017-0201)通用合同条款第5.4.1项约定:“因承包人原因造成工程不合格的,发包人有权随时要求承包人采取补救措施,直至达到合同要求的质量标准,由此增加的费用和(或)延误的工期由承包人承担。无法补救的,按照第13.2.4项〔拒绝接收全部或部分工程〕约定执行。”

下，承包人自进入施工场地、完成工程到退出场地及工程的合同履行过程中，从物权法角度来看，仅成立基于施工合同关系的对场地和工程不动产的有权占有，而非物权本权（本权与占有相对。对标的物不仅有事实上的控制力，而且有权利为依据，该依据之权利，即为本权[①]）；工程竣工经验收合格后，除非发包人另行同意、合同另有约定或者法律另有规定，承包人可继续占有，承包人基于施工合同关系的有权占有状态即告终结。另一方面，除非法律另有特别规定，与动产物权通常以交付为权利公示方式（《民法典》第二百二十四条[②]）不同，不动产物权以物权登记为权利公示方式。[③] 在施工合同履行之前、之中和之后，发包人始终是施工场地和施工完成工程的不动产物权的权利人，工程竣工经验收合格后，无须承包人定向交付，只需退出或者放弃占有，发包人基于物权当然有权对场地和工程恢复占有。只不过，承包人如无基于约定或者法定的合法事由继续占有的，构成无权占有和对发包人物权的侵害。根据《民法典》第四百五十八条[④]的规定，基于施工合同关系产生的占有，按照合同约定处理与占有有关的事项；合同没有约定或者约定不明确的，依照有关法律规定。因此，在工程竣工经验收合格后，承包人向发包人"交付"工程和场地，并非施工合同的基本特征。

工程竣工经验收合格后，无论承包人实际实施了定向交付的主动行为，还是仅实施了放弃占有的消极行为，为避免工程和场地处于无人照管状态，发包人均应依照本条第一款的规定，积极主动地履行"接收该建设工程"的法定义务。换言之，如因发包人未尽法定义务，工程和场地毁损灭失以及对他人人身及财产造成损害的风险和相应责任，均应由发包人承担。

综上所述，本条第二款所指的"交付使用"中的"交付"一词，不应作由承包人向发包人或者发包人指定的第三人定向移交工程的通常理解。由于本条并未明确"交付"的行为主体，且如前所述承包人向发包人交付工程并非必需，似乎将其理解为发包人向使用人的交付更为妥当。不过，严格来说，本法条中的"交付"一词应予删除，因为发包人向使用人的交付，在发包人同时为使用人的场景中毫无意义，而

---

① 魏振瀛主编：《民法》（第4版），北京大学出版社、高等教育出版社2010年版，第218～219页。

② 《民法典》第二百二十四条规定："动产物权的设立和转让，自交付时发生效力，但是法律另有规定的除外。"

③ 《民法典》第二百零九条第一款规定："不动产物权的设立、变更、转让和消灭，经依法登记，发生效力；未经登记，不发生效力，但是法律另有规定的除外。"

④ 《民法典》第四百五十八条规定："基于合同关系等产生的占有，有关不动产或者动产的使用、收益、违约责任等，按照合同约定；合同没有约定或者约定不明确的，依照有关法律规定。"

在使用人为发包人与承包人之外的第三人时，已经超出了施工合同关系的范畴，溢出了本条所在的《民法典》合同编建设工程合同章的体系范畴。

尽管建设工程在具体的使用形式上复杂多样，但是按照通常的理解，建设工程的使用应为按照工程的设计用途或者通常用途对建设工程进行的利用。在本条第二款的语境下，基于保障使用人和社会公共安全的立法目的，对于未经验收或者验收不合格的建设工程的使用依法被禁止。而发包人对建设工程单纯的接收占有不应被视为使用，否则因合同被提前终止或者合同无效后承包人退场而发包人仅接收占有照管未完工（更未经竣工验收合格）的工程（所谓对工程占而不用）将属于依本款被禁止的行为，与常理不合。不过，需要特别指出的是，如果语境转换至合同当事人之间无关于公共利益的合同关系，即讨论的问题属于发包人与承包人之间就建设工程质量与工程占有及其转移的义务责任范畴内，特别是讨论诸如发包人擅自"使用"未经验收的建设工程在发包人与承包人之间引起的法律后果一类的问题时，发包人的"使用"则应理解为发包人擅自"占有工程并导致承包人不具有对被占有部分继续施工的条件"，强调的是发包人排除了承包人对未经验收工程的施工占有，不以发包人是否实际使用了工程为必要。有关未经验收提前使用的建设工程质量及其在承、发包人之间的责任认定问题的更深入的讨论，读者可参见本条【条文适用】"二、重大争议：未经验收提前使用的建设工程质量及其责任如何认定"。

【条文适用】

一、约定验收标准：获得奖项

实务中，以约定工程获得某一专业质量奖项作为工程质量验收标准的情形较常见。必须关注的是，某些专业技术奖项的申报和获得，除取决于工程本身的施工质量之外，还可能涉及除施工环节之外的其他质量要求，甚至是与工程质量无关的要求。以我国建设工程行业的国家优质工程奖——鲁班奖为例，其申报条件为：（1）符合法定建设程序、国家工程建设强制性标准和有关省地、节能、环保的规定，工程设计先进合理，并已获得本地区或本行业最高质量奖。（2）工程项目已完成竣工验收备案，并经过一年以上使用没有发现质量缺陷和质量隐患。（3）工业交通水利工程、市政园林工程除符合上述第（1）、（2）项条件外，其技术指标、经济效益及社会效益应达到本专业工程国内领先水平。（4）住宅工程除符合第（1）、（2）项条件外，入住率应达到40%以上。（5）申报单位应没有不符合诚信的行为。申报工程原则上应已列入省（部）级的建筑业新技术应用示范工程或绿色施工示范工程，并验收合格。(6)积极采用新技术、新工艺、新材料、新设备,其中有一项国内领先水平的创新技术或采用“建筑业十项新技术”不少于六项。[①] 其中,第(1)、(3)、(4)、(6)项条件中工程设计先进合理,经济效益及社会效益应达到本专业工程国内领先水平,住宅入住率应达到40%以上,积极采用新技术、新工艺、新材料、新设备等条件与工程施工质量无直接关系。此外,奖项申报还受项目所在地域的申报名额限制。当建设工程未获得约定的质量奖项时,不能简单地认定工程质量不合格或者不符合约定要求。对于此类质量合格争议,笔者建议采用如下评判方式:剔除约定的奖项评选条件中与施工质量无关的内容,奖项评选条件中有明确具体的工程施工质量要求,应以该质量要求为竣工验收依据;无明确具体施工质量要求时,视为工程质量要求约定不明,应根据《民法典》第五百一十条的规定,由当事人协议补充;不能达成补充协议的,按照合同相关条款或者交易习惯确定;按照《民法典》第五百一十条的规定仍无法确定的,应根据《民法典》第五百一十一条第一项[②]的规定,按照强制性国家标准履行;没有强制性国家标准的,按照推荐性国家标准履行;没有推荐性国家标准的,按照行业标准履行;没有国家标准、行业标准的,按照通常标准或者符合合同目的的特定标准履行。

二、重大争议:未经验收提前使用的建设工程质量及其责任如何认定

(一)争议源起与相关立法情况

在2005年之前,对于建设工程未经竣工验收,发包人提前使用的,工程质量如何认定和责任如何承担问题,没有明确的司法裁判规则,各人民法院在案件裁判中对其理解也不一致。2005年1月1日起,原《施工合同司法解释一》施行,其第十三条规定:建设工程未经竣工验收,发包人擅自使用后,又以使用部分质量不符合约定为由主张权利的,不予支持;但是承包人应当在建设工程的合理使用寿命内对地基基础工程和主体结构质量承担民事责任。这是首次通过司法解释明确建设工程未经竣工验收发包人提前使用的,发包人自担工程质量的一般责任。2021年1月1日起施行的《建设工程施工合同司法解释(一)》第十四条沿用了上述条文规定。

---

① 参见《中国建设工程鲁班奖(国家优质工程)评选办法》,载中国建筑业协会官网:http://www.zgjzy.org/menu19/newsDetail/769.html,最后访问日期:2020年2月19日。

② 《民法典》第五百一十一条第一项规定:“当事人就有关合同内容约定不明确,依据前条规定仍不能确定的,适用下列规定:(一)质量要求不明确的,按照强制性国家标准履行;没有强制性国家标准的,按照推荐性国家标准履行;没有推荐性国家标准的,按照行业标准履行;没有国家标准、行业标准的,按照通常标准或者符合合同目的的特定标准履行。”

作为该司法解释主要起草者的最高人民法院民事审判第一庭对本条规定作如下理解:发包人擅自使用未经验收建设工程的,出现质量问题及其他问题,应自行承担责任。[①] 该规定的实质是,规定了发包人擅自使用的工程质量责任风险的转移。根据本条规定,发包人违反法律规定,擅自或强行使用,即可视为发包人对建筑工程质量是认可的,或者虽然工程质量不合格但其自愿承担质量责任。因为发包人应当预见到未经验收的工程可能会存在质量问题,而且使用验收不合格的建筑工程更直接地说明发包人对不合格工程予以认可。随着发包人的提前使用,其工程质量责任风险也由施工承包人转移给发包人,而且工程交付的时间,亦可认定为发包人提前使用的时间。即最高人民法院民事审判第一庭认为,发包人擅自使用未经验收建设工程的,无论工程质量实际上是否合格,均可视为发包人认可工程质量现状。此后发包人不应反悔而再就工程相应质量问题向承包人主张权利。

因此,无论是司法解释条文的字面表述,还是起草者对条文含义的理解,均认为从发包人擅自使用工程的行为可以推论出,无论工程实际质量如何,发包人均予以认可,但是均未明确发包人擅自使用未经验收建设工程情形下,建设工程质量视为验收合格。

在实务中,本条司法解释又进一步被简化理解为:建设工程未经竣工验收,发包人擅自使用后,承包人除在建设工程的合理使用寿命内对地基基础工程和主体结构继续承担质量责任之外,对有关工程质量的其他民事责任予以免除,即所谓"(发包人)一经擅用,(承包人)概不负责"(地基基础工程和主体结构质量除外)。

在《民法典》起草过程中,本条司法解释的基本内容经修改后曾经被列入《民法典合同编草案》(二次审议稿)中。[②] 比上述司法解释条文更进一步,《民法典合同编草案》(二次审议稿)第五百八十三条拟规定:建设工程未经竣工验收,发包人擅自使用的,除存在违反法律、行政法规强制性规定的情形外,视为工程质量验收合格,但是承包人应当在建设工程的合理使用期限内对地基基础工程和主体结构质量承担责任。《民法典合同编草案》(二次审议稿)公开后,该条文引起建设工程法律界高度关注,并引发了巨大争议,后在《民法典(草案)》(2019 年 12 月 16 日第三次审议稿)中被删除。尽管如此,未验收已使用的建设工程视为质量验收合格的观

---

① 最高人民法院民事审判第一庭编著:《最高人民法院建设工程施工合同司法解释的理解与适用》,人民法院出版社 2004 年版,第 128 ~ 131 页。

② 全国人大常委会法律工作委员会于 2019 年 1 月 4 日公布的《民法典合同编(草案)》(二次审议稿)。

点，在建设工程法律领域仍广为流行。

综上所述，就未验收已使用的建设工程质量的认定，司法解释的含义为：视为发包人认可工程质量现状（无论是否合格）；《民法典合同编（草案）》（二次审议稿）第五百八十三条则拟将其进一步明确为：一般应视为验收合格。

（二）对《民法典合同编（草案）》（二次审议稿）第五百八十三条的评价

笔者认为，《民法典合同编（草案）》（二次审议稿）第五百八十三条的规定与《民法典》合同编既有的其他规定不相容，其适用的后果也将显著降低我国建设工程实际质量，从根本上冲击我国的建设工程质量体系。[①] 主要理由是：

第一，该条规定忽视了建设工程质量与一般买卖标的物或一般承揽物质量的性质差异。一方面，相较于一般买卖标的物或者一般承揽物而言，不少情况下建设工程质量缺陷具有隐蔽性难以在竣工验收阶段及时暴露，难以被相对不具有建设工程知识和技术经验的发包人察觉，这也是承包人偷工减料等降低工程质量的施工行为屡禁不绝的原因之一；另一方面，建设工程质量通常具有影响公共安全的特性，涉及社会公共利益，这也是在建设工程质量方面存在较多国家干预和法律强制的根本原因。相应地，当事人在工程质量方面的意思自由应当受到一定限制。一般买卖标的物或者一般承揽物质量通常不具有上述特性，可一般地完全根据当事人之间的意思自治行事。因此，对于建设工程质量的法律推定，应当比一般买卖标的物或者一般承揽物更谨慎严格，不应完全依赖当事人双方合意或者当事人一方的行为作出判断。

第二，该条规定将开启以发包人未经竣工验收擅自使用工程的行为可以确认工程质量合格的立法先例，可能导致大量不合格工程经由本条的适用被依法确认为验收合格，从根本上架空了现行《建筑法》《质量管理条例》等构造的工程质量立法体系（例如，建设单位不得明示或者暗示设计单位或者施工承包人违反工程建设强制性标准，降低建设工程质量；建设单位不得明示或者暗示施工承包人使用不合格的建筑材料、建筑构配件和设备；承包人不得偷工减料；承包人应对建筑材料、建筑构配件、设备和商品混凝土进行检验，检验应当有书面记录和专人签字；未经检验或者检验不合格的，不得使用；施工承包人对施工中出现质量问题的建设工程或者竣工验收不合格的建设工程，应当负责返修），因为构成上述工程质量立法体系

---

① 曹文衔：《〈民法典合同编〉（草案）与建工合同系列：我们需要怎样的〈民法典合同编〉建设工程合同章？（下）》，载微信公众号“天同诉讼圈”2019 年 10 月 31 日［建工衔评］栏目。

的各项具体规定,均可以通过发包人擅自使用工程的行为被规避。如果说,适用原《施工合同司法解释一》第十三条和《建设工程施工合同司法解释(一)》第十四条的不良影响主要集中于争议解决的后果方面的话,《民法典合同编(草案)》(二次审议稿)条文一旦入典,将对建设工程合同承包人的行为预期产生更显著的不良影响。

第三,该草案审议稿条文的除外条款"除存在违反法律、行政法规强制性规定的情形外",与《民法典》第七百九十九条[①]最后一句后半句(未经验收或者验收不合格的,不得交付使用)或产生逻辑上的矛盾,前者将成为具文:例如,认为"未经验收或者验收不合格的,不得交付使用"属于法律、行政法规(效力性)强制性规定,则发包人未经竣工验收擅自使用工程的非法无效行为,已经属于违反法律强制性规定的情形,不应产生视为工程质量验收合格这一等同于发包人有效确认质量合格的法律效果;如认为"未经验收或者验收不合格的,不得交付使用"不属于法律、行政法规(效力性)强制性规定,则现行《建筑法》第六十一条第二款[②](事实上,该第二款的措辞与《民法典》本条第二款几乎完全一致)亦应作相同解释。到目前为止,因对"发包人未经竣工验收擅自使用工程的"行为未见其他法律、行政法规予以强制性规定,则上述除外条款沦为具文。此外,违反国家强制性标准,是否属于违反法律、行政法规强制性规定的情形,不能一概而论。按照标准化对象不同通常将国家标准分为技术标准、管理标准和工作标准三大类。一方面,违反国家强制性管理标准和工作标准的情形,通常不属于违反法律、行政法规强制性规定的情形;[③]另一方面,在发包人擅自使用工程的情况下,工程质量现状是否违反国家强制性技术标准,进而违反法律、行政法规强制性规定,因为工程未经验收,发包人一般难以仅在擅自使用时或者其后的合理时间内知悉。因此,该除外规定实际上不存在适用场景。

---

① 《民法典》第七百九十九条规定:"建设工程竣工后,发包人应当根据施工图纸及说明书、国家颁发的施工验收规范和质量检验标准及时进行验收。验收合格的,发包人应当按照约定支付价款,并接收该建设工程。建设工程竣工经验收合格后,方可交付使用;未经验收或者验收不合格的,不得交付使用。"

② 《建筑法》第六十一条第二款规定:"建筑工程竣工经验收合格后,方可交付使用;未经验收或者验收不合格的,不得交付使用。"

③ 曹文衔:《违反国家强制性标准的施工合同条款的效力认定——从违规价格条款出发》,载微信公众号"天同诉讼圈"[建工衔评]栏目。

第四，根据《民法典》第六百四十六条[①]的规定，建设工程合同作为有偿合同，在建设工程质量检验方面没有作出规定的，可以参照适用买卖合同的相关规定。而参照买卖合同关于买卖标的物移交检验的规定，只有当发包人在约定的验收期间内（类似于买卖合同中的检验期间）或者合理期间内（合同没有约定的检验期间时）未提出质量不符合约定异议通知的，才视为工程质量符合约定，且存在两种例外情形：一是当事人另有质量保证期约定的，依照质量保证期约定；二是承包人知道或者应当知道已完成的工程质量不符合约定的，发包人不受前两款规定的通知时间的限制。更何况，《民法典》第六百二十三条还规定，当事人对检验期间未作约定，买受人签收的送货单、确认单等载明标的物数量、型号、规格的，推定买受人已经对数量和外观瑕疵进行检验，但是有相关证据足以推翻的除外。由此可见，《民法典合同编（草案）》（第二次审议稿）第五百八十三条的规定，实际上将推定建设工程质量合格的条件放宽到只要发包人擅自使用标的物的程度，远远宽松于《民法典》关于买卖合同、普通承揽合同、融资租赁合同、货物运输合同等有偿合同有关标的物质量合格的推定条件。如此宽松的条件与建设工程立法保障和促进工程质量提高的立法宗旨不符。

第五，该条规定违背了过错与责任相当的法律归责基本原则。在工程未经验收或者验收不合格的情形下，发包人擅自使用工程，因为其使用行为（特别是不合理使用行为）可能导致工程质量产生新的缺陷或者使原有缺陷程度加深、范围扩大，以及导致某些工程质量缺陷产生或者扩大的时间或者责任原因无法查明，就此类无法查明的责任推定由发包人承担，符合过错与责任相当原则。某些工程质量缺陷（如承包人使用伪劣材料）明显与发包人擅自提前使用行为没有因果关联，一概推定工程质量合格或者由发包人承担工程质量不合格的全部责任，对发包人至为不公。

第六，该草案审议稿条文如被适用，将导致未经竣工验收擅自使用工程的发包人要么无法完成工程竣工验收备案，从而导致该工程无法正常投入使用，更无法办理后续初始产权登记手续，也无法进行物权交易，造成社会资源和物质财富的浪费；要么与承包人及参与验收的其他各方（如监理人、勘察人、设计人）合谋，完成虚假的竣工备案手续。因为发包人事后要求承包人履行工程竣工验收手续时，承包人既可以工程已被依法视为验收合格为由，拒绝履行竣工验收手续，也可以要求就

---

① 《民法典》第六百四十六条规定："法律对其他有偿合同有规定的，依照其规定；没有规定的，参照买卖合同的有关规定。"

实际上不合格的工程不再真实验收而以法律认定的视同验收合格作为验收结论。当面临因工期拖延工程验收无法在预定时限前正常完成,工程无法依法交付使用而将不可避免地遭受可预见的巨大经济损失与擅自提前使用可避免该损失的选择时,可以预见,绝大部分发包人将基于趋利避害的一般商业理性,选择与承包人以及其他工程验收参与主体被动合谋,将原本不合格的工程视为合格,完成虚假竣工验收手续,从而导致不合格工程“合法”地使用和进入市场流通。

第七,《施工合同司法解释一》第十三条经常被承包人恶意利用,在适用中已经产生明显的负面影响。而在争议解决时,现行裁判规则并不要求发包人对承包人的恶意予以举证,事实上发包人也难以举证。《民法典合同编(草案)》(二次审议稿)第五百八十三条同样不涉及承包人是否恶意利用该规则。可以预期,本条规定一旦入典,对于交付时限严格、延期交付的后果严重甚至发包人根本无法承受的工程(例如,用于举办重大政治、外交、经济、体育活动的工程,交付使用日期涉及重大民生利益的工程,工程不能如期交付使用将导致发包人承受重大经济损失的工程),承包人将大量恶意适用该规则,迫使发包人对实际上不合格的工程在虚假验收、被迫擅自提前使用和承受重大利益损害之间进行选择,从而达到承包人逃避工程质量责任的不良目的。

(三)对原《施工合同司法解释一》第十三条(《建设工程施工合同司法解释(一)》第十四条)的评价①

对于未经验收擅自使用的工程质量,本条司法解释虽未规定视为验收合格,但仍简单地将其视为发包人自担工程质量风险,且其提出的与质量不合格有关的权利主张将不被支持,其实质是,在未经验收而发包人提前使用建设工程的情形下,完全豁免承包人对于工程交付时既已存在的质量瑕疵(地基基础工程和主体结构除外)的担保责任。上述规定构成了目前处理未经验收提前使用建设工程的质量责任风险分配问题的唯一裁判规则。通过对公开案例的检索,自 2005 年该司法解释施行以来,笔者尚未发现存在例外裁判结果的情形。这一情况表明,上述规定在具体案件裁判时已经被刚性地、无例外地适用。

然而,笔者认为,司法解释的本条规定,似乎欠缺对实务情形多样性的具体分析研究,条文内容本身过于简单粗疏,导致未经验收提前使用建设工程的情形下发

① 曹文衔:《未经验收提前使用建设工程裁判规则的反思与改进:评〈施工合同司法解释〉第十三条》,载无讼 APP《建工法律衔评》专栏 2017 年 11 月 29 日。

包人与承包人之间质量责任风险的分配不尽合理。同时，本条规定由于“使用”一词存在歧义，导致在案件裁判实务中，对本条规则的适用时常出现严重偏差。此外，以使用部分质量不符合约定为由“主张权利”的均不予支持的表述，亦过于宽泛，可能导致在因承包人替换建筑材料以次充好等导致工程质量不符合约定的情况下，发包人主张按实际材料结算工程价款的要求不被合理支持。

首先，本条司法解释的规定与有关物的瑕疵担保的一般法律规则不合，且该不合并非基于建设工程施工承包合同与买卖合同或其他有偿合同相比，在物的瑕疵担保方面的特殊事由。

承包人向发包人交付符合约定质量要求的建设工程，与发包人对于承包人交付的建设工程组织验收，构成承发包双方各自在工程竣工验收程序上的合同义务。承包人的该项义务，与物的买卖合同项下出卖人对出卖物的瑕疵担保义务并无实质差异，因此，比照出卖人对出卖物的瑕疵担保（此处仅指物的物理瑕疵担保，不涉及权利的瑕疵担保）的相关规则来论述承包人的该项义务，具有妥当性。最高人民法院亦认为，物的瑕疵担保责任不是买卖合同独有的问题，在其他有偿合同纠纷案件的审理过程中涉及的瑕疵担保问题，除法律有明文规定之外，可以补充准用买卖合同的相关规定。①

对于买卖合同而言，出卖人承担物的瑕疵担保责任的构成要件包括：一是标的物在交付时存在物的瑕疵；二是买受人在异议期间内履行了检验和通知瑕疵的义务；三是买受人在缔约时不知道且不应当知道标的物存在瑕疵（针对按物的质量现状买卖的合同）；四是当事人没有通过约定减轻或免除出卖人的瑕疵担保责任。②

对于参照适用的建设工程合同而言，由于缔约时标的物尚不存在，因而上述构成要件三自然满足。在实务中，至少存在“发包人既未组织验收也未通知瑕疵”、“发包人虽未组织验收但已通知瑕疵”和“发包人组织了验收但验收未通过”三种情形。如发包人既未组织验收也未通知瑕疵而提前接收、占有建设工程，属于发包人未能履行于异议期间内检验和通知瑕疵义务的情形，此时，承包人对于物的瑕疵担保责任因欠缺上述要件二而不成立。但是，发包人虽未组织正式验收但已通知瑕疵（在实务中发包人通常可借助在竣工验收之前的分部分项、阶段性验收，或者非正式的预验收，知悉存在工程质量瑕疵），或者发包人组织了验收但验收未通过（由

---

① 最高人民法院民事审判第二庭编著：《最高人民法院关于买卖合同司法解释理解与适用》（第2版），人民法院出版社2016年版，第269页。

② 周友军：《论出卖人的物的瑕疵担保责任》，载《法学论坛》2014年第1期。

于验收程序有承包人的参与，承包人当然亦知悉验收未通过的原因在于工程存在质量瑕疵）的情形，应当认为符合上述要件二，即发包人在异议期间内履行了检验和通知瑕疵的义务。如果有证据能够证明建设工程在交付时存在质量瑕疵，或者能够证明提前使用后发现的工程质量瑕疵明显与使用行为无因果关系，则上述要件一即被满足；一般情形下，发包人极少与承包人约定或者单方面表示减轻或免除承包人对工程质量的瑕疵担保责任，因而要件四可以被满足。故此，即便发包人提前擅自使用了标的物工程，构成承包人对于物的瑕疵的担保责任的四个构成要件，在大部分实务情形中也均能够被满足。此外，《最高人民法院关于审理买卖合同纠纷案件适用法律问题的解释》第十九条规定：除非当事人之间另有约定，只要买受人在合理期间内提出异议，出卖人就不得以买受人已经支付价款、确认欠款数额、使用标的物等为由，主张买受人放弃异议。该第十九条规定可进一步被参引至建设工程合同，以支持下列结论：除非发包人在既未组织验收也未于约定的或者合理的期限内通知瑕疵存在的情形下擅自使用未经验收的工程，或者发包人明确减免承包人对工程质量的瑕疵担保责任，承包人以发包人已经使用建设工程为由，主张发包人已放弃质量异议的主张，不应被支持。

其次，司法解释的本条规定虽有建设工程未经竣工验收，发包人“擅自”使用的表述，但是对“擅自”未作界定，最高人民法院民事审判第一庭对该条规定的理解亦未提及如何理解“擅自”，以致在审判实务中，裁判者通常并不顾及实务中当事人之间广泛存在的由承包人对验收未合格工程承担整改义务的约定，或者认为此类约定无效，从而一概认定承包人免责，不利于对诚实信用原则的维护，也与物在转移占有时风险分配的一般规则不合。

实务中，特别是对于商业类建筑、生产性建设工程，工程未经验收或者经初步验收不合格而发包人急需提前使用工程的情况绝不鲜见，而此时发包人与承包人往往另行达成工程使用中由承包人进一步整改的合意。例如，土建总承包人同意发包人在总承包工程竣工验收之前，提前进场开展不属于总承包范围的室内装修施工、生产经营设施的安装甚至生产、营业，且承包人同意在发包人提前使用的情况下，继续整改，并再行履行验收程序。在实务中承包人同意对发包人提前使用的工程继续承担工程质量整改责任，一方面可以明显减少发包人的损失，另一方面显著减少承包人因迟延交付合格工程应承担的对发包人损失的违约赔偿责任。尽管有关验收合格前发包人可提前使用建设工程的上述约定内容违反了建设工程未经验收合格不得使用的强制性规定，但是其中承包人同意在发包人提前使用后继续整改,并再行履行验收程序的约定,应当可以视为承包人放弃或部分放弃对未经验收合格工程的质量瑕疵免责的抗辩权,不仅不损害社会公共利益、合同双方利益以及国家、集体和第三方合法权益,不存在违法性,反而有利于工程质量瑕疵的进一步消除,如强行否定其效力,既无法律依据,也无必要,更不利于诚实信用原则的维护。此外,就有偿合同标的物的风险转移而言,《民法典》第六百零四条[①]、《最高人民法院关于审理融资租赁合同纠纷案件适用法律问题的解释》第七条、《最高人民法院关于审理商品房买卖合同纠纷案件适用法律若干问题的解释》第十一条第二款均规定,标的物毁损、灭失的风险,于物的占有转移之时,由标的物的前手占有人转由后手占有人承担,但当事人另有约定的除外。由此可见,既然在物的毁损、灭失这一类比物的质量瑕疵更重大的事项上,法律均不排除当事人对风险分配的另行约定,举重明轻,司法解释本条虽以发包人"擅自"使用工程作为免除承包人对建设工程一般质量责任的条件,但是由于对"擅自"未作界定,导致在案件裁判实务中,裁判者不考虑当事人之间关于质量责任和竣工验收的特别约定,将未经验收而提前使用建设工程(地基基础工程和主体结构除外)的质量责任风险完全划归发包人承担,与前述一般法律规则明显不合。

笔者认为,司法解释本条规定中的发包人"擅自"使用工程,应被理解或解释为:发包人与承包人之间未约定,或者发包人未按照约定的方式,或者发包人未经承包人同意提前使用未经验收工程。反之,如果发包人按照与承包人约定的方式,或者发包人经承包人同意提前使用未经验收工程的,不属于发包人"擅自"使用工程,不应适用本条司法解释的规定而免除承包人对建设工程的一般质量责任。

有必要指出,对于当事人之间有关发包人提前使用未经验收合格的建设工程后,承包人继续整改质量缺陷或者继续施工的约定,承认其法律效力,并非鼓励发包人擅自使用验收未通过的工程,因为发包人擅自使用工程的行为不仅仍属于行政违法行为,受到《建筑法》《质量管理条例》等法律、行政法规的规制,而且仍将承担因其提前使用工程而难以举证归责于承包人的某些工程质量缺陷的民事责任,乃至后果严重时相应的刑事责任,只不过根据当事人的意思自由,合理调整了工程质量民事责任在作为民事主体当事人之间的分配方式,无损公共利益。

最后,发包人擅自"使用"一词含有歧义,应予消除。

前文已述及,物的瑕疵担保责任在物转移占有之后并不当然消灭,物本身的风

---

① 《民法典》第六百零四条规定:"标的物毁损、灭失的风险,在标的物交付之前由出卖人承担,交付之后由买受人承担,但是法律另有规定或者当事人另有约定的除外。"

险转移也允许当事人另作约定。因此,以建设工程“使用”与否作为物的瑕疵担保责任免除与否的判断标准并不准确。更何况,建设工程的“使用”比一般物的使用存在更复杂丰富的具体样态,如实践中大量存在部分使用、发包人与承包人同时或者交叉共同使用、仅占有不使用,甚至是否属于使用都难以明确的情形。“使用”一词在建设工程的语境下,充满歧义。笔者认为,就目前讨论的问题而言,宜将发包人擅自“使用”未经验收的建设工程,修改为发包人擅自“占有工程并导致承包人不具有对被占有工程继续施工的条件”。理由:一是在实务中总承包人未完成竣工验收,发包人指定其他承包人进场“使用”工程进行后续安装、装饰装修工程的情况大量存在。当发包人占有建设工程时,如果承包人仍然具有对被占有的工程继续施工、整改的条件,其继续施工、整改工作仍可以大致正常进行,则对于承包人继续正常行使施工权利和履行交付合格工程义务不构成实质性障碍;或者虽构成一定影响,但是可以通过停工、窝工索赔或者当事人约定的其他方式解决。二是建设工程中某些项目或者工程部位不存在通常意义上的“使用”,或者对是否可被认定为“使用”缺乏普遍的共识。例如,发包人使用了室内空间,则该空间外部的外墙面、空间上部的屋面等情形是否应认定为同时使用?如果发包人在占有(即便未实际使用)室内空间的同时,阻碍承包人就外墙面、屋面等进一步施工或整改,则尽管就一般生活经验而言,发包人似乎并未实际(以物理接触的方式)“使用”外墙面、屋面,但承包人依据施工合同原本可占有外墙面、屋面并可继续履行施工、整改的义务,已经由于发包人对建设工程的占有被阻碍而无法完成,此时,在当事人没有特别约定承包人应继续整改,或者发包人在约定的检验期限(未约定检验期限的,为合理检验期限)内未要求承包人继续整改的情形下,可以合理认定发包人免除了承包人继续施工整改提供合格工程的义务。

(四)未约定承包人应继续整改、发包人也未在约定的或者合理的检验期限内向承包人通知质量缺陷的,未经验收提前使用的建设工程质量的认定

对在题述前提条件下未经验收提前使用的建设工程质量的认定,可能存在以下不同观点:观点一,视为工程质量合格;观点二,视为发包人自愿接受可能的工程质量缺陷。对上述问题持何种观点,不仅影响承包人对于工程质量的责任,也对其后判定承包人履行保修责任应达到的质量标准具有重要影响。采用观点一,即视为工程质量符合合同约定的质量标准,则其后承包人不承担工程交付前的工程质量责任,但是仍应对工程承担保修责任,且对工程的保修质量亦应达到合同约定的

质量标准。参照适用《民法典》第六百二十一条[①]第一款和第二款，结果也是支持该观点。同时，观点一存在例外情形，即参照适用《民法典》第六百二十一条第三款，承包人知道或者应当知道工程质量不符合约定（如偷工减料、以次充好）的，相应部分的工程质量应视为不合格。如果采用观点二，即视为发包人接受现有瑕疵，则相当于发包人自愿将建设工程质量标准降低至擅自使用时的工程质量现状，随后承包人虽仍应对工程承担保修责任，但是对工程的保修质量也仅需达到该降低后的质量标准，发包人无权要求承包人对擅自使用工程时已经存在的缺陷整改至合同约定的质量标准。显然，观点二将导致建设工程质量标准在保修阶段被实质地降低，不符合建设工程立法坚持工程质量第一的基本立场，不可取。

（五）约定承包人应继续整改，或者发包人在约定的或者合理的检验期限内向承包人通知质量缺陷的，未经验收提前使用的建设工程质量责任的划分

对在题述前提条件下未经验收发包人提前使用的建设工程质量责任应作如下区分：第一，在发包人擅自使用工程之前或者之后，双方已经约定承包人整改的工程质量缺陷，或者发包人擅自使用工程之前发包人已经通知承包人而承包人未提出减免责任合理抗辩的工程质量缺陷，应由承包人承担质量责任，因为此时的工程缺陷与发包人提前使用工程无关，或者虽然有关，但是承包人同意继续整改。第二，发包人擅自使用工程之后通知承包人的工程质量缺陷，属于表面缺陷的，由发包人自担质量责任；不属于表面缺陷且缺陷的产生、缺陷的程度与发包人擅自使用工程的行为无关的，由承包人承担质量责任；不属于表面缺陷但是缺陷的产生、缺陷的程度与发包人擅自使用工程的行为相关，且不能证明该缺陷存在于发包人在擅自使用工程之前，或者不能证明属于承包人工程施工质量缺陷的，由发包人自担质量责任；不属于表面缺陷但是缺陷的产生、缺陷的程度与发包人擅自使用工程的行为相关，且能证明该缺陷也存在于发包人擅自使用工程之前，或者也属于承包人工程施工质量缺陷的，由发包人和承包人根据个案工程质量缺陷的具体情形分担质量

---

① 《民法典》第六百二十一条规定："当事人约定检验期间的，买受人应当在检验期间内将标的物的数量或者质量不符合约定的情形通知出卖人。买受人怠于通知的，视为标的物的数量或者质量符合约定。当事人没有约定检验期间的，买受人应当在发现或者应当发现标的物的数量或者质量不符合约定的合理期间内通知出卖人。买受人在合理期间内未通知或者自收到标的物之日起二年内未通知出卖人的，视为标的物的数量或者质量符合约定；但是，对标的物有质量保证期的，适用质量保证期，不适用该二年的规定。出卖人知道或者应当知道提供的标的物不符合约定的，买受人不受前两款规定的通知时间的限制。"

责任。

(六)小结

发包人提前使用的未经验收建设工程,不宜简单认定或视为建设工程质量合格。当事人对提前使用工程后的工程质量整改和责任承担有约定的,一般应遵从约定处理。在发包人擅自使用工程之前,承包人已经确认或者已被通知的工程质量缺陷责任,以及与发包人提前使用工程行为无因果关系的工程质量缺陷责任仍应由承包人承担;发包人超过约定或者合理检验期限提出工程质量异议的,视为工程质量合格,但是承包人明知或应知工程质量不符合约定的该部分工程除外。

发包人提前使用建设工程承担工程质量责任的前提是,其提前使用行为导致工程质量不合格;或者因其提前使用,导致工程质量缺陷责任无法认定。此外,即便发包人因提前使用未经验收或者验收不合格的建设工程应当承担一定责任,也并非据此可推定或者视为原本不合格的工程质量已经合格。

除非另有约定,对于发包人提前使用未经验收的建设工程,不减免承包人的工程保修责任。

(七)衍生的问题:"视为验收合格"后工程验收问题如何处理

"视为验收合格",作为合同法下拟制的民事法律事实,仅在建设工程合同当事人之间产生下列民事法律效果:对于视为验收合格的工程,视为承包人完成了建设工程合同项下的建造合格工程的义务。因此,发包人擅自使用未经验收或者验收不合格的工程,即便在某些情形下被视为验收合格,亦不能减免承包人按约应当履行的协助发包人完成工程实际验收和验收备案的义务和责任。

视为验收合格后工程实际验收不合格的,一般应由承包人继续完成修复工作,修复期限由双方另行商定,且该修复时间不计入承包人合同工期。其中应由发包人或者承包人承担质量责任的部分,修复费用分别由发包人或者承包人各自负担。

三、工程验收不合格的法律后果与责任承担

(一)承包人承担工程质量责任的一般规则

《建筑法》第五十八条第一款明确规定,施工承包人对工程的施工质量负责。工程验收程序处于工程施工结束阶段,因而工程验收不合格时,工程质量责任首先初步推定由承包人承担。承包人主张减免责任的,对此负举证责任。

1. 法律、行政法规与司法解释有关工程验收不合格法律后果的规定

《民法典》第七百九十三条第二款①、本条(第七百九十九条)、第八百零一条②、第八百零六条第三款③、第八百零八条④和第七百八十六条⑤,《建筑法》第二十七条第一款⑥、第二十九条第二款⑦、第五十五条⑧、第五十八条第一款⑨、第六十七条第二款⑩,《建设工程施工合同司法解释(一)》第七条⑪、第十一条⑫、第三十八条⑬涉及工程验收不合格的法律后果,它们包括:

第一,施工承包人对工程施工质量不合格承担责任,并负有在合理期限内整改

---

① 《民法典》第七百九十三条第二款规定:“建设工程施工合同无效,且建设工程经验收不合格的,按照以下情形处理:(一)修复后的建设工程经验收合格的,发包人可以请求承包人承担修复费用;(二)修复后的建设工程经验收不合格的,承包无权请求参照合同关于工程价款的约定折价补偿。”

② 《民法典》第八百零一条规定:“因施工人的原因致使建设工程质量不符合约定的,发包人有权请求施工人在合理期限内无偿修理或者返工、改建。经过修理或者返工、改建后,造成逾期交付的,施工人应当承担违约责任。”

③ 《民法典》第八百零六条第三款规定:“合同解除后,已经完成的建设工程质量合格的,发包人应当按照约定支付相应的工程价款;已经完成的建设工程质量不合格的,参照本法第七百九十三条的规定处理。”

④ 《民法典》第八百零八条规定:“本章(指建设工程合同章,本书注)没有规定的,适用承揽合同的有关规定。”

⑤ 《民法典》第七百八十六条规定:“共同承揽人对定作人承担连带责任,但是当事人另有约定的除外。”

⑥ 《建筑法》第二十七条第一款规定:“大型建筑工程或者结构复杂的建筑工程,可以由两个以上的承包单位联合共同承包。共同承包的各方对承包合同的履行承担连带责任。”

⑦ 《建筑法》第二十九条第二款规定:“建筑工程总承包单位按照总承包合同的约定对建设单位负责;分包单位按照分包合同的约定对总承包单位负责。总承包单位和分包单位就分包工程对建设单位承担连带责任。”

⑧ 《建筑法》第五十五条规定:“建筑工程实行总承包的,工程质量由工程总承包单位负责,总承包单位将建设工程分包给其他单位的,应当对分包工程的质量与分包单位承担连带责任,分包单位应当接受总承包单位的质量管理。”

⑨ 《建筑法》第五十八条第一款规定:“建筑施工企业对工程的施工质量负责。”

⑩ 《建筑法》第六十七条规定:“承包单位将承包的工程转包的,或者违反本法规定进行分包的,责令改正,没收违法所得,并处罚款,可以责令停业整顿,降低资质等级;情节严重的,吊销资质证书。承包单位有前款规定的违法行为的,对因转包工程或者违法分包的工程不符合规定的质量标准造成的损失,与接受转包或者分包的单位承担连带赔偿责任。”

⑪ 《建设工程施工合同司法解释(一)》第七条规定:“缺乏资质的单位或者个人借用有资质的建筑施工企业名义签订建设工程施工合同,发包人请求出借方与借用方对建设工程质量不合格等因出借资质造成的损失承担连带赔偿责任的,人民法院应予支持。”

⑫ 《建设工程施工合同司法解释(一)》第十一条规定:“建设工程竣工前,当事人对工程质量发生争议,工程质量经鉴定合格的,鉴定期间为顺延工期期间。”

⑬ 《建设工程施工合同司法解释(一)》第三十八条规定:“建设工程质量合格,承包人请求其承建工程的价款就工程折价或者拍卖的价款优先受偿的,人民法院应予支持。”

和承担整改费用的义务。

第二，不能整改，或者经整改仍不能验收合格的，承包人不能请求由发包人按照合同约定支付价款（合同有效时）或者参照合同约定折价补偿（合同无效时）。

第三，承包人拒绝修复的，发包人可以解除合同。

第四，当事人对工程质量发生争议，工程质量经鉴定不合格的，鉴定期间不作为顺延工期期间，即工期责任由承包人承担。

第五，承包人与分包人（无论分包是否合法）、非法转包人对工程质量不合格承担连带赔偿责任；承包人资质出借方与借用方、联合共同承包的各方对工程质量不合格承担连带赔偿责任。

第六，承包人不能获得工程价款优先受偿权。

在上述法律规定和司法解释中，《民法典》第七百九十三条第二款第二项与《施工合同司法解释一》第三条第一款第二项（修复后的建设工程经验收不合格的，承包请求支付工程价款的，不予支持）存在显著差异：前者仅规定承包人不能参照合同约定结算工程折价补偿款，但不排除承包人可主张减价补偿，后者则规定不支持承包人请求支付工程折价补偿款的请求，即承包人不能获得任何工程折价补偿。后者因与《民法典》的规定不符，已经被废止。采用《民法典》的上述规定，处理符合法定质量标准但是不符合约定质量要求的工程价款结算或者折价补偿清算，更加公平合理。

2. 质量符合法定标准但是不符合约定要求的工程价款或者折价补偿款的处理

对于质量符合法定标准但不符合约定标准的工程，一概不予结算，或者一概依照或者参照合同中有关工程价款的约定进行结算，均有失偏颇。笔者认为，公平合理的处理方法应当是，综合考虑建设工程性质、实际质量与约定要求的偏差程度、发包人合同目的的实现程度，以及合同约定的质量、工期等因素（如无效合同约定的工程价款构成中考虑了约定质量较高时的优质优价、约定工期较苛刻时的赶工费）对工程价款的影响程度，在参照合同关于工程价款约定的基础上减价补偿。减价幅度可依个案具体情形在零至全价之间酌情确定。①

3. 对《建设工程施工合同司法解释（一）》第三十八条的商榷：工程质量不合格，承包人是否绝对丧失工程价款优先受偿权

《建设工程施工合同司法解释（一）》第三十八条规定，已竣工工程质量合格的，

---

① 曹文衔：《〈民法典合同编〉（草案）与建工合同系列（之七）：〈民法典合同编〉建设工程合同章条文建议与理由》，载微信公众号“天同诉讼圈”2019年10月31日［建工衔评］专栏。

承包人享有工程价款优先受偿权。因此在承包人工程价款优先权争议处理中,对工程质量是否合格的评判将成为承包人是否享有工程价款优先受偿权的前置审查条件。然而,当工程质量仅达到法定强制性质量标准而不符合约定质量标准,被认定为工程质量不合格时,承包人是否享有工程价款优先受偿权?

在实务中,处理符合法定质量标准但是不符合约定质量要求且无法整改的工程问题,有以下两种方法:第一,在调整或者限制使用用途、降低使用等级的情形下发包人接受工程,但是工程价款作减让或折让处理;第二,基于特定的工程目的不能实现且工程无法降级或作替代利用时,应予拆除。在实践中,第一种处理方法最为常见,且符合物尽其用和节约资源的民法立法目的;第二种方法为特例。在上述第一种方法下,承包人在承担违约责任的同时,应仍能获得折减后的工程价款,否则将导致发包人无偿取得仍有一定经济价值的建设工程。而依照《建设工程施工合同司法解释(一)》第三十八条的规定,此时,承包人将不享有工程价款优先受偿权,该折减工程价款将沦为无优先权的一般债权。笔者认为,承包人工程价款优先受偿权的产生建立在承包人应得工程价款未获及时清偿的基础之上,而承包人是否应得工程价款,一般以工程质量合格为必要条件,但并非绝对。因此,当裁判者对承包人应得工程价款已经在上述第一种处理方法中作出认定的情况下,为了避免出现规则适用的矛盾,实无必要再以工程质量是否合格来判定承包人有无工程价款优先受偿权,而应回归《民法典》第八百零七条(承包人工程价款优先受偿权)规定的本义:作为建设工程所有权人的发包人只要存在工程价款未及时清偿,承包人即可能享有工程价款优先受偿权。

4. 共同承包人对于发包人的连带责任可由当事人另作其他约定

根据《民法典》第八百零八条的规定,建设工程合同章没有规定的,适用承揽合同的有关规定。《民法典》第七百八十六条从尊重当事人意思自治出发,规定了当事人可以约定共同承揽的责任承担。例如,定作人与共同承揽人可以约定,共同承揽人各自承担责任;也可以约定,指定其中一个承揽人承担合同责任。当事人有特别约定的,共同承揽人根据约定向定作人承担责任。[①] 因此,共同承包人对于发包人的连带责任,亦可由当事人另作其他约定。有必要指出,鉴于共同承包人依法承担连带责任,乃是为保障发包人的利益,因而,只有发包人才有权自主减让自身的利益,故此,另作约定的当事人一方必须是发包人;仅在共同承包人之间约定对发

---

① 胡康生主编:《〈中华人民共和国合同法〉释义》(第2版),法律出版社2009年版,第405页。

包人不承担连带责任的，对发包人不产生效力。由于发包人具有向连带责任人中的全部或者个别责任人主张全部责任的选择权，发包人与部分共同承包人约定其承担共同承包责任中的部分责任份额，对其他责任未明示放弃追索的，发包人对共同承包人中的其他人仍然享有主张其承担全部连带责任的权利。发包人与部分共同承包人约定放弃主张其共同承包责任中的部分责任份额的，该责任份额的放弃应视为对于全体共同承包人共同责任相应份额的放弃。当共同承包人中的部分人向发包人承担了共同承包的全部责任之后，仍然有权就超出其应承担的责任份额向责任份额承担不足的其他共同承包人追偿。

类似地，在理论上，对工程质量不合格承担连带赔偿责任的承包人与分包人（无论分包是否合法）或转包承包人、出借资质的承包人与借用资质的实际施工人也可以与发包人特别约定不适用连带责任规则。

（二）承包人工程质量责任抗辩事由

工程质量不合格依法或者依约不可完全或者部分归责于承包人的，承包人可提出减免工程质量责任的抗辩。

《民法典》第七百九十三条第三款①、第七百九十九条、第八百条②、第八百零三条③、第八百零八条④，《建筑法》第二十二条⑤、第二十五条⑥、第三十五条⑦、第五十

---

① 《民法典》第七百九十三条第三款规定："发包人对因建设工程不合格造成的损失有过错的，应当承担相应的责任。"

② 《民法典》第八百条规定："勘察、设计的质量不符合要求或者未按照期限提交勘察、设计文件拖延工期，造成发包人损失的，勘察人、设计人应当继续完善勘察、设计，减收或者免收勘察、设计费并赔偿损失。"

③ 《民法典》第八百零三条规定："发包人未按照约定的时间和要求提供原材料、设备、场地、资金、技术资料的，承包人可以顺延工程日期，并有权请求赔偿停工、窝工等损失。"

④ 《民法典》第八百零八条规定："本章没有规定的，适用承揽合同的有关规定。"

⑤ 《建筑法》第二十二条规定："建筑工程实行招标发包的，发包单位应当将建筑工程发包给依法中标的承包单位。建筑工程实行直接发包的，发包单位应当将建筑工程发包给具有相应资质条件的承包单位。"

⑥ 《建筑法》第二十五条规定："按照合同约定，建筑材料、建筑构配件和设备由工程承包单位采购的，发包单位不得指定承包单位购入用于工程的建筑材料、建筑构配件和设备或者指定生产厂、供应商。"

⑦ 《建筑法》第三十五条规定："工程监理单位不按照委托监理合同的约定履行监理义务，对应当监督检查的项目不检查或者不按照规定检查，给建设单位造成损失的，应当承担相应的赔偿责任。工程监理单位与承包单位串通，为承包单位谋取非法利益，给建设单位造成损失的，应当与承包单位承担连带赔偿责任。"

四条[①]、第五十六条[②]、第五十七条[③],《质量管理条例》第七条[④]、第十九条[⑤]、第二十条[⑥],以及《建设工程施工合同司法解释(一)》第十三条[⑦]、第十四条[⑧]涉及工程验收不合格时施工承包人减免责任的抗辩事由。

1. 发包人对建设工程不合格有过错的,应当承担相应责任

发包人的过错主要有下列类型:

(1)指令过错。常见情形有:在施工作业中,发包人要求施工承包人违反法律、行政法规和建筑工程质量标准,降低工程质量;发包人指定承包人购入原本约定由承包人提供的建材、构配件和设备或者指定供应商;发包人直接指定承包人的分包人分包专业工程。

(2)委任过错。常见情形有:发包人委任不具有相应法定资质的勘察人、设计人、监理人;发包人委任的勘察人、设计人、监理人虽具有法定资质,但是工程质量不合格与勘察人、设计人、监理人的工作缺陷具有因果关系。

(3)行为过错之一:支解发包工程。根据《质量管理条例》第七十八条第一款的规定,支解发包,是指建设单位将应当由一个承包单位完成的建设工程分解成若干部分发包给不同的承包单位的行为。"应当由一个承包单位完成的建设工程",即

---

① 《建筑法》第五十四条规定:"建设单位不得以任何理由,要求建筑设计单位或者建筑施工企业在工程设计或者施工作业中,违反法律、行政法规和建筑工程质量、安全标准,降低工程质量。建筑设计单位和建筑施工企业对建设单位违反前款规定提出的降低工程质量的要求,应当予以拒绝。"

② 《建筑法》第五十六条规定:"建筑工程的勘察、设计单位必须对其勘察、设计的质量负责。勘察、设计文件应当符合有关法律、行政法规的规定和建筑工程质量、安全标准、建筑工程勘察、设计技术规范以及合同的约定。设计文件选用的建筑材料、建筑构配件和设备,应当注明其规格、型号、性能等技术指标,其质量要求必须符合国家规定的标准。"

③ 《建筑法》第五十七条规定:"建筑设计单位对设计文件选用的建筑材料、建筑构配件和设备,不得指定生产厂、供应商。"

④ 《质量管理条例》第七条规定:"建设单位应当将工程发包给具有相应资质等级的单位。建设单位不得将建设工程肢解发包。"

⑤ 《质量管理条例》第十九条规定:"勘察、设计单位必须按照工程建设强制性标准进行勘察、设计,并对其勘察、设计的质量负责。"

⑥ 《质量管理条例》第二十条规定:"勘察单位提供的地质、测量、水文等勘察成果必须真实、准确。"

⑦ 《建设工程施工合同司法解释(一)》第十三条规定:"发包人具有下列情形之一,造成建设工程质量缺陷,应当承担过错责任:(一)提供的设计有缺陷;(二)提供或者指定购买的建筑材料、建筑构配件、设备不符合强制性标准;(三)直接指定分包人分包专业工程。承包人有过错的,也应当承担相应的过错责任。"

⑧ 《建设工程施工合同司法解释(一)》第十四条规定:"建设工程未经竣工验收,发包人擅自使用后,又以使用部分质量不符合约定为由主张权利的,人民法院不予支持;但是承包人应当在建设工程的合理使用寿命内对地基基础工程和主体结构质量承担民事责任。"

建设工程合法发包的最小单位，现行法律、行政法规没有规定。有观点认为，上述问题需要结合其他部门规章、地方性法规、司法案例来进行判断、厘清。[①] 然而，地方性法规或者地方部门规章的相关规定不尽一致。例如，地方性法规《上海市建筑市场管理条例》第二十三条第二款规定，建设单位或者总承包单位发包施工项目的，以建设工程中的单项工程[②]为最小标的。《云南省建筑市场管理条例》第十八条规定，发包人或其代理人，可以将一个建设工程发包给一个总承包单位，也可以将其中的单位工程分别发包，但不得将一个单位工程[③]支解发包。笔者认为，支解发包属于法律禁止的行为，其判别标准应当在全国范围内统一。因此，结合国家行政部门规章、国家技术标准等予以判别是适宜的，而地方性法规或者地方部门规章不宜作为判别依据。国家住房和城乡建设部作为主管全国建设工程（主要是建筑工程）的国家行政部门，专门针对违法发包承包行为颁布的部门规章《认定查处管理办法》第六条第五项规定了属于支解发包情形的违法发包，即建设单位将一个单位工程的施工分解成若干部分发包给不同的施工总承包或专业承包单位的属于违法发包。上述规定应当作为民事纠纷中判别支解发包的依据。

（4）行为过错之二：发包人自行或者委托承包人之外的其他人对承包人承包范围内的工程进行施工或者对承包人已完工程进行变更。一般而言，他人施工或变更的工程已经不属于承包人的工作范围，或者他人工作成果与承包人工作成果的质量责任难以区分，承包人有权主张对他人的工作质量不承担责任，或者对于难以区分的责任主张减轻责任。此种情形，多发生在发包人为抢工期而在与承包人协商未果时，自行或委托他人擅自接续承包人进行施工的场合。

（5）行为过错之三：未经竣工验收或者验收不合格擅自占有使用工程。需要指出的是，发包人因过错承担工程质量相应责任的前提是，发包人的过错应当与工程质量不合格的结果之间具有因果关系。例如，发包人虽直接指定分包人分包专业工程，但是总承包人的工程质量缺陷发生在该分包范围之外的其他部位，发包人不应因此承担其直接指定分包范围之外的工程质量责任。

2. 因第三人原因导致发包人履行合同义务不符合约定或者法律规定，进而导致

---

① 参见常设中国建设工程法律论坛第八工作组：《中国建设工程施工合同法律全书——词条释义与实务指引》，法律出版社 2019 年版，第 164 页。

② 《建设工程分类标准》（GB/T 50841－2013）第 2.0.5 项“单项工程”：“具有独立设计文件，能够独立发挥生产能力、使用效益的工程，是建设项目的组成部分，由多个单位工程构成。”

③ 《建设工程分类标准》（GB/T 50841－2013）第 2.0.6 项“单位工程”：“具备独立施工条件并能形成独立使用功能的建筑物或构筑物，是单项工程的组成部分，可分为多个分部工程。”

工程质量验收不合格的，发包人应当承担相应责任。

此类情形主要有：

（1）发包人委托第三人提供的基础资料错误、作为施工依据的技术文件缺陷或者甲供料质量缺陷。例如，勘察人、设计人、供货人提供给发包人的勘察文件、施工图纸等设计文件错误，甲供料存在质量缺陷，因而发包人提供给承包人的施工依据文件错误，工程材料、工程构配件、设备和商品混凝土（以下统称工程物资）存在相应质量缺陷，导致工程质量缺陷。

应当注意到，根据《质量管理条例》第二十八条第二款[①]的规定，施工承包人在施工过程中发现发包人提供的设计文件和图纸有差错的，“应当”及时提出意见和建议。承包人未履行或者未适当履行上述法定义务的，应当承担一定责任。具体而言，一方面，对于设计文件和图纸的差错，应当仅以施工承包人依据通常施工经验能够发现的明显差错为限，例如明显的标高、尺寸、混凝土标号等数值错误，钢筋型号错误或者图纸之间的明显矛盾等；对于需要借助专业设计能力方可能发现的设计差错，不能苛求承包人提出意见和建议。另一方面，承包人对明显的设计文件差错提出意见和建议的义务，法条采用“应当”的措辞，表明是一种弱强制性的法定义务。争议处理时，承包人未履行或者未适当履行上述法定义务的，应当承担的责任应是明显次要的，[②]否则对承包人有失公允。此外，当承包人对设计差错提出意见和建议后，如发包人并未采纳，承包人依据原设计文件继续施工，其后出现因设计差错导致的工程质量缺陷的，由于承包人已经履行了自身的法定义务，不应再承担工程质量缺陷责任。[③]

还应当注意到，根据《建筑法》第五十九条[④]和《质量管理条例》第二十九条[⑤]的规定，无论是发包人还是承包人提供的工程物资，承包人在使用之前，均“必须”依照相应的技术标准和规范进行检验；未经检验或者检验不合格的，不得使用。承包

---

① 《质量管理条例》第二十八条第二款规定：“施工单位在施工过程中发现设计文件和图纸有差错的，应当及时提出意见和建议。”

② 笔者建议：承包人承担的责任不宜超过全部责任份额的三分之一，具体比例可视设计文件差错的明显程度、承包人发现差错和提出意见的间隔时间、承包人提出意见的方式等具体情形酌定。

③ 参见最高人民法院（2018）最高法民申2529号民事裁定书。

④ 《建筑法》第五十九条规定：“建筑施工企业必须按照工程设计要求、施工技术标准和合同的约定，对建筑材料、建筑构配件和设备进行检验，不合格的不得使用。”

⑤ 《质量管理条例》第二十九条规定：“施工单位必须按照工程设计要求、施工技术标准和合同约定，对建筑材料、建筑构配件、设备和商品混凝土进行检验，检验应当有书面记录和专人签字；未经检验或者检验不合格的，不得使用。”

人未履行或者未适当履行法定检验义务，构成承包人过错，承包人应当承担相应的过错责任。在实务中，争议较大的难点问题是，因使用不合格甲供料导致工程质量不合格的责任，在发包人与承包人之间应当如何公平合理地分配？

《建设工程施工合同司法解释（一）》第十三条（《施工合同司法解释一》第十二条）第一款、第二款使用的措辞分别是：发包人应当承担过错责任；承包人有过错的，也应当承担相应的过错责任。据此，最高人民法院民事审判第一庭认为，如果承包人使用了经检验认定为不符合强制性标准的材料等，应承担相应责任；承包人对于应检验的材料等而未检验即使用于工程的，也应承担一定责任，并进一步通过案例分析表明其立场：虽然发包人对其提供的不合格水泥（造成的工程质量问题）应承担主要责任，但承包人对发包人提供的水泥未进行检验，承包人与发包人具有混合过错，双方应共同承担工程质量责任。① 显然，最高人民法院民事审判第一庭认为，甲供工程物资不符合强制性标准，承包人使用前未尽检验义务的，发包人承担主要责任，承包人承担次要责任。

笔者认为，上述观点难言妥适，值得商榷，理由是：第一，从行政法规的规定看，对承包人使用前检验工程物资的法律强制性要高于对发包人提供合格工程物资的强制性。《质量管理条例》第十四条规定，按照合同约定，由建设单位采购建筑材料、建筑构配件和设备的，建设单位“应当”保证建筑材料、建筑构配件和设备符合设计文件和合同要求；而《质量管理条例》第二十九条则规定，施工承包人“必须”按照工程设计要求、施工技术标准和合同约定，对建筑材料、建筑构配件、设备和商品混凝土进行检验……未经检验或者检验不合格的，“不得”使用。前者规定发包人义务的措辞为“应当”，后者规定承包人义务的措辞为“必须”。第二，上述法条措辞的差异并非立法不周，而是基于对工程质量控制的行业经验的精准总结，符合管理学上的风险控制理论。管理学的风险控制理论认为，合同风险应该按照效率原则和公平原则进行分配。就效率原则而言，主要考虑谁能最有效地（有能力和经验）预测、防止和控制风险，或能有效地降低风险损失，则应由他承担相应的风险责任，以及承担者控制相关风险是经济的（能够以最低的成本来管理风险、承担风险损失）；就公平原则而言，承包人提供的工程与发包人支付的价格之间应体现公平（通常以当地当时的市场价格为依据），以及风险承担的可能性和合理性（给予风险承担者以风险预测、计划、控制的条件和可能性）。通常情形下，在工程物资及其对工

① 最高人民法院民事审判第一庭编著：《最高人民法院建设工程施工合同司法解释的理解与适用》，人民法院出版社2004年版，第127～128页。

程施工质量的影响的认知和经验方面，发包人明显逊于承包人。发包人之所以愿意提供工程物资，主要是基于控制工程建设成本的考虑，发包人对工程物资的质量控制主要基于供货人提供的有关货物质量的合格证明文件，较为被动；而承包人在使用工程物资前，无论工程物资是甲供还是乙供，均需要依法主动进行检验，并且对甲供工程物资的检验不会比对乙供工程物资明显增加工作量和检验成本。因而，从对工程物资的质量风险控制的角度看，承包人具有更强的风险控制能力、手段和方法，并且由其控制风险成本更低。故此，对于甲供工程物资的质量控制，承包人承担主要义务，发包人承担次要义务，符合风险分配的效率和公平原则。

综上所述，笔者认为，对于甲供工程物资质量缺陷导致的工程质量缺陷，承包人已经适当履行法定检验义务的，不承担工程质量缺陷责任；承包人未适当履行检验义务的，应与发包人分担工程质量缺陷责任；承包人完全未履行检验义务（在使用上述工程物资之前未检验）的，应承担工程质量缺陷的主要责任；承包人明知或应知检验结果不合格仍继续使用的，应承担工程质量缺陷的全部责任。

此外，有必要注意的是，在工程总承包、设计 + 施工总承包等类型的建设工程合同中，施工设计文件约定由总承包人提供，因设计人的行为过错或者设计文件的错误导致的工程质量不合格，由总承包人向发包人承担责任。

实务中，有争议的问题是，如果由于发包人另行委托的第三人的过错导致承包人的工程验收不合格，承包人能否合理抗辩发包人应承担工程质量的相应责任？有观点认为，依照《民法典》第五百九十三条①的规定，承包人应当首先就工程质量不合格向发包人承担约定的合同义务（完成质量合格的工程）未能适当履行的违约责任，同时承包人与该第三人直接责任方的争议另行处理。有相反观点认为，该第三人直接责任方基于与发包人的合同关系而介入承包人的施工过程，同样参照《民法典》第五百九十三条的规定，其造成工程质量不合格的行为，应当视为发包人的行为，由发包人对承包人承担工程质量责任，对发包人与该第三人的争议另行处理。笔者认为，一般情形下，前一观点通常是妥当的，但是建设工程质量问题成因复杂，工程质量责任也并非总是归结于承包人。《民法典》第五百九十三条规定的是当事人一方因第三人的原因造成违约时的规则，与该第三人与合同当事人任何一方是否有合同关系无关。例如，承包人为发包人委托的室内装饰装修施工承包人，第三人为与发包人另行订立工程施工合同的施工总承包人（总承包范围不含室内

---

① 《民法典》第五百九十三条规定："当事人一方因第三人的原因造成违约的，应当依法向对方承担违约责任。当事人一方和第三人之间的纠纷，依照法律规定或者按照约定处理。"

装饰装修内容)。第三人与承包人往往在同一工作场所同时或者交叉施工,如果由于第三人原因损坏了承包人的已完装修工程,导致承包人对发包人违约(工程竣工验收不合格),则承包人不能就此提出免责抗辩,承包人应当另行向第三人主张赔偿。在装修施工合同中,发包人负有指示第三人交付符合装修条件的土建工作界面的合同义务。如果由于第三人原因导致交付承包人的土建工作界面存在质量问题,构成发包人在提供装修施工条件方面违约,因而发包人应向承包人承担违约责任。更复杂的情形是,如果装修施工合同中约定,承包人施工前,应在发包人的组织下与第三人(施工其他内容的施工总承包人)就土建工作面移交装修施工的质量进行检查确认,以确保符合装修施工要求,则土建工作面质量合格查验的责任将通过上述约定转移给承包人。如果因为承包人未能及时检查发现土建工作面质量问题,最终导致装修施工质量缺陷,此时,应当由承包人自行承担装修工程不合格的责任。

(2)监理人的指令错误或者不尽法定监理职责的行为。在实务中,工程质量不合格的大部分原因可归责于施工承包人,而且可归责于施工承包人的行为如未被及时发现或者整改,大部分情况下与监理人的过错有关。同时,就发包人与施工承包人之间的施工合同关系而言,监理人作为发包人的代理人介入施工合同,监理人的行为过错的后果应归入其被代理人即发包人。因此,在理论上,施工承包人对于工程质量不合格责任在多数情形下均可以监理人亦存在过错为由对发包人提出抗辩,要求减轻责任。有关监理人职责及其行为后果的进一步论述,请参见本书《民法典》第七百九十六条①的【条文释评】和【条文适用】部分。

3.因不可抗力导致工程质量不合格的,承包人可能全部或者部分免除工程质量责任

依据《民法典》第一百八十条②和第五百九十条③的规定,因不可抗力导致承包人不能履行建成验收合格的工程的合同义务,承包人可能全部或者部分免责。承

① 《民法典》第七百九十六条规定:"建设工程实行监理的,发包人应当与监理人采用书面形式订立委托监理合同。发包人与监理人的权利和义务以及法律责任,应当依照本编委托合同以及其他有关法律、行政法规的规定。"

② 《民法典》第一百八十条规定:"因不可抗力不能履行民事义务的,不承担民事责任。法律另有规定的,依照其规定。不可抗力是不能预见、不能避免且不能克服的客观情况。"

③ 《民法典》第五百九十条规定:"当事人一方因不可抗力不能履行合同的,根据不可抗力的影响,部分或者全部免除责任,但是法律另有规定的除外。因不可抗力不能履行合同的,应当及时通知对方,以减轻可能给对方造成的损失,并应当在合理期限内提供证明。当事人迟延履行后发生不可抗力的,不免除其违约责任。"

包人是否全部或者部分免责，取决于不可抗力发生时承包人是否已经在工程质量方面违约、不可抗力对工程质量的影响程度、遭遇不可抗力的一方是否及时履行通知对方的义务等因素。例如，由于地震导致已经完工尚未验收的工程灭失或者严重损毁不能修复的，承包人可能全部或者部分免责，但是，并非绝对当然地免责。如果实际发生的地震烈度①小于工程设计的工程设防烈度，②而工程设计本身的抗震等级③较高，且设计符合抗震设计规范，在工程实际遭受的地震烈度低于工程设计的抗震烈度时，工程不应出现结构性倒塌。如果工程实际出现结构性倒塌，承包人对于工程的损毁和不能修复将不能免责。

4. 特殊情形下的承包人工程质量责任抗辩事由

《建设工程施工合同司法解释（一）》第十三条第一款第二项以"（发包人）提供或者指定购买的建筑材料、建筑构配件、设备不符合强制性标准"作为发包人承担工程质量缺陷责任的过错情形之一。上述规定不应引申理解为：发包人提供或者其指定承包人提供的工程物资符合法定强制性质量标准的，就一概不承担因甲供料或者甲指乙供料质量原因导致的工程质量缺陷责任。事实上，甲供料或者甲指乙供料即便符合强制性质量标准，但是如果不符合约定的质量要求的，发包人仍然可能应对工程质量不合格（特别是不满足约定标准）承担过错责任。承包人经检验并向发包人提出供货不符合约定质量要求后，如发包人仍坚持要求承包人用于工程的，承包人不应对完工的相应工程不符合约定质量标准承担责任，仅应对工程不符合法定质量标准承担责任。

5. 不利物质条件和异常恶劣的气候条件一般不构成承包人质量责任抗辩事由

不利物质条件和异常恶劣的气候条件是工程建设合同履行过程中常见的事由，由于其不可预见性和不可归责性，在实务中常被承包人误解为可以类比不可抗

---

① 地震烈度，是指地面受到的影响和破坏的程度。烈度不仅跟震级有关，同时还跟震源深度、距离震中的远近以及地震波通过的介质条件（如岩石的性质、岩层的构造等）等多种因素有关。一次地震影响，对不同地点地面受到的影响和破坏程度（地震烈度）可能不同。

② 工程设防烈度，又称工程抗震设防烈度，是指按国家规定的权限批准作为一个地区抗震设防依据的地震烈度。设防烈度取值的标准是基本烈度，即一个地区在今后50年期限内，在一般场地条件下超越概率为10%的地震烈度。具体根据抗震规范中的抗震设防区划来取值，国家规定的各地抗震设防烈度以县级及县级以上城镇划分。例如，北京市各区县的抗震设防烈度普遍为8度，河北省唐山市丰南区为8度、曹妃甸区为7度，河北省石家庄市行唐县为6度。

③ 抗震等级，是指工程设计人依据国家有关规定，按建筑物重要性分类与设防标准，根据某一地区的地震设防烈度、结构类型和房屋高度等，而采用不同抗震等级进行的具体设计。以钢筋混凝土框架结构为例，抗震等级划分为四级，以表示其很严重、严重、较严重及一般的四个级别，一级为最高等级，四级为最低等级。

力情形，当承包人因此而不能适当履行合同义务时作为免责抗辩的事由。不利物质条件，是指有经验的承包人在施工现场遇到的不可预见的自然物质条件、非自然的物质障碍和污染物，包括地表以下物质条件和水文条件以及合同约定的其他情形，但不包括气候条件。[①] 异常恶劣的气候条件是指在施工过程中遇到的，有经验的承包人在签订合同时不可预见的，对合同履行造成实质性影响的，但尚未构成不可抗力事件的恶劣气候条件。[②] 工程建设过程中遭遇不利物质条件或者异常恶劣的气候条件，通常会影响承包人的合同工期、合同价款，但是一般不会影响工程质量，承包人可以主张工期补偿、价款增加，也可以提出工期违约时的免责抗辩或者索赔因克服不利物质条件而产生的额外费用，但是一般不能主张工程质量责任豁免。例外的情况是，原本合格的工程遭遇不利物质条件作用后被认定为不合格，采取整改措施之前，因发包人原因解除合同的，承包人有权就现状工程不合格提出质量责任减免的抗辩。

（三）发包人/承包人承担工程质量责任后的追偿

如果工程质量缺陷是第三人的原因导致的，发包人/承包人在施工合同中承担工程质量责任后，均可能向第三人追偿。发包人/承包人的追偿可基于与第三人合同约定的第三人违约，要求第三人承担违约责任，也可基于第三人应当承担的侵权责任。基于第三人违约责任的追偿，就发包人而言，该可能的第三人通常主要包括：勘察人、设计人、甲供工程物资供货人、监理人；就承包人而言，该可能的第三人通常主要包括：共同承包人（承包人联合体的其他成员）、分包人、转包人、乙供工程物资供货人。有关承包人能否向监理人追偿的问题，读者可参阅本书《民法典》第七百九十六条【条文释评】和【条文适用】中的有关内容。

此外，基于建设工程一切险等商业保险合同，发包人/承包人作为被保险人，在工程质量缺陷属于保险事故的情形下，也可能向保险人追偿，要求保险人承担按约赔付保险金的责任。

四、未按有关工程验收规范进行验收的责任认定

最高人民法院（2018）最高法民终331号判决书认为，关于发包人所称未按《光

---

① 参见《建设工程施工合同（示范文本）》（GF－2017－0201）通用合同条款第7.6款“不利物质条件”。

② 参见《建设工程施工合同（示范文本）》（GF－2017－0201）通用合同条款第7.7款“异常恶劣的气候条件”。

伏发电工程验收规范》全面检查验收的问题，依据《质量管理条例》第十六条①和《合同法》第二百七十九条(《民法典》第七百九十九条)的规定，组织相关单位进行竣工验收，属于发包人的责任，涉案项目未按《光伏发电工程验收规范》的要求进行工程启动验收、工程试运等环节的验收，不影响对涉案工程的工程竣工验收和工程移交，责任也不应由施工方承担。发包人因此拒付设备款及施工费用的理由不能成立。

《光伏发电工程验收规范》的标准编号为 GB/T 50796 - 2012，属于国家推荐性标准。在国家针对特殊工程尚未颁行强制性验收规范和(或)质量检验标准时，一般应适用国家推荐性标准。在实务中，未按照推荐性标准验收的，只要不存在影响工程地基基础和主体结构安全以及正常使用运营安全的情形，应当确认经发包人和承包人共同认可的实际验收结果。如果工程未按照国家强制性标准验收，或者工程实际验收要求违反国家强制性质量标准，则即便实际验收结果为合格，且验收结果已经发包人和承包人共同认可，因为该认可行为违反了法律关于工程质量的强制性规定，也不应被确认有效进而认定工程质量合格。诚然，发包人和承包人对于违法认定工程质量验收结果应按照各自过错承担相应责任。法院对上述案例作出的裁判，在未说明《光伏发电工程验收规范》不属于国家强制性标准的前提下，直接认定涉案工程未按照《光伏发电工程验收规范》进行验收，不影响对涉案工程实际进行的工程竣工验收和工程移交，在论证逻辑上不够严谨，尽管本案的认定结果“涉案项目未按《光伏发电工程验收规范》的要求进行工程启动验收、工程试运等环节的验收，不影响对涉案工程的工程竣工验收和工程移交，责任也不应由施工承包人承担”是妥当的。

五、竣工验收的及时性

(一)竣工验收时限

建设工程合同对发包人组织竣工验收的时限有约定的，从其约定。没有约定或者约定不明，又无其他依据确定该时限的，可以参照作为建设工程行业惯例的现

---

① 《质量管理条例》第十六条第一款规定:“建设单位收到建设工程竣工报告后，应当组织设计、施工、工程监理等单位进行竣工验收。”

行《建设工程施工合同(示范文本)》(GF－2017－0201)通用合同条款第13.2.2项[①]的规定,以发包人(或者监理人)收到承包人提交的竣工验收申请报告后的第42天作为发包人组织并完成竣工验收的合理期限。在当事人有相反证据证明该42天期限不合理(例如,42天占约定总工期的比例过高;承包人在提交竣工报告后或者其后短于42天的时间内已经完成竣工验收准备全部工作,其后无进一步实质性竣工准备工作等)时,可以依据个案适当调减。

发包人在合同约定的竣工验收期限或者合理期限内,无正当理由组织完成工程验收工作的,构成拖延验收。

(二)发包人未及时组织竣工验收及其法律后果

1. 发包人未及时组织竣工验收的实务情形

实务中,发包人未及时组织竣工验收的情形主要有两种:情形一,承包人已经提交竣工验收报告,发包人拖延验收;情形二,建设工程未经竣工验收,发包人擅自使用。

2. 发包人拖延验收的法律后果之一:竣工日期的推定

根据《建设工程施工合同司法解释(一)》第九条第二项的规定,当事人对建设工程实际竣工日期有争议的,承包人已经提交竣工验收报告,发包人拖延验收的,以承包人提交验收报告之日为竣工日期。

上述司法解释推定竣工日期的意义在于,第一,竣工日期一经推定,承包人履约的实际工期即被确定,此后即便实际工程竣工程序迟延,承包人不再承担额外的工期责任;第二,与竣工日期有关的期日(主要是工程价款结算期限、工程缺陷责任期,亦即承包人工程保修金保留期、工程保修期)开始计算。

然而,本条司法解释第二项存在下列瑕疵:[②]

第一,第二项与第一项规定的情形逻辑上不相容。《建设工程施工合同司法解

---

① 《建设工程施工合同(示范文本)》(GF－2017－0201)通用合同条款第13.2.2项"竣工验收程序"约定:"除专用合同条款另有约定外,承包人申请竣工验收的,应当按照以下程序进行:(1)承包人向监理人报送竣工验收申请报告,监理人应在收到竣工验收申请报告后14天内完成审查并报送发包人。监理人审查后认为尚不具备验收条件的,应通知承包人在竣工验收前承包人还需完成的工作内容,承包人应在完成监理人通知的全部工作内容后,再次提交竣工验收申请报告。(2)监理人审查后认为已具备竣工验收条件的,应将竣工验收申请报告提交发包人,发包人应在收到经监理人审核的竣工验收申请报告后28天内审批完毕并组织监理人、承包人、设计人等相关单位完成竣工验收。"

② 本部分内容,参见曹文衔:《〈民法典合同编〉(草案)与建工合同系列:我们需要怎样的〈民法典合同编〉建设工程合同章?(下)》,载微信公众号"天同诉讼圈"2019年10月17日[建工衔评]栏目。

释(一)》第九条第一项规定,当事人对建设工程实际竣工日期有争议,建设工程经竣工验收合格的,以竣工验收合格之日为竣工日期。在实务中,承包人提交竣工报告之日与发包人组织验收得到验收结果之日通常并非同一日,上述第二项中的“约定期限”或者“合理期限”通常是指发包人收到承包人提交的竣工报告后至组织验收的期限。在工程惯例中,确定实际竣工日期的方式有两种:一是竣工验收合格的,以承包人向发包人提交竣工报告之日为实际竣工日,即计算实际工期时,将发包人组织竣工验收的上述“约定期限”或“合理期限”排除在外;二是以实际竣工验收合格之日为实际竣工日,因发包人原因迟延验收的,以上述“约定期限”或“合理期限”届满之日推定为竣工验收通过之日,即将发包人组织竣工验收的上述“约定期限”或“合理期限”计入承包人实际工期。上述两种实际竣工日确定方式,分别见于我国《建设工程施工合同(示范文本)》(GF－2017－0201)[①]和 FIDIC 合同条件[②]。在具体适用时,只能选择其一,不能混用。而司法解释的上述条文第一项与第二项混用了上述两种竣工日期的确定方式。

第二,未能体现当事人约定优先适用的基本规则。当事人对任何确定实际竣工日期有约定的,即使存在对建设工程实际竣工日期的争议,也应首先遵从约定;没有约定或者约定不明的,才适用法律推定的规则。一般认为,如果当事人没有约定竣工日期的确定规则,采用上述选择二较为合理,即竣工验收合格的,以实际竣工验收合格日为竣工日,因发包人原因迟延验收的,以“合理期限”届满之日推定为竣工验收通过之日。理由是:其一,承包人通常都会在实际竣工验收工作可以开始

① 《建设工程施工合同(示范文本)》(GF－2017－0201)通用合同条款第 13.2.3 项“竣工日期”约定:“工程经竣工验收合格的,以承包人提交竣工验收申请报告之日为实际竣工日期,并在工程接收证书中载明;因发包人原因,未在监理人收到承包人提交的竣工验收申请报告 42 天内完成竣工验收,或完成竣工验收不予签发工程接收证书的,以提交竣工验收申请报告的日期为实际竣工日期;工程未经竣工验收,发包人擅自使用的,以转移占有工程之日为实际竣工日期。”

② 1999 年 FIDIC 红皮书、黄皮书,以及设计采购施工(EPC)/交钥匙工程合同条件(橘皮书)8.2 竣工时间:“承包商应在工程或单位工程(如果有)的竣工时间内,完成整个工程和每个单位工程(视情况而定),包括:(a)竣工试验获得通过,以及(b)完成合同提出的,工程或者单位工程按照第 10.1 款【工程和单位工程的接收】规定的接收要求竣工所需要的全部工作。10.1　工程和单位工程的接收:除第 9.4 款【未能通过竣工试验】中所述情况外,当(i)工程已按照合同规定,包括第 8.2 款【竣工时间】中提出的事项竣工;(ii)已按照本款规定颁发工程接收证书,或被认为已颁发时,雇主应接收工程。承包商可在他认为工程将竣工并做好接收准备的日期前不少于 14 天,向工程师发出申请接收证书的通知……工程师在收到承包商的申请通知后 28 天内,应(a)向承包商颁发接收证书……或(b)拒绝申请,说明理由,并指出在能颁发接收证书前承包商需做的工作……如果工程师在 28 天期限内既未颁发接收证书,又未拒绝承包商的申请,而工程或者单位工程(视情况而定)实质上符合合同约定,接收证书应视为已在上述规定期限的最后一日颁发。”

前数日，提前通知发包人准备组织验收，在正式验收开始前的该数日内，承包人完成工程竣工准备工作（修补缺陷、清洁工作面和施工场所、准备竣工验收资料）；其二，承包人对于提交竣工验收报告至发包人组织验收之间有一定的时间差，均可合理预见，亦属于行业惯例。如以承包人发出竣工报告之日推定为竣工日，将可能导致该推定竣工日时，工程竣工准备或扫尾工作实际尚未完成，未充分满足验收条件。

3. 发包人拖延验收的法律后果之二：工程质量如何认定以及迟延验收的相应期限责任如何分配

推定竣工验收时间并不意味着同时推定竣工验收时间届满后工程质量合格。

在合理期限或者合同约定的竣工验收期限届满后，发包人拖延验收后工程质量的实际情形主要有四种：第一，组织完成了验收，且工程验收合格；第二，组织了验收，且工程验收不合格，经整改后合格；第三，组织了验收，但工程验收不合格，且无法整改或者整改后仍不合格；第四，工程始终未组织验收，工程实际质量无验收结论。

在第一种情形下，无疑应当认定工程验收合格，但是法律推定的竣工日期早于工程实际验收合格日期。发包人超越约定或者推定的验收期限后迟延组织验收的时间，应归责于发包人，不应计入承包人实际工期。

在第二种情形下，不能推定工程质量合格，而应当认定工程质量不合格，承包人应继续完成整改。但是，是否继续维持原竣工日期的推定，以及承包人是否承担其后整改和重新申请验收导致的工期延误责任？笔者认为，由于工程未能通过合格验收，承包人此前的竣工验收申请并不能发生起算竣工验收期限的效力，但是发包人超越约定或者推定的验收期限后迟延组织验收的时间，应归责于发包人，不应计入承包人实际工期。对于承包人此后整改和重新申请验收所耗费的时间导致的责任，存在两种不同的处理方案：

方案一，承包人整改和重新申请验收所耗费的时间（含发包人第二次组织验收期限）应计入承包人实际工期，原推定的竣工日期应作相应顺延调整。

方案二，承包人此后整改和重新申请验收所耗费的时间（含发包人第二次组织验收期限）应由发包人与承包人分担期限责任。具体而言，责任分担方式为，承包人整改和重新申请验收的时间不超过约定或推定的发包人首次验收期限的，双方各半承担期限责任；超过约定或推定的发包人首次验收期限的，超出部分由承包人承担期限责任。

笔者认为，方案二比方案一更为可取。理由是：尽管方案一坚守了约定或者推定的发包人验收期限利益属于发包人的立场，表面上看似乎充分尊重了合同当事人的意思自治，但是，当发包人“用尽”该验收期限利益时，客观上导致了承包人在该验收期限内只能被动等待验收结果，由于组织验收之前验收结果存在一定的不确定性，承包人往往难以预知需整改的工作内容，因而无法尽可能早地就验收不合格的结果展开整改工作。即便在某些情况下，承包人可能预知验收不合格的结果以及须整改的大致工作内容，基于履行合同的善意和互助，发包人也应在约定或推定的发包人验收期限内尽可能早地组织验收，便于承包人尽早根据实际验收结果开展全面的整改工作。发包人逾期组织验收且验收结果不合格和工程需要整改，属于合同履行的特殊情况。对发包人验收期限的合同约定或者推定，通常基于一般常见情形，将该一般情形的约定，类推适用于上述特殊情形，难以为当事人（特别是承包人）在订立合同时所预见。基于对行业实践更深入的了解，上述发包人验收期限内承包人整改和重新申请验收之间的时间损失责任分担的方案二，既可抑制发包人滥用验收期限利益，也可抑制承包人盲目提出工程竣工验收申请和拖延整改工作，与方案一相比，更为公平合理。

在第三种情形下，应认定工程质量不合格，推定竣工日期不再具有法律意义。承包人根本违约（合同有效时）或者承包人已完成的工作无补偿价值或者低于合同约定的工程款价值（合同无效时，依情况而定）。此时，应依照《民法典》第七百九十三条第二款第二项、第三款和第八百零六条第三款的规定，进行工程价款结算或者折价补偿。

在第四种情形下，不应径行推定工程质量合格或者不合格。应依据纠纷处理过程中的实际验收或者司法鉴定、检验结果分别按照上述第一、二、三种情形处理。

上述四种情形下，又发生未经竣工验收或者验收不合格发包人擅自使用工程的情况的，竣工日期的推定尚应结合下文“4. 未经竣工验收或者验收不合格发包人擅自使用工程的法律后果：竣工日期的推定”中的论述进行处理。具体而言，发包人擅自使用工程、转移占有建设工程之日与在发包人拖延验收的上述四种情形中推定的竣工日期相比，应以较早的日期推定为工程竣工日期。

4. 未经竣工验收或者验收不合格发包人擅自使用工程的法律后果：竣工日期的推定和工程质量的认定

《建设工程施工合同司法解释（一）》第九条第三项规定，建设工程未经竣工验收，发包人擅自使用的，以转移占有建设工程之日为竣工日期。该项规定亦可类推适用于工程验收不合格时发包人擅自使用工程的情形。

在实务中,“转移占有日期”的确定有时存在以下困难:

第一,发包人分批擅自使用工程,如何认定工程转移占有时间。

典型的实务场景是,商品房住宅的部分业主在竣工验收之前,未经承包人同意,陆续先行领取所购房屋的钥匙进行室内装修。从理论上讲,应当以不同业主擅自占有各套住宅的时间作为各该套住宅的竣工日期,但是单项工程的竣工日期只能有一个。如果简单地以某一栋住宅的第一个业主或最后一个业主擅自占有房屋的日期作为该栋住宅的竣工日期,均缺乏说服力。一般而言,单个业主占有个别房屋,实际上排除了承包人自主进入该房屋整改工程质量的机会,笔者认为可推定该套房屋已经通过竣工验收程序中的单套房屋查验,发包人或者其授权同意的其他人(住宅房屋业主)提前擅自占有的套数达到房屋建筑竣工验收规范规定的抽查套数时的日期,可以推定为该栋单项住宅工程的竣工日期。此外,如果擅自占有房屋的业主或者发包人未占有公共部位(相当于建筑物区分所有权中住宅楼内除业主专有部分的共有部分),仅占有其房屋套内部分(相当于建筑物区分所有权中的业主专有部分)的,承包人仍应对公共部位的施工缺陷进行整改,并提供公共部位的质量查验合格文件。对于推行新建住宅工程的“一户一验”措施的省、自治区、直辖市,部分套数的房屋被业主擅自占有的,其余未脱离承包人占有的房屋以及整栋住宅楼的公共部位仍应按房屋验收标准进行验收。

第二,发包人对未经验收的建设工程的临时、短暂使用之日是否视为竣工日期。

典型的实务场景是,发包人临时使用未经验收的工程举办临时活动数日,活动期间禁止施工人员进入。活动结束后,将工程交承包人继续占有和施工。如果机械地适用《建设工程施工合同司法解释(一)》第九条第三项的规定,可能失之公平。笔者认为,宜结合发包人临时占有使用工程的方式、强度和时间长度以及工程的性质综合判断。例如,发包人临时使用地下停车场,作为临时活动的小轿车停车,时间较短,且未发生可能损害结构安全或者设施质量的事件的,依一般常理,难以认定临时占有未竣工车库的短时停车行为对车库的质量产生实质性不利影响,不宜认定发包人临时占用车库之日为车库竣工之日,但是,承包人应有权相应顺延工期。

对于未经竣工验收或者验收不合格发包人擅自使用工程的质量认定,请读者参见本条【条文适用】“二、重大争议:未经验收提前使用的建设工程质量及其责任如何认定”。

六、工程价款支付

(一)工程价款支付约定的一般情形

《建设工程施工合同(示范文本)》(GF－2017－0201)建议的工程价款支付的一般情形为:合同开始履行初期支付合同价款一定比例的预付款,随着工程的推进,定期(一般是逐月)支付进度款,竣工验收合格后一定期限内,承包人提交竣工结算报告,约定的期限内发包人审核竣工结算文件,双方确认结算价款,发包人扣留工程质量保证金(工程保修金)后付结算余款,工程缺陷责任期期内和(或)期间届满后结算工程质量保证金后,发包人退还质保金余额。

本条针对工程竣工验收合格后的价款支付,工程施工开始前的预付款与工程施工过程中的进度款支付,不能适用本条规定。工程竣工验收合格后的价款支付,主要指下列付款:一是合同约定的以竣工验收合格为标志的最后一笔进度款;二是工程竣工结算价款。如前文所述,发包人支付竣工结算价款,通常附有下列付款条件:承包人首先提交竣工结算报告,随后发包人审核。施工合同纠纷案件中最为常见的纠纷即产生于该阶段的上述付款条件。纠纷主要表现为:承包人提交的工程竣工结算申请报告,发包人迟延审核;发包人提出承包人结算资料的缺陷,要求承包人补充提供其主张的工程结算价款支持文件;双方就最终结算价款难以达成一致。

(二)工程价款支付约定的特殊情形之一:迟延付款(与承包人完成相应工程量的时间或者约定的付款时间相比)

在实务中,由于大部分情形下发包人处于事实上的缔约优势地位,建设工程施工合同的价款支付条款,往往较少有关于发包人预付款的约定,较多约定承包人先完成部分甚至全部施工工程量,发包人再随后部分付款。迟延付款的形式有多种,有的约定拉长进度款支付时间间隔,以承包人实际完成较高比例的工程量作为首期进度款支付时间节点,例如约定在达到某一施工形象进度节点(如室内地面设计标高±0.00、主体结构封顶、隧道结构贯通、桥面合龙主体结构贯通)时支付首期进度款;有的约定在工程竣工验收后支付首期工程款,实际上已经取消了进度款支付;更有甚者,通过所谓BT合同形式,约定工程竣工交付使用后数年内逐步支付工程款。无进度款的迟延支付条款的本质类似项目融资条款,在缺少项目抵押或者工程款支付的其他可靠担保时,承包人实现工程款债权的风险较高。

（三）工程价款支付约定的特殊情形之二：发包人无须支付工程价款

近年来，我国大规模推行的政府与社会资本合作PPP模式中，发包人有可能通过特别的融资安排，以项目建成后承包人参与运营项目获得的收益作为承包人建设项目工程的全部或者部分对价。因此，施工合同中可能不存在发包人向承包人支付工程价款的条款。以PPP模式中运用最为广泛的BOT形式为例，政府部门就某个基础设施项目与私人企业（项目公司）签订特许权协议，授权签约方的私人企业来承担该项目的投资、融资、建设和维护，在协议规定的特许期限内，许可其融资建设和经营特定的公用基础设施，并准许其通过向用户收取费用或出售产品以清偿贷款，回收投资并赚取利润；特许期满后，私人企业将该基础设施无偿或有偿移交给政府部门。在施工企业作为社会资本参与的PPP模式中，施工企业既是项目投资人（有时是唯一的投资人，有时是与政府公共部门或者代表政府公共部门的国有企业共同作为项目投资人，有时是与其他社会资本方共同作为项目投资人），又是施工承包人，因此，PPP模式下以项目公司为发包人与施工企业作为承包人订立的施工合同，尽管为了母公司（施工企业）与子公司（项目公司）之间财务结算的需要，一般有工程价款金额条款，但是可能并无工程价款实际支付条款，特别是当施工企业是项目唯一投资人时，项目公司与其唯一股东施工企业之间的施工合同，通常不约定工程价款实际支付条款。

（四）工程价款支付约定的特殊情形之三：以房抵债或者以物抵债

在某些情况下，发包人与承包人可以约定通过以房抵债或者以物抵债的方式抵充支付工程价款。由于以物抵债方式本身的复杂性，特别是当抵债物是不动产时，施工合同中的价款支付条款将变得复杂，有时需要另行签订单独的以物（房）抵债协议。

根据协议或条款的具体内容、订立时间等的不同，以物抵债协议或条款的法律性质也可能不同。

其一，在工程价款支付条件成就之前订立的以物抵债协议或者施工合同中的以物抵债条款，更多体现为工程价款支付担保的本质特征。其中，如果约定在工程价款主债权清算之前，或者工程价款主债权无须清算，直接将抵债物的所有权转移给承包人，发包人于工程款债务清偿后，抵债物所有权应返还给原所有权人，发包人工程款债务不履行时，承包人可就该抵债物受偿的，构成让与担保。目前主流的法学和裁判观点[①]认为，未经主债权清算的让与担保条款，近似于现行法律禁止的流质或者流押条款，应为无效。

其二，约定在工程价款主债权清算并届期之后，发包人以将抵债物的所有权转移给承包人代替支付工程价款的，构成代物清偿。传统民法理论认为，代物清偿为实践性合同，须债权人受领后方成立生效。只存在旧债，不成立新债，代物清偿仍是原债的履行方式，在实际履行给付后才消灭旧债。新的裁判观点认为，合同以诺成性为一般形态，以实践性为特殊形态，实践性合同应基于法律的特别规定而确立，代物清偿协议属于法律未特别规定的诺成性合同。

其三，当协议或条款对以物抵债和工程价款的新旧债关系与存废替代约定不明时，一般推定为新旧债并存的诺成性协议，新债的履行导致旧债的消灭。新旧债并存时，对于履行新债或者旧债的选择权归属债权人（承包人）还是债务人（发包人），曾经成为纠纷案件中的争议焦点。但是，根据最高人民法院 2019 年 11 月印发的《九民会议纪要》第四十五条[②]的规定，当事人在债务履行期届满前达成以物抵债协议，抵债物尚未交付债权人，债权人请求债务人交付的，人民法院不予支持，即表明最高人民法院已经明确：新旧债并存时，履行新债或者旧债的选择权归属于债务人（发包人）。

其四，如果发包人与承包人达成合意，将原工程价款支付的债权债务关系转化成了新的抵债物买卖合同关系，则履行以物抵债协议或条款构成债务更新。

---

① 《九民会议纪要》第七十一条规定："【让与担保】债务人或者第三人与债权人订立合同，约定将财产形式上转让至债权人名下，债务人到期清偿债务，债权人将该财产返还给债务人或第三人，债务人到期没有清偿债务，债权人可以对财产拍卖、变卖、折价偿还债权的，人民法院应当认定合同有效。合同如果约定债务人到期没有清偿债务，财产归债权人所有的，人民法院应当认定该部分约定无效，但不影响合同其他部分的效力。当事人根据上述合同约定，已经完成财产权利变动的公示方式转让至债权人名下，债务人到期没有清偿债务，债权人请求确认财产归其所有的，人民法院不予支持，但债权人请求参照法律关于担保物权的规定对财产拍卖、变卖、折价优先偿还其债权的，人民法院依法予以支持。债务人因到期没有清偿债务，请求对该财产拍卖、变卖、折价偿还所欠债权人合同项下债务的，人民法院亦应依法予以支持。"

② 《九民会议纪要》第四十五条规定："【履行期届满前达成的以物抵债协议】当事人在债务履行期届满前达成以物抵债协议，抵债物尚未交付债权人，债权人请求债务人交付的，因此种情况不同于本纪要第 71 条规定的让与担保，人民法院应当向其释明，其应当根据原债权债务关系提起诉讼。经释明后当事人仍拒绝变更诉讼请求的，应当驳回其诉讼请求，但不影响其根据原债权债务关系另行提起诉讼。"

(五)工程价款支付约定的特殊情形之四:约定无效

1. 施工合同整体无效导致合同价款支付条款无效

导致工程施工合同整体无效的情形主要有:

第一,属于《招标投标法》规定的六种中标无效情形时,招标人与中标人订立的合同。

第二,经招投标程序订立的合同,实际履行的施工合同中的工程范围、建设工期、工程质量、工程价款等实质性内容与中标合同不一致的,前者无效,但是前者如属于依法非必须招标的建设工程,系招标人与中标人因客观情况发生了在招标投标时难以预见的变化而另行订立的除外。

第三,建设工程依法必须进行招标而未招标订立的施工合同。

第四,承包人未具有相应施工企业资质或者超越资质等级订立的施工合同。

第五,没有资质的实际施工人借用有资质的工程施工企业名义订立的施工合同。

第六,旨在支解发包、违法分包或非法转包订立的施工合同。

第七,工程建设未依法取得建设用地或者建设工程规划许可文件的,施工合同无效。

关于施工合同效力问题的进一步讨论,请读者参阅本书对于《民法典》第七百九十一条(建设工程承包方式)的介绍。

在合同整体无效情形下,《民法典》第七百九十三条规定了已完工程质量验收合格时可参照合同有关工程价款约定的折价补偿规则,以及工程质量经整改后验收不合格时不能参照合同有关工程价款约定折价补偿的规则。① 相关内容详见本书有关《民法典》第七百九十三条的【条文释评】。

2. 施工合同整体有效而部分条款无效时的工程价款结算处理

《八民会议纪要》第三十条规定:"要依法维护通过招投标所签订的中标合同的法律效力。当事人违反工程建设强制性标准,任意压缩合理工期、降低工程质量标准的约定,应认定无效。对于约定无效后的工程价款结算,应依据建设工程施工合

① 《民法典》第七百九十三条规定:"建设工程施工合同无效,但是建设工程经验收合格的,可以参照合同关于工程价款的约定折价补偿承包人。建设工程施工合同无效,且建设工程经验收不合格的,按照以下情形处理:(一)修复后的建设工程经验收合格的,发包人可以请求承包人承担修复费用;(二)修复后的建设工程经验收不合格的,承包人不能请求参照合同关于工程价款的约定补偿。发包人对因建设工程不合格造成的损失有过错的,应当承担相应的责任。"

同司法解释的相关规定处理。”《八民会议纪要》出台时,《民法典》尚未立法通过,而其中所谓“建设工程施工合同司法解释的相关规定”,即指《施工合同司法解释一》第二条、第三条。如前文所述,该两条司法解释与《民法典》第七百九十三条和第八百零六条第三款在工程验收符合法定质量标准但是不符合约定质量要求时的工程价款(合同有效时)或者折价补偿款(合同无效时)的认定上存在出入:前者规定不支持承包人请求支付工程价款或者折价补偿款,即承包人不能获得任何工程补偿价款;而后者仅规定承包人不能依照和参照合同约定结算工程价款或者折价补偿款,但不排除承包人可主张减价补偿。因此,随着《民法典》的施行和《施工合同司法解释一》被废止,《八民会议纪要》第三十条亦应不再适用。

笔者认为,如果合同仅存在违反工程建设强制性标准,任意压缩合理工期、降低工程质量标准的约定,而不存在合同整体无效情形时,应认定合同部分无效,即相应的上述约定条款无效。但是,受《八民会议纪要》第三十条的影响,在纠纷裁处中,有观点认为,《民法典》第七百九十三条,虽然是针对施工合同整体无效如何处理已完工程折价补偿的规定,但是它们可类推适用于合同部分无效情形的处理。笔者认为上述观点并不妥当,原因在于,施工合同的无效条款通常为合同工期、质量和(或)价格条款,合同整体有效而部分条款无效,相当于有效施工合同中缺少关于工期、质量和(或)价款的有效约定,应当适用专门针对合同部分条款没有约定进行法律填补的《民法典》第五百一十条的规定;其中适用第五百一十条仍不能确定工程质量和(或)价格条款内容的,可以参照适用《民法典》第五百一十一条的规定;但是由于施工安排的复杂性,施工准备和实施工作不仅涉及承包人工作,还涉及发包人工作,甚至受合同当事人以外的其他因素制约(如异常地质情况、异常天气、出入施工场地的交通),因此,承包人必要的准备时间的长短不只取决于承包人自身的行为。实际应约束合同双方当事人的工期条款内容的确定,难以直接参照《民法典》第五百一十一条第四项的规定,即债权人(发包人)有权随时要求履行,并给予承包人必要的准备时间。

(1)工期、质量条款无效对合同价格结算的影响及其处理

就通常的施工合同而言,虽然其中的工期条款、质量条款从表面上看与价格条款无关,但是事实上承包人在合同报价和签约确定合同价款时,均默认或者隐含地考虑了工期的长短、质量要求的高低对合同价格的影响。当进行工期条款、质量条款无效认定和处理时,如果经依法确定的承包人履行合同应当遵行的工期长度、质量要求不同于相应无效条款的约定,将可能导致合同约定的工程价格条款不再反

映双方当事人的真实合意。如果当事人能够举证证明,根据合同中约定的计价条款,价款结算与合同工期、合同质量要求有足以量化的关系,则应当以依法确认的合同有效工期、质量要求为计价依据,调整确定工程实际应结算价格。

关于工期条款和质量条款效力争议及如何认定合同实际有效工期、实际质量要求的内容,读者可参阅本书《民法典》第七百九十五条的【条文适用】"二、工期条款争议与处理举要"和"三、工程质量条款争议与处理举要"。

(2)合同约定的价格结算条款无效的处理

合同整体有效而价格条款无效相当于有效施工合同中缺少关于价款的有效约定,此时,应直接适用《民法典》第五百一十条的规定,适用第五百一十条后仍不能确定的,可以部分参照适用第五百一十一条第二项。所谓"部分参照",是指可参照适用《民法典》第五百一十条第二项的后半句——(价款或者报酬不明确的,)依法应当执行政府定价或者政府指导价的,依照规定履行;但是对其前半句——价款或者报酬不明确的,按照订立合同时履行地的市场价格履行——则不宜径行参照适用,而应根据交易习惯进行修正。具体而言,由于大中型项目施工合同工期通常长达一年甚至数年,考虑到施工所需主要材料等在约定工期内的价格波动,建设工程施工合同在约定价格基准方面通常的交易习惯是:在约定的施工工期内,通过对施工计划进度确定的某一施工时段(通常为施工当月)的市场价格与在合同约定的基准日期[①](承包人合同报价的基准时点)的合同价格进行比较,将价格偏差风险在发包人与承包人之间进行分配。因此,以订立合同时的履行地市场价格为结算价格,既与行业交易习惯中的基准日期不一致,也与价格偏差市场风险由当事人各方合理分担的行业交易习惯不符,更与优先于《民法典》第五百一十一条适用的第五百一十条中的"按照合同相关条款或者交易习惯确定"的规定不符。如果机械适用订立合同时的工程所在地市场价格,当施工周期较长,特别是因发包人原因导致工期延误较长时间,而建筑材料、人工等施工成本的市场价格大幅上涨时,对于承包人极不公平。对于施工合同价格条款无效后合同价格的认定处理,笔者建议,适用《民法典》第五百一十条,如合同当事人不能达成补充协议,可以推定《建设工程施工合同(示范文本)》(GF-2017-0201)中的通用合同条款作为交易习惯(施工合同当事人之间另有其他特别交易习惯的,从其特别交易习惯),以该示范文本通用

---

① 《建设工程施工合同(示范文本)》(GF-2017-0201)和最近的两个 FIDIC 合同文本版本有关合同基准日期的规定相同,即招标发包的工程以投标截止日前 28 天的日期为基准日期,直接发包的工程以合同签订日前 28 天的日期为基准日期。

条款中定义的基准日期(招标发包的工程以投标截止日前28天的日期为基准日期,直接发包的工程以合同签订日前28天的日期为基准日期)为认定合同价格的基准时点,该基准时点的工程所在地市场价格确定为当事人应受约束的合同价格。合同实际履行时的价格调整则应参照无效价格条款中的价格风险分配条款(如有)或者参照《建设工程施工合同(示范文本)》(GF-2017-0201)通用合同条款中的有关合同价格调整的条款,并考虑工程所在地适用的行政规章、政策、行业管理部门或者行业建设工程价格指导部门(如各地各行业建设工程定额站、工程造价管理站等)的工程价格调整指导意见后,予以合理确定。

(六)工程价款支付约定的特殊情形之五:约定不符合《保障农民工工资支付条例》的规定

2020年5月1日起施行的《保障农民工工资支付条例》,首次以行政法规的形式直接就为用人单位提供自身劳务的农民工劳动报酬权的保障作出明确具体的规定,特别是针对农民工用工量巨大且实际合同关系较为复杂的建设工程领域农民工工资的支付保障进行了特别规定。其中,与施工合同中工程价款支付直接相关的主要条款包括:第二十四条、第二十八条和第二十九条。由于在施工合同中,建筑农民工工资通常包含在工程价款的人工费中,以下就施工合同中工程价款支付约定不符合《保障农民工工资支付条例》上述三个条文规定时的纠纷处理进行讨论。①

1. 人工费支付周期的处理

根据《保障农民工工资支付条例》第二十四条第二款的规定,建设单位与施工总承包单位依法订立书面工程施工合同,应当约定工程款计量周期、工程款进度结算办法以及人工费用拨付周期,并按照保障农民工工资按时足额支付的要求约定人工费用。人工费用拨付周期不得超过1个月。因此,建设单位作为发包人与承包人订立的施工合同未约定人工费支付周期的,人工费支付周期应被推定为1个月;约定的人工费支付周期超过1个月的,是否应被法院或者仲裁庭认定为因违反行政法规的强制性规定而无效?笔者认为,上述条例之所以对人工费支付周期作出不得超过1个月的规定,其本意在于保障承包人可以按月从发包人处获得足够的专项人工费,进而保障承包人能够按月向农民工发放工资。虽然施工合同约定的人工费支付周期超过了条例规定的1个月的期限,但是承包人实际能够以自有资金或者

① 参见曹文衔:《〈保障农民工工资支付条例〉对施工合同纠纷案件处理的影响》,载微信公众号"天同诉讼圈"2020年2月13日[建工衔评]栏目。

其他资金按约足额向农民工发放工资，则此种约定并不损害农民工及时获得劳动报酬的权益，也不损害他人利益或者公共利益，认定其无效实无必要。因此，人工费支付周期不得超过 1 个月的规定，不宜认定属于效力性强制性规定。同时，鉴于《建设工程施工合同司法解释（一）》第四十二条①的规定，笔者认为，首先，建设工程价款作为私权，人工费支付周期作为该私权的具体内容的一部分，原则上应当允许当事人依法自由处分；其次，根据《民法典》第一百四十三条的规定，基于私权的处分而为的民事法律行为，不得违反公序良俗。以损害农民工生存权的方式进行私权处分，违背公序良俗，法律不能认可其有效性。因而，人工费支付周期超过 1 个月的约定，一般应认定有效，但是当其损害农民工按时获得工资报酬的合法权益时，可以否定其有效性。

2. 施工合同未就人工费金额作出约定时的处理

施工合同未就人工费金额作出约定或者约定不明的，对于经招投标而中标的合同，承包人可提供投标文件中构成中标合同价格的组价文件，完成合同价格中包含的人工费数额的举证；对于非经招投标程序订立的施工合同，如果订约前，承包人未向发包人提出过相应于合同工程价款的报价构成文件，则其在案件审理程序中应主动申请人工费鉴定，以完成举证。此外，承包人也可就其通过农民工工资专用账户已支付的农民工工资数额，结合经工程监理人或者发包人代表确认的承包人在施工过程中的用工数量、用工实名登记文件、承包人与农民工订立的劳动合同等，提供人工费单价等证据。此外，由于《保障农民工工资支付条例》第二十八条第一款规定，施工承包人（无论总包人还是分包人）应当依法与所招用的农民工订立劳动合同并进行用工实名登记；未与施工总承包单位或者分包单位订立劳动合同并进行用工实名登记的人员，不得进入项目现场施工，因此，承包人如不能提供有关农民工的劳动合同和实名登记文件，或者未通过农民工工资专用账户支付工资，承包人的上述证据有可能不被采信。

3. 人工费中农民工工资的支付可先行裁决

根据《民事诉讼法》第一百五十三条的规定，人民法院审理案件，其中一部分事实已经清楚，可以就该部分先行判决。《仲裁法》第五十五条亦规定，仲裁庭仲裁纠纷时，其中一部分事实已经清楚，可以就该部分先行裁决。根据《保障农民工工资

---

① 《建设工程施工合同司法解释（一）》第四十二条规定："发包人与承包人约定放弃或者限制建设工程价款优先受偿权，损害建筑工人利益，发包人根据该约定主张承包人不享有建设工程价款优先受偿权的，人民法院不予支持。"

支付条例》第二十九条的规定，建设单位应当按照合同约定及时拨付工程款，并将人工费用及时足额拨付至农民工工资专用账户。因建设单位未按照合同约定及时拨付工程款，导致农民工工资拖欠的，建设单位应当以未结清的工程款为限先行垫付被拖欠的农民工工资。《保障农民工工资支付条例》第五十二条又规定，单位或者个人不得借拖欠农民工工资为名讨要工程款。由于工程款纠纷案件往往审理周期较长，为及时保障农民工权益，在案件审理过程中，如果发包人应继续向承包人支付的工程价款总额虽然尚未经审理确定，但是能够认定发包人应向承包人支付的工程价款大于或者等于经查明的承包人因此拖欠的农民工工资数额，则法院或者仲裁庭应尽可能先行判决或裁决发包人向承包人支付该部分农民工工资。为了使民事判决或仲裁裁决与行政法规的规定相协调，法院或者仲裁庭宜依据《保障农民工工资支付条例》第二十九条的规定，直接判决或者裁决发包人向承包人依法开立并接受行政监督的农民工工资专用账户支付，以确保专款专用；承包人要求向其他账户支付的，可以不予支持。此外，有必要指出，《保障农民工工资支付条例》第二十九条中发包人（建设单位）应当“将人工费用及时足额拨付至农民工工资专用账户”中的“人工费”，应当限缩理解为人工费中的农民工工资部分，因为施工合同中约定的承包人的人工费通常大于承包人实际应支付的农民工工资。换言之，农民工工资仅是人工费的一部分，人工费还包括除农民工以外的承包人其他施工人员工资。

七、合同效力对本条适用的影响

工程完工进入验收阶段后，如果施工合同被认定无效，则竣工验收条件、程序的法定要求与合同有效时的法定要求相比，并无差异。但是，如果合同中对于验收条件和程序有超过法定要求的特别约定，由于合同无效，这些特别约定将归于无效。也就是说，无效施工合同项下的工程竣工验收，当事人仅须遵行法定的验收条件和程序。有关法定验收条件与程序的详细论述，读者可参见本条【条文释评】“二、竣工验收的条件与程序”的内容。

无效施工合同项下应当适用的竣工验收依据、规范和标准仍应当采用国家规定的验收依据、规范和标准，只不过高于国家规定的约定内容，因合同无效而无效，当事人可以不受此等约定要求的约束。但是，如果合同价款与此类超过国家规定的约定内容相关联，在理论上，就验收合格工程计算对承包人的折价补偿款时，应根据工程实际质量是否达到约定内容的质量要求，对折价补偿款进行调整：达到约定的更高质量要求的,可以参照合同关于工程价款的约定计算折价补偿款;达不到约定要求,而仅达到法定质量标准的,应扣除因约定较高质量要求与法定质量标准之差异而对应的工程价款。对于某些特殊目的的工程,如果国家尚未制定相关质量验收依据、规范或标准,或者国家相关验收依据、规范、标准不能满足合同的特殊目的,则合同约定的质量验收依据和要求将成为唯一的验收依据。此时,只能参照约定的质量验收依据和要求对工程进行验收,以判别工程是否合格,进而计算无效合同承包人就完成的工程可能获得的折价补偿金额。

有关合同无效时承包人就已完工程如何获得折价补偿,读者可参见本书《民法典》第七百九十三条【条文释评】和【条文适用】的相关内容。

八、与本条相关联的《民法典》合同编其他条款的适用

就工程施工合同标的物的质量检查、检验、验收而言,《民法典》合同编建设工程合同章共涉及三个条文,即第七百九十七条、第七百九十八条和第七百九十九条,分别涉及施工阶段工程形成过程中的质量检查、隐蔽工程质量检查和工程竣工验收。根据《民法典》第八百零八条[①]的规定,《民法典》合同编建设工程合同章未规定的,适用承揽合同章的相关规定。如果相关问题在承揽合同章仍没有规定的,则根据《民法典》第六百四十六条[②]的规定,应参照适用买卖合同章的有关规定。

(一)本条与《民法典》合同编建设工程合同章其他相关条文的适用关系

本条与《民法典》第七百九十七条、第七百九十八条的关系讨论,请读者参见本书《民法典》第七百九十七条、第七百九十八条【条文适用】的相应内容。

(二)本条与《民法典》合同编承揽合同章相关条文的适用关系

《民法典》合同编建设工程合同章没有规定,而承揽合同章中已经规定的有关定作人检验标的物和支付价款的条文有两个,即第七百八十条[③](其中第一句内容

---

① 《民法典》第八百零八条规定:"本章(指建设工程合同章,作者注)没有规定的,适用承揽合同的有关规定。"

② 《民法典》第六百四十六条规定:"法律对其他有偿合同有规定的,依照其规定;没有规定的,参照适用买卖合同的有关规定。"

③ 《民法典》第七百八十条规定:"承揽人完成工作的,应当向定作人交付工作成果,并提交必要的技术资料和有关质量证明。定作人应当验收该工作成果。"

在建设工程合同章中没有规定)和第七百八十二条①。这两个条文应被适用于建设工程合同,作为本条内容的补充。

1. 本条与《民法典》第七百八十条的适用关系

本条第一款仅规定发包人及时验收工程、工程验收合格后按约付款和接收工程的义务,未规定在竣工验收阶段承包人的义务,而《民法典》第七百八十条第一句填补了这一空缺。因此,第七百八十条可以作为本条的补充,两条文共同构成合同双方当事人在工程竣工验收阶段中各自法定义务的完整规定。根据第七百八十条第一句前半句的规定,承揽人完成工作的,应当向定作人交付工作成果。前文已述及(读者可参见本条【条文释评】“六、工程接收与交付使用”),基于施工合同标的物为不动产与一般作为动产或者无形物的普通承揽合同标的物性质上的不同,工程竣工后的交付可以不作为施工承包人的法定义务,且不会影响发包人合同目的的实现。根据第七百八十条第一句后半句的规定,在发包人及时履行验收义务之前或者同时,承包人应当向发包人提交竣工验收所必要的技术资料和有关质量证明。根据建设工程施工的特点、工程竣工验收规范和工作惯例,所谓“必要的技术资料”一般包括验收申请文件、竣工图纸、验收前已经发现的施工缺陷整改文件、合同以及施工图纸中未能包含的发包人要求或同意实施工程变更的技术文件,以及工程变更的实施文件等;所谓“质量证明”一般包括:工程施工过程中应当进行的对所有分部分项工程、检验批、主要工程材料、设备和构配件以及隐蔽工程的质量的检查、检验、试验报告等技术文件(包括承包人自检和发包人或监理人的检查文件)。有关工程竣工验收的条件与程序、验收依据、规范和标准的更详细讨论,读者可参见本条【条文释评】“二、竣工验收的条件与程序”“三、竣工验收依据、规范和标准”。在实务中,《民法典》第七百八十条可以作为处理工程实体质量验收已经完成但是承包人拒绝交付竣工资料纠纷的依据,即承包人在提请发包人组织验收的同时,向发包人交付工程竣工技术资料和有关质量检验证明是建设工程施工合同承包人的法定义务。而该法定义务具有他人难以替代履行,且对发包人实现合同目的具有重大影响(承包人拒绝履行该义务,将导致发包人无法完成竣工备案,难以合法使用工程,难以进行物权登记等严重后果)的特点。因此,在纠纷裁处中,可通过支持发包人就工程价款支付的后履行抗辩权的方式,促使承包人主动履行上述义务。在纠纷处理实务

① 《民法典》第七百八十二条规定:“定作人应当按照约定的期限支付报酬。对支付报酬的期限没有约定或者约定不明确,依据本法第五百一十条的规定仍不能确定的,定作人应当在承揽人交付工作成果时支付;工作成果部分交付的,定作人应当相应支付。”

中普遍存在的重工程实体质量验收结果、重发包人支付工程价款,轻工程竣工技术资料对发包人合同目的实现影响的问题,有失偏颇应予矫正。

2. 本条与《民法典》第七百八十二条的适用关系

就价款支付而言,本条第一款第二句前半句(验收合格的,发包人应当按照约定支付价款)与第七百八十二条第一句相比,有下列差异:前者强调发包人按约付款的前置条件为工程质量经竣工验收合格,而后者未强调该付款前置条件。前者属于施工合同的特别规定,应当优先适用。第七百八十二条第二句涉及的内容在《民法典》合同编建设工程合同章中没有规定,应适用于施工合同,并且在确定发包人应支付价款的期限时,仍应附加工程质量经竣工验收合格的前置条件。《建设工程施工合同司法解释(一)》第二十七条第一项①的规定,即适用《民法典》第七百八十二条第二句后半句的结果。但是,由于施工合同履行过程以及工程结算远较一般承揽合同复杂且技术性强,大多数情况下在工程竣工验收的同时难以确定工程最终结算价款,因而要求"定作人应当在承揽人交付工作成果时支付"价款并不符合施工合同交易习惯。因此,笔者认为,当施工合同就合同价款支付期限没有约定或者约定不明时,在具体案件纠纷裁处时,即便工程经竣工验收合格,亦应当考虑《民法典》第五百一十条中的"交易习惯",给予双方适当的结算期限。特别是,在工程已实际交付但是承包人未提交竣工结算文件的情形下,发包人即使愿意尽早支付工程结算款,也难以单方面确定结算价款的具体金额。为此,笔者建议《建设工程施工合同司法解释(一)》第二十七条修改为:"利息从应付工程价款期限届满日的次日计付。当事人对付款时间没有约定或者约定不明,已完成的建设工程经质量检验合格或者竣工验收合格的,下列时间视为应付款期限届满之日:(一)承包人提交工程结算申请文件之日后的第二十八天;(二)承包人未提交工程结算申请文件的,以当事人就结算工程价款起诉之日视为承包人提交工程结算申请文件之日。"上述建议的理由是:第一,《建设工程施工合同(示范文本)》(GF-2017-0201)通用合同条款可以作为交易习惯,其中第14.2款(竣工结算审核)明确,发包人在收到承包人提交竣工结算申请书后28天内未完成审批且未提出异议的,视为发包人认可承包人提交的竣工结算申请单,并自发包人收到承包人提交的竣工结

① 《建设工程施工合同司法解释(一)》第二十七条规定:"利息从应付工程价款之日计付。当事人对付款时间没有约定或者约定不明的,下列时间视为应付款时间:(一)建设工程已实际交付的,为交付之日;(二)建设工程没有交付的,为提交竣工结算文件之日;(三)建设工程未交付,工程价款也未结算的,为当事人起诉之日。"

算申请单后第 29 天起视为已签发竣工付款证书。第二，就工程价款结算争议提起诉讼之前，承包人仍未向发包人提交工程结算申请文件的，如果原告为承包人，其在诉讼请求中明确了工程结算要求，起诉日视为承包人以诉讼方式向发包人提出工程结算申请文件日；如果原告是发包人（通常发生在发包人认为已经超付工程款的情形下），则其起诉时，在诉讼请求中明确的工程价款结算的具体金额要求，可以视为发包人向承包人发出的要求确认工程结算价款的文件，该文件相当于正常结算时发包人对承包人提交结算申请文件的审核回复文件，基于公平对等原则，承包人亦应在 28 天内予以回应。

（三）本条与《民法典》合同编买卖合同章相关条文的适用关系

《民法典》合同编买卖合同章中有关买受人检验标的物的检验期限有四个条文，即《民法典》第六百二十条至第六百二十三条。由于在建设工程合同章和承揽合同章均没有规定该内容，根据《民法典》第六百四十六条的规定，它们应被参照适用于建设工程合同。

1. 本条与《民法典》第六百二十条（买受人检验标的物）的适用关系

建设工程合同中的承包人向发包人提请验收竣工工程后，发包人组织竣工验收的期限，类似于买卖合同中的买受人收到标的物后对标的物的检验期限，因此参照《民法典》第六百二十条[①]的规定，发包人应当在约定的验收期限内完成验收。没有约定验收期限的，应当及时验收。验收是否"及时"，应当考虑具体合同的工程特点、规模和验收程序的法定要求，并结合交易习惯加以综合判断。笔者认为，在当事人之间没有特定交易习惯，又无其他依据确定该时限的情形下，《建设工程施工合同（示范文本）》（GF－2017－0201）通用合同条款第 13.2.2 项中规定的发包人（或监理人）收到承包人提交的竣工验收申请报告后的第 42 天可以作为发包人组织并完成竣工验收的最后合理期限。在该合理期限之内发包人组织完成工程竣工验收的，可认定发包人"及时"完成了验收。因此，《民法典》第六百二十条可以被参照作为本条关于验收期限的补充法律依据加以适用。《建设工程施工合同司法解释（一）》第九条第二项[②]并不符合上述交易习惯，剥夺了发包人应合理享有的竣工验

---

① 《民法典》第六百二十条规定："买受人收到标的物时应当在约定的检验期限内检验。没有约定检验期限的，应当及时检验。"

② 《建设工程施工合同司法解释（一）》第九条第二项规定："当事人对建设工程实际竣工日期有争议的，按照以下情形分别处理：（二）承包人已经提交竣工验收报告，发包人拖延验收的，以承包人提交验收报告之日为竣工日期；"

收期限利益,有失偏颇。有关《建设工程施工合同司法解释(一)》第九条的更进一步讨论,读者可参见本条【条文适用】“五、竣工验收的及时性”之“(二)发包人未及时组织竣工验收及其法律后果”中的“2. 发包人拖延验收的法律后果之一:竣工日期的推定”和“4. 未经竣工验收或者验收不合格发包人擅自使用工程的法律后果:竣工日期的推定和工程质量的认定”。

2. 本条与《民法典》第六百二十一条(买受人检验结果瑕疵的通知)的适用关系

《民法典》第六百二十一条共三款①,分别规定不同情形下买受人对合同标的物检验结果瑕疵时的通知义务。第一款规定了在约定检验期限的情形下,买受人怠于通知的,视为标的物的数量或者质量符合约定;第二款规定了检验期限约定不明的情形下,买受人在合理期限内或者自收到标的物之日起二年内未通知出卖人的,视为标的物的数量或者质量符合约定,但是,另有法定或者约定保质期的,依保质期的规定,而不适用上述二年期限;第三款规定了前两款的例外情形,即无论有无检验期限的约定,出卖人故意或者过失提供不符合约定的标的物的,不受前两款规定的买受人对标的物瑕疵的通知期限的约束。

适用本条时,如果发包人就承包人申请验收的竣工工程在质量方面存在异议,而施工合同本身未就该异议的处理作出特别约定的,由于《民法典》合同编建设工程合同章和承揽合同章对此没有规定,应当参照《民法典》第六百二十一条的规定。其中:

参照适用《民法典》第六百二十一条第一款时,应当注意,发包人在约定验收期限内怠于向承包人通知工程质量瑕疵的,仅视为工程质量验收符合约定,这意味着:第一,发包人失去追究承包人工程质量竣工验收不合格的违约责任的权利,但是承包人在其后的工程保修期内对于工程质量仍然应承担保修责任;第二,如果工程质量实际并不符合法定质量标准,承包人仍应就此依法(而非依约)承担工程质量责任,该责任除行政法律责任之外,还包括除违约责任之外的对于发包人和(或)

---

① 《民法典》第六百二十一条规定:“当事人约定检验期限的,买受人应当在检验期限内将标的物的数量或者质量不符合约定的情形通知出卖人。买受人怠于通知的,视为标的物的数量或者质量符合约定。当事人没有约定检验期限的,买受人应当在发现或者应当发现标的物的数量或者质量不符合约定的合理期限内通知出卖人。买受人在合理期限内未通知或者自收到标的物之日起二年内未通知出卖人的,视为标的物的数量或者质量符合约定;但是,对标的物有质量保证期的,适用质量保证期,不适用该二年的规定。出卖人知道或者应当知道提供的标的物不符合约定的,买受人不受前两款规定的通知时间的限制。”

第三人的其他民事责任（法律依据为《民法典》合同编建设工程合同章第八百零二条[①]以及侵权责任编第一千二百五十二条[②]和第一千二百五十三条[③]）。

参照适用《民法典》第六百二十一条第二款时，应当注意，由于此时施工合同未约定工程发包人组织竣工验收的期限，第一，发包人在合理期限（如前文所述，一般建设工程可以42天作为根据交易习惯确定的合理期限）内未通知承包人关于竣工工程验收结果的质量瑕疵的，应视为竣工工程质量符合约定，发包人失去追究承包人工程质量竣工验收不合格的违约责任的权利，但是承包人仍然应承担工程保修义务；第二，由于一般建设工程均设有法定保修期，因此该第二款中“二年”的规定不再参照适用。换言之，参照适用“（买受人）自收到标的物之日起二年内未通知出卖人的，视为标的物的数量或者质量符合约定”时，应当理解为：发包人自工程被视为竣工验收合格之日起在约定或者法定的工程各部位的保修期限内，未就相应部位的工程质量瑕疵通知承包人的，视为工程在保修期内的质量符合约定，发包人失去追究承包人工程质量保修期内违约责任的权利。与前述第一款情形类似，如果工程在实际使用阶段实际并不符合法定质量标准，承包人仍应就此依法（而非依约）承担工程质量责任，该责任除行政法律责任之外，还包括除违约责任之外的对于发包人和（或）第三人的其他民事责任。

参照适用《民法典》第六百二十一条第三款时，应当注意，发包人要摆脱前两款对工程质量验收结果瑕疵的通知期限限制，应当举证证明承包人知道或者应当知道其完成并提交发包人竣工验收的工程质量不符合约定。在实务中，举证下列事实可以有助于合理证明承包人明知或者应知其施工完成的工程质量不合格：第一，承包人以明显不合理的低价采购号称符合质量标准的工程材料、构配件、设施设备。第二，承包人对于某一部位工程的施工工期明显短于该部位施工的合理工期，且不能提供合理解释。第三，承包人伪造建设工程材料、设施设备、配构件等质量合

---

① 《民法典》第八百零二条规定：“因承包人的原因致使建设工程在合理使用期限内造成人身损害和财产损失的，承包人应当承担赔偿责任。”

② 《民法典》第一千二百五十二条规定：“建筑物、构筑物或者其他设施倒塌、塌陷造成他人损害的，由建设单位与施工单位承担连带责任，但是建设单位与施工单位能够证明不存在质量缺陷的除外。建设单位、施工单位赔偿后，有其他责任人的，有权向其他责任人追偿。因所有人、管理人、使用人或者第三人的原因，建筑物、构筑物或者其他设施倒塌、塌陷造成他人损害的，由所有人、管理人、使用人或者第三人承担侵权责任。”

③ 《民法典》第一千二百五十三条规定：“建筑物、构筑物或者其他设施及其搁置物、悬挂物发生脱落、坠落造成他人损害，所有人、管理人或者使用人不能证明自己没有过错的，应当承担侵权责任。所有人、管理人或者使用人赔偿后，有其他责任人的，有权向其他责任人追偿。”

格文件。第四,承包人向发包人(或监理人)提交的有关技术文件中虚报工程量或者施工工序内容,而这些被虚报的工程量或者施工工序足以影响工程质量。例如,承包人虚报工程基础垫层混凝土厚度或者体积、虚报回填土压实工序内容(例如,设计要求及承包人报告的打夯机每层铺土厚度为200～250mm,实际施工每层铺土厚度为400mm)。第五,承包人存在偷工减料、以次充好足以损害工程质量的其他行为。

3. 本条与《民法典》第六百二十二条(买受人检验期限过短)的适用关系

在建设工程施工合同实务中,关于工程竣工验收期限通常存在有明确约定,或者没有约定,或者约定不明的情形,约定验收期限过短的情形较少见。因此,在建设工程施工合同纠纷中,参照适用《民法典》第六百二十二条①第一款的概率极低。偶有约定的工程质量保证期(保修期)短于行政法规《质量管理条例》规定期限的情形。此时,应当参照适用《民法典》第六百二十二条第二款,适用行政法规规定的工程质量保修期。

4. 本条与《民法典》第六百二十三条(未约定买受人检验期间)的适用关系

实务中,一般建设工程特别是大中型建设工程的竣工验收,通常均经过包含一定工程技术方法的竣工验收程序。但是,对于小型建设工程,特别是对于其中明显缺少建设工程知识和工程技术经验的发包人,有可能存在发包人未经工程验收,仅凭生活经验和对工程外观的查看即签署竣工工程交接单,且交接单内容粗疏的情形。此时,有参照适用《民法典》第六百二十三条的空间。《民法典》第六百二十三条②规定,当事人对竣工验收期限未作约定,发包人签收的工程移交确认单等仅载明标的物工程规模概况(如接收承包人完成施工的厂房三间)的,应推定发包人仅对完工工程的数量和外观瑕疵进行了检查,不能当然认定发包人对工程内在质量进行了竣工验收。因此,承包人以发包人已经签认接收竣工工程为由,免除承担工程质量验收不合格的违约责任的抗辩,应当不被支持。此外,参照《民法典》第六百二十三条中但书的规定,即便对于发包人签认的已完工工程数量和外观质量,如有

---

① 《民法典》第六百二十二条规定:"当事人约定的检验期限过短,根据标的物的性质和交易习惯,买受人在检验期限内难以完成全面检验的,该期限仅视为买受人对标的物的外观瑕疵提出异议的期限。约定的检验期限或者质量保证期短于法律、行政法规规定期限的,应当以法律、行政法规规定的期限为准。"

② 《民法典》第六百二十三条规定:"当事人对检验期限未作约定,买受人签收的送货单、确认单等载明标的物数量、型号、规格的,推定买受人已经对数量和外观瑕疵进行检验,但是有相关证据足以推翻的除外。"

相关证据足以推翻发包人签认内容的(例如,实际已完工建筑面积经测绘为1000平方米,发包人签认的已完工建筑面积为1200平方米),对于已完工工程实际数量或者外观质量与签认内容不符，承包人以发包人已签认为由主张免除责任的,亦可不予支持。

九、举证责任

(一)工程竣工具备验收条件的举证责任

如前文所述,根据本条第一款和《民法典》第七百八十条第一句的规定以及工程惯例,工程具备竣工验收条件的,承包人应首先向发包人提交竣工验收申请,同时提供竣工验收必要的、在施工过程中按照施工规范和技术标准进行施工的工程材料、设备、构配件等工程物资的质量检验文件以及工程形成过程中的各分部分项、隐蔽工程等质量检验文件。在实务中,有承包人仅举证其曾经向发包人提交了工程竣工验收申请文件,但是未能提供上述竣工验收所“必要的技术资料和有关质量证明”(《民法典》第七百八十条第一句)。笔者认为,由于缺少“必要的技术资料和有关质量证明”,即便承包人提交了工程竣工验收申请文件,事实上发包人通常也难以实质性进行后续工程验收,此时应该认为承包人申请竣工验收的实质性条件并未满足,承包人举证不充分。当然,也应当注意到,有时承包人虽然提供了技术资料和有关质量证明,但是与合同约定或者竣工验收规范相比,内容有所欠缺,发包人又往往以技术资料有缺漏为由,坚持工程竣工验收条件尚未成就。此时,妥当的处理方案应当是,综合考虑合同约定以及竣工验收规范中构成竣工验收条件的各项具体内容,根据承包人已经举证的技术资料和有关质量证明的真实性、完整性,裁判者宜在评判缺漏文件对于组织竣工验收是否构成实质性障碍和影响后,作出相应的认定。既要防止发包人吹毛求疵,将承包人举证的技术资料和有关质量证明文件上的非实质性缺漏或者瑕疵夸大为阻碍竣工验收条件的实质性内容,又要防止仅以本条第一款(未涉及承包人在竣工验收条件满足方面的义务)为依据,忽视《民法典》第七百八十条第一句对承包人的义务要求,将工程已具备竣工验收条件的举证责任错误地直接首先分配给发包人,或者仅以承包人已经提出验收申请为由,错误认定后续举证责任转移至发包人。

(二)工程验收是否合格或者工程视为通过验收的举证责任

在能够证明承包人履行了申请工程验收并提供基本满足验收条件的技术资料

和有关质量证明文件的义务之后,工程验收不合格的举证责任在发包人,其应当就验收结果不合格以及不合格内容完成举证。在实务中,承包人提出竣工验收申请后,多数情况下发包人会经过初检或者预检提出承包人应整改事项。需要注意的是,并非发包人提出的所有应整改内容均是合理的内容或者均属于影响竣工验收结论的内容。如果发包人以承包人未完成整改事项为由,提出工程未组织最终竣工验收具有合理理由的抗辩,承包人应当就尚未整改事项不合理或者不属于约定或者法定的竣工验收质量评价内容进一步举证。承包人主张工程经验收合格,或者发包人未经验收擅自提前使用,或者发包人未在约定的验收期限内或者未在合理期限内(合同未约定验收期限时)完成验收的,应承担对相应事实的举证责任。

(三)工程验收不合格时承包人减免责任抗辩的举证责任

工程验收不合格时承包人提出减免责任抗辩的,承包人应对存在可以减免责任的法定或约定事由及相关事实举证。需要注意的是,保证完工工程合格,是施工合同中承包人的约定和法定义务;工程质量出现问题,构成承包人违约,违约责任通常属于无过错责任,即承包人不能完成免责抗辩举证的,通常推定施工承包人承担工程质量责任。承包人完成抗辩事由的举证责任后,发包人再提出承包人应对工程质量承担责任时,不能再采用上述推定,而应对承包人存在过错的事实承担举证责任。以发包人提供的设计文件存在错误为例,在实务中,工程质量缺陷是否仅由设计文件的差错而导致,或者是否同时存在承包人施工缺陷的责任原因,承包人应当提供证明设计文件存在差错的证据,发包人应当提供由于承包人施工缺陷导致工程质量缺陷的证据。① 承包人存在的过错可能是积极的行为过错,也可能是消极的不作为过错。当过错形式为后者时,发包人因为不可能对对方的不作为事实

---

① 审理法院认为,在通联地基公司按照五星建设公司提供的图纸进行施工期间,发现由于地质情况的特殊性,桩基础施工存在很难满足设计上要求等无法保证桩的工程质量问题,及时向五星建设公司出具工作联系函,反映问题,并提出建议,以请求解决方案。但是,五星建设公司对施工中发生的关系到工程质量的重大问题,既未对工作联系函作出回应,亦未提出修改设计方案。在此情况下,通联地基公司仍按原设计图纸施工,工程完工后经检测出现严重的桩身缺陷,双方对案涉工程质量存在问题的事实均不否认。根据以上情形,二审法院认定五星建设公司在案涉工程地质条件下采用的施工工艺可能无法正常施工的情形是有预见的,五星建设公司提供的设计有缺陷,应承担过错责任,该认定并无不当,最高人民法院予以维持。五星建设公司应给付通联地基公司工程款。此外,五星建设公司虽然提出,其他分包人依照相同的设计文件完成的桩基工程并未出现工程质量问题,因而不能排除现有工程质量问题是通联地基公司没有严格按照设计方案规范施工所致,但是五星建设公司并未提供相应证据。参见最高人民法院(2018)最高法民申 2529 号判决书。

进行举证，应当由承包人对自己已经实施的积极行为的事实举证（以证明其不存在消极不作为的过错）。以发包人提供的工程材料不合格导致工程质量缺陷为例，吉林省高级人民法院（2017）吉民终 584 号判决书认为，中大公司（发包人）主张李某军（承包人）未按规定对进场钢筋进行检验，李某军存在过错，但中大公司并未提供充分证据证明上述事实，并且即便承包人对此有过错亦不能免除发包人的责任。一审法院驳回中大公司关于案涉工程质量不合格、不应给付工程款的诉请，并无不当。[①] 显然，笔者认为，上述判决对于"承包人是否按规定对进场钢筋进行检验"的待证事实举证责任分配错误。

（四）涉案工程已经取得房屋销售许可不应作为工程验收合格的充分证据

最高人民法院（2015）民一终字第 431 号判决书发回重审裁定认定，工程竣工验收合格属于法定强制性条件，必须满足。另外，根据《商品房销售管理办法》的规定，商品房的面积完成最终测绘登记和取得销售许可虽属于行政管理性规范，但若房屋的面积不确定和未取得销售许可，客观上也无法进行交付，即便交付也不能办理产权登记。因此，工程竣工验收合格、确定房屋面积和取得销售许可，是房屋交付应当具备的条件。最高人民法院（2018）最高法民终 1269 号判决书认为，案涉工程取得销售许可不能等同于交付条件成就，销售许可仅是行政主管部门认为该项目具备销售条件，但该阶段工程有可能实质上并不完全具备交付条件。进一步说，在施工合同纠纷中，工程是否经竣工验收合格属于民事法律事实范畴，应当根据合同约定和关于竣工验收的法律、行政法规、施工合同的有关司法解释的规定，结合第三人履约的有关事实举证情况加以判断。由行政许可程序中的行政许可结果反推一项民事法律事实的成立，在逻辑上未必妥当。理由是，尽管发包人取得房屋销售许可的条件之一是向行政机关（建设局等行政管理机关）提交工程已经完成验收备案手续的备案证明，而取得工程验收备案证明的前提条件之一是出具证明的机构（城建档案馆）已经取得发包人、承包人、勘察人、设计人等有关各方共同确认的工程竣工验收合格文件。但由于行政机关（建设局、城建档案馆）仅对行政许可申请文件作形式审查，作为行政许可申请文件的工程竣工验收合格文件，其内容的真伪、是否存在发包人受欺诈或者各方虚假意思表示等影响该文件民事法律效力的

---

① 截至 2020 年 8 月 20 日，笔者以"《施工合同司法解释一》第十二条第二款"、法院层级"最高人民法院"作为关键词，通过无讼案例库（www.itslaw.com）未能检索到最高人民法院关于甲供料不合格导致的工程质量责任分配的具体判例。

情况,行政机关既无法定义务也无客观可能予以审查。关于举证方式,笔者建议,承包人可从诉争房屋工程已经取得房屋销售许可这一外在事实出发,通过信息公开申请或者申请审理本案(施工合同纠纷案)的人民法院或者仲裁庭向城建档案馆调取作为工程验收备案证明文件开具前置条件的工程竣工验收合格文件。

第八百条　勘察人、设计人对工作成果的责任

【法条原文】

第八百条　勘察、设计的质量不符合要求或者未按照期限提交勘察、设计文件拖延工期,造成发包人损失的,勘察人,设计人应当继续完善勘察、设计,减收或者免收勘察、设计费并赔偿损失。

【条文主旨】

本条是关于勘察人、设计人提交勘察、设计成果的质量不符合要求或逾期提交成果造成发包人损失时,其应承担的违约责任的规定。

本条属于任意性规范[①],通过该规范所设立的准则既可弥补当事人于勘察合同、设计合同中缺少勘察、设计质量及逾期违约责任约定的合同空白,亦可用于解释当事人于勘察合同、设计合同中的关于勘察、设计质量及逾期违约责任的约定不明或约定冲突。

虽然本条中并无"当事人另有约定的除外"或"当事人另有约定或者另有交易习惯的除外"之类的表述,但若当事人在勘察合同、设计合同中关于勘察、设计质量及逾期违约责任已另有明确约定的,仍应优先适用勘察合同、设计合同中的约定。

本条既是指导当事人如何正确行为的行为规范,也是司法机关、仲裁机构用于处理纠纷的裁判规范。

在勘察、设计合同法律关系中,保证勘察、设计成果的质量并按时提交符合约定的勘察、设计成果,是勘察、设计人的主要合同义务,但并非勘察人、设计人的全部义务。相应地,本条并不涵盖勘察、设计人的所有违约情形,关于勘察、设计人的其他合同义务及其他违约情形,应依据勘察合同、设计合同并结合《民法典》中的其他

---

① 我国台湾地区学者韩忠谟教授在《法学绪论》一书中提及"关于任意法亦可细分为补充法解释法两类;所谓补充法乃于当事人就某一法律关系意思有欠缺时由法律设立准则以补充当事人意思之所不备,反之,当事人就某一法律关系另有意思时则依其意思赋以法律效果,从而排斥补充规定之适用,民法上之任意规定以属此类者居多数。至于解释规定乃于当事人意思不完全或不明确时用以释明其意思,以便发生法律上之效果"。转引自王轶:《合同法的规范类型与法律适用》,载《人民法院报》2001 年 1 月 11 日。

规定作出判断。

本条规范的对象是勘察人、设计人的典型的两类严重违约行为。就质量违约情形而言,“勘察、设计的质量不符合要求”须以“拖延工期”且“造成发包人损失”为必要后果;就逾期违约情形而言,“勘察人、设计人未按照期限提交勘察、设计文件”亦须以“拖延工期”且“造成发包人损失”为必要后果。此处所指“期限”即勘察工期或设计工期,而“工期”则特指施工工期。

根据本条规定,勘察人、设计人承担违约责任的形式包括三种:(1)完善勘察、设计文件;(2)减收或免收费用;(3)赔偿损失。该三种形式既可单独适用也可合并适用,视具体情况而定。

【条文释评】

一、勘察人

勘察人,又称“勘察单位”,是指受建设单位或者发包人委托负责工程勘察并具备相应工程勘察资质的法人或其他组织。

按照《勘察设计管理条例》的规定,国家对从事建设工程勘察活动的单位,实行资质管理制度。建设工程勘察单位应当在其资质等级许可的范围内承揽勘察业务。禁止建设工程勘察单位超越其资质等级许可的范围或者以其他勘察单位的名义承揽建设工程勘察业务。禁止建设工程勘察单位允许其他单位或者个人以本单位的名义承揽建设工程勘察业务。国家对从事建设工程勘察活动的专业技术人员,实行执业资格注册管理制度。未经注册的建设工程勘察人员,不得以注册执业人员的名义从事建设工程勘察活动。建设工程勘察发包依法实行招标发包或者直接发包。

勘察人应遵守法律和有关技术标准的强制性规定,完成勘察合同约定范围内的勘察任务,提供符合技术标准及合同要求的工程勘察文件,并提供后续服务。

勘察人不得将其承包的全部工程勘察转包给第三人,或将其承包的全部工程勘察支解后以分包的名义转包给第三人。勘察人不得将勘察的主体、关键性工作分包给第三人。勘察人不得进行违法分包。经发包人同意,勘察人可以将自己承包的非主体、非关键的勘察工作分包给其他具有相应资质等级的勘察单位完成,工程勘察分包不减轻或免除勘察人的责任和义务,勘察人和分包人就分包工程勘察向发包人承担连带责任。

两个以上的勘察人可以组成联合体,共同投标建设工程勘察工作。联合体各方均应当具备承担招标项目勘察任务的相应资质；由同一专业的单位组成的联合体，按照资质等级较低的单位确定资质等级。联合体各方应当签订共同投标协议，明确约定各方拟承担的工作和责任，并将共同投标协议连同投标文件一并提交招标人。联合体中标的，联合体各方应共同与发包人签订合同协议书。联合体各方应为履行勘察合同向发包人承担连带责任。

二、设计人

设计人，又称“设计单位”，是指受建设单位或者发包人委托负责工程设计并具备相应工程设计资质的法人或其他组织。

按照《勘察设计管理条例》的规定，国家对从事建设工程设计活动的单位，实行资质管理制度。建设工程设计单位应当在其资质等级许可的范围内承揽设计业务。禁止建设工程设计单位超越其资质等级许可的范围或者以其他设计单位的名义承揽建设工程设计业务。禁止建设工程设计单位允许其他单位或者个人以本单位的名义承揽建设工程设计业务。国家对从事建设工程设计活动的专业技术人员，实行执业资格注册管理制度。未经注册的建设工程设计人员，不得以注册执业人员的名义从事建设工程设计活动。建设工程设计发包依法实行招标发包或者直接发包。

设计人应遵守法律和有关技术标准的强制性规定，完成设计合同约定范围内的设计任务，提供符合技术标准及合同要求的工程设计文件，并提供施工配合服务。

设计人不得将其承包的全部工程设计转包给第三人，或将其承包的全部工程设计支解后以分包的名义转包给第三人。设计人不得将工程主体结构、关键性工作及合同约定禁止分包的工程设计分包给第三人。设计人不得进行违法分包。经发包人同意，设计人可以将自己承包的非主体部分的设计工作分包给其他具有相应资质等级的设计单位完成，工程设计分包不减轻或免除设计人的责任和义务，设计人和分包人就分包工程设计向发包人承担连带责任。

两个以上的设计人可以组成联合体，共同投标建设工程设计工作。联合体各方均应当具备承担招标项目设计任务的相应资质；由同一专业的单位组成的联合体，按照资质等级较低的单位确定资质等级。联合体各方应当签订共同投标协议，明确约定各方拟承担的工作和责任，并将共同投标协议连同投标文件一并提交招标人。联合体中标的，联合体各方应共同与发包人签订合同协议书。联合体各方应为履行设计合同向发包人承担连带责任。

三、勘察人、设计人的义务

对比《民法典》第七百七十条关于承揽合同关系中承揽人的主合同义务①和第七百八十八条建设工程合同中承包人的主合同义务②，可以发现，相比于普通承揽合同，勘察、设计人义务的特征在于：

1. 勘察人、设计人的主合同义务特定化。普通承揽合同中承揽人主合同义务是提供"工作成果"，其范围极广，凡是承揽人依自己的劳动、技艺能够加工或制作出来的物品，均可作为承揽人的"工作成果"；勘察、设计合同的标的限定在勘察文件、设计文件。

2. 判断勘察人、设计人的"工作成果"即勘察、设计文件是否符合要求，除依据勘察、设计任务书或勘察、设计合同中载明的质量要求外，还必须同时依据现行国家标准及技术规范等质量要求。

勘察人、设计人的质量保证义务来源于法律规定和合同约定。关于勘察、设计成果质量的规定主要有：

《建筑法》第五十六条规定："建筑工程的勘察、设计单位必须对其勘察、设计的质量负责。勘察、设计文件应当符合有关法律、行政法规的规定和建筑工程质量、安全标准、建筑工程勘察、设计技术规范以及合同的约定。设计文件选用的建筑材料、建筑构配件和设备，应当注明其规格、型号、性能等技术指标，其质量要求必须符合国家规定的标准。"

《质量管理条例》第十九条规定："勘察、设计单位必须按照工程建设强制性标准进行勘察、设计，并对其勘察、设计的质量负责。注册建筑师、注册结构工程师等注册执业人员应当在设计文件上签字，对设计文件负责。"

上述关于勘察人、设计人对质量负责的规定，均属效力性强制性规定，当事人不得在合同中免除勘察、设计人的质量瑕疵担保责任；如果有此种约定，则该约定无效，勘察人、设计人不能据此约定主张减免质量责任。

勘察、设计合同中，通常会约定勘察、设计所要达到的标准要求。例如：

---

① 《民法典》第七百七十条规定："承揽合同是承揽人按照定作人的要求完成工作，交付工作成果，定作人给付报酬的合同。"

② 《民法典》第七百八十八条规定："建设工程合同是承包人进行工程建设，发包人支付价款的合同。建设工程合同包括工程勘察、设计、施工合同。"

（1）《建设工程勘察合同（示范文本）》（GF－2016－0203）通用条款第5.1.1项规定："成果质量应符合相关技术标准和深度规定，且满足合同约定的质量要求。"

（2）《建设工程设计合同示范文本（房屋建筑工程）》（GF－2015－0209）通用合同条款第5.1.2.1目规定："设计人应当按法律和技术标准的强制性规定及发包人要求进行工程设计。有关工程设计的特殊标准或要求由合同当事人在专用合同条款中约定。"

（3）《建设工程设计合同示范文本（专业建设工程）》（GF－2015－0210）通用合同条款第5.1.2.1目规定："设计人应当按法律和技术标准的强制性规定及发包人要求进行工程设计。有关工程设计的特殊标准或要求由合同当事人在专用合同条款中约定。"

四、勘察、设计工作成果的质量标准

《勘察设计管理条例》第二十五条规定："编制建设工程勘察、设计文件，应当以下列规定为依据：（一）项目批准文件；（二）城乡规划；（三）工程建设强制性标准；（四）国家规定的建设工程勘察、设计深度要求。铁路、交通、水利等专业建设工程，还应当以专业规划的要求为依据。"具体而言，勘察、设计的质量标准主要由各类质量标准文件规定。

（1）勘察方面的规范，例如《岩土工程勘察规范》（GB 50021－2009）、《市政工程勘察规范》（CJJ 56－2012）等。

（2）设计的规范，例如《建筑工程设计文件编制深度规定》，建筑专业方面的《民用建筑设计统一标准》（GB 50352－2019）、《建筑采光设计标准》（GB/T 50033－2001）等，结构专业方面的《钢结构设计规范》（GB 50017－2003）、《烟囱设计规范》（GB 50051－2002）等，给水排水专业方面的《建筑给水排水设计规范》（GB 50015－2003），暖通空调专业方面的《建筑设计防火规范》（GB 50016－2014），电气专业方面的《电力工程电缆设计标准》（GB 50217－2018）等。此外，勘察设计合同应详细说明对勘察设计标准的质量要求。

五、勘察、设计工作成果的期限

《质量管理条例》第十条第一款规定："建设工程发包单位不得迫使承包方以低于成本的价格竞标，不得任意压缩合理工期。"通常认为，此处所指的"工期"仅限于施工工期，而非勘察、设计的完成期限。此外，《建筑法》《勘察设计管理条例》等现行法律、法规中均未明确规定勘察、设计的完成期限。

勘察、设计的完成期限及节点进度控制期限均由当事人在勘察、设计合同中根据项目情况及工作难易程度自行约定。

(一)勘察工期

勘察工期,是指合同当事人在合同协议书中约定,按总日历天数(包括法定节假日)计算的工作天数。在《建设工程勘察合同(示范文本)》(GF－2016－0203)中,要求当事人分别就开工日期、成果提交日期、合同工期等在专用条款中予以明确约定。

发包人原因造成工期延误的,勘察人有权要求发包人延长工期、增加合同价款和(或)补偿费用。发包人原因造成工期延误的情形有:(1)发包人未能按合同约定提供图纸及开工条件;(2)发包人未能按合同约定及时支付定金、预付款和(或)进度款;(3)变更导致合同工作量增加;(4)发包人增加合同工作内容;(5)发包人改变工程勘察技术要求;(6)发包人导致工期延误的其他情形。

勘察人因以下情形不能按照合同约定的日期或双方同意顺延的工期提交成果资料的,则勘察人承担违约责任:(1)勘察人未按合同约定开工日期开展工作造成工期延误的;(2)勘察人管理不善、组织不力造成工期延误的;(3)因弥补勘察人自身原因导致的质量缺陷而造成工期延误的;(4)因勘察人成果资料不合格返工造成工期延误的;(5)勘察人导致工期延误的其他情形。

(二)设计工期

设计工期,又称"设计周期",是指合同协议书约定的设计人完成工程设计及相关服务所需的期限,包括按照合同约定所作的期限变更。

在《建设工程设计合同示范文本(房屋建筑工程)》(GF－2015－0209)中,要求当事人分别就进度计划、开始设计时间、完成设计时间等在专用条款或附表中予以明确约定。开始设计日期包括计划开始设计日期和实际开始设计日期。计划开始设计日期,是指合同协议书约定的开始设计日期;实际开始设计日期,是指发包人发出的开始设计通知中载明的开始设计日期。完成设计日期包括计划完成设计日期和实际完成设计日期。计划完成设计日期,是指合同协议书约定的完成设计及相关服务的日期;实际完成设计日期,是指设计人交付全部或阶段性设计成果及提供相关服务的日期。

在合同履行过程中，发包人导致工程设计进度延误的情形主要有：(1)发包人未能按合同约定提供工程设计资料或所提供的工程设计资料不符合合同约定或存在错误或疏漏的；(2)发包人未能按合同约定日期足额支付定金或预付款、进度款的；(3)发包人提出影响设计周期的设计变更要求的；(4)专用合同条款中约定的其他情形。

因发包人原因未按计划开始设计日期开始设计的，发包人应按实际开始设计日期顺延完成设计日期。

因设计人原因，未能按约定的时间向发包人提交工程设计文件，致使工程设计文件审查无法进行或无法按期进行，造成设计周期延长、窝工损失及发包人增加费用的，设计人应按相关约定承担违约责任。该违约金经双方确认后可在发包人应付设计费中扣减，设计人支付逾期完成工程设计违约金后，不免除设计人继续完成工程设计的义务。但若因发包人原因，致使工程设计文件审查无法进行或无法按期进行，造成设计周期延长、窝工损失及设计人增加的费用，则应由发包人承担。

【条文适用】

一、本条违约责任的双重构成要件

以下两种情况，勘察、设计人须承担违约赔偿责任：(1)勘察、设计的质量不符合要求，导致拖延工期并造成发包人损失的；(2)未按照约定期限提交勘察、设计文件，导致拖延工期并造成发包人损失的。

勘察、设计的质量是否符合要求，其判断依据是合同中关于勘察、设计的具体要求，但合同中相关要求不得违反(低于)法律的强制性要求标准。只要勘察、设计的质量不符合要求，即可认定勘察、设计人应负“继续完善勘察、设计，减收或者免收勘察、设计费并赔偿损失”的民事责任。

勘察、设计的质量不符合要求，属于勘察人、设计人没有完成给付。给付具有双重意义，即给付行为或给付效果。至于在特定的债法关系中，给付的内容应是行为抑或效果，应就各个债之关系，依其欲达成之目的来辨别。就承揽合同而言，债务人须能够掌握其工作范畴，理应承担不能达到给付效果的危险性。[①] 即在勘察、设计合同中，作为承揽人的勘察人、设计人的给付必须达到某种给付效果，该种效果在此处指勘察、设计的质量符合要求。

---

① 王泽鉴：《债法原理》(第2版)，北京大学出版社2013年版，第79页。

未按照期限提交勘察、设计文件，是指未按照合同约定的成果文件提交日期向发包人提供文件，实际情景包括未提交文件和逾期提交文件。如果双方另行约定了提交补充文件的时间，亦属本条规范范围。

在勘察、设计的质量不符合要求和逾期提供成果文件的情况下，“拖延勘察、设计工期”和“造成发包人损失”，究系同时满足，抑或满足其一即可达到本条规定的条件？同时，适用本条时，勘察、设计质量不符合要求是否亦要求同时满足上述两个条件？笔者认为，勘察、设计的质量不符合要求和逾期提供成果文件时，均须同时满足“拖延工期”和“造成发包人损失”才符合本条规定的责任构成，才能适用本条来追究勘察人、设计人的责任。理由为：(1)从文义逻辑上分析，“拖延工期，造成发包人损失”是修饰质量不符合要求和逾期提交文件两种情况的；(2)本条规定的勘察人、设计人违约责任，仅是其可能存在的多种违约情景中最为重要的两种情景，其重要性主要体现在违约行为针对的是主合同义务，同时造成了对方的损失；(3)作为印证，本条内容与《合同法》第二百八十条(《民法典》第八百条)的内容一致，《合同法》的英文译文逻辑清晰，亦作如是表达。①

如果“勘察、设计的质量不符合要求或者未按照期限提交勘察、设计文件”，但未同时影响工期，或未造成发包人损失的，则不适用本条。如果发包人认为此种情景下勘察人、设计人亦构成违约且应承担违约责任的，可以依据勘察、设计合同预定或援引《民法典》第八章违约责任部分第五百七十七条、第五百七十八条或第五

---

① 本条内容与《合同法》第二百八十条内容相同，现举两个合同法英文译本为例，第一种译文见中国方正出版社2004年版的《中华人民共和国合同法》(英汉对照)，其译文为：“Where losses are caused to a contract - offering party due to the fact that the prospecting or designing does not conform to the quality requirements or that the prospecting or designing documents are not submitted as scheduled, thus delaying the period for construction, the prospecting or designing party shall go on perfecting the prospecting or designing, reduce or waive the prospecting or designing fees and make compensating for the losses.”。第二种译文见百度文库(网址https://wenku.baidu.com/view/573b856d7e21af45b307a887.html)，其译文为：“Where the developer sustains any loss from construction delay due to non - compliance of the survey or design or due to delayed delivery of the survey or design documents, the surveyor or the designer shall continue to improve the survey or design, reduce or forgo the survey fee or design fee, and pay damages.”从上述两种英文逻辑看，发包人引用本条的事实基础是：勘察、设计的质量不符合要求或者未按照期限提交勘察、设计文件，导致拖延工期并造成发包人损失时，发包人有权引用本条要求勘察人、设计人承担责任。

百八十二条[①]的规定来主张勘察人、设计人的违约责任。

二、勘察、设计合同中勘察人、设计人的其他违约情形

单就未按照期限提交勘察、设计文件而言，该行为得构成违约。以《建设工程勘察合同（示范文本）》（GF－2016－0203）为例，通用合同条款第 14.2.2 项勘察人违约责任下第 2 目约定："因勘察人原因造成工期延误的，应按专用合同条款约定向发包人支付违约金。"[②]再以《建设工程设计合同示范文本（房屋建筑工程）》（GF－2015－0209）为例，通用合同条款第 14.2.2 项中亦仅要求设计人按专用合同条款的约定向发包人支付违约金而已，均未进一步要求勘察人继续完善勘察、设计，减收或者免收勘察、设计费并赔偿损失的内容。[③]

单就勘察、设计文件不符合质量标准而言，该行为亦得构成违约。以《建设工程勘察合同（示范文本）》（GF－2016－0203）为例，通用合同条款第 14.2.2 项勘察人违约责任项下第 3 目约定："因勘察人原因造成成果资料质量达不到合同约定的质量标准，勘察人应负责无偿给予补充完善使其达到质量合格。因勘察人原因导致工程质量安全事故或其他事故时，勘察人除负责采取补救措施外，应通过所投工

---

① 《合同法》第一百零七条规定："当事人一方不履行合同义务或者履行合同义务不符合约定的，应当承担继续履行、采取补救措施或者赔偿损失等违约责任。"第一百零八条规定："当事人一方明确表示或者以自己的行为表明不履行合同义务的，对方可以在履行期限届满之前要求其承担违约责任。"第一百一十一条规定："质量不符合约定的，应当按照当事人的约定承担违约责任。对违约责任没有约定或者约定不明确，依照本法第六十一条的规定仍不能确定的，受损害方根据标的的性质以及损失的大小，可以合理选择要求对方承担修理、更换、重作、退货、减少价款或者报酬等违约责任。"

② 《建设工程勘察合同（示范文本）》（GF－2016－0203）通用合同条款第 14.2.1 项中列举的勘察人违约情景有：（1）合同生效后，勘察人因自身原因要求终止或解除合同；（2）因勘察人原因不能按照合同约定的日期或合同当事人同意顺延的工期提交成果资料；（3）因勘察人原因造成成果资料质量达不到合同约定的质量标准；（4）勘察人不履行合同义务或未按约定履行合同义务的其他情形。

③ 《建设工程设计合同示范文本（房屋建筑工程）》（GF－2015－0209）通用合同条款第 14.2 款中列举的设计人违约情景有：第 14.2.1 项，合同生效后，设计人因自身原因要求终止或解除合同，设计人应按发包人已支付的定金金额双倍返还给发包人或设计人按照专用合同条款约定向发包人支付违约金。第 14.2.2 项，由于设计人原因，未按专用合同条款附件 3 约定的时间交付工程设计文件的，应按专用合同条款的约定向发包人支付违约金，前述违约金经双方确认后可在发包人应付设计费中扣减。第14.2.3 项，设计人对工程设计文件出现的遗漏或错误负责修改或补充。由于设计人原因产生的设计问题造成工程质量事故或其他事故时，设计人除负责采取补救措施外，应当通过所投建设工程设计责任保险向发包人承担赔偿责任或者根据直接经济损失程度按专用合同条款约定向发包人支付赔偿金。第 14.2.4 项，由于设计人原因，工程设计文件超出发包人与设计人书面约定的主要技术指标控制值比例的，设计人应当按照专用合同条款的约定承担违约责任。第 14.2.5 项，设计人未经发包人同意擅自对工程设计进行分包的，发包人有权要求设计人解除未经发包人同意的设计分包合同，设计人应当按照专用合同条款的约定承担违约责任。

程勘察责任保险向发包人承担赔偿责任或根据直接经济损失程度按专用合同条款约定向发包人支付赔偿金。”类似地,《建设工程设计合同示范文本(房屋建筑工程)》(GF-2015-0209)通用合同条款第14.2.3项约定:“设计人对工程设计文件出现的遗漏或错误负责修改或补充。由于设计人原因产生的设计问题造成工程质量事故或其他事故时,设计人除负责采取补救措施外,应当通过所投建设工程设计责任保险向发包人承担赔偿责任或者根据直接经济损失程度按专用合同条款约定向发包人支付赔偿金。”

勘察人、设计人违约责任,既可能基于违反合同而产生,也可能基于违反法律而产生。本条规定系从法律层面上为发包人要求勘察人、设计人承担违约责任提供请求权基础。基于违反合同产生的违约责任,非违约方索赔时援引合同和专门规定违约的法条;基于违反法律而产生的违约责任,非违约方索赔时援引的法条为直接规定此种违约责任的法条。

“勘察、设计的质量不符合要求或者未按照期限提交勘察、设计文件拖延工期,造成发包人损失的”,系勘察、设计合同的当然违约情景,即无论勘察、设计合同是否明确约定该种情景属于违约,该种情况均无疑义地构成违约。发包人当然可以依据勘察、设计合同或援引《民法典》第八章违约责任部分第五百七十七条、第五百七十八条或第五百八十二条的规范来主张勘察人、设计人的违约责任。本条对此种违约责任进行专门规定,意义在于,在合同对违约情景和违约后果没有约定或约定不明,甚至合同约定排除了此种违约行为或违约责任时,发包人可不受合同约定的影响,径直引用本条作为其请求权基础。

另外,从法律适用角度,经由《民法典》第六百四十七条、第八百零八条的引致,《民法典》关于买卖合同中标的物瑕疵担保责任和承揽合同中关于质量不合格的责任规定,均可适用于勘察人、设计人的质量瑕疵责任。即《民法典》第六百一十五条规定:“出卖人应当按照约定的质量要求交付标的物。出卖人提供有关标的物质量说明的,交付的标的物应当符合该说明的质量要求。”第七百八十一条规定:“承揽人交付的工作成果不符合质量要求的,定作人可以合理选择请求承揽人承担修理、重作、减少报酬、赔偿损失等违约责任。”

三、勘察、设计合同中发包人常见的违约情形

勘察人、设计人提供符合要求的勘察、设计成果,是勘察、设计合同中勘察人、设计人的主给付义务;发包人支付勘察、设计费用是发包人的主给付义务。就双务合

同而言,主给付义务构成对待给付义务,于他方当事人未为对待给付前,得拒绝自己之给付。[①] 非违约方已经给付的,有权要求违约方承担违约责任。

(一)关于勘察、设计费的支付条件

在合同明确约定某一阶段设计费的支付以相关部门批准该阶段设计成果文件为前提条件的,应当按照合同约定进行认定。当合同未明确约定通过审批为支付设计费的前提条件时,法院一般认为设计人向发包人提交设计成果,即完成了该阶段的设计任务,发包人即应向设计人支付该阶段的设计费。

在莆田市水利水电勘测设计院(以下简称莆田水利设计院)诉南平市武夷新区建设发展有限公司(以下简称武夷建设公司)建设工程设计合同纠纷案[②]中,武夷建设公司通过福建招标与采购网对武夷新区二期防洪工程勘察设计项目公开进行网上招投标,莆田水利设计院投标后中标,双方签订《工程勘察设计合同》。合同主要内容包括:……8.1.3　合同履行期间,武夷建设公司要求终止或解除合同,设计人未开始设计工作的,不退还武夷建设公司已付的定金;已开始设计工作的,武夷建设公司应根据设计人已进行的实际工作,超过半工作或接近完成时,按该阶段设计费的一半支付。随后,武夷新区二期防洪工程建设项目经申报加入福建省"五江一溪"防洪捆绑项目。武夷建设公司确定将武夷新区境内的部分建设堤段内容,捆绑成福建省闽江防洪工程南平段(一期)项目,委托其在原有工作的基础上,先行编制可行性研究报告和专项报告。此时,莆田水利设计院已完成某一特定阶段或全部勘察设计任务,其多次向武夷建设公司发出相关函件,请求妥善解决遗留问题,支付该阶段的全部设计费,但协商无果。双方争议在于莆田水利设计院已完成设计工作的设计费是否应依合同约定减半计取?二审法院最终判定发包人应当向设计人支付该阶段的全部设计费。理由主要是,一审鉴定意见所指的设计费就是指在提交《可行性研究报告书》时的应该收取的设计费,并不需要再对工作量作分析与认定,因此涉案设计合同的设计人向发包人提交可行性研究报告,即完成了该阶段的设计任务。

(二)关于勘察人、设计人的损失认定

在工程实践中,阶段性设计成果文件未经政府部门审批即进入下一阶段设计

---

① 参见王泽鉴:《债法原理》(第 2 版),北京大学出版社 2013 年版,第 80 页。

② 参见福建省高级人民法院(2016)闽民终 780 号民事判决书。

的现象比较常见，这种情况下若双方就设计费发生争议则容易引发纠纷。

在浙江交通勘察设计有限公司（以下简称甲设计公司）诉临安市国有资产投资控股有限公司与临安市交通局（以下简称交通局）建设工程设计合同纠纷案①中，甲设计公司与发包人签订工程设计合同，甲设计公司在未经政府相关职能部门批复同意的情况下，开始进行初步设计，已完成了绝大部分的初步设计工作；但由于争议路段的业主在先前发生了变化，原发包人已不再是该路段的投资主体；而交通局也已于2002年10月31日与乙设计院签订了设计委托书，将该路段的勘察、初步设计及施工图的设计交于乙设计院完成，可交通局直至2003年6月12日才发函通知甲设计公司，告知投资主体的变化及原建设工程设计合同无法继续履行的情况，导致甲设计公司和中交设计院仍在继续进行初步设计，完成的初步设计又不能用于工程建设的状况，造成了设计资源的浪费。那么，未经发包方同意，甲设计公司完成的初步设计工作，在发包方亦存在明显过错的情况下，发包方是否应支付相应费用？二审法院认为，不同的设计程序穿插进行是客观存在的。甲设计公司在未经政府相关职能部门批复同意的情况下，开始进行初步设计具有一定的过错，但发包人一方面隐瞒将同一建设设计任务重复委托两家设计公司完成的事实，另一方面同意甲设计公司将工程可行性研究与初步设计工作交叉进行，主观过错更加明显。因此，最终判定发包方应承担主要的过错责任，赔偿甲设计公司初步设计费用的损失。

四、勘察人、设计人承担违约责任的方式

勘察人、设计人承担违约责任的方式远不止本条所规定的两种。本条规定的违约责任的承担方式，通常均已包含于《勘察合同》《设计合同》中所列的违约条款之中；区别在于，若要引用本条作为请求权基础，还需达到“拖延工期，造成发包人损失”的条件，如果达不到这一条件，发包人不能引用本条追究勘察、设计人的民事责任。

以《建设工程勘察合同（示范文本）》（GF－2016－0203）为例，其通用合同条款第14.2.2项中列举的违约责任有：“（1）合同生效后，勘察人因自身原因要求终止或解除合同，勘察人应双倍返还发包人已支付的定金或勘察人按照专用合同条款约定向发包人支付违约金。（2）因勘察人原因造成工期延误的，应按专用合同条款

① 参见最高人民法院（2009）民二终字第99号民事判决书。

约定向发包人支付违约金。(3)因勘察人原因造成成果资料质量达不到合同约定的质量标准,勘察人应负责无偿给予补充完善使其达到质量合格。因勘察人原因导致工程质量安全事故或其他事故时,勘察人除负责采取补救措施外,应通过所投工程勘察责任保险向发包人承担赔偿责任或根据直接经济损失程度按专用合同条款约定向发包人支付赔偿金。(4)勘察人发生其他违约情形时,勘察人应承担违约责任并赔偿因其违约给发包人造成的损失,双方可在专用合同条款内约定勘察人赔偿发包人损失的计算方法和赔偿金额。”

以《建设工程设计合同示范文本(房屋建筑工程)》(GF－2015－0209)为例,其通用合同条款第14.2款中列举的设计人违约情景有:“14.2.1　合同生效后,设计人因自身原因要求终止或解除合同,设计人应按发包人已支付的定金金额双倍返还给发包人或设计人按照专用合同条款约定向发包人支付违约金。14.2.2　由于设计人原因,未按专用合同条款附件3约定的时间交付工程设计文件的,应按专用合同条款的约定向发包人支付违约金,前述违约金经双方确认后可在发包人应付设计费中扣减。14.2.3　设计人对工程设计文件出现的遗漏或错误负责修改或补充。由于设计人原因产生的设计问题造成工程质量事故或其他事故时,设计人除负责采取补救措施外,应当通过所投建设工程设计责任保险向发包人承担赔偿责任或者根据直接经济损失程度按专用合同条款约定向发包人支付赔偿金。14.2.4　由于设计人原因,工程设计文件超出发包人与设计人书面约定的主要技术指标控制值比例的,设计人应当按照专用合同条款的约定承担违约责任。14.2.5　设计人未经发包人同意擅自对工程设计进行分包的,发包人有权要求设计人解除未经发包人同意的设计分包合同,设计人应当按照专用合同条款的约定承担违约责任。”

以《建设工程设计合同示范文本(专业建设工程)》(GF－2015－0210)为例,在通用合同条款第14.2款中规定的设计人违约责任有:“14.2.1　合同生效后,设计人因自身原因要求终止或解除合同,设计人应按发包人已支付的定金金额双倍返还给发包人或设计人按照专用合同条款的约定向发包人支付违约金。14.2.2　由于设计人原因,未按专用合同条款附件3约定的时间交付工程设计文件的,应按专用合同条款的约定向发包人支付违约金,前述违约金经双方确认后可在发包人应付设计费中扣减。14.2.3　设计人对工程设计文件出现的遗漏或错误负责修改或补充。由于设计人原因产生的设计问题造成工程质量事故或其他事故时,设计人除负责采取补救措施外,应当通过所投建设工程设计责任保险向发包人承担赔偿责任或者根据直接经济损失程度按专用合同条款约定向发包人支付赔偿金。14.2.4　设计人未经发包人同意擅自对工程设计进行分包的,发包人有权要求设计人解除未经发包人同意的设计分包合同,设计人应当按照专用合同条款的约定承担违约责任。”

根据本条(《民法典》第八百条)规定,勘察人、设计人承担违约责任的形式包括三种:(1)完善勘察、设计文件;(2)减收或免收费用;(3)赔偿损失。值得注意的是,该三种形式既可单独适用亦可合并适用,视具体情况而定:

①在设计开始前发现勘察文件质量不符合要求的,发包人可要求勘察人继续完善勘察,并赔偿因设计开始时间推迟所造成的损失;

②在设计过程中发现勘察文件质量不符合要求的,发包人可要求勘察人继续完善勘察,并赔偿因设计完成时间推迟所造成的损失;

③在施工图审查阶段发现勘察、设计文件不符合要求的,发包人可要求勘察、设计人继续完善勘察、设计,并赔偿因施工开工迟延所造成的损失;

④在施工过程中发现勘察、设计文件质量不符合要求的,通常已经出现施工障碍甚至发生工程质量事故,发包人除可要求勘察、设计人继续完善勘察、设计外,还可以主张减收或免收费用并赔偿因返工、改建所造成的损失;

⑤在工程交付使用后发现勘察、设计文件质量不符合要求的,通常已经发生工程质量缺陷,再行要求勘察、设计人继续完善勘察、设计已无必要,发包人可以主张减收或免收费用并赔偿因缺陷修复、加固所造成的损失。

勘察、设计报告质量不合格,导致建成的房屋出现质量问题,影响结构安全,勘察、设计人应赔偿发包人的损失,损失涉及加固修复费用、装潢费用、设施损失费用、不能如期使用建筑物的损失等。在孙某素(以下简称发包人)诉宁波市东方建筑设计院有限公司建设工程合同纠纷案①中,发包人要建造办公楼,与甲设计公司签订勘察合同、设计合同各一份,后甲设计公司出具地质勘察报告,并依该报告出具了设计图纸,发包人支付了约定的勘察、设计费用;后发包人与乙建筑公司签订施工合同,由乙建筑公司依图施工,工程完工组织验收时,发现办公楼墙体和梁板出现多处裂缝,且此后该现象越发严重,后进行鉴定,鉴定结论主要内容为:墙体裂缝由地基不均匀沉降引起,梁板柱裂缝由地基不均匀沉降和材料收缩等综合因素引起。发包人诉至法院,要求勘察、设计人赔偿加固费用、装潢费用、加固时设施损坏费用、办公楼房租损失、检测费用,并要求返还勘察、设计费用。二审法院认为,地质勘察报告不尽周全不完善以及对基础形式的选择不妥是引起涉案房屋产生不均匀沉降

① 参见浙江省高级人民法院(2008)浙民一终字第243号民事判决书。

的主要原因，已显著影响房屋正常使用及结构安全，设计方应对发包人房屋由于不均匀沉降而导致的质量问题承担全部责任，返还全部的勘察、设计费用，同时还包括赔偿发包人起诉前办公楼加固补强检测中垫付的费用，发包人由此造成的涉案工程加固修复及装潢、设施损失费用。因此，发包人的房屋质量问题是由于甲设计公司的勘察、设计错误引起，甲设计公司应当承担全部责任。

五、举证责任

发包人依据本条要求勘察人、设计人承担相应责任的，勘察人、设计人的违约事实的举证责任在于发包人。依照《民诉法解释》第九十一条（"人民法院应当依照下列原则确定举证证明责任的承担，但法律另有规定的除外：（一）主张法律关系存在的当事人，应当对产生该法律关系的基本事实承担举证证明责任；（二）主张法律关系变更、消灭或者权利受到妨害的当事人，应当对该法律关系变更、消灭或者权利受到妨害的基本事实承担举证证明责任。"）的规定，发包人系"主张法律关系变更、消灭或者权利受到妨害的当事人"，理应对"勘察、设计的质量不符合要求或者未按照期限提交勘察、设计文件拖延工期，造成发包人损失"承担举证责任。

关于勘察、设计质量不符合要求的证明，通常在是工程出现质量问题后，由发包人委托专业机构检测或通过司法鉴定的方式来确定的。但也存在合同目的简单明确，从而以不能达到勘察、设计目的为由，来认定勘察设计质量不符合要求的情形。在商丘市远方地质勘查技术服务有限公司（以下简称甲公司）诉登封市大冶镇大路北第八村民组（以下简称村民小组）建设工程勘察合同纠纷案二审①及再审②中，发包人村民小组委托甲公司进行超低频地质遥感探测，为村民小组打水井提供参考依据，甲公司进行了 11 个探测点的探测，并出具了一份供水井超低频地质遥感探测报告，后因村组资金不足，要求甲公司进行浅水井报告，后甲公司又出具了一份探测报告，并推荐了最佳井位点，点曲线上主要富水层在 40 ~ 100 米，但施工后打到 120 米未见水，甲公司复测后告知 150 米后可有水，后再打井至 150 米处仍未见水，甲公司对此无法作出合理解释，打井工程被迫停工。打井施工过程中，共支付工程款 82,500 元，花去电费 15,205 元，支付水费 11,690 元，共计 109,395 元。该案争议焦点在于，发包人村民小组按照勘察人提供的探测报告进行施工，未能实现合同目的，由此造成的损失责任承担问题。经一、二审及再审，法院最终认为，双方之间

---

① 参见郑州市中级人民法院（2011）郑民三终字第 307 号民事判决书。

② 参见郑州市中级人民法院（2015）郑民申字第 779 号民事判决书。

存在建设工程的勘察探测合同关系，勘察人甲公司进行了相关的勘察、探测并出具了探测报告，发包人村民小组按照甲公司提供的探测报告进行施工，未能实现合同目的，由此造成的损失勘察人依法应予赔偿，包括退还全部勘察费，以及赔偿发包人的经济损失。

关于拖延工期造成损失的举证责任，亦由发包人负担。损失的范围和种类，从司法实践中看，主要有：加固修复费用、返工施工费用、质量问题导致装潢浪费损失、质量问题导致相关设施设备毁损损失、不能如期使用建筑物的损失、对质量问题进行检测而支出的费用、出具修复方案的费用、按勘察设计结果施工不能达到合同目的时的施工成本支出等。

勘察人、设计人认为有减轻自己责任的理由时，应对存在相应事由进行举证。常见的减轻责任事由为发包人的过错和施工人的过错。发包人的过错有：对合同无效存在过错、为勘察设计提供的资料存在瑕疵等；承包人的过错有：未严格按要求施工、施工的材料不符合质量要求等。确定勘察人、设计人应负的违约责任时，适用与有过失原则，发包人对损失发生存在过错的，减轻勘察人、设计人的相应赔偿责任。在张某诉方城县金北斗测绘有限公司建设工程合同纠纷案[①]中，实际施工人将桩基点测绘工作承包给甲测绘公司的员工张某，张某带领甲公司员工携带相关仪器进行测绘定位后，由实际施工人进行施工；由于测绘错误，导致桩基位置偏离图纸的具体要求，部分桩基作废，实际施工人进行了补桩，经评估实际施工人因此损失 361,165 元。实际施工人起诉甲公司、张某要求赔偿。法院认为，实际施工人与张某之间成立合同关系，张某承揽工程系个人行为，甲公司对损失发生无过错，张某的工作失误导致实际施工人受到经济损失，应承担主要赔偿责任，实际施工人没有委托正规测绘公司，而将测绘工作承包给没有测绘资质的个人，存在过错，法院酌定实际施工人自担部分责任。

最终判定实际施工人自担部分责任，张某承担大部分责任。

确定勘察人、设计人应负的违约责任时，如果施工人对损失的发生亦有过错的，施工人与勘察人、设计人共同向发包人承担赔偿责任。在海南大学诉中信建筑设计（海南）研究院有限公司（以下简称设计院）、华南热带农业大学建筑安装公司等建设工程合同纠纷案二审[②]及再审[③]中，发包人与设计院签订了《设计合同》，后

---

① 参见南阳市中级人民法院（2019）豫 13 民终 1022 号民事判决书。
② 参见海口市中级人民法院（2018）琼 01 民终 262 号民事判决书。
③ 参见海南省高级人民法院（2019）琼民申 929 号民事裁定书。

施工人依设计文件及设计图施工，竣工验收并交付住户后，该住宅楼的大部分住户发现房间楼板、梁、柱等处出现不同程度的有规则的裂缝。经鉴定，施工图多处数据取值不符合规范要求，工程质量问题的产生，既有设计方面的安全系数取值偏小，框架梁、柱的设计、构件截面存在缺陷的原因，也有施工方面的施工质量差的原因，其质量缺陷是由于环境、施工以及设计等因素共同导致，但责任比例无法确定。法院认为，质量缺陷是由于环境、施工以及设计等因素共同导致，但无相关规范定量评定责任比例的相关条文规定在责任比例无法确定的前提下，设计单位和施工单位应对上述质量缺陷承担连带责任。

第八百零一条　施工人的工程质量责任

【法条原文】

第八百零一条　因施工人的原因致使建设工程质量不符合约定的，发包人有权请求施工人在合理期限内无偿修理或者返工、改建。经过修理或者返工、改建后，造成逾期交付的，施工人应当承担违约责任。

【条文主旨】

本条是关于承包人建设工程质量瑕疵责任的规定。《民法典》合同编没有按照传统民法理论设立一种独立于违约责任的瑕疵担保责任，而是将二者统合，以"工程质量不符合约定"直接作为施工合同中的一种典型违约行为，以违约责任替代传统民法中的瑕疵担保责任。

本条属于任意性规范，通过该条所设立的规范既可弥补当事人于施工合同中缺少建设工程质量瑕疵责任约定的合同空白，亦可用于解释当事人于施工合同中的关于建设工程质量瑕疵责任的约定不明或约定冲突。虽然本条中并无"当事人另有约定的除外"或"当事人另有约定或者另有交易习惯的除外"之类的表述，但若当事人在施工合同中关于建设工程质量瑕疵责任已另有明确约定的，仍应优先适用施工合同中的约定。

在建设工程施工合同法律关系中，承包人的主合同义务是建造符合合同约定和技术标准及规范规定的建设工程，提供质量合格的建造物是施工人的主合同义务。工程质量不符合约定，构成承包人不完全给付情形之一。依传统民法的理论，不完全给付的违约责任有继续履行、替代履行（采取补救措施）、赔偿损失三类。

从解释论出发，本条可能适用的情景应限于：(1)发包人在施工过程中发现工程质量存在瑕疵，要求承包人修理、返工、改建的；(2)发包人在竣工验收时发现工程质量存在瑕疵，要求承包人修理、返工、改建的；(3)工程交付前因承包人修理、返工、改建而导致交付迟延，发包人要求承包人承担违约责任的。但在司法实践中，本条往往被当作工程质量缺陷责任（约定）与工程质量保修责任（法定）的请求权基础。在实践中，对工程质量瑕疵责任与工程质量缺陷责任、工程质量保修责任之间的差异，应予以区分。

本条规定的承包人的工程质量瑕疵责任,归责原则为过错责任。同时,本条适用与有过失原则。如果造成工程质量不符合约定,既有施工人的责任又有其他主体的责任时,由施工人和其他责任主体共同承担责任。发包人和承包人对工程质量缺陷均有过错的,各自按过错大小承担质量缺陷责任。

根据《民法典》第五百七十七条关于违约责任的规定,违约责任承担方式为继续履行、采取补救措施或者赔偿损失等;根据《民法典》第七百八十一条规定,承揽人违约责任的承担方式为修理、重作、减少报酬、赔偿损失等。建设工程合同可以援引《民法典》第五百七十七条、第七百八十一条的规定,建设工程质量瑕疵责任的承担方式主要包括瑕疵修补、返工、改建、减少价款和赔偿损失五种类型。

【条文释评】

一、传统民法中瑕疵责任与违约责任并存的二元救济体系

传统民法理论采用瑕疵责任与违约责任的二元救济体系。以德国民法典为例,其中并没有不完全履行的规定,只有履行不能和履行迟延两种形态,而瑕疵责任则是债的不适当履行,于是瑕疵责任与债的不履行责任分离,形成了两套不同的制度。

但是瑕疵责任没有把通过作为方式违反合同的情况都包含在内,因此德国提出积极侵害债权理论,导致了瑕疵责任与积极侵害债权的冲突。2002 年德国债法改革改变了瑕疵责任与一般履行障碍法之间的混乱关系,新债法建立了以“义务违反”为基础的一元债务不履行体系。在买卖合同法中设定了出卖人应当交付无瑕疵标的物的义务,瑕疵责任和一般违约责任在立论基础上得到了统一,一般给付障碍法的适用得以实现。[①] 值得注意的是,德国法中的瑕疵责任仍奉行无过错责任,而违约责任则是过错责任。

我国台湾地区“民法”第四百九十二条规定:“承揽人完成工作,应使其具有约定之品质及无减少或灭失价值或不适于通常或约定使用之瑕疵。”我国台湾地区“民法”中瑕疵担保责任同样采取的是无过错责任,违约责任则是过错责任。也就是说,如果承包人所完成之工作不具有约定的品质,或者有减少或灭失价值,或不适于通常约定使用之情形时,应当承担质量瑕疵责任。此种责任为法定责任,即有

① 参见李芬:《德国新买卖合同法中的瑕疵担保责任制度评析》,载《德国研究》2003 年第 3 期。

瑕疵发生时,承包人之责任即已成立,至于承包人有无过失,在所不问。[①] 承揽人交付无瑕疵的工作与定作人,乃是承揽人的主给付义务,承揽人如果违反了该义务,无论是承揽人自身施工不良的原因,或建筑材料品质不佳,或瑕疵是由次承揽人造成的,质量瑕疵责任都由承揽人承担。

二、国内立法采取瑕疵责任统合进违约责任的一元救济体系

我国《民法典》的制定受到《联合国国际货物销售合同公约》(the United Nations Convention on Contracts for the International Sale of Goods,CISG)的影响,我国奉行的是违约责任一元结构,而不是违约责任与质量瑕疵责任并存结构。因此,在中国的《民法典》框架下"违约责任"是一个统一的概念,质量瑕疵责任已经被统合进了违约责任。

《民法典》第五百八十二条规定:"履行不符合约定的,应当按照当事人的约定承担违约责任。对违约责任没有约定或者约定不明确,依据本法第五百一十条的规定仍不能确定的,受损害方根据标的的性质以及损失的大小,可以合理选择请求对方承担修理、重作、更换、退货、减少价款或者报酬等违约责任。"

关于我国法上,关于质量瑕疵责任与违约责任的关系曾经存在两种截然不同的观点:一是独立说;二是统合说。独立说认为质量瑕疵责任与一般的违约责任存在实质差别表现在以下几个方面:是否履行瑕疵通知义务;所受期限的限制不同、具体的救济方式不同;构成要件不同。[②]

统合说认为,在传统大陆法系民法理论中,瑕疵担保责任是一种有别于债务不履行责任的特别法定责任,债务不履行责任是过错责任,而瑕疵担保责任则属于无过错责任。由于我国民法典实行严格责任原则,普通的违约责任已经不再是过错责任,依据《民法典》第五百八十二条的规定,瑕疵责任也已经违约责任化,已纳入《民法典》违约责任的范畴,因此瑕疵责任丧失了其固有的独特性。[③] 我国《民法典》第六百一十七条规定了出卖人交付的标的物不符合质量要求的,买受人可以依据本法第五百八十二条至第五百八十四条的规定请求承担违约责任。而第五百八十二条至第五百八十四条是《民法典》通则"违约责任"中的规定。在我国民法典上,对于买卖合同中标的物不符合质量要求的,都是适用合同编通则中的规定承担

---

① 参见黄立主编:《民法债编各论》(上),中国政法大学出版社 2002 年版,第 404 页。

② 参见崔建远:《物的瑕疵担保责任的定位与定性》,载《中国法学》2006 年第 6 期。

③ 参见韩世远:《合同法总论》(第 3 版),法律出版社 2011 年版,第 594 页。

违约责任,而不是另行一套。传统民法上的物之瑕疵责任义务之违反,在我国民法典上规定对合同义务的违反,承担违约责任。除此之外,并不发生其他的特别的法律责任。也正是在这一意义上,可以说我国民法典实现了传统的质量瑕疵责任与违约责任的统合。①

三、国家对建设工程质量标准的强制要求

相较买卖合同、承揽合同,建设工程合同的重要特征之一在于其对质量标准的严格要求,以及国家对工程质量标准的强制要求。

建设工程质量不仅关系到合同双方当事人的交易目的实现、关系到双方利益的平衡,更关系到人民群众的生命财产安全、关系到国家利益与社会公共安全。因此,国家对建设工程质量要求十分严格,《建筑法》《质量管理条例》等法律、法规均对建设工程质量作了明确规定,并确定了建设工程质量标准必须符合国家规范、标准的原则。其中,《建筑法》第三条规定:“建筑活动应当确保建筑工程质量和安全,符合国家的建筑工程安全标准。”第五十二条第一款规定:“建筑工程勘察、设计、施工的质量必须符合国家有关建筑工程安全标准的要求,具体管理办法由国务院规定。”第五十四条规定:“建设单位不得以任何理由,要求建筑设计单位或者建筑施工企业在工程设计或者施工作业中,违反法律、行政法规和建筑工程质量、安全标准,降低工程质量。建筑设计单位和建筑施工企业对建设单位违反前款规定提出的降低工程质量的要求,应当予以拒绝。”《质量管理条例》第三条规定:“建设单位、勘察单位、设计单位、施工单位、工程监理单位依法对建设工程质量负责。”第十条第二款规定:“建设单位不得明示或者暗示设计单位或者施工单位违反工程建设强制性标准,降低建设工程质量。”第十九条第一款规定:“勘察、设计单位必须按照工程建设强制性标准进行勘察、设计,并对其勘察、设计的质量负责。”第二十八条第一款规定:“施工单位必须按照工程设计图纸和施工技术标准施工,不得擅自修改工程设计,不得偷工减料。”

四、建设工程质量须同时满足法定标准与约定标准

在司法实践中,对于建设工程合同约定质量标准低于国家强制性规范、标准要求的,通常均认定为无效。当然,上述公法中的强制规范应当体现为私法自治的边

① 参见韩世远:《出卖人的物的瑕疵担保责任与我国合同法》,载《中国法学》2007 年第 3 期。

界。换言之,建设工程合同的双方当事人不得协商确定低于国家有关技术标准、验收规范的工程质量标准,若合同约定内容逾越这条红线的,应当认定相应的合同条款无效。

建设工程质量瑕疵的认定依据为合同约定的质量标准,但同时需注意合同约定的质量的标准不得低国家标准。

其中,国家标准是工程适用的最低标准,是发承包双方必须执行的最低标准,又称“国家强制标准”。《标准化法》第二条第二款规定:“标准包括国家标准、行业标准、地方标准和团体标准、企业标准。国家标准分为强制性标准、推荐性标准,行业标准、地方标准是推荐性标准。”因建设工程涉及房屋建筑和市政基础设施、铁路、公路、水运、通信、民航等领域,国务院有关行政主管部门制定了相应领域的强制性标准,建设工程质量必须达到相应的强制性标准。

发包人与承包人关于工程质量的要求往往通过设计图纸和施工说明书、施工技术标准加以确定。建设工程施工合同中的质量条款是明确施工人施工要求,确定施工人责任的依据,是施工合同的必备条款。当事人可以在合同中另行约定工程质量标准,约定的质量标准通常高于国家标准,当事人可以在合同中约定以推荐性标准或更高的标准作为建设工程质量的认定标准。如果某些特殊工程没有强制性标准或推荐性标准,则当事人可以结合工程的实际情况对工程质量作出特殊约定,并按约定的质量标准进行竣工验收,以此作为解决双方质量争议的依据。工程质量达到国家强制性标准但未达到约定标准的,仍构成工程质量瑕疵。

建设工程质量瑕疵即工程质量不符合国家强制性规范标准,或不符合当事人合同约定的标准。典型的质量瑕疵主要包括:

1. 建筑物地基基础工程和主体结构存在问题,建筑物的地基基础工程和主体结构工程是建筑工程的核心,直接决定了整个建筑工程的质量,其质量在合理使用寿命内必须保证;

2. 承包人不按照施工设计图纸和施工技术标准施工造成的工程质量问题;

3. 承包人使用的建筑材料不当造成的工程质量问题;

4. 承包人采用的施工工序、工艺不当造成的工程质量问题。

建设工程质量瑕疵可分为法定瑕疵和约定瑕疵。法定瑕疵,是指工程质量不符合国家有关技术标准和行业标准。即便发包人与承包人在订立建设工程合同之初,没有明确约定工程质量达到何种品质,承包人竣工交付给发包人的工程质量也必须符合国家法律、法规中的要求。我国《民法典》第七百九十九条规定,工程应当按照国家颁发的施工验收规范和质量检验标准进行验收。约定瑕疵，是双方约定工程应当具备何种品质，如果承包人交付的工程达不到此种品质，工程具有的瑕疵。

五、建设工程质量瑕疵的认定机构

在施工阶段出现质量争议，一般由建设单位、设计单位、施工单位、监理单位及质量监督部门联合判定。

工程通过竣工验收或虽未经竣工验收但发包人（建设单位）擅自使用后，承包人与发包人因质量发生纠纷的（例如，当事人对建设工程是否存在质量瑕疵存在争议），经当事人申请，由人民法院、仲裁机构委托具备相应资质的专业机构进行司法鉴定的方式来认定。《建设工程施工合同司法解释（一）》第三十二条第一款规定："当事人对工程造价、质量、修复费用等专门性问题有争议，人民法院认为需要鉴定的，应当向负有举证责任的当事人释明。当事人经释明未申请鉴定，虽申请鉴定但未支付鉴定费用或者拒不提供相关材料的，应当承担举证不能的法律后果。"

六、承包人承担质量瑕疵责任的方式

根据本条（《民法典》第八百零一条）规定，施工人承担质量瑕疵责任的方式有：①无偿修理；②返工；③改建。本条项下，施工人所负的修理、返工、改建义务，不以一次为限，只要未达到合同约定和法律规定的质量标准，施工人仍负有采取二次补救措施的责任。

《民法总则》第一百七十九条规定："承担民事责任的方式主要有：（一）停止侵害；（二）排除妨碍；（三）消除危险；（四）返还财产；（五）恢复原状；（六）修理、重作、更换；（七）继续履行；（八）赔偿损失；（九）支付违约金；（十）消除影响、恢复名誉；（十一）赔礼道歉。法律规定惩罚性赔偿的，依照其规定。本条规定的承担民事责任的方式，可以单独适用，也可以合并适用。"该条区分"修理、重作、更换"和"继续履行"，故宜将"修理、重作、更换"和"继续履行"视为两种不同的责任形式。就给付性质而言，继续履行指向原合同给付，多见于迟延履行；修理、更换、重作所履行的已非原合同给付义务，而是补正原合同给付。

根据《民法典》第五百七十七条关于违约责任的规定，违约责任承担方式为继续履行、采取补救措施或者赔偿损失等；根据《民法典》第七百八十一条规定，承揽人违约责任的承担方式为修理、重作、减少报酬、赔偿损失等。建设工程合同可以援引《民法典》第五百七十七条、第七百八十一条的规定，建设工程质量瑕疵责任的承担方式主要包括瑕疵返修、重作、改建、减少报酬和损害赔偿五种类型。

(一)返修

无偿修理，又称"返修"，是指建设工程质量不符合法定或者约定的标准，在可以修复的情况下，对工程进行修理使其达到质量标准要求的行为。根据《建筑工程施工质量验收统一标准》(GB 50300－2013)第2.0.16条的规定，返修是指对施工质量不符合标准规定的部位采取的整修等措施。根据《德国民法典》第六百三十四条的规定，如工作成果有瑕疵，定作人可请求排除瑕疵。我国台湾地区"民法"第四百九十三条第一款规定："工作有瑕疵者，定作人得定相当期限，请求承揽人修补之。"瑕疵修补请求权，在性质上为请求权，不因发包人之请求而自动修补，在交易当中应当给予承包人合理期限。期限相当与否，需要斟酌个案具体客观情况，以交易习惯来确定。

承包人未在合理期限内修补的，法律上不能无救济之道。此时法律是否应该赋予发包人自行修补的权利呢？我国《民法典》并没有确立发包人自行修补的权利。从比较法上看，我国台湾地区"民法"第四百九十三条第二项规定："承揽人不于前项期限内修补者，定作人得自行修补，并得向承揽人请求偿还修补必要之费用。"这就是定作人可自行修补与修补费用偿还请求权。① 当然，这两项权利的行使应当具备两个条件：承揽人未在定作人所定期限内进行修补及承揽人未因修补费用过巨而拒绝修补。《德国民法典》第六百三十四条规定了定作人的自行排除瑕疵权。当定作人行使该权利时，可以自行除去瑕疵，也可选择由第三人除去瑕疵。定作人自行除去瑕疵的必要费用由承揽人承担。

虽然我国《民法典》对发包人自行修补瑕疵并无规定，但是《北京市高级人民法院关于审理建设工程施工合同纠纷案件若干疑难问题的解答》第三十条第一款规定："因承包人原因致使工程质量不符合合同约定，承包人拒绝修复、在合理期限内不能修复或者发包人有正当理由拒绝承包人修复，发包人另行委托他人修复后要求承包人承担合理修复费用的，应予支持。"该司法意见肯定了发包人自行修补的权利。赋予发包人自行修补的权利时，需说明以下几点：

1. 发包人自行修补需要拟定相当期限请求承包人修补，并且承包人不予修补。

---

① 林诚二：《民法债编各论》(中)，中国人民大学出版社2007年版，第68页。

因为在本来的建设工程施工合同中，承包人是最能够以较低廉的成本完成修补的，所以发包人对承包人的先行告知义务由双方以最低成本获取最大利益的经济原则所决定的，而且符合避免使承包人负担不必要的高额费用之公平原则。

2. 发包人自行修补时，可否请求承包人预付一部分瑕疵修补费用？在此，发包人是否需要因自行修补而承担承包人无力偿还修补费用的风险？笔者认为在承包人经发包人请求修补而怠于修补甚至拒绝修补的情形下，发包人显然处于不利地位，因此发包人可以主张预付修补之必要费用。德国联邦最高法院以诚信原则为依据，肯定发包人有“预付修补必要费用请求权”。①

3. 发包人自行修补，纵系由于承包人拒绝修补或于相当期间内未修补或修补后仍未达约定或法定要求，但仍应以最有利于承包人之方法为之，不得借此在契约之外获取不正当利益。

《房屋建筑工程质量保修办法》第九条规定：“房屋建筑工程在保修期限内出现质量缺陷，建设单位或者房屋建筑所有人应当向施工单位发出保修通知。施工单位接到保修通知后，应当到现场核查情况，在保修书约定的时间内予以保修。发生涉及结构安全或者严重影响使用功能的紧急抢修事故，施工单位接到保修通知后，应当立即到达现场抢修。”工程出现质量问题后，及时进行维修既是承包人的义务，也是承包人的权利；在承包人愿意及时维修的情况下，发包人一般不得拒绝承包人的维修而另行委托他人维修。如果承包人本身欠缺施工资格，可由发包人另行委托他人维修。《江苏省高级人民法院建设工程施工合同案件审理指南》第五条第八项规定：“在正常情况下，建设工程经竣工验收后，在保修期限内出现的质量问题，由承包人依照法律规定或合同约定予以修复。我国实行建设工程实行质量保修制度，这也是《建筑法》确立的一项基本法律制度。……若施工合同是由于承包人没有相应的资质而被确认无效的，则不能由承包人自己来承担质量瑕疵的维修义务。可由承包人自行委托具有相应资质的施工队伍，来替代承包人承担质量瑕疵的维修义务，也可由发包人自行维修，修复的费用由承包人承担。”

发包人依法修复后，由承包人承担修复费用。出现以下情景时发包人可以另行委托他人进行维修，即(1)发包人通知承包人对质量缺陷进行修复，承包人明确拒绝；(2)非因发包人原因在合理期限内不能修复；(3)承包人没有相应的资质或丧失相应的资质；(4)其他不宜由承包人实施维修的情况。发包人另行委托他人修复

① 詹森林：《承揽瑕疵担保责任重要事务问题》，载《月旦法学杂志》2006年第129期。

的,承包人应承担相应的修复费用。《房屋建筑工程质量保修办法》第十二条规定:"施工单位不按工程质量保修书约定保修的,建设单位可以另行委托其他单位保修,由原施工单位承担相应责任。"发包人拒绝承包人修复的正当理由,除前述承包人无施工资质外,还包括多次修复不能解决质量缺陷致使双方失去合作信任的情形。

在江苏南通二建集团有限公司(以下简称南通二建)诉吴江恒森房地产开发有限公司(以下简称恒森公司)建设工程施工合同纠纷案①中,南通二建与恒森公司依法签订建设工程施工合同,其中约定由承包人南通二建承建发包人恒森公司发包的吴江恒森国际广场全部土建工程;后因南通二建公司建造屋面构造做法不符合原设计要求,致使屋面渗漏;鉴定机构鉴定意见为:渗透范围包括伸缩缝、部分落水管道、出屋面排气管及局部屋面板。东吴设计院建议将原防水层全面铲除,重做屋面防水层,并出具全面设计方案。法院认为,承包人交付的建设工程应符合合同约定的交付条件及相关工程验收标准。工程实际存在明显的质量问题,承包人以工程竣工验收合格证明等主张工程质量合格的,人民法院不予支持。在双方当事人已失去合作信任的情况下,为解决双方矛盾,人民法院可以判决由发包人自行委托第三方参照修复设计方案对工程质量予以整改,所需费用由承包人承担。再审法院最终判决恒森公司可委托第三方参照全面设计方案对屋面缺陷予以整改,并由南通二建承担整改费用。

(二)重作

重作,又称"返工"。根据《建筑工程施工质量验收统一标准》(GB 50300－2013)第2.0.17条的规定,返工,是指对施工质量不符合标准规定的部位采取的更换、重新制作、重新施工等措施。对于施工质量不符合合同约定和规定的质量标准的,一般应当首先进行返修,若不能返修或者返修后仍然无法达到合同约定质量标准的,一般应当进行返工。《建筑法》第七十四条规定:"建筑施工企业在施工中偷工减料的,使用不合格的建筑材料、建筑构配件和设备的,或者有其他不按照工程设计图纸或者施工技术标准施工的行为的,责令改正,处以罚款;情节严重的,责令停业整顿,降低资质等级或者吊销资质证书;造成建筑工程质量不符合规定的质量标准的,负责返工、修理,并赔偿因此造成的损失;构成犯罪的,依法追究刑事责

① 参见《最高人民法院公报》2014年第8期。

任。”《质量管理条例》第六十四条有相似规定。

返工并不是解决工程质量不符合约定的唯一途径，具体还需要结合经济性、合理性以及工程质量不符合约定对工程的影响程度来选择解决方案。《建设工程施工质量验收统一标准》（GB 50300 - 2013）第5.0.6条第4款规定：“经返修或加固处理的分项、分部工程，满足安全及使用功能要求时，可按技术处理方案和协商文件的要求予以验收。”该条款即是协商验收（又称“让步验收”）。第5.0.8条规定：“经返修或加固处理仍不能满足安全或重要使用要求的分部工程及单位工程，严禁验收。”通过上述规定可以看出，工程经返修或加固后能够满足安全和使用功能的，并不必然进行返工，可以通过协商验收处理。

因承包人原因致使工程质量不符合约定的，承包人应当进行返工，并承担返工的相应费用；同时，工程质量不符合合同约定，承包人也享有通过返修、返工使工程质量合格的权利。发包人若擅自剥夺承包人返工的权利，由此产生的损失应当自行承担。

（三）改建

改建，是指因工程质量未达到合同约定或法定标准，且经返工、重作亦无法达到合同约定或法定质量标准的情况下，为使工程质量达到合同约定或法定标准而需采取的其他计划或方案。改建方案一般包括已发现的质量问题、原因分析、拟修复的范围、修复的方式、修复的技术规范和标准以及修复程度等，同时应当满足现行设计规范和安全性、耐久性和适用性的要求。

工程改建方案可由当事人协商选择或者申请人民法院或仲裁机构委托有资质的鉴定单位出具。根据《勘察设计管理条例》第八条的规定，设计单位应当在其资质等级许可的范围内承揽建设工程勘察设计业务。因此，在当事人双方自行协商选定机构出具改建方案时，可以选择由原设计单位或有相应资质等级的设计单位出具。改建方案要基于原施工图纸、施工技术标准及工程的现有质量瑕疵，经过与原设计图纸和施工技术标准比对，能够满足原施工图纸和施工技术标准，存在技术上的可行性和经济上的合理性。发包人和承包人就重建方案无法达成一致时，可以由仲裁机构或人民法院委托有资质的鉴定机构进行鉴定。

工程改建方案由承包人组织实施或由发包人或承包人委托的有资质的第三人组织实施。无论是双方协商一致的改建方案，还是由人民法院和仲裁机构最终选择的改建方案，最终都要落实在改建方案的实施上。在正常情形下，承包人都能够按照改建方案进行施工，通常情形下，承包人亦具有改建方案的施工资质。承包人改建完成后，经验收合格，工程质量修复即告完成。但对于承包人不具备改建方案需要的资质要求或者承包人委托的第三人亦不具备施工资质的，发包人有权予以拒绝。对于承包人或其委托的第三人拒绝实施改建方案，或者不合理地拖延实施改建方案，发包人可以拒绝其施工或继续施工。在此情形下，发包人可以按照改建方案委托第三人组织施工。

（四）减少报酬

当承包人交付的工作成果存在瑕疵，发包人认为该瑕疵不足以影响工程的正常使用，同意受领工作成果时，发包人可以根据瑕疵的程度，向承包人行使减少报酬请求权。根据《德国民法典》第六百三十四条、第六百三十八条第一款的规定，在适用法律时只应在减少报酬与解除权两者之间择一行使，但减少报酬请求权的行使需要具备解除权行使的条件。[①] 由此可见，德国民法上工作成果有瑕疵时，定作人首先应催告承揽人继续履行，只有在催告无果时才可行使减少报酬请求权。但根据我国台湾地区"民法"第四百九十四条的规定，减少报酬请求权的原因有：(1)承揽人未于定作人所定期间修补；(2)承揽人因修补费用过巨而拒绝修补；(3)工作瑕疵不能修补。[②]《建设工程施工合同司法解释（一）》第十二条也规定了发包人的减少报酬请求权，建设工程质量有瑕疵，发包人修补请求权未能实现的，发包人得请求减少报酬。也就是说，发包人未能依前文所述主张瑕疵修补请求权或者修补费用偿还请求权时，有权主张减少报酬。

在黄某生（承揽人）诉肖某军（定作人）建设工程合同纠纷案[③]中，定作人在兴国县潋江镇马屋山"吉锦豪庭"边建设房屋，承揽人为其安装木工模板，定作人预付5000元工程款给承揽人购买模板，二楼完工后，定作人付2000元，余款在工程完工验收合格后支付完毕。合同签订后，承揽人依合同施工，至2008年春已完成第三层；之后，定作人未按约定建设四层，其交付的工作成果存在质量问题，双方未进行检验及结算，签订的"协议书"也未就违约责任作出明确约定，而本案所涉房屋修理、重作的成本过分高于定作人应支付的工程款。法院认为，本案所涉房屋修理、重

---

① 根据《德国民法典》第三百二十三条第五款的规定，瑕疵不显著时，定作人不得解除合同；但是针对减少报酬，《德国民法典》排除了此种情形的适用，即瑕疵不显著时，定作人仍然可请求减少报酬。

② 邱聪智：《新订债法各论》（中），中国人民大学出版社2006年版，第58页。

③ 赣州市中级人民法院（2009）赣中民四终字第203号民事判决书。

作的成本过分高于定作人应支付的工程款，因此，法院确定承揽人应承担减少报酬的违约责任。

(五)损害赔偿

我国《民法典》第七百八十一条规定了承揽人交付的工作成果不符合质量要求的，定作人可以要求其赔偿。根据《德国民法典》第六百三十四条的规定，当工作成果出现瑕疵时，定作人应先要求承揽人继续履行，只有在后续履行未果或者根据情况无须后续履行宽限期，且可归责于承揽人时，定作人可要求损害赔偿。此外，当承揽人依法可免于后续履行时，定作人无须催告即可要求承揽人承担损害赔偿责任。承揽人承担损害赔偿责任以承揽人存在过错为要件，除非承揽人证明自己无过错，否则即被推定存在过错。我国台湾地区"民法"第四百九十五条规定："因可归责于承揽人之事由，致工作发生瑕疵者，定作人除依前二条之规定，请求修补或解除契约，或请求减少报酬外，并得请求损害赔偿。"在我国台湾地区，定作人行使损害赔偿请求权，须以可归责于承揽人之事由为必要，且请求损害赔偿与请求修补、解除契约、请求减少报酬可并存行使；质量瑕疵责任之归责原则为无过错责任，而可归责于承包商之事由致建设工程存有物之瑕疵时，承包人更须承担瑕疵担保责任，唯承包人之物之瑕疵担保责任方式有细微不同：承包人无过错时，发包人仅得行使瑕疵修补请求权、减少报酬请求权或解除合同，并无损害赔偿请求权适用之余地；但如果建设工程质量瑕疵因可归责于承包人之事由所致，发包人除得行使上述请求权外，可并存行使损害赔偿请求权。①

我国《民法典》第七百八十一条仅规定了工作成果存在瑕疵时定作人享有损害赔偿请求权，而对于损害赔偿的条件、范围及其与其他救济方式的关系并不明确。根据相关规定，可知我国《民法典》实行严格责任原则，因此，发包人行使损害赔偿请求权与承包人承担瑕疵损害赔偿责任不以承包人有过错为要件。

如果发包人未通知承包人或无正当理由拒绝承包人履行维修义务，而另行委托他人维修时，其支出的维修费用能否要求承包人赔偿？原则上，质量问题是承包人造成的，维修费用最终应由承包人承担。如果发包人另行委托他人进行维修，可能存在他人过度维修导致维修费用虚高的问题。所以发包人擅自委托他人进行维修，其向承包人追偿维修费用应以承包人自行维修费用为限。《北京市高级人民法

① 林诚二：《民法债编各论》(中)，中国人民大学出版社2006年版，第71页。

院关于审理建设工程施工合同纠纷案件若干疑难问题的解答》第三十条规定:“因承包人原因致使工程质量不符合合同约定,承包人拒绝修复、在合理期限内不能修复或者发包人有正当理由拒绝承包人修复,发包人另行委托他人修复后要求承包人承担合理修复费用的,应予支持。发包人未通知承包人或无正当理由拒绝由承包人修复,并另行委托他人修复的,承包人承担的修复费用以由其自行修复所需的合理费用为限。”《福建省高级人民法院关于审理建设工程施工合同纠纷案件疑难问题的解答》第十一条规定:“因承包人的原因造成建设工程质量不合格的,承包人应当承担合理的修复费用。发包人无正当理由拒绝由承包人修复而另请他人修复的,因另请他人而增加的费用不应由承包人承担。”

在汪清县宝泉房地产开发有限公司(发包人)诉江苏长安建设集团有限公司(承包人)建设工程施工合同纠纷案①中,发包人与承包人签订《建设工程施工合同及补充条款》,将其开发的某工程发包给承包人施工。合同签订后,承包人在对综合楼外墙体玻璃丝棉保温板施工时,仅对玻璃丝棉保温板进行了防火检测,便将该材料直接用于施工中并交付了工程(该建筑材料在施工时没有附产品合格证及使用说明)。因承包人已完工程尚存在质量问题需要整改,未能通过验收。后承包人施工的综合楼外墙体玻璃丝棉保温板发生脱落,由承包人将该工程发包给第三人完成施工,竣工时间延迟600余天。法院认为,案涉工程未能通过竣工验收的原因系承包人施工的工程质量存在缺陷,不符合竣工验收交付条件,故应认定系承包人的原因造成工期延误,承包人构成违约,依据合同约定应承担违约责任,且应承担逾期竣工违约责任,赔偿工期损失。考虑到发包人的止损义务及违约金约定过高,法院予以调低。

七、建设工程质量保修责任

工程竣工验收后,承包人根据工程质量保修书中约定的保修范围和保修期限对工程的质量问题进行保修的行为是保修责任。法律规定了最低保修范围和最低保修期限,合同当事人可以约定将该保修范围和保修期限延长,但不得约定低于该范围的保修范围和保修期限。关于建设工程质量保修责任,法律规定主要为;(1)保修范围,包括基础设施工程、建设的地基基础工程、主体结构工程、屋面防水工程、供暖供冷系统等项目。(2)保修期,应当按照保证建筑物的合理使用寿命内

① 参见最高人民法院(2018)最高法民再235号民事判决书。

正常使用,维护使用者合法权益的原则确定。依照保修项目不同保修期限各有不同,保修期自竣工验收合格之日起算。(3)保修期内的损害赔偿责任,根据《建设工程施工合同司法解释(一)》第十八条的规定,保修人如果不及时履行保修义务,导致建筑物毁损或造成人身损害、财产损失的,保修人应当承担损害赔偿责任。

依据《质量管理条例》可知,建设工程质量保修责任大致有以下三种形式:(1)建设工程合同,发包人与承包人可于合同项下对建设工程质量保修予以约定;(2)质量保修书,建设工程承包人在向发包人提交工程竣工验收报告时,承包人就保修范围与保修期限的相关问题出具质量保修书;(3)承包人单方允诺,承包人向发包人允诺完工之工程具备约定之品质。

在浙江一帆钢结构有限公司(以下简称一帆公司)与雅鼎卫浴股份有限公司(以下简称雅鼎公司)、建德市华新建筑有限公司(以下简称华新公司)建设工程施工合同纠纷案①中,雅鼎公司与华新公司签订了《建设工程施工合同》一份,约定由华新公司对雅鼎公司的厂房进行施工,华新公司在质量保修期内承担工程质量保修责任。双方还签订了工程质量保修书,保修书规定:质量保修范围包括地基基础工程、主体结构工程、屋面防水工程和双方约定的其他土建工程,以及电气管线、上下水管线的安装工程,供热、供冷系统工程等项目;质量保修期从工程实际交付使用之日起算,土建工程按照设计标准要求保修,屋面防水工程保修期为 5 年:并且约定了保修人在接到修理通知 7 日内进行修理,如逾期未修理,雅鼎公司可自行委托第三方修理,保修费用从质保金中扣除;质保金为决算总造价的 2%。后来华新公司将该工程的钢结构金属彩钢瓦屋顶分包给一帆公司施工,质量保修期为工程竣工验收合格之日起 1 年。工程竣工验收合格。2011 年 7 月,雅鼎公司发现厂房屋面的部分夹心板出现大面积腐烂生锈,在发函要求华新公司按照质量保修书派人对生锈部分进行维修无果后,再次发函催促,亦无果。雅鼎公司起诉华新公司和一帆公司,要求支付返修费用。法院认为,在本案中,雅鼎公司将厂房工程发包给华新公司,华新公司再将钢结构金属彩钢瓦屋顶分包给一帆公司,故华新公司应就厂房钢结构金属彩钢瓦屋顶质量与一帆公司承担连带责任。雅鼎公司与华新公司签订的质量保修书中对屋面防水工程约定的质保期为 5 年,符合《建筑法》和《质量管理条例》的有关规定,合法有效。华新公司与一帆公司约定的质保期为 1 年,该约定不能对抗雅鼎公司,且违反了法律关于屋面防水工程的最低保修期为 5 年的强制性

① 参见杭州市中级人民法院(2013)浙杭民终字第 2450 号民事判决书。

规定,应属无效。华新公司与一帆公司应当按照质量保修书对工程质量承担保修责任。从该案中,可以看到工程质量保修责任的保修范围、保修期限可由合同双方约定,但是约定的保修期限不得少于法律的强制性规定。

建设工程质量瑕疵责任与质量保修责任的区别:

1. 责任的起算点不同。承包人之质量瑕疵责任自建设工程竣工交付之日起算,而质量保修责任自竣工验收合格之日起算。

2. 归责原则不同。承包人之质量瑕疵责任采取过错责任,以瑕疵的存在可归责于承包人为必要;关于质量保修责任的归责原则,根据法律规定,承包人在保修期限内对保修项目承担过错推定责任,但从《建设工程施工合同司法解释(一)》第十八条关于建设工程毁损或致人身损害、财产损失时的责任承担方式的规定,可知承包人因质量问题承担损害赔偿责任应以过错为要件。

3. 存在形式不同。承包人之质量瑕疵责任之理论基础为"债务不履行",即便当事人对建设工程质量没有约定,也不免除承包人之瑕疵责任,因为发包人有正当理由期待承包人交付之工作成果为"无瑕疵"工程;而建设工程质量保修责任则往往需要通过合同约定、工程质量保修书等表现形式存在,需要当事人约定。

4. 责任承担方式不同。承包人之质量瑕疵责任,发包人可行使瑕疵修补请求权、重作请求权、减少报酬、合同解除权等救济方式;而质量保修责任一般以保修人修复质量问题为主,在保修人怠于保修造成损害时,方可主张损害赔偿。

八、建设工程缺陷责任

建设工程缺陷责任的法规依据为建设部与财政部联合发布的《质保金管理办法》。缺陷责任制度最初源于《FIDIC 施工合同条件》(新红皮书 1999 年第一版)通用合同条款第四十九条①,我国将相关制度引入,并集中体现在《质保金管理办法》之中,在《标准施工招标文件》第十九条②详细约定了缺陷责任。关于缺陷责任主要

---

① 《FIDIC 施工合同条件》(新红皮书 1999 年第一版)通用合同条款第 49.2 条约定:"为了在缺陷责任期满时或在缺陷责任期满后的尽量短的期间内,将工程以合同所要求的条件(合理的磨损和消耗除外),并使工程师满意的状态移交给业主,承包人应该:(a)如在发给证书的竣工之日尚遗留有任何未完工作,尽快予以完成;(b)在缺陷责任期内或缺陷责任期终止后 14 天内,承包人应根据工程师或其代表在缺陷责任期终止之前的检查结果发出的指示,进行修补、重建,修复缺陷、变形及其他不合格之处。"

② 《标准施工招标文件》第 19.2.1 项规定:"承包人应在缺陷责任期内对已交付使用的工程承担缺陷责任。"第 19.2.2 项规定:"缺陷责任期内,发包人对已接收使用的工程负责日常维护工作。发包人在使用过程中,发现已接收的工程存在新的缺陷或已修复的缺陷部位或部件又遭损坏的,承包人应负责修复,直至检验合格为止。"

有以下几个方面:(1)缺陷责任的内容包括修补缺陷和现场清理。一般情况下,工程通过竣工验收,修补缺陷,对工程的使用功能影响不大。承包人应当在合理期限内修补缺陷。所谓现场清理,是指承包人须于该时间内从施工现场运走其施工设备、剩余材料、残物等。① (2)缺陷责任期是双方约定的期限,一般为6个月、12个月或24个月;双方当事人也可在合同中约定,同时明示在投标书中。缺陷责任期自工程通过竣工验收之日起计算。由于发包人原因导致工程无法按照规定期限竣工验收的,自承包人提交竣工验收报告满90天起,工程自动进入缺陷责任期。(3)缺陷责任之实现方式为工程质量保证金,保证金来源为发包人与承包人在合同中约定的预留工程款,在实践中质保金具体数额一般为工程价款的3%~5%。

建设工程质量瑕疵责任与缺陷责任之区别:

1. 法律依据不同。承包人之质量瑕疵责任,法律依据为《民法典》的规定,而缺陷责任之法律依据,为国务院部门规章《质保金管理办法》,该责任源于《FIDIC施工合同条件》(新红皮书1999年第一版)。

2. 责任期间不同。承包人之质量瑕疵责任期间自竣工交付之日起算;而缺陷责任期间一般为6个月、12个月或24个月,自竣工验收合格之日起算,因发包人导致无法按期验收的,在承包人提交竣工验收报告满90天起计算。

3. 责任内容不同。建设工程质量瑕疵责任是法定责任,承包人应交付无瑕疵的工作给发包人;而缺陷责任内容包括修补缺陷和现场清理。

4. 责任承担方式不同。依据《民法典》第七百八十一条的规定,承包人之质量瑕疵责任,在责任承担方式上有多种救济方式,而缺陷责任则以工程质量保证金预留款为责任承担方式。

通过以上对承包人之质量瑕疵责任与质量保修责任、缺陷责任不同之处的分析,可以看出质量瑕疵责任对发包人的"保护"更为全面,主要体现在救济方式上。另外,承包人之质量瑕疵责任为法定责任,即使双方当事人未作约定,发包人也可以要求承包人承担质量瑕疵责任。

【条文适用】

一、本条所规定承包人的质量瑕疵责任,归责原则为过错责任

《民法典》第五百七十七条规定:"当事人一方不履行合同义务或者履行合同义

---

① 范殷伟、沈杰:《辨析缺陷责任期与保修期》,载《建筑管理现代化》2007年第6期。

务不符合约定的,应当承担继续履行、采取补救措施或者赔偿损失等违约责任。”这一规定确立了合同违约的无过错归责原则。但本条系《民法典》第五百七十七条的例外,采过错责任。不但本条中明确有“因施工人的原因致使建设工程质量不符合约定的”的过错因素表述,《建设工程施工合同司法解释(一)》第十二条规定:“因承包人的原因造成建设工程质量不符合约定,承包人拒绝修理、返工或者改建,发包人请求减少支付工程价款的,人民法院应予支持。”亦秉持过错责任原则。

建设工程合同采过错归责原则,是承揽合同采用过错归责原则的体现。《民法典》第七百八十一条规定:“承揽人交付的工作成果不符合质量要求的,定作人可以请求承揽人承担修理、重作、减少报酬、赔偿损失等违约责任。”第七百八十四条规定:“承揽人应当妥善保管定作人提供的材料以及完成的工作成果,因保管不善造成毁损、灭失的,应当承担赔偿责任。”均属承揽人过错原则的规定。

根据本条及《建设工程施工合同司法解释(一)》第十二条的规定,因质量缺陷,施工人应承担的法律后果包括:(1)因施工人的原因致使建设工程质量不符合约定的,施工人应承担修理、返工或改建等返修义务,直至工程的质量符合合同约定标准和国家标准;(2)如因修理、返工、改建导致工期延误的,相应延误期间不予顺延,且施工人还需承担工期延误的违约责任;(3)因施工人怠于修理、返工、改建导致工程存在质量问题而无法通过竣工验收的,施工人无权要求获得相应的工程价款。

二、承包人的质量瑕疵责任,适用与有过失原则

工程质量不符合约定,既有施工人的责任又有其他主体的责任时,由施工人和其他责任主体共同承担责任。发包人和承包人对工程质量缺陷均有过错的,各自按过错大小承担质量缺陷责任。

工程质量缺陷有多个责任主体的,可以减轻施工人的相应责任。在最高人民法院(2016)最高法民再367号民事判决书中,施工人应对工程质量缺陷承担责任,但施工人施工过程中的每一道工序都已由建设单位、设计单位、勘察单位、监理单位、质检单位参与验收,且都是在上述单位认可其上一工序质量合格之后才进入下一工序施工的,现涉案厂房基础工程质量最终被鉴定为成批不合格,责任不完全在施工人,施工人仅承担其相应份额的责任。

根据《民法典》第八百零三条及《建设工程施工合同司法解释(一)》第十三条的规定,发包人具有下列情形之一造成工程质量缺陷的,应当承担过错责任或相应减免承包人的责任:

1. 发包人存在设计或指示上的过失。在建设工程合同中,承包人按照发包人的设计要求或者指示进行施工工作,如果发包人提供的设计有缺陷或者对承包人的工作指示上存在过失而造成工程存在瑕疵,应由发包人自己承担该瑕疵责任。在宁夏回族自治区高级人民法院(2015)宁民终字第116号民事判决书中,发包人未提供系统的设计文件、施工图纸及工程规范,工程监理未完全履行监理职责,未能尽早发现工程质量隐患,是导致工程在验收合格后又发现质量问题的主要原因,发包人应承担主要责任;施工人在发包方未提供上述文件的情况下,应按行业操作规范进行规范施工,或待发包人提供文件后施工,但施工人施工过程中,用水泥封堵接口而未安装橡胶圈,是造成工程质量问题的另一原因,亦应对损失承担一定的责任。

2. 发包人提供或者指定购买的建筑材料存在质量问题。在建设工程施工合同中,发包人可能要求建筑材料由自己提供或者指定承包人购买何种材料或到何处购买材料。当建筑材料由发包人提供,材料不符合强制性标准且工程质量瑕疵与材料瑕疵之间具有因果关系时,发包人不得要求承包人承担质量瑕疵责任。

《建筑法》第五十四条规定:"建设单位不得以任何理由,要求建筑设计单位或者建筑施工企业在工程设计或者施工作业中,违反法律、行政法规和建筑工程质量、安全标准,降低工程质量。建筑设计单位和建筑施工企业对建设单位违反前款规定提出的降低工程质量的要求,应当予以拒绝。"《质量管理条例》第二十八条第二款规定:"施工单位在施工过程中发现设计文件和图纸有差错的,应当及时提出意见和建议。"第二十九条规定:"施工单位必须按照工程设计要求、施工技术标准和合同约定,对建筑材料、建筑构配件、设备和商品混凝土进行检验,检验应当有书面记录和专人签字;未经检验或者检验不合格的,不得使用。"以上规定,设定了承包人应当拒绝发包人非法降低工程质量标准的要求,以及为保证工程质量而负有的检验材料、提出建议等义务。如果施工人怠于履行相应义务,承包人应按过错大小承担相应责任。

例如,在浙江顺宇混凝土有限公司(以下简称顺宇公司)、张某田与浙江千百卉家纺有限公司(发包人)、浙江省浦江天顺建筑工程有限公司(以下简称施工人)建设工程合同纠纷再审案①中,顺宇公司提供的混凝土抗压强度达不到设计要求,是涉案房屋梁柱产生裂缝的原因之一;发包人与混凝土公司的购销合同约定,商品混

---

① 参见浙江省高级人民法院(2017)浙民再347号案民事判决书。

凝土送货到现场后，发包人应对坍落度当场进行检测，并按规定取样试验，但发包人在交货时对顺宇公司交付的混凝土质量并未提出异议，怠于行使质量检验权；根据鉴定意见，施工人施工不当具体体现为“因施工支模未经验算或验算不当导致楼面施工荷载标准值超设计活载标准值，造成施工阶段相应楼面结构超载且拆模时的构建混凝土强度低于设计抗压强度等级的100%（宿舍楼及厂房一）或75%（厂房二）”，故对于工程质量缺陷，三方均有责任。发包人怠于行使混凝土质量检验，顺宇公司提供的混凝土质量不合格，实际施工人存在施工不当问题，故法院认定三方对质量损失均应承担相应责任。

再如，在重庆双庆产业集团有限公司（发包人）诉重庆市渝万建设集团有限公司（承包人、施工人）建设工程施工合同纠纷案①中，发包人和承包人签订《工程施工合同书》，约定由承包人承建发包人B厂房基础工程；后双方又签订《建设工程施工合同》，约定发包人厂房工程113,424平方米发包给承包人。由于该工程未取得施工许可证，双方认可本案争议工程停工并撤场；重庆市建设工程质量检验测试中心对B厂房进行检测，作出厂房质量不符合要求的结论；但在此过程中，施工人的每一道工序都有相关单位发文予以认可。现双方在解除合同关系后就工程款返还和施工质量问题及相关违约损失赔偿产生争议。法院认为，施工人在施工过程中的每一道工序都已由建设单位、设计单位、勘察单位、监理单位、质检单位参与验收，且都是在上述单位认可其上一工序质量合格之后才进入下一工序施工，现涉案厂房基础工程质量被鉴定为成批不合格，责任不完全在施工人，施工人仅承担其相应份额的责任。

3. 发包人直接指定分包人分包专业工程。在建设工程合法分包的情形中，分包人应向承包人负责，二者共同对分包工程的质量向发包人承担连带责任。如果是发包人直接指定分包人，分包人的资质和等级都是由发包人来判断，直接分包人就其完成之工作向发包人承担责任，若非因承包人过错导致分包工程出现质量瑕疵的，则应由发包人承担责任。②

4. 发包人的擅自使用行为。发包人在工程完工后，未组织相关单位验收而擅自使用，又以使用部分质量不合格为由主张权利的，法院不予支持。当然，不宜简单地

① 参见最高人民法院（2016）最高法民再367号民事判决书。

② 《施工合同司法解释一》第十二条规定：“发包人具有下列情形之一，造成建设工程质量缺陷，应当承担过错责任：（一）提供的设计有缺陷；（二）提供或者指定购买的建筑材料、建筑构配件、设备不符合强制性标准；（三）直接指定分包人分包专业工程。承包人有过错的，也应当承担相应的过错责任。”

以发包人擅自使用即可推定工程竣工验收合格，但在处理发、承包双方之间的内部法律关系时，可以认为发包人在使用未经竣工验收的工程时主观上具有承担工程质量现状风险的意图，在擅自使用与质量缺陷相关的范围内适当减免承包人就工程质量应承担的质量瑕疵责任因而也就具备了意思自治的正当化基础。

值得注意的是，承包人免除责任的范围应限定在发包人已擅自使用部分，未使用的部分承包人仍应承担质量瑕疵责任。

5. 合意减免。除了上述法律规定的减免承包人责任的情形之外，依据意思自治原则，双方存在合意免除或者限制质量瑕疵责任的约定亦可成为承包人不承担责任的事由。

三、发包人对建设工程质量瑕疵责任承担方式的合理选择

建设工程质量存有瑕疵，发包人可向承包人主张瑕疵修补请求权、返工（重作）请求权、减少报酬请求权、损害赔偿请求权。对此，我国《民法典》第七百八十一条尚未说明各请求权之间内在关系为何？系并列选择行使关系，抑或有其他关系？上述各项请求权之间关系复杂，应结合建设工程存有物之瑕疵程度、权利行使时间顺序等因素综合考虑发包人行使质量瑕疵请求权的顺位。

关于修理、返工、改建的具体运用，须根据质量缺陷的具体情景而定。在质量缺陷轻微时，通过修理即可消除质量问题的，采用修理方式；在质量问题较为严重，非经拆除重新作业不能消除质量缺陷的，应当采用返工形式；在质量缺陷仅可通过改建消除或通过改建达到建设单位要求时，施工人应当改建。

根据《民法典》第五百六十三条第三款的规定，已经完成的建设工程质量不合格的，承包人拒绝修复的，发包人有权请求解除合同。《建设工程施工合同司法解释（一）》第十二条规定承包人的原因造成工程质量不符合约定的，承包人拒绝修复、返工或者改建，发包人有减少报酬请求权。因此，发包人行使减少报酬请求权和合同解除权的前提条件是，在工程出现瑕疵时发包人及时通知承包人要求其修复而承包人拒绝修复。

从比较法上看，大陆法系国家或者地区的立法一般都有规定修补作为第一顺位的救济方式。《德国民法典》第六百三十四条规定分四款列举定作人的瑕疵救济权，“继续履行”排列第一。也就是继续履行请求权是第一顺位的请求权，当工作瑕疵存在时，定作人首先必须依照继续履行请求权主张权利，只有承揽人在所定期限内未履行时，定作人才能行使自行排除瑕疵、减少报酬、解除合同、损害赔偿等权利。

根据我国台湾地区“民法”第四百九十三条和第四百九十四条的规定,定作人的修补请求权优先于减少报酬请求权和合同解除权。

我国《民法典》第七百八十一条在表述时,将“修理”放在“重作”前,将“重作”放在“减少报酬、赔偿损失”前,是否意味着修理、重作比其他救济方式有优先顺位呢?这样说似乎过于武断。但是根据《民法典》第五百六十三条第三项的规定,已经完成的建设工程质量不合格的,承包人拒绝修复的,发包人有权请求解除合同。《建设工程施工合同司法解释(一)》第十二条规定承包人的原因造成工程质量不符合约定的,承包人拒绝修复、返工或者改建,发包人有减少报酬请求权。可以看出,发包人行使减少报酬请求权和合同解除权需要在工程出现瑕疵时,及时通知承包人,并且要求修复,只有在承包人拒绝修复时,才可以要求减少报酬或者解除合同。

《北京市高级人民法院关于审理建设工程施工合同纠纷案件若干疑难问题的解答》①第三十条规定:“发包人以工程质量不符合合同约定为由,要求承包人承担修复费用的,如何处理?因承包人原因致使工程质量不符合合同约定,承包人拒绝修复、在合理期限内不能修复或者发包人有正当理由拒绝承包人修复,发包人另行委托他人修复后要求承包人承担合理修复费用的,应予支持。发包人未通知承包人或无正当理由拒绝由承包人修复,并另行委托他人修复的,承包人承担的修复费用以由其自行修复所需的合理费用为限。”通过该司法意见可以看出,修复作为第一顺位的请求权,仅在修复不能、承包人拒绝修复或者发包人有合理理由拒绝承包人修复时,才产生修复费用偿还请求权。

需要注意的是,修补所需费用对于整个工程的价值和意义,以及修补所生之利益都要加以衡量。瑕疵修补所生之利益需要大于修补所需之费用。同样地,发包人在承包人拒绝修补而自行修补,向承包人主张修补费用偿还请求权时,亦须修补所生之利益大于修补所需之费用。

当工程质量出现瑕疵且不能修补时,发包人可以请求减少报酬或者解除合同。那么,除了客观事实上不能修补之外,在实务中出现的瑕疵修补费用超过工程报酬的情形也属于所谓的瑕疵不能修补。在黄某生诉肖某军建设工程合同纠纷案②中,法院指出“本案所涉房屋修理、重作的成本过分高于肖某军应支付的工程款,因此,本院确定黄某生应承担减少报酬的违约责任”。在该案中,承揽人的履行费用过高,法院因此判决承包人承担减少报酬的责任。

---

① 参见北京市高级人民法院京高法发(2012)245 号民事判决书。

② 参见赣州市中级人民法院(2009)赣中民四终字第 203 号民事判决书。

当然，这里考虑的不仅是承包人的利益，对于发包人而言，解除合同或者减少报酬不一定是有利的，取得无瑕疵之工程更有利于发包人的利益。因为合同双方当事人签订合同之目的就是建造无瑕疵之工程交由发包人。但是在考虑双方当事人利益的同时，也要遵循民法中的公平合理原则，对承包人提出合理的要求。

四、承包人是否有权选择以何种方式解决工程质量瑕疵

工程质量瑕疵的效力是否只是发包人对承包人的请求权？承包人作为工程的建造者，更加了解工程的设计、施工，承包人是否有权选择以何种方式解决工程质量瑕疵？

在潮阳第一建安总公司（承包人，以下简称潮阳一建）与上海金万年文具制造有限公司（发包人，以下简称金万年公司）建设工程施工合同纠纷案[①]中，潮阳一建认为金万年公司拖欠工程进度款便停工，并向一审法院提起诉讼，请求判令解除建设工程施工合同，判令金万年公司支付多项款项；金万年公司反诉请求解除合同，并赔偿因工程质量返工造成的拆除费用及其他费用。根据双方申请，一审法院委托鉴定机构对工程质量进行检查和评估鉴定，并且委托鉴定机构对工程质量问题提出修复方案，委托工程造价咨询公司对修复方案作出预算鉴定。一审法院认为：双方签订的合同有效，现双方提出解除合同，相互之间的信赖基础已经丧失，继续施工已经不可能，故双方签订的合同予以解除。鉴定人认为对瑕疵工程重作是扩大损失。根据法律的有关规定，对于质量不符合约定的，受损方可以合理选择要求对方承担维修、更换、重作、减少价款等责任。故受损方并无任意选择的权利。只有当不能维修时，方能选择更换；不能更换时，才可以重作。因此本案中主厂房地坪及道路两项，鉴定人对于地坪已经明确如按修复方案中所述的方法进行修复，可以保证正常安全使用，故潮阳一建应当承担维修的责任，方式是支付维修费用，而不是承担重作的责任。判决后，潮阳一建不服，提出上诉，称：工程质量问题是由潮阳一建施工不当造成的，应当由潮阳一建来维修，而不是支付维修费用。但是，金万年公司辩称，不同意由潮阳一建进行修复。二审法院驳回上诉，维持原判。

本案涉及工程质量纠纷。涉案工程的发包人和承包人都承认了工程质量问题，但是对于问题的解决方式发生争议。发包人认为承包人应当对存在的质量问题的工程部分进行拆除，而重作费用直接从工程款中扣除。承包人认为应当由自

① 参见上海市高级人民法院（2009）沪高民一（民）终字第10号民事判决书。

己进行修复,而不是重作。工程质量问题的处理,应当同时遵循安全原则和经济原则,既要保证工程质量合格,也要力争以最小的成本解决问题。当然安全原则应当优先于经济原则。因此,是选择拆除重作还是修复,在司法实践中,一般以鉴定机构的意见为准,鉴定人的专业意见是法院作出判决应当考量的因素。至于承包人有无选择修复方式的权利,从《民法典》第七百八十一条关于"定作人可以合理选择请求承揽人承担修理、重作……等违约责任"的规定来看,我国法律将该权利赋予了定作人。值得注意的是,《德国民法典》第六百三十五条规定了承揽人可以依据他的选择消除瑕疵或者完成新的工作成果,瑕疵修缮方式的选择权在承揽人。因为由承揽人享受此项选择权符合当事人的利益。对定作人而言,他所注重的只是获得无瑕疵的工作成果,承揽人以何种方式完成工作对其利益不产生影响,而且一旦承揽人选择的某种方式无法苛求他接受时,无须法律明确规定,定作人可以依据诚实信用原则拒绝接受。[①] 因为承包人质量瑕疵责任不以承包人具有过失为必要,发包人得请求修补、减少报酬或解除合同,但是考量承包人具有专业知识,修复能力较强,且相比发包人接近工程施工程序,更易于判断瑕疵可否修补,故由承包人先行修补瑕疵较能实现以最低成本获取最大收益的经济目的,因此针对工作物之瑕疵,承包人负有修复的义务,同时亦有选择修复方式的权利,然承包人应确保瑕疵修复完成后符合合同约定之品质或效用。

五、建设工程施工合同无效时,可参照合同约定的质量标准来认定承包人的义务与责任

本条的适用应以建设工程施工合同有效为前提;否则,无论是施工质量是否符合约定,还是工期是否拖延,均缺乏确定的依据。进一步讲,在施工合同无效的情形下,不存在继续履行或替代履行的可能与必要,应依照《民法典》第一百五十七条之规定,就签订及履行该无效合同所遭受的损失由双方按照过错比例分担。

在建设工程施工合同无效时,仍应参照合同约定的质量标准来认定承包人的质量责任和维修义务。在原《施工合同司法解释二》颁布之前,对于合同无效情形下应参照合同约定的质量标准承担相应责任,各地高级人民法院已有相应规定和实践。例如,《浙江省高级人民法院关于审理建设工程施工合同纠纷案件若干疑难问题的解答》第二十条规定:"合同无效是否影响关于工程质量的约定、承诺的效

---

① 齐晓琨:《德国新、旧债法比较研究——观念的转变和立法技术的提升》,法律出版社2006年版,第330页。

力？建设工程施工合同无效，不影响发包人按合同约定、承包人出具的质量保修书或法律法规的规定，请求承包人承担工程质量责任。”《北京市高级人民法院关于审理建设工程施工合同纠纷案件若干疑难问题的解答》第三十一条规定：“施工合同约定工程保修期限低于法定最低期限的条款是否有效？承包人要求返还质量保修金的，如何处理？建设工程施工合同中约定正常使用条件下工程的保修期限低于法律、行政法规规定的最低期限的，该约定无效。当事人就工程质量保修金返还期限有约定的，依照其约定，但不影响承包人在保修期限内承担质量保修责任；没有约定或约定不明的，工程质量保修金返还期限为工程竣工验收合格之日起二十四个月。建设工程施工合同无效，但工程经竣工验收合格并交付发包人使用的，承包人应依据法律、行政法规的规定承担质量保修责任。发包人要求参照合同约定扣留一定比例的工程款作为工程质量保修金的，应予支持。”《安徽省高级人民法院关于审理建设工程施工合同纠纷案件的意见》第十四条规定：“建设工程施工合同无效，但工程经竣工验收合格并交付发包人使用的，承包人应承担相应的工程保修义务和责任，发包人可参照合同约定扣留一定比例的工程款作为工程质量保修金。”在施工合同无效的情况下，合同中约定的质量标准也不得低于国家质量标准，低于法定标准的约定无效，仍应以国家标准为准。

《建设工程施工合同司法解释(一)》第六条规定：“建设工程施工合同无效，一方当事人请求对方赔偿损失的，应当就对方过错、损失大小、过错与损失之间的因果关系承担举证责任。损失大小无法确定，一方当事人请求参照合同约定的质量标准、建设工期、工程价款支付时间等内容确定损失大小的，人民法院可以结合双方过错程度、过错与损失之间的因果关系等因素作出裁判。”

发包人对造成施工合同无效也有过错的，发包人应对质量问题承担相应责任。如果因承包人不具备相应的施工资质导致施工合同无效，那么发包人在签约时应当意识到，不具备资质的承包人可能难以保质、保量完成工程，也能够认知到所签约的施工合同无效，其违法发包的行为与将来的工程质量问题存在一定的关系，亦应承担相应的责任。

合同无效的赔偿责任属缔约过失责任，因此，发包人在签约时如未严格审查承包人施工资质，甚至明知承包人无资质而与之签订合同，或者明知存在挂靠情形而签订合同，则存在过错，应承担相应责任。但施工人或实际施工人无资质，只是可能而不是必然导致工程质量问题，工程出现质量问题的主要原因还在于施工行为的不规范，故通常认为发包人的上述违法行为与工程质量问题存在一定的关联度，但不是主要原因;当出现工程质量问题时,发包人应就其违法发包行为承担次要责任,主要责任仍应由承包人承担。例如,福建省高级人民法院(2014)闽民终字第396号民事判决书认为,因涉案两份《建设工程施工合同》的承包人不具备建筑施工企业资质,原审法院认定该两份合同无效是正确的;本案桩基工程质量系由施工不规范造成,故施工人对发包人因此所遭受的损失应承担主要责任,发包人将讼争工程发包给不具有施工资质的个人,对于工程质量问题亦有过错,承担次要责任,故综合认定承包人承担其中的80%的赔偿责任。

施工合同无效时,质量损失的金额能否参照合同约定计算。在质量标准参照合同约定的情况下,合同中关于质量不符合标准的违约责任条款是否可以参照,之前存在不同观点,但《建设工程施工合同司法解释(一)》实施以后,裁判标准将趋同一。具体而言,建设工程施工合同无效的情况下,若发包人就工程质量缺陷对其造成的实际损失要求承包人赔偿的,由发包人承担举证责任;对损失进行举证,需要举证的内容包括:(1)损失的大小,这里指的是实际损失,因施工合同无效,无效合同的损失不包括可得利益损失,故本条规定的损失以实际损失为限;(2)对方当事人对损失的发生存在过错;(3)损失与过错之间存在因果关系,此处的因果关系既包括合同签订过程中的过错与损失关系,也包括合同履行过程中的过错与损失关系。

法谚云:"举证之所在,败诉之所在。"在建设工程施工合同无效时,本条规定赋予受损失一方要求赔偿的权利,但随着时间的流逝,实际损失的举证难度变得越来越大,甚至有的实际损失已被覆盖无法查证或查证难度(或成本)极大。如果严格要求当事人就实际损失进行充分举证,无疑会造成大量无法举证的情形出现,大量实际损失无法得到有效赔偿,最终导致双方实际权利义务失衡。为公平合理地解决纠纷,《建设工程施工合同司法解释(一)》第六条第二款规定:"损失大小无法确定,一方当事人请求参照合同约定的质量标准、建设工期、工程价款支付时间等内容确定损失大小的,人民法院可以结合双方过错程度、过错与损失之间的因果关系等因素作出裁判。"先参照合同约定的客观标准计算损失大小,再由人民法院依据双方的过错大小来最终认定损失责任,这无疑是对受损失一方的索赔权利的重要保护。同时,双方约定的内容虽然因合同无效而无效,但毕竟该约定符合双方的意思及预期,参照约定标准来认定相关损失也能最大限度符合公平原则。另外,须注意,按无效合同的约定确定损失大小,并非"合同无效按有效处理",而只是确定损失大小的一种方式,与合同本身的效力和约束力无关。

第八百零二条　合理使用期限内承包人的工程质量保证责任

【法条原文】

第八百零二条　因承包人的原因致使建设工程在合理使用期限内造成人身损害和财产损失的，承包人应当承担赔偿责任。

【条文主旨】

本条是关于建筑物致人损害的违约赔偿责任的规定，应将之定位为一种典型的“加害给付行为”，不仅适用场景与《民法典》中的其他条款分工清晰、界限明确，且可以借助总则条款的涵摄作用弥补其适用上的不足。

本条应适用于因工程质量瑕疵导致发包人的其他（除建筑物本身以外）财产或人身受损的情形，对于建筑物本身的损害应适用《民法典》第八百零一条。

本条在以下方面区别于建筑物致人损害的侵权责任：

1. 本条所指的“造成人身和财产损失”应限于发包人的人身和财产损害，第三人因工程质量瑕疵所遭受的人身财产损失应适用《民法典》第一千二百五十二条、第一千二百五十三条之规定。

2. 因建筑物倒塌、脱落、坠落造成的人身损害赔偿适用《民法典》第一千二百五十二条、第一千二百五十三条之规定，工程质量瑕疵以其他方式造成的人身损害赔偿适用本条规定。

建筑物因质量瑕疵以脱落、坠落或倒塌的方式造成发包人的人身财产损害的，既可适用本条规定，亦可适用《民法典》第一千二百五十二条、第一千二百五十三条，但依“合同优先”原则应优先适用本条的规定，以体现对当事人意思自治的尊重。

本条是对工程交付后的可归责于承包人的质量责任的概括性规定。当发现具体质量问题时，仍应区分该质量问题的性质（例如，瑕疵担保责任、保修责任、侵权责任等）与期限（例如，缺陷责任期、质量保修期、合理使用期限等），从而适用相应规范来主张权利和承担责任。

本条中，承包人的责任适用与有过错原则。如果造成损害既有承包人的原因，也有发包人、勘察人、设计人的原因，承包人仅承担相应部分的责任。

因本条涉及合同当事人以外不特定第三人利益的保护，故不宜视为任意性规范。

【条文释评】

一、传统民法中的加害给付行为

根据合同缔约前后阶段的不同，通常传统合同法理论将当事人的利益状况分为履行利益和信赖利益，但履行利益与信赖利益并不能完全概括合同缔约和履行过程中当事人全部的利益或损害。此外，任何合同当事人均享有人身、财产权等与给付本身无关的利益，被称为“固有利益”。缔约过失责任的损害赔偿是否包括固有利益，在理论上历来存有争议。王泽鉴教授认为，缔约过失中违反保护义务致使对方人身或财产受有损害，与缔约准备或磋商并无直接关系，非属缔约过失范畴。[①]王利明教授亦认为，缔约过程中的人身和财产等固有利益受损仅得依侵权法获得赔偿。[②] 由于债之关系中的固有利益是与履行利益、信赖利益并列的债权人利益，从而可能因债务人的加害给付或违反保护义务而受到侵害。

确定债之关系中债权人何种利益受到损害，须结合债务人的不同给付障碍形态考虑。传统合同法理论认为，合同不履行形态包括不能履行、迟延履行及瑕疵履行；但是在实践中，合同不履行还存在另外一种形态，即债务人履行债务的行为不符合当事人的约定，除了造成履行利益的损失外，还造成了债权人履行利益之外的人身及财产损害，这种形态被称为“加害给付”。[③]

因加害给付造成债权人固有利益的损害赔偿问题，德国民法经历了从积极侵害债权到统一瑕疵担保责任与一般给付障碍法的过程。德国新债法颁布之前，《德国民法典》仅有关于给付不能与给付迟延两种给付障碍的法律规范，以及一些具体合同类型中的瑕疵担保责任。而对于既非不能亦非迟延的其他债务违反形态，法典缺少相应规整。民法典之后的学说和司法实践共同创制了作为第三类给付障碍的“积极侵害债权制度”以填补法典的漏洞。其中包括“不良给付造成瑕疵以外之损害，即债务人提供的给付既非不能也非迟延，而是有瑕疵并导致债权人固有利益损害”的案件类型。例如，提供有毒的饲料致使买受人之牲畜死亡，或交付的电器

---

① 王泽鉴：《债法原理》，北京大学出版社 2009 年版，第 193 页。

② 王利明：《合同法新问题研究》（修订版），中国社会科学出版社 2011 年版，第 208 页。

③ 朱晓喆：《瑕疵担保、加害给付与请求权竞合——债法总则给付障碍中的固有利益损害赔偿》，载《中外法学》2015 年第 5 期。

漏电导致买受人人身伤害。此类损害是由瑕疵导致，但并非本来意义上的瑕疵损害，而是债权人固有的其他权利或法益遭受侵害，称为“瑕疵结果损害”。①

二、民事立法中加害给付行为与违约责任的统合与界分

目前，国际上的立法趋势是违约责任的统一化。例如，《联合国国际货物买卖合同公约》《国际商事合同通则》以及《欧洲合同法原则》均采用统一的义务违反或不履行的基本构成要件加上特别的给付障碍情形（如给付不能或迟延）。也正是在此背景下，2002 年德国新债法完成了给付障碍法的修整，将“义务违反”作为给付障碍的基本构成要件，即各种不完全给付的损害赔偿均以《德国民法典》第二百八十条为请求权基础。如果瑕疵给付造成债权人的固有利益损害（瑕疵结果损害），则涉及的赔偿不是“代替给付的损害赔偿”，而是债权人本身的人身或财产法益。该损害赔偿的请求权基础是第二百八十条第一款，其与瑕疵损害赔偿请求权基础最大的不同在于：不需要其他的额外要件（例如，催告），尤其是债权人不需要为债务人设定补救（再履行）的期限，因为此时债权人的法益已受侵害，补救已无意义。

我国台湾地区“民法”的不完全给付概念来源于日本，但就不完全给付的具体构成而言，却系借助德国积极侵害债权理论而发展完善。我国台湾地区“民法”债编于 1999 年修订后，在第二百二十七条规定：“因可归责于债务人之事由，致为不完全给付者，债权人得依关于给付迟延或给付不能之规定行使其权利。因不完全给付而生前项以外之损害者，债权人并得请求赔偿。”可见，将不完全给付分为瑕疵给付和加害给付，前者因其情事而分别适用给付迟延或给付不能，后者赋予固有利益之损害赔偿，法律适用更加清晰准确。②

在英美法系中，虽然没有“加害给付”或“积极侵害债权”等概念，但却有类似的判例制度。对有关契约中的加害行为通过其他方法如“损害的可预见性”与“损害是否由违约行为自然引起”等方法解决，以达到与大陆法系相同的规制目的。③ 例如，英国 1978 年的 H. Parsons（Livetock）v. Uttley. Ingham & Co. Ltd 一案，作为被告的设备出卖一方向作为原告的农场主提供一个大漏斗，这个大漏斗被用来装养猪的饲料，并且被告一方对这个大漏斗进行了正确的安装。不幸的是被告忘记打开

---

① 朱晓喆：《瑕疵担保、加害给付与请求权竞合——债法总则给付障碍中的固有利益损害赔偿》，载《中外法学》2015 年第 5 期。

② 黄立：《民法债编总论》，中国政法大学出版社 2002 年版，第 455 页。

③ 苑书涛、谢雪凯：《论德国民法中的积极侵害债权——以德国〈债法现代法〉为背景》，载《江西社会科学报》2011 年第 5 期。

漏斗顶部的通风设备，结果一些饲料开始发霉，导致猪开始生病，并由这最初的疾病引发了非常严重的猪瘟，最终造成许多头猪死亡。法院最终判决，被告应对于原告农场主因为其不告知的行为导致的病死的或者生病的猪予以相应赔偿，因为农场主的这些损失是在订立合同过程中可预见的结果。[①] 由本案可以看出，被告方为原告方提供并安装了大漏斗为履行了这个买卖合同中的主给付义务，但是他作为一名专业人员却没有谨慎地尽到告知原告应对漏斗及时通风的附随义务，因此被告方的行为构成了不完全给付，并应当承担损害赔偿责任。

我国以《民法典》第五百七十七条为中心构建了一个统一的违约责任体系，其中，加害给付亦被归入债务人履行合同义务不符合约定的违约形态中。《民法典》第五百八十三条规定："当事人一方不履行合同义务或者履行合同义务不符合约定的，在履行义务或者采取补救措施后，对方还有其他损失的，应当赔偿损失。"通常认为，此处所指的"其他损失"即履行利益以外的固有利益，该条可以作为合同当事人因对方的加害给付行为请求赔偿损失的请求权基础。

值得注意的是，无论是《民法典》还是《合同法》均未对承揽合同中的加害给付进行专门的规定。《民法典》第七百八十一条规定："承揽人交付的工作成果不符合质量要求的，定作人可以要求承揽人承担修理、重作、减少报酬、赔偿损失等违约责任。"该条系关于承揽人因工作成果质量不符合约定所承担违约责任的规定。具体而言，承揽人所交付的工作成果不符合质量标准的，承揽人应当对工作成果负瑕疵担保责任，定作人有权要求承揽人承担违约责任。[②] 可见，该条规定的定位与《民法典》第八百零一条关于建设工程质量瑕疵责任的规定定位相同。

三、加害给付行为的构成要件

（一）须当事人之间存在合同关系

要构成加害给付，前提是当事人之间存在一个合同之债的关系，并且这个合同之债是合法有效的。如果当事人之间不存在合同关系，在一方当事人的人身或者财产利益受到损害的时候，只能运用缔约过失责任或侵权责任去规制，而与加害给付无关。

---

① 李永军：《合同法》，法律出版社 2004 年版，第 600 页。

② 胡康生：《〈中华人民共和国合同法〉释义》（第 2 版），法律出版社 2009 年版，第 120 页。

（二）须债务人违反了依合同而产生的义务

加害给付的责任首先是一种违约责任，是债务人不当履行的后果。合同是当事人之间创设、变更、终止民事权利义务的关系，在合同成立并生效后，当事人应当切实有效地履行自己在合同中的义务，从而保证对方当事人的利益能够得到充分的实现。

（三）须债务人的行为构成了债权人固有利益的损害

所谓履行利益，是指依债务人债之本旨的发生应当向债权人履行的利益。例如，买卖合同中买受人得到出卖人交付的标的物的利益，建设工程施工合同中发包人得到承包人交付的合格工程的利益。

在大安市鑫立食品有限公司（发包人）诉松原市百合建设安装有限责任公司（承包人）建设工程施工合同纠纷案[①]中，发包人与承包人签订一份《轻钢厂房制作安装合同书》，竣工后，承包人将已完工程交付发包人使用。约半年后冷库顶棚坍塌，发包人即时通知承包人，承包人也派员到现场进行了勘察，双方就顶棚坍塌事宜协商未果，发包人诉讼到法院，要求赔偿因冷库坍塌造成的损失，包括发包人食品公司冷库中食品因被氨气污染所造成的损失。承包人认为，冷库顶棚坍塌不是其造成的，拒绝赔偿。发包人并未向承包人提供设计图纸，该项工程实际设计方系承包人，但承包人没有设计资质。法院认为，建筑物坍塌事故的根本原因系设计不合理，承包人作为专业的建筑企业，明知自己没有设计资质而实施设计行为，并依不合理的设计施工，应承担主要责任，发包人将案涉工程交由没有设计资质的百合安装公司进行设计，应承担次要责任。

（四）须加害给付的行为归责于债务人

加害给付行为归责于债务人，即要求债务人主观上有过错。这里的过错责任可以理解为过错推定责任，即如果债务人不能证明自己的履行行为所造成的损害后果是不可抗力或者其他可以免责的事由所造成的，就推定债务人存在过错，应该承担加害给付责任。同时，应当指出的是，如果债务人的履行行为存在履行辅助人，由于履行辅助人与债权人之间不存在合同关系，只是辅助为债务人履行债务，由此

① 参见吉林省高级人民法院（2013）民申字第908号民事裁定书。

产生的法律效果和责任应由债务人承担。所以,因履行辅助人的不适当履行而产生的加害给付责任,应由债务人承担。

四、建筑物的合理使用期限

本条主要针对已经交付的建设工程,因质量瑕疵造成他人人身财产损失设定了索赔的期限,即"建筑物的合理使用期限"。

工程设计合理使用年限的起算时间,根据国务院发布的《〈建设工程质量管理条例〉释义》对第二十一条的释义,工程合理使用年限是指从工程竣工验收合格之日起,工程的地基基础、主体结构能保证在正常情况下安全使用的年限。① 因此,工程设计合理使用年限应从工程竣工验收合格之日起算。

《建筑法》第八十条规定:"在建筑物的合理使用寿命内,因建筑工程质量不合格受到损害的,有权向责任者要求赔偿。"本条中"合理使用期限"与《建筑法》第六十二条中关于建筑工程实行质量保修制度时所称的"建筑物合理使用寿命"基本一致。《民用建筑设计通则》(GB 50352 - 2005)使用的就是"设计使用年限"的概念,按照该规范的规定,各类建筑的设计使用年限分别为:临时性建筑为 5 年;易于替换结构构件的建筑为 25 年;普通建筑和构筑物为 50 年;纪念性建筑和特别重要的建筑为 100 年。关于合理使用年限的确定,根据《民用建筑设计通则》(GB 50352 - 2005)的条文说明,该合理使用年限主要指建筑主体结构设计使用年限,而该年限是根据《建筑结构可靠度设计统一标准》(GB 50068 - 2001)确定的。因此,"设计使用年限"是指建筑结构的设计使用年限。② 在正常使用条件下,基础设施工程、房屋建筑的地基基础工程和主体结构工程的最低保修期限即为设计文件规定的该工程的合理使用年限。③

无论是《合同法》第二百八十二条的"合理使用期限",还是《建筑法》第八十条的"合理使用寿命",抑或是《民用建筑设计通则》的"民用建筑设计使用年限",都是针对建筑物整体或者说是作为一个建筑产品来说的合理寿命期限,这个寿命期限是由建筑物构建的基础和主体结构决定的。在这个合理使用期限内,因建筑物

---

① 参见《国务院法制办:〈建设工程质量管理条例〉释义》,载百度文库:https://wenku.baidu.com/view/dbf71f06974bcf84b9d528ea81c758f5f61f2988.html,最后访问日期:2019 年 12 月 18 日。

② "设计使用年限"的概念,肇始于 1998 年国际标准《结构可靠度总原则》(ISO2394:1998)中的"design working life",即结构或结构构件不需要大修即可按其预定目的使用的期间。

③ 高印立、赵怡红:《中国法下与建设工程质量相关的期间和责任概念辨析》,载《北京仲裁》2018 年第 2 期。

整体或其某一部位、某一物件造成该建筑物本身以外的人身财产损害的，承包人应承担赔偿责任。例如，建筑倒塌造成物毁人亡，幕墙玻璃、石材脱落砸伤过路人等损害。对施工承包人来说，即使发生损害时，超过质量保修期多年，若发生的损害与其施工质量存在缺陷有关，亦应承担质量赔偿责任。

法律规定"合理使用期限"的意义在于，即使保修期经过，施工人仍应对因工程质量缺陷给他人造成的损害承担赔偿责任。对于地基基础工程和主体结构而言，其承担质量责任的责任期间即设计使用年限。但对于地基基础工程和主体结构以外的其他建筑部分来说，其承担质量责任的责任期间，应当与该部分的合理使用寿命相同。

本条中的"合理使用期限"，就建筑结构而言即"设计使用年限"，同时"合理使用年限"还可涵盖建筑结构以外的其他工程部分。

《质量管理条例》第四十条第一项规定的基础和主体结构的最低保修期为"设计文件规定的该工程的合理使用年限"。显然，这个合理使用年限不能低于《民用建筑设计通则》的规定。在这个期限内发生基础或主体结构的质量问题，与施工承包人的施工有关联的，施工承包人应承担无偿修理、返工的相应责任。例如，浙江奉化居敬小区 29 幢楼房 70 年使用权，仅仅过了 20 年就坍塌了。如果塌楼前检测断定基础或结构有质量问题，且不属于设计缺陷或产权人擅自拆改等使用问题，也非不可抗力事件造成，确认是施工质量缺陷的，施工单位就应承担加固修理，甚至重建的责任。

但是，对于建筑结构以外其他工程，如防水、装修等工程，并非均有明确的设计使用年限，此处更多使用"合理使用年限"的概念。建筑结构以外其他工程的合理使用年限散见于相关的技术规范，但有明确规定的比较少。例如，《外墙外保温工程技术规程》（JGJ 144－2004）第 3.0.10 条规定，在正确使用和正常维护的条件下，外墙外保温工程的使用年限不应少于 25 年。同样，对于外墙面砖、干挂花岗岩、幕墙等外墙装饰装修工程来说，其不属于主体结构工程，因而也就不能适用《质量管理条例》第四十条规定的主体结构合理使用年限的规定。

关于其他类型工程的合理使用年限，主要有：(1) 铁路桥涵：《工程结构可靠性设计统一标准》（GB 50153－2008）附录 A 第 A.2.3 条规定，铁路桥涵结构的设计使用年限应为 100 年。(2) 公路桥涵：《工程结构可靠性设计统一标准》（GB 50153－2008）附录 A 第 A.3.3 条规定，公路桥涵结构的设计使用年限如下：①小桥、涵洞的设计使用年限为 30 年；②中桥、重要小桥的设计使用年限为 50 年；③特大桥、大桥以及重要中桥的设计使用年限为100年。(3)港口工程:《工程结构可靠性设计统一标准》(GB 50153－2008)附录A第A.4.3条规定,港口工程结构的设计使用年限如下:①临时性港口建筑物的设计使用年限为5~10年;②永久性港口建筑物的设计使用年限为50年。(4)地铁工程:《地铁设计规范》(GB 50157－2013)条文说明中第1.0.12条规定,除主体结构外,例如车站内部的钢筋混凝土楼板、站台板等,以及地铁运营控制中心等一些地面的重要建筑物,当损坏或大修会危及安全或严重影响正常运营时,其设计使用年限应采用100年。

五、建筑物合理使用期限的类型

缺陷责任期、质量保修期、质量保证期等期间,均包含在本条"合理使用期限"内。但在不同的期间内,承包人的责任内容存在区别。

(一)缺陷责任期

缺陷责任期,并非法定概念。出现该概念的文件有两处:

1.《质保金管理办法》第二条第三款规定:"缺陷责任期一般为1年,最长不超过2年,由发、承包双方在合同中约定。"第八条第一句规定:"缺陷责任期从工程通过竣工验收之日起计。"第九条规定:"缺陷责任期内,由承包人原因造成的缺陷,承包人应负责维修,并承担鉴定及维修费用。如承包人不维修也不承担费用,发包人可按合同约定从保证金或银行保函中扣除,费用超出保证金额的,发包人可按合同约定向承包人进行索赔。承包人维修并承担相应费用后,不免除对工程的损失赔偿责任。"

2.《建设工程施工合同(示范文本)》(GF－2017－0201)通用合同条款中第1.1.4.4目约定:"缺陷责任期:是指承包人按照合同约定承担缺陷修复义务,且发包人预留质量保证金(已缴纳履约保证金的除外)的期限,自工程实际竣工日期起计算。"第15.2.2.1目约定:"缺陷责任期内,由承包人原因造成的缺陷,承包人应负责维修,并承担鉴定及维修费用。如承包人不维修也不承担费用,发包人可按合同约定从保证金或银行保函中扣除,费用超出保证金额的,发包人可按合同约定向承包人进行索赔。承包人维修并承担相应费用后,不免除对工程的损失赔偿责任。"根据以上规定,缺陷责任期从工程通过竣工验收之日起计算,一般为1年,最长不超过2年;该期间属于本条规定的"合理使用期限内"。

（二）质量保修期

质量保修期，源于《建筑法》，并由《质量管理条例》作出细化规定。《建筑法》第六十二条规定："建筑工程实行质量保修制度。建筑工程的保修范围应当包括地基基础工程、主体结构工程、屋面防水工程和其他土建工程，以及电气管线、上下水管线的安装工程，供热、供冷系统工程等项目；保修的期限应当按照保证建筑物合理寿命年限内正常使用，维护使用者合法权益的原则确定。具体的保修范围和最低保修期限由国务院规定。"《质量管理条例》第四十条规定："在正常使用条件下，建设工程的最低保修期限为：（一）基础设施工程、房屋建筑的地基基础工程和主体结构工程，为设计文件规定的该工程的合理使用年限；（二）屋面防水工程、有防水要求的卫生间、房间和外墙面的防渗漏，为 5 年；（三）供热与供冷系统，为 2 个采暖期、供冷期；（四）电气管线、给排水管道、设备安装和装修工程，为 2 年。其他项目的保修期限由发包方与承包方约定。建设工程的保修期，自竣工验收合格之日起计算。"第四十一条规定："建设工程在保修范围和保修期限内发生质量问题的，施工单位应当履行保修义务，并对造成的损失承担赔偿责任。"建设工程的质量保修期自工程验收合格之日起算，在保修范围和保修期限内发生质量问题，承包人应当依约或依法承担保修义务。最低质量保修期具有法定强制性，当事人约定的质量保修期短于法定最低保修期限的，属于违反行政法规的效力性强制性规定而无效，从而适用法定最低保修期来界定当事人的权利义务关系。

如果合同约定的工程保修范围或年限与法律法规的规定不一致，则：（1）如果合同没有约定工程保修范围或保修期限，或约定不明的，应直接适用法律法规的规定；（2）如果发承包双方合同约定的保修范围小于规定的保修范围，或约定的保修期限短于规定的最低期限的，应直接适用法律法规的规定；（3）如果发承包双方约定的保修范围大于规定，或约定的保修期限长于规定，则按双方约定执行。

在昆山市阳澄湖房产有限责任公司（以下简称阳澄湖公司）诉昆山市康晖建设工程发展有限公司（以下简称康晖公司）建设工程施工合同纠纷案①中，阳澄湖公司与康晖公司签订《建设工程施工合同》，约定由康晖公司承包阳澄湖公司某商品房建设工程。嗣后，阳澄湖公司将某房屋交付给买受人使用，在使用过程中买受人发现房屋渗水，导致房屋吊顶、墙面、地板等因受潮而发生霉变。康晖公司和阳澄湖公

① 参见江苏省昆山市人民法院（2018）苏 0583 民初 15718 号民事判决书。

司约定的屋面防水保修期为5年,而涉案房屋在未满5年时出现房屋漏水造成案外人买受人的装修损失,阳澄湖公司已赔偿该笔费用。法院认为,承包人和发包人约定的屋面防水保修期为5年,而涉案房屋在未满5年时出现房屋漏水造成案外买受人的装修损失,承包人应予赔偿。现发包人已经履行了对买受人赔偿义务,其有权就该部分损失向承包人主张权利。

(三)质量保修期与缺陷责任期之间的异同

缺陷责任期和质量保修期的起算点一致,两个期间存在重合的情况。《质保金管理办法》第二条第三款规定:“缺陷责任期一般为1年,最长不超过2年,由发、承包双方在合同中约定。”虽然《质保金管理办法》仅系规范性文件,违反该文件不导致合同内容无效,但可以预见当事人约定的缺陷责任期间通常不会超过2年,对比《质量管理条例》第四十条关于质量保修期间的最低强制性规定,质量保修期通常要比缺陷责任期长。承包人在缺陷责任期和质量保修期内均承担质量保修责任,缺陷责任期的特点是“如承包人不维修也不承担费用,发包人可按合同约定从保证金或银行保函中扣除”,即以质量保证金作为承包人维修的担保。

《质量管理条例》第三十九条第二款第一句规定:“建设工程承包单位在向建设单位提交工程竣工验收报告时,应当向建设单位出具质量保修书。”第四十一条规定:“建设工程在保修范围和保修期限内发生质量问题的,施工单位应当履行保修义务,并对造成的损失承担赔偿责任。”《房屋建筑工程质量保修办法》第六条规定:“建设单位和施工单位应当在工程质量保修书中约定保修范围、保修期限和保修责任等,双方约定的保修范围、保修期限必须符合国家有关规定。”上述一系列行政法规和规章构建了我国工程保修制度的基本框架。为落实工程保修责任、保障工程竣工验收合格后一定时期的工程质量,工程施工合同中通常含有保修条款或者附有工程保修协议书。因此,施工承包人承担的保修义务属于其应履行的合同义务。

即使工程竣工交付使用后,当事人双方没有订立保修协议或保修条款,依据双方的施工合同和《质量管理条例》第四十条关于最低保修期限的强制性规定,合同双方也存在工程保修的合同关系。因为建筑产品的验收交付有其特殊性,相关的质量问题只有经过一定的合理期限才能发生,所以才有了最低保修期的规定。施工承包人在保修期内的保修工作是其在工程施工合同中保证工程质量符合标准的义务延续。因此,施工承包人对于工程保修期内发生的工程质量问题履行的维修、返工等保修义务也属于承包人的法定义务。

《房屋建筑工程质量保修办法》第十四条规定："在保修期内，因房屋建筑工程质量缺陷造成房屋所有人、使用人或者第三方人身、财产损害的，房屋所有人、使用人或者第三方可以向建设单位提出赔偿要求。建设单位向造成房屋建筑工程质量缺陷的责任方追偿。"该条款规定的是，在保修期内发生的施工承包人保修责任之外的损害赔偿责任。

【条文适用】

一、加害给付行为的请求权竞合

加害给付既是债务给付障碍，同时也可能构成侵权行为，经常发生请求权竞合问题。根据对不完全给付的具体形态分析：第一，瑕疵给付是给付不符合债务本旨，影响债权人之给付利益，但不侵害其固有利益，与侵权请求权不发生竞合。第二，加害给付是给付之瑕疵导致债权人固有利益损害，其内涵相当于德国民法上之瑕疵结果损害，与侵权请求权之间发生竞合。① 第三，违反附随义务造成债权人固有利益损害，其与给付并无必然关联，亦不产生权利竞合问题。②

《合同法》第一百二十二条规定："因当事人一方的违约行为，侵害对方人身、财产权益的，受损害方有权选择依照本法要求其承担违约责任或者依照其他法律要求其承担侵权责任。"该规定被认为是在违约与侵权请求权竞合情形下赋予了当事人选择权，但在《民法典》中并未得到沿袭。

有学者认为，竞合的出现并非法律技术醇熟、理论高深精致的象征；相反，它意味着立法者运用纯粹理性剪裁实践理性的失败，是传统概念法学难以解释和容忍的。由于不同构成要件对应于不同的法律效力，竞合必然弱化法律的形式理性功能，冲淡其可预见性，更遑论它引发的诸多法律适用难题。故，竞合并非值得追求而是应予限制的法律现象。《合同法》第一百二十二条及相关司法解释采请求权竞合说，不仅难以实现其最大限度地保护受害人利益的立法目的，而且忽视了合同法与侵权法具体规范的意旨。在解释论上可将该条中的"有权选择"理解为，当事人可以不选择何种请求权而只需提出损害事实。该规定，不仅不能实现充分保障债权人的立法目的，还会架空法律对某些类型侵权责任的利益配置，因此在解释论上应予限缩，在立法论上应予废除。③

---

① 邱聪智：《新订债法各论》（上），中国人民大学出版社 2006 年版，第 111 页。

② 王泽鉴：《侵权行为》，北京大学出版社 2009 年版，第 564 页。

③ 谢鸿飞：《违约责任与侵权责任竞合理论的再构成》，载《环球法律评论》2014 年第 6 期。

二、《民法典》中关于建筑物倒塌损害责任、建筑物和物件损害责任的规定

《民法典》第七编第十章“建筑物和物件损害责任”第一千二百五十二条规定：“建筑物、构筑物或者其他设施倒塌、塌陷造成他人损害的，由建设单位与施工单位承担连带责任，但是建设单位与施工单位能够证明不存在质量缺陷的除外。建设单位、施工单位赔偿后，有其他责任人的，有权向其他责任人追偿。因所有人、管理人、使用人或者第三人的原因，建筑物、构筑物或者其他设施倒塌、塌陷造成他人损害的，由所有人、管理人、使用人或者第三人承担侵权责任。”①

该条是关于建筑物、构筑物或者其他设施倒塌、塌陷造成他人损害责任的规定。《侵权责任法》区分了建筑物倒塌与脱落、坠落的不同责任，规定建筑物、构筑物或者其他设施倒塌造成他人损害的，由建设单位与施工单位承担连带责任。建设单位、施工单位赔偿后，有其他责任人的，有权向其他责任人追偿。因其他责任人的原因，建筑物、构筑物或者其他设施倒塌造成他人损害的，由其他责任人承担侵权责任。该条的规范要旨包括：

1. 建筑物、构筑物或者其他设施倒塌造成他人损害的，由建设单位与施工单位承担连带责任。

2. 建设单位、施工单位赔偿后，有其他责任人的，有权向其他责任人追偿。此处规定的“其他责任人”，主要包括勘察单位、设计单位、监理单位或勘察、设计、监理单位以外的责任人。例如，根据《建筑法》第七十九条的规定，负责颁发建筑工程施工许可证的部门及其工作人员对不符合施工条件的建筑工程颁发施工许可证，负责工程质量监督检查或者竣工验收的部门及其工作人员对不合格的建筑工程出具质量合格文件或者按合格工程验收，造成损失的，由该部门承担相应的赔偿责任。

3. 因所有人、管理人、使用人或者第三人的原因，建筑物、构筑物或者其他设施倒塌造成他人损害的，由所有人、管理人、使用人或者第三人承担侵权责任。

被侵权人根据《侵权责任法》第八十五条、第八十六条的规定向有关侵权责任人请求赔偿后，如果查明物件脱落或建筑物倒塌系因施工人施工质量原因所致，相关侵权责任人有权要求施工人赔偿，如果致害原因由多人因素产生，各个责任人均

---

① 《侵权责任法》第八十六条的规定与《民法典》第十章“建筑物和物件损害责任”第一千二百五十二条规定略有不同，即“建筑物、构筑物或者其他设施倒塌造成他人损害的，由建设单位与施工单位承担连带责任。建设单位、施工单位赔偿后，有其他责任人的，有权向其他责任人追偿。因其他责任人的原因，建筑物、构筑物或者其他设施倒塌造成他人损害的，由其他责任人承担侵权责任”。

负赔偿责任。在(2017)皖01民终2659号民事判决书中，管委会系6号楼建设单位，吴小某系未成年人，一日吴小某在6号楼楼顶平台从一侧1.3米高围墙下方的0.64米高的烟气道攀爬至围墙上，从高处坠落死亡。法院认为，管委会系6号楼建设单位，该楼楼顶属于小区的公共场所，未成年人可以自由出入；该栋楼楼顶东北侧的烟气道紧依女儿墙修建，经测量其高度仅为0.64米，未达到设计标准中烟气道“平面屋伸出高度不得小于0.6米，且不得低于女儿墙高度”的要求，而烟气道下方遗留一块高约0.3米的水泥石块，与烟气道形成了阶梯状。即使是未成年人，在不借助外力的情况下，也可以轻易地攀爬上围墙；可见，案涉楼房烟气道的修建存在重大的安全隐患；物业公司作为物业服务单位，对小区内的公共场所负有相应的管理义务，该公司未对案涉楼顶杂物进行及时清理，特别是未对烟气道下方遗留的大石块予以移除，给吴小某攀爬提供了便利条件，同时吴小某父母未完全尽到监护义务；遂判决由建设单位管委会承担40%赔偿责任，物业公司承担30%赔偿责任。判决后，管委会承担了全额赔偿责任259,716元后，另行提起诉讼请求，要求施工单位和监理单位赔偿。法院认为，案涉6号楼工程在2012年4月已经管委会、施工单位、监理单位三方组织验收合格，在案涉工程质量存在瑕疵的情况下，建设单位、监理单位通过验收也存在过错，但施工单位聚龙公司未严格参照设计标准施工应承担相关赔偿款的主要责任，酌定施工单位承担60%的赔偿责任，监理单位承担20%的赔偿责任，建设单位管委会承担20%的赔偿责任，故施工单位应赔偿管委会经济损失155,830元(259,716元×60%)，因管委会与监理单位签订的《建设工程委托监理合同》约定，监理人员在责任期间内失职，统一按以下办法承担责任“赔偿金=直接经济损失×报酬比率(扣除税金)”，建设单位同意按工程造价的8‰支付监理人报酬，故根据双方合同的约定，监理单位应向龙岗管委会赔偿2078元(259,716元×8‰)，管委会主张的赔偿超出部分不予支持。

《民法典》第十章“建筑物和物件损害责任”第一千二百五十三条规定：“建筑物、构筑物或者其他设施及其搁置物、悬挂物发生脱落、坠落造成他人损害，所有人、管理人或者使用人不能证明自己没有过错的，应当承担侵权责任。所有人、管理人或者使用人赔偿后，有其他责任人的，有权向其他责任人追偿。”

该条是关于建筑物、构筑物或者其他设施及其搁置物、悬挂物脱落、坠落造成他人损害责任的规定，是侵权责任法中的重要制度。在《民法通则》第一百二十六条、《最高人民法院关于审理人身损害赔偿案件适用法律若干问题的解释》、《民诉证据规定》和司法实践经验的基础上，《侵权责任法》对建筑物、构筑物或者其他设施及其搁置物、悬挂物脱落、坠落造成他人损害责任作了规定，并为《民法典》第十章“建筑物和物件损害责任”第一千二百五十三条所沿用。该条规范要旨包括：

1. 建筑物、构筑物或者其他设施及其搁置物、悬挂物发生脱落、坠落造成他人损害，所有人、管理人或者使用人不能证明自己没有过错的，应当承担侵权责任。

2. 本条采用过错推定原则。损害发生后，被侵权人证明自己的损害是因建筑物等设施或者其搁置物、悬挂物脱落、坠落造成的，所有人、管理人或者使用人对自己没有过错承担举证责任，其不能证明自己没有过错的，应当承担侵权责任。

3. 所有人、管理人或者使用人赔偿后，有其他责任人的，有权向其他责任人追偿。此处所指的“其他责任人”，包括建设工程的承包人、设计人、监理人在内。

三、本条与建筑物倒塌致损责任、建筑物和物件损害责任之间的关系

本条规定与《民法典》第一千二百五十二条、第一千二百五十三条的适用情形、受损主体、受损财产均有差异，主要表现在：

1. 建筑物脱落、坠落或倒塌造成发包方以外的其他人的人身财产损害的，仅可适用《民法典》第一千二百五十二条、第一千二百五十三条的规定。

若加害给付侵害到第三人利益的，第三人可否依本条规定向承包人提出赔偿要求？主流观点认为，债务人的加害给付行为如侵害到了非合同当事人的第三人的利益，应运用侵权责任规则进行规制，并没有加害给付责任适用的余地，因为加害给付是由于履行合同之债而产生的。王利明教授就认为：“出于对合同相对性的严守，此时对第三人只能成立单纯的侵权责任，而非加害给付。”①笔者赞同王利明教授的观点，由于债务人和第三人之间并没有合同关系，所以当债务人的履行行为造成了第三人的损害时，债务人并不承担对第三人的给付义务、附随义务和保护义务，其只是违反了不得侵害第三人合法权益的义务，根据合同的相对性原则，债务人仅负有侵权责任而没有违约责任，因此给第三人造成损害并没有造成加害给付的后果。

2. 对建筑物因质量瑕疵以脱落、坠落或倒塌的方式造成发包人的人身财产损害的，既可适用本条规定亦可适用《民法典》第一千二百五十二条、第一千二百五十三条的规定，但应优先适用本条的规定。

在立法上，减少竞合是值得追求的，然而只有全面剥夺合同法的保护功能才能

---

① 王利明：《违约责任论》，中国政法大学出版社 2003 年版，第 227 页。

实现这一目的。在出现侵权与违约请求权竞合的情形下，通常应采“合同优先”原则，优先适用合同法规范来解决，这尊重了当事人对未来风险与利益的安排，符合私法自治的要求。①

3. 对于非因建筑物倒塌、脱落、坠落造成他人损害的情形，如建筑物渗漏、倾斜、裂缝或者管道堵塞、电梯失控、消防及安保设备失灵等，无法直接适用《民法典》第一千二百五十二条、第一千二百五十三条的规定，但若上述损害情形系工程质量问题造成的则可适用本条的规定。

因此，该条规定仅建筑物因质量瑕疵以脱落、坠落或倒塌的方式造成发包人的人身财产损害的场合，与《民法典》第一千二百五十二条、第一千二百五十三条构成请求权竞合，且在非因建筑物倒塌、脱落、坠落但系工程其他质量瑕疵造成他人损害的场合可以填补《民法典》第一千二百五十二条、第一千二百五十三条的适用空白。

四、本条与承包人质量瑕疵责任之间的关系

在《民法典》合同法总则的层面上，瑕疵给付、加害给付的损害赔偿请求权基础可作以下区别：

第一，就瑕疵给付而言，第五百八十二条规定了修理、更换、重作、退货、减价等违约责任，结合第五百七十七条，本条（第八百零二条）可作为损害赔偿的请求权基础。

第二，就加害给付而言，根据第五百八十三条文义，“在履行义务或者采取补救措施后，对方还有其他损失的，应当赔偿损失”，可以理解为：债务人履行义务或后续履行之后，仍未能弥补的损失；或者说债权人的给付利益即使获得满足，但仍发生其他损害。因此，加害给付的损害赔偿请求权基础为第五百七十七条、第五百八十三条。当然，如有合同分则（《合同法》第二百八十二条，即《民法典》第八百零二条）规定加害给付损害赔偿者，须结合该具体条款确定请求权基础。②

黄茂荣教授认为：瑕疵给付与加害给付发生的原因事实相同，但其指称的损害却不一样，因此，二者可以并同请求，不能说二者发生（请求权）竞合。换言之，债权人既可依违约责任主张瑕疵给付的履行利益损害赔偿，也可依违约或侵权责任主张固有利益损害赔偿，二者形成法律规范竞合形态中的请求权聚合或累积性竞合，

---

① 谢鸿飞：《违约责任与侵权责任竞合理论的再构成》，载《环球法律评论》2014 年第 6 期。

② 王洪亮：《物上瑕疵担保责任、履行障碍法与缔约过失责任》，载《法律科学》2005 年第 4 期。

其意指同一案件事实依不同的规范产生数个指向不同给付的请求权，且各该请求权可并列获得实现。①

就建设工程合同而言，《民法典》第八百零一条所规定的建设工程质量瑕疵责任主要针对发包人的履行利益受损的情况，而本条规定的建筑物致损的违约赔偿责任主要针对发包人固有利益受损的情况。

《民法典》第八百零一条规定的责任承担方式包括修理、返工和重建，而本条规定的责任承担方式仅限于赔偿损失。《民法典》第八百零一条与本条规定一致之处在于，均采取过错责任形式，均要求工程质量瑕疵或人身财产损失系“因承包人的原因造成”。

五、建筑物自身损害可否适用本条

若将建筑物视为产品，其自身损害可否适用本条作为请求权基础？按一般看法，产品侵权责任仅涉及受害人固有利益的赔偿，买受人因缺陷产品本身所遭受的经济损失，应在合同法框架内解决，而并非侵权责任范畴。

但是上述通行观点，却因《侵权责任法》第四十一条的规定而发生动摇。该条规定：“因产品存在缺陷造成他人损害的，生产者应当承担侵权责任。”与《产品质量法》第四十一条第一款相比较，②《侵权责任法》第四十一条并无“缺陷造成人身、缺陷产品以外的其他财产”的要求，而是规定“因产品存在缺陷造成他人损害的，生产者应当承担责任”。依法条文义，产品自身也属生产者造成的损害，发生侵权责任。由此可见，原先明确由违约责任调整的履行利益（通过买卖合同获得质量合格的产品），似乎也受《侵权责任法》的调整。事实上，这并非一项立法上的用语疏漏，而是立法者有意为之。根据全国人大常委会法工委的立法说明，《侵权责任法》第四十一条基于便利、及时保护用户、消费者的合法权益的理由，对缺陷产品造成的财产损害不作限制，包括缺陷产品本身损害。③ 尽管很多学者质疑上述立法思想，并坚持认为缺陷产品本身的损害是买受人合同履行利益损失，应由合同法调整，不能破

---

① 黄茂荣：《债法总论》（二），中国政法大学出版社2003年版，第211页。

② 《产品质量法》第四十一条规定：“因产品存在缺陷造成人身、缺陷产品以外的其他财产（以下简称他人财产）损害的，生产者应当承担赔偿责任。生产者能够证明有下列情形之一的，不承担赔偿责任：（一）未将产品投入流通的；（二）产品投入流通时，引起损害的缺陷尚不存在的；（三）将产品投入流通时的科学技术水平尚不能发现缺陷的存在的。”

③ 全国人大常委会法制工作委员会民法室编：《中华人民共和国侵权责任法条文说明、立法理由及相关规定》，北京大学出版社2010年版，第174页。

坏违约责任与侵权责任的界限和分工。[1] 但在司法实践中，法院已经贯彻了上述立法目的。例如，福建省龙岩市中级人民法院（2012）岩民终字第 631 号民事判决书，明确认可《侵权责任法》第四十一条“未再区分缺陷产品以外的其他财产的损害和缺陷产品本身的损害”，原告就缺陷产品本身的损害主张产品质量损害赔偿，将案由确定为产品质量损害赔偿纠纷并无不当。[2]

如果产品自身损害的产品侵权责任成立，进一步产生的疑问是：产品自身损害的赔偿问题原本就属于违约责任范畴，这种侵权责任是否与违约责任发生竞合呢？最高人民法院在一起再审案件的裁定书中指出：根据《合同法》第一百二十二条（《民法典》第一百八十六条）的规定，在违约责任与侵权责任发生竞合的情形下，受损害方有权选择相对方承担违约责任或者侵权责任。在本案中，买卖合同当事人因混凝土搅拌站的质量问题产生纠纷，原告根据《侵权责任法》的相关规定，要求被告赔偿更换不合格产品的价值、承担产品质量造成的经济损失、设备质量鉴定费等，是选择了向被告主张侵权赔偿责任。因此，一、二审判决根据原告主张的侵权损害赔偿，将双方的争议定性为产品责任纠纷，并适用侵权责任的相关法律调整涉案纠纷，并无不当。[3] 由此可见，司法实务认可产品自身损害的违约与侵权请求权竞合。但理论上着实令人难以理解：加害给付与产品侵权所生之损害赔偿请求权均指向债权人的固有利益，从而可能发生竞合；但产品自身损害赔偿原本为合同履行利益问题，如何与侵权责任发生竞合呢？可能的解释是，产品自身损害本来是瑕疵损害或合同履行利益损害，适用产品侵权责任不过是基于特殊的司法政策和利益权衡，由此发生合同履行利益上的瑕疵给付违约责任与产品侵权责任同时适用，是请求权竞合的一种特殊形态。

依同样的逻辑，对于建设工程的自身损害，是否可以同时适用《民法典》第八百零一条与本条？尚待在司法实践中形成共识。

六、建设工程质量保修期届满，并不当然免除承包人的质量损害赔偿责任

本条规定的是因质量问题造成人身财产损害的赔偿责任。该赔偿责任范围、期限不可能由当事人事先在合同、协议中进行约定。因为具体的人身财产损害结

---

① 张新宝、任鸿雁：《我国产品责任制度——守成与创新》，载《北方法学》2012 年第 3 期；冉克平：《缺陷产品自身损失的救济路径》，载《法学》2013 年第 4 期。

② 参见福建省龙岩市中级人民法院（2012）岩民终字第 632 号民事判决书。

③ 参见最高人民法院（2013）民申字第 908 号民事裁定书。

果是不确定的，带有或然性。因此，本条规定的情形应与保修责任不同。

承包人在质量保修期间内所承担的保修责任，在性质上属于违约责任。如果在保修期外，但属于在合理使用年限内产生质量问题时，发包人既享有违约请求权，也享有侵权请求权。保修期经过，在工程合理使用年限发现存在可能导致人身损害或财产损失的质量问题时，发包人可以要求承包人承担违约责任，对质量问题进行维修；如果质量问题已经造成人身损害或财产损失，发包人有权要求承包人承担相应的侵权赔偿责任。对此，魏振瀛教授认为："承包人不仅对建设工程保证期内的工程质量瑕疵负担保责任，而且担保建设工程在合理的使用期限内不会因其质量造成他人的人身和财产损失事故，该财产和人身损害承担的损害赔偿责任是一种侵权的民事责任……"①显然，魏振瀛教授所说的前者应是违约责任，后者是侵权责任。换言之，工程质量保修期届满后，虽然无偿的保修责任终止了，但承包人另一种质量责任并不能就此免除，即在建筑物合理使用期内损害赔偿的质量责任。从《房屋建筑工程质量保修办法》第十四条的规定看，该责任期始于工程质量保修期的起始日，即工程竣工交付之日。这就是工程保修期内的质量保修责任与建筑物合理使用期内因工程质量问题造成的损害赔偿责任之区别与联系。

工程保修期届满，承包人是否就可以对工程质量瑕疵完全免责了？本条规定即是对包括但不限于承包人在建筑物合理使用期内承担质量责任的规定。具体包括以下几种情形：

1. 在保修期内发生、发现的工程质量问题，在保修期届满时承包人就同一项目的修缮工作没有完成，其修理责任不受保修期的限制；但在保修期内没有发生工程质量问题或发包人在保修期内没有发现或向承包人提出工程存在的质量瑕疵，则承包人不再承担保修责任。

2. 建筑物外墙装饰等建筑物件自身损毁、老化的（未发生第三方损害或损害危险），若合同当事人事先约定将设计使用年限作为该工程的保修期限，承包人应在该期限内承担保修责任；若合同当事人未约定将设计使用年限作为该工程的保修期限，承包人对超过合同约定或法定保修期发生的建筑物件毁损不承担修理或赔偿的责任。

3. 超过保修期多年，建筑物在合理使用期内坍塌或建筑物件脱落造成第三方损害或损害危险的，如果与施工承包人的施工质量问题有关，承包人应承担相应的赔

---

① 魏振瀛主编：《民法》（第8版），北京大学出版社、高等教育出版社2017年版，第538页。

偿责任和支付消除危险的费用。

4. 民用建筑合理使用期或合理寿命期都是指《民用建筑设计通则》中列示的建筑使用年限。在建筑物合理使用期内的保修责任与建筑物合理寿命期内造成他人财产人身损害的质量责任的区别在于，基础设施和主体结构在合理使用期内发生质量问题，无论是否造成第三方损害，属于承包人责任的，都必须无偿进行修理甚至返工；而建筑物在合理使用期内，无论是不是基础设施或主体结构，只要是组成建筑物的建筑物件或建筑整体因质量问题坠落、倒塌造成第三方损害或损害危险的，属于承包人施工质量责任的，承包人应承担赔偿责任或支付消除危险的费用。[①]

七、司法实践中本条与建设工程质量瑕疵责任的混用

本条应适用于工程质量瑕疵导致发包人的其他（除建筑物本身以外）固有财产或人身受损的情形，且因合同关系，相对方仅限于合同相对人即发包人，而不能是第三人（如房屋买卖中的买受方），发包人无须催告承包人履行维修义务，可以直接引用本条款要求其赔偿损失。但在司法实践中，本条经常被用来解决工程保修问题，多被发包人用来请求承包人承担其交付不合格工程的维修义务，或被房主用来请求承包人承担房屋质量等一系列问题。前者是基于合同标的建筑物本身的损害，对于建设工程的自身损害，应适用《民法典》第八百零一条；后者若想打破合同关系，直接向承包方主张赔偿损失，应引用侵权责任法，或向商品房买卖的相对方（例如，房地产开发商）主张权利。

例如，在金某诉伊犁七星建设工程有限责任公司（承包人，以下简称七星公司）、乌鲁木齐银都物业服务有限公司（以下简称银都物业公司）财产损害赔偿纠纷案[②]中，原告金某系乌鲁木齐市沙依巴克区某房屋的所有权人。2014 年，被告银都物业公司申请动用维修资金维护天安名门小区屋面防水，经过公开招投标，被告七星公司于 2014 年 9 月 9 日中标，中标内容为：某小区某楼屋面防水。2015 年 8 月，天安名门案涉房屋所在楼施工验收完毕。2016 年 3 月 3 日、5 日、7 日涉案房屋屋顶出现漏水情况，导致原告金某房屋装修以及部分家具受损，原告与被告就漏水事宜多次协商未果。原告诉至法院请求被告赔偿其维修房屋以及受损家具等一系列经济损失。法院认为，案涉房屋的漏水是由于屋面天沟底部防水层破损，导致原告财

---

① 杨虹：《试述工程保修期届满后，施工承包人的质量责任》，载《北京仲裁》2014 年第 2 期。

② 参见乌鲁木齐市沙依巴克区人民法院（2018）新 0103 民初 2016 号民事判决书。

产损失;天沟底部防水层破裂,属于施工质量问题,也在合理的期限内,故承包人应当在本案中承担赔偿责任;而物业公司在漏水发生后积极配合处理,已经尽到了物业管理责任,没有过错,不应当赔偿责任。最终,法院依据本条规定判决由承包人承担原告因漏水造成的包括家具损失在内的经济损失,并排除妨害。

第八百零三条　发包人未按约定提供施工条件的违约责任

【法条原文】

第八百零三条　发包人未按照约定的时间和要求提供原材料、设备、场地、资金、技术资料的，承包人可以顺延工程日期，并有权要求赔偿停工、窝工等损失。

【条文主旨】

本条是关于发包人未按照约定的时间和要求提供原材料、设备、场地、资金、技术资料造成工期拖延时，其应承担的违约责任的规定。

本条属于任意性规范，该规范所设立的准则既可弥补当事人未于施工合同中约定发包人原因造成工期拖延的违约责任的合同空白，亦可用于解释当事人于施工合同中关于发包人原因造成工期拖延的违约责任约定不明或约定冲突。

虽然本条中并无“当事人另有约定的除外”或“当事人另有约定或者另有交易习惯的除外”之类的表述，但若当事人在施工合同中对于发包人原因造成工期拖延的违约责任已另有明确约定，仍应优先适用承包合同中的约定。

在承包合同法律关系中，按照约定的时间和要求提供原材料、设备、场地、资金、技术资料等，是发包人的主要合同义务，但并非发包人的全部合同义务。相应地，本条并不涵盖发包人的所有违约情形，关于发包人的其他合同义务及其他违约情形，应依据施工合同及《民法典》合同编的规定作出判断。

本条的规范对象是发包人典型的、严重的违约行为，“未按照约定的时间和要求提供原材料、设备、场地、资金、技术资料”须以“拖延工期”并“造成承包人停工、窝工损失”为必要后果。此处所指“工期”仅指“施工工期”，而与“勘察工期”或“设计工期”无关。

根据本条规定，发包人承担违约责任的形式包括两种：(1)顺延工期；(2)赔偿停工、窝工等损失。该两种形式既可单独适用亦可合并适用，视具体情况而定。

【条文释评】

一、建设工程施工合同中发包人与工期有关的义务

在建设工程施工合同履行过程中，发包人关于工期的主要合同义务包括：

（一）办理许可或批准

发包人应遵守法律，并办理法律规定由其办理的许可、批准或备案，包括但不限于建设用地规划许可证、建设工程规划许可证、建设工程施工许可证、施工所需临时用水、临时用电、中断道路交通、临时占用土地等许可和批准。发包人应协助承包人办理法律规定的有关施工证件和批件。

因发包人原因未能及时办理完毕前述许可、批准或备案，由发包人承担由此增加的费用和（或）延误的工期，并支付承包人合理的利润。

（二）提供施工现场

除专用合同条款另有约定外，发包人最迟应于开工日期7天前向承包人移交施工现场。

（三）提供施工条件

除专用合同条款另有约定外，发包人应负责提供施工所需要的条件，包括：

1. 将施工用水、电力、通信线路等施工所必需的条件接至施工现场内；

2. 保证向承包人提供正常施工所需要的进入施工现场的交通条件；

3. 协调处理施工现场周围地下管线和邻近建筑物、构筑物、古树名木的保护工作，并承担相关费用；

4. 按照专用合同条款约定应提供的其他设施和条件。

（四）提供基础资料

发包人应当在移交施工现场前向承包人提供施工现场及工程施工所必需的毗邻区域内供水、排水、供电、供气、供热、通信、广播电视等地下管线资料，气象和水文观测资料，地质勘察资料，相邻建筑物、构筑物和地下工程等有关基础资料，并对所提供资料的真实性、准确性和完整性负责。

按照法律规定，确需在开工后方能提供的基础资料，发包人应尽其努力及时地在相应工程施工前的合理期限内提供，合理期限应以不影响承包人的正常施工为限。

因发包人原因未能按合同约定及时向承包人提供施工现场、施工条件、基础资料的，由发包人承担由此增加的费用和（或）延误的工期。

(五)支付合同价款

发包人应按合同约定向承包人及时支付合同价款。

(六)图纸的提供和交底

发包人应按照专用合同条款约定的期限、数量和内容向承包人免费提供图纸，并组织承包人、监理人和设计人进行图纸会审和设计交底。发包人至迟不得晚于开工通知载明的开工日期前14天向承包人提供图纸。

因发包人未按合同约定提供图纸导致承包人费用增加和(或)工期延误的，按照《建设工程施工合同(示范文本)》(GF－2017－0201)通用合同条款第7.5.1项(因发包人原因导致工期延误)约定办理。

(七)供应材料与工程设备

发包人自行供应材料、工程设备的，应在签订合同时在专用合同条款的附件——《发包人供应材料设备一览表》中明确材料、工程设备的品种、规格、型号、数量、单价、质量等级和送达地点。

承包人应提前30天通过监理人以书面形式通知发包人供应材料与工程设备进场。承包人按照约定修订施工进度计划时，需同时提交经修订后的发包人供应材料与工程设备的进场计划。①

在合同履行过程中，因下列情况导致工期延误和(或)费用增加的，由发包人承担由此延误的工期和(或)增加的费用，且发包人应支付承包人合理的利润：

1. 发包人未能按合同约定提供图纸或所提供图纸不符合合同约定的；

2. 发包人未能按合同约定提供施工现场、施工条件、基础资料、许可、批准等开工条件的；

3. 发包人提供的测量基准点、基准线和水准点及其书面资料存在错误或疏漏的；

4. 发包人未能在计划开工日期之日起7天内同意下达开工通知的；

5. 发包人未能按合同约定日期支付工程预付款、进度款或竣工结算款的；

6. 监理人未按合同约定发出指示、批准等文件的；

---

① 参见《建设工程施工合同(示范文本)》(GF－2017－0201)通用合同条款中的相关内容。

7. 专用合同条款中约定的其他情形。①

二、工期顺延的条件

工期顺延是指在发生工期延误的情况下,承包人依据合同约定或法律规定获得工期延期。工期顺延的前提是发生了不可归责于承包人的工期延误事件,除上述所述因发包人原因引起的责任事件(1)~(7)以外,依据法律规定或合同约定应当由发包人承担不利后果的风险事件还包括:

1. 因对施工现场发现的化石、文物采取保护措施从而导致的工期延误;

2. 承包人在遇到不利物质条件时,因采取合理措施而导致的工期延误;

3. 发生异常恶劣的气候条件下,承包人因采取合理措施延误的工期;

4. 基准日期后,因法律变化造成的工期延误;

5. 因不可抗力影响承包人履行合同约定的义务,已经引起或将引起工期延误的,应当顺延工期。

对于因发包人原因引起的责任事件,承包人可主张顺延工期,并可同时主张停、窝工损失赔偿;但对于因不可归责于发包人的风险事件,承包人通常仅可主张顺延工期,而不能同时主张停、窝工损失赔偿。

三、工期顺延的认定标准

《建设工程施工合同司法解释(一)》第十条规定:"当事人约定顺延工期应当经发包人或者监理人签证等方式确认,承包人虽未取得工期顺延的确认,但能够证明在合同约定的期限内向发包人或者监理人申请过工期顺延且顺延事由符合合同约定,承包人以此为由主张工期顺延的,人民法院应予支持。当事人约定承包人未在约定期限内提出工期顺延申请视为工期不顺延的,按照约定处理,但发包人在约定期限后同意工期顺延或者承包人提出合理抗辩的除外。"

在工程实践中,发生可导致工期顺延的责任事件或风险事件后,承包人可通过签证方式与发包人共同确认工期顺延的事实,在发包人不同意签证的情况下,承包人可依合同约定的程序提出工期顺延申请(工期索赔)。在司法实践中,工期签证与工期索赔是认定顺延工期的两个重要依据。相对于工期索赔,工期签证本身即为顺延工期的直接证据,在签证有效的前提下并不需要其他证据予以佐证。但对

---

① 参见《建设工程施工合同(示范文本)》(GF-2017-0201)通用合同条款第7.5.1项。

工期索赔来说,是否可以确认工期顺延,还需要司法机关或仲裁机构进一步查证索赔事由是否符合合同约定且索赔请求是否在合同约定的期限内提出。

建设工程实际工期超过合同约定工期时,应由承包人举证证明其曾经提出工期索赔或者双方关于工期顺延达成过一致意见,否则即应承担不利后果。承包人未提供工期签证和工期顺延申请材料的,工期顺延主张通常难以得到支持。最高人民法院(2013)民提字第182号民事判决书认为,《建设工程施工合同(示范文本)》(GF-2017-0201)通用合同条款第13.2款约定:"承包人在第13.1款情况发生后14天内,就延误的工期以书面形式向工程师提出报告,工程师在收到报告后14天内予以确认,逾期不予确认也不提出修改意见,视为同意顺延工期。"合同对于工期延误情形及工期顺延程序均有约定,即对于因符合合同约定原因造成工程延期,应当由承包人提出书面报告,并由发包人工程师进行确认,才能作为顺延工期的依据。在建设工程施工过程中,经双方签字确认的工程签证是证明施工中发生工程量变更、工期应顺延等情况的重要依据。而上述案例中承包人虽申请再审主张工期应予顺延,但并未提供经其与发包人双方签字确认的工期顺延签证,亦未提供因符合合同约定顺延工期条件,曾向发包人申请工期顺延的报告,所以,承包人关于工期顺延的主张不能成立。

何谓"承包人的合理抗辩"?有观点认为,发承包双方未明确约定逾期申请视为失权,承包人能够证明工期延误的情况客观存在,其顺延工期的请求应当获得支持。① 虽未提供工期签证和工期签证申请材料,司法机关会综合相关事实,对工期签证的证明力和工期是否顺延作出综合判断。在司法实践中存在以下几种观点:

(1)工期签证材料记载工程量变更,但未记载应顺延天数的,可以认定工程顺延;②

---

① 《广东省高级人民法院关于审理建设工程合同纠纷案件疑难问题的解答》第二十条规定:"发包人仅以承包人未在合同约定的期限内提出工期顺延申请而主张工期不能顺延的,不予支持,但合同明确约定承包人未依约提出顺延工期申请视为放弃权利的,按照约定处理。"《河北省高级人民法院建设工程施工合同案件审理指南》第四十七条规定:"工期延误的责任应该由造成工期延误的过错一方承担,发包人仅以承包人未在合同约定的期限内提出工期顺延申请而主张工期不能顺延的,人民法院不予支持。"

② 发包人再审主张生活区工程未发生设计变更,实际工期超过合同约定51天,故承包人应承担违约责任。最高人民法院认为,生活区工程的洽商记录证明该工程在实际施工中发生了工程量的变更,其中双方签字同意顺延工期35天,另有一张工程洽商记录虽未载明双方同意顺延工期的天数,但可以证明发生了工程量的变更。关于生活区工程工期顺延的举证责任问题,承包人提交了工程签证单、洽商记录等证据,证明生活区工程工期顺延系因工程量发生变更所致,尽到了工期合理顺延的举证责任。因此,生活区工程的工期顺延具有合理理由,二审判决未判令承包人承担工期延误的违约责任并无不当。参见最高人民法院(2014)民申字第498号民事裁定书。

(2)合同虽然约定无工期签证则工期不顺延,但若存在影响工期的客观事实,仍可酌情确定工期延误损失由双方分担;[①]

(3)施工合同关于工期签证期间的约定,应视为一般性告知,只要有工期顺延的正当事由,就不影响工期的正常顺延。[②]

在北京市建筑工程装饰集团有限公司(以下简称北京建筑装饰公司)诉昆明南亚风情房地产开发有限公司(以下简称南亚房地产公司)建设工程合同纠纷案[③]中,南亚房地产公司与北京建筑装饰公司签订《建筑装饰工程施工合同》。南亚房地产公司2011年1月1日批准涉案工程开工后,北京建筑装饰公司即按照合同要求安排人员和机械设备进场,但因南亚房地产公司不能及时提供施工作业工作面、施工图,造成北京建筑装饰公司人员和机械设备存在窝工现象。2011年11月22日,南亚房地产公司出具一份《情况说明》,主要内容为:我公司于2010年12月18日与北京建筑装饰公司签订合同,本合同原定于2011年6月15日完工,现因土建及各配套专业施工单位未按时完成前期工期,现此装饰合同延期至2012年1月31日。2012年3月23日南亚房地产公司在工程尚未竣工的情况下擅自使用;3月28日,南亚房地产公司向北京建筑装饰公司发出工程停工令。2012年3月,涉案装饰工程仍未完工。法院认为,工程停工,既有发包人原因,也有承包人施工人员不到位、施工质量有问题等因素,法院依据双方的协议文件认可的顺延天数来认定工期顺

---

① 《建设工程施工合同》中约定,工期顺延按通用合同条款第13.1款、第13.2款和招标文件的有关规定执行,因发包方的原因或设计原因造成工期延误及出现约定的其他工期顺延的情况后7天内,承包人须书面报告给发包人和监理公司,经过发包人和监理公司共同书面确认后顺延工期,发包人对承包人因此顺延工期不予费用补偿。根据一、二审法院审理查明的事实,涉案工程1#~16#楼的实际工期均存在不同程度的延误,造成工期延误的原因是多方面的。承包人主张发包人未按合同约定支付工程进度款、无故更换监理单位与设计单位、迟延办理涉案工程施工手续、将地下室消防等工程外包给案外人以及施工过程中遭遇恶劣天气等均为造成工期延误的原因,虽然承包人未举证证明各种因素造成的工期延误天数,亦未依约通过签证或者其他方式要求进行相应的工期顺延。一、二审判决根据双方合同约定,结合涉案工程施工过程中确实存在恶劣天气、发包人更换监理单位与设计单位、发包给案外人的地下室消防工程与承包人施工工程存在竣工验收上的关联性等事实,综合判断全案证据,酌定由承包人对因工期延误造成发包人损失承担70%的责任,属自由裁量权的正确行使,应予维持。参见最高人民法院(2017)最高法民申4157号民事裁定书。

② 法院查明承包人逾期交工的原因是未及时取得施工许可证,而依据《建设工程施工合同》的约定,前期手续应当由承包人与发包人共同办理。法院认为没有证据证明承包人对未及时取得施工许可证具有过错,故承包人不构成违约。至于《建设工程施工合同》有关工期顺延事由应当在14天内报告的约定,应当视为一般性的告知;只要工期顺延的事由正当,即使承包人未及时告知,亦不影响工期的正常顺延;发包人据此主张承包人逾期交工构成违约,应不予支持。参见最高人民法院(2013)民申字第2496号民事裁定书。

③ 参见云南省高级人民法院(2015)云高民一终字第11号民事判决书。

延天数;同时,法院认为停、窝工损失本应由双方分担,但依据文件中发包人免除承包人停、窝工责任的意思,认定停、窝工损失全部由发包人承担。法院最终认定,北京建筑装饰公司在该期间对窝工损失应免责并无不当,应顺延工期至协议约定的时间。

(一)工期签证

工期签证,是指承包人在发生非自身原因引起的工期延误后,在合同约定的期限内,按照合同约定的形式、程序向发包人(或工程师)送达请求顺延工期和赔偿因工期增加带来的经济损失的书面报告,发包人(或工程师)收到该报告后在合同约定的期限内进行审核并给予书面答复所形成的书面证明材料。

工期签证通常由承包人发起,承包人提出工期顺延签证申请的内容主要包括工期顺延的原因、具体顺延的天数、因顺延工期所增加的费用等。其中,因顺延工期所增加的费用包括增加的人工费、材料费、租赁机械费以及顺延工期内的合理利润等;发包人因工期顺延而迟延向承包人支付的工程预付款、进度款和结算款的利息,也可以在工期签证申请中列明。

工期签证属于双方法律行为,首先应由承包人填写申请单,经工程师确认签章后,最终转交发包人签章确认。有权代表发包人或承包人进行工期签证的人员以及相应人员的权限,应由发包人和承包人在施工合同中约定。

工期签证的形式有多种,可以是签证单、报告、函件、要求、补充协议、联系单、会议纪要等,既可能仅仅涉及工期事项,也可能同时涉及工期、变更、质量、费用等多项内容。

工期签证是确认顺延工期的直接证据,也是停、窝工损失索赔的必要依据。当施工时间长于合同约定的工期时,工期签证能够证明相应顺延的期间不属于工期延误,是承包人免除相应工期延误责任的有效证据。工期签证往往是承包人发起停、窝工损失索赔的必要步骤,且该证据的证明力较强。在承包人仅对工期顺延的原因、具体顺延的天数完成签证的情况下,除非其明确放弃就因顺延工期所增加的费用主张赔偿或补偿的权利,若承包人进一步举证证明客观上存在该增加费用的,其索赔主张仍可能被支持。工期签证作为一种事后解决纠纷的证据,即便未在合同约定的期间内完成,甚至工期延误原因不属于合同约定的可顺延事由,只要最终完成了工期签证,均可成为工期顺延的直接证据和进一步主张停、窝工损失索赔的依据。

在河北省建材建设有限公司（承包人，以下简称河北建材公司）诉昌××盛天涯水泥有限公司（以下简称昌××盛公司）建设工程施工合同纠纷案[①]中，昌××盛公司（甲方）与河北建材公司（乙方）签订《建设工程施工合同》；其中约定：因以下原因造成工期延误，经工程师确认，工期相应顺延：……涉案工程于2008年5月11日开工，依合同约定，河北建材公司应于开工之日起135日内竣工完成建设工程，但河北建材公司未能在约定的时间完成工程竣工，延期竣工共计104天。河北建材公司主张延期竣工的责任不在于己方，而是昌××盛公司未能按期提供施工图纸等其他工期应当顺延的原因，但未提供经其与发包人双方签字确认的工期顺延签证，亦未提供因符合合同约定顺延工期条件，曾向发包人申请工期顺延的报告。法院认为，合同对于工期延误情形及工期顺延程序均有约定，即对于因符合合同约定原因造成工程延期的，应当由承包人提出书面报告，并由发包人工程师进行确认，才能作为顺延工期的依据。在建设工程施工过程中，经双方签字确认的工程签证是证明施工中发生工程量变更、工期应顺延等情况的重要依据。因此，本案中承包人关于工期顺延的主张不能成立。

（二）工期索赔

工期索赔，是指承包人在发生非自身原因引起的工期延误后，在合同约定的期限内，按照合同约定的形式、程序向发包人（或工程师）提出顺延工期和赔偿因停工、窝工造成的经济损失的权利主张。

工期索赔应按照约定的程序进行，工期索赔的程序要求可参照《建设工程施工合同（示范文本）》（GF－2017－0201）通用合同条款第19.1.1项的内容：

1.承包人应在知道或应当知道索赔事件发生后28天内，向监理人递交索赔意向通知书，并说明发生索赔事件的事由；承包人未在前述28天内发出索赔意向通知书的，丧失要求追加付款和（或）延长工期的权利。

2.承包人应在发出索赔意向通知书后28天内，向监理人正式递交索赔报告；索赔报告应详细说明索赔理由以及要求追加的付款金额和（或）延长的工期，并附必要的记录和证明材料。

3.索赔事件具有持续影响的，承包人应按合理时间间隔继续递交延续索赔通知，说明持续影响的实际情况和记录，列出累计的追加付款金额和（或）工期延长

---

① 参见最高人民法院（2013）民提字第182号民事判决书。

天数。

4. 在索赔事件影响结束后28天内，承包人应向监理人递交最终索赔报告，说明最终要求索赔的追加付款金额和(或)延长的工期，并附必要的记录和证明材料。

同样，发包人应按照约定程序处理承包人提出的工期索赔，处理程序可参照《建设工程施工合同(示范文本)》(GF-2017-0201)通用合同条款第19.2款的内容：

1. 监理人应在收到索赔报告后14天内完成审查并报送发包人。监理人对索赔报告存在异议的，有权要求承包人提交全部原始记录副本。

2. 应在监理人收到索赔报告或有关索赔的进一步证明材料后的28天内，由监理人向承包人出具经发包人签认的索赔处理结果。发包人逾期答复的，则视为认可承包人的索赔要求。

3. 承包人接受索赔处理结果的，索赔款项在当期进度款中进行支付；承包人不接受索赔处理结果的，按照第20条(争议解决)约定处理。

工期索赔的提出程序与处理程序之间有着内在的逻辑关系，只有在承包人按照上述约定程序在约定期限内提出工期索赔的基础上，发包人方才有义务按约定程序处理索赔，并接受“逾期未予答复即视为认可”规则的约束。换言之，承包人严格按照约定程序提出工期索赔的对价，在于其可享受索赔程序整体规则带来的程序性便利。

因此，若承包人未按照约定程序或未在约定期限内提出工期索赔的，其丧失的仅是要求发包人按照约定程序处理工期索赔的“程序性”权利而已，并不必然丧失请求发包人给予工期顺延和(或)赔偿停工、窝工损失的实体权利，其仍可依《民法典》所规定的其他途径如违约、损害赔偿等主张权利。对于承包人未按约定程序或未在约定期限内提出的工期索赔，如证据充分且经司法机关查证属实的，即可构成《建设工程施工合同司法解释(一)》第十条中所规定的“合理抗辩”。

(三)工期签证与工期索赔之间的关系

工期签证的法律特征表现在：

1. 工期签证涉及的工程延误事实及原因均已确定，可直接作为认定工期顺延的依据；

2. 工期签证是发包人、承包人双方协商一致的结果，是双方法律行为；

3. 工期签证是一般不依赖于证据，其本身即为极有说服力的证据。

工期索赔的法律特征表现在：

1. 工期索赔涉及的基本事实尚待确定，其实质属于未获确认的单方的权利主张；

2. 工期索赔是双方未能协商一致的结果，或者未经双方协商的状态；

3. 工期索赔是否成立必须依赖于充分的证据。

发生可归责于发包人的工期延误事由时，承包人可以通过工期签证确认工期顺延，亦可以通过工期索赔提出工期顺延主张，但该二者在时间继起关系上却并非严格意义上的并列选项。在实践中，通常存在以下做法：

1. 工期索赔成立的即成立工期签证。在影响工期的事件发生后的约定期限内，承包人提出书面的工期顺延请求（工期索赔），经发包人审核后予以批准或部分批准，载有“工期顺延请求 + 批准意见”的书面文件即构成工期签证。

2. 工期签证未成功的即成立工期索赔。在影响工期的事件发生后的约定期限内，承包人提出书面的工期顺延请求（工期签证），但发包人审核后未予批准，则该载有“工期顺延请求 + 签收”的书面文件即构成工期索赔。

3. 工期索赔是否成立依赖于签证等证据是否充分。在承包人通过工期索赔仅提出工期顺延请求的情况下，发包人未按照约定的时间和要求提供原材料、设备、场地、资金、技术资料等事实以及承包人因此延误的工期起止时间，需要充分的证据予以证明，而记载这些事实的证据多表现为签证；况且，承包人因工期延误所提出的权利主张往往不限于工期顺延，而是包括停工、窝工损失赔偿在内，这些损失的实际发生及具体金额等事实亦需要通过签证等证据予以固定。

4. 工期签证为进一步的停工、窝工损失索赔铺平道路。为降低签证难度，提高索赔成功率，承包人往往采取“先签证工期、再索赔停窝工损失”的策略，在工期签证中详细记录了工期延误的原因、责任及后果，待取得发包人或其委托的监理人的书面确认后，该工期签证即可作为进一步提出停工、窝工损失索赔的证据使用，且证明力较强。

【条文适用】

一、因工期发生争议时的举证责任分配

按期完工为承包人的合同义务，承包人应就工期延误系非因自身原因导致承担举证证明责任。为保护自身的权利，承包人应在可能导致工期延误的事件发生时，按照合同约定的期限、程序、形式向发包人提出推迟竣工或完工日期的要求，避

免在合同约定日期不能完成工程时，被发包人追究工程延误的违约责任。

发包人向承包人主张误期赔偿费的，应就工期延误之事实的存在、因工期延误所造成的损失或约定的违约金计算标准承担举证证明责任。一般来说，发包人举证实际竣工或完工日期晚于约定的竣工或完工日期，即达到工期延误的初步证明标准。此时，举证证明责任转移至承包人。承包人应就工期延误非因承包人原因造成承担举证证明责任。

在发承包双方就承包人所主张的导致工期延误的相关事实能否成立，能否免除或减轻承包人工期延误责任存在争议时，可能还需要考量以下因素：承包人所主张的相关事实是否与工期延长存在必然因果关系。衡量因果关系，通常以该事实对施工造成的影响是否作用于关键线路为依据，一般由承包人承担举证证明责任；例如，合同中约定承包人未在约定期限内申请工期顺延签证视为放弃工期顺延权利的，承包人通常还需就其已在约定期限内申请工期顺延承担举证证明责任；多种原因交叉作用导致工期延误时，双方还应各自就相关事实的发生先后、持续时间、原因力大小等进行举证和说明。

在新疆宏泰建工（集团）有限公司（以下简称宏泰公司）诉新疆盈佳房地产开发有限公司（以下简称盈佳公司）一般建设工程合同纠纷案①中，宏泰公司与盈佳公司签订《建设工程施工合同》及《补充协议》，其中约定前期手续应当由宏泰公司与盈佳公司共同办理，以及宏泰公司工期顺延事由应当在14天内报告盈佳公司，后宏泰公司逾期交工，但未在14天内报告，逾期交工原因是未及时取得施工许可证，但宏泰公司对未及时取得施工许可证不具有过错。法院认为，发包人没有证据证明承包人对未及时取得施工许可证具有过错的，承包人不构成违约。《建设工程施工合同（示范文本）》（GF－2017－0201）有关工期顺延事由应当在14天内报告的约定，应当视为一般性的告知；只要工期顺延的事由正当，即使承包人未及时告知，亦不影响工期的正常顺延；发包人不能据此主张承包人逾期交工构成违约。故发包人依据合同约定主张承包人逾期交工构成违约，应不予支持。

二、建设工程施工合同无效时的工期认定依据

合同无效的，双方在合同中有关工期、违约、索赔的约定均不能作为一方向另一方主张权利或提出抗辩的依据。但基于对市场主体在交易行为中信赖利益的保

---

① 参见最高人民法院（2013）民申字第2496号民事裁定书。

护,对合同无效存在过错的一方应当对相对方因合同无效而蒙受的损失承担缔约过失责任。承包人的工程价款可参照无效合同的约定主张,而发承包双方基于无效合同中工期及工期索赔的约定所产生的信赖利益,同样应受到保护。

一种观点认为,施工合同无效后,施工合同中关于工期的约定亦无效,发包人要求承包人承担工期延误责任的,应首先举证证明涉案工程的合理工期。① 另一种观点认为,施工合同无效后,可以参照无效合同所约定的工期确定工程的合理工期。②

三、争议工期的司法鉴定

工程施工过程中,经常会由于各种原因导致工程无法按照计划工期或合同工期进行而出现工期延误。工期延误可能由承包人的原因引起,也可能由发包人的原因引起,或者是两个以上发承包人风险事件共同引起,或者不可抗力事件、第三方责任等多种原因引起。对于非承包人原因引起的工期延误,承包人可以要求工期顺延。在建设工程施工合同履行过程中,承包人通常以工期索赔或工期签证的形式,对因非己方原因导致的工期延误向发包人提出延长工期的要求。如果发承包双方就工期延误后是否应当给予顺延发生争议,而进入诉讼仲裁阶段,则会涉及工期鉴定。

(一)可顺延工期天数鉴定

工期鉴定,是指由专业鉴定机构对建设工程合同履行中各方当事人由于工期延误争议及其引发的费用争议进行的鉴定活动。而可顺延工期鉴定,就是确定工期延误天数以及其中多少为不可归责于承包人的延误,从而承包人可以主张工期顺延的天数。可顺延工期鉴定一般应由承包人提出鉴定申请。

承包人的工期延误索赔权益包括延长工期、追加费用和要求补偿合理的利润。发包人的工期索赔权益则包括追索工期违约金、赔偿损失等。确定双方工期索赔

---

① 例如,山东省高级人民法院(2015)鲁民一终字第195号民事判决书认为:"本案涉案建设工程施工合同无效,其中有关工程工期的约定亦无效,上诉人没有提供证据证明涉案建设工程合理工期,其关于被上诉人应当承担延期交工造成损失赔偿责任的主张没有事实依据。"

② 例如,江苏省高级人民法院(2011)苏民初字第0004号民事判决书即参照双方实际履行的合同中约定的工期判决。该案中,人民法院认定涉案工程前后两份施工合同均无效,订立在先的915合同为双方实际履行的合同。在计算工期延误天数时,江苏省高级人民法院认定:"915合同约定的工期为370天,经双方确认,实际2006年10月31日开工,2009年7月2日竣工验收,总工期976天,扣除高温顺延16天,在不考虑增加工程量和设计变更的情况下,延误工期590天。"

权益的基础和前提就是确定工期延误的总天数以及区分其中有多少是可顺延工期。

可顺延工期鉴定主要包括以下三个方面的内容：

1. 工程项目是否存在工期延误的鉴定

工程项目是否存在工期延误，是承包人可以主张工期顺延的基础。是否存在工期延误的鉴定，涉及合同工期、实际工期的认定以及比对。

2. 工期延误的原因鉴定

对于单因延误事件而言，需要确定导致工期延误的事件是否属于不可归责于承包人的延误事件，据此认定是否可以给予工期顺延。对于共同延误情形，需要对共同延误情况下不同的延误事件进行单独分析，并根据以下原则予以确定：

首先，在归责于承包人之外的延误事件处于非关键线路，而归责于承包人的延误处于关键线路上时，不应给予工期延长。

其次，在归责于承包人之外的延误事件和归责于承包人的延误事件同时发生在平行的关键线路上时，根据任何一个延误可能被相同的时间拖延的情况，给予工期延长，费用不予补偿。

3. 可顺延天数鉴定

对于上述可以顺延工期的工期延误事件，是否必然对工期造成影响以及影响的天数，需要结合施工进度计划，分析是否影响关键线路的工作来确定。在实际鉴定中，可以区分以下情形予以确定：

首先，如果承包人能够提供发包人签认的工期顺延签证或索赔报告的，按照签证或索赔报告中审批同意的顺延天数顺延工期。

其次，承包人不能提供发包人签认的签证，仅能提供延误事件相关证据的，可以根据当事人提供的施工进度计划以及修订后的施工进度计划，结合延误事件的相关证据材料，利用工期延误分析方法计算工期顺延的具体天数。

采用比例类推法确定可顺延的工期天数，分为按工程量的比例类推法和按造价的比例类推法。通常适用于设计变更导致的工程量增加，需要鉴定工期延长的期限等情形。由于工程量或工程价款的变化并不必然导致工期的变化，或并非与工期变化成线性关系，因此这种方法在具体适用中具有较大的不合理性。

（二）工期延误原因鉴定

工期延误原因鉴定，是指对引起工程延误事件的原因进行分析、确定的鉴定活动。工期可能因多种原因而延误,而对于不同原因引起的延误,承包人和发包人可以要求索赔的权益是不一样的。例如,对于因发包人未按合同约定提供图纸导致的工期延误,承包人除有权要求发包人顺延工期和增加费用外,还可以要求发包人支付合理利润。对于某些原因导致的工期延误,承包人只能主张工期顺延,而不能主张费用或利润。因此,对工期延误原因的确定会影响合同当事人双方的索赔权益,是工期延误争议中必须要解决的问题。

根据工期延误是由于单一原因引起还是由于多种原因引起,可将工期延误分为单一原因引起的工期延误和多种原因引起的工期延误。根据引起工期延误原因的主体责任不同,可将工期延误分为发包人原因导致的工期延误、承包人原因导致的工期延误、有关第三方原因引起的工期延误、不可预见因素引起的工期延误等。

1. 发包人原因导致的工期延误

发包人原因导致的工期延误又可分为两种情况:一种情况是发包人的过错,如提供图纸错误等;另一种情况是合同变更原因,即合同履行过程中的设计变更、规划调整等导致工程量增加而造成工期推迟等。①

2. 承包人原因导致的工期延误

承包人原因导致工期延误,常见的原因有:施工组织计划不合理、组织协调不利、质量事故返工返修、现场劳动力资源不足等。

3. 有关第三方原因引起的工期延误

对于第三方原因引起的工期延误,按照业务关系进行划分,又可以分为:与发包人有关的第三方原因引起的工期延误,如监理方、设计人、发包人指定分包的分包人等;与承包人有关的第三方引起的工期延误,如承包人发包的分包人、材料供应商等。其中对工期延误原因确定较为重要的就是监理人原因引起的工期延误。

4. 不可预见因素引起的工期延误

不可预见因素引起的工期延误主要有以下几个方面:

(1)因在施工现场发现文物、古迹以及具有地质研究或考古价值的其他遗迹、化石、钱币或物品,而按有关政府行政管理部门要求采取妥善保护措施,导致工期延误的。

(2)遇不利物质条件或异常恶劣气候条件,承包人因采取合理措施而延误工

① 参见《建设工程施工合同(示范文本)》(GF-2017-0201)通用合同条款第10.6款约定:"因变更引起工期变化的,合同当事人均可要求调整合同工期,由合同当事人按照第4.4款商定或确定,并参考工程所在地的工期定额标准确定增减工期天数。"

期的。

(3)不可抗力导致的工期延误。

(4)基准日期后,因法律变化造成的工期延误。例如,因环保标准提高,导致施工材料采购和运输困难,而致工期延误等。

(5)政府原因。例如,因环保停工禁令、因举办重大国际性会议需要而停工等。

四、争议工期的司法认定

关于工期的直接认定,是司法机关将直接发生在关键线路上或一次性发生在一个项目上,造成总工期延误的天数予以确认。例如,由于发包人原因导致的暂停施工等,可以通过查看施工日志、变更指令等资料,直接将这些资料中记载的时间作为工期顺延的天数。根据《建设工程造价鉴定规范》(GB/T 51262－2017)第5.7.4条的规定,当事人对鉴定项目暂停施工、顺延工期有争议的,鉴定人应按以下规定进行鉴定:(1)因发包人原因暂停施工的,需要顺延工期;(2)因承包人原因暂停施工的,工期不予顺延;(3)工程竣工前,发包人与承包人对工程质量发生争议停工待鉴的,若工程质量鉴定合格,承包人并无过错,鉴定期间为工期顺延时间。

工期顺延无法鉴定时,通常由法院或仲裁机构予以酌定。鉴定项目的启动应当遵循可行性原则,即委托鉴定的事项应当属于能够通过司法鉴定得出鉴定意见的事项。而实务中对工期延误的分析与认定非常复杂,主要表现在:影响工期的因素多;各种事件可能相互交叉、相互影响;各种事件因所作用的工序的不同而对总工期的影响不同;工期延误分析还受到承包人采取赶工等减轻延误措施的影响等。因此,在启动工期鉴定前,要判断工期鉴定是否可行。对于无法鉴定或鉴定不可行的情形,通常法院或仲裁机构会根据现有证据材料予以酌定。①

在滨州市中博房地产有限公司(以下简称中博公司)诉江苏中柱建设工程有限

---

① 最高人民法院(2014)民一终字第310号民事判决书中,有关工期延误及造成的实际损失的鉴定意见认为:(1)虽然工期实际造成了延误,但现场未发生全面停工现象;(2)所有资料中,工期延误未有明确的时间界限,不能准确判定工期延误时工程所处状态;(3)一审原告未按合同约定履行工期索赔的程序;(4)设计变更及工程量的增加未明确施工工期。一审被告由于存在对分包单位施工现场移交迟延、结构赶工、业态情况不明,以及外墙装饰施工中方案和施工单位未及时确定等行为,必然导致工程的停滞及窝工,所以,一审被告应对工期延误、现场的窝工承担主要责任。但因一审原告自身缺乏对索赔程序的认知和对索赔证据的保存意识,导致对自己有利的索赔条件丧失,错失了追加付款和延长工期的机会。一、二审法院均认定一审被告对工期延误承担主要责任,一审原告承担次要责任,但在责任分配上一审法院认定一审被告承担延误工期60%的责任,一审原告承担40%责任,二审法院调整为由一审被告承担延误工期90%的责任,一审原告承担10%的责任。

公司、江苏中柱建设工程有限公司滨州分公司(以下简称中柱分公司)建设工程施工合同纠纷案[①]中,中博公司就住宅一期和中博大厦工程进行招标,中柱分公司中标,双方签订合同。住宅一期和中博大厦工程的实际开工日期分别为2009年9月11日和2009年11月6日,依照双方关于工期的约定(《住宅一期合同》约定的总工期为332天、《中博大厦合同》约定的总工期为335天),住宅一期工程竣工的时间应当为2010年8月8日,中博大厦工程竣工的时间应当为2010年10月6日。两项工程在实际履行中均未完全竣工。中博公司提供的有双方人员签字确认的退场汇总表显示,双方退场时间为2012年3月16日。法院认为,发包人要求承包人承担工期延误责任时,可以监理日志所载甲供延误天数,来认定工期应顺延的天数。

五、共同延误

共同延误,又称"同期延误",是指在建设工程施工合同履行过程中,在某一特定时间段内,既发生了可归责于承包人的延误事件,又发生了不可归责于承包人的延误事件,且导致了同一延误结果的情形。[②] 构成共同延误,须满足以下四个前提条件:

1. 两个或多个延误事件彼此无关、独立,且即使没有其他延误事件,该延误事件也会拖延项目完工;

2. 两个或多个延误事件由不同相关方负有履约责任,其中一个可以是第三方事件;

3. 延误事件不能是相关方的恶意违约行为;

4. 延误事件对关键线路上的工作造成了实质性的影响并且不容易矫正。

除以上四个前提条件之外,两个或多个延误事件之间的关系须满足以下两个必要条件,方可构成共同延误:

1. 延误事件必须发生在同一分析区间或者影响同一分析区间;

2. 任何一个延误事件在没有其他延误事件的情况下必须能够独立地对关键线路产生延误。

共同延误是工期延误中一种比较常见的情况,但是对共同延误的处理却难以

---

① 参见山东省高级人民法院(2015)鲁民一终字第360号民事判决书。

② FIDIC(2017版)黄皮书第8.5款下所指的"共同延误"限于业主原因引起的延误和承包商原因引起的延误并发,但考虑到不可抗力、政府行为、恶劣气候影响等第三方事件亦可与承包人责任事件并发,且在顺延工期方面能够产生类似于发包人责任事件的效果,故可将发包人责任事件与第三方事件归纳为"不可归责于承包人的延误事件"。

形成标准统一的解决原则和具体程序，原因在于相较于一方原因引起的工期延误事件，共同延误情形涉及因素更多，对双方责任的定性和定量更为复杂。在实践中，一旦发生共同延误情况下的索赔，双方往往会在责任事件的确定以及各自的责任事件对延误结果的影响程度问题上存在分歧，难以达成一致。

（一）合同中关于共同延误的处理规则应优先适用

FIDIC（2017 版）黄皮书第 8.5 款中关于同期延误的处理规则比较笼统，并未给出明确的规则，而将该问题引入专用合同条款之中，由双方当事人在专用合同条款事先约定解决共同延误问题的议程及规则。

在英格兰与威尔士高等法院近期审结的 North Midland Building Ltd. v. Cyden Homes Ltd. [2017] EWHC 2414 案中，争议焦点即在于双方在施工合同中事先约定的共同延误处理条款是否有效的问题。该案涉及英国某一大型住宅和附属建筑的设计和建造，业主和承包商在合同中明确约定："在出现共同延误时，承包商无权索赔额外工期。"该项目实施过程中出现了严重的工期延误，承包商依据合同规定的业主延误事件条款申请工期延长，而业主则提出承包商对部分延误也负有责任，业主因此决定对双方共同延误的工期不给予延长。在诉讼中，承包商主张，业主对合同共同延误条款的解读不公平，并试图援引英国法中"业主不得妨碍承包商履行合同"的判例法规则重新解读和限制该共同延误合同条款，认为业主应当为自己导致的延误事件承担责任。但法官 Fraser 认为，双方有权在合同中自由约定如何分配共同延误风险，本案合同中的共同延误条款意思非常清晰、明确，即"在出现共同延误时，合同明确排除了承包商索赔工期的权利"，故不存在合同条款解读存有争议的问题，因此法院充分尊重双方的约定进行判决。该案经二审后，上诉法院维持了一审判决。

上述判例确立了双方可以自由约定如何处理共同延误的法律原则。在该法律原则下，如果在合同谈判及签订的过程中，承包商同意了业主提出的承包商无权就共同延误获得工期延长的合同规定，那么一旦在工程实施过程中出现共同延误，承包商不仅不能索赔工期，而且很可能还需要就共同延误事件向业主承担工期延误违约金。

（二）施工合同中未约定共同延误处理规则的，可借鉴适用的处理原则

发、承包双方若未通过施工合同专用合同条款就共同延误的处理程序及规则

作专门约定的,根据国际建筑工程界的普遍做法,在业主承担责任的延误和承包商承担责任的延误竞合时,承包商只能要求工期延长而不能索赔任何额外费用,即适用“time no money”原则。

英国工程法学会(Society of Construction Law,SCL)在其发布的《工期延误与干扰索赔分析准则》(2002 版)中规定,当同期延误确定发生时,承包商应有权因业主的延误而获得工期延长,承包商的延误不减损承包商因业主延误而获得工期延长的权利。换言之,发生同期延误时,只要归责于发包人的延误事件符合合同约定的工期顺延条件,承包人即有权延期,此时不必考虑归责于承包人的延误事件的影响。究其原因,可能在于既然当事人在合同中明确约定了某一事件造成工期延误时承包人有权要求顺延工期,则双方作出此项约定时必然已经考虑到现实中可能同期出现不止一个有效延误事件。在施工合同没有专门约定的情况下,上述准则意味着,只要出现一个合同约定的有效延误事件,承包人即有权要求顺延工期。

另外,2010 年 7 月苏格兰法庭就 City Inn v. Shepherd Construction 一案所作裁决亦值得借鉴。法庭依据“共同延误发生时,如果没有主导事件,则业主与承包商必须分担责任”的原则,判定 Shepherd 有权获得 9 周的工期延长。此后,City Inn 又将此案提交苏格兰最高民事法庭内庭进行审理,二审维持了一审结果,并在判决书中就延误和费用索赔的评估中的共同延误作出以下五点声明:

第一,造成工期延长索赔的相关事件必须很有可能导致工期延误或已经导致工期延误;

第二,决定相关事件是否导致延误,是一个根据常识就能作出判断的事情;

第三,法庭重视证据是否充分有效,而非证据形式;

第四,主导因素是保全索赔成功的关键事件,其他因素应予以忽略;

第五,在不存在主导因素时,业主和承包商应以公平合理的方式分配不同原因导致的延误责任。

(三)对共同延误进行技术评估的主要方式

FIDIC(2017 版)黄皮书第 8.5 款进一步规定,如果专用合同条款没有规定共同延误,则应在“考虑所有有关的情况”的基础上要求工程师对于承包商获得的工期延长“进行评估”。FIDIC 在专用条件编写指南中指出,第 8.5 款(竣工时间的延长)的最后一段采用表述方式是由于目前工程实践经验中并没有一个标准的原则和程序来处理同期延误问题。对施工进程中出现的各种延误作出绝对精确的技术评估是不可能的，它更像管理或艺术的作品，不同的人对其看法肯定不完全一致。技术评估上的困难主要体现在以下几个方面：

（1）现有的延误分析方法，有的只能得出每个延误事件的影响而忽略同期延误，有的只能考虑同期延误的整体影响，而不能对同期延误的责任进行分配。但是，当同期延误事件过多时，事件的组合方式多，分别计算每种组合方式对工程竣工的影响，计算量会比较大。

（2）分析同期延误时遇到的情况往往是，数个延误事件只是部分阶段重合而已，其开始、结束时间并不一致。

（3）在实际工程中，施工延误的原因相互缠绕，不准确和不充分的文档记录会使分析工作变得非常困难。尽管存在一定困难，但在国际工程实践中仍积累了比较丰富的共同延误评估经验，常见的处理原则包括：

1. 初始事件原则

初始事件原则，是指凡是由在同一时间内发生两个以上的原因造成的工期延误，应全部由初始责任人来承担。

2. 不利于承包商原则

不利于承包商原则，是指在交叉时段内，只要出现了承包商的责任，不管其出现次序和干扰事件的性质，该时段内责任全部由承包商承担。

3. 责任分摊原则

责任分摊原则，是指当共同延误事件由业主、承包商分别承担责任时，按各干扰事件对干扰结果的影响分摊责任，并由干扰事件的责任方承担。此种处理原则属于对上述两原则的折中。

以上三种处理原则，各有其特殊适用场合，并无优先次序，须结合实际争议情况作出妥当的选择。

（四）中国司法实践中的“共同延误”及处理原则

共同延误，又称“同期延误”。在国内工程实务中屡次被讨论，但尚未被国内司法实践准确识别并且形成稳定、可预期的裁判规则。在国内司法实践中所提及的共同延误，往往并不强调业主风险事件和承包商风险事件发生的同期性或产生影响的同期性，而是着眼于施工过程中的双方行为与工期延误的关联性，侧重于对工期延误结果产生后的事后评判。如前文所述，只有在业主风险事件和承包商风险事件均构成竣工迟延的有效原因的情况下，共同延误才能成立。这意味着业主风险事件和竣工迟延之间的因果关系，与承包商风险事件和竣工迟延之间的因果关系，二者之间应是相互独立的；而国内的司法实践所提及的共同延误中“共同”一词却有“联合”(joint)的含义，这里的因果关系往往是混杂的，延误被视为各种原因导致竣工时间晚于合同工期的整段时间，而非可量化的业主风险事件导致的延误和可量化的承包商风险事件导致的延误在时间上的重叠累加。

从解释路径上看，国内的司法实践所考虑的因共同延误造成的损失，可以看作双方共同违约或过错行为而造成的损失。《民法典》第五百九十二条第一款规定：“当事人双方都违反合同的，应当各自承担相应的责任。”据此，关于共同延误的情况下双方责任的分配问题，应当考虑双方各自对延误结果的过错程度和实际影响。限于各种主客观原因，在裁判过程中往往难以确定导致损失的各个延误的来源以及各个来源与损失结果之间的因果程度，更无法精准地计算每个延误事件引起的延误的时间长度以及每个延误事件对整个工程延误的影响程度。因此，裁判者在基本查明双方均有过失的情况下，干脆驳回一方甚至双方的权利主张，或者经粗略的定性考量后酌情分配损失比例，实为无可奈何的选择。①

六、工期索赔的期限

工程索赔，是指在建设工程施工合同履行过程中，承包人对于非自己的过错、应由发包人承担责任的情况造成的实际损失，通过一定的程序向发包人提出经济补偿和(或)工期顺延的要求。索赔是发承包双方就索赔事项未能协商达成一致结果，形式上为承包人单方向发包人主张权利；索赔不同于签证，索赔请求是一种尚未获利确认的期待性利益。

在实践中，存在较大争议的问题是，承包人未按合同约定的期限及时提起索赔

① 例如，最高人民法院(2013)民一终字第111号民事判决书认为，工期延误既有承包人前期施工能力不够、工程管理存在缺陷等原因，同时也有发包人混凝土供给不及时、支付工程进度款不足等原因。诸种原因，既有先后、或有交叉、或共同作用下导致工期延误，在此情形下，已无法准确确定工期延误时间，也难以确定双方各自应当承担工期延误违约责任大小和因此遭受损失数额。发包人不能证明自己无违约行为、工程逾期未交工与其无关的情形下，对其主张工期延误违约金的诉讼请求不予支持。又如，浙江省高级人民法院(2010)浙民终字第52号认为，关于承包人停、窝工损失，虽然存在承包人施工人员不足、工地人身伤亡事故影响等原因，但在监理已签认应付406万元进度的情况下，发包人仅仅支付50万元，已构成严重违约。承包人后续停工符合规定，发包人应对承包人承担停、窝工赔偿责任。再如，湖南省高级人民法院(2014)湘高法民一终字第138号认为，工程逾期竣工既有发包人迟延支付进度款、增加工程量的原因，也有因承包人不及时进行主体工程验收、施工质量不合格造成返工的原因，根据双方的会议纪要和其他书面材料的情况，酌情确定由承包人承担60%的工期延误责任。

的法律后果，即超过约定期限后进行索赔或在纠纷发生后在诉讼（仲裁）程序中主张索赔时，过期索赔是否直接导致索赔权利丧失？

（一）施工合同中关于索赔的期限要求

索赔时限，是指按照合同约定，承包人进行索赔时所应遵循的时间限制。《建设工程施工合同（示范文本）》（GF－2017－0201）通用合同条款相关规定为第19.1款承包人的索赔。具体内容如下：

根据合同约定，承包人认为有权得到追加付款和（或）延长工期的，应按以下程序向发包人提出索赔：

1. 承包人应在知道或应当知道索赔事件发生后28天内，向监理人递交索赔意向通知书，并说明发生索赔事件的事由；承包人未在前述28天内发出索赔意向通知书的，丧失要求追加付款和（或）延长工期的权利。

2. 承包人应在发出索赔意向通知书后28天内，向监理人正式递交索赔报告；索赔报告应详细说明索赔理由以及要求追加的付款金额和（或）延长的工期，并附必要的记录和证明材料。

3. 索赔事件具有持续影响的，承包人应按合理时间间隔继续递交延续索赔通知，说明持续影响的实际情况和记录，列出累计的追加付款金额和（或）工期延长天数。

4. 在索赔事件影响结束后28天内，承包人应向监理人递交最终索赔报告，说明最终要求索赔的追加付款金额和（或）延长的工期，并附必要的记录和证明材料。

从文义解释角度看，承包人未在前述28天内发出索赔意向通知书则丧失要求追加付款和（或）延长工期的权利，此处所指的“权利”应属于承包人实体权利。换言之，承包人过期索赔的将不得再通过其他途径向发包人主张工期顺延及损失赔偿。“过期索赔即失权”的观念虽尚未深入人心，但因目前工程实践中普遍采用上述施工合同示范文本，“过期索赔即失权”这个约定规则始终是悬在承包人头顶的一把“达摩克利斯之剑”。

（二）过期索赔是否必然导致失权

过期索赔，是指承包人未按合同约定的期限递交索赔意向通知书和索赔报告。包括期限经过后进行索赔程序和诉讼（仲裁）过程中主张索赔权利。过期索赔能否得到支持，是否仅仅会因超过期限而导致权利被否定，是过期索赔在实践中的最大争议焦点。

在司法实践中，对双方在合同中约定了逾期索赔则丧失索赔权或视为放弃索赔的做法，存在截然不同的处理方式：

1. 尊重合同双方的意思自治，对逾期提出的索赔主张不予支持。合同双方既约定了逾期索赔的法律后果，理应重视索赔程序，未能按约定时限提出索赔的，自应承担不利后果。

2. 注重实体上的权利义务平衡，对符合约定的索赔条件且有证据证明的索赔主张予以支持。一方逾期提出索赔，但能够举证证明其索赔主张具有事实与合同、法律依据，并能够举证证明其具体的费用或期限损失的，对其索赔主张予以支持。[①]

3. 就一方违约引发的索赔，对守约方有证据证明的索赔主张以违约责任的形式予以支持。[②]

值得注意的是，最高人民法院民事审判第一庭编著的《最高人民法院建设工程施工合同司法解释（二）理解与适用》（以下简称《理解与适用》）采用这一观点，该书认为，索赔时限可以被理解为合同双方通过合同约定创设的权利失效期间。[③] 最高人民法院民事审判第一庭在《理解与适用》中进一步提出："如果当事人在施工合同中约定，承包人未在约定时间内提出工期顺延申请，视为工期不顺延，或者承包人丧失要求顺延工期的权利，通常应该按照约定处理，但是如果承包人能够证明发包人在约定的期限后仍同意工期顺延或者承包人提出合理抗辩证明其行为并不会影响对索赔事件的调查，且其能够证明根据合同和适用法律其有权获得工期顺延，则法院应该认定工期顺延。"

若合同中约定了索赔时限但未约定逾期索赔丧失权利的，逾期提出索赔的一

---

① 例如，青海省高级人民法院（2015）青民初字第35号民事判决书认为，承包人主张窝工损失虽然已过合同约定的索赔时限，但工程停工2年，承包人主张的窝工损失客观存在且符合合同约定的索赔条件，具体赔偿数额应以承包人举证证明的事实予以认定。

② 具有代表性的，如最高人民法院（2013）民提字第128号民事判决书，该案中承包人主张发包人存在违约行为并据此在诉讼中提出索赔主张，一审法院认为承包人提出索赔逾期，进而驳回其索赔主张；二审法院认为，虽然承包人提出索赔逾期，但其因发包人原因所造成的损失有证据证明，故酌情由发包方承担其损失；最高人民法院再审认为，发包方存在违约行为且客观上给承包人造成了实际损失，二审法院判令其赔偿损失正确。

③ 参见最高人民法院民事审判第一庭编著：《最高人民法院建设工程施工合同司法解释（二）理解与适用》，人民法院出版社2019年版，第143页。

方通常并不因逾期提出索赔而丧失索赔权，[①]但也有司法判决持相反观点。[②]

（三）正确认识索赔时限的性质

在实践中，司法机关的认识分歧，与理论上对于索赔时限的性质争议息息相关。关于索赔时限的性质，存在以下不同观点：

1. 诉讼时效说

一种观点认为，索赔时效的性质是诉讼时效，[③]索赔期限届满后，索赔权即消灭，即权利人未在合同约定的签证、索赔期限内提出索赔意向通知书和索赔报告，则诉权消灭；同时因权利的消灭，变为民法理论上的自然之债，没有强制履行力，失去司法保障。但是，基于自然之债理论，承包人的实体权利并未就此丧失，因此，如果发包人放弃索赔时效的抗辩权，并自愿认可过期索赔的权利或自愿履行相应义务或承担相应责任，给权利人以签证，承包人接受后亦属债权债务的合法履行，不构成不当得利。亦有相反观点认为，索赔时限不是诉讼时效，索赔时限与诉讼时效不存在矛盾。[④]

然而，根据《民法典》第一百九十七条之规定："诉讼时效的期间、计算方法以及中止、中断的事由由法律规定，当事人约定无效。当事人对诉讼时效利益的预先放弃无效。"如将索赔时限理解为诉讼时效的，显然违反了该条所确立的诉讼时效法定的基本原则。

2. 除斥期间说

另有观点认为，索赔时效的性质是除斥期间，并认为索赔时效的约定与除斥期间的立法宗旨相同，皆旨在维护原秩序，使推翻原秩序的权利不能长期存在；不同于诉讼时效的设立，旨在维护新秩序。[⑤]《建设工程施工合同（示范文本）》（GF－

---

① 参见最高人民法院（2014）民一终字第 310 号民事判决书。

② 例如，最高人民法院（2017）最高法民终 671 号民事判决书认为，施工合同中虽没有约定未按索赔程序提出索赔即视为放弃索赔，但承包人对其主张的窝工损失，仅能提供部分施工活动因发包人原因导致拖延的证据，而部分施工活动拖延通常可以通过施工配合、调整予以解决，并不必然产生窝工损失。故承包人主张的窝工事实难以确认，对其费用索赔不予支持。江苏省高级人民法院（2013）苏民终字第 0320 号民事判决书则明确指出："因承包人在施工中并未提出工期顺延申请，也未能提供可以确定工期顺延的签证资料，导致工期延误的责任无法确定，应当由承包人承担不利后果。"

③ 参见楼英瑞、郑翔：《建设工程施工合同索赔时效若干问题研究》，载《建筑经济》2003 年第 7 期。此观点亦见段爱群：《新版建设工程施工合同中的当事人行使索赔权探讨》，载《城市建设理论研究》2013 年第 10 期。

④ 参见宋志熊、璐瑛勇、章鸿雁：《工程索赔期限不等同诉讼时效》，载《建筑》2014 年第 16 期。

⑤ 王玉法：《索赔期限与诉讼时效期间问题浅探》，载《山东法学》1994 年第 4 期。

2017－0201）中关于索赔时限的规定，也不涉及时限的中止、中断及延长情形，这与除斥期间的原理相同；基于索赔时限属于除斥期间的定位，自然得出索赔时限届满，索赔权利实体消灭的结论。

但依民法基本理论，除斥期间仅针对形成权，而承包人通过索赔程序所实现的均系典型的请求权，二者显然不能混用。

因此，索赔时限与诉讼时效与除斥期间均有所不同，用现有的理论来强行解释索赔时限，并不尽如人意；同时应注意，《建设工程施工合同（示范文本）》（GF－2017－0201）对索赔的规定，均是直接针对索赔时限，而非索赔权利本身。对上述问题的分析，应从索赔时限制度的源头，即建设工程施工合同的具体规定内容设立的目的来探究。

在施工合同的履行及结算过程中，承包人基于管理上、技术上的优势，当索赔发生时，对索赔事件的认定、控制及资料收集方面发包人均不占优势，如果放任承包人延后主张索赔，在将来发生索赔纠纷时将会徒增发包人的举证难度，对发包人极不公平。《建设工程施工合同（示范文本）》（GF－2017－0201）对于索赔时效的约定与其他所有时效性的规定具有同样的作用，即促使当事人行使权利，及时固定当事人之间的权利义务及责任关系。西方法谚有云："法律不保护权利上的睡眠者。"索赔时限，不但对承包人来说是一种督促、限制，而且对发包人来说亦是一种强有力的督促与限制，它督促的是双方，限制的是双方，保护的亦是双方，对双方来说是公平合理的。通过督促激励双方的履约行为，固定施工过程中的各种计划外事项的影响和责任归属，及时消弥争议、防范将来产生纠纷，客观上达到了证据保存和固定个别责任事件的权利、义务与责任的效果。

（四）过期索赔向违约责任的转化

如前文所述，索赔时限与权利丧失以及胜诉权丧失等均无直接关系，也就是说，索赔时限与诉讼时效无关。针对责任事件的过期索赔，可以通过违约责任来主张，此时应适用诉讼时效的规定，并根据"谁主张，谁举证"的举证原则由承包人就索赔的发生、原因、后果进行举证。此处需要说明的是，过期索赔后通过违约责任来主张相应赔偿的情况，仅限经济损失赔偿，经济赔偿请求属于债权性请求权，可以适用诉讼时效；如果是针对工程顺延的主张，因该主张不属于债权请求权，没有适用诉讼时效的余地。

从上述论述以及法院普遍的司法观点来看，过期索赔的法律后果并不导致权利丧失,但索赔所主张的权利若想得到法院的认可,其举证的难度要大得多。虽然因责任事件所造成的损失,既可以通过事件发生后28天内提出索赔的程序来主张,也可以通过事后(诉讼时效内)追究违约责任的方式来主张;但在诉讼程序中主张索赔权利时,需要举证证明的对象有:(1)索赔事件的发生;(2)索赔事项符合合同约定;(3)损失的确定及依据。但如果是在合同约定的期限(如28天)内承包人向发包人提出过索赔报告,则可以根据合同约定的"发包人逾期答复的,则视为认可承包人的索赔要求"来推定索赔成立,而发包人若想推翻该推定,其举证难度极大。

对于承包人而言,按约定期限及时索赔,最大的意义在于:通过双方的协商,及时固定证据,避免将来产生纠纷时的举证负担。《建设工程施工合同(示范文本)》(GF-2017-0201)通用合同条款第19.1款规定的"丧失权利"并非丧失实体权利,而只是一种通过"索赔"程序主张权利的程序性便利。如此,索赔期限可以理解为一种证据保全的期限,过期索赔会导致举证责任的转换;当依约正常进行索赔时,在发生纠纷进入诉讼程序后,根据合同约定的"发包人逾期答复的,则视为认可承包人的索赔要求"来推定索赔成立;当过期索赔或在诉讼中主张索赔时,推定索赔不成立,除非承包人对索赔主张进行充分举证才能认定索赔权利成立。

在中国建筑股份有限公司(承包人)诉昆山市超华投资发展有限公司(发包人)建设工程施工合同纠纷案①中,发包人与承包人签订《建设工程施工合同》,约定因发包人未按合同约定履行义务或发生错误以及应由发包人承担责任的其他情况造成工期延误,承包人不能及时得到合同价款及其他经济损失补偿,承包人应在索赔事件发生后28天内向工程师发出索赔意向通知并提交补偿经济损失的索赔报告及有关资料;合同还约定工期为370天,但实际总工期为976天,扣除高温顺延16天,在不考虑增加工程量和设计变更的情况下,延误工期590天,延误主要原因在于发包人自行将工程发包给第三方施工。承包人未按合同约定在索赔事件发生后28天内向工程师送交索赔损失及相关资料,但多次在工地例会中提及因发包人原因造成工期延误的问题,并多次向发包人提交报告,同时抄送监理工程师。报告中指出因土方工程延误、高温天气等严重影响工程进度,要求顺延工期。法院认为,双方虽然在合同中对工期顺延及索赔程序进行了约定,但并未明确承包人未按约定程序索赔或不及时索赔的法律后果。承包人提出费用索赔虽然超出了合同约定的期限,但因工期延长客观存在,承包人主张的窝工损失、赶工费用均有相应的证据,法

---

① 参见最高人民法院(2014)民一终字第310号民事判决书。

院应予支持。

（五）本条或可为逾期索赔提供新的请求权基础

在当前司法现状下，在工程实践中，恰当定位索赔时限的功能，对工程参与各方均有重大的指导意义。一方面，可以促使发承包双方重视索赔程序，及时固定双方权利和责任，尤其对于承包人来说，及时索赔是保证自身权益的重要手段；另一方面，在过期索赔时，亦不致因为期限问题导致权利失衡，可以最大限度地维护承包人和发包人的合法权利。

如前文所述，承包人未及时索赔的，仍可以通过主张违约责任的方式实现，但举证难度相比按合同约定程序进行索赔大得多，故在司法实践中，逾期索赔最终能够得到支持的案例并不多见。那么，从保护承包人的角度来看，本条是否为逾期索赔提供了一条新的路径呢？

若简单从本条文义来理解，只要满足“发包人未按照约定的时间和要求提供原材料、设备、场地、资金、技术资料的”条件，即触发承包人提出索赔主张的“扳机”，“承包人可以顺延工程日期，并有权要求赔偿停工、窝工等损失”，则既不需要考虑索赔的时间限制，亦无须考虑索赔的程序要求与证据要求。

笔者认为，本条既然属任意性规范，其价值仅在于填补合同约定的空白或用于解释合同不同约定之间的冲突，那么，在施工合同另有约定的情况下应优先适用约定而非本条规范。

在过去的司法实践中，鲜见适用本条来解决逾期索赔的案例，一则因为工程索赔相关纠纷尚未大规模爆发，二则可能因为 FIDIC 等国际惯例中通行的“逾期索赔视为失权”规则被国内施工合同示范文本采纳不久，其观念尚未深入人心。在将来的司法实践中，是否可以经由本条的扩张性解释，在施工合同约定的索赔程序、合同法一般规定的违约责任这两条路径以外，另辟一条更加便于承包人行使、更加便于司法机关作出裁判的请求权基础？这个问题有待进一步观察。

第八百零四条　工程停建缓建的发包人责任

【法条原文】

第八百零四条　发包人的原因致使工程中途停建、缓建的，发包人应当采取措施弥补或者减少损失，赔偿承包人因此造成的停工、窝工、倒运、机械设备调迁、材料和构件积压等损失和实际费用。

【条文主旨】

本条是关于发包人原因导致工程中途停建、缓建的违约责任的规定。

本条属任意性条款，如果发承包双方在建设工程施工合同中对停工、窝工损失另有约定的，从其约定；如果发承包双方没有约定，或者约定不明的，承包人可以援引本条作为索赔的请求权基础。

因发包人的原因致使工程中途停建、缓建的，在发承包双方的施工合同关系中，发包人通常已处于违约状态，并且产生了承包人的损失，此时发包人采取措施弥补或者减少损失，是其承担违约责任的一种方式，是《民法典》第五百七十七条有关"当事人一方不履行合同义务或者履行合同义务不符合约定的，应当承担继续履行、采取补救措施或者赔偿损失等违约责任"的规定在施工合同关系中的具体体现。

本条规定的发包人赔偿范围为"承包人因此造成的停工、窝工、倒运、机械设备调迁、材料和构件积压等损失和实际费用"，体现的是实际损失的补偿原则，与《民法典》第五百八十四条"当事人一方不履行合同义务或者履行合同义务不符合约定，造成对方损失的，损失赔偿额应当相当于因违约所造成的损失"的规定精神一致。

本条适用过失相抵原则，如果造成承包人损失既有发包人的原因也有承包人的原因，应相应减轻发包人的赔偿责任。

本条适用减损原则，依据《民法典》第五百九十一条规定："当事人一方违约后，对方应当采取适当措施防止损失的扩大；没有采取适当措施致使损失扩大的，不得就扩大的损失要求赔偿。当事人因防止损失扩大而支出的合理费用，由违约方承担。"工程停建、缓建后，承包人有义务采取适当措施防止损失扩大，否则对扩大部分的损失，承包人无权要求赔偿。

【条文释评】

一、暂停施工

（一）暂停施工的条件

工程停工的条件通常包括以下几项：(1)建设单位要求暂停施工且工程需要暂停施工的；(2)施工单位未经批准擅自施工或拒绝项目监理机构管理的；(3)施工单位未按审查通过的工程设计文件施工的；(4)施工单位未按批准的施工组织设计、(专项)施工方案施工或违反工程建设强制性标准的；(5)施工存在重大质量、安全事故隐患或发生质量、安全事故的。①

实践中存在滥用停工令的情况。如果监理人发出的停工令是无理的或者理由并不充分，承包人有权就因监理人滥用停工令造成的工期延误和窝工损失提出索赔。对于停工令是否构成滥用，法院通常会结合停工的具体原因、施工记录、会议纪要、往来函件，并结合工程技术规范来作出判断。

福建省高级人民法院(2015)闽民终字第1100号民事判决书认为："承包人称1号、2号沉箱实体质量均合格，但监理滥用停工令造成工程一再停工，港务公司则称两个沉箱的质量均不合格。经查，在案证据显示监理发出的停工令多涉及沉箱预制问题。因此两个沉箱的实体质量是否合格，是判定监理下发停工令是否合理的一个重要依据。根据《水运工程质量检验标准》(JTS 257－2008)以及《福建省水运工程混凝土结构构件实体质量检验规程》(DB35/T 1175－2011)的相关规定，承包人已预制完成的1号、2号沉箱均属于不符合《水运工程质量检验标准》的构件。除此之外，从诸份会议纪要、《水运工程质量监督意见书》以及承包人发出的函件中可见，承包人从建设沉箱预制场开始就存在诸多问题。据此可以判定，监理针对沉箱预制所发出的停工令均有合理依据，符合《水运工程施工监理规范》(JTJ 216－2000)中对暂停施工或停工的要求。"

如果停工令与暂停施工的实际原因不符，亦会被认定为属于滥用停工令的情形。湖北省高级人民法院(2017)鄂民终3223号民事判决书认为："涉案工程监理人出具的《证明》亦证实，2008年1月至2010年9月的开工令、停工令系应发包人

---

① 参见《建设工程监理规范》(GB/T 50319－2013)第6.2.2项。

要求办理备案使用，不是发包人真实执行的开工及停工的依据，并无法律效力。”

（二）停工令

停工令，又称“暂停施工令”“工程暂停令”，是指由监理人签发的要求承包人全部或部分工程暂停施工的通知指令。《建设工程监理规范》（GB/T 50319－2013）第3.2.1项第7目规定：“总监理工程师应履行的职责包含审查开复工报审表，签发工程开工令、暂停令和复工令。”第3.2.2项第4目规定：“总监理工程师不能将签发工程开工令、暂停令和复工令等工作委托给总监理工程师代表。”

停工令应包括停工依据、停工范围、停工时间、停工后应采取的措施以及复工条件等内容。《建设工程监理规范》（GB/T 50319－2013）第6.2.1项规定：“总监理工程师在签发工程暂停令时，可根据停工原因的影响范围和影响程度，确定停工范围，并应按施工合同和建设工程监理合同的约定签发工程暂停令。”在项目执行过程中，监理人在认为需要暂停施工而签发停工令时，应认真保留与作出暂停施工决定有关的书面证据，除停工令以外，应同时保留相关的工程资料、施工记录、往来函件、会议纪要并及时记录损失，保留相关费用凭证。

在泉州港务集团有限公司（以下简称港务公司）诉中国水利水电第十二工程局有限公司（以下简称十二工程局）船坞、码头建造合同纠纷案①中，港务公司为兴建福建泉州崇武闽台贸易码头改扩建工程（一期）进行公开招标，十二工程局中标，双方签订了《施工合同》。2010年11月30日，监理以预制场地不符合施工规范要求等情况为由向十二工程局发出001号《工程停工通知单》，要求十二工程局于当日15时停止沉箱预制场施工；福建省交通建设质量安全监督局针对案涉工程施工过程中发现的质量和安全问题，于2011年5月30日至12月18日先后发出五份《水运工程质量监督意见书》要求处理整改。其中一份监督意见书明确载明：已预制完成的1号、2号沉箱表面存在大面积蜂窝、麻面等严重表面缺陷，局部存在露盘、空洞。除此之外，该局在两项《通报》中均指出案涉工程沉箱预制方面存在诸多问题及安全隐患。承包人称1号、2号沉箱实体质量均合格，但监理滥用停工令造成工程一再停工，港务公司则称两个沉箱的质量均不合格；2011年6月25日，十二工程局完成1号沉箱浇筑，7月3日拆模发现质量存在问题后，于7月5日向监理作了报告，监理于7月6日在报告单上签注“本件沉箱为不合格品，暂定为二级一般质量事

① 参见福建省高级人民法院（2015）闽民终字第1100号民事判决书。

故,待结构检测后再确定处理方案”,之后的会议纪要中也载明:1 号沉箱表面存在大量蜂窝、麻面等严重缺陷。2012 年 7 月 8 日,《施工合同》约定的施工期届满。7 月 9 日,港务公司致函十二工程局限令其在一个月内完成工程。十二工程局于 2012 年 8 月 2 日复函称,“困扰本工程施工的主要问题是沉箱预制生产不尽如人意”。8 月 8 日,十二工程局仍未完成工程施工。双方就两个沉箱的实体质量是否合格、监理是否滥用停工令等问题产生争议并诉至法院。法院认为,根据《水运工程质量检验标准》以及《福建省水运工程混凝土结构构件实体质量检验规程》的相关规定,承包人已预制完成的 1 号、2 号沉箱均属于不符合《水运工程质量检验标准》的构件。除此之外,从诸份会议纪要、《水运工程质量监督意见书》以及承包人发出的函件中可见,承包人从建设沉箱预制场开始就存在诸多问题。据此判定,监理针对沉箱预制所发出的停工令均有合理依据。

(三)停工通知的其他方式

1. 承包人发出的停工通知

停工令的签发主体一般不包括承包人,但当承包人依照法律规定或依据合同约定有权主动停工时,其可向发包人签发停工通知。例如,在发包人违约不履行合同义务的情况下,为避免损失扩大,承包人可行使履行抗辩权,通过暂停施工保护自身利益。停工前,承包人可向发包人发出履约催告通知,要求其纠正违约行为,并可视情况给予一定的宽限期,期满后发包人仍未矫正履行的,承包人正式停工,向发包人发出停工通知,同时通知监理。例如,《建设工程施工合同(示范文本)》(GF－2017－0201)通用合同条款第 16.1.1 项发包人违约情形:“发包人发生除本项第(7)目以外的违约情况时,承包人可向发包人发出通知,要求发包人采取有效措施纠正违约行为。发包人收到承包人通知后 28 天内仍不纠正违约行为的,承包人有权暂停相应部位工程施工,并通知监理人。”

在紧急情况下,由于发包人的原因导致需要暂停施工的,承包人可在未获得监理人同意前先行暂停施工,但需及时向监理人发出停工请求,监理人逾期不答复的,则视为同意停工。例如,《标准施工招标文件》(2017 版)“第四章合同条款及格式”第 12.3.2 项中规定:“由于发包人的原因发生暂停施工的紧急情况,且监理人未及时下达暂停施工指示的,承包人可先暂停施工,并及时向监理人提出暂停施工的书面请求。监理人应在接到书面请求后的 24 小时内予以答复,逾期未答复的,视为同意承包人的暂停施工请求。”

2. 政府停工指令

建设行政主管部门或工程质量、安全监督部门监管部门依据建设项目是否已获得施工许可证、工程质量是否符合标准以及恶劣天气等情形，下达停工指令。政府监管部门也可作为停工指令的签发主体。例如，《建筑法》第六十四条规定："违反本法规定，未取得施工许可证或者开工报告未经批准擅自施工的，责令改正，对不符合开工条件的责令停止施工，可以处以罚款。"

政府指令停工能否构成工期顺延的情形要视具体情况。例如，在我国部分地区，冬季停工已是惯例，是作为一个有经验的承包人应事先知晓并应当在工期中予以考虑的重要情况，因此，有关冬季停工的政府指令不能成为申请工期顺延的事由。山东省潍坊市中级人民法院(2017)鲁07民终7048号民事判决书认为："承包人称建设局下发的冬季停工令应当作为工期顺延的有效事由，对此，本院认为，冬季停工令是政府相关部门在大多数冬季严寒天气到来时候都会下发的常规文件，承包人作为长期从事建筑行业的企业，对每年冬季因低温天气停工或者春节停工是应当预见的，因此不符合不可抗力的法定要件，同时也不符合合同约定的五十年一遇的恶劣天气，因此，不能构成顺延工期的有效事由。"

(四)恢复施工的条件

建设工程停工后，承包人申请复工的，一般应当具备以下条件：(1)办理完毕恢复施工所需的相关许可手续；(2)施工现场管理人员及各工种工人已进场，对进场工人进行了安全教育培训；(3)施工机械和安全防护措施已检验正常、保养及维修情况符合要求；(4)对现场水、电进行全面检查，验收合格并具备使用条件；(5)组织并记录作业环境踏勘结果，与停工前存在较大变化的已完成专项措施；(6)作业人员熟悉施工方案和作业指导书，完成复工前的技术交底；(7)工程资料准备齐全，原材料及砼试块报告合格等。

根据住房和城乡建设部《建筑工程施工许可管理办法》(住房和城乡建设部令第42号)第九条的规定，在建的建筑工程因故中止施工的，建设单位应当自中止施工之日起1个月内向发证机关报告，报告内容包括中止施工的时间、原因、在施部位、维修管理措施等，并按照规定做好建筑工程的维护管理工作。建筑工程恢复施工时，应当向发证机关报告；中止施工满1年的工程恢复施工前，建设单位应当报发证机关核验施工许可证。

未取得恢复施工的许可手续即强行复工的，因许可手续缺失造成的不利后果，由负有办理义务的一方承担。惠州市中级人民法院(2014)惠中法民一终字第616号判决书认为,涉案工程因存在严重的安全隐患,被建设主管部门责令停工并按要求进行整改。发包人负有杜绝安全隐患并取得复工通知的义务,但其在未取得复工通知的前提下擅自要求承包人进场施工,违反了相关管理规定。再结合出现了部分桩基工程设计变更的情况,认定涉案工程的工期应当顺延,实际工期基本合理,对发包人工期延误的主张未予支持。

(五)复工令

复工令,是指暂停施工后,当工程具备复工条件时,由发包人、监理人向承包人发出的复工通知。

因要求恢复施工的主体不同,复工可以分为基于承包人申请的复工、发包人或监理人指令复工、政府监督机构决定复工三种情形。承包人申请复工的,应当向发包人或监理人报送复工申请,无须发出复工令;发包人、监理人决定复工,应当发出复工令;政府监督机构决定复工的,一般采用复工通知的形式。

《建设工程监理规范》(GB/T 50319－2013)第6.2.7项约定:"当暂停施工原因消失、具备复工条件时,施工单位提出复工申请的,项目监理机构应审查施工单位报送的复工报审表及有关材料,符合要求后,总监理工程师应及时签署审查意见,并应报建设单位批准后签发工程复工令;施工单位未提出复工申请的,总监理工程师应根据工程实际情况指令施工单位恢复施工。"一般情况下,发包人不能以监理人未经其同意为由,否认监理人以其名义发出的复工令的法律效力。北京市平谷区人民法院(2015)平民初字第7552号判决书认为:"监理人系发包人委托的监理单位,且其征得委托人同意有权发布停复工令,但其实际是否取得委托人的同意均不影响停复工令的对外效力。"法院据此确认了停复工令的证据效力。

如工程项目存在需要停工整改的情形而被政府监督机构责令停工的,应由责令停工的政府监督机构决定恢复施工。《关于房屋建筑和市政基础设施工程施工安全监督工作规程》第十条规定:"被责令限期整改、停工整改的工程项目,施工单位应当在排除安全隐患后,由监理单位组织验收,验收合格后形成安全隐患整改报告,经建设、施工、监理单位项目负责人签字并加盖单位公章,提交监督机构。监督机构收到施工单位提交的安全隐患整改报告后进行查验,必要时进行现场抽查。经查验符合要求的,监督机构向停工整改的工程项目,发放《恢复施工通知书》。"

暂停施工后,各方应积极协调复工,发承包双方在工程停工后均有义务采取措施积极止损，否则即应承担相应的法律责任。最高人民法院（2011）民提字第 292 号民事判决书认为，工程停工后，各方当事人应当本着诚实信用的原则协商处理停复工问题，暂时难以达成一致的，发包人对于停工、撤场应当有明确的意见，并应承担合理的停工损失；承包人也不应盲目等待而放任停工损失的扩大，应当采取适当措施减少自身的损失。本案中，发、承包双方均未尽到积极止损的义务，承包人盲目等待近两年，放任了损失的进一步扩大，故综合本案各方当事人的责任大小，参照河南省建设厅豫建标定〔1999〕21 号《关于记取暂停工程有关损失费用规定的通知》的规定，将承包人的停工时间计算为 6 个月，较为合理。

（六）不能及时复工的后果

暂停施工后，发包人和承包人应采取有效措施积极消除暂停施工的影响。在工程复工前，监理人应会同发包人和承包人确定因暂停施工造成的损失，并确定工程复工条件。具备复工条件的，监理人应经发包人批准后向承包人发出复工通知，承包人应按照复工通知要求复工。承包人无故拖延或拒绝复工的，应承担由此增加的费用和延误的工期；因发包人原因无法按时复工的，由发包人承担由此延误的工期和增加的费用，且发包人应支付承包人合理的利润。

非因承包人原因导致暂停施工持续特定时间的，承包人有权依据施工合同要求复工、调价或者解除合同。《建设工程施工合同（示范文本）》（GF－2017－0201）通用合同条款第 7.8.6 项约定，监理人发出暂停施工指示后 56 天内未向承包人发出复工通知，除该项停工属于承包人原因引起的暂停施工及不可抗力情形外，承包人可向发包人提交书面通知，要求发包人在收到书面通知后 28 天内准许已暂停施工的部分或全部工程继续施工。发包人逾期不予批准的，则承包人可以通知发包人，将工程受影响的部分视为第 10.1 款第 2 项约定的可取消工作。暂停施工持续 84 天以上不复工的，且不属于承包人原因引起的暂停施工及不可抗力情形，并影响整个工程以及合同目的的实现的，承包人有权提出价格调整要求，或者解除合同。解除合同的，按照第 16.1.3 项约定的因发包人违约解除合同执行。

在河南省偃师市鑫龙建安工程有限公司诉洛阳理工学院（发包人）、河南省第六建筑工程公司（承包人，以下简称六建公司）索赔及工程欠款纠纷案①中，洛阳理工学院与六建公司通过招标方式签订了《建设工程施工合同》，洛阳理工学院将其

① 最高人民法院（2011）民提字第 292 号民事判决书。

成教楼、住宅楼发包给六建公司;1999 年 1 月,因发现成教楼西半部浇板出现裂缝,成教楼全部停工。该工程从发现裂缝被下令停工至诉前,为分析裂缝原因及专家论证和确定责任等用去了近两年。六建公司和洛阳理工学院不能证明在此期间对鑫龙公司何时复工,人员是否撤场,机械是否搬迁等事项作出处理,也未按“工程停工两个月以上应向主管部门报告”的规定向主管部门报告。发、承包双方就停工损失应如何计算、如何分担产生争议。法院认为,因发包人提供错误的地质报告致使建设工程停工,当事人对停工时间未作约定或未达成协议的,承包人不应盲目等待而放任停工状态的持续以及停工损失的扩大。对于计算由此导致的停工损失所依据的停工时间的确定,也不能简单地以停工状态的自然持续时间为准,而是应根据案件事实综合确定一定的合理期间作为停工时间。法院进而认为,发、承包双方均未尽到积极止损的义务,承包人盲目等待近两年,放任了损失的进一步扩大,故应综合考虑本案各方当事人的责任大小。

二、建设工程的停建、缓建

建设工程项目的停建、缓建,主要有两大类原因:一是建设工程本身以外的诸如经济、政策等原因;二是建设工程施工合同履行过程中障碍因素。

建设工程本身以外的诸如经济、政策等原因导致工程停建、缓建的,是指由于某种原因经批准不再继续建设或暂缓建设的建设项目。前者为停建项目,例如因产品失去市场,工艺技术落后,投产后将亏损,或因其他原因导致项目建设丧失必要性等,经批准或决策今后不再继续建设的项目。后者为缓建项目,例如,根据国民经济调整方针压缩固定资产投资规模或调整投资结构,或者由于在短期内其产品不急需、条件暂不具备(例如,产品尚未定型,地质资源不清,原料、主要建筑材料和关键设备尚未解决,供水、供电、运输等外部条件暂未落实,“三废”污染问题短期内不能解决,等等),经有关部门批准,短期内暂缓建设的项目①。

因建设工程施工合同履行问题导致停建、缓建,是指由于发包人原因造成的停建、缓建。在履行建设工程施工合同过程中,发包人应当按照合同约定全面履行自己的义务,为承包人的施工作业提供相应的条件,保证工程建设顺利进行。如果因发包人的原因致使工程施工无法按照约定的进度进行,将会导致工程项目停建或者缓建。

---

① 黄汉江主编:《投资大辞典》,上海社会科学院出版社 1990 年版,第 972 页。

(一)发包人原因导致的停建、缓建

在工程实践中,因为“发包人的原因”导致的停建、缓建,一般包括下列情况:(1)未依法办理建设用地规划许可证、建设工程施工许可证和土地使用证的工程,被职能部门责令停工的;(2)发包人提供的设计文件等技术资料有错误或者发包人变更设计文件;(3)发包人未能按照约定及时提供建设材料、设备或者工程进度款;(4)发包人未能及时进行中间工程和隐蔽工程条件的验收并办理有关交工手续;(5)发包人不能按照合同的约定保障建设工作所需的工作条件致使工作无法正常进行等。

办理建设工程规划许可证属于发包人的义务,未取得建设工程规划许可证,不但会导致建设工程施工合同无效,也会导致工程停建。根据《城乡规划法》第六十四条的规定,未取得建设工程规划许可证或未按照建设工程规划许可证的规定进行建设的,由县级以上地方人民政府城乡规划主管部门责令停止建设。

办理建设工程施工许可证属于发包人的义务,未取得建设工程规划许可证,虽然不会导致建设工程施工合同无效,但会导致工程停工。《建筑工程施工许可管理办法》第十二条规定:“对于未取得施工许可证或者为规避办理施工许可证将工程项目分解后擅自施工的,由有管辖权的发证机关责令停止施工,限期改正,对建设单位处工程合同价款1%以上2%以下罚款;对施工单位处3万元以下罚款。”第十三条规定:“建设单位采用欺骗、贿赂等不正当手段取得施工许可证的,由原发证机关撤销施工许可证,责令停止施工,并处1万元以上3万元以下罚款;构成犯罪的,依法追究刑事责任。”

因其他报建手续不全,导致工程停建、缓建的,责任在于发包人。在(2019)冀民终386号判决书中,因案涉项目报建手续不全等原因致使工程长期停工,发包人始终未明确通知承包人解除合同、终止施工、清理退场,加之承包人为工程施工已先后投入近160万元用于施工现场临时设施支出,在工程停工期间仍留有人员看护施工设备,施工合同不能继续履行进而中断解除后,致使合同目的不能实现,之前的临时设施投入势必不能再充分回收二次利用,显然会给承包人造成一定的损失,发包人应予相应赔偿。

因图纸延误导致工程停建、缓建的,属于发包人的责任。在建设工程施工合同中,向承包人按时提供图纸是发包人的义务,图纸延误的主体一般为发包人。根据《建设工程施工合同(示范文本)》(GF－2017－0201)通用合同条款第1.6.1项约

定，发包人应按照其与承包人合同条款约定的期限、数量和内容向承包人免费提供图纸，并组织承包人、监理人和设计人进行图纸会审和设计交底。图纸延误的情形包括两类：(1)发包人未按合同约定向承包人提供设计文件、施工图、鸟瞰图及模型而发生的延误。发包人提供图纸的时间，一般应在建设工程施工合同中予以明确规定，例如《建设工程施工合同(示范文本)》(GF－2017－0201)通用合同条款第1.6.1项约定："发包人至迟不得晚于第7.3.2项〔开工通知〕载明的开工日期前14天向承包人提供图纸。"如果合同中约定不明确，则发包人向承包人提供图纸的合理时间以不影响承包人施工为标准进行确定。(2)发包人未及时提供修改补充的图纸而发生的延误。在工程建设过程中发生设计变更或者发现图纸错误的情形下，应由发包人对图纸进行修改和(或)补充，发包人应按合同约定，或在合理时间内对图纸进行修改和(或)补充。根据《建设工程施工合同(示范文本)》(GF－2017－0201)通用合同条款第1.6.3项约定："图纸需要修改和补充的，应经图纸原设计人及审批部门同意，并由监理人在工程或工程相应部位施工前将修改后的图纸或补充图纸提交给承包人，承包人应按修改或补充后的图纸施工。"发包人提供图纸延误，承包人有权提起工期和费用索赔，由发包人依据建设工程施工合同承担相应的违约责任。《建设工程施工合同(示范文本)》(GF－2017－0201)通用合同条款第1.6.1项约定："因发包人未按合同约定提供图纸导致承包人费用增加和(或)工期延误的，按照第7.5.1项〔因发包人原因导致工期延误〕约定办理。"根据第7.5.1项约定，发包人未能按合同约定提供图纸或所提供图纸不符合合同约定而"导致工期延误和(或)费用增加的，由发包人承担由此延误的工期和(或)增加的费用，且发包人应支付承包人合理的利润"。

因发包人支付工程款或工程进度款延误，导致工程停建、缓建的，属于发包人责任。付款延误，是指发包人晚于法定或者约定的付款期限向承包人付款。支付工程进度款，是发包人的主要合同义务，如果付款严重滞后，属于发包人严重违约行为。付款延误既包括预付款支付的延误，也包括进度款和竣工结算款项支付的延误。按时向承包人付款是发包人最主要的和最基本的合同义务。《建筑法》第十八条规定："建筑工程造价应当按照国家有关规定，由发包单位与承包单位在合同中约定。公开招标发包的，其造价的约定，须遵守招标投标法律的规定。发包单位应当按照合同的约定，及时拨付工程款项。"一般情况下，无论是预付款、进度款还是工程结算款，在合同中均会约定付款时间或付款条件。关于预付款的支付时间，根据《建设工程施工合同(示范文本)》(GF－2017－0201)通用合同条款第12.2.1项的约定，预付款的支付按照专用合同条款约定执行，但至迟应在开工通知载明的开工日期7天前支付。关于进度款的支付时间，根据《建设工程施工合同（示范文本）》（GF－2017－0201）通用合同条款第12.4.4项的约定，除专用合同条款另有约定外，发包人应在进度款支付证书或临时进度款支付证书签发后14天内完成支付。如果合同对付款时间未约定或约定不明，则根据《建设工程施工合同司法解释（一）》第二十七条的规定，将下列时间视为应付款时间：（1）建设工程已实际交付的，为交付之日；（2）建设工程没有交付的，为提交竣工结算文件之日；（3）建设工程未交付，工程价款也未结算的，为当事人起诉之日。

因发包人通知、批准、指示延误导致工程缓建甚至停建，责任在于发包人。通知、批准、指示延误，通常是指负有通知、批准或指示义务的一方未及时履行通知或办理（或协助办理）许可、批准手续的义务，或未按合同约定或者法律规定及时发出指示，造成缓建甚至停建的情形。通知延误，是指当事人在履行建设工程施工合同义务过程中，遇到特定情形应当及时履行告知义务，因一方通知不及时造成延误，应由负有通知义务的一方承担相应责任。就批准延误而言，《建设工程施工合同（示范文本）》（GF－2017－0201）通用合同条款第2.1款约定："发包人应遵守法律，并办理法律规定由其办理的许可、批准或备案，包括但不限于建设用地规划许可证、建设工程规划许可证、建设工程施工许可证、施工所需临时用水、临时用电、中断道路交通、临时占用土地等许可和批准。发包人应协助承包人办理法律规定的有关施工证件和批件。因发包人原因未能及时办理完毕前述许可、批准或备案，由发包人承担由此增加的费用和（或）延误的工期，并支付承包人合理的利润。"就指示延误而言，《建设工程施工合同（示范文本）》（GF－2017－0201）通用合同条款第4.3款约定："监理人应按照发包人的授权发出监理指示。监理人的指示应采用书面形式，并经其授权的监理人员签字。紧急情况下，为了保证施工人员的安全或避免工程受损，监理人员可以口头形式发出指示，该指示与书面形式的指示具有同等法律效力，但必须在发出口头指示后24小时内补发书面监理指示，补发的书面监理指示应与口头指示一致。监理人发出的指示应送达承包人项目经理或经项目经理授权接收的人员。因监理人未能按合同约定发出指示、指示延误或发出了错误指示而导致承包人费用增加和（或）工期延误的，由发包人承担相应责任。除专用合同条款另有约定外，总监理工程师不应将第4.4款〔商定或确定〕约定应由总监理工程师作出确定的权力授权或委托给其他监理人员。"

因发包人直接发包的工程延误，导致总包承包人工程缓建甚至停建的，发包人应赔偿承包人的损失。直接发包主要是指由发包人就部分工程直接选定施工人，由总包承包人收取该部分工程的配合费。因该直接发包工程的施工人施工存在延误，造成总包承包人缓建甚至停建的，发包人应当赔偿相应的损失。

（二）其他原因导致的停建、缓建

因政策原因导致工程项目被撤销的，对于发、承包双方而言，属构成解除合同的正当事由。最高人民法院（2017）最高法民终383号民事判决书认为，因发包人未按约定支付进度款致使工程停工无法继续施工，依据原《施工合同司法解释一》第九条第一项的规定，承包人请求解除建设工程施工合同的，应予支持。最高人民法院（2018）民终105号判决书认为，在《施工总承包合同》履行过程中，政府宣布缓建涉案项目、国家相关部委批准涉案项目搬迁，该事件属于各方当事人在订立合同时无法预见、无法防止的情势变更，已经导致合同基础动摇，涉案合同事实上已经无法履行。双方当事人对此均没有过错，该情形符合《合同法解释（二）》第二十六条①规定的情形。因此，涉案《施工总承包合同》应予解除。合同因情势变更不能履行，发包人和承包人对此不可预见及无法控制，主观上均没有过错，但根据公平原则，发包人对合同解除前承包人为履行合同已经支出或必须支出的费用应予赔偿，但无须承担违约责任。

不可抗力导致工程停建、缓建的，除发包人和承包人承担各自人员伤亡和财产损失外，工期应当顺延，由此导致承包人停工的费用损失由发包人和承包人合理分担。② 在（2021）最高法民申2565号案件中，特大泥石流事件导致进出工程施工现场的道路中断，造成工人停工待料59天，承包人向发包人主张工人待料和机械设备闲置损失。最高人民法院认为，在发生自然灾害的情况下道路阻断，建筑材料和机械设备无法进出施工现场，工人待料损失和机械设备闲置损失必然产生，与发包人

---

① 《合同法解释（二）》第二十六条规定："合同成立以后客观情况发生了当事人在订立合同时无法预见的、非不可抗力造成的不属于商业风险的重大变化，继续履行合同对于一方当事人明显不公平或者不能实现合同目的，当事人请求人民法院变更或者解除合同的，人民法院应当根据公平原则，并结合案件的实际情况确定是否变更或者解除。"另见《民法典》第五百三十三条规定："合同成立后，合同的基础条件发生了当事人在订立合同时无法预见的、不属于商业风险的重大变化，继续履行合同对于当事人一方明显不公平的，受不利影响的当事人可以与对方重新协商；在合理期限内协商不成的，当事人可以请求人民法院或者仲裁机构变更或者解除合人民法院或者仲裁机构应当结合案件的实际情况，根据公平原则变更或者解除合同。"

② 参见《建设工程施工合同示范文本》（GF－2017－0201）通用条款第17.3款"不可抗力后果的承担"。

要求留守现场无关，故两项停工损失均应由承包人自行承担。

新冠疫情期间多地出现工程项目停建、缓建。新冠疫情是否构成不可抗力事件不宜一概而论。最高人民法院曾在（法［2003］72 号）通知中明确仅“因行政措施导致合同不能履行”或“因疫情影响致使当事人根本不能履行”这两类情形可按照不可抗力处理，但对于“由于‘非典’疫情原因，按原合同履行对一方当事人的权益有重大影响”的合同纠纷案件，则应根据具体情况，适用公平原则处理。该通知目前虽已废止，但对于处理新冠疫情所致工程停、缓建问题仍有借鉴价值。除疫情爆发初期及后期局部特殊情形可成立不可抗力外，其他情形可依据情势变更、公平原则或诚信原则等合理调整工期、价款或确定损失、费用承担。

三、工程停建、缓建的责任承担

因发包人基于经济利益等考量决定取消工程项目或者因发包人在履行施工合同中的不当履行导致工程停建、缓建的，属于发包人的违约行为，根据本条承担违约责任。

在因“发包人的原因致使工程中途停建、缓建”时，依据《民法典》第五百九十一条第一款“当事人一方违约后，对方应当采取适当措施防止损失的扩大；没有采取适当措施致使损失扩大的，不得就扩大的损失要求赔偿”的规定，因发包人的原因致使工程中途停建、缓建的，发包人应及时通知对方采取适当的措施防止损失扩大，同时承包人没有采取适当的措施致使损失扩大的，不得就扩大的损失要求赔偿。

在江苏福世特建设工程有限公司（承包人，以下简称福世特公司）诉镇江中煤电子有限公司（发包人，以下简称中煤公司）建设工程施工合同纠纷案①中，双方就中煤公司综合厂房一、二、三标段工程签订建设工程施工合同，约定福世特公司承建该工程的土建、安装、消防工程，并约定合同工期总日历天数；在施工过程中，由于中煤公司设计变更、增加工程量、暂停施工等多种原因，导致施工周期延长，其间施工材料、人工价格上涨。春节期间，福世特公司停工，工人放假，管理人员清理现场；春节后，因中煤公司关于地下室设计变更的图纸未能完成，福世特公司组织工人进行了零星工程的施工。法院认为，对春节期间的停工部分，不应由发包人承担责任。

另外，《建设工程施工合同司法解释（一）》第三十九条规定：“未竣工的建设工程质量合格，承包人请求其承建工程的价款就其承建工程部分折价或者拍卖的价

---

① 参见江苏省高级人民法院（2016）苏民终 149 号民事判决书。

款优先受偿的，人民法院应予支持。”对因发包人原因造成的工程停建，甚至导致最终工程没有完工，只有未完工的建设工程质量合格，才不影响承包人依法享有的建设工程价款优先受偿权。

【条文适用】

一、承包人损失的类型与范围

在工程中途停建、缓建的情况下，承包人的损失首先表现为人员的损失，主要包括劳务班组工人的遣散费损失与项目部主要管理技术人员工资损失。

在建设工程施工合同中止履行即工程停建或缓建的情况下，承包人为遣散相关人员所发生的各类费用，包括但不限于支付给劳务人员的提前解约赔偿金、车旅费用补贴、提前解除劳务合同的违约金等。在符合合同约定或法律规定的情况下，承包人可以就由此产生的费用向发包人索赔。《民法典》第五百九十一条第二款规定：“当事人因防止损失扩大而支出的合理费用，由违约方承担。”因发包人违约导致施工暂停，暂停施工期间，承包人持续产生人、材、机等额外的费用支出，承包人基于合理预见而采取的必要减损措施，如遣散部分现场人员，客观上也避免了损失的进一步扩大，由此产生的必要的人员遣散费用则属于为防止损失扩大而支出的合理费用，依法也应由发包人承担。

二、人员遣散费用

实务中，对于承包人人员遣散费损失的费用构成有不同的认识，在裁判中也存在不同的参照标准。有观点认为，人员遣散费主要包括承包人在施工合同解除或工程持续停工一段时间且仍无复工迹象时，为遣散项目上劳务人员而额外支付的劳务人员等待再就业期间的生活费补偿，一般相当于个人为项目提供劳务期间半个月至一个月的报酬，所指向的对象为一般劳务人员。也有观点认为，人员遣散费应当包含承包人因某个施工项目暂停施工或解除合同后在不同项目之间调配人员所支出的交通差旅费用，故而其所指向的对象除一般劳务人员外还可以包括承包人现场管理人员。还有观点认为，人员遣散费还包含因施工合同解除或持续停工，承包人解除与所聘用管理人员、建筑工人之间的劳动关系所实际支付的经济补偿金或赔偿金以及人员进退场发生的车旅费、劳务分包合同解除产生的违约金等。

如果遣散费用被证明系承包人在合同解除或中止履行后，为了防止损失扩大而实际支出的合理费用，则均有可能被支持。新疆维吾尔自治区高级人民法院

(2015)新民一终字第106号民事判决书对承包人所主张的工人遣散费损失按差旅费支出予以支持。盐城市中级人民法院(2015)盐民初字第00143号民事判决书也对承包人所主张的项目部五大员遣散费损失酌情支持。最高人民法院(2018)最高法民终373号民事判决书认为,承包人主张按违法解除劳动合同赔偿金标准计算的人员遣散费损失,因有监理人盖章确认的《项目人员遣散费发放统计表》及相关劳动合同、遣散费支付凭证证实,予以支持。

承包人主张,人员遣散费损失需具备相应的事实依据。除发、承包双方协商以索赔签证或其他形式就发包人赔偿损失事宜达成合意以外,承包人应举证证明其按合同约定或法律规定有索赔权,以及遣散人员的实际数量、遣散费标准、相关费用已经实际发生。

一方面,关于遣散人员的具体数量、费用标准,在司法实务中并无明确标准,但作为向发包人索赔的款项,不应明显超出合理范围。合理金额的评估与测算,首先,需考虑承包人需遣散人员的数量。承包人遣散人员的合理数量,需要考虑工程停工前现场人员数量,以及在合同解除后一定时间内和(或)工程暂停施工期间承包人也应保留的必要的现场人员数量。其次,需结合工程所在地实际情况评估合理的遣散费发放标准。浙江省高级人民法院(2016)浙民终768号民事判决书认为,承包人提供的人员名册、工资发放表、工资支付凭证等证据尚不足以证明其停工期间遭受的损失以及部分被遣散人员的遣散费发放标准,符合组织施工要求所需施工人员人数、工资发放标准以及遣散费发放标准是否合理等均需专业鉴定机构进行测算才能确定,承包人经法庭释明后未申请鉴定应承担举证不能的不利后果。

另一方面,工程索赔具有补偿而非惩罚性质,故人员遣散费作为费用索赔的一种,只有实际发生,索赔主张才能成立。事实上,施工合同解除遣散人员时并不必然支出遣散费。例如,承包人将施工劳务分包给劳务分包人时,即便劳务分包人因承包人中途撤场需要遣散现场施工人员,承包人也可以通过合同约定将风险转移给劳务分包人,而有经验的劳务分包人往往也有能力在不同的项目或不同的公司之间调配人员,从而规避风险。北京市第三中级人民法院(2018)京03民终13092号民事判决书认为,承包人未就其主张的遣散费是否已实际发生充分举证,故对该项请求不予支持。

三、机械台班损失

(一)机械台班费概况

机械台班费,是指施工机械运转、维护所需要的费用,以单位机械一个工作班

(8小时)为计量单位。机械台班费,也称为机械费、施工机具使用费,在定额计价中,与人工费、材料费共同组成直接工程费;在清单计价中,与人工费、材料费、企业管理费、利润以及一定范围内风险费用共同组成清单项目综合单价。

参照原建设部《建设工程施工机械台班费用编制规则》(建标〔2015〕34号)的界定,机械台班费由折旧费、检修费、维护费、安拆费及场外运费、燃料动力费、人工费及其他费用组成。具体来说:(1)折旧费,施工机械在规定的使用期限内陆续收回原值的费用,平均分摊到每一台班上的费用即台班折旧费。(2)检修费,也称大修理费,是指施工机械在规定的耐用总台班数以内,按规定的间隔进行必要的检修,以恢复其正常功能所需的费用。检修费由检修发生的人工费、配件费、辅料费、燃油费组成。(3)维护费,也称经常修理费,是指施工机械在规定的耐用总台班数以内,按规定的维护间隔进行各级维护和临时故障排除所需的费用,包括替换设备与随机配备工具的摊销费用、运转维护所需的材料费用、维护所需的人工费用等。(4)安拆费及场外运费,是指将施工机械场外运输所需的运输、装卸费用,以及在现场进行安装、拆卸所需的人工、材料、机械、试运转及辅助设施费用。(5)燃料动力费,是指施工机械在施工作业中所耗用的燃料、电力、水和风力等费用。(6)人工费,是指施工机械运转所需操作人员的工作报酬。(7)其他费用,是指除上列所述费用外维持机械运转需支出的车船税、年检费、保险费用等。

在工程暂停施工时,施工机械设备处于停滞状态,但持续折旧且承包人还需支出机械操作人员的人工工资等费用。承包人以低于正常工效施工以及停工期间所产生的额外的机械台班费用支出,即机械台班费损失,也称为机械停滞费。符合合同约定情形时,承包人可就由此所额外支出的机械台班费向发包人索赔。

(二)证明责任

承包人索赔机械台班费损失的,应举证证明停工、窝工时间,现场施工机械设备数量,机械台班单价或租金与安拆调运费用标准,任一项缺乏证据的,均会面临相关主张得不到支持的法律风险。(1)停工、窝工期间监理或发包人签认的详细的书面签证文件具有较强的证明力。杭州市余杭区人民法院(2016)浙0110民初04350号民事判决书认为,承包人提交的停工机械设备统计表经监理签字并盖章确认,所记载的停滞机械台班种类、数量可以作为认定承包人机械台班费损失的依据。而最高人民法院(2017)最高法民终175号民事判决书认为,承包人提交的索赔签证仅能体现停工时间,具体的现场施工机械数量、机械台班费用标准均缺乏证据证明，故对承包人所主张的“实际发生的人工费、机械台班费损失”数额不予认定。(2)承包人不能提供现场签证或签证所反映的信息不足以证明承包人具体损失情形的，承包人在订约时所附的施工机械设备表或在先编制且经发包人或监理确认的施工组织设计中的施工机械设备使用计划，可以结合实际施工进度作为认定承包人现场停滞机械台班种类及数量的参考。无锡市中级人民法院(2012)锡民初字第0071号民事判决书认为，因承包人所提供的施工组织设计(含人员和设备的配备计划表、进度安排表等)已经过监理的签章确认，发包人亦未提供证据证明该计划表所反映信息不符合实际情况，故该施工组织设计可以作为确定停工、窝工损失的参考。(3)承包人不能提供现场签证，也无相应的施工机械设备配备计划，但能够以相关费用支付凭证等形式证明停工期间实际支出的机械停滞费用并能够与工程例会纪要等其他证据相印证的，其主张也可能得到支持。甘肃省宁县人民法院(2016)甘1026民初1278号民事判决书认为，承包人索赔主张有机械租赁费支付凭证、工程例会纪要、退场申请书、资金问题反映报告等证据相互印证证实，依法予以认定。

四、材料损失

(一)材料损失概况

材料损失，包括周转材料损失和材料涨价损失。

《施工企业会计核算办法》(财会〔2003〕27号)规定：“周转材料是指施工企业在施工过程中能够多次使用，并可基本保持原来的形态而逐渐转移其价值的材料，主要包括钢模板、木模板、脚手架和其他周转材料等。”与直接构成工程实体的原材料不同，作为工具性材料，周转材料的价值通过施工中的反复、周转使用逐渐转移到工程中，并以材料租金或价值摊销的方式计入工程价款。周转材料的价值在造价结算中计入措施费项下，属于间接工程费或措施项目清单的组成部分。无论工程采用定额计价还是清单计价，无论承包人以自有还是租赁的周转材料进行施工，承包人的施工投入以产出计量并取得回报。因此，如工程施工因故工效降低或暂停施工，导致承包人的投入没有取得相对应的可计量产出，也就无法通过正常的工程计量、结算取得回报，由此产生损失。此时，承包人以自有周转材料施工的，其损失为因工期延长而额外支出的周转材料摊销价值；承包人租赁周转材料进行施工的，承包人所遭受的损失即额外支出的周转材料租金。在符合合同约定情形时，承包人可就由此所遭受的损失向发包人索赔。

周转材料损失属于停工、窝工损失的一种，在承包人因窝工或工程停工导致投入不能取得相应的产出，进而不能通过正常的工程计量、结算取得回报时产生。承包人可向发包人主张周转材料损失的情形，包括法定与约定两种。(1)法定的情形，即本条(《民法典》第八百零四条)规定情景，通常在发、承包双方无相反约定时适用，主要是发包人违约的情形。若工程停工、窝工因发包人原因导致，发包人应承担违约责任，向承包人赔偿包括周转材料损失在内的因发包人违约而产生的损失。(2)约定的情形，除发包人违约外，发承包双方也可就不可抗力、政策变更等其他非因承包人原因造成的履约风险的分担加以约定，例如《建设工程施工合同(示范文本)》(GF－2017－0201)通用合同条款第17.3款对不可抗力的风险分担所作的约定，是由发包人承担工期延误的风险，承包人因停工产生的费用损失则由发、承包双方合理分担。

（二）证明责任

承包人索赔周转材料损失，应举证证明停工、窝工期间承包人现场周转材料的具体种类、数量、租金损失的计算标准、损失的实际产生，并列出索赔的合同依据或法律依据，任何一项证据缺失的，均会面临索赔主张得不到支持的法律风险。若缺少全面、细致的索赔签证，会相应加重承包人的举证责任。以承包人举证用于施工现场的周转材料的种类、数量为例，材料进场检验程序完备时使用自有周转材料的承包人可以材料进场检验文件作为证据，但工程停工时，相关周转材料是否还能使用或是否还具备剩余未摊销价值则难以确定。租赁周转材料的承包人可以提供相关周转材料的租赁合同、租金支付凭证作为证据，通常情况下这些证据可以在“承包人承租了相应的周转材料”这一待证事实上达到“高度盖然性”的证明标准，但如发包人就其是否均用于诉争项目、数量是否合理等问题提出合理质疑，则承包人的举证证明责任是否完成，在个案中并无统一标准，承包人的权益实现也面临较大的不确定性。信阳市中级人民法院(2017)豫15民终1428号民事判决书认为，承包人举证的租赁合同及租金支付凭证可以证明承包人在工程停工期间的周转材料租金损失；而盐城市中级人民法院(2016)苏09民终3288号民事判决书则认为，承包人提供的周转材料清单证据不足以证明其在停工期间的周转材料租金损失。部分案件的承包人能够及时固定证据、保护施工现场，其索赔主张最终得到了支持。杭州市中院(2015)浙杭民初字第19号民事判决书中，工程停工后未能复工，至诉讼期间由司法鉴定单位现场清点后就承包人停工损失作出鉴定报告，该鉴定报告最终作为定案证据被法院采信。成都市中级人民法院(2017)川01民终7534号民事判决书中,承包人在涉案工程停工后委托公证机关对现场机械设备、周转材料的清点工作进行公证,并依据公证材料取得司法机关对其索赔主张的支持。

(三)损失的计算

(1)租赁周转材料用于工程施工的,周转材料损失就是相应期间内支付的材料租金。成都市中级人民法院(2017)川01民终7534号民事判决书中,人民法院认可了承包人举证的停工期间实际支付的租金金额。内蒙古自治区高级人民法院(2016)内民终283号民事判决书则按照发、承包双方在诉讼中一致确认的相应时段工程所在地市场信息价计算承包人周转材料租金损失。(2)使用自有周转材料进行施工的,可通过鉴定确定承包人自有周转材料在停工、窝工期间的价值摊销损失。山西省高级人民法院(2017)晋民终37号民事判决书中,双方申请人民法院委托对包括周转性材料摊销费在内的停工损失进行司法鉴定,该案审理法院在两次审理中对于承包人周转材料损失均采纳鉴定机构通过价值摊销计算方式作出的鉴定意见。

五、人工、材料的涨价损失

建设工程施工合同履行周期较长,履行期间市场波动、政策、法律变化等因素会导致人工、材料等各项建筑施工成本发生变化从而偏离订约时发、承包双方约定的价格。为避免因该类价格波动过大导致发、承包双方权利失衡进而产生不必要的争议,承包人与发包人通常会在施工合同中就此预先作出相应的约定。《建设工程施工合同(示范文本)》(GF-2017-0201)则约定价格波动超过双方约定的范围时应调整价款,并在通用合同条款第11.1款提供了两种价格调差计算方法供选择,分别为采用价格指数和对应的价格调整公式进行调整,以及采用工程所在地住房和城乡建设部门或其委托的造价管理部门公开发布的造价信息进行调整。

《建设工程工程量清单计价规范》第9.7.4项规定:“执行本规范第9.7.3项规定(物价变化调整)时,发生合同工程工期延误的,应按照下列规定确定合同履行期用于调整的价格或单价:因发包人原因导致工期延误的,则计划进度日期后续工程的价格或单价,采用计划进度日期与实际进度日期两者的较高者;因承包人原因导致工期延误的,则计划进度日期后续工程的价格或单价,采用计划进度日期与实际进度日期两者的较低者。”换言之,因发包人原因造成工期延误,延误期间材料价格上涨,甲供材料价格上涨由发包人自行承担,乙供材料价格上涨承包人可向发包人索赔涨价损失;材料价格下跌的,由承包人受益。因承包人原因造成工期延误,延误期间材料价格上涨,甲供材料价格上涨,发包人可向承包人索赔涨价损失,乙供材料价格上涨承包人自行承担风险,合同价格不予调整;材料价格下跌的,由发包人受益。最高人民法院(2014)民一终字第310号民事判决书认为,因发包人原因导致工期延误,延误期间承包人采购的建筑材料价格上涨,发包人应当赔偿由此给承包人造成的损失。由发包人原因造成工期延误期间甲供材料价格上涨造成的损失,则由发包人自行承担。淮安市中级人民法院(2016)苏08民终71号民事判决书认为,因工期延误的形成原因多在于发包人一方,甲供材料价格上涨的情形即便存在也是因发包人自身原因造成,发包人该项索赔主张不能成立。同理,在工程停建、缓建中也存在与工期延误情景下的材料上涨情况,其损失索赔原理相同。

第八百零五条　勘察、设计的返工、停工与设计修改的发包人责任

【法条原文】

第八百零五条　因发包人变更计划，提供的资料不准确，或者未按照期限提供必需的勘察、设计工作条件而造成勘察、设计的返工、停工或者修改设计，发包人应当按照勘察人、设计人实际消耗的工作量增付费用。

【条文主旨】

本条是公平原则和等价有偿原则在勘察、设计合同中的体现。

本条属于任意性条款，如果发包人与勘察人、设计人对勘察、设计中的返工、停工或者对费用计算方式的修改另有约定的，从其约定；如果发、承包双方没有约定，或者约定不明的，承包人可以援引本条作为索赔的请求权基础。

发包人为勘察人、设计人提供准确的资料，创造必要的工作条件，本属发包人的合同义务，如果发包人未完全履约，由此给勘察人、设计人造成损失的，发包人应负违约责任，违约责任可以是本条规定的增付费用。发包人变更计划，通常不属于违约行为；但若因此给勘察人、设计人造成额外劳动付出的，发包人应当补偿。无论是在发包人违约还是未违约的情况下，本条均有适用空间。

【条文释评】

一、勘察、设计合同中发包人的协助义务

在承揽合同关系中，就承揽人完成工作成果方面，通常不认为一般债权人（定作人）负有特定的协助义务。《民法典》第七百七十八条规定："承揽工作需要定作人协助的，定作人有协助的义务。定作人不履行协助义务致使承揽工作不能完成的，承揽人可以催告定作人在合理期限内履行义务，并可以顺延履行期限；定作人逾期不履行的，承揽人可以解除合同。"这一规定就特定性质的承揽合同中定作人的协助义务提供法律依据。

勘察、设计合同性质上属于承揽合同，且属于《民法典》第七百七十八条"承揽工作需要定作人协助的"承揽合同，勘察、设计合同必须由发包人提供数据、场地等

协助。尤其是,该种协助义务经勘察、设计合同细化规定后,已成为发包人(定作人)的合同义务。发包人违反该种义务,即构成违约,不以发包人主观过错为要件。发包人违反该种义务,即不作为,不构成给付迟延,勘察、设计人对发包人无请求其作为的诉权。依据《民法典》第七百七十八条的规定,要求顺延期限以及解除合同,均是发包人承担违约责任的方式,且与要求相应的承揽工作报酬不相冲突,即适用本条时,顺延期限、解除合同、增付费用可以同时主张。

勘察合同中,发包人的义务通常有:(1)明确勘察任务及各项技术要求;(2)提供勘察所需的相关图纸和技术资料;(3)提供勘察作业所需的批准及许可文件;(4)为勘察人提供便利的作业场地;(5)提供安全生产条件并支付安全生产防护费用;(6)支付勘察费用。

《建设工程勘察合同(示范文本)》(GF－2016－0203)通用合同条款第2.2款发包人义务项下涉及内容有:2.2.1　发包人应以书面形式向勘察人明确勘察任务及技术要求。2.2.2　发包人应提供开展工程勘察工作所需要的图纸及技术资料,包括总平面图、地形图、已有水准点和坐标控制点等,若上述资料由勘察人负责搜集时,发包人应承担相关费用。2.2.3　发包人应提供工程勘察作业所需的批准及许可文件,包括立项批复、占用和挖掘道路许可等。2.2.4　发包人应为勘察人提供具备条件的作业场地及进场通道(包括土地征用、障碍物清除、场地平整、提供水电接口和青苗赔偿等)并承担相关费用。2.2.5　发包人应为勘察人提供作业场地内地下埋藏物(包括地下管线、地下构筑物等)的资料、图纸,没有资料、图纸的地区,发包人应委托专业机构查清地下埋藏物。若因发包人未提供上述资料、图纸,或提供的资料、图纸不实,致使勘察人在工程勘察工作过程中发生人身伤害或造成经济损失时,由发包人承担赔偿责任。2.2.6　发包人应按照法律法规规定为勘察人安全生产提供条件并支付安全生产防护费用,发包人不得要求勘察人违反安全生产管理规定进行作业。2.2.7　若勘察现场需要看守,特别是在有毒、有害等危险现场作业时,发包人应派人负责安全保卫工作;按国家有关规定,对从事危险作业的现场人员进行保健防护,并承担费用。发包人对安全文明施工有特殊要求时,应在专用合同条款中另行约定。2.2.8　发包人应对勘察人满足质量标准的已完工作,按照合同约定及时支付相应的工程勘察合同价款及费用。

《建设工程设计合同示范文本(房屋建筑工程)》(GF－2015－0209)通用合同条款第2.1款规定了发包人一般义务,其内容有:2.1.1　发包人应遵守法律,并办理法律规定由其办理的许可、核准或备案,包括但不限于建设用地规划许可证、建设工程规划许可证、建设工程方案设计批准、施工图设计审查等许可、核准或备案。发包人负责本项目各阶段设计文件向规划设计管理部门的送审报批工作，并负责将报批结果书面通知设计人。因发包人原因未能及时办理完毕前述许可、核准或备案手续，导致设计工作量增加和（或）设计周期延长时，由发包人承担由此增加的设计费用和（或）延长的设计周期。2.1.2　发包人应当负责工程设计的所有外部关系（包括但不限于当地政府主管部门等）的协调，为设计人履行合同提供必要的外部条件。《建设工程设计合同示范文本（专业建设工程）》（GF－2015－0210）通用合同条款第2.1款对发包人义务的规定与此相同。

二、勘察、设计合同中增付费用的计算

本条的增付费用，既包含因发包人违约造成的损失费用，也包含双方变更合同内容（增加勘察、设计合同内容）后新增加的费用。

关于本条增付费用的确定，当事人有约定的，从约定。如果勘察、设计合同有新增的或需修改的勘察、设计内容，当事人对增付费用有约定的，按约定确定需增付的费用。如果发包人提供资料不准确或迟延，或者未按照期限提供必需的勘察、设计工作条件，对勘察人、设计人造成的损失通常表现为勘察合同工期和设计周期的推迟、拖延，如果当事人约定了延期的违约金，应按当事人的约定标准来确定增付费用。

若当事人对增付费用没有约定或约定不明，应根据勘察、设计合同中有关价格条款的性质和法律规定来确认应增付的费用。勘察、设计合同中约定的不同价格形式，会导致对增付费用的不同认定方法。

若勘察、设计合同中约定的是单价合同形式，则出现新增的勘察、设计工作时，只要确定了新增的工作量，乘以约定的单价即为应增付的费用。《建设工程设计合同示范文本（房屋建筑工程）》（GF－2015－0209）通用合同条款第10.2款中规定了合同价格形式，其中单价合同是指合同当事人约定以建筑面积（包括地上建筑面积和地下建筑面积）每平方米单价或实际投资总额的一定比例等进行合同价格计算、调整和确认的建设工程设计合同，在约定的范围内合同单价不作调整。合同当事人应在专用合同条款中约定单价包含的风险范围和风险费用的计算方法，并约定风险范围以外的合同价格的调整方法。《建设工程设计合同示范文本（专业建设工程）》（GF－2015－0210）的规定与此类似。《建设工程勘察合同（示范文本）》（GF－2016－0203）通用合同条款中对单价的规定为“合同价款根据工作量的变化

而调整，合同单价在风险范围内一般不予调整，双方可在专用合同条款中约定合同单价调整因素和方法。”从上述规定看，设计合同是以建筑面积作为工作量的基本计量单位，而勘察合同则是依具体勘察对象的不同而作出不同规定。

若勘察、设计合同约定了总价合同形式，则在约定的范围内，价格不作调整；超出范围时，相关费用按约定处理，如果没有约定或者约定不明，应根据勘察、设计合同中有关价格条款的性质和法律规定来确认应增付的费用。首先，合同总价的计取标准明确时，超出范围部分的费用，仍可以同样标准计取相关费用。例如，合同总价是以《工程勘察设计收费管理规定》为基准计算，或上下浮动一定比例确定的，则超出总价合同范围的部分工作，在无另行约定的情况下，其费用计算仍应以该规定来计算，或以相同浮动比率来计算。在(2017)新民终160号判决书中，双方对浮动幅度未进行过协商，委托方认为应当上浮20%，受托方设计人则主张下浮20%，对此双方均不能提交相应浮动的依据，法院裁定本案建设工程设计收费总计982,368元，不进行浮动。其次，合同总价的计算标准不明确时，依据《民法典》第五百一十一条第二项的规定，当事人就价款或者报酬约定不明确，依据前条规定仍不能确定的，按照订立合同时履行地的市场价格履行；依法应当执行政府定价或者政府指导价的，依照规定履行。在当事人无法达成一致意见的情况下，市场价格通常即按照《工程勘察设计收费管理规定》和各地的相应规定来确定。

【条文适用】

一、因规划方案调整导致设计工作量变化的，应在合同中明确约定增加费用的计算方式

依据规划设计条例编制相应的设计文件，属于发包人和设计人的法定义务。规划方案调整导致设计内容发生变动的，设计费用是否调整，应由合同作出明确约定。

在(2016)浙民终1号和(2017)最高法民申183号民事判决书中，设计人提供《补充协议书》第1条约定：由于规划方案调整，原高层建筑由14层改为28层，高层建筑(酒店和1#~6#楼)的设计费用每平方米增加3元，按每平方米17.5元计，增加的费用部分在提供高层建筑施工图后一周内支付给设计人。该补充协议书未经双方签名、盖章，合同未成立，故不能作为定案依据，但是，发包人向设计人出具的《回复工作联系函02》，明确高层建筑施工图设计费用每平方米增加3元。该函件的真实性、合法性、关联性可以认定，可以作为本案的定案依据。2011年4月6日，

发包人向设计人发出《设计联系函》，明确提出关于设计的 7 点意见，其中提及"小区市政管网和道路设计施工图在 2011 年 4 月 21 日前完成；做好消防评审的准备工作，我公司准备在四月完成消防评审"。2011 年 4 月 7 日，设计人向发包人发出联系函，要求发包人明确施工图设计中涉及的四大问题，发包人副总经理签署了"同意"的意见。2011 年 5 月 31 日，发包人收到设计人提交的规划设计文本 4 本、规划建筑宣传册 20 本、建筑设计初步设计文本 3 本。2011 年 5 月 26 日，规划部门出具了相应的规划设计文件，5 月 31 日华越义乌分公司即作出相应的规划方案，显然发包人没有按照合同约定的日期向设计人提交规划设计条件。发包人实际上违背了相应法规规定的义务，同意设计人在没有规划设计条件的情况下进行相应设计。因此，委托方和设计方均违反了相应的设计管理条例规定的法定义务，最终导致设计人出具的施工图不能使用。因此造成的损失，双方当事人负有同等过错，各自分摊 50%。

在湖北中天世纪工程技术有限公司（以下简称中天公司）诉新疆石油工程设计有限公司（以下简称石油设计公司）建设工程设计合同纠纷案①中，石油设计公司向中天公司出具一份《委托书》，委托其完成某些设备基础和储煤基础的建筑结构设计及必要的图纸升版、现场设计变更、核心部分现场配合施工等后续服务，中天公司即按照委托书内容定稿并履行电子图文的交付；后石油设计公司提出设计变更，中天公司依据石油设计公司要求进行修改并将全套图纸上传给石油设计公司。设计工作结束后，中天公司多次索要设计费，但石油设计公司以种种理由拒付。法院认为，虽然实行政府指导价的工程设计收费由政府规定了基准价及其浮动幅度，但因双方对浮动幅度未进行过协商且双方均不能提交相应浮动的依据，法院对本案建设工程设计收费总价判定不进行浮动。因此，本案建设工程设计收费总价不进行浮动。

二、因设计工作量变化导致的增加费用，双方有约定的从约定

在（2018）湘 0681 民初 1822 号民事判决书中，发包人和设计人签订《汨罗江龙舟竞渡中心概念设计服务采购项目建设工程设计合同》《汨罗江龙舟竞渡中心概念设计服务采购项目合同补充协议一》，是双方当事人真实意思表示，内容合法，并且依法进行了行政登记，审理法院依法确认该合同合法有效。合同签订后，设计人依

① 参见新疆维吾尔自治区高级人民法院（2017）新民终 160 号民事判决书。

约完成了方案设计和初步设计，并已将施工图设计提交有关部门审查申请，有关部门也已受理，发包人依约支付了设计费 45.6 万元和 45.6 万元，合同价款 40%。被告以因防洪评估方案需要调整为由，又签订了《汨罗江龙舟竞渡中心概念设计服务采购项目合同补充协议一》，增加设计修改费 17.1 万元，该补充协议签订后，被告依约支付原告修改设计费定金 3.42 万元，补充协议修改费 20%。设计人随即开始设计修改工作，原告于 2018 年 4 月 11 日完成了设计修改工作并提交合同约定的方案设计和初步设计文件，相关部门也已受理了该设计修改后的施工图审查申请，并提供公证部门的公证书，足以证明设计人已完成了合同中约定的设计工作量及方案设计、初步设计及施工图设计和修改工作及其审查申请，发包人于 2018 年4 月 24 日再次以防洪评估原因暂停设计工作，于 2018 年 5 月 25 日向原告发出解除合同的要约，设计人于 2018 年 7 月 30 日承约解除合同，解除合同条件已成就，符合该合同通用条款第 16.1 款的约定，是双方真实意思表示，法院依法确认该合同和补充协议已解除。本案是建设工程设计合同，解除合同时设计人已履行了合同约定的义务，完成了方案设计、初步设计、施工图设计及其修改设计服务，并已提交审查申请，该合同设计人履行的义务是设计成果和设计后续服务，设计成果是设计人的智力成果，具有无形价值，具有知识产权属性，也符合合同通用条款第 14.1.1 项的约定，应按实际设计工作量计算其设计费，即 114 万元 + 设计修改费 13.68 万元，并且合同不能继续履行非设计人原因，故设计人要求发包人支付尚欠设计费 127.68 万元诉讼请求应予支持，并且设计后续配合施工服务无须履行。

三、设计合同无效但完成的设计成果实际上发挥了效用的，约定的计费标准可参照适用

在(2016)浙 10 民终 158 号民事判决书中，发包人委托设计人负责目标地块建筑设计方案的全部设计工作，包括建筑方案设计阶段主持设计与扩初设计、施工图纸设计阶段协助配合等，由于设计人不具备相应建筑方案的设计主体资质，涉案的建设工程设计合同应属无效。关于合同无效后返还财产与赔偿损失的问题，建设工程设计合同的客体为建筑方案，属于智力成果，形式上体现为设计图纸以及方案说明等文件；在设计人将其完成的建筑设计方案交付给发包人后，发包人委托第三方在上述设计成果基础上进行调整以通过规划主管部门审批并最终转化为施工图。鉴于给付内容依其性质事实上无法返还，且发包人也已对之进一步加以利用，根据《民法典》第一百五十七条之规定，另参照原《施工合同司法解释一》关于建设

工程施工合同无效后工程款结算的相关规定，应由发包人对设计人所为给付予以折价补偿，具体费用的计算可参照合同中关于设计费用支付比例与支付条件的相关约定。衡诸合同内容，发包人设计费用总额按固定单价根据建筑面积实算确定，其对价为设计人在建筑方案设计阶段主持设计、协助配合建筑方案的报批报建以及扩初设计、施工图纸设计阶段的咨询、说明等工作内容。而从合同履行的实际情况来看，设计人完成了方案设计阶段的大部分工作，即建筑设计深化方案的提交以及意见反馈后的修改，发包人也已如约支付了前两期的设计费共计 1,325,350 元。考虑到设计人并未完成合同中约定的三个设计阶段（方案设计、初步设计扩初设计、施工图纸设计）的全部工作内容，另结合发包人因设计人提交的设计深化方案未通过审批而另行委托第三方公司对该方案进行调整花费 300,000 元的事实，原审判决酌情将原定的总设计费用 1,846,385 元调整为 1,546,385 元，并判令发包人向设计人支付余款 221,035 元。至于设计人在履行合同过程中所支出的差旅费，鉴于该笔费用确为设计单位履行合同的实际支出，且从合同的相关约定来看，设计费用中仅包含三次来回交通费、食宿费。因此，对于超出部分的差旅费亦应由上诉人商贸城公司予以偿付。关于设计变更费 200,000 元是否应予返还的问题。从本案已查明的事实来看，该笔费用系针对发包人要求取消原北面延伸部分并根据实际情况调整为绿化或非机动车停车位，由双方达成合意并已履行完毕，而原审法院已在调整总设计费时考虑了因建筑方案无法通过审批而另经修改这一情况，现发包人又以此为由主张返还设计变更费，该主张显然不能成立。

在设计合同无效的情况下，发包人实际接受并使用了设计人的成果，发包人应支付相应对价。在（2017）最高法民申 1610 号民事判决书中，法院认为，虽然设计合同无效，但设计人已向发包人交付了设计成果，设计人对工程设计投入了劳务和智力劳动，发包人接受和使用了设计文件，设计活动与施工活动类似，可以参照适用原《施工合同司法解释一》第二条的规定，发包人应支付相应的对价。另有持相反观点的判决，例如在（2017）苏民终 560 号民事判决书中，法院认为，建设工程设计合同无效，双方在合同中约定的设计费用条款失去了合同基础，不应当参照适用。此时，设计人对设计费用的具体数额负有举证责任，在本案中应当通过鉴定程序予以确定；而设计人在一审和二审中，经多次释明均未按照要求申请启动鉴定，应承担举证不能的后果。

四、设计合同已经解除的，约定计费标准可参照适用

在厦门市泛华建筑设计有限公司、颐朗（上海）建筑设计工程有限公司等诉汨

罗市金泽端午文化产业发展有限公司建设工程设计合同纠纷案[①]中，发包人和设计人签订《某项目建设工程设计合同》《合同补充协议一》。合同签订后，设计人依约完成了方案设计和初步设计，并已将施工图设计提交有关部门审查申请，有关部门也已受理，发包人依约支付了设计费（合同价款40%）。被告以因防洪评估，方案需要调整为由，又签订了《合同补充协议一》，增加设计修改费，该补充协议签订后，被告依约支付原告修改设计费定金及补充协议修改费20%。设计人随即开始设计修改工作，设计人已完成了合同中约定的设计工作量及方案设计、初步设计及施工图设计和修改工作及其审查申请。后发包人以防洪评估原因暂停设计工作，向原告发出解除合同的要约，设计人承约解除合同。设计人要求发包人支付尚欠设计费。法院认为，虽然设计合同已解除，但设计人已完成了设计成果，发包人应按合同约定支付剩余设计费用以及因防洪调整方案而增加的设计费用。

① 参见湖南省汨罗市中级人民法院（2018）湘0681民初1822号民事判决书。

第八百零六条　施工合同解除及价款结算

【法条原文】

第八百零六条　承包人将建设工程转包、违法分包的，发包人可以解除合同。

发包人提供的主要建筑材料、建筑构配件和设备不符合强制性标准或者不履行协助义务，致使承包人无法施工，且在催告的合理期限内仍未履行相应义务的，承包人可以解除合同。

合同解除后，已经完成的建设工程质量合格的，发包人应当按照约定支付相应的工程价款；已经完成的建设工程质量不合格的，参照本法第七百九十三条的规定处理。

【条文主旨】

本条是关于建设工程施工合同中发包人、承包人的合同解除权，以及合同解除后工程价款计算与支付的规定。建设工程勘察、设计合同的解除不适用本条规定。

本条系《民法典》新增内容，《合同法》中并无类似规定，本条内容系源于原《施工合同司法解释一》以下规定：

"第八条　承包人具有下列情形之一，发包人请求解除建设工程施工合同的，应予支持：

（一）明确表示或者以行为表明不履行合同主要义务的；

（二）合同约定的期限内没有完工，且在发包人催告的合理期限内仍未完工的；

（三）已经完成的建设工程质量不合格，并拒绝修复的；

（四）将承包的建设工程非法转包、违法分包的。

第九条　发包人具有下列情形之一，致使承包人无法施工，且在催告的合理期限内仍未履行相应义务，承包人请求解除建设工程施工合同的，应予支持：

（一）未按约定支付工程价款的；

（二）提供的主要建筑材料、建筑构配件和设备不符合强制性标准的；

（三）不履行合同约定的协助义务的。"

但值得注意的是，在《民法典》实施的同时，原《施工合同司法解释一》《施工合同司法解释二》已被整理合并为《建设工程施工合同司法解释（一）》，其中删除了原

《施工合同司法解释一》第八条、第九条的规定。

本条仅规定了几种严重的违约行为情景下的合同解除权。转包和违法分包均是严重违约行为,第二款中"发包人提供的主要建筑材料、建筑构配件和设备不符合强制性标准或者不履行协助义务"也要达到"致使承包人无法施工"的程度,才符合本条含义。若当事人在施工合同中约定了其他情景下的合同解除权,该约定当然对当事人有效。

本条规定了当事人解除合同的几种情景,虽是对施工合同履行过程中一方严重违约导致合同履行困难的解除问题进行的规定,但同时也是对合同解除的一种限制,在解释适用上应采取严格标准。

【条文释评】

一、转包

(一)对转包行为的认定

所谓转包,是指承包单位承包工程后,不履行合同约定的责任和义务,将其承包的全部工程或者将其承包的全部工程支解后以分包的名义分别转给其他单位或个人施工的行为。[①] 转包的特征主要为:其一,转包人签订施工合同后不履行建设工程合同全部义务,包括不履行施工、管理、技术指导等技术经济责任;其二,转包人通过与转包承包人签订合同的方式将其应负的施工合同权利义务全部由转包承包人承担和享有。

在工程实践中,转包的表现形式通常为转包人在承包建设工程后并不成立项目部,而是交由转包承包人成立、运营项目部,转包人通常也不派驻管理人员和技术人员,对施工现场也不进行管理和技术指导。在实践中,典型的转包行为主要包括:

1. 承包单位将其承包的全部工程转给其他单位(包括母公司承接建筑工程后将所承接工程交由具有独立法人资格的子公司施工的情形)或个人施工的;

2. 承包单位将其承包的全部工程支解以后,以分包的名义分别转给其他单位或个人施工的;

3. 施工总承包单位或专业承包单位未派驻项目负责人、技术负责人、质量管理

---

① 参见住房与城乡建设部《认定查处管理办法》第七条。

负责人、安全管理负责人等主要管理人员，或派驻的项目负责人、技术负责人、质量管理负责人、安全管理负责人中一人及以上与施工单位没有订立劳动合同且没有建立劳动工资和社会养老保险关系，或派驻的项目负责人未对该工程的施工活动进行组织管理，又不能进行合理解释并提供相应证明的；

4. 合同约定由承包单位负责采购的主要建筑材料、构配件及工程设备或租赁的施工机械设备，由其他单位或个人采购、租赁，或施工单位不能提供有关采购、租赁合同及发票等证明，又不能进行合理解释并提供相应证明的；

5. 专业作业承包人承包的范围是承包单位承包的全部工程，专业作业承包人计取的是除上缴给承包单位"管理费"之外的全部工程价款的；

6. 承包单位通过采取合作、联营、个人承包等形式或名义，直接或变相将其承包的全部工程转给其他单位或个人施工的；

7. 专业工程的发包单位不是该工程的施工总承包或专业承包单位的，但建设单位依约作为发包单位的除外；

8. 专业作业的发包单位不是该工程承包单位的；

9. 施工合同主体之间没有工程款收付关系，或者承包单位收到款项后又将款项转拨给其他单位和个人，又不能进行合理解释并提供材料证明的。

两个以上的单位组成联合体承包工程，在联合体分工协议中约定或者在项目实际实施过程中，联合体一方不进行施工也未对施工活动进行组织管理的，并且向联合体其他方收取管理费或者其他类似费用的，视为联合体一方将承包的工程转包给联合体其他方。①

（二）转包属于严重的违法行为

《建筑法》第二十八条规定："禁止承包单位将其承包的全部建筑工程转包给他人，禁止承包单位将其承包的全部建筑工程肢解以后以分包的名义分别转包给他人。"

《民法典》第七百九十一条第二款第三句规定："承包人不得将其承包的全部建设工程转包给第三人或者将其承包的全部建设工程支解以后以分包的名义分别转包给第三人。"

《质量管理条例》第二十五条第三款规定："施工单位不得转包或者违法分包工

① 参见住房与城乡建设部《认定查处管理办法》第八条。

程。”实质上转包变更了施工合同中施工义务的承担者，规避了相应建筑法规对施工资质的严格要求，给工程质量埋下隐患，损害了发包人对合同履行的良好预期和对承包人履约能力的依赖，严重扰乱了建筑市场管理秩序。

（三）承包人转包工程的，应承担相应的行政法上的法律责任

《建筑法》第六十七条第一款规定：“承包单位将承包的工程转包的，或者违反本法规定进行分包的，责令改正，没收违法所得，并处罚款，可以责令停业整顿，降低资质等级；情节严重的，吊销资质证书。”

《质量管理条例》第六十二条规定：“违反本条例规定，承包单位将承包的工程转包或者违法分包的，责令改正，没收违法所得，对勘察、设计单位处合同约定的勘察费、设计费25%以上50%以下的罚款；对施工单位处工程合同价款0.5%以上1%以下的罚款；可以责令停业整顿，降低资质等级；情节严重的，吊销资质证书。工程监理单位转让工程监理业务的，责令改正，没收违法所得，处合同约定的监理酬金25%以上50%以下的罚款；可以责令停业整顿，降低资质等级；情节严重的，吊销资质证书。”

《认定查处管理办法》第十五条第六项规定：“对认定有转包、违法分包、挂靠、转让出借资质证书或者以其他方式允许他人以本单位的名义承揽工程等违法行为的施工单位，可依法限制其参加工程投标活动、承揽新的工程项目，并对其企业资质是否满足资质标准条件进行核查，对达不到资质标准要求的限期整改，整改后仍达不到要求的，资质审批机关撤回其资质证书。对2年内发生2次及以上转包、违法分包、挂靠、转让出借资质证书或者以其他方式允许他人以本单位的名义承揽工程的施工单位，应当依法按照情节严重情形给予处罚。”第十五条第七项规定：“因违法发包、转包、违法分包、挂靠等违法行为导致发生质量安全事故的，应当依法按照情节严重情形给予处罚。”第十七条亦规定：“县级以上人民政府住房和城乡建设主管部门应将查处的违法发包、转包、违法分包、挂靠等违法行为和处罚结果记入相关单位或个人信用档案，同时向社会公示，并逐级上报至住房和城乡建设部，在全国建筑市场监管公共服务平台公示。”

（四）承包人转包工程应承担相应的民事责任

承包人在与发包人订立建设工程施工合同后，违反法律规定将工程违法分包给第三人，此时存在两个合同关系，即发包人与承包人之间的建设工程施工合同关

系以及承包人与违法分包人之间的建设工程分包合同关系。

对于承包人与转承包人之间的转包合同的效力，相关法律、法规、司法解释和司法判例已明确其无效。《建设工程施工合同司法解释（一）》第一条第二款规定："承包人因转包、违法分包建设工程与他人签订的建设工程施工合同，应当依据民法典第一百五十三条第一款及第七百九十一条第二款、第三款的规定，认定无效。"①"转包"即属非法，并不存在合法转包情形，故上述规定的"非法转包"即为"转包"。

对于发包人与承包人之间的施工合同的效力，相关司法解释规定其属于可导致合同解除的严重违约行为。原《施工合同司法解释一》第八条规定："承包人具有下列情形之一，发包人请求解除建设工程施工合同的，应予支持：（一）明确表示或者以行为表明不履行合同主要义务的；（二）合同约定的期限内没有完工，且在发包人催告的合理期限内仍未完工的；（三）已经完成的建设工程质量不合格，并拒绝修复的；（四）将承包的建设工程非法转包、违法分包的。"在发包人与承包人之间，因承包人转包，发包人有权解除施工合同，并追究承包人的违约责任。

二、违法分包

（一）违法分包行为的认定

所谓违法分包，是指下列行为：（1）总承包单位将建设工程分包给不具备相应资质条件的单位的；（2）建设工程总承包合同中未有约定，又未经建设单位认可，承包单位将其承包的部分建设工程交由其他单位完成的；（3）施工总承包单位将建设工程主体结构的施工分包给其他单位的；（4）分包单位将其承包的建设工程再分包的。② 可见，违法分包是指承包人承包工程后违反法律法规的规定或者施工合同中关于工程分包的约定，把单位工程或分部分项工程分包给其他单位或个人施工的行为。

在工程实践中，典型的违法分包行为主要包括：

---

① 原《施工合同司法解释一》第四条规定："承包人非法转包、违法分包建设工程或者没有资质的实际施工人借用有资质的建筑施工企业名义与他人签订建设工程施工合同的行为无效。人民法院可以根据民法通则第一百三十四条规定，收缴当事人已经取得的非法所得。"但《民法典》第一百七十九条所列举的承担民事责任的方式，取消了《民法通则》第一百三十四条中关于人民法院审理民事案件，可以收缴进行非法活动的财物和非法所得的规定。不过，依据《建筑法》第六十七条之规定，行政机关对于承包单位将承包的工程转包的，或者违反本法规定进行分包的，仍可以没收其违法所得。

② 参见《质量管理条例》第七十八条第二款。

1. 承包单位将其承包的工程分包给个人的；

2. 施工总承包单位或专业承包单位将工程分包给不具备相应资质单位的；

3. 施工总承包单位将施工总承包合同范围内工程主体结构的施工分包给其他单位的，钢结构工程除外；

4. 专业分包单位将其承包的专业工程中非劳务作业部分再分包的；

5. 专业作业承包人将其承包的劳务再分包的；

6. 专业作业承包人除计取劳务作业费用外，还计取主要建筑材料款和大中型施工机械设备、主要周转材料费用的。①

对违法分包的认定，应根据法律、法规、规章的规定以及合同的约定进行判定。

《建设工程施工合同（示范文本）》（GF－2017－0201）合同协议书第七条约定，承包人承诺按照法律规定及合同约定组织完成工程施工，确保工程质量和安全，不进行转包及违法分包。通用合同条款第3.5.1项第1目约定："承包人不得将其承包的全部工程转包给第三人，或将其承包的全部工程肢解后以分包的名义转包给第三人。承包人不得将工程主体结构、关键性工作及专用合同条款中禁止分包的专业工程分包给第三人，主体结构、关键性工作的范围由合同当事人按照法律规定在专用合同条款中予以明确。"第3.5.2项约定："承包人应按专用合同条款的约定进行分包，确定分包人。已标价工程量清单或预算书中给定暂估价的专业工程，按照第10.7款〔暂估价〕确定分包人。按照合同约定进行分包的，承包人应确保分包人具有相应的资质和能力。工程分包不减轻或免除承包人的责任和义务，承包人和分包人就分包工程向发包人承担连带责任。除合同另有约定外，承包人应在分包合同签订后7天内向发包人和监理人提交分包合同副本。"

在专用条款中，通常会对禁止分包的工程范围、主体结构和关键性工作范围以及允许分包的专业工程范围进行专门约定，这些约定构成判断分包是否违法的基础。

（二）违法分包的行政责任

违法分包人（施工合同的承包人）应承担相应的行政责任。违法分包人往往将工程违法分包给不具备相应施工资质的单位或个人，使违法分包的承包人变相逃避相应施工资质管理要求，给工程质量埋下隐患，损害了发包人对合同履行的良好

---

① 参见《认定查处管理办法》第十二条。

预期和对承包人履约能力的依赖，严重扰乱了建筑市场管理秩序。

《认定查处管理办法》第十五条第二项规定："对认定有转包、违法分包违法行为的施工单位，依据《中华人民共和国建筑法》第六十七条、《质量管理条例》第六十二条规定进行处罚。"

《建筑法》第六十七条第一款规定："承包单位将承包的工程转包的，或者违反本法规定进行分包的，责令改正，没收违法所得，并处罚款，可以责令停业整顿，降低资质等级；情节严重的，吊销资质证书。"

《质量管理条例》第六十二条规定："违反本条例规定，承包单位将承包的工程转包或者违法分包的，责令改正，没收违法所得，对勘察、设计单位处合同约定的勘察费、设计费25%以上50%以下的罚款；对施工单位处工程合同价款0.5%以上1%以下的罚款；可以责令停业整顿，降低资质等级；情节严重的，吊销资质证书。工程监理单位转让工程监理业务的，责令改正，没收违法所得，处合同约定的监理酬金25%以上50%以下的罚款；可以责令停业整顿，降低资质等级；情节严重的，吊销资质证书。"

《认定查处管理办法》第十五条第六项规定："对认定有转包、违法分包、挂靠、转让出借资质证书或者以其他方式允许他人以本单位的名义承揽工程等违法行为的施工单位，可依法限制其参加工程投标活动、承揽新的工程项目，并对其企业资质是否满足资质标准条件进行核查，对达不到资质标准要求的限期整改，整改后仍达不到要求的，资质审批机关撤回其资质证书。对2年内发生2次及以上转包、违法分包、挂靠、转让出借资质证书或者以其他方式允许他人以本单位的名义承揽工程的施工单位，应当依法按照情节严重情形给予处罚。"第十五条第七项规定："因违法发包、转包、违法分包、挂靠等违法行为导致发生质量安全事故的，应当依法按照情节严重情形给予处罚。"第十七条亦规定："县级以上人民政府住房和城乡建设主管部门应将查处的违法发包、转包、违法分包、挂靠等违法行为和处罚结果记入相关单位或个人信用档案，同时向社会公示，并逐级上报至住房和城乡建设部，在全国建筑市场监管公共服务平台公示。"

（三）承包人违法分包工程应承担相应的民事责任

总承包人与违法分包人之间的建设工程分包合同的效力，已为相关法律和司法判例明确为无效。《建设工程施工合同司法解释（一）》第一条规定："建设工程施工合同具有下列情形之一的，应当依据民法典第一百五十三条第一款的规定，认定无效:(一)承包人未取得建筑业企业资质或者超越资质等级的;(二)没有资质的实际施工人借用有资质的建筑施工企业名义的;(三)建设工程必须进行招标而未招标或者中标无效的。承包人因转包、违法分包建设工程与他人签订的建设工程施工合同,应当依据民法典第一百五十三条第一款及第七百九十一条第二款、第三款的规定,认定无效。”

在最高人民法院(2016)最高法民终 716 号民事判决书中,法院认为,根据《建筑法》第十二条、原《施工合同司法解释一》的规定,周某与唐某系自然人,不具备从事建筑工程承包和建筑工程劳务分包的相关资质,故承包人与周某签订的《建筑工程施工合同》、周某与唐某签订的《劳务分包合同》是违反法律规定的无效合同。

发包人与承包人签订的建设工程施工合同与分包合同不同,两个合同相互独立,总承包合同是承包人进行违法分包的必要条件,施工总承包合同签订在前,分包合同签订在后。因承包人之后的单方面转包行为而否定施工合同的效力,对发包人而言,显失公平,且超出其预期。故在发包人与承包人双方意思表示真实,且不违反法律、行政法规强制性规定的情况下,应认定发包人与承包人签订的建设工程施工合同有效。在重庆市高级人民法院(2014)民终字第 00013 号民事判决书中,法院即认为,该总承包合同为建设工程施工合同,且不具有《合同法》以及原《施工合同司法解释一》规定的无效情形,故该总承包合同有效。因劳务公司仅具有劳务分包资质,亦无相应工程所需的建筑承包资质,故属违法分包,根据第一条第一项规定,双方所签订劳务施工合同无效。浙江省高级人民法院(2017)浙民终 249 号亦持相同观点。虽然发包人与承包人签订的建设工程施工合同不因总承包人的违法分包行为而无效,但根据原《施工合同司法解释一》第八条第四款的规定,发包人有权解除建设工程施工合同,并要求总承包人承担违约责任。

三、发包人提供材料和设备的协助义务

《建设工程施工合同(示范文本)》(GF - 2017 - 0201)通用合同条款第 8.2 款约定:“承包人负责采购材料、工程设备的,应按照设计和有关标准要求采购,并提供产品合格证明及出厂证明,对材料、工程设备质量负责。合同约定由承包人采购的材料、工程设备,发包人不得指定生产厂家或供应商,发包人违反本款约定指定生产厂家或供应商的,承包人有权拒绝,并由发包人承担相应责任。”第 8.3.1 项约定:“发包人应按《发包人供应材料设备一览表》约定的内容提供材料和工程设备,并向承包人提供产品合格证明及出厂证明,对其质量负责。发包人应提前 24 小时

以书面形式通知承包人、监理人材料和工程设备到货时间，承包人负责材料和工程设备的清点、检验和接收。发包人提供的材料和工程设备的规格、数量或质量不符合合同约定的，或因发包人原因导致交货日期延误或交货地点变更等情况的，按照第16.1款〔发包人违约〕约定办理。”

建设工程合同约定由发包人提供主要建筑材料的，如果其提供的主要建筑材料、建筑构配件和设备不符合强制性标准，将直接影响工程的进行和工程的质量。国家强制性标准是为保障建筑安全而制定的，发包人违反这些强制性标准的，承包人要求发包人在合理期限内进行更换、修理，发包人在合理期限内未能提供符合标准的建筑材料的，承包人可行使合同解除权，解除合同。此种情形下，根据原《施工合同司法解释一》第九条的规定，解除权的发生也以催告并在合理期限内仍未履行相应义务为条件，故在发包人提供的材料不符合强制性规定，经催告在合理期限内未能修正时，承包人方才取得合同解除权。

《民法典》第七百七十八条规定：“承揽工作需要定作人协助的，定作人有协助的义务。定作人不履行协助义务致使承揽工作不能完成的，承揽人可以催告定作人在合理期限内履行义务，并可以顺延履行期限；定作人逾期不履行的，承揽人可以解除合同。”据此，承包人有权要求发包人在合理期限内作出相应的协助行为，发包人在合理期限内仍然不履行这些义务的，承包人可行使合同解除权，解除建设工程合同。

本条中，发包人“不履行协助义务”包括“发包人提供的主要建筑材料、建筑构配件和设备不符合强制性标准”，应达到严重影响施工合同的履行，导致承包人无法继续施工时，才符合本条规定的含义。一般性的影响不大的协助义务，不足以赋予承包人对应的合同解除权。司法实践对此问题历来持谨慎态度，《八民会议纪要》规定：“52.发包人不履行告知变更后的施工方案、施工技术交底、完善施工条件等协作义务，致使承包人停（窝）工，以至难以完成工程项目建设的，承包人催告在合理期限内履行，发包人逾期仍不履行的，人民法院视违约情节，可以依据《合同法》第二百五十九条、第二百八十三条规定裁判顺延工期，直至解除施工合同。”

例如，在(2014)赣民一终字第3号民事判决书中，建设单位及代建人经承包人多次催告仍不依照约定完全履行给付工程款和交付施工图纸的义务，导致工程延期和后续工程无法进行，因此导致工期延误的原因是建设单位和代建单位。根据原《施工合同司法解释一》第九条的规定，发包人未按约定支付工程价款的或者不履行合同约定的协助义务的，致使承包人无法施工，且在催告的合理期限内仍未履行相应义务，承包人可以请求解除建设工程施工合同，承包人在诉讼中提出了解除合同，符合司法解释的规定，故对承包人解除合同的诉请予以支持。

四、建设工程合同与承揽合同在解除条件上的区别

《民法典》第七百七十二条规定："承揽人应当以自己的设备、技术和劳力，完成主要工作，但当事人另有约定的除外。承揽人将其承揽的主要工作交由第三人完成的，应当就该第三人完成的工作成果向定作人负责；未经定作人同意的，定作人也可以解除合同。"该规定与本条第一款类似。

《民法典》第七百七十八条规定："承揽工作需要定作人协助的，定作人有协助的义务。定作人不履行协助义务致使承揽工作不能完成的，承揽人可以催告定作人在合理期限内履行义务，并可以顺延履行期限；定作人逾期不履行的，承揽人可以解除合同。"该规定与本条第二款类似。

《民法典》第七百八十七条规定："定作人在承揽人完成工作前可以随时解除合同，造成承揽人损失的，应当赔偿损失。"此系对承揽合同中定作人的任意解除权的规定，但在建设工程合同中不能适用。

本条第三款的内容系源于原《施工合同司法解释一》第十条第一款，即"建设工程施工合同解除后，已经完成的建设工程质量合格的，发包人应当按照约定支付相应的工程价款；已经完成的建设工程质量不合格的，参照本解释第三条规定处理"。

另外，原《施工合同司法解释一》第三条规定："建设工程施工合同无效，且建设工程经竣工验收不合格的，按照以下情形分别处理：（一）修复后的建设工程经竣工验收合格，发包人请求承包人承担修复费用的，应予支持；（二）修复后的建设工程经竣工验收不合格，承包人请求支付工程价款的，不予支持。因建设工程不合格造成的损失，发包人有过错的，也应承担相应的民事责任。"与《民法典》第七百九十三条的内容基本一致。①

---

① 《民法典》第七百九十三条规定："建设工程施工合同无效，但是建设工程经验收合格的，可以参照合同关于工程价款的约定折价补偿承包人。建设工程施工合同无效，且建设工程经验收不合格的，按照以下情形处理：（一）修复后的建设工程经验收合格的，发包人可以请求承包人承担修复费用；（二）修复后的建设工程经验收不合格的，承包人无权请求参照合同关于工程价款的约定折价补偿。发包人对因建设工程不合格造成的损失有过错的，应当承担相应的责任。"

【条文适用】

一、建设工程合同发包人不享有任意解除权

《民法典》第七百八十七条规定:“定作人在承揽人完成工作前可以随时解除合同,造成承揽人损失的,应当赔偿损失。”该条通常认为系赋予定作人任意解除权的规定。而《民法典》第八百零八条规定:“本章没有规定的,适用承揽合同的有关规定。”该条规定中的“本章”是指建设工程合同一章。那么,发包人是否应当享有任意解除权?

任意解除权之设立,意在以损失之赔偿来换取对自己没有必要之工作的停止进行,于双方均有利,在经济上具有合理性。有学者认为:任意解除权,通常为具有溯及力的解除,其系基于这样的理解,即承揽合同着眼于工作的完成这一结果和对这个结果支付报酬,但就建设承揽合同来说,已经实施的工程即使还没有完成,也给定作人带来利益,恢复原状会带来不当的结果,故解释为属于不带溯及力的“解约告知”说更加有力。[①] 其实,在任意解除的情况下,是否发生溯及的效力,还是需要根据合同的履行情况、已完成工作状况等来确定,奉行任意解除权的行使不应使承包人遭受不利益之准则,这涉及赔偿范围的确定。一般认为,行使任意解除时的损害赔偿范围,应该是让承揽人获得与合同按照约定履行的同等利益。[②] 当然,任意解除权的存在并不意味着发包人可以任意毁约。依据规范目的解释,发包人当然不可以为了更换承包人而任意解除合同,然后再和他人订立承揽合同。所以,通常情况下,多是发包人改变了计划,在承揽合同的继续完成对发包人已失去利益时,发包人解除合同以避免不必要的投入,并补偿承揽人的损失。

有观点认为,既然《合同法》建设工程专章中未就建设工程合同的解除问题另作规定,则从体系解释上当然应认为建设工程合同中的发包人得享有与承揽合同中定作人类似的任意解除权。[③] 但从原《施工合同司法解释一》第八条的制定背景来看,“随着合同履行,承包人进场施工后,发包人的优势地位也随之减弱。解除合同对双方来讲,损失都很大,在一般情况下当事人都不希望解除合同。解除不是合

---

① [日]渡边达德:《关于有名合同解除的规定》,载韩世远、下森定主编:《履行障碍法研究》,钱伟荣译,法律出版社2006年版,第208、223、226、227页。

② [日]渡边达德:《关于有名合同解除的规定》,载韩世远、下森定主编:《履行障碍法研究》,钱伟荣译,法律出版社2006年版,第208、223、226、227页。

③ 黄喆:《建设工程合同法定解除权的教义学框架》,载《南京社会科学》2012年第4期。

同履行的常态，应按照《合同法》规定，限制合同解除权的行使。而《合同法》关于法定解除的规定比较原则，结合建设工程施工合同的解除问题，应进一步明确解除权行使的具体情形，从而达到限制合同解除的目的”。[①] 该意见则明显表达了相反的观点。

其实，关于承揽合同中定作人的任意解除权问题，在《合同法》立法过程中就存在极大的争议。梁慧星教授认为，《合同法》第二百六十八条“是借鉴《日本民法典》写进去的，该法典第六百四十一条的规定是‘在承揽人未完成工作期间，定作人无论何时均得赔偿损害而解除合同’。《日本民法典》为什么这样规定，我们认为是基于当时的社会背景：经济生活比较简单，在承揽方面，没有像现在经济生活中经常需要的承建高速公路、巨型航空器、船舶、建筑物等大规模的承揽活动。但社会发展到今天，在我们的合同法中写这一条太特殊了，它赋予了一方无条件的解除权，与整个合同法规定的解除问题都无法协调……这一条很让人费解。我们前面说本法要贯彻公平的原则，当事人双方都要公平，协商的时候可以约定解除，可以设定解除条件，约定解除权，都是可以的，为什么这里偏偏要单方面、片面的、任意的、没有任何条件解除合同，非常解释不通。这一条严重破坏了整个法律公平、公正、社会正义”。[②]

笔者认为，建设工程合同中的发包人不应享有与承揽合同中定作人类似的任意解除权。在《合同法》建设工程专章未明确规定发包人解除权的立法背景下，通过体系解释得出发包人得享有与承揽合同中定作人类似的任意解除权，无可厚非；但在《民法典》已规定发包人解除权的立法体系中，则难以再作同样解释。而且，限制建设工程合同乃至商事合同纠纷中的解除权行使，系近年来司法机关的稳定态度。例如，在兰州滩尖子永昶商贸有限责任公司等与爱之泰房地产开发有限公司合作开发房地产合同纠纷案中，最高人民法院认为，合同解除权包括法定解除权和约定解除权。在双务合同中，无论合同双方当事人是否约定了合同解除条款，在双方均存在违约的情况下，如一方当事人已经履行了大部分合同义务，尤其是合同目的已基本达成的，若另一方当事人解除合同，应综合考虑合同的履行情况等因素，判断其是否享有解除权。如果另一方当事人解除合同将导致合同双方利益的显著失衡，且合同继续履行并不影响各方要求对方承担违约责任的权利的，则不宜认定

---

① 最高人民法院民事审判第一庭编著：《最高人民法院建设工程施工合同司法解释的理解与适用》，人民法院出版社 2004 年版，第 82 页。

② 梁慧星：《合同法的成功与不足》（上），载《中外法学》1999 年第 6 期。

其享有合同解除权。①

广东省高级人民法院在《关于审理建设工程合同纠纷案件疑难问题的解答》中,就“发包人或承包人能否按照承揽合同的规定解除建设工程合同?”的问题,规定:“发包人或承包人行使建设工程合同的解除权应符合《建设工程司法解释》(即为本书中《施工合同司法解释一》——笔者注)第八条和第九条的规定,其以《合同法》第二百六十八条和第二百八十七条为依据主张随时解除施工合同的,不予支持,合同另有约定的除外。”杭州市中级人民法院、福建省高级人民法院也有类似的规定。②

二、建设工程合同解除权的行使与异议

作为形成权的合同解除权之行使,是以意思通知的方式进行,解除权人以解除合同为效果意思,向对方作出表示,在到达对方时发生法律效力。解除权的行使具有不可撤销性、不可分性,并不得附条件、附期限。现行法上没有对意思表示的方式作出限定,故具体采取什么样的方式来行使解除权应是权利人的自由。有学者认为,裁判中、裁判外的意思表示,书面的抑或口头的甚至默示的意思表示均无不可。③ 仅就默示的意思表示而言,其应当受到严格的限制,除非当事人有明确的表示,沉默方才视为解除权的行使,其他场合下一般不宜仅从权利人的沉默中解释出解除合同的意思。在实践中,有解除权人在催告中表明,如果对方催告期内仍未履行的,将不再另行进行解除的意思表示,契约当然被解除的,合同即在催告期满、对方未履行时解除。④

本条是《民法典》第五百六十三条规定的法定解除权在建设工程施工合同中的具体运用。可导致建设工程合同解除的事项并不限于本条所列举情形,根据举轻喻重的法解释原则,在当事人未履行主合同义务(例如,发包人未依约及时支付工程款、承包人未依约及时交付合格工程)导致合同目的无法实现的情况下,当事人

---

① 参见最高人民法院(2012)民一终字第126号民事判决书,载《最高人民法院公报》(2015年第5期)“裁判文书选登”。

② 杭州市中级人民法院民一庭《关于审理建设工程及房屋相关纠纷案件若干实务问题的解答》第一部分建设工程纠纷案件第八条“对其他问题的规定”中就提到,建设工程合同的发包人行使解除权必须符合《施工合同司法解释一》第八条的规定,不应任意扩大解除权的行使范围。另外在福建省高级人民法院《关于审理建设工程施工合同纠纷案件疑难问题的解答》第九条中也提到,发包人行使解除权必须符合最高人民法院《施工合同司法解释一》第八条的规定,不宜任意扩大解除权的行使。

③ 韩世远:《合同法总论》,法律出版社2004年版,第595、612页。

④ [日]我妻荣:《债法各论》(上卷),徐慧译,中国法制出版社2008年版,第147、170、175页。

当然得依据《民法典》第五百六十三条解除建设工程合同。同时,根据《民法典》第五百六十五条的规定,当事人依法主张解除合同的,应当通知对方,故在适用本条解除合同时,亦应履行通知解除的程序。

解除权人提请诉讼或仲裁时,请求中包括了解除合同要求的,可以认为其行为中包含了行使解除权的意思。但是,在对方当事人收到诉状或仲裁申请书时,具备解除权发生条件的合同是否即行解除,却有讨论的余地。笔者认为,诉讼或仲裁请求毕竟是向法院提起的,并且提起人有请求法院或仲裁机构支持的意思,所以,在裁决生效时合同方才解除,更为合理。至于在程序进行中,解除权人直接向对方正式表示解除合同的,则可认为在对方收到该意思表示时,合同解除。另外,关于当事人撤诉对解除权的影响,有学者认为:因解除权行使具有不可撤销性,撤诉对解除权不发生任何影响。[①] 对此,笔者认为,撤诉行为对于诉讼或仲裁期间直接发生在当事人之间的解除权意思表示的效力没有任何影响,但是,如果启动程序的当事人在请求法院或仲裁机构解除合同之外,没有向对方作出任何直接的解除表示,则撤诉之后,合同效力也不因起诉行为而被撤销。

关于对方对合同解除持有异议的,提请审查是否应有期限限制的问题,有学者认为,异议应当在一定的期限内提出,不宜漫无限制,以使法律关系尽早得到确定。[②] 对此,《合同法解释(二)》第二十四条规定:"当事人对合同法第九十六条、第九十九条规定的合同解除或者债务抵销虽有异议,但在约定的异议期限届满后才提出异议并向人民法院起诉的,人民法院不予支持;当事人没有约定异议期间,在解除合同或者债务抵销通知到达之日起三个月以后才向人民法院起诉的,人民法院不予支持。"

在兰州滩尖子永昶商贸有限责任公司(以下简称永昶商贸公司)等诉爱之泰房地产开发有限公司(以下简称爱之泰公司)合作开发房地产合同纠纷案[③]中,爱之泰公司与永昶商贸公司、农垦机电公司签订《联建合作协议书》约定,爱之泰公司与永昶商贸公司签订联建合作协议,由双方共同开发建设银垠大厦项目;后爱之泰公司与宏成公司签订《银垠大厦工程施工协议书》,约定由宏成公司总承包部分工程,但该协议在履行过程中,由于银垠大厦工程项目未经兰州市规划行政主管部门批准,

① 郑倩:《解除权行使的疑难问题考析》,载《人民司法》2009 年第 19 期。

② 崔建远主编:《合同法》(第 5 版),法律出版社 2010 年版,第 148、257、259、261 页。

③ 参见最高人民法院(2012)民一终字第 126 号民事判决书,载《最高人民法院公报》2015 年第 5 期。

亦未办理相关四证，被兰州市规划局给予行政处罚；爱之泰公司在未取得商品房预售许可证的情况下违法预售部分房屋；由于爱之泰公司未按约支付工程款，导致该工程至今只完成了主体部分，引发原告提起解除合同的诉讼。法院认为，在双务合同中，无论合同双方当事人是否约定了合同解除条款，在双方均存在违约的情况下，如一方当事人已经履行了大部分合同义务，尤其是合同目的已基本达成的，另一方当事人解除合同，应综合考虑合同的履行情况等因素，判断其是否享有解除权；如果另一方当事人解除合同将导致合同双方利益的显著失衡，且合同继续履行并不影响各方要求对方承担违约责任的权利的，则不宜认定其享有合同解除权。因此，法院最终认定一方当事人享有法定解除权无事实和法律依据，并导致合同双方利益的显著失衡，驳回永昶商贸公司、农垦机电公司要求解除合同的诉讼请求。

三、建设工程合同解除权的除斥期间

合同解除权作为形成权，受除斥期间的限制。《民法典》第五百六十四条规定："法律规定或者当事人约定解除权行使期限，期限届满当事人不行使的，该权利消灭。法律没有规定或者当事人没有约定解除权行使期限，自解除权人知道或者应当知道解除事由之日起一年内不行使，或者经对方催告后在合理期限内不行使的，该权利消灭。"这里，除斥期间的适用涉及期间的长短和起算点问题，在法律或合同有明确约定的情况下，依照法律规定或约定来确定即可。法律没有规定而且当事人没有约定的，除斥期间的起算点应当以知道或应当知道解除权发生之时为准，在催告的场合下，有学者认为宜把催告通知到达的次日确定为除斥期间的第一天。[①]笔者认为，由于《民法典》第五百六十三条规定的是，经催告在合理期限内仍未履行的，当事人可以解除合同，所以，合理期限的届满应是除斥期间的起算点，但如果催告中给出了长于合理期限的期限，则从给定的期限届满时起算除斥期间。

对于除斥期间的长度，在没有法定和约定的情况下，第五百六十四条的规定是催告后的合理期限。这里的合理期限，仍然属于法官自由裁量的范围，应在个案根据具体情况加以判断。有学者主张，可类推适用最高人民法院《关于审理商品房买卖合同纠纷案件适用法律若干问题的解释》第十五条第一款的规定，设定 3 个月的期限，催告后 3 个月未行使解除权的，解除权消灭。而对于对方没有催告的，同样类推适用上述司法解释第十五条第二款的规定，解除权应当在解除权发生之日起 1 年

① 崔建远：《解除权问题的疑问与释答》（上篇），载《政治与法律》2005 年第 3 期。

内行使;逾期不行使的,解除权消灭。①

四、建设工程合同解除后的工程价款结算

因转包、违法分包导致合同解除的,由于发包人与承包人之间的建设工程施工合同仍属有效,即使工程未完工时解除了合同,工程价款的确定仍应按合同约定处理。

在固定单价合同中,用合同约定的固定单价和实际完成的工程量据实结算即可。例如,山东省高级人民法院《2011 年全省民事审判工作会议纪要》第三部分"(三)关于固定价格合同未履行完毕而解除的,工程价款如何结算的问题"作了规定:"……对于建设工程施工合同约定按固定单价结算的,则应根据固定单价核算出已完工程的实际工程量,据实结算工程价款……"如果施工合同中约定的系总价合同,固定总价合同以完成合同约定范围内的全部施工内容为前提,若施工合同解除导致工程未完工,就不能直接适用原来约定的价格条款,如果合同对此种情况有约定的,从约定;如无约定,司法实践中探索出了多种解决方式。

(一)按同一标准同比例折算

北京市高级人民法院《关于审理建设工程施工合同纠纷案件若干疑难问题的解答》第十三条规定:"建设工程施工合同约定工程价款实行固定总价结算,承包人未完成工程施工,其要求发包人支付工程款,经审查承包人已施工的工程质量合格的,可以采用'按比例折算'的方式,即由鉴定机构在相应同一取费标准下分别计算出已完工程部分的价款和整个合同约定工程的总价款,两者对比计算出相应系数,再用合同约定的固定价乘以该系数确定发包人应付的工程款。"江苏省高级人民法院《关于审理建设工程施工合同纠纷案件若干问题的解答》第八条规定:"固定总价合同履行中,承包人未完成工程施工的,工程价款如何确定？建设工程施工合同约定工程价款实行固定总价结算,承包人未完成工程施工,其要求发包人支付工程款,发包人同意并主张参照合同约定支付的,可以采用'按比例折算'的方式,即由鉴定机构在相应同一取费标准下计算出已完工程部分的价款占整个合同约定工程的总价款的比例,确定发包人应付的工程款。但建设工程仅完成一小部分,如果合同不能履行的原因归责于发包人,因不平衡报价导致按照当事人合同约定的固定

---

① 崔建远:《解除权问题的疑问与释答》(上篇),载《政治与法律》2005 年第 3 期。

价结算将对承包人利益明显失衡的，可以参照定额标准和市场报价情况据实结算。”

（二）按已完工程量的比例折算

江苏省高级人民法院《建设工程施工合同案件审理指南》第七部分“（一）已完工部分验收合格工程的工程款结算”规定：“在工程没有完工的情况下，有两种不同的方式来确定工程款，一是根据实际完成的工程量，以建设行政管理部门颁发定额取费，核定工程价款，并参照合同约定最终确定工程价款；此时，对工程造价鉴定不涉及甩项部分，只需鉴定其完工部分即可。二是确定所完工程的工程量占全部工程量的比例，按所完工程量的比例乘以合同约定的固定价款得出工程价款。此时，对工程造价鉴定涉及甩项部分，即对涉案工程总造价进行鉴定。第一种方法较为经济，也是较为常用的一种方法，一般用于工程没有总体竣工验收；第二种方法鉴定费用较高，一般用于工程竣工验收合格。上述两种方式均具有一定的合理性，应尽量寻求双方当事人意见的一致，如无法取得一致时由人民法院酌情确定。”其中，第二种方式即按已完工工程量的比例折算。

山东省高级人民法院《2011 年全省民事审判工作会议纪要》第三部分“（三）关于固定价格合同未履行完毕而解除的，工程价款如何结算的问题”作了规定：“……如果建设工程施工合同约定按固定总价结算，则按照实际施工部分的工程量占全部的工程量的比例，再按照合同约定的固定价格计算出已完部分工程价款。”

广东省高级人民法院《关于审理建设工程施工合同纠纷案件若干问题的指导意见》第五条规定，“建设工程施工合同约定工程款实行固定价，如建设工程尚未完工，当事人对已完工工程造价产生争议的，可将争议部分的工程造价委托鉴定，但应以建设工程施工合同约定的固定价为基础，根据已完工工程占合同约定施工范围的比例计算工程款。当事人一方主张以定额标准作为造价鉴定依据的，不予支持”。最高人民法院（2014）民申字第 532 号、（2015）民申字第 280 号民事判决书也持类似观点，对于一、二审判决中采取的对涉案固定总价合同中实际完工量按照已完工程量占送鉴施工图总工程量比例的鉴定结论作为结算金额的处理方式也予以了确认。

（三）按定额计算已完工程价款

前述江苏省高级人民法院《建设工程施工合同案件审理指南》第七部分（一）中

的第一种方式即是按定额计算。山东省高级人民法院《关于审理建筑工程承包合同纠纷案件若干问题的意见》第三十六条规定:“对合同约定的一次包死的建筑工程,如合同有效,应严格按合同约定处理。但对合同履行中因设计变更而增加的工程价款,双方有补充约定的,按约定处理,没有补充约定的,应按照当地现行的定额标准,据实结算。对未完工的工程,应从合同总价款中相应扣减按现行工程定额标准计算出的未完工程的造价。”

山东省高级人民法院(2016)鲁民终586号民事判决书认为:“一审法院认为综合本案,因承包人在本案建设施工中投入的人力、物力已物化到建筑物上,不能返还,发包人应进行折价补偿,应依据合同法有关无效合同的规定处理本案。对折价补偿的标准,考虑定额计价标准是一定地方建设工程市场价格的重要参照标准,一审法院确定以双方签订施工合同时的山东省定额计价标准为涉案施工合同计价标准,承包人放弃以山东省定额计价标准确定的工程造价中利润,是其对自身权利的处分,一审予以准许。一审法院基于上述情况,为平衡双方当事人利益的角度处理本案,本院予以支持。”

(四)考虑导致合同解除的过错方,采用不利于违约方的方式

《建设工程造价鉴定规范》(GB/T 51262－2017)第5.10.7项规定:“总价合同解除后的争议,按以下规定进行鉴定,供委托人判断使用:1.合同中有约定的,按合同约定进行鉴定;2.委托人认定承包人违约导致合同解除的,鉴定人可参照工程所在地同时期适用的计价依据计算出未完工程价款,再用合同约定的总价款减去未完工程价款计算;3.委托人认定发包人违约导致合同解除的,承包人请求按照工程所在地同时期适用的计价依据计算已完工程价款,鉴定人可采用这一方式鉴定,供委托人判断使用。”

在最高人民法院(2014)民一终字第69号案中,法院认为,以建设行政管理部门颁发的定额取费核定工程价款为依据,其裁判理由如下:建筑公司作为承包人,其实现合同目的、获取利益前提是完成全部工程,故本案双方约定按建筑面积固定总价的“一次性包死”计价方式,贯彻了工程地下部分、结构施工和安装装修三阶段综合平衡的报价原则。同时,我国当前建筑市场行业普遍存在地下部分和结构施工薄利或亏本现实,系因钢筋、水泥、混凝土等主要建筑材料价格相对较高且大多包死,施工风险和难度较高,承包人需配以技术、安全措施费用才能保质保量完成等所致;而安装、装修施工是在结构工程已完工后进行,风险和成本相对较低,故安

装、装修工程大多可获相对较高利润。本案中,建筑公司将土建、安装工程全部承揽,其一次性包死的承包单价系针对整个工程作出,如其单独承包土建工程,报价一般要高于整体报价中所包含的土建报价。作为发包方的开发公司单方违约解除合同,如仍以约定计价单价计算已完工程价款,对建筑公司明显不公。另外,合同解除时,建筑公司施工面积已达到双方审定图纸设计的结构工程面积,但整个工程安装、装修工程尚未施工,建筑公司无法完成与施工面积相对应的全部工程量。此时,如仍以合同约定的总价款确定本案工程价款,则又对开发公司明显不公,亦印证双方当事人约定的工程价款计价方法已无法适用。对于约定了固定价款的建设工程施工合同,双方未能如约履行,致合同解除的,在确定争议合同工程价款时,既不能简单地依政府部门发布的定额计算工程价款,亦不宜直接以合同约定的总价与全部工程总价比值作为下浮比例,再以该比例乘以已完工程预算价格方式计算工程款,而应综合考虑案件实际履行情况,并特别注重双方当事人过错和司法判决价值取向等因素来确定。其中,以合同约定总价与全部工程预算总价比值作为下浮比例,再以该比例乘以已完工程预算价格进行计价的方式,虽以此试图还原合同约定价,但却忽略了当事人双方的利益平衡及司法判决的价值取向。本案中,开发公司解除合同时,建筑公司承包的土建工程已全部完工,开发公司解除合同行为破坏了双方交易背景,此时如再还原合同约定的土建工程价款,既脱离实际情况,违背交易习惯,又会产生对守约一方明显不公的后果。根据本案情况,应根据实际完成工程量,以建设行政管理部门颁发的定额取费核定工程价款为依据,计算已完工程价款为4200万余元,扣除已支付部分,判决开发公司支付建筑公司余下工程款及违约金,建筑公司交付开发公司已施工部分全部施工资料和全部工程图纸。

五、未完工工程造价的认定

对未完工工程造价的认定,由于实践中案情各有不同,很难形式统一明确的计量方式。

最高人民法院在(2011)民提字第104号案中认为,《合同法》第六十二条第二项规定,合同约定价款或者报酬不明确的,按照订立合同时履行地的市场价格履行;依法应当执行政府定价或者政府指导价的,按照规定履行。而建设工程造价并不属于政府定价或政府指导价,由此可见,鉴定机构给出了定额价和市场价两种参考标准时,一般应以市场价确定工程价款。这是因为,以定额为基础确定工程造价大多未能反映企业的施工、技术和管理水平,定额标准往往跟不上市场价格的变化,而建设行政主管部门发布的市场价格信息,更贴近市场价格,更接近建筑工程的实际造价成本,且符合《合同法》的有关规定,对双方当事人更为公平。最高人民法院另在(2014)民一终字第69号案中认为,对于约定了固定价款的建设工程施工合同,双方未能如约履行,致使合同解除的,在确定争议合同的工程价款时,既不能简单地依据政府部门发布的定额计算工程价款,也不宜直接以合同约定的总价与全部工程预算总价的比值作为下浮比例,再以该比例乘以已完工程预算价格的方式计算工程价款,而应当综合考虑案件实际履行情况,并特别注重双方当事人的过错和司法判决的价值取向等因素来确定。

未完工工程计算工程价款,其前提是已完工部分的工程质量合格。《建筑法》第三条规定:"建筑活动应当确保建筑工程质量和安全,符合国家的建筑工程安全标准。"《质量管理条例》第十六条第三款规定:"建设工程经验收合格的,方可交付使用。"建设工程的使用者多数是不特定社会主体,具有显著的公共性,因此建设工程施工合同涉及公共利益和第三人利益的保护问题,建设工程的质量标准属强制性标准。在工程未完工的情况下,承包人对其施工的工程质量仍然负有质量保证责任,只有质量合格,承包人才有权要求发包人支付相应的工程款。如果双方对已完工部分是否符合质量标准有争议,可以通过中间验收情况及质量鉴定来解决争议。

如果已完工部分存在质量瑕疵,承包人有义务返工、维修。《民法典》第七百八十一条规定:"承揽人交付的工作成果不符合质量要求的,定作人可以合理选择请求承揽人承担修理、重作、减少报酬、赔偿损失等违约责任。"《质量管理条例》第三十二条规定:"施工单位对施工中出现质量问题的建设工程或者竣工验收不合格的建设工程,应当负责返修。"

六、建设工程的解除权可否约定提前放弃

本条规定是否为任意性条款,即当事人能否通过合同约定来排除法定解除权,司法实践中仍有争议。

一种观点认为,当事人不能约定排除法定解除权。如果排除法定解除权的约定有效,将会导致一方当事人在另一方出现严重违约情形或不能实现合同目的的情况下,仍不能解除该合同,仍需受该合同义务的约束,已超出了当事人订立合同的本意,也对社会经济秩序无益。广东省高级人民法院在(2016)粤民申5840号案中认为,涉案两公司签订的《设备开发协议》是双方真实意思表示,内容不违反法律

和行政法规的强制性规定，且不损害社会公共利益，对双方均具有法律约束力，双方应当按照约定全面履行自己的义务。根据约定，提供合格设备是宏达益生公司的合同义务，其开发的成果需要委托方骏马公司验收合格。宏达益生公司一直未能举证证明其在近两年内已交付合格设备。骏马公司的合同目的不能实现，其依法享有法定解除权，即享有仅凭法定事由作出的意思表示即可使双方现有的法律关系消灭的权利，不能以协议约定排除，其发函要求解除合同合理合法，据此，法院对原告主张解除案涉合同予以支持。

另一种观点认为，当事人约定排除法定解除权，是当事人合同自由的体现，应为有效。在广西壮族自治区高级人民法院（2014）桂民四终字第55号民事判决书中，一审法院认为，关于合同的约定解除，《海商法》第六章未作出明确规定，但《合同法》第九十三条第二款（《民法典》第五百六十二条第二款，文字表述略有改动，“条件”变为“事由”）“当事人可以约定一方解除合同的条件”之规定赋予了合同当事人约定解除权，基于合同自由原则，合同当事人可以通过约定解除权对法定解除权作出具体补充或改变。关于《船舶买卖租赁合同》第三条第三款第八点“除非浙江金程公司依约行使撤船权或丧失船舶所有权，原告不得以任何强制性或非强制性因素退船”的约定是否有效的问题，法院认为该条系原、被告在审慎评估交易风险、权衡商业利益的基础上签订，为各方当事人真实意思表示，原告为达成交易目的自愿对其享有的合同法定解除权进行约束，并未违反法律法规强制性规定，不属于《合同法》第五十二条第五款（《民法典》未沿袭该条文，于第一百四十三条规定不违反法律、行政法规的强制性规定的民事法律行为有效）规定的情形，故合法有效，对原告具有约束力。因此，原告认为被告交付的标的不能实现合同目的，要求依据《合同法》第九十四条第四项（《民法典》第五百六十三条第四项）规定的法定解除权，解除《船舶买卖租赁合同》的诉请不应予以支持。但鉴于双方在以往诉讼中对涉案合同均表示应当解除，故应当以当事人作出解除意思表示时确定案涉合同已经合意解除。对该解除的具体理由及裁判结论，广西壮族自治区高级人民法院未作评述，但对涉及判项作出了维持的判决。

第八百零七条　承包人工程价款优先受偿权

【法条原文】

第八百零七条　发包人未按照约定支付价款的，承包人可以催告发包人在合理期限内支付价款。发包人逾期不支付的，除根据建设工程的性质不宜折价、拍卖外，承包人可以与发包人协议将该工程折价，也可以请求人民法院将该工程依法拍卖。建设工程的价款就该工程折价或者拍卖的价款优先受偿。

【条文主旨】

本条是关于承包人建设工程价款优先受偿权的规定，明确了承包人行使优先受偿权的条件及路径。

本条属任意性规范，即工程价款优先受偿权允许当事人经协商有条件放弃，兼具行为规范和裁判规范功能。[①] 有观点认为，本条作为不动产建设优先权应纳入优先权体系，成为典型担保物权之一类。但是《民法典》仍将其列在合同编建设工程合同专章，并通过司法解释路径赋予其优先于不动产抵押权顺位受偿。

【条文释评】

一、建设工程价款优先受偿权的法治价值

（一）工程价款优先受偿权的国别立法

我国的工程价款优先受偿权肇始于1999年的《合同法》第二百八十六条。自施行以来，围绕该项制度的理论争议从未消减，应该说就部分问题业已形成通说或至少凝聚了共识。《民法典》八百零七条除对个别用词的准确性进行了调整外，并未对该条进行实质性修改或者完善，相关司法解释亦未能就该项权利的立法基础或价值导向给出清晰的论理，故对其制度落位的体系性和妥适性问题，至今仍是学

---

① 裁判机关进行裁判时，当然必须以行为规范为其裁判的标准，故行为规范在规范逻辑上当同时为裁判规范，唯裁判规范并不必然是行为规范。参见黄茂荣：《法学方法与现代民法》，中国政法大学出版社2001年版，第111页。

界研究讨论的热点问题。

从称谓角度来看，专家学者依据不同的学术立场，对该项制度的命名也不尽相同。有强调权利主体者，称为承包人工程价款优先权；有强调客体者，认为应称“建筑工程”优先受偿权，而非“建设工程”优先受偿权；[①]还有强调权利属性者，称其为“法定优先权”或建设工程优先权。[②] 就此，我们认为上述称谓由于侧重不同，各具其合理性，且不致产生理论上的讹错或误导。本书在保持自身学术观点的前提下，主要采用最高人民法院一以贯之的称谓，即建设工程价款优先受偿权。

从国别立法例视角，工程价款的优先权或类似制度安排颇有传统。《法国民法典》称之为“对不动产的特别优先权”，该法第二千一百零三条第四款规定，“建筑师、承包人、瓦工与其他受雇于建筑、重建或者修理楼房水渠或其他任何工程施工的工人，只要有楼房、建筑所在辖区的大审法院依职权任命的鉴定专家事先做成笔录，确认与所有人宣告拟建的工程有关的场地状况，并且工程完工后最迟六个月内依有同样依职权任命的鉴定专家的验收，即对该工程有优先权；但是，此种优先权的数额，不得超过第二份笔录所确认的价值，并且以转让不动产时已经进行的工程的增加值为限”。[③]《日本民法典》称之为“不动产工程的先取特权”，该法第三百二十七条规定，“不动产工程的先取特权，涉及工程设计、施工或者监理者在债务人的不动产上因施工而发生的费用，存在于该不动产上。前款先取特权，以不动产因工程而产生的增价现存情形为限，只就该增价额存在”。[④]《德国民法典》称之为“建筑承揽人的保全性抵押”，该法第 650e 条规定，“承揽人可以就其因合同而发生的债权，请求给予定作人建筑用地上的保全性抵押权。工作尚未完成的，承揽人可以就与所提供的劳动相当的部分报酬，并就不包含在报酬中的垫付款，请求给予保全性抵押权”。[⑤] 通说认为，该条规定性质上属于法定抵押权。此外《瑞士民法典》第八百三十七条亦明确该项权利为法定抵押权，不予赘述。

分析以上立法例，可资总结的认识包括：其一，该项制度落位于各国民法典一般规定或有名合同的情形兼而有之，但以体系性立法居多。法国法上的优先权和日本法上的先取特权制度均单独成章，德国法上是放在建筑工程承揽合同中予以规制。其二，国外立法对于优先权的保护主体范围要比我国宽泛，基本包含了凝结

① 王旭光：《建筑工程优先受偿权制度研究》，人民法院出版社 2010 年版，第 7 页。

② 中国社会科学院法学研究所编写的《民法典评注》采此称谓。

③ 罗结珍译：《法国民法典》，法律出版社 2005 年版，第 1527 ~ 1528 页。

④ 刘士国、牟宪魁、杨瑞贺译：《日本民法典》2018 年 3 月第 1 版，第 63 页。

⑤ 陈卫佐译注：《德国民法典》，法律出版社 2020 年版，第 294 ~ 295 页。

劳动于建筑产品的参建各方,甚至包含了没有投入财物,仅提供智力服务的建筑师和监理人。其三,多国立法均强调,优先受偿的价款额度应为建筑“增值”的部分,我国相关司法解释对于装饰装修工程价款的优先受偿权亦限于因装修而使建筑物“增加”的价值范围。二者原因相同,是要考虑建设工程不仅包括新建项目,还包括改建、扩建项目,故以上所谓增值,在数量上可等同为承包人投入的工程款。其四,虽然定性不尽相同,各国立法均较好地解决了工程价款优先权的法律属性问题,以及其与法典其他制度的衔接问题。

(二)工程价款优先受偿权的法律属性

就建设工程价款优先受偿权利性质而言,目前尚有不动产留置权说、法定抵押权说和优先权说三种观点。

其一,对于不动产留置权说,近年来已日渐式微,概因其无法与民事法律中留置权的构成要件相协调,《民法典》第四百四十七条规定,“债务人不履行到期债务,债权人可以留置已经合法占有的债务人的动产,并有权就该动产优先受偿”。可见,留置权应限于债务人所有之动产,且该动产应由债权人占有。就工程价款优先受偿权而言,首先,建设工程作为不动产的属性即不符合留置权客体只要求;其次,承包人行使优先权并不要求其占有所承揽工程,即使项目交付亦不影响承包人优先受偿。故该观点几乎已经被学界所否定。

其二,对于法定抵押权说,持该观点的学者力证包括,一是该项制度在原《合同法》设计、起草、审议直至通过,均是按照法定抵押权来定性的;二是域外典型立法例,如德国、瑞士亦规定其为法定抵押权。但是该观点的缺陷也较为明显,即其违反了物权公示公信原则原则,《民法典》第四百零二条规定,“以本法第三百九十五条第一款第一项至第三项规定的财产或者第五项规定的正在建造的建筑物抵押的,应当办理抵押登记。抵押权自登记时设立”。在没有配套登记制度予以公示的情境下,其优先于经过登记的抵押权不但有违公平,也会损害发包人其他债权人的权益,而如果法定抵押权与其他约定抵押权人同一顺位受偿,又无法有效保护承包人的受偿权,使得制度价值落空。

此外,我国并未建立抵押权人对于承包人的补偿机制,虽然《瑞士民法典》规定承包人对承揽工程享有的权利属法定抵押权,但是其另有相应的配套制度保障承包方权益。该法第八百四十一条规定:“工匠和承包人在实现其法定抵押权时债权遭受了损失,先顺位的抵押债权人,如因他们的抵押权而给工匠和承包人造成了损失，则先顺位的抵押权人应当在造成的损失范围内，就超出土地价值的受偿金额，对工匠和承包人进行依次补偿。”可见，虽然瑞士民法虽未直接赋予承包人优先权，但是通过先顺位抵押权人的补偿机制，实质上保障了其价款受偿。

其三，对于优先权说，虽然其与法定抵押权说两种观点仍各有拥趸，[①]但笔者赞同优先权说。优先权是“法律直接赋予特定债权人享有优先于其他债权人受偿的法律效力的体现”，[②]而建设工程价款优先受偿权的性质应为不动产特别优先权，属非典型担保物权。承包人此项权利以符合法律规定为前提，在权利已发生且尚未消灭的条件下，无须与发包人约定即可享有。

就立法模式而言，存在优先权体系化立法说和非优先权体系化立法说两种主张。在此问题上，笔者赞同选择优先权体系化之立法模式，即在编纂民法典时将建设工程价款优先受偿权作为优先权制度中之不动产特别优先权的一种，将其纳入担保物权体系中一并加以规定。但是《民法典》并未采此立法技术，即没有在担保物权体系中设立单独的优先权制度，故建设工程价款优先受偿权仍单独规定于建设工程合同专章。这将严重贬损该项制度的法治价值，使其游离于显性担保类型之外，不但对于优先权自身发挥作用造成障碍，还会与其他权利形成冲突。

二、工程承包人优先受偿权的制度价值

自《合同法》第二百八十六条确立了“建设工程价款优先受偿权”制度，并以最高人民法院《建设工程价款优先受偿权批复》为完善补充以来，国内学者就该项制度进行了渐次深入的研究。至今大抵可以分为两个阶段。第一阶段为 1999 ~ 2008 年前后，焦点主要集中在工程价款优先受偿的权利性质、理论基础、建设工程价款优先受偿权在民法体系中的定位等问题上。梁慧星老师就该项权利的性质究竟是法定抵押权亦或优先权数次撰文进行了讨论；李建华老师在国内较早地从比较法层面分析了各国类似立法例及其对我国优先权立法模式的意义；[③]董慧凝博士对工程价款优先受偿权的立法基础和立法构想进行了阐释。[④] 第二阶段为 2008 年至

---

① 其中，梁慧星老师结合《合同法》的起草过程主张建设工程价款优先受偿权的法律性质为法定抵押权。而温世扬老师则认为该项权利为不动产优先权。参见梁慧星：《是优先权还是抵押权——合同法第 286 条的权利性质及其适用》，载《中国律师》2001 年第 10 期。温世扬：《建设工程优先权及其适用》，载《法制日报》2000 年 10 月 22 日，第 2 版。

② 梅夏英：《不动产优先权与法定抵押权的立法选择》，载《法律适用》2005 年第 2 期。

③ 李建华、董彪：《论我国法定抵押权制度的立法模式》，载《社会科学战线》2004 年第 4 期。

④ 董慧凝：《建设工程优先权立法基础与立法构想》，载《北京工商大学学报（社会科学版）》2005 年第 3 期。

今，以王旭光的博士学位论文《建筑工程优先受偿权制度研究》为代表，研究方向逐步从理论层面转至实证分析及对策性研究上。结合该项制度立法旨趣和实施二十余年来的法律效果，我们认为，工程价款优先受偿权的制度价值如下：

1. 维护建筑市场的交易秩序。建筑业是我国国民经济支柱型产业，建筑业增加值占国内生产总值比例近年来一直稳定在7%以上，建筑业总产值稳定在20万亿元以上，不但带动上下游相关产业发展且吸纳了大量劳动就业人口。截至2021年3月15日，建筑工人管理服务信息平台实名制管理的人员就达到3075.62万余人。①

因此，通过有效的法律制度安排，保障工程价款的支付，能够极大调动项目参与各方的积极性，促进建筑业的健康发展。如果任由发包人通过设定抵押或肆意举债增加自身商业风险，承包人却只能按照一般债权与其他债权人按顺位受偿甚至劣后受偿，无疑将严重破坏建筑市场的交易秩序甚至社会安定。

2. 统一法律的实施效果。通说认为，建设工程合同属于特别承揽合同，《民法典》第七百八十三条对于承揽人的留置权作出了规定，“定作人未向承揽人支付报酬或者材料费等价款的，承揽人对完成的工作成果享有留置权或者有权拒绝交付，但是当事人另有约定的除外”。基于留置权，债权人有权就该动产优先受偿。可见，立法对于承揽合同中提供了承揽工作，将其劳动和智力凝结于成果中的承揽人予以特别保护、赋予其获得报酬的优先权。

为保障法律实施效果的统一性，对于作为特别承揽合同的建设工程合同，也应该相应赋予其优先受偿的制度设计，实现法律平等对待的考量。与承揽合同类似，承包人将劳动、材料等附着于建设工程，但因为建设工程属于不动产，承包人无法享有留置权。故而，为了避免二者利益状态过于背离，有必要授予承包人优先受偿权。②

3. 保护承保人的合法权益。毋庸讳言，建设工程价款优先受偿权的核心制度价值就是保障承包人的合法权益，鼓励其积极承揽建设项目进而从客观上推动建设产业发展。有观点认为，我国的价款优先权制度具有功利主义色彩，即立法者基于特定的政策考量，为追求实质公平而赋予特定民事主体优先保护的法律效力。

---

① 住房和城乡建设部建筑市场监管司，住房和城乡建设部政策研究中心编著：《中国建筑业改革与发展研究报告2020：加快产业转型升级与强化工程质量保障》，中国建筑工业出版社2021年版，第6页。

② 李建星：《〈民法典〉第807条（建工价款的优先受偿权）评注》，载《南京大学学报（哲学·人文科学·社会科学）》2021年第4期。

值得讨论的是,保护农民工的工资权益是否是我国优先权制度之价值。质言之,保护农民工利益是优先权制度的直接目的还是间接目的,或者,本就不是设立该项制度的目的。对于这个问题,我们倾向于认为,我国的工程价款优先受偿权制度,并不是为了实现保护农民工工资的功能,理由如下:

第一,基于立法目的的考量。支持优先权系为保护农民工权利而设计的观点,大抵源于以下理由:其一是域外既有的立法经验。如前述,无论是法国的对不动产的特别优先权,还是日本的不动产工程的先取特权,亦或是瑞典的法定抵押权,其行权主体除承包人外均包括工匠或瓦工;其二是我国建设领域大量存在拖欠工程款的特殊情况。

但是,细致分析起来,这两条理由均无法支撑其观点。首先,如果比较法的经验可资借鉴,那么我国的优先权制度权利主体中就应该直接包括建筑工人,而不是通过保护承包人的工程款间接保护农民工工资;其次,如果考虑我国建设领域拖欠农民工工资的客观情况而设计优先权制度,是否意味着如果我国没有拖欠农民工工资的情况,就不需要保留优先权制度。换言之,回归优先权制度的理论基础,究竟是承包人的财物和劳动凝结在建筑产品中而使建筑产品具有了价值,还是因为承包人雇用了工人而变得身份特殊,答案是显而易见的。

第二,基于立法资源的考量。由于《民法典》仅用一个条文规定了工程价款优先权制度,所以主要依赖司法解释予以补充完善。根据现行的司法解释,有权主张建设工程价款优先受偿的主体,只能是与发包人订立建设工程合同的承包人。与前述国外成文法相比较,不难发现我国严格限缩了优先受偿主体,这种限缩是有意为之的,也是富于理性的。

虽然优先权的理论逻辑是承包人的建造行为使建筑物产生了价值,但是并不意味着所有在建造活动中付出了劳动的参与方都享有优先权。因此可以看到,司法解释明确排除了勘察设计单位的优先权,排除了实际施工人的优先权,甚至排除了合法分包合同承包人向发包人主张优先权。① 至于《日本民法典》所规定的监理单位亦享有优先权,在国内理论与实务界甚至都未引起过严肃的讨论。可见,无论拖欠建筑工人工资情形在我国是否普遍存在,应该都不会影响优先权制度的创设。诚如斯言,"该价值并非建设工程优先受偿权的立法基础,而是其衍生的社会功能,

---

① 最高人民法院民法典贯彻实施工作领导小组主编:《中华人民共和国民法典合同编理解与适用(三)》,人民法院出版社 2020 年版,第 2036 页。

或者说该制度仅是与当前社会现实相契合而已”①。

三、优先受偿权行权主体

依现行司法解释,有权行使优先受偿权的主体是建设工程的承包人。根据《建设工程施工合同(示范文本)》(GF-2017-0201)通用合同条款给出的定义,承包人是指与发包人签订合同协议书,具有相应工程施工承包资质的当事人及取得该当事人资格的合法继承人。在实践中,涉及承包人的问题主要包括四个方面:勘察、设计合同的承包人是不是享有优先受偿权的问题;违法分包、出借资质、转包合同的实际施工人是否享有优先受偿权问题;无效合同的实际施工人是否享有优先受偿权的问题;专业工程承包人是否享有优先受偿权的问题。

(一)优先受偿主体不包括勘察、设计合同的承包人

《民法典》第七百八十八条规定:“建设工程合同是承包人进行工程建设,发包人支付价款的合同。建设工程合同包括工程勘察、设计、施工合同。”由此可见,勘察人和设计人能否成为建设工程价款优先受偿权的主体存在争议。依据本条文规定,建设工程价款优先受偿权的主体应限于施工合同的承包人,不应包括勘察、设计合同的承包人,理由如下:第一,运用目的解释的方法。《合同法》第二百八十六条的立法初衷是解决建筑市场中长期存在的拖欠工程款问题,以保障体现在工程款中的建筑工人的生存利益。勘察、设计与建筑施工不同,不属于劳动密集型的工作,较少涉及工人工资问题。第二,法律解释就是探究立法者的原意,运用历史解释的方法,亦应持此观点。梁慧星教授认为“这里所谓建设工程合同,应当作狭义解释,仅指第二百六十九条第二款中的施工合同,勘察合同和设计合同不包括在内”。第三,建设工程价款优先受偿权,在性质上属于法定担保物权的范畴,因此,该权利的行使应以存在特定工程为前提,只有施工合同完成的是工程本身,设计合同与勘察合同的完成物仅为设计成果与勘察成果,不属于《民法典》第八百零七条规定的“工程”范畴,因此只有建设工程施工合同的承包人才可行使这一权利。第四,《建设工程价款优先受偿权批复》第三条对建筑工程价款的界定为,承包人为建设工程应当支付的工作人员报酬、材料款等实际支出的费用,不包括承包人因发包人违约所造成的损失。由于在勘察、设计合同中一般不会约定工作人员报酬和材料款,因

---

① 高印立:《建设工程施工合同法律实务与解析》,中国建筑工业出版社 2018 年版,第 277 页。高印立先生对于本书其他部分观点亦有贡献,特此致谢。

此，工作人员报酬和材料款应是在施工合同中发生的。第五，对比我国台湾地区，亦可得出同样的结论。我国台湾地区学者史尚宽认为，建筑师、设计师或仅为工作物之准备工作或对于其实施仅给劳务者以及非直接与承揽人有承揽关系者，不能享有优先权。第六，虽然国外立法例上有将建筑师、设计师等勘察设计合同的承包人纳入优先受偿保护范围的特例，[①]但鉴于建设工程价款优先受偿权具有强大的效力，均采取了其他的限制或衡平措施，而目前我国立法尚无关于建设工程价款优先受偿权的公示制度安排，若任意扩大其适用范围，必然有害交易安全。因此，有必要结合上述立法目的对其权利主体的范围加以严格限制，避免造成新的不公平。

（二）关于违法分包、出借资质、转包合同的实际施工人

对于违法分包合同、转包合同的实际施工人是不是建设工程价款优先受偿权的主体，实践中存在两种意见。

第一种意见，无论是违法分包、出借资质还是转包，因为合同无效系由承包人过错造成的，合同的实际施工人均不享有优先受偿权。第二种意见，原《施工合同司法解释一》第二十六条规定了分包人和实际施工人完成了其与总包人或转包人之间合同约定的施工义务且工程质量合格的，在总包人或者转包人不主张或者怠于主张工程价款优先受偿权的情况下，应允许分包人或者实际施工人就其承建的工程部分在发包人欠付的工程款范围内向发包人主张工程价款优先受偿权。[②]

现行解释支持第一种意见。首先，《合同法》第二百七十二条（《民法典》第七百九十一条）规定总承包人与分包人承担连带责任，但不能倒推出发包人未按照约定向总承包人支付工程价款时，分包人可直接向发包人主张债权。因为从立法精神来看，除了有特别规定的情况，《合同法》仍然遵循了合同的相对性原则。基于合同的相对性原理，分包人不能直接向发包人主张债权。优先受偿权是依附于建设工程价款这一债权而存在的，在不能向发包人直接主张债权的情况下，当然也就不能享有优先受偿权。其次，建设工程价款优先受偿权具有强大的对抗效力，如果违法合同的实际施工人也能享有此项权利，并以此对抗发包人、享有担保物权的债权人及其他合法的一般债权人，显然有违法理，也不利于遏制违法行为的发生。

---

① 例如，《日本民法典》对于不动产工程先取特权的债权人主体范围就较为宽泛，不但包括设计和施工人，还包括监理者；《法国民法典》规定的主体包括"建筑师、承包人和其他工人"；《阿尔及利亚民法典》规定的主体是"承揽人和建筑师"。

② 参见最高人民法院民事审判第一庭编：《民事审判指导与参考》（总第65辑），法律出版社2016年版，第252页。

原《施工合同司法解释二》出台后，关于实际施工人不是优先受偿主体的裁判观点趋于统一。最高人民法院在陈某国、兴业银行股份有限公司三明列东支行建设工程施工合同纠纷案中，认为建设工程价款优先受偿权的主体为与发包人订立建设工程施工合同的承包人，而非实际施工人。优先受偿权作为一种物权性权利，根据《物权法》第五条（《民法典》第一百一十六条）“物权的种类及内容，由法律规定”之物权法定原则，享有建设工程价款优先受偿权的主体必须由法律明确规定。而《合同法》第二百八十六条（《民法典》第八百零七条）、《建设工程价款优先受偿权批复》第一条均明确限定建设工程价款优先受偿权的主体是建设工程的承包人，而非实际施工人。这也与原《施工合同司法解释二》第十七条明确规定建设工程价款优先受偿权的主体为“与发包人订立建设工程施工合同的承包人”这一立法精神相契合。该案中陈某国作为实际施工人，并非法定的建设工程价款优先受偿权主体，不享有建设工程价款优先受偿权。①

此外，我国《民法典》第七百九十一条第二款规定：“总承包人或者勘察、设计、施工承包人经发包人同意，可以将自己承包的部分工作交由第三人完成。第三人就其完成的工作成果与总承包人或者勘察、设计、施工承包人向发包人承担连带责任。承包人不得将其承包的全部建设工程转包给第三人或者将其承包的全部建设工程支解以后以分包的名义分别转包给第三人。”因此，分包单位可能享有的债权金额，仅为建设工程总价款的一部分。由于不动产具有不可分性，若允许分包单位就极小部分债权对全部工程行使优先受偿的权利，其权利的单独行使必将严重损害不动产所有权的稳定性。同样，若任由各分包单位行使对工程欠款的法定优先受偿权，可能导致总承包单位的权利落空，还会产生各分包单位间谁更“优先”的疑问，即形成各分包单位之间的优先权对抗问题，造成司法实践的混乱。因此，我国立法不宜像美国法那样将与发包人存在间接工程承包合同关系的次承包人列入建设工程价款优先受偿权的保护范围，而应采纳大陆法系立法的通行做法，将建设工程价款优先受偿权的权利主体界定在与发包人有直接合同关系的承包人范围之中。

（三）关于无效合同的承包人

对于建设工程价款优先受偿权的权利主体是否包括无效合同的承包人，也有不同的观点。

---

① 参见最高人民法院（2019）最高法民申 2852 号民事裁定书。

第一种观点，根据《民法典》第七百九十三条规定的精神，虽然建设工程施工合同无效，建设工程经验收合格，或者建设工程经验收不合格，但是经过承包人修复后验收合格的，在发包人支付工程价款时，承包人也享有建设工程价款优先受偿权。第二种观点，《合同法》第二百八十六条（《民法典》第八百零七条）所规定的建设工程价款优先受偿权，应是基于有效合同而发生的合同价款，对于无效合同中的承包人不能享有优先受偿权。

笔者认为，即使合同无效，按照司法解释的规定，承包人可以请求参照合同约定来主张工程价款。建设工程价款的优先受偿权是建设工程价款请求权的从权利。既然承包人可以参照合同约定请求工程价款，其当然也可以主张优先受偿权。

（四）关于专业工程承包人

关于分包人是否享有优先受偿权的问题，笔者认为，劳务分包人不应该享有优先受偿权。如果专业分包人直接受雇于施工总承包人，不应该享有优先权；如果其直接受雇于业主，且其所建设完成的工程成果具备独立的使用功能，则其应该享有优先受偿权。

最高人民法院既有司法观点和裁判规则认为，建设工程施工合同无效，不应影响优先受偿权的行使。建筑工程款优先受偿的立法目的是保护劳动者的利益。因为在发包人拖欠承包人的工程款中，有相当部分是承包人应当支付给工人的工资和其他劳务费用。根据《建设工程价款优先受偿权批复》第三条的规定，建筑工程款包括了承包人为建设工程应当支付的工作人员的报酬、材料款等实际支付的费用。在无效建筑工程合同中，上述有关费用也已实际发生，应当由发包人予以支付。

四、优先受偿权行权条件

（一）优先受偿权的成立条件

本条规定的是建设工程价款的优先受偿权的适用前提条件。对于未竣工工程承包人是否享有优先受偿权问题，在我国法学理论研究和司法裁判领域均存有争议。在《合同法》实施初期，大部分学者认为优先权仅适用于竣工工程，未完工程承包人不享有优先受偿权利。如梁慧星认为《合同法》第二百八十六条（《民法典》第八百零七条）规定的权利属性为“法定抵押权”，并进一步将“建设工程已竣工”作为发生法定抵押权的前提条件；同时认为建设工程未竣工而中途解除建设工程合同的情形，亦不发生法定抵押权。[1] 但随着我国民法理论的不断完善，尤其是物权理论的逐步发展，近年来主张承包人对于未完工程仍享有优先权的观点占据优势地位。在我国建筑行业长期处于"买方市场"的交易环境下，"工程价款优先受偿权制度"的法律价值是实施社会政策的需要；是追求社会公平正义的需要，是保护特种债权的需要。[2] 立法目的在于优先保障承包人的工程款债权，尤其是其中以农民工为主要构成的劳务工人的工资。因此，只要已完工部分工程具备偿还拖欠工程款的经济价值，就可以成为优先受偿权的客体。如果认为建设工程价款优先受偿权的行使仅限于竣工验收合格工程，则有违建设工程价款优先受偿权制度的立法目的。且现代物权法已经认可了未完成之建筑物可以成为物权客体，明确规定正在建造的建筑物可以抵押。可见，将"建设工程经竣工验收合格"作为实际施工人享有优先受偿权的前提条件，实无必要。

建设工程合同是由承包人进行工程建设，由发包人支付价款的合同。可见，承包人在建设工程合同中的主要义务为"工程建设"，即提供满足技术规范和合同约定的质量标准的建筑产品；发包人支付工程价款作为其对价。建设工程价款优先受偿权作为承包人获得工程价款请求权的从权利，其适用应以承包人有权获得工程价款为前提，以工程质量合格为对价。

但需要注意的是，本条解释规定的"质量合格"，包括三种情形：一是竣工验收合格；二是已完分部分项工程验收合格；三是工程质量缺陷经修复后合格。根据国家标准《建筑工程施工质量验收统一标准》（GB 50300－2013）第4.0.1项之规定："建筑工程施工质量验收应划分为单位工程、分部工程、分项工程和检验批。"其中具备独立施工条件并能够形成独立使用功能的建筑物或构筑物为一个单位工程。据此，对于已全部竣工工程，承包人行使优先受偿权的前提条件应为单位工程质量验收合格；而对于未竣工工程，则需要已完分部分项工程质量验收合格。施工合同是否有效，并不是承包人是否得以主张优先受偿的前提条件。

（二）优先受偿权的催告

承包人建设工程价款优先受偿权的行使，须经催告方得为之。即承包人向发

---

[1] 梁慧星：《是优先权还是抵押权——合同法第286条的权利性质及其适用》，载《中国律师》2001年第10期。

[2] 王旭光：《建筑工程优先受偿权制度研究——合同法第286条的理论与实务》，人民法院出版社2010年版，第75～86页。

包人发出催告通知后经过一个合理期限，而发包人仍未支付。此合理期限，应当从发包人收到催告通知之日起计算。此催告通知应当采用书面形式。至于合理期限究竟是多少日，应由法院按照建筑行业习惯及建筑工程合同具体情形作出判断。建设工程合同对此期限有约定者，从其约定。①

《建设工程施工合同司法解释（一）》第四十一条规定："承包人应当在合理期限内行使建设工程价款优先受偿权，但最长不得超过十八个月，自发包人应当给付建设工程价款之日起算。"可见，合理的催告期间应该从发包人欠付工程价款之日开始计算，期间应小于18个月。对于应付款时间，有约定的从其约定；没有约定的，应按照《建设工程施工合同司法解释（一）》规定的原则确定之，即建设工程已实际交付的，为交付之日；建设工程没有交付的，为提交竣工结算文件之日；建设工程未交付，工程价款也未结算的，为当事人起诉之日。

五、优先受偿权行权范围

关于建设工程价款优先受偿权行使范围的规定，《建设工程价款优先受偿权批复》第三条规定："建筑工程价款包括承包人为建设工程应当支付的工作人员报酬、材料款等实际支出的费用，不包括承包人因发包人违约所造成的损失。"前述批复确定的优先受偿的范围过于狭窄，不利于对承包人合法权益的保护。《建设工程施工合同司法解释（一）》规定，承包人建设工程价款优先受偿的范围依照国务院有关行政主管部门关于建设工程价款范围的规定确定。

根据《建筑安装工程费用项目组成》规定，建筑安装工程费按照费用构成要素划分，由人工费、材料费、施工机具使用费、企业管理费、利润、规费和税金组成。国家标准《建设工程工程量清单计价规范》（GB 50500－2013）第1.0.3项规定，建设工程发承包及实施阶段的工程造价由分部分项工程费、措施项目费、其他项目费和税金组成。②

最高人民法院关于优先受偿范围的裁判观点尚不够稳定。司法解释明确了承包人承揽工程的利润属于优先受偿的范围，在司法实践中，对于违约金、损害赔偿金不属于优先受偿范围的观点已基本达成共识。但对于工程款利息是否属于优先

---

①　梁慧星编：《中国民法典草案建议稿附理由》（上册）（合同编），法律出版社2013年版，第629页。

②　建筑业实现"营业税"改征"增值税"后，原来的计税方法发生根本变化，再采用税前造价计算增值税已不可行，因此，采用包含税金的全费用单价才能适应"营改增"后的计价需要。

受偿范围问题，一直存有争议，最高人民法院亦曾作出“工程款利息为法定孳息，属于优先受偿的范围”的裁判。但是《建设工程施工合同司法解释（一）》明确了承包人就逾期支付工程款的利息主张优先受偿权的，人民法院不予支持。①

【条文适用】

一、“不宜折价、拍卖建设工程”的范围

（一）“不宜折价、拍卖的工程”的界定

“建设工程的性质不宜折价和拍卖”，应当是指案涉工程的性质及其用途特殊，不适合以折价或者拍卖的规则加以转让。主要可以分为以下三类情况：

1. 事业单位和社会团体的公益建筑。② 依据《民法典》第三百九十九条之相关规定，学校、幼儿园、医疗机构等为公益目的成立的非营利法人的教育设施、医疗卫生设施和其他公益设施不得抵押。其中教育设施，是指学校、幼儿园等用于教学的设施和其他直接辅助教学的设施；医疗卫生设施，是指医院等机构的医疗卫生设施和其他用于医疗卫生的设施；其他社会公益设施，则包括公共图书馆、博物馆、美术馆、文化馆等。

法律之所以禁止抵押这些单位的设施，是因为一旦设定抵押，这些财产有可能在实现抵押权时被拍卖或者变卖，危害社会公共利益。因此，《物权法》作出此种禁止性规定，有利于防止以牟利为目的的经营活动影响教育、卫生等社会公益事业的发展。基于同样的理由，如果对上述范围内的公益建筑工程，允许承包人行使建筑工程优先受偿权，也会影响甚至危及社会公益的实现，故在一般情况下应当将公益建筑纳入本条规定的“不宜折价和拍卖”之建设工程的范围。需要指出的是，把学校、医院等机构的公益建筑纳入“不宜折价和拍卖”之建设工程的范围，并不排除建筑工程优先受偿权在学校、医院的非教育建筑和非医疗建筑上的适用。例如，在学校所办宾馆、在医院所办生产基地等建筑工程上施工的承包人，毫无疑问地可以就

① 对于工程款利息是否属于优先受偿范围，2016 年第 65 辑《民事审判指导与参考》、江苏省高级人民法院《关于审理建设工程施工合同纠纷案件若干问题的解答》及（2018）最高法民终 432 号判决书中都认为利息不属于优先受偿范围，但（2012）民再申字第 16 号判决书认为利息属于优先受偿范围。

② 2004 年广东省高级人民法院《关于在审判工作中如何适用〈合同法〉第 286 条的指导意见》第四条规定：“承包人只能对其所建设的建设工程主张工程价款优先受偿权。承包人对于其参与建设的学校、幼儿园、医院等以公益为目的的事业单位、社会团体的教育设施、医疗设施和其他社会公益设施，不享有建设工程价款优先受偿权。”

其施工之建筑行使优先受偿。

2. 国家机关的办公用房和军事建筑。国家机关是行使国家权力的机构。国家机关的办公用房和军事建筑，是国家机关履行职责的物质基础和工作场所，也是进行各种社会活动的公共建筑物。这些公有建筑应当纳入本条所述的“不宜折价和拍卖”之列。一旦允许就国家机关办公用房和军事设施行使建筑工程优先受偿权，将会导致这些建筑被拍卖，从而影响国家机关的正常活动，进而损害社会公益。

当然，国家机关的财产范围比较宽泛，不能作为优先受偿权适用对象的建筑工程，只能是那些与其行使职权有关的办公用房和军事设施。与国家机关行使职权无直接关系的建筑，例如国家机关的招待所、宾馆、度假村等建筑工程，虽然也属于国家机关的财产，但不属于“不宜折价和拍卖”的范围。从实务情况来看，很多国家机关的建筑工程，在投入使用之前其性质存在可变性，并非一概是不宜折价或拍卖的。

3. 设备安装等附属的建筑工程。除了前述公益建筑和公有建筑以外，不宜折价和拍卖的建筑工程还应当包括设备安装等建筑附属的工程。例如，与发包人单独签订有施工合同的空调、电梯、玻璃幕墙等专业工程。在这些工程完成后，如发包人违约，承包人不能对该部分工程行使优先受偿权。因为，允许工程承包人对这些附属设施行使优先受偿权，会破坏建筑工程的整体性，不符合经济原则。

（二）非法建筑是否属不宜折价、拍卖的建设工程

关于违法建筑承包人是否享有优先受偿权的问题，最高人民法院曾有观点认为，在违法建筑物被拆除前，建设工程价款优先受偿权的标的均客观存在，应认为在违法建筑上可以成立建设工程价款优先受偿权。① 但是在司法裁判中，最高人民法院却有相反的裁判观点。在南通长城建设集团有限公司（以下简称南通公司）、儋州珠联璧合房地产开发有限责任公司建设工程施工合同纠纷案中，法院认为建设工程未取得规划许可证、施工许可证属于违法建筑，且尚未竣工，属于不可以折价、拍卖的建设工程，因此对承包人优先受偿权的主张不予支持。根据本案查明的事实，案涉工程至该案一审庭审时仍未办理建设工程规划许可证、建设工程施工许可证，属于违法建筑，其不能依法取得相应物权，且相关工程一直处于停工状态，原审判决据此认定案涉工程属于依现状不宜折价、拍卖的建设工程，进而对南通公司

---

① 最高人民法院民事审判第一庭编：《民事审判指导与参考》（总第 43 辑），法律出版社 2010 年版，第 104～105 页。

就案涉工程价款享有优先受偿权的主张不予支持,并无不当。[①]

但是,不宜折价、拍卖并非否定了承包人的优先受偿权。在中国银行股份有限公司江门分行、广东中人集团建设有限公司等执行分配方案异议之诉中,最高人民法院认为涉案工程为公路建设工程,属于特殊建设工程,无法直接拍卖或折价,该工程的主要经济价值体现在其通行费用上,故对其收益即年票补偿款作为优先受偿权的行为对象符合实际情况。[②] 因此,不宜折价、拍卖的建设工程能够产生其他收益,且该收益主要是通过建设工程本身获取的,承包人可对该收益享有优先受偿权。

二、各类工程费用的处理

建设工程价款优先受偿权保护的法益,主要系保障工程款债权的实现,故相关司法解释规定承包人因发包人违约所产生的损失不应纳入建设工程价款优先受偿权的范围。工程价款应涵盖承包人就其完成的工程成果所产生的所有费用,包括直接费、间接费、利润、税金等。[③] 在工程实务和司法实践中,尚需解决一些特殊工程费用是否得以优先受偿的问题。

(一)工程垫资

垫资施工,又称"带资施工",通常是指发包人要求承包人以其自有资金投入建设工程。虽然现行司法解释并未否认垫资施工合同或者合同中垫资施工条款的效力,[④]但是从约束发包人行为角度,尤其是政府投资项目,明确禁止要求承包人垫资施工的行为。《政府投资条例》第二十二条规定:"政府投资项目所需资金应当按照国家有关规定确保落实到位。政府投资项目不得由施工单位垫资建设。"[⑤]考察现

---

① 参见最高人民法院(2019)最高法民申1250号民事裁定书。

② 参见最高人民法院(2016)最高法民申1281号民事裁定书。

③ 李后龙、潘军锋:《建设工程价款优先受偿权审判疑难问题研究》,载《法律适用》2016年第10期。

④ 《施工合同司法解释一》第六条规定:"当事人对垫资和垫资利息有约定,承包人请求按照约定返还垫资及其利息的,应予支持,但是约定的利息计算标准高于中国人民银行发布的同期同类贷款利率的部分除外。当事人对垫资没有约定的,按照工程欠款处理。当事人对垫资利息没有约定,承包人请求支付利息的,不予支持。"

⑤ 《保障农民工工资支付条例》第二十三条规定:"建设单位应当有满足施工所需要的资金安排。没有满足施工所需要的资金安排的,工程建设项目不得开工建设;依法需要办理施工许可证的,相关行业工程建设主管部门不予颁发施工许可证。政府投资项目所需资金,应当按照国家有关规定落实到位,不得由施工单位垫资建设。"

行立法资源，对于承包人垫资是否属于建筑工程价款优先受偿范围，尚无明确规定。

笔者认为，对于承包人垫付的资金确实已经物化到建设工程的，应该纳入本条所称的"工程价款"的范围，并优先获得受偿。因为，在建设市场中，早在1996年6月，原建设部、原国家计委、财政部即联合禁止工程建设者带资承包，但在工程实践中垫资现象非常普遍。由此，对垫资形成的债权的性质、应否加以保护以及如何保护等问题一直存有争议。最高人民法院曾有判例，以垫资的约定违反了反不正当竞争的法律规定为由，认定垫资约定无效。但目前的司法实践对此已基本达成共识，不再以三部委的上述规定来确认该垫资约定无效，最高人民法院也在《建设工程施工合同司法解释（一）》第二十五条第一款中予以了明确："当事人对垫资和垫资利息有约定，承包人请求按照约定返还垫资及其利息的，人民法院应予支持，但是约定的利息计算标准高于垫资时的同类贷款利率或者同期贷款市场报价利率的部分除外。"该条第二款规定："当事人对垫资没有约定的，按照工程欠款处理。"由此可见，无论当事人对于垫资有无约定，垫资形成的债权都是受法律保护的。但随之而来的问题是，垫资和垫资利息是否可以纳入建筑工程优先受偿权担保的债权范围？对此要作具体分析。需要指出的是，"垫资"并不是一个法律专用术语，而是建设工程施工中的一种特殊现象。从本质上看，垫资就是承包人代为支付了本应由发包人预付的工程款，该款项与承包人实际支付的费用是一致的。因此，承包人垫资属于《建设工程价款优先受偿权批复》所指的应予优先受偿的工程价款的范围，而没有理由将其排除在外。

当然，以下两种情况的"垫资"不在优先受偿权的保护之列，一种情况是，承包人虽然垫付了资金，但实际上并未用于工程建设，这种情况属于名为垫资实为借贷的行为，不能依《民法典》第八百零七条受到优先保护；另一种情况是，合同约定承包人垫付一定的建设资金，同时分配一定的房屋，这种情况实际上是承包人的投资行为，也不能受到优先受偿权的保护。此外，对于垫资利息，有约定的属于利润的范畴，没有约定的属于损失的范畴，均不属于优先受偿的范围。

（二）质量保证金、实现优先受偿权的费用

建设工程质量保证金，是指发包人与承包人在建设工程承包合同中约定，从应付的工程款中预留，用以保证承包人在缺陷责任期内对建设工程出现的缺陷进行维修的资金。在工程实践中，质量保证金预留包括从进度款中逐次扣除和竣工结

算时一次性扣除两种方式。缺陷责任期满且无质量问题时,由发包人支付给承包人。关于承包人对于发包人预留或者未予返还的质量保证金是否享有优先受偿权,对此存在不同的观点。

第一种观点认为,质量保证金属于工程价款的一部分,故在优先受偿权的效力范围内。第二种观点认为,工程质量保证金本应由承包人于工程款之外以自有资金另行支付。在其与发包人约定以工程价款的一部分抵作质量保证金之后,虽然从表面上看,该款项是工程价款的一部分,但实际上是以该部分工程款由发包人预先支付并转为承包人的工程质量保证金。该种性质的转变,已经使该笔款项不再是工程价款,而是作为发包人与承包人协商确定用以担保工程施工质量的保证金。且其既不涉及建筑工人的工资权益,又与建筑物自身价值没有紧密联系,故不应作为承包人的工程款纳入优先受偿的效力范围。①

笔者认为,质量保证金应属优先受偿范围。首先,从文义解释出发,本条优先受偿的对象是"建设工程的价款",发包人在缺陷责任期满未返还剩余的质量保证金,即满足"未按照约定支付价款"的法定条件,承包人当可主张优先受偿。其次,发包人在缺陷责任期内预留承包人部分工程价款作为质量保证金,出现质量瑕疵时通知承包人履行维修义务,承包人拒绝维修时,发包人可以动用质量保证金另行委托第三方进行维修。缺陷责任期满,质量保证金如未使用或者尚有结余,其性质当属工程款自无异议。如果质量保证金已全部使用,再讨论其是否可以优先受偿已无意义。可见,承包人该部分工程款所发挥的担保功能,并未改变其为工程价款的本质属性。当然,如果承包人系单独提供质量保修担保或者投保质量缺陷责任险,则该笔费用不宜纳入工程价款范围予以优先受偿。

此外,对于实现优先受偿权的费用能否优先受偿也有争议。有人认为,实现优先受偿权的费用是在实现优先权的过程中形成的,不是工程款的组成部分。因此,它们都不能享有优先受偿权。也有人认为,作为建筑工程优先受偿权得以行使和实现的物质保障,可以参考抵押权的效力范围,认可实现优先权的费用自然应当被包含在优先受偿的效力范围之中。

对此,在设立体系化优先权制度的国家中,实现优先权的费用本身即属于诉讼费用或司法费用,得单独构成一类优先权,其在清偿顺序上通常优先于其他任何担保物权。但亦有在立法上将其附属规定于各类优先权之中的,如《意大利民法典》

---

① 王旭光:《建筑工程优先受偿权制度研究》,人民法院出版社2010年版,第174页。

第二千七百四十九条即规定“付与债权的先取特权，及于执行过程中介入的通常花费”。[①] 总之，该类费用要么依附于相关优先权，要么构成独立优先权，其实现均得到了保障。但是依现行司法解释，鉴于工程价款范围系依照国务院有关行政主管部门关于建设工程价款范围的规定确定，故实现优先权的费用尚无法纳入优先受偿范围。

三、坐落土地不得优先受偿[②]

依最高人民法院《建设工程价款优先受偿权批复》精神，建设工程价款的优先权优先于抵押权。因此，建筑工程优先受偿权的标的物是否包括建筑物坐落土地，对于土地抵押权人及在建工程抵押权人的利益有重大影响。但是，现行制度设计并没有规定优先受偿权是否及于承包人施工之建筑物所依附的土地使用权，故承包人就建筑物所占土地的交换价值有无优先受偿权，不无异议。主流司法观点认为，建筑工程优先受偿权的客体仅限于建筑工程，不包括建筑工程所占用的土地[③][④]。

首先，从比较法的角度来看，优先受偿权是否包括建筑物所坐落的土地有不同的立法例。尤其是在大陆法系立法上，德国、瑞士民法与法国、日本民法的不同做法系源自各自的法律传统。因为在罗马法中，地上建筑物是依附于土地的。然而在日耳曼法中，建筑物是一个独立的不动产，不是与土地结合在一起的。德国法并未采取日耳曼法的观点，而是完全继受了罗马法的“附着于土地之物即属该土地”的思想，认为附着于土地之物以及与土地所有权结合形成的权利，都不是独立的不动产，而只是土地的重要组成部分。依地上附着物为土地所吸收的原则，必然得出其法定抵押权的客体是土地的结论。不过，法国民法并没有采纳罗马法的观点。在法国法中，通常将不动产中的土地与建筑物分开，作为不同的不动产区别对待，在这一点上类似日耳曼法。日本民法与法国民法基本相同，认为“土地以及固定在土地

---

① 《意大利民法典》，陈国柱译，中国人民大学出版社 2010 年版，第 487 页。

② 钟伟珩：《建设工程价款优先受偿权若干疑难问题分析》，载最高人民法院民事审判第一庭编：《民事审判指导与参考》（总第 43 辑），法律出版社 2011 年版，第 100 ~ 112 页。

③ 《民事审判指导与参考》（总第 44 辑）指导性案例观点：“建设工程价款优先受偿权不及于建筑物所占用的建设用地使用权部分。在将建筑物价值变现时，尽管根据‘房地一体处分’原则要将建筑物和建设用地使用权一起进行处分，但是在一起处分时要区分开建筑物的价值和建设用地使用权的价值，建设工程价款优先仅仅对建筑物的价值部分有优先受偿的效力。”

④ 2015 年《民事审判指导与参考》（总第 62 辑）《民事审判信箱》观点：“土地不是优先受偿权的客体。”

上的物叫作不动产”。根据《日本不动产登记法》的相关规定,土地和建筑物是分别登记的。因此,学者一般认为,建筑物是与土地相分离的独立的不动产。由于土地与地上附着物是不同的不动产,故法国、日本限于以所建设工程增值部分享有优先受偿权,而不及于土地、原建筑物等非其工事所增值的部分。根据我国法律的规定,我国土地所有权实行国家所有和集体所有,但同时规定公民个人持有房屋所有权。也就是说,法律承认建筑物与土地构成相互独立的物权客体。因此,所谓的房地一体主义,指的是土地使用权与建筑物、构筑物或者附着物所有权在主体归属上应当保持一致,即土地使用权与建筑物所有权一体化原则。建筑工程的承包人并没有将其劳动和材料物化到土地使用权中,而仅仅是物化为建筑工程。因此,建筑工程优先受偿权的客体不包括该工程所占用的土地使用权。

其次,我国《民法典》第四百一十七条规定:“建设用地使用权抵押后,该土地上新增的建筑物不属于抵押财产。该建设用地使用权实现抵押权时,应当将该土地上新增的建筑物与建设用地使用权一并处分。但是,新增建筑物所得的价款,抵押权人无权优先受偿。”参照该规定,既然地上新增的建筑物不属于抵押财产,按照对等原则,建筑工程优先受偿权的范围也不能扩张至土地使用权。

最后,建筑工程优先受偿权的实现,应当就土地使用权和在建工程分别评估,一体转让,承包人仅能对建筑工程的变现款享有优先受偿权。需要说明的是,由于建筑工程优先受偿权的实现需要对建筑工程进行折价或拍卖,因此,建筑物必须具有可流转性。而建筑物的流转不仅需要建筑物本身合法,如具备建设工程规划许可证、建设工程开工许可证等,而且还要求建筑物所占用的土地也是合法占有,已经具备建设用地使用许可证。在司法实践中,有的开发商以旧村改造的名义在农村集体土地上开发房地产,有的没有取得规划许可即进行工程建设,这些建筑物由于土地或建筑物本身不具备合法性,难以成为建筑工程优先受偿权的客体。

四、优先受偿保护期限

关于建设工程价款优先受偿权的行使期限和起算点,起初《建设工程价款优先受偿权批复》第四条规定:“建设工程承包人行使优先权的期限为六个月,自建设工程竣工之日或者建设工程合同约定的竣工之日起计算。”但是,此项规定在司法实践中产生较多争议和执行困难,原因一方面是,该批复条文设计自身难以回应工程合同履行客观需求,由于建设工程结算周期长,流程较为复杂,在工程竣工后6个月的时间内往往难以完成结算,如果按照批复确定的起算日开始计算,则有可能尚未结算完成就已经超过了优先受偿权的行使期限，对承包人显然不公平。另一方面，工程合同的履行情况亦对优先权行使的起算时点产生影响。最高人民法院曾针对工程项目具体情况和工程合同不同效力状态，分别作出过以合同解除或终止履行之日、以承包人向发包人主张工程款之日、以承包人退场之日、以工程实际竣工之日起计算优先受偿权期限的裁判。

现行司法解释规定，承包人行使建设工程价款优先受偿权的期限为18个月，自发包人应当给付建设工程价款之日起算。其性质为除斥期间，不适用时效中止、中断、延长的规定。

对于该18个月期间的起算点，结合具体案件情况，最高人民法院在裁判时主要有以下几个观点：(1)建设工程合同未约定竣工日期，或者由于发包人的原因，合同解除或终止履行时已经超出合同约定的竣工日期的，承包人行使优先受偿权的期限自合同解除或终止履行之日起计算。(2)《建设工程施工合同司法解释(一)》第九条第二项、第三项规定的视为竣工验收的情形不宜作为18个月的起算点。(3)当发包人支付工程价款已届履行期时，承包人要求支付工程款才可能得到支持，并相应主张优先受偿权才有意义，故建设工程价款优先受偿权宜从发包人应付工程款期间届满之日起算。(4)当事人明确约定工程款支付时间晚于工程竣工之日的，承包人行使优先权的期限不应再从工程竣工之日起计算。应当充分尊重当事人之间的约定，从承包人可以向发包人实际主张工程款的时间，开始计算建设工程价款优先权的行使期限。(5)工程经过竣工验收，且双方对工程价款进行决算的，仍应当以竣工验收的时间作为18个月的起算点。(6)工程未竣工验收，但已交付使用的，承包人在合同约定的竣工日期尚未退场，应以承包人退场日期起计算18个月期间。(7)非因承包人的原因，建设工程未能在约定期间内竣工，承包人请求行使优先受偿权的期限，自建设工程实际竣工之日起计算。(8)合同约定的竣工之日与实际竣工之日不一致的，优先受偿权的期限应从实际竣工之日起算。(9)在对工程不同部分竣工日期分别作出约定的情况下，应分别认定不同部分工程价款优先受偿权的行使期限。(10)由于发包人的原因导致建设工程合同解除或终止履行，承包人行使建设工程价款优先受偿权的期限应自合同解除或终止履行之日起计算。

五、优先受偿权的放弃

关于当事人能否约定放弃或者限制建设工程价款优先受偿权行使的问题，我国现行法律没有规定，在实务中亦存在肯定与否定的认识分歧。

肯定说认为，虽然承包人享有的优先权是法律规定的权利，不是当事人约定的权利，但对承包人而言都是一项民事权利。对于权利，当事人既可以行使也可以放弃，只要出于权利人的真实意思表示，法律都不可干预。因此，如没有导致承包人不能正确表示意思的情形，在合同中约定承包人在工程价款未按时清偿时，不得对建设工程折价或拍卖优先受偿的，应认定该约定有效。在遇有发包人不能支付工程款时，承包人不能行使优先权，也不能事后反悔以优先权是法定为由主张合同约定无效。

否定说则认为，肯定说的观点从契约自由、意思自治原则来衡量应该是合理的，但法律设立建设工程价款优先受偿权的目的在于保护承包人的利益，防止发包人利用强势地位，恶意拖欠工程款。允许放弃优先受偿权，有违立法目的，有违诚实信用原则，是对意思自治和自由原则的滥用。[①] 同时，在发包人与承包人约定放弃承包人的优先受偿权时，由于双方地位悬殊，很难保证承包人放弃权利的意思是真实的。承包人往往为了揽到建设工程项目，不得不接受发包人提出的苛刻条件，其中包括放弃对工程价款的优先受偿权。在这种情况下，表面上看似自愿放弃自己的权利，实则不是其真实意思的表示。因此，如果允许发包人与承包人约定放弃承包人的优先受偿权，实际上损害的是承包人及其劳务工人的利益，也使法律实施的社会效果消弭。

《建设工程施工合同司法解释（一）》第四十二条规定："发包人与承包人约定放弃或者限制建设工程价款优先受偿权，损害建筑工人利益，发包人根据该约定主张承包人不享有建设工程价款优先受偿权的，人民法院不予支持。"由此可见，最高人民法院观点原则上采肯定说立场。原则上，发包人和承包人可以自由协商约定放弃或者限制建设工程价款优先受偿权的行使，但如果双方的约定损害到建筑工人利益，有关放弃或者限制权利行使的约定无效。概因建设工程价款优先受偿权是财产权的一种，其立法目的包含了使建筑工人及时获得工作报酬以及保障工作质量等，是法律为保护建设工程交易活动中相对弱势的承包人、劳务工人和供应商权益设计的，具有较强人身性质的法定担保物权。

关于"损害建筑工人利益"的表述，尚需进一步探究其立法本意。对这一表述的不同理解将产生完全不同的法律效果。其一，如果将"损害建筑工人权益"作为发包人与承包人约定放弃或者限制建设工程价款优先受偿权所产生的法律后果，

---

① 何红锋、张璐、马俊达：《建设工程款优先受偿权放弃的效力初探》，载《建筑经济》2015 年第 6 期。

则意味着立法者认为优先受偿权不得放弃;其二,如果将“损害建筑工人权益”作为发包人与承包人约定放弃或者限制建设工程价款优先受偿权的补充条件,则意味着立法者本意为放弃或限制建设工程价款优先受偿权的约定有效,除非该约定损害了建筑工人利益。

六、优先受偿权的公示

学界普遍认同建设工程价款优先受偿权具有公示性,但是对于其公示的方式有不同观点。有学者认为,该项权利属承包人的法定抵押权,其成立根据为法律规定,而其公示手段就是法律的规定。法律直接规定产生的不动产物权可不经登记而直接发生效力,因为授予取得人该权利的是法律,而法律当然具有与登记相同的公示效力。承包人优先权的取得属于非基于法律行为发生的物权变动,不经登记而直接生效,这并不是对物权公示公信原则的破坏,因为承包人的优先权是根据法律的规定直接发生的,有明确的法律规定为根据。①

另有学者主张,承包人优先受偿权应以登记方式公示。承包人未在合同订立时将发包人应支付的工程款在登记部门预先登记的,其法定优先权没有对抗善意第三人的效力。② 这是法律在规定非基于法律行为发生的物权变动不经外在公示而直接生效的同时,对物权取得人处分权的限制。笔者认为,这种限制彻底贯彻了物权公示公信原则,目的在于保障交易安全,以免害及第三人利益。

然而,这一主张在建设工程承包人优先权的法律效力实现中,并无用武之地。以在建工程为抵押标的是发包人为筹措工程建设款普遍采用的担保融资方式,建设工程合同在成立至履行期限届满之前,承包人根本不知道发包人是否逾期清偿工程价款,承包人如果发现发包人有违约之虞,再进行登记在时间上一般会迟于抵押权人。作出这样的法律规定,以登记的先后顺序决定优先受偿权的顺位,对承包人是不公平的,承包人优先权制度也失去了存在的意义。

为兼顾物权公示原则的要求,建议借鉴日、法等国立法经验,增加对建设工程价款优先受偿权保全的规定。即规定享有工程价款优先受偿权的债权人应当于工程完成或欠付工程价款确定后的一定期限内,就经公证之工程款进行优先权登记。

---

① 石鲁夫:《建设工程价款优先受偿权问题研究——兼谈优先权制度的价值和立法构想》,载《法制与社会》2008 年第 31 期。

② 王利明主编:《中国民法典草案建议稿及说明》,中国法制出版社 2004 年版,第 204 页。

经登记之优先受偿权自工程开始之日起享有顺位，得对抗其后成立之抵押权，并得于登记款额内优先受偿。未履行保全手续的工程价款优先受偿权，只能优先于普通债权人受偿。①

① 郭明瑞、仲相、司艳丽：《优先权制度研究》，北京大学出版社 2004 年版，第 181 ~ 183 页。

第八百零八条　适用承揽合同

【法条原文】

第八百零八条　本章没有规定的，适用承揽合同的有关规定。

【条文主旨】

本条是关于建设工程合同准用承揽合同的规定，兼具行为规范和裁判规范之功能。

本条是一个不完全法条，不能独立作为请求权基础。它既无明确的作为前提条件部分的构成要件，也无明确的法律效果，无法独立地调整建设工程合同关系，当然也不能单独被援引作为裁判依据。欲发挥其规范功能，必须将该条与被准用的承揽合同章相应规范密切结合起来，形成一个完整的规范。

民事准用制度得以准用的前提在于拟调整的案件类型与拟准用的法律所规范的案件类型之间具有相似性，这种相似性体现在准用的事项与拟准用的制度所规范的事项之间或者法律事实特征相同，或者法律后果相同，抑或者立法价值取向相同。[①] 从这个视角来看，《民法典》关于建设工程合同章无规定者，准用承揽合同章的规定，采用的表述为“适用”，而非其他较多条款表述的“参照适用”，[②]说明其准用的确定性及肯定性都相对较高。

【条文释评】

我国民法学界普遍认为，建设工程合同即为“建设工程承揽合同”：对于建设工程合同，专章有规定者，适用专章规定，专章无规定的事项，适用关于承揽合同的规定。[③] 于此情形，更有必要结合我国经济社会发展的客观需要，厘清建设工程合同独立成章的法治价值，其与承揽合同的主要区别以及建设工程合同准用承揽合同

---

① 刘甡：《民事准用制度探析》，载《苏州大学学报》（哲学社会科学版）2016 年第 4 期。

② 例如，《民法典》第六百四十六条规定：“法律对其他有偿合同有规定的，依照其规定；没有规定的，参照适用买卖合同的有关规定。”

③ 梁慧星编：《中国民法典草案建议稿附理由》（上册）（合同编），法律出版社 2013 年版，第 631 页。

的范围与边界。

一、“建设工程合同”独立成章的法律价值

建设工程合同在中国合同法中一直有独立的地位。1981 年《经济合同法》第十八条规定了建设工程合同,与第十九条的承揽合同并列。1999 年《合同法》第十六章为建设工程合同,成为《合同法》15 个有名合同之一。典型合同有促进法律交易、减少交易成本的作用。① 创设典型合同的意义在于以任意性规定补充当事人约定中不完善之处,同时由于典型合同中可设有强制性规范,有助于保护公共利益、国家利益和当事人的合法权益,因此,甚至有学者将典型合同称为“立法机关所制定的定型化契约”。②

但是,有民法学者怀疑建设工程合同的独立性,认为建设工程合同是计划经济的产物,不符合市场经济要求和意思自治原则,应当将建设工程合同并入承揽合同,理性回归契约精神。③ 其依据是,在大陆法系国家(或地区)的民法典中,建设工程合同并非一类独立的合同类型,不动产的建设施工合同、修缮合同与完成一般工作成果的合同一样,都在承揽合同中加以规定。④ 也有学者认为,将建设工程合同区别于承揽合同,对其进行单独规定的目的在于“保护合同之外社会公众的利益。正是由于现代社会对楼宇、桥梁、道路等设施的依赖,才使法律对上述设施的安全性做必要之控制,以防止工程质量低劣对整个社会公众的安全构成侵害”。

合同有名化大抵需要满足三个条件,即民事性、典型性和成熟性。⑤ 为了丰富我国合同法有名合同的类型,可以考虑两条进路:其一,是将特别法中规定的合同类型有名化;其二,是将实践中的典型交易形态合同有名化。建设工程合同独立性的问题较为复杂,需要结合我国对于建筑市场的特殊要求等因素综合考虑,若将其完全并入承揽合同,可能对于建设工程合同与承揽合同一些显著的区别无法作出合理的解释。

关于建设工程合同和承揽合同的关系,主要有两种模式:一是统一适用承揽合同的规则,如德国、法国和我国台湾地区;二是独立于承揽合同作出特别规定,如在奥地利,有专门的标准合同调整建设工程合同。将建设工程合同独立专章规定的

---

① 王泽鉴:《民法概要》,中国政法大学出版社 2003 年版,第 311 页。
② 黄茂荣:《法学方法与现代民法》,中国政法大学出版社 2001 年版,第 235 页。
③ 李志国:《建设工程合同并入承揽合同是契约精神的理性回归》,载《学术交流》2010 年第 11 期。
④ 孟勤国、余卫:《“一带一路”与建设工程合同国际化》,载《江西社会科学》2016 年第 2 期。
⑤ 崔建远主编:《合同法》(第 5 版),法律出版社 2010 年版,第 26 页。

有《埃塞俄比亚民法典》《欧洲示范民法典草案》《俄罗斯联邦民法典》《独联体成员国示范民法典》《魁北克民法典》。

1.《埃塞俄比亚民法典》第五编“合同分则”第十八题为“以不动产为标的的合同”，其中第三章为“以不动产为标的的承揽合同”。第三千零一十九条规定：“本章的规定，适用于以完成与建筑物、不动产的修理或安装有关的工作为标的的承揽合同。本法典关于提供服务的合同之题规定的有关承揽合同的规定在于本章之规定不冲突时，亦应适用。”①

2.《欧洲私法原则、定义与示范规则》中第三章“建筑合同”一百零一条“适用范围”规定：“（1）本章规定适用于一方当事人（建造人）按照客户提供的设计图样，建造建筑物或其他构筑物，或实质性地改良既有建筑物或其他构筑物的合同。（2）本章规定准用于下列合同：（a）建造人按照客户提供的设计图样，建造动产或无形财产的合同；（b）建造人按照自己提供的设计图样，建造建筑物或其他构筑物，实质性地改良建筑物或其他构筑物，或建造动产或无形财产的合同。”

3.《俄罗斯联邦民法典》第二部分第四编“债的种类”第三十七章为“承揽”，其中第三节为“建筑承揽”。第七百四十条规定：“1. 依照建筑承揽合同，承揽人应在合同规定的期限内按定作人提出的任务建筑一定客体或者完成其他建筑工程，而定作人应为承揽人创造完成工程的必要条件、验收工作成果并给付约定的价款。2. 建筑承揽合同的内容是建筑或者改建企业、建筑物（包括住宅）、构筑物或其他客体以及完成安装、调试或与正在建设的工程有不可分割关系的其他工作。如果合同没有不同规定，建筑承揽合同的规章也适用于对建筑物、构筑物的大修。在合同规定的情况下，承揽人在定作人验收后的合同规定期限内，对标的物的使用负担保责任。3. 如果按照建筑承揽合同完成的工作，是为了满足公民（定作人）日常生活或者其他个人需要，则对该合同相应地适用本章第二节关于日常生活承揽合同中定作人权利的规定。”②

4.《独联体成员国示范民法典》第四编“债之种类”第三十七章为“承揽”，其中第三节专门规定了“建筑承揽”，第四节规定了“完成设计和勘察工作的承揽”。第六百八十三条建筑承揽合同规定：“1. 按照建筑承揽合同，承揽人有义务在合同规定期限内按照定作人的要求建立特定的客体，或者是完成其他建筑工作，而定作人有义务为承揽人完成工作创造必要条件、接收工作并为之支付规定的价款。2. 建筑

① 《埃塞俄比亚民法典》，薛军译，厦门大学出版社 2013 年版，第 427～430 页。

② 《俄罗斯联邦民法典》（全译本），黄道秀译，北京大学出版社 2007 年版，第 264～270 页。

承揽合同,旨在建筑或者重建企业、建筑物(包括住宅)、构筑物或者其他客体,以及完成安装、调试和其他与建筑客体具有紧密联系的工作。如果合同对此有规定,则承揽人承担在定作人接受客体后在合同规定期限内保障客体使用的义务。3.定作人可以移转对以自己名义按照合同行使工程组织的权利和义务。工程组织的权利的范围依照建筑承揽合同确定。4.在建工程在交付定作人并尤其付款之前以承揽人为所有权人。"①

5.《魁北克民法典》第八章"承揽或服务合同"中第二分目"不动产工作"用了8个条款规定了建筑或装修不动产过程中各方的权利义务。②

二、建设工程施工合同与承揽合同的区别

在司法实践中,建设工程施工合同与承揽合同的区分十分重要,判断的主要标准就在于二者的标的物不同。承揽合同的标的物通常是动产,而建设工程施工合同的标的物为建设工程。在当前市场条件下,无论是在国家建设行政主管部门的监督管理,还是在司法、仲裁机构的裁判规则方面,建设工程合同与承揽合同均有显著不同,主要体现在以下几个方面:

1.合同形式要求不同。建设工程施工合同应当采用书面形式,承揽合同可以是口头形式。

2.法律对合同主体的要求不同。建设工程项目经过可行性研究、立项规划审批等,发包人应具备发包资格。施工主体实行市场准入制度,承包人是必须具备相应资质的法人。承揽合同的标的小,对定作人一般没有发包要求,承揽人可以是具有资质的法人,也可以是其他单位或个人。

3.工程总包人将其中部分工作交与第三人完成时,须取得发包人同意。承揽人有权将部分辅助工作交与第三人完成,无须征得定作人同意。承揽合同分包后,次承揽人就完成的工作向承揽人负责;建设工程分包后,分包人就工作成果与总包人共同向发包人承担连带责任。③

4.对合同相对性能否突破的规定不同。在建设工程施工合同中,若合同存在转包、违法分包的情形时,根据《建设工程施工合同司法解释(一)》的规定,实际施工

① 《独联体成员国示范民法典》,张建文译,法律出版社2014年版,第163~165页。

② 《魁北克民法典》,孙建江、郭站红、朱亚芬译,中国人民大学出版社2005年版,第260~261页。

③ 最高人民法院民事审判第一庭编:《民事审判指导与参考》(总第76辑),人民法院出版社2019年版,第233~234页。

人有突破合同相对性向发包人主张工程款的特殊权利。而承揽合同则无类似规定。

5. 当事人行使合同解除权的条件不同。一般认为，建设工程施工合同中的发包人原则上不享有随时解除合同的权利。而在承揽合同中，根据《民法典》第七百八十七条的规定，定作人有随时解除合同的权利。

6. 合同无效的效果不同。建设工程施工合同无效，建设工程质量合格的，应适用折价补偿，参照合同约定支付工程价款。而承揽合同无效，根据履行情况和标的物的性质，可能会发生财产返还的法律效果。

7. 诉讼管辖不同。根据《民事诉讼法》第三十三条及《民诉法解释》第二十八条的规定，建设工程施工合同纠纷按照不动产纠纷确定管辖，属于专属管辖。而承揽合同纠纷适用一般管辖原则。

综上所述，随着建设工程项目交易结构的集约化和复杂化，作为各方权利义务连接的建设工程合同与传统民法中承揽合同的分野愈加明显。承包人的工作已远非按照发包人的要求"定做"工程，项目管理的专业化对工程目标的影响凸显。尤其在建筑业作为我国国民经济支柱型产业的背景下，将建设工程合同作为有名合同专章作出规定，具有重要法律价值。

【条文适用】

一、需要"适用"承揽合同规定的范围

如前文所述，本条为不完全法条。不完全法条分为说明性法条、限制性法条与指示参引性法条。本条属于指示参引性法条，是指法律明文授权将法定案件类型之规定适用于另一相同或类似的案件类型之上。准用，也称为授权式的类推适用或法定之类推适用，是指法律明文授权法院将某案型之法律规定适用到另一个类似的案型上。

《民法典》第七百七十条第一款规定："承揽合同是承揽人按照定作人的要求完成工作，交付工作成果，定作人支付报酬的合同。"根据我国通行的民法理论和立法惯例，《合同法》按工作物性质不同将承揽又细化为因完成建设项目而发生的建筑工程合同和完成一般工作成果的承揽合同，并将建筑工程合同脱离承揽合同，设专章规定，即承揽合同包括不动产承揽与动产承揽。[①] 建设工程施工合同作为特殊

① 郭洁：《承揽合同若干法律问题研究》，载《政法论坛》（中国政法大学学报）2000年第6期。

形态的承揽合同,专章无规定事项者,得适用关于承揽合同的规定。

关于本条的适用条件,其顺位应为:首先,是双方订立的建设工程合同对于争议事项没有约定或约定不明;其次,是建设工程合同章未有明确规定;再次,是我国建设法体系或示范文本等交易惯例亦无相关规定;最后,是依照《民法典》第五百一十一条规定的原则仍无法解决。只有依这一顺序确实无法解决争议的,才需要适用本条关于承揽合同的约定。鉴于建筑业在我国国民经济中的支柱性产业地位,我国目前已经形成了较为完备的建设法体系,能够满足建设工程合同当事人勘察、设计、采购、施工等各环节的规制需要。从这一结论出发,建设工程合同当事人须援引承揽合同的原则规定来分配权利义务的情形,其实并不多见。

有学者认为,建设工程合同中关于定作人提供图纸或技术要求不合理的处理、定作人支付报酬的期限、承揽人的保管义务、共同承揽人的责任等事项,属于需要引致承揽合同的约定。但是,上述事项在我国《建筑法》《招标投标法》《招标投标法实施条例》和相关部门规章、技术规范和标准合同条件中均有明确规定,并不需要援引承揽合同的相关条款。

从司法实践角度出发,经检索最高人民法院层级的裁判文书,将本条作为裁判依据的案件仅有1件,准用条款为承揽人的照管义务条款。在双鸭山市体育局、双鸭山市五环体育健身有限公司建设工程施工合同纠纷案中,最高人民法院援引了《合同法》第二百六十五条规定:“承揽人应当妥善保管定作人提供的材料以及完成的工作成果,因保管不善造成损毁、灭失的,应当承担损害赔偿责任。”本案中,强大公司合同义务是完成并交付工作成果,在交付前,工作成果是在强大公司占有之下的,强大公司理应妥善保管工作成果,这种妥善保管义务在双方没有特别约定的情况下,应按照本行业的一般要求进行认定。①

二、不能适用承揽合同的情形

建设工程合同准用承揽合同规定,是学界普遍接受的观点。但是,从解释论的立场出发,在建设工程合同专章没有明确规定的情形下,承揽合同、建设工程专门法和以示范文本为代表的行业惯例之间的适用逻辑,是值得思考的问题。我国现行立法没有对习惯法与具体法律规则的适用关系作出具体规定,在存在具体法律规则时,应当优先适用该具体的法律规则。在不存在具体的法律规则时,才考虑适

---

① 参见最高人民法院(2017)最高法民申3660号审查与审判监督民事裁定书。

用习惯法。此处谓之“法律”是指具体的法律规则，而不包括法律的基本原则。[1]

将特定的法律事实归入特定类型，取决于两者的近似程度。但不能忽视的是，那些乍看起来近似程度较大的合同类型可能已随经济、社会的变迁而发生了本质的变化。诚如有学者言，现今建设工程合同所涉金额、工作内容及复杂性，已远远超出传统承揽之概念。因此，如强以承揽合同之相关规定套用于工程合同，“自将出现诸多格格不入之问题”。[2] 关于承揽合同与建设工程合同传统理论上，通常把后者认定为前者的特别类型。当法律对后者的规定不足时，一般要回到前者的一般规则之中寻找法律依据。不过这些概念所指称的对象已非同样的法律关系，这也正是类型思维的局限性所在。

（一）建设工程施工合同的承包人不能准用承揽人的留置权

承揽合同章规定了承揽人对工作成果的留置权。关于建设工程施工合同的工程承包人是否可以准用承揽人的留置权留置承建的工程，有两种不同的观点。第一种观点，认为承包人可以准用承揽人的留置权。在实践中，承包人因发包人未付清工程款拒不移交竣工验收合格的工程的现象亦不鲜见。第二种观点，认为承包人不能准用留置权。有趣的是这两种观点的依据都是建设工程价款优先权的规定。支持承包人可以准用承揽人留置权的人，认为优先权就是不动产留置权。而否认承包人可以准用留置权的人，认为优先权是法定抵押权。持后一观点的理由是，此种法定抵押权赋予承包人的权利始终附着在标的物上，不因标的物转移而丧失，具有物权的追及效力，属于他物权。此项权利足以保障承包人的利益，所以无须再准用留置权。此外，我国担保物权体系并不认可不动产之留置。

笔者认同第二种观点，本条准用承揽合同的前提条件是“本章没有规定”，即建设工程合同章有规定的，应当按照本章的规定适用法律。本章明确规定，发包人可以“对工程折价或者拍卖的价款优先受偿”的方式来保证自己的债权，不属于“本章没有规定的情形”，故承包人不能准用承揽人的留置权。

（二）建设工程合同发包人不能准用承揽合同定作人的任意解约权

承揽合同与建设工程合同的区别，并非仅体现在工作物性质的差异上。承揽

① 王利明：《我国民法典重大疑难问题之研究》（第 2 版），法律出版社 2016 年版，第 130 页。

② 李家庆、萧伟松：《工程承揽相关法律问题之探讨》，载施建辉、叶树理、黄喆编：《工程上的民法问题研究：第一届海峡两岸工程法学研讨会实录与论文集》，东南大学出版社 2010 年版，第 187 页。

合同章规定了定作人的任意解除权，建设工程合同章中没有规定发包人的任意解除权。承揽合同的基本特征表现为“承揽人系允诺为定作人有偿地创作一个在缔约时尚未存在、还只是在计划中的工作，以满足定作人在契约中所述之需要”，①其在经济意义上的特征表现为“创作因素”和“工作因素”。承揽合同立法的基本导向是保护定作人，使定作人免于承担承揽人的营业风险。因此，承揽人应承担主要的营业风险，具体体现为定作人享有任意解除权、中途变更权，而承揽人承担亲自完成义务、瑕疵担保义务、容忍义务等。

定作人的此项解除权系基于严格的法律规定，②反观建设工程合同，其具有长期、持续性合同的性质，专有投资价值较大，发包人容易采取机会主义行为，因此将全部的合同风险分配给承包人承担不尽符合风险分担的内在机理，此时以限制发包人行使任意解除权为宜。③ 最高人民法院在此问题上的观点含糊不清，其既不认可基于建设工程合同商事属性否定发包人的任意解除权，又似乎同意应当限制发包人的任意解除权。④

三、举证责任

民事准用制度可以区分为限制性准用与修正性准用，其中修正性的准用是指法律虽然以“法律适用”的方式对某种制度作出规定，但是由于性质上的差异，只能以准用的方式进行必要的修正才能适用，而不是直接、完全地适用。建设工程合同对于承揽合同之准用即属其例，在争议解决程序中，主张应当准用承揽合同规定一方负有举证责任，其证明过程应满足以下三个条件：

第一，建设工程合同对于争议事项没有约定；

第二，建设工程合同专章以及建设工程领域专门法，包括《建筑法》《招标投标法》《安全生产法》等法律法规对于争议事项没有规定；

第三，承揽合同专章对于争议事项有相关规定，可以准用。

---

① 黄茂荣：《债法各论》（第1册），中国政法大学出版社2004年版，第283页。

② 《民法典》第七百八十七条规定：“定作人在承揽人完成工作前可以随时解除合同，造成承揽人损失的，应当赔偿损失。”

③ 宁红丽：《论合同类型的认定》，载《法商研究》2011年第6期。

④ 最高人民法院民法典贯彻实施工作领导小组主编：《中华人民共和国民法典合同编理解与适用（三）》，人民法院出版社2020年版，第1900页。

后　　记

（一）

历时近三年，我们合著的这本书终于面世。对照三人当初筹划动工时的目标，最终完工的成品多少有些偏离了原来的概念设计。囿于《民法典》合同编建设工程合同章的二十一条法律规范，当下司法实务中的许多热点、难点问题很难纳入本书的讨论范围，甚至，书中所涉及的一些实务争议被“安排”在从字面上看似乎毫不相干的条款之下，难免会有“削足适履”之感。

在本书的写作过程中，我们经常感叹，当下司法实务中的许多热点、难点问题，很难从《民法典》合同编建设工程合同章的诸条文中找到可供讨论的出发点或者落脚点。那么，问题究竟出在哪里？是立法脱离了现实，还是现实偏离了逻辑？

在现实的建设工程市场中，参与交易的主体身份、交易模式、交易程序、交易双方的权利义务的安排等，在法典规范之外，还有《建筑法》《建设工程质量管理条例》等法律、行政法规的规范，更有另一套游离于法律法规应然状态之外的实然“行规”。畸形的市场在型塑市场主体角色的同时，也扭曲了市场主体的行为。市场主体习惯于从管制与竞争的夹缝中求生，自然诱发出诸如实际施工人、阴阳合同、“三边工程“、虚假招标违法发包、垫资或变相垫资、低于成本价中标或不合理压缩工期、低中标勤签证高结算等一系列对策行为，久病未治遂成顽疴。

显然，《民法典》建设工程合同章在内容设计上并无针对上述诸多建设工程市场乱象对症下药的解决方案。在我们看来，与其将之归咎于法典文本的“缺憾”，毋宁视作立法者着意通过法典文本展现出一种应然状态下对于建设工程合同活动运行秩序的基本民事规范的理想图景。作为一部法典，《民法典》不应也不能苟且于眼前的畸形市场与变态行为，否则一旦市场有变，法典的稳定性、权威性将无从谈起。

“风物长宜放眼量”。我们不应指望《民法典》能够直接起到“药到病除“的效果，那么，对《民法典》进行“眼光不断往返徘徊在事实与规范之间”的妥当解释就不仅是必要的，更是必须的。从关照实际问题的角度看，《民法典》的生命也正植根于因地制宜、因时而异的解释。

在《民法典》颁布实施之前，建设工程领域的纠纷解决始终面临基本法律规范供给不足的窘境，大家也早已习惯了从最高院司法解释中按图索骥来寻找答案。同时，司法解释起草人的“再解释“、各地高院的“二次解释”或者业界贤达的“民间解释“也层出不穷，客观上起到了为制度的缺位打补丁、填漏洞的作用。不过，脱离了基本法律制度的解释，容易偏离基本法律的规范要旨与价值排序。鉴于此，作者三人一同作此尝试，希望能引起业界同仁对《民法典》建设工程合同章各条文规范的重视。

（二）

本书《民法典》建设工程合同章各具体条文下内容的写作分工如下：第七百八十八条（曹文衔）、第七百八十九条至第七百九十三条（宿辉）、第七百九十四条至第七百九十九条（曹文衔）、第八百条至第八百零六条（曲笑飞）、第八百零七条和第八百零八条（宿辉）。全书最后的统稿由三人互审互校共同完成。

（三）

本书得以呈现在读者面前，不仅凝聚了作者的劳动，更是作者以外的许多机构的鼓励、支持和帮助，以及诸多人士的经验、智慧、慷慨、爱心，乃至坚持和忍耐的结晶。

感谢中华全国律师协会和北京仲裁委员会的信任和支持，是他们联合组织的“民法典草案建设工程合同章修订”课题组，给了三位作者共同参与该课题的机会，从而促成了三位作者有缘携手撰写本书。

感谢作者的任职单位给予我们在写作时间、写作文献以及提供专业实践和专业内容与同行之间交流、研讨平台的支持。

感谢法律出版社为本书出版所付出的努力。

特别致谢北京市采安律师事务所高印立老师，他不仅在本书的写作过程与作者沟通，慷慨地对本书讨论的多个问题提供真知灼见，且于成稿后向我们提出了非常中肯、宝贵的批评与修订建议，消除了本书原有的一些严重瑕疵。尽管如此，全书所有的文责仍应由作者三人来承担。

特别感谢法律出版社的薛晗及章雯、慕雪丹三位老师，她们不仅为本书的编辑出版倾注了大量心血,还忍受了作者从第一次交稿到最后成书过程中不断提出的无穷无尽的修改,甚至编辑工作之外的打扰。没有她们的细心、耐心、大度和宽容,难以想象,本书最终将呈现出怎样的样貌。

在本书的写作过程中,作者三人均曾得到许多法律实务界前辈、领导、同仁及法学理论界师长、朋友的帮助与支持,在此一并致谢。我们相信,经由业界同仁的共同参与,未来一定会有更多、更好的研究成果问世。

当然,作者更要感谢各自的家人,他们和她们的爱为本书的创作提供了最强大的动能。